國家"雙一流"擬建設學科"南京大學中國語言文學藝術"資助項目

江蘇高校優勢學科建設工程"南京大學中國語言文學"資助項目

江蘇省 2011 協同創新中心"中國文學與東亞文明"資助項目

第十六輯 張伯偉 編

域外漢籍研究集刊

中華書局
北京
2018

圖書在版編目(CIP)數據

域外漢籍研究集刊.第 16 輯/張伯偉編. —北京:中華書局,
2018.7
ISBN 978-7-101-13253-3

Ⅰ.域… Ⅱ.張… Ⅲ.漢學-研究-國外-叢刊
Ⅳ.K207.8-55

中國版本圖書館 CIP 數據核字(2018)第 107897 號

書　　名	域外漢籍研究集刊　第十六輯
編　　者	張伯偉
責任編輯	俞國林　潘素雅
出版發行	中華書局
	(北京市豐臺區太平橋西里 38 號　100073)
	http://www.zhbc.com.cn
	E-mail:zhbc@ zhbc.com.cn
印　　刷	北京市白帆印務有限公司
版　　次	2018 年 7 月北京第 1 版
	2018 年 7 月北京第 1 次印刷
規　　格	開本/710×1000 毫米　1/16
	印張 32¾　插頁 2　字數 390 千字
印　　數	1-800 册
國際書號	ISBN 978-7-101-13253-3
定　　價	128.00 元

目　次

文獻彙編

朝鮮——韓國漢籍研究

域外漢籍研究集刊　第十六輯
2017 年　頁 3—14

新羅《鍪藏寺碑》考論

馮翠兒

一、引言

新羅《鍪藏寺碑》①現已殘破不堪，只存三塊不連貫的、剥泐嚴重的殘石。對其年代、書者，甚至是否集字而成，都引起中、韓兩地學者的爭議。近年韓國有關方面在碑的發現地按殘石情況仿做新碑，原殘石則移至博物館保存，並將鍪藏寺遺址發展成鍪藏山旅游點。其實，該碑除是寶貴的古迹文物外，還隱藏着重要的文化信息。本文的撰寫目的就是透過多方面的挖掘，希望弄清該碑的實況，並探討它蘊含的文化信息。

二、碑的歷史

《鍪藏寺碑》應立於新羅哀莊王（800－808）年間，是記載桂花王妃爲紀念昭聖大王而造彌陀像之事。據《三國遺事》卷三"鍪藏寺彌陀殿"條云：

> 京城之東北二十許里，暗谷村之北有鍪藏寺。第三十八元聖大王之考大阿干孝讓追封明德大王之爲叔父波珍飡追崇所創也。幽谷迥絶，類似削成。所寄冥奧，自生虛白，乃息心樂道之靈境也。寺之上方有彌陀古殿，乃昭成（一作聖）大王之妃桂花王后爲大王先逝，中宫乃

①《槿域書畫徵》用此名，《海東金石苑》名之爲《唐新羅鍪藏寺碑》，《朝鮮金石考》名之爲《慶州鍪藏寺阿彌陀如來造像事迹碑》，三者同爲一碑。

充充焉、皇皇焉，哀戚之至，泣血棘心，思所以幽贊明休，光啟玄福者。聞西方有大聖曰“彌陀”，至誠歸仰，則善救來迎。是真語者，豈欺我哉？乃舍六衣之盛服，罄九府之貯財，召彼名匠，教造彌陀像一軀，并造神衆以安之。先是寺有一老僧，忽夢真人坐於石塔東南岡上，向西爲大衆説法。意謂此地必佛法所住也，心祕之而不向人説。巖石巉崒，流澗激迅。匠者不顧，咸謂不臧。及乎辟地，乃得平坦之地，可容堂宇，宛似神基，見者莫不愕然稱善。近古來殿則壞圮，而寺獨在。諺傳太宗統三已後，藏兵鍪於谷中，因名之。

按《三國遺事》乃高麗忠烈王（1275－1308）時僧一然（1206－1287）所撰，成書年代不詳。唯書所記事終於忠烈王七年（1281），故成書該在1281－1287年之間①。這是最早記載有關鍪藏寺的文獻。從此可知鍪藏寺在忠烈王時已破敗不堪，堂殿壞圮而僅存寺址。寺内彌陀殿供奉的彌陀像是爲昭聖王而造，而昭聖王只於唐德宗貞元十五（799－800）年在位。《三國史記》卷十“昭聖王本紀”亦有桂花夫人是昭聖王妃之載：

　　　　昭聖（或云昭成）王立。諱俊邕，元聖王太子仁謙之子也。母金氏。妃金氏桂花夫人，大阿飡叔明女也。元聖大王元年，封子仁謙爲太子，至七年卒，元聖養其子於官中。五年，奉使大唐，受位大阿飡；六年，以波珍飡爲宰相；七年爲侍中；八年爲兵府（部）令；十一年爲太子，及元聖薨，繼位。……哀莊王立。諱清明，昭聖王太子也。母，金氏桂花夫人。即位時，年十三歲，阿飡兵部令彦昇攝政。初，元聖之薨也，唐德宗遣司封郎中兼御史中丞韋丹，持節吊慰，且册命王俊邕爲開府儀同三司檢校太尉新羅王，丹至鄆州，聞王薨，乃還。

以上兩則文獻可證桂花夫人是昭聖王妃，而彌陀殿中彌陀像是桂花夫人爲紀念昭聖王所造。中國文獻方面，宋王溥撰《唐會要》卷九十五亦有相關記載：

　　　　（唐德宗）貞元元年（785），授良相（宣德王）檢校太尉、都督、雞林州刺史、寧海軍使、新羅國王。仍令户部郎中蓋塤持節册命。其年，良相卒，上相金敬信（元聖王）爲王，令襲其官爵，良相之從兄弟也。十四年，敬信卒，其子先敬信亡，國人立敬信嫡孫權知國事俊邕（昭聖王）爲

───────────

①可參［日］三品彰英《三國遺事考證》上“解題”，塙書房，1975年。

王。十六年，授俊邕開府儀同三司、檢校太尉、新羅王。令司封郎中兼御史中丞韋丹持節册命。明年，至渾州，聞俊邕卒，其子重興（哀莊王）立，詔丹還。①

從以上中、韓兩地的文獻記載，可推知《鍪藏寺碑》的刻立年月大概在新羅哀莊王在位年間（800—808）。正如洪良浩②在《耳溪集》中《題金角干墓碑》③云：

　　余觀《鍪藏碑》，有右軍之風。《角干碑》，似歐陽率更之法，皆爲書家珍品，而東方古迹，莫先於此者。在中國則其《岣嶁》、《石鼓》之亞乎？余嘗論羅代人物，推金公爲第一。今見是碑，重有曠世之感云。

海東碑銘中以行書入碑的，確以《鍪藏寺碑》爲最早，它所負載的歷史和文化價值實在無法估量。

三、發現過程

上節已提及高麗鍪藏寺在忠烈王時已破敗不堪，堂殿壞圮而僅存寺址。自此未見其他文獻述及《鍪藏寺碑》，至洪良浩（1724—1802）於朝鮮英祖三十八年（1760）任雞林尹（慶州府尹），聞故老說鍪藏寺內有金生所書碑，於是翻查“邑志”，派出吏員往訪而得半截殘碑。《耳溪集·題鍪藏寺碑》記載了尋碑的情況：

　　余（洪良浩）尹雞林，訪古迹。聞故老言新羅鍪藏寺有金生書碑，而今不知所在。余甚慨然！按邑志，遣吏訪之。入山最深處，有小蘭若，僧言是鍪藏寺舊墟。古傳新羅女主藏兵於此，而碑則不見久矣。吏歸告以實。余曰：“既得舊墟矣，碑或埋没於林薄乎？”第再往尋之。數日來言，寺後有磨豆磑，脉理異凡石，故豎起視其腹，乃古碑之折其

―――――――――

① 《舊唐書·東夷新羅列傳》所記略同。

② 洪良浩（1724—1802）字漢師，號耳溪，累官至平安道觀察使、判中樞府事、大提學。擅書法，著有《耳溪詩集》《耳溪文集》。乾隆五十九年以冬至使兼謝恩使出使中國，與清朝學者紀昀等交往甚密，紀昀曾爲洪良浩的詩集、文集作序。

③ 即［新羅］金庾信墓碑。洪良浩《耳溪集》云：“金角干諱庾信，新羅統合三韓之元勳也。墓在慶州西十里，余嘗爲府尹，操文以祭之。”

半者也。余聞而奇之，遣工拓數本來，果是《鍪藏碑》。而考其文，即新羅翰林金陸珍書也。陸珍以詞翰顯於羅，傳者見其姓，誤稱金生也。

　　及余西歸，拜相國俞文翼公。公曰："君在雞林得見《鍪藏碑》否？"余對以求得始末。公蹶然喜曰："老夫平生聚金石録數百卷，獨未得是碑。再按嶺節，求之非不勤矣，闔境無知者。君乃得之，好古誠過我矣。願分我一本。"遂奉獻焉。乃以一本附妝於《麟角碑》之下。後聞藏書家曾有《鍪藏碑》全本，具前後面。今余所拓即前面之半，而後面則爲磨豆所滅，重可惜也！聊識卷末，以見物之隱見若有數焉爾。①

　　洪良浩所記讓後世得知鍪藏寺舊墟是新羅女主藏兵之地，故而得名，此其一。其二是《鍪藏寺碑》是新羅時代碑石，新羅遺迹稀少，此發現彌足珍貴。其三，洪拓得碑前幅的上半截（已比現存的殘碑完整），故考得碑的撰及書者是新羅翰林金陸珍。其四，聞藏書家曾有《鍪藏碑》全本，具前後面，但此説從未被證實，故洪所拓數本（按其孫洪敬謨之説）仍顯得甚珍貴。

　　遺憾的是碑石不因洪良浩的重視而得到維護，洪良浩之孫洪敬謨（1774－1851）在《冠巖全書》亦提及此事，並提出了數個頗值探索的問題：

　　　鍪藏寺在慶州府東北暗谷村，古傳新羅女主藏兵之處。《輿地勝覽》云："高麗太祖統三後，藏兵鍪於谷中而因名之，有古碑。"按其碑書之者，新羅翰林金陸珍。則寺之創在於羅時，而已名之以鍪藏矣。"輿覽"所云麗祖之藏兵而因名之者何歟？且云藏兵鍪於谷中，則麗之藏兵，不在於寺中而在於谷中歟？然則寺之藏兵自羅始，而麗祖又嘗藏兵於此，故有是説歟？寺創於羅時，碑亦羅人所書，則斷以羅時藏兵爲無疑也。寺墟而碑亦不知所在，我王考文獻公尹雞林，博訪而獲之於寺後。碑折其半而爲磨豆之磴。遂拓數本來，即前面之半，而後面則爲磨豆所滅也。噫！是碑也，乃是千餘年古迹，而埋没於林薄間亦且幾百年矣。今幸復出於世，豈物之隱見，若有數焉歟？撰之者缺而闕，書之者以詞翰顯於羅，而書法頗有古意，亦豈以筆名於當時者歟？②

①洪良浩《耳溪集》卷十六，《韓國文集叢刊》第 241－242 册；又《耳溪先生文集》收於《韓國歷代文集叢書》第 783－788 册。

②洪敬謨《冠巖全書》第 27 册："題後，東國墨迹。"（首爾大學校奎章閣韓國學研究院，2010 年）亦收於《韓國文集叢刊（續）》第 114 册，頁 164。

又至純祖十七年（1817），金正喜再往尋覓而得斷石一片，他在碑旁刻石記之曰：

> 此碑舊只一段而已，余來此窮搜，又得斷石一段於荒莽中，不勝驚喜叫絕也。仍使兩石璧合珠聯，移置寺之後廊，俾免風雨。此石書品，當在"白月碑"①上，《蘭亭》之"崇"字三點，唯此石特全。翁覃溪先生以此碑爲證，東方文獻之見稱於中國，無如此碑。余摩挲三復，重有感於星原之無以見下段也。丁丑（1817）四月二十九日金正喜題識。（此石是自左至右鑴刻，與傳統刻石的由右至左不同）

日據時期，大正三年（1914）5月9日朝鮮總督府派員訪尋，在慶尚北道慶州郡內東面暗谷里鍪藏寺舊址發現鍪藏寺殘碑，始移到總督府博物館，後置景福宮勤政殿之迴廊處陳列。

四、碑之現況

《鍪藏寺碑》韓國名之《鍪藏寺址阿彌陀佛造像史迹碑》，現收藏於韓國國立中央博物館。殘碑原在慶尚北道慶州市東面暗谷洞鍪藏山鍪藏寺遺址內。鍪藏山現已發展爲旅游景區，進山後徒步兩公里就是鍪藏寺遺址。按韓方考證碑乃新羅哀莊王二年（801）所立，鍪藏寺是新羅第39代昭聖王王妃桂花夫人爲了紀念先夫而建，寺殿中原供奉了一尊阿彌陀佛像。目前，寺廟已經不存在，只留下三層石塔，即"韓國國家寶物第126號鍪藏寺址三層石塔"。石塔附近有破碎的螭首和龜趺，即"韓國國家寶物125號鍪藏寺阿彌陀佛造像事迹碑螭首及龜趺"。螭首上刻有手握靈珠的龍，龜趺

①全名爲《朗空大師白月棲雲塔碑》，崔仁滾撰，釋端目集金生書。

則刻有十二地支神像。碑的大小已無法得知,碑面有隱約的直行界綫。

原石　　　　　　　　　　　　　　　　　　拓片

《鍪藏寺碑》殘缺碑文在中、韓兩地文獻均有記載,從斷續的碑文可印證《三國遺事》的記載是引自碑文的。現存之内容大概分爲數個部分:首先交代了撰文者是金陸珍,他的官職是守大南令,由於碑殘斷泐損過甚而未能得知書者。正文首段描述了鍪藏寺的環境;隨之解釋了迎造彌陀像的緣由;最後叙述了建殿的過程。

五、書體與文體

所有論到《鍪藏寺碑》書體者,均一致贊同是右軍體行書。唯争議的是金陸珍書還是集王羲之書而成。認爲是集字的有:

(一)翁方綱認爲此碑乃集右軍書,其《跋新羅鍪藏寺碑》云:"碑行書,雜用右軍《蘭亭》及懷仁、大雅所集字。蓋自咸亨、開元以來,唐人集右軍書,外國皆知服習,而所用《蘭亭》字皆與定武本①合,乃知定武本實是唐時禁中所刻,因流播於當時耳。"②

　　(二)劉喜海《海東金石苑·序》云:"鍪藏、麟角,碎金集右軍之書。"其下小字注:"《新羅鍪藏寺碑》《高麗麟角寺碑》,俱集晉王右軍行書,頗具典型。"③

　　認爲是金陸珍手書的有:

　　(一)洪良浩《耳溪集·題鍪藏寺碑》:"《鍪藏碑》考其文,即新羅翰林金陸珍書也。陸珍以詞翰顯於羅。"

　　(二)《海東金石總目》載:"《鍪藏寺碑》年泐,金陸珍撰並書,在慶州。"④

　　(三)金正喜(1786—1856)在《與金東籬書》⑤中却肯定地説:"篆帖及碑圖,並原本謹領,而碑圖爲弟省却一勞,感誦無已!……《鍪藏碑》果是弘福字體⑥,非集字如《麟角碑》⑦矣。金陸珍是新羅末葉之人,而碑之年代,今不可考矣。

---

①唐太宗得到《蘭亭序》後敕令歐陽詢、虞世南、褚遂良等臨寫,真迹則陪葬昭陵。歐陽詢摹本刻石後置於唐學士院。安史之亂時郭子儀將刻石運至靈武,五代梁時被移置汴都(今開封)。宋慶曆年間(1041—1048年)碑被發現,置於定州。唐時定州置義武軍,宋避太宗趙光義諱,改義武爲定武,故稱《定武蘭亭》,即歐陽詢所摹者。(宋)趙孟頫《定武本題跋》云:"古今言書者以右軍爲最善,評右軍之書者以《禊帖》爲最善,真迹既亡,其刻石者以定武爲最善。"

②(清)翁方綱《復初齋文集》卷二十四,同文圖書館,丙辰(1916)年。

③(清)劉喜海《海東金石苑》,文物出版社,1982年。

④張忠植編《韓國金石總目》,東國大學校,1985年。

⑤金正喜《阮堂先生全集》卷四《與金東籬敬淵》,《韓國歷代文集叢書》第283冊,頁353—354。

⑥"弘福"所指乃"弘福寺",此寺是僧懷仁集王羲之書而成《聖教序》之地。黃長睿《東觀餘論》云:"書苑言:唐文皇製《聖教序》時,都城諸釋諉弘福寺,懷仁集右軍行書,勒石累年方就,逸少劇迹咸萃其中。"又王澍《竹雲題跋》云:"《聖教序》有二本:一褚遂良書;一則僧懷仁集羲之諸行字所成也。二本皆爲後學宗楷,學羲之書者,必自懷仁始。"故文中所謂"弘福體",指的是"王右軍體"。

⑦洪良浩《耳溪集》卷十六《題麟角寺碑》云:"余少時見《麟角寺碑》印本,即高麗時集右軍書者也。字似三藏序而稍瘦,清峭過之……今餘十餘片,字又刓剝,可卞者僅十之一,甚可惜也。然其點畫完者,精彩趯趯欲動,宛然見永和風。……按《輿地勝覽》云:寺在華山,洞口有石壁矗立,俗傳麒麟掛角于壁,故因名焉。"

　　金陸珍是新羅“守大南令”，洪良浩稱其爲翰林，而且詞翰顯於羅，他於元和四年(809)以朝供使入唐。相信金陸珍的文章和書法應有很高的水平，撰碑文外亦書碑也不是不可能的事。況且集字創作的表表者要算是懷仁集王羲之字的《大唐三藏聖教序》刻石。該碑是唐太宗爲玄奘和尚譯大乘經而撰寫的序文，共一千九百零三字。當年懷仁歷時二十餘年，於唐咸亨三年(672)才大功告成，其間還有不少僧人幫忙。可見集字絕不是容易之事，要比直接書丹上石花工夫。《鍪藏寺碑》既是昭聖王妃桂花夫人爲其夫迎造彌陀佛像以祈冥福之舉，就不可能讓立碑之事拖延多年。況且自唐太宗奉王右軍爲書聖後，學王書和集王字入碑之風大盛，此風亦吹至海東，從新羅直至高麗朝仍甚熾熱。金陸珍生活於盛唐至中唐期間，並曾出使唐朝，取得王書字帖臨習也是很有可能之事，以仿右軍筆法書寫碑文就是極有可能的了。其實此碑無論是集字還是金陸珍書都反映了書法和刻碑文化的東傳情況，其在文化意義上的貢獻應更值得注意和探討，這留待下節繼續討論。

　　至於文體方面，在能讀到的碑文，文內描述寺周環境的文句有：“幽谷迴絶，類似削成，所寄冥奧，自生虛白，碧澗千尋。”記喪儀則有：“而喪禮也，制度存焉，必誠必信，勿之有悔，送終之事，密藏鬱陶，研精寤寐。”建寺殿：“召彼名匠，各有司存，就於此寺，奉造阿彌陀佛像……溪澗激迅，維石巖巖，山有朽壞，匠者不顧，咸謂不詳……正當殿立，有若天扶，於時見者，愕然而驚。”可見文章以四字句爲主，是六朝至唐代流行的文體結構。《鍪藏寺碑》的建年比被譽爲“韓國漢文學之祖”的崔致遠(857－?)入唐年月要早。統一新羅前期雖有學識廣博的武烈王第二子金仁問(629－694)通曉漢文，但他曾入唐宿衛二十多年，而按史載金陸珍只出使唐一次，這可反映統一新羅中期以前，新羅朝廷中已泛用漢文，而且有漢文水平甚高的官員①。

六、折射出的文化信息

　　新羅在海東三國中，因有高句麗和百濟的阻隔，漢化比其他兩國爲晚，

①請參《三國史記》卷四十六“强首”條。

但從中、朝兩地文獻參看，可見統一新羅時代中、羅交往頻繁。新羅方朝貢不斷，已建立起朝貢制度，中方亦不時派出使節往新羅。相信朝貢以外應有不少民間的交流和通商，唐代無論在政治、經濟及文化各方面都處於領導地位，周邊的附庸國自然受其影響。新羅不但參照唐朝的政治制度設置了各級機構，還派遣不少留學生入唐。這些使臣和留學生自然把接受和學習到的帶回國。碑刻書法方面，從今天尚能看到的數方碑刻可見，統一新羅的刻碑和書風，可以說是緊隨唐風而受薰染。即使千百年後，仍可看到兩地學者在書論上的互爲補足的情況：

（一）《鍪藏寺碑》在歷史上的貢獻是補充了史載的空隙：在中方，新、舊《唐書》都没記載建寺和迎造佛像之事。當然這事發生在新羅，中方缺載是當然的。直至清朝古文獻學家陸心源於同治年間編集的《唐文拾遺》才將碑文收入，取材就是殘碑的内容。至於韓方，僧一然《三國遺事》是最早記載有關鍪藏寺的文獻，取材亦是《鍪藏寺碑》的内容。如没此碑，這段歷史便會湮没。

又金正喜在《與金東籬書》曾説："金陸珍是新羅末葉之人，而碑之年代，今不可考矣。"翁方綱在《跋新羅鍪藏寺碑》中便解答了此問題：

右《新羅鍪藏寺碑》，其國臣金陸珍爲中宫造像作碑。殘闕不具歲月。《舊唐書·新羅傳》："新羅王敬信貞元十四年卒，其子先敬信亡，立其孫俊邕爲王。十六年，俊邕卒。永貞元年，册其子重興爲王。元和四年，遣使金陸珍來朝貢。"即此碑係衡者也。以鍾廣漢《建元考》證之，敬信在位十三年，重興在位十二年，惟俊邕在位止二年，故此碑有"享國不永"之語，是此碑爲俊邕立也。又按貞元十六年册俊邕母申氏爲太妃，妻叔氏爲王妃，則此碑所謂中宫者，即王妃叔氏也。元和三年，遣金力奇來朝，力奇上言"貞元十六年奉詔册故主俊邕爲新羅王，母申氏爲太妃、妻叔氏爲王妃,册使韋丹,至中路,知俊邕薨,其册却迴在中書省。今臣還國,伏請授臣以歸。"敕金俊邕等册,宜令鴻臚寺於中書省受領至寺,宣授與力奇,令奉歸國,是以明年即遣金陸珍入朝也。據此,則此碑是俊邕卒後,其王妃爲造佛像資冥福者,當即此時所作也。

翁方綱就是結合了歷史文獻和碑文得出"據此,則此碑是俊邕卒後,其王妃爲造佛像資冥福者,當即此時所作也"的結論。

(二)《鍪藏寺碑》在學術史上的貢獻是有助文獻鑒定工作:金正喜在尋獲此碑殘石時曾云:

碑舊只一段而已,余來此窮搜,又得斷石一段於荒莽中,不勝驚喜叫絶也。仍使兩石璧合珠聯,移置寺之後廊,俾免風雨。此石書品,當在"白月碑"上,《蘭亭》之"崇"字三點,唯此石特全。

文中所提"《蘭亭》之'崇'字三點,唯此石特全"所指的是甚麼,帶有甚麼意義? 此因《鍪藏寺碑》内有兩處出現"崇"字,右第一石有"功崇御辨"句,第二石有"思崇冥祜"句,而"崇"字形與《定武蘭亭》的"崇"字形用筆相同。翁方綱在《蘇齋題跋・宋拓懷仁集聖教序》云:

嘗於同年紀曉嵐齋中見朝鮮國《文殊院記》①,沙門坦然仿集《聖教序》書其孤字,上横斷住,中灣另起。詳其立石在宋建炎四年,則所臨是宋以前拓本,而墨痕所掩已如此矣。今以此本驗之,信是連下而原有闕痕耳。然此一條猶非極有關係者。前幅云"佛道崇虚",此"崇"即《蘭亭叙》"崇山"字也。山頭之下"宀"之上横列三小點,然後中加大點。無論定武本、褚臨本皆同,惟是褚臨本支系蕃衍,又經後人屢有翻摹,今之重摹褚本,山下竟無此横列三小點矣,而却尚有空一分許之黑地。試問若非原有三點,則山下"宀"上無端空至分許,是何故哉? 惟定武本三點具存(下有小字:此可爲辨定武善本之法)。

翁方綱定"崇"字之本雖非《鍪藏寺碑》,但該段文字可帶出三重信息:其一是海東金石可爲中國文獻互相印證而提供辨僞的助證。倒過來也可如翁方綱所云:"蓋自咸亨、開元以來,唐人集右軍書,外國皆知服習,而所用《蘭亭》字皆與定武本合,乃知定武本實是唐時所刻,因流播於當時耳。"其二可證定武本雖在宋慶曆年間在定州被發現(唐時定州置義武軍,宋避

① 全稱《清平山文殊院記》(1130),金富軾撰,僧坦然書。

太宗趙光義諱,改義武爲定武,故稱《定武蘭亭》),但該碑應刻於唐代,即歐陽詢所摹,後被刻石置於唐學士院者。其三可確證王羲之書法在唐時已東傳至新羅。

（三）《鍪藏寺碑》在書法史上的貢獻是顯示了王羲之行書之風與行書入碑及集字碑東傳的綫索:

在唐初,新羅的碑刻都是歐陽詢體,如金仁問《太宗武烈王碑》(660),現僅存篆額及碑身斷片中"中禮"二字。篆額是近於《天發神讖碑》的方篆,碑身二字則是歐體,而且碑的形制亦襲用唐代王公貴胄之制。隨之《武烈王陵碑》(661)、《四天王寺碑》(662)、《金角干碑》(673)、《文武王陵碑》(681)、《金仁問墓碑》(694),都是歐陽詢字體,可推見統一新羅前期的書法爲歐體書風所籠罩。

新羅書風的轉變,可追源於貞觀二十一年(647),金春秋入唐朝貢,本是求援兵以抗百濟與高句麗,但他在長安時要求到國子監參觀講學,又主動請求"從正朔、改章服"。唐太宗對金春秋之請甚表讚賞,不但賜予宮廷服裝以作新羅改章服的參照,還將親書的《晉祠銘》和《溫泉銘》賜給他,兩銘均以王右軍行書筆法寫成①。唐太宗推崇王書,又賜書法作品給新羅,自然對新羅的書法起了極大的影響。他爲驪山溫泉撰寫的《溫泉銘》②刻石立碑,亦開創了行書入碑的先河。另懷仁集王羲之字而成《大唐三藏聖教序》亦對新羅的集字碑刻文化影響甚大,自此新羅境内便開始有以行書入碑和集字碑的出現,而且以王右軍行書爲主。此等碑銘至今已殘缺,重要者如:《鍪藏寺碑》(801,此碑是集字還是金陸珍書尚有爭議);釋靈業書《斷俗寺神行禪師碑》(神行禪師於 779 年入寂,此碑立于神行禪師入寂 34 年後);《沙林寺弘覺國師碑》(886)釋靈澈集右軍字,東城縣令崔夐篆額;《興法寺真空大師忠湛塔碑銘》(940)是集唐太宗的《晉祠銘》和《溫泉銘》行書字而成;《太子寺朗空大師白月棲雲塔碑》(954)釋瑞目集金生字。

由此可見《鍪藏寺碑》以右軍體行書入碑是有開風氣之先之功,此風一

①可參《三國史記》卷五。
②是唐太宗爲驪山溫泉撰寫的一塊行書碑文,原石已遺失。拓本原藏敦煌藏經洞,現藏於巴黎國立圖書館。

直延至高麗中後期。高麗高宗年間的李奎報(1168－1241)《東國諸賢書訣評論序並贊》一文中選取的書法"神品四賢",均以王右軍書法爲其評選標準。另一點要注意的是《鍪藏寺碑》内的"崇"字與今"定武蘭亭"本合。"合於定武本"不是重要處,重要的是《蘭亭序》原摹本,無論是歐陽詢的"定武本"還是"褚遂良臨本"的"崇"字形本來是相同,只因褚本"支系蕃衍,又經後人屢有翻摹,今之重摹褚本,山下竟無此横列三小點矣!"①此證明在公元800年之前王羲之《蘭亭序》摹本已傳入新羅,有可能是金仁問在入唐時不只帶回李世民的《晉祠銘》和《温泉銘》,還帶回了《蘭亭序》各個刻本和摹本。

七、結語

《鍪藏寺碑》立石至今已有過千年的歷史,現只剩下大、中、小三塊殘石,幸而殘石上的刻字尚能辨讀,讓我們得知其爲《鍪藏寺碑》原石的一部分,亦能得知碑的大概信息。它的刻立是要記述統一新羅時期只在位二年的昭聖大王,其王妃桂花夫人爲紀念他而迎造彌陀像以求冥福之事。在歷史長河中,這只能算是微不足道的小事,它的歷史意義遠比不上《太宗武烈王碑》《文武王陵碑》《武烈王陵碑》《金仁問墓碑》等。然而在細考之下,它可補歷史的空隙,又在中、韓兩地的碑刻、書法、文獻等學術領域具有其參考價值。至於《鍪藏寺碑》究竟是金陸珍所書還是集王羲之字而成碑?其實已無關重要,無論事實如何也無減它的價值和意義。正如《蘭亭》真面,有誰得知②?

(作者單位:南京大學域外漢籍研究所)

----

① 請參(清)翁方綱《蘇齋題跋》"宋拓懷仁集聖教序"條,西泠印社聚珍版,頁49－52。
② 金正喜《與金黃山書》之五云:"《蘭亭》'定武本',最稱《蘭亭》之真焉,歐陽所摹,經有歐陽筆意,猶'神龍本'有河南筆意。今以'定武'爲右軍書,必全如是,未足深據。昭陵原來,有誰見之耶?"(《阮堂先生全集》,《韓國歷代文集叢書》第283册,頁271)

域外漢籍研究集刊　第十六輯

2017 年　頁 15—42

構成燕行録幻術記事的三種
層次與幻史[①]

林濬哲撰　林侑毅譯

一、前言

　　金景善曾於《燕轅直指》中稱其欲作《幻術記》以成一部"幻史"[②]。"幻史"此一名稱某種程度令人聯想至馮夢龍的《情史》[③]，不過金景善並未如李鈺作《沈生傳》那樣，於文末表明其創作意圖[④]，其使用之"幻史"一詞，亦是意義不明。姑且從該文與《燕轅直指》全書的創作意圖相同，都是詳實完

---

①本文是以拙文《構成燕行録幻術記事的三種層次與幻史（**연행록 幻術記事를 구성하는 세 가지 층위와 幻史**）》，載《韓國漢文學研究》第 51 輯，韓國漢文學會，2013 年，頁 487—533 爲基礎，加以修訂增補而成。

②金景善《燕轅直指》留館録上，壬辰年十二月二十八日條："晴温和，留館。是日，天氣晴和，館中無事，使任譯招致幻者，以供一觀。<u>別有《幻術記》。</u>……幻者又設小樓，欄窗楯檻，製度奇妙。……後至白雲觀，見無數幻者，分設幃幔，各呈其術，尤多別技，始知館中之見，不過草草塞責。<u>因并録，以成一部幻史。</u>"

③（明）馮夢龍《情史》下設"情幻類"，收性格不一的諸多虚幻故事，其中一部分亦與幻術相關，由此可知兩者之間的關聯性。關於《情史》的分類體例，參見趙冬梅《馮夢龍〈情史〉的分類及得失（1）》，載《中國學論叢》第 17 輯，高麗大學中國學研究所，2004 年，頁 65—82。

④衆所周知，李鈺於《沈生傳》文末記録沈生之事，以爲《情史》之補遺。

備的記録來看,可知該文欲盡收中國演出之所有幻術劇目①。然而另一方面,亦可見得該文欲集過去主要幻術記録之大成,編成"吾人所見之幻術歷史"。儘管《幻術記》中所記録的内容,大多出現於不同的時、空之下,作者仍將這些幻術串連於同一篇叙述中。

　　本文將從幻術認識的歷時性變化,考察燕行録中的幻術記事。筆者過去曾以朴趾源的《幻戲記》爲中心,對燕行録中特殊的幻術記事進行分析②。然而在收集、分析燕行録所有幻術記事的過程中,遭遇了預料之外的問題。最令筆者感到棘手的,是過去與現在看待幻術的極大差異。朝鮮知識份子所認爲的幻術/幻戲,與今日的魔術概念全然不同③。這不能單純視爲前近代知識份子在科學知識上的局限或認知錯誤,而是應從其内在的原因與背景加以探究。筆者欲藉本文將朝鮮時代知識份子看待幻術的態度區分爲三種層次,並以此考察"幻史"的改變樣貌。考察前人觀看幻術

---

① 金景善於《燕轅直指》序文中説明,將盡可能全部輯録足以證明該書創作過程的所有證據,若無法避開蹈襲之嫌,則全引前人之言。因此,此文猶如一帖綜合各醫家之説,依據患者症狀給予處方的直指方。參見金都煉等人合譯《國譯燕行録選集》X,民族文化推進會,1976 年,頁 25—26。

② 拙文《燕行録所見幻術認識的變化與朴趾源的〈幻戲記〉》(**연행록에 나타난** 幻術認識**의 변화와 박지원의「**幻戲記」),載《民族文化研究》第 53 號,高麗大學民族文化研究院,2010 年,頁 221 — 257;拙文《18 世紀後燕行録幻術記録的形成背景與特徵》(18 **세기 이후** 燕行録 幻術記録**의 형성배경과 특성**),載《韓國漢文學研究》第 47 輯,韓國漢文學會,2011 年,頁 65—104;拙文《從幻戲詩看清代北京的幻術——以金進洙的〈幻戲宴〉二十八首爲中心》(幻戲詩**를 통해 본 청대 북경의** 幻術 ─金進洙**의「**幻戲宴」 二十八首**를 중심으로─**),載《東亞細亞文化研究》第 50 輯,漢陽大學東亞細亞文化研究所,2011 年,頁 215—248;拙文《朴趾源〈幻戲記〉的幻術考證與分析》(**박지원**「幻戲記」**의** 幻術 考證**과 분석**),載《民族文化研究》第 57 號,高麗大學民族文化研究院,2012 年,頁 569—613。

③ 從燕行録來看,朝鮮時代知識份子在使用幻術與幻戲兩個詞彙時,並没有特別的區分。幻術演出一般被稱爲幻戲,幻戲亦可以幻術稱之。不過若將考察範圍擴大至燕行録之外的資料,便可知朝鮮時代知識份子將幻術放在雜技的下一層來看。朝鮮中期李睟光在《芝峯類説》中,曾將幻術稱爲雜技(技藝部雜技),而朝鮮後期李圭景在《五洲衍文長箋散稿》中,曾將幻戲分類至雜技(人事篇,技藝類,雜技,《幻戲辨證説》)。這與現代中國學界中使用的"雜技"一詞,並無太大的差異。

表演的歷史,亦將有助於認識異文化對我們精神世界帶來的反作用,以及造就這種改變的內在變化。

本文可謂筆者過去對燕行録幻術記事相關研究的總結。因此在以下論述過程中,爲説明相關內容,難免有再次提及前文叙述或引文的情形,諒請海涵。

爲求行文之便,兹先定義本文使用之語彙的意義。文中使用"幻術記事"一詞,是爲了概括《幻戲記》或《幻術記》等有意的記録(雜技類),以及燕行録中與幻術相關的短篇叙述。

二、構成燕行録幻術記事的三種層次

朝鮮時代知識份子如何接受幻術?這是我們在考察幻史的發展情況前,必須先解決的問題。對於幻術,朝鮮社會大抵抱持否定的態度。原因在於幻術相當於儒家禁忌的"怪力亂神",亦是源於仙佛的各種異端邪術,被視爲與佛法、方術、道術等類似的範疇。同時,幻術也被懷疑是迷惑百姓的咒語或迷信,此一思維同樣帶來一定的影響。在現今的觀點中,作爲表演的幻術與被稱爲幻術的其他領域,具有明確的劃分。觀衆在觀賞魔術表演時,並不會認爲魔術師是超能力者。不過回到東亞傳統的幻術表演,問題就不那麼簡單了。朝鮮時代知識份子儘管深知幻術表演即是幻人(幻術師)施展騙術,然而"幻術"此一類範疇在此產生一定的干涉作用,使得對幻術表演的認識與議論也呈現出複雜多變的面貌。

朝鮮時代知識份子真正討論幻術/幻戲的例子甚少,這是因爲幻術本身就不可能成爲他們關注的對象。在這點上,朝鮮後期李瀷的《星湖僿説》幻術條與其弟子安鼎福的《天學考》等文,可視爲這方面極稀少的資料之一。

（1）幻術,役鬼也。六壬、遁甲,其來久矣。鬼或白日露形,變態百出,咒符有術,可以虛中見有也。然人與鬼接,鬼性喜殺,故氣魄衰歇,反爲鬼所害,如費長房,是也。然既可呼而至,則又必有驅而遠之者也。漢《西域傳》"烏弋山離國,有善眩之語"。顏注"眩讀與幻同,即今吞刀吐火植瓜種樹屠人截馬之術"。然則其本自西國來,而至漢末始盛於中國者也。①

（2）列子周穆王時，西域化人來。浮屠人，善幻多技能，此亦佛類也。②

（2—1）按化人，即眩人也。蓋犛軒去中國四萬餘里最西之地，其人善幻多技能，西域諸國皆慕效之。其通中國，蓋已久矣。③

引文將幻術放在與神仙術或佛教的關聯中説明。此一觀點雖然基本上受中國文獻的影響，然而也證明了朝鮮時代知識份子特別將幻術與佛教、神仙術等異端或鬼神等迷信、咒術問題等同論之的強烈傾向。而處在同一時代的清朝知識份子，則主要將幻術視爲雜戲的一種④。

在（1）引文中，李瀷先爲幻術定義，後引《漢書·西域傳》顏師古注，説明幻術源自犛軒的眩人（幻人）⑤。李瀷在《星湖僿説》的另一則記載中，指出幻術始於佛教傳入中國後⑥。安鼎福也在（2）引文中，引用《列子》的記録説明。

①李瀷《星湖僿説》卷九，人事門，幻術條。以下引用之文獻資料，若無特別標示，則皆引用自韓國古典翻譯院資料庫（**한국고전번역원** DB）。

②安鼎福《順菴集》卷十三，雜著，《橡軒隨筆》下，佛法入中國條。引文中"浮屠人，善幻多技能"一語，出自韓愈《送高閑上人序》："吾聞淨屠人善幻，多技能。"

③安鼎福《順菴集》卷十七，雜著，《天學考（乙巳）》。引文乃是對《列子·周穆王》"周穆王時，西極之國有化人來，入水火，貫金石，反山川，移城邑，乘虛不墜，觸實不硋，千變萬化，不可窮極，既已變物之形，又且易人之慮"一句之按語。

④（清）錢泳的《履園叢話》爲其代表。他在記述幻術表演時，並未提出與方術或佛教相關的言論。參見（清）錢泳《履園叢話》卷十二，藝能，雜戲條，收入上海古籍出版社編《清代筆記小説大觀》4，上海古籍出版社，2007 年，頁 3494。

⑤《漢書》卷九十六，列傳，西域傳，安息國條："武帝始遣使至安息，王令將將二萬騎迎於東界。東界去王都數千里，行比至，過數十城，人民相屬。因發使隨漢使者來觀漢地，以大鳥卵及犛軒眩人獻於漢，天子大説。安息東則大月氏。"

⑥李瀷《星湖僿説》卷十一，人事門，仙佛條："幻眩之術，自佛法入中國，始也。三國時，左慈、牛吉之類，極是怪誕。"

　　幻術與佛教的關聯,其《東史綱目》亦稱新羅異次頓的殉教爲幻術①。(2-1)引文是對《列子》相應部分添加的按語,認爲西域諸國仿效軒轅國人,善幻術,並進而傳入中國。"西域＝幻術"的認識結構由此形成。

　　幻術由西域傳入之觀點,某種程度呈現了東亞的普遍思維。這種看法,進而影響了將鳩羅摩什與達摩等來自天竺的僧人視爲幻人的態度,因爲天竺也包含在西域的範圍內。韓愈《送高閑上人序》中的"吾聞淨屠人善幻,多技能"一句,在朝鮮時代知識份子的文章中被頻繁引用,而這又成爲將幻術與佛教連結的依據。儘管這類觀點有其特定的原因,不過幻術的西域傳來説,使得方位的相似性連帶影響到其他領域。將幻術與西學連結的觀點,即此明證。

　　　　大抵其術以傳聞參之,蔽一言曰,至妖至怪。……惟其所謂登天堂一説,即渠學之究竟處,其能令蠱惑民志者,似在此一款,而若徒以文字教之,口舌諭之,而無目見身履之驗,則雖至愚者,斷無確信認真,至死不悔之理。愚意則有一焉,蓋幻術左道者,從古有之,自周穆王時,西極化人云者,皆可證。如漢之張角、左慈、于吉輩,如唐之張天師、張果之徒,抑亦其流而已。皇明時,徐鴻儒黨之白蓮教,王森之聞香教者,亦皆裔類之濫者耳。後來漸狃於見聞,術者亦駮雜,無他奇世,又不以爲神。今中國以幻人爲戲具,雖千詭百怪,視之尋常,只作一場矣。資我國人之燕者,亦觀之甚熟,不以爲怪者,以習見彼俗,不以此爲奇,而特爲戲玩而已故也。今若使我國人,不入中國,而卒然見人有能幻者,則未有不大以爲神異,而認鬼認仙者也。雖稍有識見者,尚或有聰? 若之慮,況閭閻愚民乎,況婦女童孺乎? 意者挾洋術者,必欲人之信其術,而至死不變,故乃教人其術也,先以幻人之術,籠絡迷蠱之。或曰,地辦出財貨飲食,或變化百物,或假設幻套,令學之者,服其神通,然後乃設爲得道升天堂之形狀,使之丁寧目見焉,屢見屢驗,浸浸然認以爲真故也。②

----

①安鼎福《東史綱目》第三上,戊申年,新羅法興王實十五年,高句麗安臧王十年,百濟聖王六年:"新羅舍人異次頓,伏誅。"(按西域之俗,善幻多技能,而佛其尤者也。故其種種靈異,見於傳記,而不可誣者,不一而足。)
②姜浩溥著、姜在應編述《桑蓬録》,《四養齋集》外集。韓國延世大學中央圖書館藏本。

　　引文摘自姜浩溥《桑蓬録》西學相關内容的文末處,由其曾孫姜在應所撰寫的《追説》。姜在應在説明天主教的傳教方式時,暗指其爲幻術。對於《桑蓬録》中稱天主教教理爲仙、佛之結合,以及《天主演義》、《天主真經》諸書"誕妄虛幻"而無足可觀,《追説》有進一步的説明①。姜在應也再次將此歸結至幻術的問題,給予强烈的批判。將幻術視爲源自西域的東亞傳統觀念,也對這樣的觀點帶來一定的影響。對他們而言,來自西洋的天主學與來自西域的佛教相同,都是敗壞斯文的異端②。

　　將西學置於西域的範疇内所産生的這種誤解,不僅限於姜在應,朴趾源也曾將天主教堂的神父視爲幻人③。從仙、佛到西學,幻術之於朝鮮時代知識份子,可説是使他們聯想至違背道學的一切異端與其傳教、傳道之術的詞彙。

　　"異端的傳教、傳道之術"觀點的另一個極端態度,是將幻術視爲惑世誣民的詐欺手法。如前述《星湖僿説》幻術條中所言,幻術被認爲是與招唤鬼神的咒符結合的迷信、咒術。從朝鮮王朝實録中的記録來看,幻術多被視爲民間迷信的咒術,亦即某一種妖術,而非表演。在朝鮮初期的疏文中,亦可見類似的思維,曾有大臣痛斥爲中國使臣準備的餘興節目中表演的幻術,稱其必須放斥而遠之,君王不得允許且樂觀幻術,亦不得

---

①天主名耶蘇,歐羅巴國人也。……又其學術清浄以無欲爲工,以得道坐化爲驗云,蓋合仙佛而爲一者也。嘗見其所著書有所謂《天主真經》、《天主演義》等編,其説往往神奇,不無可喜,而究其中,畢竟誕妄虛幻,不足一覽也。

②吾人所使用"西洋"一詞,乃由"西域"一詞分化而來。參見元載淵《朝鮮時代學者的西洋認識(**조선시대 학자들의 서양인식**)》,載《大邱史學》第73輯,大邱史學會,2003年,頁42—46。

③朴趾源《答巡使書》,《燕巖集》卷二,煙湘閣選本,頁487:"**吾以爲即今中國所有天主堂,西洋人雖精於曆法,皆幻人也。**《西南夷傳》,幻人能變化,吐火、自支解,易牛馬頭,自言海西人,海西即大秦也。注:今按大秦,即武帝時犁軒國,今謂之拂林。又漢安帝時,永寧元年,永昌徼外檀國王雍曲,調遣使者,獻樂及幻人。"

予以厚賞①。幻術表演本身，即是欺瞞、詐騙眼睛的妖術。當時知識份子對於迷惑百姓的這種妖術，多少帶有某種程度的憂慮。因此在朝鮮時代，幻術甚至也被視爲恐將瓦解社會秩序的一種犯罪行爲。對於幻術的憂慮，時而擴大爲認定幻術乃真實存在的不可思議的力量。在今日觀點上無異於咒術或迷信的這種思維方式，在朝鮮王朝實録中存在大量例證。以下對景宗朝睦虎龍告變事件的記録，即爲一例。

　　　　戊午/鞫廳罪人尚建物故。尚建，即稱白雲山人李泰華者也。初，虎龍招曰："一日微雨中，有一人來到門外，自言：'自俗離石窟中來。'出見，則泰華也。自言能爲遁甲之術。其後鱗重不能出銀，諸賊索出，則計無奈何。招致泰華，使之幻得銀貨，稱云：'使鬼輸銀者，非印朱紙，則不可'云。其時，洪義人爲繕工奉事，印在其家，故以厚紙踏空印十數張以給，則泰華僞作户曹屯別將帖，放賣於鐵原地。本倅識其印文，捉囚其別將，搜得泰華甚急，泰華大怯逃走，以實告于義人，抵書本倅，得以無事。幻術聚銀之事，爲一場笑囷云云。"……領議政趙泰耇奏曰："……以妖術惑衆之罪，宜遠地定配。"上許之。後因臺啓，更爲拿鞫，刑問十一次，一向抵賴，至是徑斃。②

　　由朝鮮王朝實録觀之，幻術多伴隨逆謀一起出現。幻術或者迷惑民心，或者僞造銀兩，與妖術並無不同。此外，幻術也被視爲是惑世誣民的詐欺手法，例如以咒術誘惑百姓，或以預告未來的方式騙取財物，應當予

----

①《成宗實録》十二年六月二十一日甲子條："夫吞鈎吐火，滑稽調戲，皆變幻淫巧之術，所當放斥，而遠之者也，殿下每於請宴之日，許令同之頭目，陳雜戲於前，或令再試其術，假以樂觀之色，優給布子以賞。於是乎喜其術之得售，而利其賞之厚也，技戲日增，而賞亦倍焉。彼安知殿下實不喜其事，而强慰其心也？將矜其術，誇其所得語上國，則異日宦寺之來，何憚而不爲此乎？殆必有甚焉者矣。我國素以禮義聞，朝廷有識之士，若聞此等事，則必將曰：'朝鮮之待中官如是，朝鮮之好幻術如是。'則豈不爲聖德之累耶？"此部分所指幻術，是接待中國使臣鄭同而演出之幻術。以下朝鮮王朝實録的內容，皆引自韓國歷史情報統合系統資料庫(**한국역사정보통합시스템** DB)。
②《景宗實録》九卷，二年八月五日戊午條，第一條記事。

以禁止①。

　　中國的情形也是如此。與逆謀相關的事件，多伴隨幻術的出現，乾隆年間的事件(1768 年)與光緒年間的事件(1876 年)②，可謂最具代表性的案例。其中乾隆年間的事件，尤其吸引我們的目光。該事件與前述景宗實録之記録發生在相近的時期，與 18 世紀朝鮮知識份子的幻術認識應有一定程度的關聯。發生於 1768 年，並撼動清國的此一幻術相關逆謀事件，其經過梗概如下：當年在清國國内，有幻術師走遍全國，攝人魂魄的傳言甚囂塵上，這個消息最後傳入乾隆皇帝的耳裏。據説幻術師手持寫有人名的紙片或頭髮、衣服，施展幻術致人病死，再控制靈魂任意使用。乾隆皇帝認爲這是反叛清朝之舉，全力掃蕩這些流浪的幻術師，在當時社會引起了極大的騷動③。這類事件日後亦時常發生，清末《點石齋畫報》中也載有類似事件④。

---

① 例如《成宗實録》四年十一月十四日辛丑條；《英祖實録》三十九年一月三十日戊子條。以上記載的幻術内容，都使人聯想起表演的手法。關於朝鮮時代的幻術觀，金恩英的論文中曾有過討論，詳參金恩英《韓中幻術的歷史與特徵》(**한·중** 幻術**의 역사와 특징**)，載《韓國民俗學》第 50 輯，韓國民俗學會，2009 年，頁 243—253。

② 關於光緒二年發生的事件，參見以下論文：吳善中《清光緒二年"妖術"恐慌述論》，載《江海學刊》，2004 年第 2 期，頁 126—131；吳善中、周志初《"妖術"恐慌中的民教衝突》，載《揚州大學學報》，2004 年第 3 期，頁 82—85；何志明《晚清地方政府應對社會性危機的失誤》，載《安慶師範學院學報》，2009 年第 28 卷第 5 期，頁 86—90。

③ 江紹原《髮鬚爪：關于它們的迷信》，中華書局，2007 年，頁 1—150(本書最早於 1928 年由上海開明書店出版)；Philip A. Kuhn, *Soulstealers: The Chinese Sorcery Scare of 1768*, Harvard University Press, 1990, pp. 1—299.

④ 在《點石齋畫報》第一册甲乙丙集的《幻術竊財》中，載有施展幻術的竊盜事件；在第三册丁戊己集的《邪教宜治》中，載有關於乾隆朝勾魂幻術師事件的紙人、剪人頭髮故事及圖畫。

　　如上所見,相較於表演,幻術更被視爲異端的邪術或惑世誣民的詐欺手法①。以上述内容爲綫索進行考察,可知在朝鮮時代知識份子看待幻術的視角中,存在著以下三種層次的幻術認識態度。

①神仙術、佛教高僧的異迹、西學的科學技術

②惑世誣民的詐欺手法

③作爲表演的魔術

　　①與②當然並非明確區分的層次,不過①某種程度被視爲宗教理念或先進科學技術,而②僅被視爲怪異荒誕的邪術,應由國家法律禁止。②全面受到國家與個人的否定,這點應與①有所區分。在此意義上,我們得以從新的角度看待朴趾源的《幻戲記序(題辭)》。這是因爲該文有系統地整理了朝鮮時代知識份子看待幻術的多元觀點,並由此開啓了新的視角②。

　　　　蓋自上世有此能,(1)役使小鬼,(2)眩人之目,故謂之幻也。夏之時,劉累擾龍以豢孔甲③,周穆王時,有偃師者墨翟君子也,能飛木鳶,後世如(3)左慈、(4)費長房之徒,皆挾此術以游戲人間,而燕齊迂[迃]怪之士,談神仙以誑惑世主者,皆幻術,當時未之能覺。(5)意者其術出自西域,故鳩羅摩什、佛圖澄、達摩,尤其善幻者歟!(6)或曰:"售此術以資生,自在於王法之外,而不見誅絶,何也?"余曰:"所以見中土之大也,能恢恢焉並育,故不爲治道之病。若天子犖犖[犖]然與此等較

————————————

①當然,並非朝鮮時代知識份子都對作爲表演的幻術全然無知。李睟光曾於《芝峯類説》雜技條中闡明其起源,指出韓國幻術表演始於恭愍王時隨侍魯國大長公主身旁的幻術師,參見李睟光著,南晚星譯《芝峯類説》下,技藝部,雜技條,乙酉文化社,1975年,頁369。不過早在新羅時代,入壺舞、新羅狛等幻術已經在唐朝流行,崔致遠"鄉樂雜詠"中也有與幻術表演相似的雜戲,由此看來,韓國固有的幻術此前早已存在。關於入壺舞、新羅狛,在日本的《信西古樂圖》中仍留有圖像,有助於理解。

②對於朴趾源是否以如此不同層次的意義來看待幻術,仍有討論的空間。在學術會議上,拙文討論人認爲應該理解爲朴趾源將此三種意義合而爲一來看待幻術,筆者亦不認爲朴趾源以各種混淆的意義來看待幻術。本文僅著眼於指出構成朴趾源幻術認識的各種層次,並闡明其歧異性。

③《漢書・高帝紀》中,有"劉累,學擾龍,事孔甲"一句。該句亦爲《星湖僿説》卷八,人事門,飛豹取獸條所引用。

三尺，窮追深究，則乃反隱約於幽僻罕覿之地，時出而衒耀之，其爲天下患大矣。故曰令人以戲觀之，雖婦人孺子，知其爲幻術，而無足以驚心駭目，此王者所以御世之術也哉！遂記其所觀諸幻共二十則，將以示吾東之未見此戲者。①

朴趾源《幻戲記序》中的資訊，可以説大多是以當代普遍的觀念爲基礎。以下首先列舉該文内容中，可以在更早前的燕行録或幻術相關記録中找到相似處的部分②。(1)見於前述所引李瀷《星湖僿説》卷九人事門幻術條③；(2)見於《和漢三才圖會》卷十六幻戲條；(3)見於李押《燕行記事》；(4)與(5)亦見於李瀷《星湖僿説》卷九人事門幻術條的同一則内容。雖然無法斷言朴趾源直接從上述文獻中獲得資訊，不過可推測朴趾源對幻術的談論，絶大部分是當時普遍的觀念。朴趾源同樣試圖從現代觀點難以理解的各種相異概念來解釋幻術，例如召唤小鬼、將高僧的異迹結合西域幻術師行爲的觀點，以及眩人耳目的行爲，確實是彼此相異的幻術認識方式。燕巖學派文人中的柳得恭，也將回回人善幻術的原因與西域連結，由此可見，此一認識可謂當代知識份子普遍的思考方式④。

其中尤其值得關注之處，在於這段文字特別以《幻戲記序》爲標題，説明幻術記録何以重要。對於不禁止一般百姓接觸幻術，使他們可自由體驗的原因，文中作了詳盡的説明。而這段文字，可以説是最早提及過去被否定、被視爲禁物的幻術，何以能成爲具有價值的經驗對象的記録。此一見解日後影響了 19 世紀的燕行録，促使强調幻術在中國社會中僅被視爲一種游戲的記録出現。在前述姜浩溥《桑蓬録》所載姜在應的《追説》中，雖有

①《幻戲記》原文以韓國文集叢刊《燕巖集》爲準，並比對總計 9 種的各系統異本。異本若與原文出現差異時，於中括號[ ]内標示。
②以下内容在前文已有提及，爲求行文之便，本文將其内容摘要説明。參見拙文《朴趾源〈幻戲記〉的幻術考證與分析》，同上，頁 503－586。
③在幻術相關記録中，《太平廣記》"劉靖妻"中收有召唤小鬼的故事。在這則故事中，明崇儼過度召唤小鬼，最後遭小鬼所殺。參見李昉等編《太平廣記》6，幻術二，中華書局，1994 年，頁 2270。
④柳得恭《金臺臆語》，幻術條："西域胡人吞刀吞火，漢時已有之。今回回人爲此術，回回，古西域也。左兹[慈]愚弄曹操，釣鱸、致薑，混於羊群，即此術也，而范曄《後漢書》爲之立傳。"柳得恭《後雲録》，韓國首爾大學奎章閣藏本。

“今中國以幻人爲戲具，雖千詭百怪，視之尋常，只作一場矣”一語，不過李遇駿在《夢游燕行録》中原原本本接受與記録朴趾源的論點，可謂最具代表性的案例①。在李圭景的《幻戲辨證説》中，有幻戲表演可不須禁止一語，亦可視爲受朴趾源的影響②。

　　另一個值得關注之處，在於朴趾源提出幻術師爲社會危險份子的觀點。表面看來，這段文字闡明了中國社會接受幻術表演的原因，爲《幻戲記》的撰寫提供了正當名分。然而“若天子挈挈[絜]然與此等較三尺，窮追深究，則乃反隱約於幽僻罕覩之地，時出而衒耀之，其爲天下患大矣”的叙述，不可斷言與1768年動搖清朝的幻術事件無關。

　　朝鮮時代知識份子的觀點，便與現代社會將魔術表演和宗教，或是魔術表演和非科學的咒術區分開來的觀點，出現了一定的差異。因此，爲了精確掌握燕行録中的幻術記事，必須先了解該時期幻術認識的各種層次。

三、朝鮮使行人員觀看幻術表演的“幻史”

(一)被隱蔽的幻術

　　整體朝鮮社會對幻術的否定態度，也深深影響了燕行録的幻術記事。比起戲劇，幻術表演更被認爲是妖法或邪術，以至於觀看的態度本身便顯

---

① 李遇駿《夢游燕行録》下，己酉正月初五日條：“寧使其售此術以資生，自在於王法之外，而恢恢焉並育，故不爲治道之病。若天子契契然，與此輩較三尺，窮追深究，則乃反隱約於幽僻罕到之地，時出而衒耀之，其爲患大矣。是以日令人觀之，雖婦孺皆知其幻戲，而無足以驚心駭目，此無乃爲王者御世之一端歟。”李遇駿《藥坡漫録》附録，收入林熒澤編《李朝後期閭巷文學叢書》5，驪江出版社，1991年，頁592—593。
② 李圭景《五洲衍文長箋散稿》，人事篇，技藝類，雜技，《幻戲辨證説》：“夫幻者，即反真者也。其理如形之有影，如聲之有響，一如海市蜃樓，不可名狀。然即《王制》之左道，《周禮》之怪民，王法之當禁者，然自來天地間，特設此一副幻妄奇奇怪怪者，將以明真定景像有異於幻妄者，不過倡優傀儡之餘套，使觀者慣見無怪，幻者作戲無他，則雖不禁，亦無妨，故中原諸國，並無禁者此也。”

得僵化①。也由於觀看時帶有偏見,自然也產生對表演對象没來由的反感或畏懼,甚至出現反對觀看的行爲,或對没有觀看而感到慶幸②。因此,許多人即使在觀看後留下記録,也對觀看的事實帶有敵意。尤其是在18世紀以前的燕行録中,發現不少消極的叙述態度,這可以説極大程度來自於當時社會對幻術的否定態度。所以,即使在觀看幻術後留下記録,終究也僅止於感到神奇或荒誕的片面認識而已。

　　考察燕行録内容,對明使行初期即已出現幻術記事。儘管没有留下詳細的記録,不過從文中提及觀賞過雜戲來看,便可從中尋得痕迹。在現存資料中時代最早的幻術記事,出現於權橃的《朝天録》。權橃的《朝天録》爲1539年對明使行記録,簡略記載使程聞見事實。16世紀至17世紀的幻術記事大致沿襲這樣簡略的内容,對幻術也帶有相當負面的認識。許筬《朝天記》(1574)最能表現這樣的特徵。

　　　　今日雜戲之人,或抽出玉珮,或盛開彩花於中虚之器,此必是幻
　　術,而余等爲所眩,而目不能燭破其邪妄,有愧於傅奕多矣。③

　　對於會同館舉辦的下馬宴中依例出現的雜戲,許筬的反應多少有些過度。從許筬的記事可以見出其負面看待幻術的極端態度,他認爲幻術與異端佛教信仰有密切關聯。引文中傅奕是激進的排佛論者,甚至向崇佛的唐太宗主張廢除佛教。許筬觀看幻術時想起傅奕,這與《太平廣記》卷二八五中收録的《胡僧》故事有一定的關聯。在這則故事中,傅奕看破胡僧以幻術

---

①李健命《寒圃齋使行日記》,韓國延世大學中央圖書館藏本:"昨來幻術人又來,其所弄
　術,揮霍神變,莫知端倪,此乃妖法邪術之瞞人耳目,而亦可謂神奇矣。"
②張錫駿《朝天日記》,《春皋遺稿》卷一,正月初七日條:"譯員輩,招優人技戲者,眩幻百
　巧,妖詭不欲觀,即還。"金直淵《燕槎日録》,一月十一日壬午條,申翼澈譯《國譯燕槎
　日録》,義王鄉土史料館,2011年,頁150—151。在該文中,金直淵向前往琉璃廠觀戲
　歸來者,批判幻術是迷惑人心之術,未見幻術亦與見過幻術無異。
③許筬《荷谷集》,《朝天記》中,萬曆二年甲戌八月十六日條,收入《韓國文集叢刊》第58
　册,景仁文化社,1990年,頁444。

眩人耳目的騙術，最終使胡僧屈服①。許篈將佛教與幻術等同視之的思考
方式，與前述構成幻術記事的①和②有關，尤其是第①種層次。傅奕的軼
事，也被《太平廣記》分類爲與幻術有關的故事，而許篈在觀看幻術時想起
傅奕，原因或許就在於此。那麼，許篈在看完所有表演後，爲什麼有愧對傅
奕的反應？

　　許篈在使行期間，曾對明代以陽明學爲中心的學問風氣表達不滿。而
更加刺激許篈的，是當代中國朝廷對王守仁從祀文廟與否的討論。綜觀
《朝天記》，他持續關注作爲使行目的的宗系辨誣一事，以及王守仁從祀文
廟的問題。有時反應過度，幾乎到了偏執的程度，從年輕秀才到朝廷高官，
對每個遇見的人提出此問題，試圖説服對方。許篈感慨今日天下不再知道
朱子的存在，甚至極言擁護陽明學者鄙陋低賤，無法與其辯論。他也引用
崔溥的《漂海録》，深深嘆息中國崇尚佛道與尊崇鬼神的風氣②。許篈誇張
的言行，有時也引起明人的反感，使得依照慣例贈予對方的禮物，遭對方拒
絕接受③。反之，對於批判王守仁學問爲僞學的文人，却表現出友好的
態度④。

　　許篈對於異端與邪術橫行的明代社會深爲感嘆，認爲幻術即是其證據

①根據《舊唐書·傅奕列傳》，傅奕是激進的排佛論者，甚至向崇佛的唐太宗主張廢除佛
　教。他尊崇儒家與道家，却完全無法接受佛教。傅奕曾彙集魏晉時期以來駁斥佛教
　的人物，編成《高識傳》十卷。參見劉昫《舊唐書》卷七十九《列傳》第二十九。《胡僧》
　篇内容如下：“唐貞觀中，西域獻胡僧，咒術能死人，能生人。太宗令于飛騎中取壯勇
　者試之，如言而死，如言而生。帝以告太常少卿傅奕。奕曰：‘此邪法也。臣聞邪不犯
　正，若使咒臣，必不能行。’帝召僧咒奕，奕對之無所覺，須臾，胡僧忽然自倒，若爲所
　擊，便不復蘇矣。《出國朝雜記》。”李昉等編《太平廣記》卷二百八十五《胡僧》，中華書
　局，1994年，頁2268—2269。
②許篈《朝天記》中，八月十三日條。
③最著名的例子，是載於七月二十六日條與遼東正學書院書生的論爭、八月二日條與國
　子監生葉本的論爭。面對許篈對陽明學的批判，他們皆堅持擁護陽明學的立場。許
　篈對此寫道，這些人閉塞鄙陋，無法與之辯論。在與正學書院書生結束論辯後，許篈
　欲贈以筆墨表示禮節，被對方拒絕。
④最著名的例子，是載於八月三日條與陝西舉人王之符的相逢、八月二十日條與監生楊
　守中的相逢。

之一。因此比起將幻術視爲表演來觀賞，他選擇"幻術＝異端邪術"的觀點，慨歎自己無法像傅奕那樣看破騙術，打擊眩惑人心之舉。雖説幻術表演內容記錄得極爲簡略，其實與未提及表演內容無異，原因就在於此。因爲觀看表演本身，被視爲反映了未能洞察幻術的精神狀態。

這種趨勢直到 17 世紀爲止，仍没有太大的轉變。雖然從黃是的《朝天錄》或黃中允的《西征日録》等文獻中，發現了少數觀看雜戲（包含幻術）的記録，不過也僅止於"怪不可悉記"（黃允中）、"奇怪莫測"（黃是），對幻術表演帶有過度的反感。黃允中是光海君時代奸臣李爾瞻的心腹，在仁祖反正後失勢，他所觀看的表演，可以説是一種綜藝表演，也就是由各種節目與食物、美酒交織而成的演出。儘管黃允中記載表演總花費高達 70 至 80 兩，表演內容極爲華麗，然而對於這場演出，他的感想只不過是"信難知者，幻術也"。

誇張與恐懼，以及對異端的負面認識等，造成此一時期燕行録中的幻術無法被如實記録下來。這個時期主要站在①與②層次觀看的知識份子，其幻術記事造成了記事核心主題的"幻術"走向隱蔽的結果。總的來看，此一時期的幻術記事未能保留表演的具體內容，亦可視爲是知識份子對幻術表演的反感與恐懼理所當然產生的結果。

（二）對幻術的探究

對幻術缺乏關注與負面的態度，使得關注表演本身的行爲不被允許。這個趨勢不僅限於 16、17 世紀，也延續到了 19 世紀①。然而隨著觀看經驗的累積，對幻術也開始出現較爲積極的態度，這與具體的幻術表演記錄的出現不無關聯。在 18 世紀的燕行録中，又以金昌業的《燕行日記》（1712－1713）、李宜顯的《庚子燕行雜識》（1720）、姜浩溥的《桑蓬録》（1727－1728）爲代表。三書收有較爲詳細的幻術表演內容，《燕行日記》有 2 種劇目，《庚子燕行雜識》與《桑蓬録》各有 11 種劇目。其中《庚子燕行雜識》與《桑蓬録》分門別類記錄幻術表演內容，這與過去的記錄頗爲不同。

幻術與其他戲劇不同，較難掌握表演內容。因爲幻術的基本訴求在於眩人耳目，幻術師爲了避免被看破幻術技法，不會重複使用相同的幻術。

---

① 翻閱 19 世紀張錫駿的《朝天日記》與金直淵《燕槎日録》，對幻術的負面認識與 16、17 世紀無異。

若要詳細記録表演内容,就必須冷静觀察幻術師的表演技法,並於事前掌握幻術資訊。如果没有任何幻術相關資訊,觀察者便難以客觀記録表演,原因在於對幻術過多的恐懼或過度的狂熱,將造成無法客觀看待對象的結果①。在此層面上,《庚子燕行雜識》與《桑蓬録》分門別類記録幻術内容,也代表了該時期對幻術的掌握較過去有更進一步的發展,而其中又以姜浩溥的《桑蓬録》②最受到關注。

《桑蓬録》被視爲是該時期保守派知識份子的燕行記録,不過在幻術記録上,却留下了與過去層次不同的内容。更重要的一點是,其中可以看出作者對幻術表演的起源與類型的事前知識。姜浩溥在記録下 11 種的幻術表演後,闡明幻術表演由來已久,並具體記述"吞刀"、"吐火"、"種瓜"、"屠人"、"斬馬"、"自縛自解"等幻術劇目③。而以鹿皮化爲蛇的幻術,也被記録在其中,這是過去不易看見的特殊内容④。

具體的幻術記事的出現,使得 18 世紀晚期後,進入了真正有意探究幻術本質或探索表演原理的階段。朴趾源在《幻戲記》序與後識中説明幻術表演爲何有其必要,並以此爲基礎,嘗試理解幻術營造之幻影的本質。過去對幻術表演的議論皆集中於表演者的騙術或假象,而朴趾源從中脱離,將幻影形成的條件置於普遍的常識領域中思考,在這點上,可謂對幻術最

---

①因此在燕行録中,經常出現"不忍見也"或"不可勝記"的叙述,而未能如實記録幻術表演的内容。

②姜浩溥是在"宋時烈—權尚夏—韓元震"的老論湖論系正統學脈上的學者,於 1727 年隨曾爲父親門生的李世瑾赴燕。如今流傳下來的《桑蓬録》,是姜浩溥爲其母親以諺文撰成《상봉녹》,再由其曾孫姜在應譯爲漢文。

③姜浩溥《桑蓬録》卷八(收入姜浩溥《四養齋集》外集),戊申(1728),正月初六日條:"大抵其術妖誕不可究識,中原之人,以幻術惑人,其法已久。魚豢《魏略》所云,犂靬多奇幻之術,吞刀,吐火,種樹、種瓜,即地開花,摘棠而食,屠人、斬馬,殺而復生之術云者。《列子·周穆王篇》所云,有化人入水火,貫金石,反山川,移城邑者,皆謂此術也。"

④"又自囊中出鹿皮乾者一條,長尺餘,其狀略如蛇,皆示之人,使知其爲鹿皮也。以手撫摩,則其皮漸蠕蠕而動,舉頭搖尾,既而躍下卓子上,跳上於傍人之肩背上而行,復走下卓上,開口吐舌,真蛇也。"

有深度的取徑。儘管這種常識並非朴趾源獨有的想法①，却對日後燕行録幻術記事的變化帶來相當大的影響。

　　在這種試圖理解幻術的態度逐漸改變的過程中，18 世紀晚期至 19 世紀初期之間，開始大量出現真正將幻術視爲關注對象的幻術記事。洪大容的《燕記》與《乙丙燕行録》(1765－1766)、李押的《燕行記事》(1777－1778)、朴趾源的《熱河日記》(1780)、徐有聞的《戊午燕行録》(1798－1799)、李海應的《薊山紀程》(1803－1804)、權復仁的《隨槎閒筆》(1822)、朴思浩的《心田稿》(1828－1829)、金景善的《燕轅直指》(1832－1833)，皆爲其代表。

　　此一時期幻術記事表現出的特徵之一，是將幻術分門別類的記録方式逐漸普遍。這是不見於過去幻術記事中的記録方式，而分類記述本身，也展現出對幻術不帶有偏見的關注與更高一層的理解水準。此外，對各種幻術的分類認知開始形成，也值得關注。將事物分類理解的方式，的確伴隨著對於某個對象一定程度的關心，而這也暗示著支撐這種分類認知出現的背景知識必然存在。

　　在幻術記事的創作過程中，前人燕行録與收録幻術資訊的相關書籍，均發揮了極大的影響力。影響尤大者，有《太平廣記》(幻術條)，洪邁的《夷堅志》，謝肇淛的《五雜組》，蒲松齡的《聊齋志異》(《偷桃》、《種梨》)，張潮的《虞初新志》(《九牛壩觀抵戲記》)，沈起鳳的《諧鐸》(《財戒》)，紀昀的《閱微草堂筆記》(《戲術》)，明代王圻、王思義父子編纂的《三才圖會》(吞刀條)，日本學者寺島良安編纂的《和漢三才圖會》(幻戲條)等。其中繪有幻術圖畫的《三才圖會》與《和漢三才圖會》，提供了對幻術不甚熟悉的朝鮮知識份子間接經驗的機會。

　　中國具體記録幻術表演的文獻，保留在筆記資料與方志等資料中②。

---

①其源流可上溯至高麗時代李穡的《幻菴記》等文。在該篇記文中，李穡站在幻影的層
　面解釋佛教的教理，期許"後之讀吾記者，當學幻人心識，然後知修公(幻菴混修)之爲
　人矣，知吾作記之意矣"。參見李穡《牧隱集》文稿卷四，《幻菴記》。
②中國人並不積極留下幻術記録，這可以説與他們早已熟悉幻術表演本身有極大的關
　聯。

經筆者確認的資料,有洪邁的《夷堅志》、謝肇淛的《五雜組》、蒲松齡的《聊齋志異》(《偷桃》、《種梨》)。扣除虛構與渲染成分較高的《聊齋志異》,則宋代洪邁的《夷堅志》和明代謝肇淛的《五雜組》可視爲實際記錄幻術表演的文字。在謝肇淛《五雜組》卷六中,收有《夷堅志》的幻術表演,以及謝肇淛本身的觀看記錄①,其内容也轉載於李德懋與其周邊文人積極使用的《和漢三才圖會》幻術條中,足見其影響力之大②。而《五雜組》的幻術記錄方式與幻術觀念,尤其對朝鮮後期知識份子帶來極大的影響。李圭景在《幻戲雜術辨證説》中大量引用《五雜組》的幻術記事,對幻戲與雜術予以辯證。

以上列舉之18世紀幻術記事,可以説皆從③的層次聚焦於作爲表演的幻術,並以此觀點記錄,而非①與②的層次。在此一時期的幻術記事中,尤其值得關注的,亦是洪大容與朴趾源的文章。洪大容在《燕記》中的《幻術》條内,將琉璃廠與館舍内觀看的兩場幻戲一同記錄下來③。洪大容在記錄幻術時,尤其關注表演的原理。

(1)蓋諸戲多緣手勢敏熟,無甚神怪,而若袱中之果楪、水椀、空鍾之酒,不可謂無術也。④

(2)諸譯言"術者將施技,必前期裝置于外,不假人而術以致之,及還出,必使人云"。蓋能現而不能隱,幻其來而不能幻其去,豈術有通塞歟!⑤

洪大容將幻術視爲一種表演,並試圖對其評價。在引文(1)中,比起手勢敏捷的幻術(即手法),他更關注令觀看者無法覺察其妙的移物之術(即搬運法)。而引文(2)更鮮明地呈現洪大容對幻術的關心。透過經常往來

①謝肇淛《五雜組》卷六《人部》二,收入《明代筆記小説大觀》2,上海古籍出版社,2005年,頁1598—1600。

②關於朝鮮對《和漢三才圖會》的接受過程,詳參安大會《18、19世紀朝鮮的百科全書派與〈和漢三才圖會〉》(18・19 세기 조선의 百科全書派 와 『和漢三才圖會』),載《大東文化研究》第69輯,成均館大學大東文化研究院,2010年,頁419—445。

③除此之外,洪大容亦曾於玉皇廟前觀看幻術表演。參見《乙丙燕行錄》卷之五。

④洪大容《湛軒書・外集》卷十《燕記・幻術》。

⑤同上注。

中國的譯官,洪大容得知幻術師在幻術表演中使用了秘密道具,由此確認幻術最終未創造異迹。他解開了過去對幻術的疑問,明確指出作爲表演的幻術終究只是一個技藝,而非實際創造了什麽。洪大容的這種記述方式,從單純的聞見記錄進入了評論,從單純的觀賞進入了對表演原理的探究,故具有一定的意義。這是由於洪大容與過去朝鮮使行人員不同,本身對幻術即有相當程度的關注,因而産生此一結果。當清朝通官徐宗孟向洪大容問起觀看幻戲的想法時,洪大容讚嘆這是東國技術無法達到的境界,亦可見出洪大容關注幻術的程度①。

朴趾源的《幻戲記》則比洪大容有更進一步的發展。他的記錄在幻術記事中,可謂空前絶後的水準。如筆者於前文所分析,《幻戲記》的記錄在事實性與具體性上,已達到足以重現幻術的程度②,在中國幻術記事中也不易見到類似案例。即使與前述《五雜組》的幻術記事相比,在内容與形式上皆呈現出更高的水準。在東亞幻術觀看記錄中,《幻戲記》所具備的卓越性與特殊性特別值得關注。

有趣的是,《幻戲記》不單只是表演内容的記錄。筆者曾分析《幻戲記》所載共 21 種的幻術劇目,提出其中部分存在錯誤記錄或有意誇張與渲染的可能性③。其中比起錯誤記錄的部分,有意誇張或渲染的可能性更引起我們的關注。試看以下一項。

> 幻者置大琉璃鏡于卓上,設架立之。于時幻者,遍招衆人,開視此鏡,重樓複殿,窈窕丹青。有大官人,手執蠅拂,循欄徐行。佳人美女,

---

① 蘇在英等四人注解《注解乙丙燕行録》,太學社,1997 年,頁 270－271。考察《燕記》與《乙丙燕行録》二書,可知徐宗孟是洪大容相當嫌惡的人物。不過關於幻術的問答,並非在雙方有所衝突下展開的對話,故應可視爲洪大容觀看幻戲後的真正想法。

② 中國著名傳統幻術專家傅起鳳先生,也從幻術師的立場指出這點。詳參傅起鳳《朝鮮使臣眼中的清代幻術》,載《雜技與魔術》2011 年第 4 期,頁 52－54;傅起鳳《朝鮮使臣眼中的清代幻術》,載《雜技與魔術》2011 年第 5 期,頁 55;傅起鳳《朝鮮使臣眼中的清代幻術(續)》,載《雜技與魔術》2011 年第 6 期,頁 56－57。

③ 筆者曾於前文考證《幻戲記》所載幻術,並製成幻術劇目分析表。詳參拙文《朴趾源〈幻戲記〉的幻術考證與分析》同上,頁 586－591。

四四三三，或擎寶刀，或奉金壺，或吹鳳笙，或踢繡球，明璫雲鬟，妙麗无[無]雙。室[堂/當]中百物，種種寶玩，真定世間極富貴者[真定世間極貴富者]。于是衆人，莫不羡悦[脱]，耽嗜争觀，忘此爲鏡，直欲鑽入。于是幻者，麾衆喝退，即掩鏡扉，不令久視。幻者閒[閑]步，四向唱詞，又開其鏡，招衆來視，殿閣寂寞，樓榭荒涼，日月幾何，寶女何去。有一睡人，側卧牀[床]上，傍無一物，以手撑耳，頂門出氣，裊裊如煙，本纖末圓，形如垂乳。鍾馗嫁妹，鷦鷯娶婦，柳鬼前導，蝙蝠執幟，乘此頂氣，騰空游霧。睡者乍伸，欲寤還寢，俄然兩腿，化爲雙輪，而其輻軸，猶然未成。于是觀者，莫不寒心，掩鏡背走。世界夢幻，本自如此，猶於[惟於]鏡裏，炎涼頓殊。一切世間，種種萬事，朝榮暮枯，昨富今貧，俄壯倏老，夢中説夢，方死方生，何有何亡，孰真孰假？寄語世間，善心善男，菩薩兄弟，幻界夢身，泡金電帛，結大因緣，隨氣暫住，願準是鏡，莫爲熱進，莫爲寒退，齊施錢陌，濟此貧乏。①

　　以上内容爲《幻戲記》正文所載第十九項。這個與呈現鏡中世界的萬花筒相似的幻術，在規模最爲龐大的幻術叢集《鵝幻彙編》中，也難以找到類似的案例，是極其特殊的幻術②。在《太平廣記》卷二八五"幻術條"中，有隋煬帝年間宋子賢以鏡子施展幻術的内容，不過這與《幻戲記》的内容有顯著的差異③。

　　《幻戲記》的普遍記録特徵，在於越是過去燕行録中出現的内容，記録得越詳細，而越是缺乏事前資訊，記録得越簡略，然而上述這則幻術却呈現相反的情況。且唯有這則幻術記載了幻術師的長篇議論（畫綫部分），這也

①朴趾源《幻戲記》，同上。

②在前人研究中，曾將此歸類爲使用光綫的光學幻術，不過並未提出與其相似的傳統幻術劇目。詳參安祥馥《中國的傳統雜技（중국의　전통잡기）》，首爾大學出版部，2006 年，頁 320—321。

③李昉等編《太平廣記》6，中華書局，1994 年，頁 2268。

是相當有趣的部分①。衆所周知，朴趾源不通曉漢語。即使像洪大容多少能够對話的程度，也幾乎不可能準確地將幻術師的臺詞背下來。不僅是洪大容，在其他燕行録的幻術記録中，也没有如此具體記録幻術師長篇議論的案例。甚至在中國文獻中，也難以找到類似的案例。實際在幻術表演中，長篇議論的臺詞也極其罕見。同樣是《幻戲記》内容，其他幻術劇目幾乎没有臺詞，或者僅有幾句不可或缺的臺詞，與這則幻術相當不同。

　　理解上段引文的關鍵，在於如何看待最後一段臺詞的話者。由於没有"曰"或"謂"等直接、間接的話者標示，最後一段長篇議論難以斷定就是幻術師的臺詞。無論是將這一段看作是幻術師直接説出的臺詞，還是理解爲"應是幻術師之語"，畫綫部分確實是以不同於其他幻術記事的方式寫成。這段臺詞的核心，在於一切如幻的佛教世界觀。正如《金剛般若波羅密經》中，爲説明存在的虚幻本質而使用的一連串比喻，一切存在不過是"夢""幻""泡""影"②。《金剛般若波羅密經》的比喻，强調現象界的一切存在不過是幻想，這可以連結至《幻戲記後識》中，趙光連認爲現實的各種現象猶如幻術的觀點。幻術本身並非毫無意義的表演，幻術師的長篇議論最終使世人覺醒生命的無常。由此看來，雖然仍無法斷言朴趾源是否虚構幻術内容，不過在内容結構與記録方式上，仍可一窺朴趾源的意圖。

　　另外，在《幻戲記後識》的文末，趙光連認爲天下可畏者非幻術，而是"大姦之似忠""鄉愿之類德"，强調"幻之爲術也，雖千變萬化，無足畏者"。這部分與朴趾源在序中提出幻術師爲社會危險份子，對此感到憂慮的内

①引文中並未明確標示幻術師發言的部分。在筆者所考察的《熱河日記》異本中，没有出現"曰"字。這與前述提及的幻術劇目中，在幻術師的臺詞前皆寫有"曰"字的情況不同。在金血袟的譯本中，將這段文字視爲幻術師的臺詞，譯爲"환술사가 말한다（幻術師曰）"；而李家源的譯本與北譯本、以及高美淑、吉鎮淑、金豐起的譯本，皆依照原文翻譯，未明確指出是幻術師的臺詞，抑或是朴趾源的解説。在文章脈絡上，依照金血袟的翻譯來看較爲自然。只不過幻術師的臺詞只有在這個部分精準地陳述，倒是令人懷疑其真實性，朴壽密主張這段話應視爲朴趾源的想法，而金榮鎮則建議解釋爲"환술사는 이렇게 말한 듯하다（應是幻術師之語）"。若要解決此一問題，必須進一步詳細研究《熱河日記》譯本的行文習慣。

②鳩摩羅什漢譯《金剛經》，應化非真分第三十二："一切有爲法，如夢幻泡影，如露亦如電，應作如是觀。"收入（明）朱棣集注《金剛經集注》，齊魯書社，2007 年，頁 201－204。

容,呈現另一種詮釋方法。無論如何,《幻戲記》的首尾明白揭示了幻術並非危險或帶有負面意義的對象,而是具有一定價值的經驗對象。

從 18 世紀晚期到 19 世紀初期的《幻術記》、《幻戲記》,向我們展示了從片面的幻術記事轉變爲真正幻術記録的軌迹。

(三)幻術師的發現

隨著看待幻術的態度逐漸轉變,到了 18 世紀末 19 世紀初,將幻術視爲真正議論對象的幻術記事開始出現。權復仁於 1822 年以謝恩行副使的子弟軍官赴燕後,撰成一篇《幻戲》(《隨槎閒筆》下),其文開頭如下寫道。

> 反於真,謂之幻,幻可以信乎? 人之所自信者,莫如心與目,而至若目擊而不能辨詰,心識而不能思議,始謂之幻。①

除了朴趾源的《幻戲記》外,權復仁的《幻戲》亦是少數將幻術營造之幻影的本質視爲論題的資料之一。權復仁將"真"的相反定義爲"幻",因此幻不可置信。權復仁亦説明,幻之所以爲幻,必須是目擊之、心識之而不能辨詰,不能思議,方可爲幻。與此一時期在文藝論上經常論及的真幻論相較,其内容本身似乎並無特別之處。不過這裏所説的幻,指的是幻術。幻術表演的普遍原理,在於對觀衆預設一定的期待值,誘導觀衆對熟悉的狀況產生期待。幻術時時超越我們的想像力,使我們全然無法覺察在哪一部分受騙,由此營造不可破解的幻影,《幻戲》所欲探討的正是這點。該文扼要指出幻術成功營造幻影的方式,故有其重要的價值。這種認知也出現在相近時期的其他文人身上。朴思浩在《心田稿》中,也曾稱幻術"能見難思"②。另一方面,爲何撰寫幻術記事的相關討論,也在此時逐漸成形。李海應在《薊山紀程》中,將幻術記事的意義定義爲一種齊諧之説③,而李圭景則在《幻戲雜術辨證説》中,分別説明幻術爲呈現時代的太平,雜術記事乃莊子

---

① 權復仁《幻戲》,《隨槎閒筆》下,鐘路市立圖書館藏抄本。

② 朴思浩《留館雜録》,幻術雜戲條,《心田稿》。

③ 李海應《幻戲》:"我聞燕市戲,一種齊諧説。……弄幻誠如是,何不學仙訣。"李海應《薊山紀程》,第三卷,留館,甲子年(1804,純祖四年)一月三日(癸巳)條,收入車柱環等譯《國譯燕行録選集》Ⅷ,民族文化推進會,1976 年,頁 189。齊諧或稱諧謔書,或爲擅怪談者,源自《莊子·逍遙游》中"齊諧者,志怪者也"一語。

寓言之義①。

　　如前所述，這些對幻術有所關注的文人，大多受到朴趾源《幻戲記》的深刻影響。然而除了燕行録之外，《幻戲記》似乎也對其他文章帶來一定的影響。李德懋之孫李圭景即爲一例。李圭景在《五洲衍文長箋散稿》的《幻戲辨證説》與《幻戲雜術辨證説》中，嘗試對幻術進行詳細的辯證。其《幻戲辨證説》突顯了幻術作爲表演的性格，具有重要意義。《幻戲辨證説》一文大量引用與幻術相關的文獻，其中主要有李瀷《星湖僿説》幻術條、朴趾源的《幻戲記》與李德懋的《入燕記》、通信使行書狀官僕人留下的日本幻術觀覽記②、經常往來燕京的燕商口中的中國幻術內容③。

　　《幻戲辨證説》站在真幻的觀點説明幻術表演的特性，同時也收錄了關於幻術師的資訊，這點頗引人關注。李圭景提及中原的幻術書《天馬奇圖》，指出幻戲人藉由此書習得幻術④。如此明確提示幻術學習書的案例，在中國文獻中也不易看見。李圭景儘管從真幻的觀點上指出幻術的局限，却認同幻術爲一表演文化，甚至對營造這種幻影的人産生興趣，這種態度別具意義⑤。

　　對幻術的真正關注不僅出現在散文，也一定程度影響了以詩創作的作品。18世紀以降，隨著對幻術全面的知識與經驗的累積，以幻術表演爲吟詠對象的幻戲詩也逐漸增加。不過，強調形象化技法更勝於記録功

---

① "幻戲雖非正道，古人有述焉，則是或賁飾太平之餘意歟。至於雜術，則尤非可取者，中原人每多記載，則亦莊子寓言之義也。"

② 文中記載爲辛未年通信使行書狀李勉求的僕人。

③ 此外，還引用了李瀷的《星湖僿説》、《後漢書》、李睟光的《芝峯類説》等幻戲相關內容。

④ "又聞燕商屢入燕京者，言中原幻術，亦有書名《天馬奇圖》一卷册子，幻戲人初習此書，後得幻術云矣。"

⑤ 傳入朝鮮的時間已不可考，不過還有另一本值得關注的幻術書，此即明代陳繼儒的著作《神仙戲術》。陳繼儒也是朝鮮後期被廣泛閲讀的《眉公秘笈》(《陳眉公訂正叢書》)作者。該書據傳爲現存最早的幻術書，由河合勝教授於日本發現，經證實1696年於日本刊行。不過，日本學者對於該書爲陳繼儒著作的説法，堅守懷疑的立場，這是因爲在陳繼儒留下的龐大著作中，找不到任何一處與該書相關的痕跡，可以説這本書仍處於真偽不明的狀態。至今雖然仍未發現朝鮮後期知識份子曾接觸過《神仙戲術》的證據，不過關於幻術方面的資訊，應存在超乎我們所能推想的可能性。

能的詩,不僅留下的作品不多,内容也相當簡略。18 世紀以後較爲鮮明的幻戲詩,也僅有朴齊家的《燕京雜絶》(據推測作於 1796)、洪義浩《澹寧瓴録》(1815)中的《觀幻戲》、成佑曾的《茗山燕詩録》(1818)、洪錫謨的《皇城雜詠》(1826-1827)、金進洙的《燕京雜詠》(據推測作於 1832-1833)。

在此層面上,金進洙《燕京雜詠》所載《幻戲宴》二十八首,可謂相當特殊的作品。在《燕京雜詠》中,幻戲部分占整首燕行詩最多的分量,這不僅代表了幻戲是作者集中關注的對象,於描繪方式或内容上,該詩也開拓出與過去不同的新領域。在現存資料中,可謂以幻術表演爲題材的最長連作詩。《燕京雜詠》結構上最具特色之處,在於以"詩"、"自注"、"第三者評論"的形式組成。藉此,《幻戲宴》得以呈現出對幻戲的多元視角與思考,這在其他以幻術爲單一題材創作的詩,或是强調事實報告的散文中,都不容易看見。金進洙的作品不僅呈現出詩人與評論者對幻戲的雙重觀點,在内容上也具備超越幾篇重要幻術散文的獨特性。

金進洙(1797-1865)字稚高,號蓮坡、碧蘆齋,籍貫慶州。出身於與張之琬有姻親關係的中人家族,其餘生平不詳①。他留下相對較多的著作,其中又以記行相關作品爲多。金進洙《碧蘆集》的内容,涵蓋燕行時聽聞與目睹的北京人物、風土、游戲、技藝、城池、山川、草木、禽獸等(黄鍾顯《碧蘆集序》)。《燕京雜詠》應即是《碧蘆集》。根據其自序,《碧蘆集》是作者仿照《紅樓夢》凡例編成,起初爲宋柱獻的燕行而作,之後在旁人的建議下添加自注,並藉由黄鍾顯的評論得以修正錯誤,調整内容②。金進洙《燕京雜

① 關於金進洙的生平,可從前人研究略知一二。參見張源哲《〈碧蘆集〉、〈蓮坡詩鈔〉解題》,收入《李朝後期閭巷文學叢書》5,1991 年,頁 13-15;黄在文《金進洙〈燕京雜詠〉研究》(**김진수의 『연경잡영』에 대한 연구**)》,載《韓國漢詩研究》4,韓國漢詩學會,1996年,頁 378-383;金玲竹《19 世紀中人階層知識份子的海外體驗一考——以碧蘆齋金進洙的燕行與〈燕京雜詠〉爲中心》(19 **세기 중인층 지식인의 해외체험 일고** —碧蘆齋金進洙 **의 연행과 「燕京雜詠」을 중심으로** —),載《韓國漢文學研究》第 48 輯,韓國漢文學會,2011 年,頁 501-546。

② "此詩初爲宋研雲(柱獻)之之燕而作也。"金進洙《碧蘆集・自序》,韓國學中央研究院藏書閣藏本。《閭巷文學叢書》採用的奎章閣本没有《自序》,唯藏書閣本與嶺南大學藏本收有《自序》。這則資料經金榮鎮教授協助取得,在此特申謝忱。

詠》的燕行年度並不明確,根據前人研究,推測在同年度(1832－1833)與撰
寫重要幻術記録《幻術記》的金景善一同燕行①。

　　《幻戲宴》所載表演由各種不同的内容組成,除了幻術之外,尚有歌唱、
飲食演奏、其他雜戲與戲曲表演等。由中國學界的分類標準來看,可説是
一種結合雜技表演與飲食、戲曲表演等的綜藝表演。詩中内容儘管不能以
幻術概之,不過由此可見幻術確爲表演的核心。《幻戲宴》的詩題,亦是以
此原因命名。

　　金進洙詩中對幻術劇目的描寫相當精采,不過類似内容也可以在散文
記録中發現,因此難以評價詩本身有何特殊之處。換言之,《幻戲宴》二十
八首的價值並不在於幻術本身,而是在其他部分。聚焦於幻術表演空間與
表演者(幻術師),正是其價值。

　　　　(1)笙歌扁額是何曹,鹵簿新儀植羽旄。
　　　　　　看取郭郎多幻器,柘黄袳裏等身高。②
　　　　(2)一朵芙蓉綰翠鬟,鶯鶯燕燕總無顔。
　　　　　　石榴裙底蹴羅襪,偃月鬢邊搖寶環。③

　　引文(1)描寫表演場地的情況到表演開始前的景象。不過不單是對表
演内容的描寫,表演空間的名稱與構造也留下記録。就連表演場地的管理
員也現身其中。在這首詩的注中,寫道:“幻戲處,樓額必題以半天笙歌,可
比官曹之軒敞,四面層樓,可坐數百人。坐處,皆有定價,隨其便否,以爲高
歇,我一行,半日債銀爲五六兩,一場,數百人所用,亦可知矣。”④對表演空
間的關注,延伸到了在此空間中表演的幻人。

　　引文(2)看似描寫貌美的女伶,實則形容男扮女裝的優童。明清時代
在知識份子社群中,存在某種程度的男色風潮。到了清代中期以後,這股
男色風潮臻於鼎盛,其中又以北京的知識份子較多耽溺男色。從《清稗類

①金玲竹《19世紀中人階層知識份子的海外體驗一考——以碧蘆齋金進洙的燕行與
　〈燕京雜詠〉爲中心》,頁512－513。
②金進洙《幻戲宴》其十一。以下引用之金進洙《幻戲宴》二十八首,據林熒澤編《李朝後
　期閭巷文學叢書》5,驪江出版社,1991年,頁333－437所收資料。
③金進洙《幻戲宴》其五。
④金進洙《幻戲宴》其十一。

鈔》中《優伶類》所載記録，我們得以一窺當時的風氣。

　　　五九爲光緒時京師之美伶，張樵野侍郎蔭桓嬖之甚，嘗招之至家，
　使改婦人妝，侍左右，日酬以五十金，令家人僕役呼之爲小奶奶。久
　之，亦遂視之爲少主婦也。①

金進洙的詩也反映出清代的男色風潮。不過多數優童未能過著安定
的生活，並不似《清稗類鈔》所載故事的主角。該詩自注出現如下内容。

　　　小説所謂好漢，則今之優童也。買得天下美色童男，教以歌舞，聲
　價高貴，王公貴人，始得邀宿一夜，纏臂之債，不啻屢百金，而若過三數
　年，鬢髯老蒼，即學得幻術，周游四方，一生不得贖身。近體詩"千金買
　行卷，隨意可憐兒"。②

短暫服侍在王公貴人的枕畔，上年紀後遭棄，淪爲周游四方的幻術師
（或曰前優童），他們悲慘的身世如實呈現在上段引文中。清代又以北京的
優童名聲最響亮，故不難想見對他們性的榨取更甚於其他地區③。這種注
釋内容，另一方面也可以視爲金進洙個人對清代男色風潮的批判意識④。
藉由注釋再重新審視詩的内容，便可窺見金進洙以迂迴的方式呈現女裝優
童悲慘的處境，這是在過去幻戲散文及幻戲詩中不易看見的内容。自注結
尾處引用的朴齊家《燕京雜詠》其九十一與金景善《場戲記》，也只能見到簡

①徐珂編撰《清稗類鈔》第 11 册《優伶類》，中華書局，2010 年，頁 5135。
②金進洙《幻戲宴》其五，自注。
③據《燕京雜記》所述，年幼的戲子稱爲"優童"，剪髮的童子稱爲"遠蓬"。北京的優童尤
　富盛名，然而這些優童享受名聲的歲月不過數年，大約從 13、14 歲開始，至 17、18 歲
　結束，20 歲即遭冷落。參見吳存存著、李月英譯《明清社會性愛風氣》（남자，
　남자를 사랑하다），學古齋，2009 年，頁 176－185、199－228。關於優童的選拔、教育、表
　演等的一生，《清稗類鈔》中《伶人畜徒》條有詳細的叙述。參見徐珂編撰《清稗類鈔》
　第 11 册，《優伶類》，頁 5102－5103。
④前人研究已經指出這點。參見金玲竹《19 世紀中人階層知識份子的海外體驗一
　考——以碧蘆齋金進洙的燕行與〈燕京雜詠〉爲中心》，頁 527－529。

略的内容①。

　　金進洙對日後成爲幻術師的優童，似乎有著特別的關注。從其五至其八，他以同情憐憫的視綫觀看幻術師悲慘的人生經歷。“千金買笑笑還慳，加膝誰家盡意歡”（其六）、“童顏辭鏡鬢髩蒼，枉道春光盡括囊”（其七）、“燕山馬角可憐生，零粉殘脂恨未平”（其八）等，皆顯出詩人憐憫的眼光。而黃鍾顯也在其八評以“賣者買者，俱墮地獄，爾獨何罪，爾身不贖”，表達强烈的憤怒與同情。

　　不過，對於幻術表演者的關注，並非全然傾向同情。在其二十四的自注中寫道，幻術師皆爲漢人，雖然負罪藏身戲場，以幻術營生，亦不無宋江輩之豪傑②。金進洙認爲，他們在演出《水滸志》或《三國志演義》時，能夠將自己投射到出場人物與故事中，原因就在於此。詩人將幻術師視爲游俠之類的人物，從這點即可以推知詩人對他們的人性形象抱持肯定的態度。肯定幻術師的觀點，與過去將幻術師視爲眩人耳目的騙子，或是創造異迹的角色而抱持過度提防的態度，有著極大的差異。詩人對幻術師帶有同情與肯定的情感，亦是表現其進一步關注幻術的象徵之一，故具有重要深意。而這與撰文詳細辯證幻術的李圭景，將幻術師定義爲怪民的態度大相逕庭③。由此也可以看出，出身中人的作家將自己在朝鮮社會中遭受的差別待遇與身份上的局限，一定程度地投射於其中。

---

① 朴齊家《貞蕤閣集》中：“千金買行眷，隨意可憐兒。敎看王式畫，解唱臨川詞。”鄭珉、李勝洙、朴壽密等譯《貞蕤閣集》，돌베개，2010 年，頁 344。在金景善的《燕轅直指》中也有類似的記錄，不過內容較爲簡略。金景善《燕轅直指》卷四留館錄中，癸巳正月初五日條，《場戲記》：“蓋戲子輩費千金，買年幼美姿容者，名曰變童，濃妝盛飾，嘗習女娘之態，但其足大，故藏之袴裏，爲假弓足，以係足下云。”

② “所謂幻師，皆漢人，多禍家，餘生亡命罪人，雖藏身戲場以幻資生，亦不無岐鳳宋江輩之奇傑，故每設水滸三國等戲以自況，不可一歸之潑郞風漢也。”此處岐鳳指明代朱應祥。

③ 李圭景在《幻戲辨證説》文末，稱幻術師爲《禮記・王制》篇中的左道（邪門旁道）、《天官・閽人》中的怪民。

四、結語

　　以上筆者探討了構成燕行録幻術記事的三種層次,考察朝鮮使行人員觀看幻術表演的歷史(幻史)。朝鮮時代知識份子對於幻術,基本上抱持負面的認識。即使是幻術記事相對較爲詳細的使行人員,真正關注幻術本身的情況少之又少。即便如此,他們爲什麼留下幻術記事?而這又帶有什麼樣的意義?

　　透過對幻史的探討,我們得以確知一個共通點,即多數留下幻術記事的燕行録作家,都在幻術表演中發現了自己意圖觀看的事物。他們將自己原本帶有的興趣,投射在幻術表演中,並且在幻術表演中發現自己感興趣的事物。

　　對當時明代流行的陽明學感到不滿的許筠,發現自己無法在幻術中駁斥異端而感到羞愧;關注西方先進科學技術的洪大容,試圖以科學的方式探究幻術的原理。而在整部《熱河日記》中指出朝鮮社會的經驗與認識有其局限的朴趾源,則透過幻術指出觀看的盲點,再將此擴大爲"幻"此一普遍的認識論命題。最後,金進洙將自己身份的局限投影在幻術中,關注被輕視的表演者(幻術師)的生命。這一切終究是參與燕行的知識份子,在幻術表演中發現自身意圖觀看之事物的案例,他們所反映的,便是幻術中與自己興趣相契合的部分。

　　其中尤爲精彩者,是在幻術中"發現"人的金進洙《幻戲宴》。從朴趾源將幻術定義爲有價值的經驗對象開始,這個變化延續到了金進洙,影響他對構成幻術表演的各種要素(從表演舞臺、入場費到表演者)產生關注。此時,他從對幻術師生命歷程的同情,走向憤怒的抒發。這點與他本身帶有的身份局限不無關連,而他對於高官性的榨取提出人權上的問題,這點更具有重大的意義。要言之,《幻戲宴》可說是發現在幻術中營造幻影的人物,並且將焦點放在這群人身上的最早案例。朝鮮時代知識份子的幻史至此達到巔峰,由此開啓了新的時代①。

　　筆者認爲,在這種"觀看"中尋繹人文學的深度省思,是漢文學研究者的使命之一。在看似單純消遣排悶的游戲中,朝鮮時代知識份子展開了新的省思,而這正是我們必須對幻術表演投予關注的原因。筆者未來將在"觀看的人文學"此一框架下,以異質文物的觀看爲主題,探尋漢文學資料中蘊含的人文省思。敬祈相關領域學者不吝賜教。

(作者單位:韓國高麗大學漢文學系

譯者單位:韓國高麗大學國語國文學系)

---

①所謂新的時代,是指朝鮮王朝宣告結束以後的 20 世紀。而對幻術的經驗與認識的提高,在此一時期也發揮了部分的影響力。羅稻香(1902—1926)於 1920 年代發表的處女作——長篇小説《幻戲》,便是一例。正如金台俊於《朝鮮小説史》中所介紹的,這部作品講述已訂下婚約的女主角,受到某位紈绔子弟的誘惑而失去貞操,悲傷於自己未能守住與另一半的婚約,最後選擇自殺的故事。雖然這與幻術表演没有直接關聯,不過將這種哀傷愁苦的悲劇命名爲《幻戲》,可以視爲源自於普遍對幻戲的理解。

域外漢籍研究集刊　第十六輯
2017 年　頁 43—81

許筠與明人的書畫交流

左　江

　　許筠(1569—1618)是朝鮮宣祖(1568—1608 在位)、光海君(1609—1622 在位)二朝著名文人學者,著述等身,流傳至今者有《惺所覆瓿稿》二十六卷(包括《惺叟詩話》一卷)、《蛟山臆記詩》二卷、《鶴山樵談》一卷、《乙丙朝天録》,及用諺文創作的小説《洪吉童傳》。現還發現他編選的《唐絶選删》與《荆公二體詩鈔》兩種詩選。許筠曾三次出使明朝,四次在國内接待明朝使臣;壬辰倭亂期間,他與援朝的明將領及隨軍文人也較多交往。許筠的詩文創作、文學理論以及與明人的交游都已成爲中韓學術界研究的熱點,但時至今日,尚無人論及他與明人的書畫交流,這未免是一缺憾。

　　宣祖三十九年(萬曆三十四年,1606),明朝因皇長孫誕生,派翰林修撰朱之蕃、刑科都給事中梁有年頒詔朝鮮。朱之蕃(1558—1624),字元升,一作元介,號蘭嵎、定覺主人,祖籍金陵。他是萬曆二十三年乙未(1595)科舉第一甲第一名,人稱"朱狀元"①。在他進入朝鮮之前,朝鮮君臣就對他的文名有所耳聞。當他進入朝鮮之後,他不但與朝鮮士人多詩文唱和,更在書畫上展現出精湛技藝,令朝鮮人大爲欽服,柳疇睦(1813—1872)《書朱太史之蕃帖後》云:"嘗宣詔於我東,專對之暇,筆落章成,大驚東人,至今稱皇華之美,必曰朱蘭嵎,而得其餘唾賸墨,不啻若拱璧。"②朱之蕃以詩書畫"三絶"著稱,才思敏捷,詩作水準在《皇華集》中出類拔萃。他獨特的人格魅力令其出使之行在朝鮮歷史上留下了濃墨重彩的一筆,當他離開以後,

---

①今天的南京市内,還保存了一條以他命名的"朱狀元巷"。
②柳疇睦《溪堂集》卷一〇,《韓國文集叢刊》第 313 册,景仁文化社,頁 416。

影響力仍持續發酵，朝鮮人甚至在玉溜泉爲他刻石塑像①。

　　朱之蕃此次使行，朝鮮政府也是鄭重對待，派出了强大的接待團隊，大提學柳根（1549—1627）爲遠接使，禮曹判書李好閔（1553—1634）爲館伴，許筠、李志完（1575—1617）、趙希逸（1575—1638）爲從事官，其他還有擅長書法的金玄成（1542—1621）、畫家李楨（1578—1607），白振南（1564—1618）因“善書能詩”，亦爲此行“白衣從事”，許筠的好友李再榮（1553—1623）任吏文學官。他們或以詩文著稱，或以書畫名世，他們的加入也爲此次文學以及書法繪畫的交流增添了光彩②。其中許筠與朱之蕃的交流更爲廣泛，涉及文學、書畫、書籍、音樂等諸多藝事。

一、繪畫交流

　　朱之蕃進入朝鮮後，與朝鮮士人在繪畫方面的交流主要包括《千古最盛》《蘭竹帖》以及《畫佛帖》三種書畫帖，而這三種書畫帖又都與許筠相關。

　　朱之蕃一行於 1606 年的三月二十四日渡過鴨緑江進入朝鮮境内，當天或者次日他就拿出了《千古最盛》，請柳根題寫跋文③，柳根簡單叙述事

①趙文命《鶴巖集》册二《朱太史石刻小像》云：“蘭塪老子昔東游，好事形今石面留。著得幼輿巖壑裏，未應磨滅舊風流。”（《韓國文集叢刊》第 192 册，頁 438）車佐一《四名子詩集》在《次公默西行詩》中亦提到：“金水亭峨峨，玉溜泉瀅瀅。好事朱天使，巖間儼冠舃。”（《韓國文集叢刊》第 269 册，頁 20）洪翰周《海翁詩稿》卷二《玉溜泉望朱天使石像》云：“古壁巖巖不計年，皇華天使有誰傳。風流異代留芳躅，石面傳神尚儼然。”（《韓國文集叢刊》第 306 册，頁 307）

②朱之蕃此次使行與朝鮮士人的交流可參見 정생화《朱之蕃 의 文學활동과 한중 문화교류》（《朱之蕃的文學活動與韓中文化交流》，首爾大學校大學院國語國文學科碩士論文，2010 年），신영주《주지번（朱之蕃）의 조선 사행과 문예교류에 관한 일고》（《朱之蕃的朝鮮使行及文藝交流一瞥》，載《漢文學報》，2007 年第 16 卷），하영휘《朱之蕃 의 朝鮮使行 과 朱太史 전설》（《朱之蕃朝鮮使行與朱太史傳奇》，載《朝鮮時代史學報》2017 年第 81 卷）等。

③此時間據朱之蕃的《奉使朝鮮稿》，其三月二十四日的詩作有《渡鴨緑江》《赴義州值雨》，二十五日有《古鎮江》等詩作，結合下文柳根啟辭中“到義州留置”“送於鎮江”等語，可知朱之蕃請柳根爲《千古最盛》題寫跋文是他剛進入朝鮮頭兩天的事。

情原委如下：

　　萬曆丙午春，受國君之命，迎候詔使于江上。正使大人乃于過江之初出示《千古最盛》一帙，要不佞題一語以爲跋。不佞屢辭不獲命，竊觀卷中，有圖畫有詩文，若《桃源記》以下總二十幅，皆古人所作而大人所自書也。不佞所嘗擊節而夢想者，於今忽見之，兹實千古之最盛，而一時之奇遇也。不佞於此竊有感焉，今兹若畫若詩文，或托興方外，或隱居林下，或浪迹江湖，或遲回州郡，或以風月爲娛，或以詩酒爲高，未必非大丈夫不遇于時者之所爲也。①

　　據柳根所言，《千古最盛》爲一書畫冊子，共二十幅，詩文爲古人作品，朱之蕃自己書寫，第一幅是《桃花源記》；至於作畫者，則不知爲何許人。

　　《千古最盛》有兩件，一件經柳根獻給了宣祖，柳根上啟云：“《千古最盛》令臣題跋，臣固辭，到義州留置而去，臣不得已，手書跋語於卷端，送於鎮江，則正使於病中送《千古最盛》一件於臣處。管家謂表憲曰：‘老爺有此貼（帖）二件，知舊諸公，求者甚衆，而慳惜不與，今乃把贈’云。其意蓋欲令臣得以獻御云。……《千古最盛》一帖、筆十管，並爲入啟。”②因“人臣無外交”的思想影響，柳根對與朱之蕃私下的文字交流頗有些顧慮，所以爲《千古最盛》所寫題跋很勉强，内容也有些敷衍。據柳根所言，朱之蕃派來的從人跟翻譯官表憲説：他有《千古最盛》兩件，一件贈送柳根。柳根認爲這是朱之蕃希望經由他將《千古最盛》獻給宣祖。由此看來，《千古最盛》一件獻給了宣祖，一件由朱之蕃帶回了國内。但在後人的記載中，《千古最盛》另有副本留在了柳根家中，許穆（1595—1682）云：“萬曆詔使朱之蕃手畫進宣廟，其副本贈西坰柳相公，傳于家。”③李瀷（1681—1763）亦云：“昔朱太史欽差至國，既獻之九重，以副本貽西坰柳相公。”④

　　柳根所藏副本是否爲朱之蕃所贈已很難確定，總之，朝鮮國内有兩件《千古最盛》，其一爲宣祖所藏，其一爲柳根所藏。宣祖所藏本後來傳到了

---

①柳根《西坰集》卷六《千古最盛跋》，《韓國文集叢刊》第 57 册，頁 508。

②《宣祖實錄》卷二〇〇宣祖三十九年六月庚子（三日），《朝鮮王朝實錄》第 25 册，頁 204。

③許穆《記言》卷二九下篇《模朱太史十二畫貼圖序》，《韓國文集叢刊》第 98 册，頁 150。

④李瀷《星湖全集》卷五六《臥游帖跋》，《韓國文集叢刊》第 199 册，頁 536。

義昌君李珖手中。李珖（1589—1645）爲宣祖第八子，許筠之兄許筬（1548—1612）之婿，他亦以擅書得名，"尤精於八法，筆力雄健，越大越奇"①。宣祖將《千古最盛》轉贈給了義昌君，許筬云："其本自内，今在義昌家。"許筬即請李潚、李澄（1581—？）兄弟二人製作摹本，"李澄拓之，其嫡兄潚書之"，許筠又爲摹本書寫跋文，其《題千古最盛後》云：

> 朱太史倩吳輞川畫小景二十幅，皆取古名人詩文可入於畫者以載之，又自書文與賦若詩於其下，誠好事也。……如桃花源、柴桑，如山陽、山陰，如鶴林莊，如兔園、鄴園，如竹樓、子陵臺，如滕閣、岳陽樓，如夔府城、蜀道，如豐樂、醉翁亭，如赤壁、喜雨亭、廬山等處，皆在其中。②

　　許筠跋文可以幫我們更清晰地瞭解《千古最盛》的内容，此書畫册是朱之蕃請吳輞川根據古人詩文創作的二十幅小景，朱之蕃自己又將原詩文抄寫在畫下。關於吳輞川已無資料可考，二十幅小景所據古人詩文大致如下：王維的《桃花源行》或陶淵明的《桃花源記》（桃花源），陶淵明《歸去來辭》（柴桑），仲長統《樂志論》（山陽），王羲之《蘭亭修禊序》（山陰），羅大經《鶴林玉露·山居篇》（鶴林莊），謝惠連《雪賦》（兔園），謝莊《月賦》（鄴園），王禹偁《黃州竹樓記》（竹樓），白居易《琵琶行》（子陵臺），王勃《滕王閣序》（滕閣），杜甫《登岳陽樓》（岳陽樓），杜甫《秋興八首》（夔府城），李白《蜀道難》（蜀道），歐陽修《豐樂亭記》（豐樂）、《醉翁亭記》（醉翁亭），蘇軾《前赤壁賦》、《後赤壁賦》（赤壁）、《喜雨亭記》（喜雨）、《李君山房記》（廬山）③。

---

① 金壽恒《文谷集》卷一八《義昌君神道碑銘并序》，《韓國文集叢刊》第133册，頁340。

② 許筠《惺所覆瓿稿》卷一三，《韓國文集叢刊》第74册，頁246。

③ 參見劉美那《中國詩文 을 주제로 한 朝鮮後期書畫合璧帖研究》（《以中國詩文爲主題的朝鮮後期書畫合璧帖研究》），東國大學校美術學科博士論文，2006年，頁51。她考察了韓國現存的七個版本的《千古最盛》摹本，得出的畫題、相對應的詩文應比較可信。圖1轉引自劉氏論文。

（圖 1）李匡師本《千古最盛帖》之《黃州竹樓圖》，29.4＊43.6cm

　　許筠題跋雖比較具體，但只言及十八張圖。二李摸本此後傳到西谷李正英（1616—1686）手中，據金佐明（1616—1671）記載：“往在癸卯（1663）春，過西谷李侍郎所，案上有一畫帖，題曰《千古最盛》。余取而閱之，即皇朝朱太史蘭嵎與吳輞川托興而爲之者。……夫蘭嵎之文章墨妙名天下，而臨是帖者，即李斯文瀟、李畫史澄。李氏二難，亦擅顧、王之譽於東方者也。”①受二李摸本的啟發，金佐明也與李正英商量摸寫《千古最盛》，“余遂袖而歸，即命工臨繪”，至顯宗八年丁未（1667 年），他與好友數人才有時間爲畫作書寫詩文，“逮丁未夏，從幸温泉，與西谷伴直行省，柳御營亦扈駕而往，朝夕起居之外，無他鞅掌之勞，乃得以紙面相屬替寫。道常則留司銀臺，曾寫數箋。同庚四人外，又取工於篆隸八分者以益之。”②書寫者有金佐明、西谷李正英，還有任御營之職的柳赫然（1616—1680）及金道常宇亨（1616—1694），因爲四人都出生於丙辰 1616 年，所以金佐明稱“同庚四人”。除四人之外，還另有擅長書法者參與其事。

　　柳根家藏《千古最盛》據文獻記載有兩種摸本。其一據許穆《模朱太史十二畫貼圖序》云：“此貼初本，萬曆詔使朱之蕃手畫進宣廟。其副本贈西坰柳相公，傳于家，今又得此本模此云。又求書皆一時文學，趙龍洲、孫晚

①金佐明《歸溪遺稿》卷下《書千古最盛貼摸本後》，《韓國文集叢刊》第 122 册，頁 278。
②同上注，頁 278。

悟、李聽蟬、吳竹南以下累十人,亦可觀。"①許穆的序寫於"上之十年三月
上弦前一日",即 1669 年三月。此模本不知何人所畫,書寫者有趙絅(龍
洲,1586—1669)、孫晚悟、李志定(聽蟬,1588—1650)、吳竣(竹南,1587—
1666)等十人,其中孫晚悟生平不詳,由其他三人的卒年來看,此模本最遲
在 1650 年即已開始製作甚至已經完成,比金佐明等人的模本最少早了十
七年。

　　柳根家藏本的另一模本又名《臥游帖》,李瀷云:"昔朱太史欽差至國,
既獻之九重,以副本貽西坰柳相公。公之宗人正字公,又求當世善畫善書
——傳寫,則其李白之蜀道、杜甫之洞庭兩篇,即吾先大夫筆也。先大夫與
正字公生同歲,行同志,當時交歡之盛,瀷亦幸與有聞也。"此畫帖同樣是以
"古之文人韻士"的詩或文入畫,形式也是"先畫其形,次書其文,事與物互
證,心與目相印"②。其中兩幅爲李瀷之父李夏鎮(1628—1682)書寫,一是
李白的《蜀道難》,一是杜甫的《登岳陽樓》,正可與許筠跋文印證,亦可知
《臥游帖》與《千古最盛》爲同一畫帖。文中所云"正字公"即柳命全(1628—
1664),他是柳根之兄柳格(1545—1584)曾孫,曾任"承文正字"一職③,又與
李夏鎮同年生,正與文中"宗人正字公""先大夫與正字公同歲"一致。由柳
命全的卒年來看,此模本最遲完成於 1664 年,李瀷的跋寫于 1682 年李夏
鎮去世之後④。

　　許穆序文題目是《模朱太史十二畫貼圖序》,序言中亦稱"皆入畫圖,凡
十二貼",但文中提及的地名及名人名篇卻正好是二十:

　　　　概論九州山澤之勝,稱洞庭、彭蠡。如黃鶴樓、岳陽樓、滕王閣,最

---

① 許穆《記言》卷二九下篇,《韓國文集叢刊》第 98 册,頁 150。
② 李瀷《星湖全集》卷五六《臥游帖跋》,《韓國文集叢刊》第 199 册,頁 536。
③ 李玄錫《游齋集》卷二四《僉知中樞府事兼五衛將朴公墓碣銘》,説朴公之婿其一爲"承
　文正字柳命全",《韓國文集叢刊》第 156 册,頁 642。
④ 劉美那認爲以柳根家藏本爲底本的兩個模本是同一畫册,"以柳命全爲主導模寫了畫
　作,書寫的有趙絅、孫晚悟、李志定、吳竣、李夏鎮,製作於 1664 年之前,許穆 1669 年
　寫了序文。"(《以中國詩文爲主題的朝鮮後期書畫合璧帖研究》,頁 58)其論據並不充
　分。一來許穆的序文與李瀷的跋文沒有交集之處,二來柳命全比第一個模本的諸人
　年輕了 40 歲,他是否能"主導模寫"非常值得懷疑;李志定去世時,柳命全才 22 歲,他
　是否已開始製作《千古最盛》的模本亦很可疑。

名天下。又得文章傳後代者，桃源、蜀道、赤壁、兔園之雪、秋阪之月、金山西湖、蘭亭曲水、滁州醉翁亭、岐陽喜雨亭、泉明栗里、羅鶴林幽居。又如白樂天聽琵琶長作、歐陽子《秋聲賦》、黄州《竹樓記》、仲長統《樂志論》，皆入畫圖，凡十二貼。圖下歷代名家傑作皆膾炙天下，如衡陽、匯澤、岍雍、禹迹所極，蠶叢、魚鳧之所開，一閱過可舉，而又晉唐來山水古迹，寓心興感者，皆於此乎得之矣。①

許穆提到的二十篇（幅）中，彭蠡湖、黄鶴樓、金山西湖，不見於許筠跋文，而許筠提到的豐樂亭、廬山也不見於許穆序文。許穆一文中的"泉明栗里"指陶淵明的故鄉，是否與許筠所説"柴桑"一致？而"洞庭"與"岳陽樓"重出，應是不同的詩文。二十篇詩文爲何是"十二貼"？是此模本只有十二幅書畫，還是二十篇詩文被合併處理爲十二貼？許穆序文留下了諸多疑問，因未見其所言模本，已很難論斷。

由二許序跋的差異，我們可以知道《千古最盛》在朝鮮被不斷仿作，但朝鮮士人並非停留於簡單的模仿，而是有自己的創新與發展。首先，他們保持了詩畫合璧的形式，但會選擇不同的詩文入畫，劉美那研究了韓國現存的七種《千古最盛》模本②，其中尹得和本有劉伶《酒德頌》，趙斗壽本不但有《酒德頌》，還有李白《春夜宴桃李園序》、潘岳《秋興賦》③。甚至這一詩書畫帖在被仿作的過程中還會出現不同的名稱，呈現更爲多元化的樣態。其次，《千古最盛》模本在製作過程中，多重書法而輕畫作，書家多有名有姓，爲朝鮮一代著名文人，而畫家除二李模本中的李澄、李匡師本中的李匡師，多是名不見經傳的畫工所爲。即便如此，《千古最盛》模本仍是研究朝鮮書法史與繪畫史的絕佳資料，而其"在地化"的構建過程，正體現朝鮮文化自我更新發展的能力。《千古最盛》爲我們提供了研究朝鮮書畫史的一扇窗口，而這離不開朱之蕃與許筠的推動。

朱之蕃在中國書畫史上的地位超過了他的文名，姜紹書《無聲詩史》云："（朱之蕃）寫山水得米襄陽（芾）、梅道人（吴鎮）、顧寶幢（源）標韻，竹石

---

① 許穆《記言》卷二九下篇，《韓國文集叢刊》第98冊，頁150。
② 七種模本包括尹得和本、趙斗壽本、個人收藏、鮮文大學校博物館本、李匡師本、國立中央博物館本、大院君章印本。
③ 見劉美那《以中國詩文爲主題的朝鮮後期書畫合璧帖研究》，頁59—70。

兼東坡（蘇軾）、與可（文同）之妙。自來鼎甲能畫者極少，翰墨風流，蘭嵎擅
之矣。"①朱之蕃出使朝鮮，也沒有辜負自己在書畫上的造詣，題字作畫不
亦樂乎，讓朝鮮士人不由得感慨："好事朱天使，銀鈎到處懸。"②朱之蕃題
寫了"迎恩門""慕華館"扁額③，爲蕙秀館題寫"玉溜泉"三字④。爲柳根孤
山亭書"隱屏"二字⑤，又題寫"孤山圖三十六韻長篇一帖"⑥；爲李好閔題寫
"睡窩書巢"⑦，還將"陰印楷書若干本"贈送他，"諸本皆太史手自臨之仿之
寫之而所刊佈者"⑧。朱之蕃還將書寫詩作的扇子分贈朝鮮士人⑨，所以他
在朝鮮留下了大量書畫字迹，成爲朝鮮士人珍藏的寶迹。如李志完作爲從

---

①（清）姜紹書《無聲詩史》卷四，清康熙觀妙齋刻本。

②沈銷《樗村遺稿》卷三《天淵臺》，《韓國文集叢刊》第 207 册，頁 54。

③《宣祖實錄》卷二〇〇宣祖三十九年六月庚子（三日）："伴送使柳根啟曰：正使迎恩門
扁額二件，使之揀擇刻之；又書慕華館扁額，館宇修完之後刊刻懸之云。"（《朝鮮王朝
實錄》第 25 册，頁 204）

④洪良浩《耳溪集》卷七《蕙秀館》詩注："石壁，有朱天使之蕃書'玉溜泉'三字。"（《韓國
文集叢刊》第 241 册，頁 115）

⑤成海應《研經齋集》卷五〇《記湖中山水·孤山亭》云："孤山亭即柳西坰別業也。……
亭右之壁刻朱天使之蕃筆'隱屏'二字。"（《韓國文集叢刊》第 273 册，頁 46）

⑥李瀷《星湖全集》卷五六《朱太史孤山圖詩跋》，《韓國文集叢刊》第 199 册，頁 531。

⑦李好閔《五峰集》卷八《睡鄉枕書翁贊並序》："僕嘗自號睡翁，名其室曰'睡窩書巢'。
巢，具藉之枕之之義。蘭嵎朱太史書其扁。"（《韓國文集叢刊》第 59 册，頁 440）

⑧李好閔《五峰集》卷八《題朱太史書貼後》，《韓國文集叢刊》第 59 册，頁 439。

⑨《皇華集》中與朱之蕃詩文唱和的朝鮮士人達 28 人（包括許筬），朱之蕃贈送詩扇的有
17 人（包括許筬）。其中權韐在詩題中提到："不圖詩扇之眷又及於不肖，旋命和奉，
誠不敢當。"（趙季輯校《足本皇華集》中，鳳凰出版社，2013 年，頁 1286）李廷龜詩序
云："數日叨陪游賞，密邇笑談，薰挹德宇，此實千古所未有之盛事。況蒙辱惠詩扇墨
妙，如獲拱璧，什襲巾衍。"（頁 1332）韓浚謙亦有詩序云："漢江鼉頭兩高會，實海外鰩
生不曾圖之盛事。重蒙辱惠詩扇，并揭留'柳川'二大字，不勝感兢，謹次扇上詩韻，追
伸謝忱，死罪死罪。"（頁 1333）在許筬、宋碩祚、權昕、金壽賢、權韐、睦長欽、趙存世、
沈諿、趙希輔、丁好善、李湛等人的詩作後都有詩注："歸途承題扇追和。"許筠《丙午紀
行》云："上使因問我國山川地理甚詳，余悉以書對。即出掌扇書所作《齊山亭》詩給之
令和。余即口占以對，上使亟加歎賞。"（《惺所覆瓿稿》卷一八，《韓國文集叢刊》第 74
册，頁 290）

事官即獲贈詩扇,此扇一直傳到孫輩李瀷手中,"今扇在吾家箱篋,爲寶玩"①。李惟樟(1625—1701)從金命順家模寫了朱之蕃的書法三張②,將其珍藏,"吾有琴一,劍一,朱太史筆三張,吾友無爲堂所贈梅竹真八幅。此四者,吾平日所嘗友者也,欲以'四益'名吾堂"。③ 一百多年後,李象辰(1710—1772)還有詩云:"萬曆使臣朱太史,虬松數字我家珍。"④

朱之蕃使行期間,許筠一直相伴左右,朱之蕃自然也有作品相贈,比如在四月三十日,朱之蕃用黃葵陽(洪憲)贈許篈(1551—1588)詩韻作二長律,書爲大簇⑤,此外他還曾將《蘭竹帖》饋贈許筠。李瀷記載云:

> 萬曆間,蘭嵎朱太史之奉使至國也,惺所許筠實爲館伴,太史親寫霜竹幽蘭留贈。時宗臣石陽正霆續其意,爲雨竹、風竹二叢。筠是當世才華之盛,遍求一時名勝歌詠,合成帖凡十七張。或真行章草,摸索鏤巧,露結煙霏,盡覺奇觀。余耽看不釋手也。⑥

李瀷爲從事官李志完之孫,對朱之蕃與朝鮮士人的交往有較多瞭解。據他所云,《蘭竹帖》的製作有一過程,先是朱之蕃畫"霜竹幽蘭",石陽正李霆又續畫風竹、雨竹二叢。李霆(1554—1626),字仲燮,號灘隱,亦爲王室後裔,是當時著名畫家,許筠好友權韠(1569—1612)稱其"墨竹妙絶一世"⑦。兩國著名畫家聯手奉獻了畫作精品,許筠又請當時的著名文人吟詠題寫,共十七張,形成一詩書畫帖。

《惺所覆瓿稿》中還保留著許筠當時向人求取題詠的尺牘,他在丙午八

---

① 李瀷《星湖全集》卷五六《朱太史孤山圖詩跋》,《韓國文集叢刊》第 199 册,頁 531。
② 李惟樟《孤山集》卷六《書朱太史真迹後》:"吾家宅相順天金君命順家儲太史真迹三帖,余借而見之,其寶重之不啻如拱璧美玉。使族姪某模寫而留之,歸其書金氏。"(《韓國文集叢刊》第 126 册,頁 113)
③ 金如萬《秋潭集》卷五《秉節校尉世子翊衛司翊贊李公行狀》,《韓國文集叢刊(續)》第 37 册,頁 203。
④ 李象辰《下枝遺集》卷一《挽李志彥重經》,《韓國文集叢刊(續)》第 80 册,頁 21。
⑤ 許筠《惺所覆瓿稿》卷一八《丙午紀行》,《韓國文集叢刊》第 74 册,頁 292。朱之蕃詩作爲《賦贈許都監,追步葵陽前輩贈其兄荷谷韻》(《足本皇華集》中,頁 1368),黃洪憲贈許篈原詩爲《荷谷書院爲許都監賦》(《足本皇華集》中,頁 1187)。
⑥ 李瀷《星湖全集》卷五六《蘭竹帖跋》,《韓國文集叢刊》第 199 册,頁 536。
⑦ 權韠《石洲集》卷一《奉贈灘隱》,《韓國文集叢刊》第 75 册,頁 16。

月給黄廷彧(1532—1607)的信中云:"朱太史之畫,得閣下詩而益重,不佞居然得二寶,此行侈矣,敢不頓首乎?"①黄廷彧《芝川集》中亦有題《蘭竹帖》詩作,詩云:"渭畝青青竹數竿,移來卷裏總琅玕。王孫筆妙化工外,學士名高北斗間。丹鳳忽宣天上詔,彩毫因吐谷中蘭。自然意足難形處,聲色前頭句未安。"詩題爲《題灘隱畫竹帖》,題注云:"帖中,又有朱天使畫蘭。"②這首詩被收入許筠編選《國朝詩删》,題爲《題許端甫竹帖,石陽正畫竹,而朱天使畫蘭》③,詩題即點明許筠爲《蘭竹帖》的所有者。許筠因謀逆的罪名被殺,時人都要與其劃清界限,一般不會將爲《蘭竹帖》題寫詩作收入文集。黄廷彧去世較早,其文集爲後人所編,雖將這首詩收入《芝川集》,也更换了詩題,隱没了文化交流的真相。

　　一百多年後,《蘭竹帖》仍在朝鮮流傳,李瀷是"耽看不釋手",有詩云:

　　　　守節虛心盡可詩,貞姿惟許嶺松知。休煩淇岸猗猗盛,看到天寒始見奇。

　　　　朱天使至號蘭嵎,九畹餘香是友于。寫與東方爲正則,祗今留作景賢圖。

　　　　王孫繪竹意還殊,偃葉横柯衆態俱。醉袖翩翻豪士舞,不因風雨廢歡娛。④

　　朱之蕃所畫蘭花已成爲東國人學習的典範,李霆之竹也是各俱意態,而許筠在《蘭竹帖》上的題簽印章等都已被删塗隱去,正如李瀷所言:"筠爲僇人賤行,人亦代羞,故遂没其表識圖署,無以認别名姓,是甚差事。"⑤他"遍求一時名勝歌詠"完成的詩書畫帖,除黄廷彧的一首外,其他十六張也早已消失于茫茫歷史長河中,許筠在這一文化交流中所起的作用也被淡化被遺忘了。

　　許筠自己擅長書畫,加上他憐才惜才,所以他的身邊聚攏了當時的衆多書畫大家,又以與石峰韓濩(1543—1605)、懶翁李楨的交誼最爲深厚,彼此

---

①許筠《惺所覆瓿稿》卷二〇《上黄芝川丙午八月》,頁303。
②黄廷彧《芝川集》卷二,《韓國文集叢刊》第41册,頁446。
③許筠編《國朝詩删》卷六,趙鍾業編《韓國詩話叢編》第4册,太學社,1996年,頁610。
④李瀷《星湖全集》卷六《蘭竹帖》,《韓國文集叢刊》第199册,頁155。
⑤李瀷《星湖全集》卷五六《蘭竹帖跋》,《韓國文集叢刊》第199册,頁536。

間的書畫交往也很多。宣祖三十八年（1605），許筠任遂安郡守，入夏，石峰來遼山與許筠相聚，逗留一個月左右，爲許筠書寫《般若心經》。其後許筠又"命李楨繪三佛一菩薩二祖二居士像係之於後，遂成兩絶。余以贊辭附之，名曰《禪門法寶》云"①。"三佛一菩薩二祖二居士"分別是釋迦摩尼佛、阿彌陀佛、彌勒佛、觀世音菩薩、初祖達摩、六祖惠能、維摩詰居士、寵居士。這是由許筠主導的朝鮮詩書畫合璧帖，韓濩書，李楨畫，許筠作贊詞，是名符其實的"三絶"。

　　朱之蕃丙午使行時，許筠與李楨都在接待團隊中。當朱之蕃完成頒詔使命，回還至碧蹄館的四月二十日，他招見了許筠與兩位譯員南胤咸、全大頤，正是在這次交談中，朱之蕃見到了李楨的《畫佛帖》，"愛之，曰：'兹畫，中國亦罕矣。'題數語于末簡以給。"②因爲李楨並不在場，可知朱之蕃見到的《畫佛帖》即是李楨爲許筠所畫佛像，並且他只見到了《禪門法寶》中的畫作部份。許筠所云甚簡，連朱之蕃所題數語都隻字未提，幸好李睟光（1563—1628）記錄了下來："朱天使之蕃《題畫佛帖》云：余嘗夢爲遼山老僧，醒後述以詩曰：'夢中明滅舊龕燈，覺後心隨境其澄。澗繞菜花松掛月，盤陀石上白頭僧。'"③朱之蕃題辭並無對《畫佛帖》的具體評價，只是説自己曾經夢爲老僧，醒來寫了一首詩。此後許筠在《書李懶翁畫帖後》又提及"蘭嵎朱太史亦既係之"④，仍然未言及朱氏所寫内容。許筠的含糊其辭會讓人以爲朱之蕃題寫的是對李楨畫作的欣賞讚譽，可謂用心良苦。

二、書法交流

　　《千古最盛》《蘭竹帖》《畫佛帖》這三組書畫帖是中朝兩國士人書畫交流的最好明證，其間都活躍著許筠的身影。他見證了《千古最盛》最初的流傳，也記載了《千古最盛》的模本以及二十幅小景的大致内容。他主導了《蘭竹帖》與《畫佛帖》的製作，既傳播了中國畫風，又推介了朝鮮畫家，在兩

①許筠《惺所覆瓿稿》卷一四《李畫佛祖贊並引》，頁258。
②許筠《惺所覆瓿稿》卷一八《丙午紀行》，頁292。
③李睟光《芝峯類説》卷一二《文章部五·明詩》，乙酉文化社，1994年，頁521。
④許筠《惺所覆瓿稿》卷一三，頁245。

國書畫交流史上書寫了重要一筆。實際上，以許筠爲主導的中朝士人書畫交流的另一重要環節即是書法，而這早在壬辰倭亂時期就開始了。

　　壬辰倭亂及丁酉再亂期間，朝鮮局勢很緊張，明朝向朝鮮派出了衆多將領，這些將領雖任武職，但多經由科舉出仕，他們進入朝鮮，帶來了陽明學的衝擊，也帶來了大量書籍；他們與朝鮮士人既有思想上的交鋒，也有書籍、書畫以及文學的交流。在這些將領中，因書法與許筠交往較密切的是徐觀瀾。徐觀瀾于宣祖三十一年戊戌（萬曆二十六年，1598）九月前往朝鮮，次年二月回國，前後約半年的時間。徐氏擅長書法，許筠記載云：

　　　　徐給事觀瀾最能書，東征將官有得安平書簇，爲其子昂親書，獻之給事。招余問：“此何人書？”對曰：“莊憲王子安平君瑢之書。”給事曰：“吾固疑其非子昂也。然世間安有如此神翰乎？”一日，求石峰書。石峰效古人體，作十幅以進給事。辨之曰：此張芝也；此右軍、大令也；此褚河南也；此歐率更、智永也；此顏魯公也；此米南宫、趙松雪也。末一幅乃倣金生者，給事曰：“此非古法，亦遒美可愛也。”石峰深服之。①

文中講到兩件事，首先是徐觀瀾得到安平大君的書法作品，別人都認爲是趙孟頫所寫，徐觀瀾有所懷疑，向許筠求證。安平大君瑢（1418—1453），字清之，號匪懈堂、琅玕居士、梅竹軒，爲世宗大王第三子。他博學多才，尤擅書法，“嘗留心翰墨，集諸家大成而獨詣。其遒健似王，端雅假顏，風流文彩絶似趙學士，而真行草三體俱入神。”②其書法作品曾由明使臣倪謙等傳入中國③。

　　另一件事跟韓濩相關。韓濩，字景洪，號石峰，爲仁祖朝著名書法家。其“楷額真草無不各臻其妙”，李廷龜（1564—1635）記載云：“石峰既以名筆擅一時，朝廷於迎儐詔使，若奏請天朝，必盛選詞翰。壬申遠接使林塘鄭相之行，壬午栗谷先生之行，辛丑不佞之行，及辛巳、癸巳奏請使之行，石峰皆

---

① 許筠《惺所覆瓿稿》卷二四《惺翁識小録下》，頁 353。
② 崔恒《太虚亭集》文集卷一《匪懈堂詩軸序》，《韓國文集叢刊》第 9 册，頁 192。
③ 崔恒《匪懈堂詩軸序》云：“景泰初元（1450）三月，翰林侍講倪謙、黃門給事司馬恂，奉使而至，皆博雅士也。見大君嘗所戲書數字，不覺驚服，遂請揮毫。於是立書數百紙以示。二公歎賞不已，詩以謝之。……二公之還也，獻所得書於帝，帝覽而嘉之，即詔繡梓，俾傳於世。”（《太虚亭集》文集卷一，《韓國文集叢刊》第 9 册，頁 192）

與焉,所至必驚動中外。天朝提督李如松、麻貴、北海鄧(滕)季達,琉球使梁燦,皆要筆迹以去,以故石峰之書遍於天下,天下皆知朝鮮有韓石峰。"①韓濩分別于 1572 年、1582 年、1601 年跟隨林塘鄭惟吉、栗谷李珥以及李廷龜接待過中國使臣,又于辛巳(1581)及癸巳(1593)跟隨朝鮮奏請使進入中國②,其書法造詣被中國人推詡,其作品也廣爲流傳。明朝將領李如松、麻貴以及跟隨黄洪憲出使朝鮮的滕季達都曾向他求取書法作品,連出使至北京的琉球使臣梁燦也曾向他求書,這樣,通過東亞各國之間的使臣往來,韓濩在書法上的聲名不但遠播中國,而且遍及東亞。

　　徐觀瀾亦向石峰求取書法作品,石峰模仿古人寫了十幅字,其中九位是中國的書法家,分別是張芝、王羲之、王獻之、褚遂良、歐陽詢、智永、顔真卿、米芾、趙孟頫,徐觀瀾以自己的書法造詣,能一一辨别,這也從另一側面反映韓濩書藝之高妙,他既能博採衆長,形成自己的書法特點,又能模仿各家,達到神似。

　　韓濩模仿的另一大家是新羅時期的書法家金生(711—?),金生"隸書、行草皆入神",宋崇寧(1102—1106)中,洪灌(? —1126)奉使入宋,"翰林待詔楊球、李革奉帝敕至館,書圖簇。洪灌以金生行草一卷示之,二人大駭曰:'不圖今日得見王右軍手書。'洪灌曰:'非是,此乃新羅人金生所書也。'二人笑曰:'天下除右軍,焉有妙筆如此哉!'洪灌屢言之,終不信。"③金生書法在宋人眼中可與王羲之媲美,可見其書藝之精湛,徐觀瀾自是不熟悉金生的作品,所以説"非古法",但同樣"遒美可愛"。

　　金生、安平大君、韓濩三人是東國書法史上的座標,也是書法潮流變化的風向標。李奎報(1168—1241)《東國諸賢書訣評論序》以金生爲"神品第一"④,在新羅流行歐陽詢字體的時候,金生却不同於流俗,他學習的是王羲之代表的六朝筆意以及唐初褚遂良的行書,每一筆都追求粗細的變化,

①李廷龜《月沙集》卷四七《韓石峰墓碣銘》,《韓國文集叢刊》第 70 册,頁 252。
②辛巳年(1581)的奏請行正使爲金繼輝,書狀高敬命,質正崔岦;癸巳(1593)奏請行
　正使黄璡,書狀金汝慶。
③金富軾《三國史記》卷四八《列傳》第八,明文堂,1988 年,頁 574。
④李奎報《東國李相國集·後集》卷一一《東國諸賢書訣評論序並贊》云:"金生之書,與
　右軍無異,明矣,然則當以金生處神品之第一。"(《韓國文集叢刊》第 2 册,頁 240)

綫條的曲直有著微妙的韻律，字的組合保持著左右的平衡，陰陽向背的妙處已是出神入化①。到高麗忠宣王時期，東國士人書法多學趙孟頫“松雪體”，這一風氣一直延續到朝鮮初期，風行近兩百年。安平大君可謂“松雪體”第一人，他在宮中長大，可以揣摩内府收藏的書法真迹，在學習趙孟頫飄逸清俊風格的同時又能充分發揮自己的個性，成爲書法大家。壬辰之亂前後，隨著朝鮮性理學的發展，松雪體因欠力度而被視爲輕俗，這時候韓濩應運而出，他的書法風格厚重圓熟，因爲宣祖對他的賞識，壬辰倭亂期間朝鮮的外交文書大都由他抄寫，加上中國人對其書體讚不絶口，就使他的書體風靡一時，學習者衆多，對後世產生深遠影響。

　　金生、安平大君、韓濩三人代表著東國書壇的風格變化，串起了東國書法史的一條軌迹，他們以中國書法家爲學習模仿的對象，同時也能有所創新，形成東國的書法特色。許筠看似不經意間記載的兩件趣事，不但是中朝書法交流史上的重要事件，也打開了我們瞭解東國書法史的門徑。許筠的身邊團結了不少書畫大家，他總是不遺餘力地向中國人介紹這些才藝之士，徐觀瀾經由他，結識了朝鮮的書法家，認識到東國書法藝術的成就，必然留下深刻的印象，並將這樣的印象帶回國内，在中國加以傳播宣揚，這對兩國之間的文化交流定會起到正面的影響。

　　韓濩於 1605 年去世，次年朱之蕃出使朝鮮時，也曾向許筠求取韓濩書法作品，四月二十九日，許筠將韓書許蘭雪軒《廣寒宮白玉殿上梁文》兩件分贈給朱、梁二使，朱之蕃稱賞云：“楷法甚妙，真卿上、子敬下也，松雪、衡山似不及焉。”②認爲石峰書法雖不及王獻之，但在顏真卿之上，趙孟頫、文徵明都比不上他，評價很高。朱之蕃又求取真本，許筠將石峰所書《長門賦》送給了他。

　　此外，朱之蕃或梁有年還贈送許筠文徵明的《石刻諸經》：

　　　　衡山文先生徵明，書法爲國朝第一，與右軍、大令、趙吴興相埒，王元美稱古今四大家者，良不誣也。晚年雁陰符、黄庭、定觀、心印、清静、胎息、洞古等諸經，小楷極其遒勁，或師方朔贊，或法洛神，或範右軍黄庭，或仿智永千文。細大均適，姿媚横生，真奇寶也。余得之于朱

①參見任昌淳《韓國的書藝》，近藤出版社，1981 年，頁 29。
②許筠《惺所覆瓿稿》卷一八《丙午紀行》，頁 292。

宮論，愛玩不忍釋手也。噫！諸經皆升仙之捷梯，人苟千周萬遍，義自朗悟，況得衡山之筆以增其重。則讀者因奧旨而得其道，因心畫而獲書法，豈不兩利也哉。敬藏巾衍，朝夕師承焉。①

石刻諸經包括《黄帝陰符經》《老子黄庭經》《洞玄靈寶定觀經》《高上玉皇心印經》《太上老君説常清静經》《胎息經》《太上赤文洞古經》，都是道家修煉養生的典籍，文徵明模仿顏真卿的《東方朔畫贊碑》、趙孟頫的《洛神賦》、王羲之的《黄庭經》、智永的《千字文》，刻寫了以上經典，許筠認爲"小楷極其遒勁"，"細大均適，媚姿横生，真奇寶也"，所以他"愛玩不忍釋手"，如果能從此石刻帖領略道教奥義、書法真諦，更是一舉多得的美事。

文徵明（1470—1559），原名璧，字徵明，號衡山，長洲（今江蘇蘇州）人。其詩、文、書、畫無一不精，人稱"四絶"。在畫史上，他與沈周共創"吳派"，並與沈周、唐伯虎、仇英合稱"明四家"，又稱"吳門四家"。在詩文上，與祝允明、唐寅、徐禎卿並稱"吳中四才子"。其書畫作品傳入朝鮮的具體時間已難確定，宣祖三十三年（1600），金命元（1534—1602）從明人手中得到文徵明書帖，進獻宣祖，稱："聞其墨妙，爲一世之最，不敢掩以爲私藏，擬爲燕閑中一覽之資。"宣祖見之"深喜"。由宣祖所言"久聞其名而未見，適得而見之，以此爲喜"，可知這是宣祖第一次見到文徵明書法作品②。金命元進獻的文徵明書帖有哪些内容已不得而知，此處許筠對文徵明石刻諸經的記載，就目前所見資料來看，是朝鮮文人第一次在文集中提及并評論衡山書法作品。文徵明書法尤以小楷著稱，謝肇淛云："古無真正楷書……至國朝，文徵仲先生始極意結構，疏密匀稱，位置適宜，如八面觀音，色相具足，于書苑中亦蓋代之一人也。"③許筠評論正可與此相印證，但其所言石刻諸經在朝鮮文獻中未見他人論及，現已無迹可尋；文氏所書諸道家經典，現似只存《太上老君説常清静經》。文徵明《石刻諸經》的來與去都成了一個謎，

---

① 許筠《惺所覆瓿稿》卷一三《題石刻諸經後》，頁 245。此處許筠説《石刻諸經》得之于朱之蕃，但在《丙午紀行》中他又説是副使梁有年所贈："副使又招見，慰問辛苦，以衡山石刻帖給之。"（《惺所覆瓿稿》卷一八，頁 291）

② 參見《宣祖實録》卷一三二宣祖三十三年十二月庚午、辛未（初一、初二日）記載，《朝鮮王朝實録》第 24 册，頁 157。

③ （明）謝肇淛《五雜俎》卷七，上海書店，2001 年，頁 127。

如能重現人間，不但是中國書法史上的重要資料，也是中朝書法交流的重要文獻。

　　許筠與明朝使臣、將領的交往，還涉及到兩國書寫繪畫工具的比較，從中亦可略窺兩國物質文化的交流。許筠與中國人士交往密切，但其自編《惺所覆瓿稿》詩作部分只收錄了《從徐黃門登浮碧樓幄房》二首①，徐黃門即徐觀瀾。徐觀瀾“性温雅清簡，我國禮物一無所受。每閉户讀書，衙門寂然。”②他很清廉，不收受朝鮮人的禮物，却贈送墨丸給許筠：“徐給事嘗以墨一丸給余曰：‘此金章宗所造，用之一生不盡。’余取磨之，色正墨而稍凝，香尚郁烈。自戊戌冬用之，至今十三年，只磨一字，真奇物也。”③如墨丸確爲金章宗（1189—1208 在位）所造，那距離徐、許二人交往的 1598 年已近四百年，加上皇家之物且用之不竭的特性，墨丸確可稱爲“奇物”。徐觀瀾能以此相贈，足見二人情誼深厚，亦可以想見他們在談書論藝、詩文唱和過程中的愉悦與愜意。

　　朱之蕃喜歡朝鮮人的書法作品，也深愛他們的筆與紙，“朱太史用我筆，五日握而不敗，是天下第一品也，多束數千枝而去。又喜紙，多擇極薄者而曰：此可搨摹也”。④ 朝鮮的紙與筆一直爲中國人喜愛，當朝鮮使臣前往中國時，會多帶紙筆，既可以用來繳納路上的食宿費用，也可以作爲禮物饋贈中國人。許筠比較了中朝兩國筆的優劣，説：“弇州嘗言宣城諸葛氏所造筆極其精緻，終日用之不敗。朱太史以五枚贈余，兔則桀而易渴，羔則膩而易拉，俱不若我國黄毛筆也。”⑤宣城諸葛筆從唐代開始就號稱名筆，葉夢得《避暑録話》卷上云：“歙本不出筆，蓋出於宣州，自唐惟諸葛一姓世傳其業。治平、嘉祐前有得諸葛筆者，率以爲珍玩。云：‘一枝可敵它筆數

---

①許筠《惺所覆瓿稿》卷一，頁 113。

②申欽《象村稿》卷三九《天朝詔使將臣先後去來姓名，記自壬辰自庚子》，《韓國文集叢刊》第 72 册，頁 269。

③許筠《惺所覆瓿稿》卷二四《惺翁識小録下》，頁 354。

④同上注，頁 354。

⑤同上注，頁 354。

枝。'"①歐陽修亦有詩云："宣人諸葛高，世業守不失。……硬軟適人手，百
管不差一。"②認爲諸葛筆軟硬適中，很耐用，大爲誇讚。這是宋代的情形，
明代似乎有些不同，朱之蕃送給許筠的諸葛筆並不好用，無論兔毫還是羊
毫都比不上朝鮮人自己的黃毛筆。朱之蕃也認爲朝鮮筆更耐用，是"天下
第一品"，回國時竟然帶了數千枝。這是因爲到了明朝諸葛筆的工藝退步
了呢？還是因爲諸葛筆名氣太大，坊間仿冒者太多，朱之蕃買到了假筆呢？

　　關於書寫工具對書寫效果的影響現已受到學界的重視③，前言韓濩模
仿前代書家作品可以以假亂真，是否也與他用的筆有關呢？馬叙倫曾以自
己的經驗論及二者的關係：

　　　　余覺古人所用之筆極須研究。魏碑中有許多筆法，以今筆試之不
　　得。於是有將禿筆書者，有將筆頭略焚或小剪用之者，無非欲求撫寫，
　　皆得其形肖耳，或謂此乃刀法也。果然耶？余疑亦有筆之製作關係。
　　如余近用高麗人某所縛之筆，便覺曩時以爲日本製筆較勝於吾國所製
　　者，此又超勝之矣。吾國製筆，以狼毫爲最柔矣，然使轉猶不能盡如意
　　也。且製法亦不講究。日本製者，製法較精，而毫並不甚佳。以之模
　　摹晉唐人書，自較吾華製者爲勝，然偏于强，故得勁，而使轉亦不盡能
　　如意也。高麗所製，余初用者爲一寓天津之高麗人所製。由邵伯絅先
　　生代使爲之。然僅作中楷、小楷者二種。其後高貞白向漢城永興堂購
　　來贈余者，亦中楷筆，以余作中小楷時多也。伯絅所使爲者，毫色如吾
　　國之所謂紫毫，然細如絲髮，柔於狼毫，露出筆管一寸以外，通開及管，
　　而懸肘運指用之，無不如意。永興堂製者，色近狼毫，而柔過之，用之
　　亦使轉如意。凡晉魏名筆中許多筆法及姿態，皆可自然得之，故知有

①（宋）葉夢得著，徐時儀整理《避暑録話》（上），朱易安等主編《全宋筆記》第二編第 10
　　册，大象出版社，2008 年，頁 335。
②（宋）歐陽修著，李逸安點校《歐陽修全集》卷五四《聖俞惠宣州筆戲書》，中華書局，
　　2001 年，頁 767。
③參見孫曉云《書法有法》（江蘇美術出版社，2010 年）、王學雷《古筆考——漢唐古筆文
　　獻與文物》（蘇州大學出版社，2013 年）的相關論述。

不關筆法而實筆使之然者。①

馬叙倫比較了中國、朝鮮、日本三國筆的優劣,認爲朝鮮的筆最好用,筆隨心運,書法名帖中的筆法可以很容易地加以表現。這雖然是近代的事情,亦可與許筠所言相參照,則許筠之説並非空穴來風。

“高麗紙”的聲名要遠勝於東國的筆,唐代就已輸入中國,屠隆云:高麗紙“以棉、繭造成,色白如綾,堅韌如帛,用以書寫,發墨可愛。此中國所無,亦奇品也。”②“高麗紙”其色白亮如緞、其質柔韌如綿。運筆紙上,膩滑凝脂,毫不澀滯。落墨則成半滲化狀態,發墨可愛,別有韻味。所以當朝鮮使團進入中國,高麗紙以及紙製的扇子都特別受歡迎;當中國使臣出使朝鮮,同樣對紙製品更多關注。嘉靖二十四年(1545),張承憲以賜諡使出使朝鮮,拒收饋贈禮品,但云:“爾國紙品極好,必有書册可以珍玩者。”求得《四書》、《五經》、《東國地志》而去③。朱之蕃作爲書畫家,對紙筆的要求都很高,臨行前帶走數千枝筆,又選擇極薄的紙帶回國,都是可信的記載。他帶回國的數千枝筆,除了自用,應該也曾用來饋贈家人、朋友,這對朝鮮紙筆在中國的流布都有一定的影響。

三、許筠身邊的書畫家群體

在傳統價值體系中,如要對文學、書法、繪畫進行排序的話,我們會有一種模糊的感覺,那就是從事文學創作似乎是更有價值的行爲,可以此進入仕途,並贏得聲譽以及別人的尊重,書法、繪畫只是等而下之的技藝,繪畫又在書法之下,朝鮮同樣如此,如許穆所言:“畫雖不列於六藝,亦書之次也。”④這大概也是《千古最盛》模本重書法輕繪畫的原因之一。但在許筠的意識裏,似乎没有這樣的階梯區分,他自己才華橫溢,也能欣賞各種才藝

①馬叙倫《石屋餘瀋》六四“高句麗筆”,《民國叢書》第三編第 87 册,上海書店,1991 年,頁 114。

②(明)屠隆《筆墨紙硯箋》,黄賓虹、鄧實選編《美術叢書》二集第九輯,上海神州國光社出版,1914 年,頁 1219。

③《仁宗實録》卷二仁宗元年四月辛酉(29 日),《朝鮮王朝實録》第 19 册,頁 237。

④許穆《記言》卷二九《朗善公子畫帖序》,《韓國文集叢刊》第 98 册,頁 149。

之士，當時的書畫大家如韓濩、李楨、李澄、李霆、金玄成等都聚攏在他的身邊。許筠以自己對書畫作品的品鑒以及獨到的見解，總是不失時機地爲這些人揚名，將他們推向大衆視野。在以上數人中，許筠與韓濩、李楨的交往最密切。

韓濩比許筠年長 26 歲，與許筠仲兄許筬爲莫逆交，他客居京城時常出入許家，與許筠相識相知，二人成爲忘年交，"惟我仲氏，交公莫逆。仍辱緗帶，即爲鍾伯。我家輦下，公客於京。頗數其從，恨俗務嬰。一麾遼山，果踐宿諾。"①所謂"遼山之約"，指的是甲辰（1604）九月，許筠任遂安郡守，寫信給韓濩，邀請他來作客，"倘公來枉郡齋，則池閣逍遥，可盡人間樂事矣"②，直到次年（1605）四月，許筠還寫信邀石峰往訪遼山，"春期已誤，幽花爲君盡飛矣。……結網臨溪，待公爲斫鯉計。石筍沙鱉，亦可供案肴"。③ 石峰終於在入夏後來會，停留一個月左右，爲許筠書寫《般若心經》、《温李豔體》，及許蘭雪軒《廣寒宮白玉殿上梁文》。④ 此後不久，石峰就病逝了。

韓濩作爲許筠的忘年交，二人的交往當然不限於給徐觀瀾書帖及"遼山之約"，宣祖三十五年（1602），許筠接待明詔使顧天埈、崔廷健，韓濩也曾來相聚⑤。1604 年三月，韓濩曾贈送許筠"天風海濤"四大字，許筠贊其"筆勢龍躍虎拏"，"掛之壁，三日坐卧其下尚不知倦"⑥。

李楨，字公幹，號懶翁，其曾祖小佛、祖父上佐（陪連）、父崇孝、叔父興孝都以畫名世。金剛山東邊的内水岾有一兜率院，其中彌勒殿西壁懸掛一幅"引接龍舟會"，即李楨之祖李上佐、父李崇孝所繪，畫於紅綃，"其筆勢飛躍森嚴，殆與殿爭其壯也"。己亥（1599）重修寺院時，李楨畫白衣大士懸掛

---

① 許筠《惺所覆瓿稿》卷一五《祭韓石峰文》，頁 267。
② 許筠《惺所覆瓿稿》卷二〇《與韓石峰甲辰十月》，頁 310。
③ 許筠《惺所覆瓿稿》卷二〇《邀景洪乙巳四月》，頁 311。
④ 該書法落款爲"皇明萬曆紀年之三十三載乙巳夏仲望石峰書於遼山郡之沖天閣"，可知寫於這個時候。
⑤ 許筠《惺所覆瓿稿》卷一八《西行紀》，頁 288。
⑥ 許筠《惺所覆瓿稿》卷二〇《與韓石峰甲辰三月》，頁 311。

東壁，"東西相向，繪事精絶入神，殿中朗耀燭人，金碧返無其彩"。① 李氏三代畫作在同一場所供人瞻仰膜拜，亦可謂畫壇佳話。

李楨"十歲已大成，山水尤當行，而人物佛道最逼古"，乙丑（1589），李楨年方 13 歲即爲長安寺畫壁畫，"山水及天王諸軀，俱飛動森嚴"②。許筠在詩文中多次提及長安寺壁畫，宣祖三十六年（1603），許筠由司僕寺正罷職後曾游金剛山，寫有《東征賦》，賦中云："跋川漲而逶遲兮，昏余抵乎長安。正殿嵬以干霄兮，施腰燦其金丹。儼佛軀之紫摩兮，疑彷像乎泥洹。壁初繪乎李楨兮，訝道玄之開元。紛龍天之走趨兮，絢玉毫於雲端。"③ 將李楨與吳道子并稱。他還有《長安壁李楨畫變像及山水歌》對壁畫進行描摹與頌揚，歌云：

> 古來幾人能畫佛，道玄已仙公麟没。東方最稱李將軍，其孫阿楨尤奇絶。長安粉壁深潭潭，楨也畫時年十三。元氣淋漓壁猶濕，日月照耀煙雲含。給孤獨園金布地，祇陀之林簷菖氣。亭亭彩暈射初暾，功德藏嚴不思議。諸天列侍趨龍神，衆香縹緲天樂陳。妙諦已囑舍利子，拈花微笑知何人。華鯨吼地鸞鳳舞，空外天花散如雨。寶座暫轉紫金山，奕奕兜羅爲誰竪。就中灌頂孰醍醐，白衣大士摩尼珠。瀾翻萬偈法螺舌，六趣盡度群魔誅。偉哉意匠信豪縱，細看毛髮森欲動。當其槃礴役神功，千佛八部俱環拱。西廊煙雨盡模糊，餘事更寫滄洲圖。郭熙春山韋偃樹，功與造化争錙銖。吾聞台椽及摩詰，門元相國俱晚筆。妙年渲染最超倫，能幻紫摩秋毫末。楨乎楨乎抱才雄，盛名之下其途窮。對此令我氣颯爽，日落廣殿生長風。④

詩中詳細描述了壁畫的内容，涵蓋了衆多佛教故事，如祇樹給孤獨園，佛祖拈花迦葉微笑，畫作氣勢磅礴，人物極爲生動。東壁佛像可與吳道子、李公麟媲美，西壁山水可與郭熙《春山圖》、韋偃《雙松圖》争鋒。

許筠對李楨畫作有一個整體評價，"楨之山水，出安可度（堅）而穢；士女傳其祖而彩飛動，此其長也。至於佛則尤神且奇，其設色渲染俱入妙，阿

---

①許筠《惺所覆瓿稿》卷一六《重修兜率院彌陀殿碑》，頁 272。

②許筠《惺所覆瓿稿》卷一五《李楨哀辭並引》，頁 264。

③許筠《惺所覆瓿稿》卷三《東征賦并序》，頁 164。

④許筠《惺所覆瓿稿》卷一《長安壁李楨畫變像及山水歌》，頁 127。

睹之點睛，奕奕射人，如若欲語，未知去吴、李幾步耶。"①認爲李楨的山水與安堅一脈相承，用色更爲穠麗；人物得自家傳，更爲生動。他最擅長的還是佛像，技巧已臻化境，畫中人眼睛奕奕有神，好像隨時就能開口説話。李楨的山水、人物、佛像並不在同一水準，如只是籠統地將他比作吴道子、李公麟，不免揚之過當；如説他比不上自己的祖父、叔父，又不免貶之過甚。

許筠深愛李楨畫作，宣祖四十年（1607）正月，他曾寫信向李楨求畫：

> 大絹一簇，各樣金青等彩，並付家奚致之西京。須繪作背山臨溪舍，植以雜花，脩竹千竿。中開南軒，廣其前除，種石竹金綫，列怪石古盆。東偏奥室卷幔，陳圖書千卷，銅瓶插雀尾，博山尊彝于棐几。西偏拓囱，家小娘糁羹菜，手漉潼醴注于仙爐。吾則隱囊於堂中，卧看書，而汝與■■在左右談笑。俱着巾絲履，道服不帶，一縷香煙颺於簾外。仍以雙鶴啄石苔，山童擁帚掃花，則人生事畢矣。②

許筠對畫作的布局要求非常詳細，房子要背山臨溪，旁邊種植花木與大片竹林。房子正間南邊開窗，前面院落開闊，種石竹與柳樹，中間錯雜假山、盆景。房子東邊是書房，陳列千卷圖書及清供之物；西邊，家中婦人正在做飯、濾酒，作者自己斜靠軟墊看書，李楨與另一友人在旁談笑，三人都穿著家居便服。一縷香煙飄揚至簾外，外面，一對仙鶴正在啄食石上苔蘚，童子正在打掃落花。這是許筠心中的畫卷，也是他對理想人生的憧憬，那份家居的閑適從容，與世無爭的淡泊，友朋相處的愉悦，從字裏行間溢了出來，讓讀者都心生向往。

韓濩與李楨都是許筠的友人，雖然三人年紀相差較大，但在許筠的主導下，他們之間有多次合作，留下了數種可稱三絶的詩書畫合璧帖。除了前言《禪門法寶》，三人還合作完成了三先生像。許筠最尊崇的古人爲陶淵明、李白、蘇軾，他曾作《四友齋記》云：

> 吾所最愛者，晉處士陶元亮氏，閑静夷曠，不以世務嬰心，安貧樂天，乘化歸盡，而清風峻節，邈不可攀，吾甚慕而不能逮焉。其次則唐翰林李太白氏，超邁豪逸，俯睨八極，蟻視寵貴者，而自放於川岳之間，吾所羡而欲企及者。又其次，宋學士蘇子瞻氏，虛心曠懷，不與人畦

---

① 許筠《惺所覆瓿稿》卷一三《書李懶翁畫帖後》，頁 245。
② 許筠《惺所覆瓿稿》卷二一《與李懶翁丁未正月》，頁 321。

畛，無賢愚貴賤皆與之驩然，有柳惠和光之風，吾欲效而未之能也。三君子文章，振耀千古。以余觀之，則皆其餘事，故吾所取者在此，而不在彼也。若友此三君子者，則奚必與俗子聯袂疊肩，詡詡然耳語，自以爲友道也哉。①

他不但敬重三人的文章，更敬服他們的爲人，所以隔著遥遠的時空以三人爲友，自己廁身其中，號稱“四友”。爲了表示對三人的敬慕之意，他“命李楨繪三君像，惟肖”，自己作《三先生贊》，“倩石峰楷書”，從此將三先生像隨身攜帶，“每所止，必懸於座隅。三君子儼然相對軒衡解權，若與之笑語，怳若聆其聲欬，殊不知索居之爲苦”。② 許筠對李楨是“命”，對石峰是“請”，其《三先生贊并引》云：“因命懶翁繪三先生，贊以而係之。適石峯適訪於郡齋，乞以小楷書之。金書名號爵里於上。時玩之以慕焉耳。”③仍然一個是“命”，一個是“乞”，由用字的不同，三人相處時的情形如在目前。

韓濩是朝鮮當時最優秀的書法家，李楨是最優秀的畫家，許筠也可謂是最優秀的文人，三人合作留下的詩書畫合璧帖或許還不止於《禪門法寶》與《三先生像》，他們的合作讓我們可以略窺宣祖時期文人生活的一個片斷，亦可見那一時期朝鮮文學藝術之興盛輝煌。

在許筠身邊活動的書法家、畫家還不止韓濩、李楨二人。李澄（1581—?），字子涵，號虛舟，爲李慶胤（1545—1611）庶子。李慶胤一族也以書畫聞名於世，慶胤善山水，其弟英胤（1561—1611）善畫翎毛，慶胤子瀟、緯國皆善書④。李澄生長其間，也深受影響，“澄世其學而遂自名家，山水士女之外，凡翎毛竹樹草蟲花卉，皆得其法，人以爲難也”。⑤ 李澄各體兼善，許筠認爲“自懶翁没，渠即爲本國第一手也”。在朝鮮歷史上，嫡庶界限分明，庶孽是被歧視被壓制的群體，許筠則與李澄關係親厚，他曾“令澄畫各樣於小帖，終之洗兒二女，人曰不及楨，而細看則豐肌媚笑，逞其妖嬌

①許筠《惺所覆瓿稿》卷六《四友齋記》，頁194。
②同上注，頁194。
③許筠《惺所覆瓿稿》卷一四，頁258。
④參見吳世昌《槿域書畫徵》卷三“李慶胤”條、卷四“李英胤”條、“李瀟”條、“李緯國”條，學文閣，1970年，頁103、111、115、135。
⑤許筠《惺所覆瓿稿》卷一三《題李澄畫帖後》，頁246。

態，咄咄逼真，亦妙品也。不欲久展，久則恐敗蒲團上工夫也"①。許筠以李澄爲李楨之後畫壇第一人，其所畫女子生動嫵媚，看久了，幾乎讓人動了色欲亂了心性。

　　李霆善畫墨竹，連宣祖都很賞識，許筠記載云："宗室石陽正霆善墨竹，又能梅蘭。先王甚賞之，每畫一簇，恩賚便蕃。"②許筠與李霆交往密切，曾將宣祖所畫竹蘭拿給李霆欣賞，李霆嘆服不已，"以爲遒逸颯爽，不爲法度所縛，真仙品也"。③ 許筠除收藏李霆與朱之蕃共同完成的《蘭竹帖》，還曾爲李霆畫的墨竹題寫贊詞，云："青青翠竹，盡是真如，此語吾聞之黃面老子。謂是竹幻墨耶？謂是墨幻竹耶？幻花已滅，何用幻爲。天空海闊，月出雲收。其影翛翛，其聲颾颾。殿中雙竹，師可往玩。彼與可、惠崇之妙技，八心不能抄忽。師乎此卷，可付茶毗。"④墨竹是爲僧人克融所畫，贊詞也圍繞佛教義理而來，畫作太過生動，賞畫幾乎影響到禪修，所以要破除法執。許筠將李霆之竹與文同、惠崇相比，給予很高評價。

　　另一出現在許筠文集中的書法大家是金玄成，字餘慶，號南窗，他出身寒微，但能"以文墨起家，斯異矣。爲人亦清疏無俗態"，"詩藻雅祖唐詩，時有極可愛者。……筆法慕吳興，逼真，一時公私金石之刻，皆其手也。"⑤與詩文相比，金玄成更以書法取勝，他學趙孟頫"松雪體"，筆法可謂"逼真"。金玄成因爲能文章善書畫，所以多次接待中國使臣，許筠記載云："凡詔使儐待，必有典筆札者，如國朝用曹伸、洪裕孫者是已，無製述官帶行者。壬寅，顧、崔之來，月沙帶金玄成、車天輅、權韠三人。丙午，西坰又請金、權二人，權辭而金往。……遂爲定式云。"⑥壬寅（1602 年），顧天埈、崔廷健使行，金玄成任製述官；丙午（1606 年），朱之蕃、梁有年使行，金玄成仍任製述官。許筠這兩次都爲遠接使從事官，與金玄成有較多接觸，兩人因此熟識。丙午使行結束後，許筠即寫信給金玄成求書：

①許筠《惺所覆瓿稿》卷一三《題李澄書帖後》，頁 246。
②許筠《惺所覆瓿稿》卷二四《惺翁識小錄下》，頁 345。
③同上注，頁 345。
④許筠《惺所覆瓿稿》卷一四《灘隱畫竹贊，題洛迦禪寺上人克融卷》，頁 258。
⑤申欽《象村稿》卷五二《晴窗軟談》（下），《韓國文集叢刊》第 72 冊，頁 348。
⑥許筠《惺所覆瓿稿》卷二二《惺翁識小錄上》，頁 330。

　　　　賤紙十貼呈似案下，爲不佞寫黃庭經、任少卿書、洛神賦、武曌檄、
　　秋興八首、襄陽歌、豐樂亭記、赤壁二賦以惠，則驪珠入把，當焀日絢
　　夜矣。①

　　許筠所求包括《黃庭經》、司馬遷《報任少卿書》、曹植《洛神賦》、駱賓王
《代徐敬業討武曌檄》、杜甫《秋興八首》、李白《襄陽歌》、歐陽修《豐樂亭
記》、蘇軾《前赤壁賦》、《後赤壁賦》，金玄成頗費時日爲其書寫了全部内容，
三個月以後，許筠又有書信致謝："十帖書，精楷入妙，再拜以受。無白鵝以
酬右軍，爲大恨耳。謹櫝藏爲傳家寶云。"②宣祖四十一年戊申（1608）八
月，金玄成有升職之事，許筠又寫信致賀："翁項玉腰金，皆以文墨自致，孰
謂朝廷不愛才耶？遠州冗吏見邸報，方食，不覺棄匕筯起立，敢此委賀。"③
許筠此時任公州牧使，也替友人高興，寫信祝賀，可見二人交誼深厚。

　　對於自己身邊同時期的文人、書法家、畫家，許筠曾經有一個將衆人聚
集在一起製作詩書畫合集的想法。這一想法源于宣祖四十年丁未（1607）
夏，他獲得一本《詞翰傳芳》：

　　　　披閲之，即世廟朝劈髡信眉詩卷也。金文良爲序，徐剛中、姜景
　　愚、景醇、成重卿、李三灘爲詩俱自書。贊不知何人作，而書則鄭東萊
　　也。終以安可度畫釋迦、彌陀二軀，極小而妙。末有御璽一顆，真古
　　物也。

《詞翰傳芳》爲世宗朝僧人信眉的詩卷，金守温作序，徐居正、姜希顔、
姜希孟、成三問、李承召皆有詩作并自己書寫，贊不知何人所撰，由鄭誧書
寫。最後有安堅所畫釋迦牟尼佛與彌勒佛。許筠以之爲古物，用兩百張絹
帛買了下來。但他對此古物頗多微詞：

　　　　然以余觀之，文雖洞曉佛乘，信手拈來，而或流於腐餒；詩雖渾重
　　有氣力，而藻響不足，失之於卑俗。書雖結搆精密，而鈍滯不揚，無王
　　趙逸軌。畫則逼真，而無利家本色，彩繪不溢。

　　無論是文還是詩，無論是書法還是繪畫，雖各有優點，但缺點也很明
顯。因此，這激發了許筠的一個想法：

_____

①許筠《惺所覆瓿稿》卷二○《與金南窗丙午七月》，頁308。
②許筠《惺所覆瓿稿》卷二○《與金南窗丙午十月》，頁308。
③許筠《惺所覆瓿稿》卷二○《與金南窗戊申八月》，頁308。

　　若使當世之士東皋爲序，西坰、蓀谷、汝章、子敏爲詩，而石峰、南窗書之，李楨設色模像，則又詎必盡出其下耶？後之具眼者賞之，則未知孰爲其左祖也哉。①

　　他的理想是讓東皋崔岦作序，西坰柳根、蓀谷李達、汝章權韠、子敏李安訥爲詩，石峰韓濩、南窗金玄成書寫，李楨畫像，這樣的詩書畫帖自不在《詞翰傳芳》之下。

　　雖然貴古賤今、貴遠賤近是文壇或者説書畫界比較固定的思維模式，但許筠却有强烈的與古争勝、與遠争勝的信念，他批評道："今之昧者，俱以詩文從世升降，斥目覩而貴耳聞，咸謂古人不可及。嗚呼！大浸漫空，不識沈珊瑚者何處，而枉自呶呶指求乎？此與耳食者奚殊哉！是卷以其古物而藏之，非寶其文與詩與畫也。後之覽者，幸詳誌之。"②他將貴古賤今的人稱爲"昧者""耳食者"，這種重當下重目睹的求實態度，使他能更客觀地評判文壇以及書法、繪畫的發展變化，也就能充分認識到韓濩、李楨、李澄、李霆、金玄成等人在朝鮮書畫史上的價值與意義，他與他們結交，推動他們的合作，收藏他們的作品，爲他們揚名，爲他們呐喊，這一切讓許筠在東國書畫史上也佔據了重要位置。

　　許筠之論是否有厚此薄彼，左祖友人之嫌呢？我們可以略加考察。韓濩因善書，爲宣祖及光海君賞識，給他各種優待，"先王及今上在東宮所命寫不可殫記，皆列之屏障几案，朝夕賞玩。兩宮前後錫賚又不可殫記，御膳法酒絡繹於道。先王嘗見其大字，歎曰：'奇壯不可測也。'遣中使錫宴于家。又命除閑郡，諭之曰：'必要爾書者，欲使筆法傳於後世。倦時無强作，勿怠勿迫。'又御書'醉裏乾坤，筆奪造化'八字賜之。及病，藥醫交路。訃聞，賵賜甚厚，命府官庀喪葬，其寵渥如此。"③正如許筠所言："君臣相遇，此君爲最。"④宣祖還積極收集韓濩的字，韓濩曾："以唐牋寫太白詩爲五卷，真行大小各體皆備，極其精力。又以大紙書《東書堂集古帖》，一一臨拓，無不酷似，誠皆至寶也。先王聞之，亟命中使往换之，盡數入内。翌日，

①許筠《惺所覆瓿稿》卷四《詞翰傳芳序》，頁174。
②同上注，頁174。
③李廷龜《月沙集》卷四七《韓石峰墓碣銘並序》，《韓國文集叢刊》第70册，頁252。
④許筠《惺所覆瓿稿》卷二四《惺翁識小録下》，頁344。

賜細布鹽米紙筆墨香御硯衣靴等物甚厚,因以置舍居之。"①光海君亦深愛
韓濩書法作品,許篈曾得一《蓮花金字經》,爲世宗朝徐居正、成三問、鄭誧、
姜希顔繕寫,許篈又請"石峰以金字書《易》、《中庸》、《參同》、《黄庭》于後,
小楷極妙,遂成至寶"。許篈去世後,此物由許筠珍藏,光海君聽説此事,
"命入之,即以《資治通鑒》一部賜給焉"②。君王對韓濩的重視優待,對其
書法作品的喜愛賞識,自然會令他的字體更爲風行,成爲世人學習的典範。
白下尹淳(1680—1741)與圓嶠李匡師(1705—1777)以安平大君李瑢、自庵
金絿、蓬萊楊士彦、石峰韓濩爲朝鮮書壇四大家,又"以石峰爲國家第
一"③。

　　韓濩書法作品隨著中朝使節往來也傳入中國,獲得衆口一辭的稱贊,
"王元美則稱可與松雪比肩,屠長卿以爲怒猊抉石"④。朱之蕃説他的字:
"楷法甚妙,真卿上、子敬下也,松雪、衡山似不及焉。"⑤因此,韓濩的字在
中國大受歡迎,李晬光記載云:"赴京時於豐潤人家,寫李翰林一詩于素壁。
計年已二紀,而墨氣如新。蓋爲華人所重,故愛護如此。"⑥

　　李楨與朴東亮(1569—1635)親厚,丙子亂後,朴家還珍藏了一些李楨
的畫作,一是"彩女六幅",朴東亮之子朴瀰(1592—1645)所言甚詳,"楨叔
父興孝,故以善寫彩女名絶筆,近世無兩。而楨始毁齔,一把筆輒覺青冰之
勝,雖興孝亦自遜挹不敢肩也,賞鑑家群然定以神妙品。而既長益工,衆體
靡不兼賅。第楨自謂於驢馬微劣,亦不害爲畫史大家數也。楨雖博極衆
體,而猶然貌彩女最長。……而其中金丸打鶯、繡幨採蓮二幅,尤其合作
者。如睡痕闌干,舒手擲丸,芙蓉向臉開;而平頭俯舷,拉未開之朵者,幾似
語笑出唇吻間"⑦。李楨之畫得自家傳,更能超拔其上,他衆體兼備,尤擅

①許筠《惺所覆瓿稿》卷二四《惺翁識小録下》,頁 344。
②許筠《惺所覆瓿稿》卷二四《惺翁識小録下》,頁 344。
③吳世昌《槿域書畫徵》卷三"韓濩"條,頁 101。
④許筠《惺所覆瓿稿》卷二四《惺翁識小録下》,頁 344。
⑤許筠《惺所覆瓿稿》卷一八《丙午紀行》,頁 289。
⑥李晬光《芝峯類説》卷一八《技藝部・書》,頁 599。
⑦朴瀰《汾西集》卷一一《丙子亂後,集舊藏屏障記》,《韓國文集叢刊(續)》第 25 册,頁
　107。

彩女。"金丸打鶯"與"繡幌採蓮"特別生動,前者睡痕未褪,後者宛若將啟
唇笑語。朴瀰對李楨畫作的評價與許筠不盡相同,許筠以佛像最佳,朴瀰
以彩女最善,但認爲其畫作已臻神妙則是共識。

　　李澄作爲畫工,作品更多,他曾爲安邦俊(1573—1654)所編《抗義新
編》畫圖,爲劉希慶(1545—1636)畫《林莊圖》,爲權泰一(1569—1631)畫
《壽宴圖》,爲羅萬甲(1592—1642)畫家藏畫帖,爲李植(1584—1647)畫《銀
臺秋興圖》①……爲其畫作題詠者更不在少數,金尚容(1561—1637)有《題
李澄所畫四時景》八絶,李植有《題李澄畫》四絶,尹新之(1582—1657)有
《題徐清風貞履家藏李澄所寫水墨山水圖十景》十絶,李敏求(1589—1670)
有《李澄畫二鶴二鵑》四絶、《李澄畫山水十帖》十絶,朴長遠(1612—1671)
有《題李澄畫山水翎毛帖絶句》十一首,趙龜命(1693—1737)有《李弟君叙
所藏李澄畫鵞障子二軸贊》,南有容(1698—1773)有《題李澄散畫山水》二
律②……由以上文人題詠,可知李澄畫作在當時流行的狀況以及對後世的
影響,亦可見李澄各體俱善,從山水到人物到花鳥,無所不能。權尚夏

---

①安邦俊《隱村全書》卷三五《書抗義新編圖後》:"於是撮其中請絶倭、舉義兵疏章書檄,
　附以碑文言行,別爲一書,名之曰《抗義新編》。既又抽得八事,令畫手李澄寫以爲圖,
　置之卷首。"(《韓國文集叢刊》第 81 册,頁 436)洪世泰《柳下集》卷一〇《劉村隱墓誌
　銘》:"嘗慕靜庵之賢,道峰書院之創也公實經紀之。而愛其山水,擬作終老之計,要李
　澄畫林莊圖,請諸公詩若序,以道其意。"(《韓國文集叢刊》第 164,頁 492)金尚憲《清
　陰集》卷八《寄題完山府尹權守之壽宴圖名泰一》詩注云:"畫史李澄所寫云。"(《韓國
　文集叢刊》第 77 册,頁 112)李植《澤堂集》卷九《羅夢賚家藏畫帖序》:"丁卯虜變,畫渾
　於海而詩獨全,乃命國工李澄按詩作畫,一依前觀,復以其詩配焉。"(《韓國文集叢刊》
　第 88 册,頁 148)李植《澤堂集》卷九《題銀臺秋興圖》:"畫四人臨塹憩亭泛江各一
　幅。……今歲天啓乙丑,畫者國工李澄,德水李植識。"(《韓國文集叢刊》第 88 册,頁
　156)

②金尚容《仙源遺稿》卷上(《韓國文集叢刊》第 65 册,頁 119),李植《澤堂集》卷三(《韓國
　文集叢刊》第 88 册,頁 53),尹新之《玄洲集》卷六(《韓國文集叢刊(續)》第 20 册,頁
　337),李敏求《東州集》詩集卷一一、卷一三(《韓國文集叢刊》第 94 册,頁 176、190),朴
　長遠《久堂集》卷三(《韓國文集叢刊》第 121 册,頁 58),趙龜命《東溪集》卷六(《韓國文
　集叢刊》第 215 册,頁 118),南有容《雷淵集》卷一(《韓國文集叢刊》第 217 册,頁 20)。

（1641—1721）云："虚舟筆法高奇逼古，與王岳、郭熙不多讓，蓋人間絶寶
也。"①將李澄之畫與唐王岳、北宋郭熙相比，稱之爲"絶寶"。李書九
（1754—1825）云："海東畫家幾名氏，我欲續撰南宫史。前有金禔（禔）後李
澄，花竹翎毛稱絶技。"②將李澄與朝鮮歷史上另一著名畫家金禔并稱，是
畫史上最爲重要的一員。

　　李霆與文人的交往也很活躍，他曾畫《三清帖》，即蘭、梅、竹三種植
物，當時著名文人崔岦（1539—1612）爲其作序，又有詩記之③，並由韓漢
書寫，世稱"三絶"④。爲《三清帖》題詩的有柳根、李安訥（1571—1637）等
人⑤，書寫跋文的有尹新之、宋時烈（1607—1689）、蔡彭胤（1669—1731）、魚
有鳳（1672—1744）等⑥，衆人對李霆的畫作評價都很高，李安訥稱讚道："清
標植物有三者，好事王孫能一之。筆底生成奪造化，卷中題品盡當時。"柳

---

① 權尚夏《寒水齋集》文集卷二二《書從子燮虚舟畫軸後》，《韓國文集叢刊》第 150 册，頁
　　403。

② 李書九《惕齋集》卷三《寒林雙雀圖，戲爲李懋官作》，《韓國文集叢刊》第 270 册，頁 37。

③ 崔岦《東皋集》卷三《三清帖序》、卷六《題石陽正見留三清帖以還蘭梅竹》，《韓國文集
　　叢刊》第 49 册，頁 274、409。

④ 李時發《碧梧遺稿》卷七《謾記》云："石陽之竹，崔之文，韓之筆，皆一時之絶，而三者俱
　　於此，余手之不忍釋也。"（《韓國文集叢刊》第 74 册，頁 501）尹新之《三清帖跋》云："三
　　清帖，是王孫自爲傳後計者，一生精力盡於此矣。簡易序之，石峰書之，弁其卷首，三
　　絶備矣。豈非希有寶乎？"（《韓國文集叢刊（續）》第 20 册，頁 414）南公轍《金陵集》卷
　　二《草書屏風行》云："昔有石峰韓道人，平生草書擅海東。時當穆陵龍飛日，作成人材
　　際會隆。東皋詞翰石陽畫，世稱三絶俱妙工。騷人酒徒日滿堂，掃盡賤麻繼絹
　　素。……"（《韓國文集叢刊》第 272 册，頁 26）

⑤ 柳根《西坰集》卷三《題石陽正畫竹帖，面有崔簡易序文。我有十幅生綃，宗英爲我寫
　　竹以惠，故并及之》（《韓國文集叢刊》第 57 册，頁 465），李安訥《東岳集》卷六《石陽正
　　手畫蘭梅竹爲一卷，號曰三清帖。西坰柳相公首題近體詩一篇，東皋崔相公跋其尾，
　　一代交游之士相與繼和，以贊其美。因示余求詩，遂書此以奉》《韓國文集叢刊》第
　　78 册，頁 80）

⑥ 尹新之《玄洲集》卷一一《三清帖跋》（《韓國文集叢刊（續）》第 20 册，頁 414），宋時烈
　　《宋子大全》卷一四八《三清帖跋》（《韓國文集叢刊》第 113 册，頁 190），蔡胤彭《希庵
　　集》卷二八《石陽正畫梅竹蘭後跋》（《韓國文集叢刊》第 182 册，頁 498），魚有鳳《杞園
　　集》卷二一《三清帖跋》（《韓國文集叢刊》第 184 册，頁 239）

夢寅(1559—1623)云:"灘隱,翩翩當世之佳公子也,以詞章畫格妙天下。余評其詩曰有聲之畫,評其畫曰無聲之詩。是非余之言,天下之言也。嘗著三清帖,簡易序之,石峰書之,爲一世之寶玩。"①李時發(1569—1616)云:"宗室石陽正霆,字仲燮。襟韻清灑,墨竹爲當世絕筆。"②許穆云:"石陽公子善畫竹,名于宣、仁間。公子之畫不畫色,能畫神,故雪竹寒、雨竹濕、風竹蕭蕭若鳴。其筆妙侔造化,非天機入神不可幾也。"③大家都認爲李霆畫竹可謂絕筆,能得其神。

金玄成更以能詩善書著稱,柳夢寅説他:"長於詩,措言命意切近的當,黯然長油然光,自立一家。其筆法脱胎趙松雪,而精勁簡麗,有自得之妙。凡公私碑版屏障輝映於遐邇,而特其餘事耳。"④李晬光亦云:"其文章最長於詩,精緻有味,切近的當,自成一家。其筆法少師趙松雪,而有奪胎自得之妙。求者填門,揮灑不厭,一時公私碑障皆其過墨也。"⑤因爲金玄成能詩善書,他與文人的交往也就更爲密切,亦曾與他人合作完成過詩書畫帖,如與尹根壽(1537—1616)、李霆一起完成過書畫帖⑥,與李濟臣(1536—1583)、韓濩一起完成過詩文帖⑦。再加上金玄成數次接待明朝使臣的經歷,他也是朝鮮文壇及書畫界非常活躍的一員。

由以上分析我們可以知道,在宣祖朝,朝鮮文壇以及書畫家人材輩出,

---

① 柳夢寅《於于集》後集卷四《月先亭記》,《韓國文集叢刊》第 63 册,頁 540。

② 李時發《碧梧遺稿》卷七《謾記》,《韓國文集叢刊》第 74 册,頁 501。

③ 許穆《記言》別集卷九《權使君墨竹屏記》,《韓國文集叢刊》第 99 册,頁 81。

④ 柳夢寅《於于集》卷六《贈右議政行同中樞南窗金先生行狀》,《韓國文集叢刊》第 63 册,頁 438。

⑤ 李晬光《芝峯集》卷二三《同知敦寧府事南窗金公神道碑銘》,《韓國文集叢刊》第 66 册,頁 230。

⑥ 趙翼《浦渚集》卷二七《書月汀先生書帖後》:"表叔尹加平以新印其先公月汀(根壽)先生書、石陽畫、南窗跋,凡十一幅見遺。……叔祖筆迹名一世,南窗亦名筆,而石陽之竹又古今絕技也。"(《韓國文集叢刊》第 85 册,頁 490)

⑦ 申欽《象村稿》卷三六《清江詩文帖跋代台徵作》:"山水人物鳥獸蟲魚草木之爲畫者若干幅,先君(李清江濟臣)所爲文,屬韓大夫、金大夫而寫之者若干篇,總一帖。……韓大夫名濩,字景洪,號石峰;金大夫名玄成,字餘慶,號南窗,皆以書法聞。"(《韓國文集叢刊》第 72 册,頁 216)

文人、書畫家之間的交往也很密切,他們經常雅集,一起完成詩書畫帖的製作。許筠對韓濩、李楨、李澄、李霆、金玄成的稱賞、推崇並非一家之言,而是整個知識層的共識。申翊聖(1588—1644)曾概括朴炡(1596—1632)收集的古今書畫帖,對這一時期的書畫壇有一總體評價:"朴大觀所集古今人書畫爲帖者幾卷,卷中頤庵(宋寅)、南窗書差不失法度,石峰小行用筆頗仿大令,而時露本體,豈少時書耶? ……李楨之人物,實之中國繪苑胡多讓焉? 楨畫中此最佳。李澄生於畫家,聞見瞻博,才氣敏達,遂至旁通。……而鋪置優綽,起伏合度,至於肖生,專主意態,超凡臼而臻化境。概舉其全,則近世季綏(金禔)之外無可敵者。澄之爲人寫絹何限,而群品造極無如此帖,爲大觀盡其伎耳。"①南窗之作中規中矩,石峰學王獻之,李楨最長於人物畫,李澄雖然山水、人物、草蟲花鳥都不是最好的,但他衆體兼備,以全取勝。許穆也有一個對畫家的總體評價:"至我盛朝,顧仁、安堅稱絕畫。其後多名畫,今于朗善王孫書畫貼,又見恭愍天山大獵圖。安堅、李上佐、李楨、李澂(澄)山水圖,鶴林(李慶胤)、竹林(李英胤)二公子人物、翎毛圖,金司圃(金琭)牧牛游馬,石陽(李霆)之竹,魚少正之梅,皆絕畫。我朝人才絕藝,其盛亦極於此云。"②李楨、李澄、李霆都在其中,他們各有所長,皆稱"絕畫"。

由許筠文集中的零星記載,以及他在與明朝使臣、將領交游過程中所提及的朝鮮書畫家,我們大致可以勾勒出朝鮮宣祖朝書畫界的景象,讓人有人才彙集群星璀璨的印象。許筠通過對這些書畫家作品的品鑒解讀,推詡讚譽,將他們團結在自己的周圍,也通過這樣的方式幫助世人更好地瞭解他們的作品,提升他們的社會聲譽,這樣的支持對這些書畫家的成長,以及對朝鮮書畫壇的發展都是一股重要的力量。

四、餘論

朱之蕃出使朝鮮成爲一個被不斷論説的話題,從詩文唱和到書畫交流都有著示範意義,其中還有待進一步分析的諸多問題,比如《顧氏畫譜》。

①申翊聖《樂全堂集》卷八《書朴錦溪所藏書畫帖後》,《韓國文集叢刊》第 93 册,頁 283。
②許穆《記言》卷二九下篇《朗善公子畫帖序》,《韓國文集叢刊》第 98 册,頁 149。

　　《顧氏畫譜》又名《歷代名公畫譜》，顧炳輯繪，萬曆三十一年（1603）杭州雙桂堂初刻刊行。《顧氏畫譜》不分卷，凡四冊，共收晉唐至明代畫家 107人①，一人一圖，皆由顧炳摹繪。顧炳，字黯然，號懷泉，明代院畫家。畫譜編撰基本按照《宣和畫譜》和《圖繪寶鑒》的時代順序，在編排形式上，採取一圖一文的形式，圖文對照。文字由顧炳延請交游好友書寫，內容多爲原畫作者小傳及對畫作的鑑賞，書法亦精美；圖則由顧炳仿製一幅該畫家的作品，令觀者對畫家風格有直觀瞭解。鄭振鐸對《顧氏畫譜》的編撰方式讚歎有加，認爲"一方面談畫史，一方面附以畫家們的原作（縮影），這乃是空前的舉動"，並認爲"後來諸家集古、仿古的木刻畫無非從此有悟而出。"②。《顧氏畫譜》前有朱之蕃、全天叙序及顧炳本人所撰譜例，朱之蕃在序中略叙顧氏學畫經歷及與其與自己父親的淵源。朱之蕃作爲當時著名的"鼎甲能畫者"（姜紹書語）亦能書者，其精美書法作品列于開篇，有著很好的廣告宣傳效應。

　　關于《顧氏畫譜》傳入朝鮮的時間，韓國與日本學者認爲是在仁祖年間（1623—1649），張師伯偉教授認爲是在光海君年間（1609—1622）③，實際上最大的可能性應是朱之蕃出使朝鮮的 1606 年，此次使行，朱之蕃攜帶大量江浙一帶新刊印典籍進入朝鮮，分贈朝鮮士人，許筠即受惠良多。《顧氏畫譜》前有朱之蕃序，又刊刻于使行之前的 1603 年，朱之蕃將其帶入朝鮮贈送朝鮮士人也就成爲情理中事。但奇怪的是，當時接待朱、梁二使的朝鮮士人竟無一人提及《顧氏畫譜》。李好閔爲朱、梁使行館伴，與二人不但有詩作唱和，還有書信往還，但是直到戊申（1608）出使明朝，才在北京玉河館第一次見到《顧氏畫譜》，"而無金不能得也"，于是大費周章地讓譯官李彦華將畫譜中的各家題跋抄録下來，"未知其叙並出於筆之者之手乎，倩李堂彦華移之別冊，并書黃子久所爲寫訣。則畫雖無，而畫者之姓名與法存焉，將持向吾東諸老師，追前人而作之。"④隨畫譜中文字一起抄録的還有黃公望的《寫山水訣》，這是一份有字無畫的"畫譜"，李好閔希望東國善畫之人能

---

①根據版本差異有 106 人、107 人、108 人的差異。

②鄭振鐸《中國古代木刻畫史略》，上海書店出版社，2011 年，頁 84 及該頁注釋③。

③參見張師伯偉《東亞文學與繪畫中的騎驢與騎牛意象》，載《域外漢籍研究集刊》第六輯，中華書局，2010 年，頁 28 注釋 3。

④李好閔《五峰集》卷八《畫譜訣跋》，《韓國文集叢刊》第 59 冊，頁 438。

根據畫家姓名及畫法介紹仿作各家畫作，將畫譜補充完整，想來這是不可能實現的願望。由李好閔所言"無金不能得"，可知《顧氏畫譜》因刊刻精美，當時定價頗昂貴，因此朱之蕃不可能多帶畫譜去朝鮮，很可能只帶了一本。

那《顧氏畫譜》可能贈送給何人呢？柳潚（1564—1635）《題古畫帖》透露了《顧氏畫譜》最初在朝鮮流傳的信息。《題古畫帖》題下注云："畫帖凡四卷，於于叔父首題，鹿門、滄洲、鶴谷、海峰、九江、南翁迭和。"詩作爲五言絶句 107 首，每首詩後有對畫帖内容的説明，如第二首云："吾道大如天，老佛觀於井。纍空莫自多，惜哉不見正。陸探微畫，孔聖、老子、佛氏三像帖。蓋佛主壁，孔與老東西参。"第三首云："視虎如看石，摩挲手自馴。闍梨問傳法，惠永是前身。張僧繇畫，老僧手撫猛虎，童子持錫侍其側。惠永，古之馴虎僧也。"①内容與《顧氏畫譜》相符，可知這 107 首正是爲畫譜而作。詩題中提到的數人，分別是於于柳夢寅（1559—1623）、鹿門洪慶臣（1557—1623）、滄洲車雲輅（1559—？）、鶴谷洪瑞鳳（1572—1645）、海峰洪命元（1573—1623）、九江邊應璧（1562—？），南翁姓金，名字已無從查考。他們在柳夢寅的主導下，有一次共同題詠《顧氏畫譜》的創作，現完整保存下來的還有洪瑞鳳與洪命元的《題顧氏畫譜》②。由柳夢寅"首題"來看，朱之蕃是否將《顧氏畫譜》贈予他了呢？

丙午使行，柳夢寅爲都司延慰使③，也參與了接待二使臣的工作，現《於于集》後集卷一《西償録》中還收録了數首與朱、梁二使的唱和之作④。柳夢寅亦是博學多識之人，且擅書法，懂漢語，在接待朱、梁二使的過程中應該有較多交流，但柳夢寅亦是因被罪被殺，其文集散佚嚴重。正祖十八年（1794）柳夢寅的冤屈得以平反，純祖三十一年辛卯（1831）其後人開始刊印其文集，至次年完工。七世旁孫柳葉云："遺集八十餘册散逸殆盡，余以

---

① 柳潚《醉吃集》卷一，《韓國文集叢刊》第 71 册，頁 7。
② 見洪瑞鳳《鶴谷集》卷一（《韓國文集叢刊》第 79 册，頁 445）、洪命元《海峰集》卷一（《韓國文集叢刊》第 82 册，頁 159）。
③ 許筠《惺所覆瓿稿》卷一八《丙年紀行》："（三月）六日，都司延慰使柳夢寅入來。"頁 290。
④ 見柳夢寅《於于集》卷一《次朱天使漢江迎詔韻》《次朱天使宴集南別宮韻》《次天使漢江紀游韻》《次梁天使游蠶頭韻》《陪天使漢江觀漁》，《韓國文集叢刊》第 63 册，頁 469。

旁裔尤庸感慨，積歲年蒐録於斷爛，兹成若干編。"①八世旁孫柳榮茂亦云：
"蓋存者不能十之一，前集六卷，刊出一百四十一帙；後集六卷坐財匱，只印
四十帙。至於續集若干編，年譜一編，野譚四編，未能並梓。"②在柳夢寅散
佚的文字中是否記載著與朱之蕃更多的交往呢？其現存文集中有《畫帖》
六首，第一首云：

　　　楊柳風瀏瀏，回川停復流。一驢蹇，一琴短，撚髭髭欲斷。哦新詩，就
　幾首，知有溪友在橋西，邀以酒。右一人柳下騎驢，一兒携琴向橋，橋外紙窮。③
很明顯這是對《顧氏畫譜》中李成畫作的描寫與感受。

（圖 2）《顧氏畫譜》之李成畫作

①柳夢寅《於于集》附柳栻《新刊於于堂遺集跋》，《韓國文集叢刊》第 63 册，頁 452。
②柳夢寅《於于集》附柳榮茂《於于集後集後叙》，《韓國文集叢刊》第 63 册，頁 607。
③柳夢寅《於于集》卷六《畫帖六首》，《韓國文集叢刊》第 63 册，頁 449。

柳潚、洪瑞鳳與洪命元也有詩作，分別如下：

　　　芳渚舟初泊，濠梁客獨歸。依依煙柳外，樓閣近斜暉。李成江湖樓閣帖①

　　　城郭雲煙裏，江湖圖畫中。蘇堤歸興晚，殘照半天紅。右李成②

　　　近郭平湖出，樓臺返照中。江天會有月，歸客莫恩恩。右詠李成③

　　有趣的是，四個人看的是同一幅畫，看到的内容引發的思緒却全然不同。柳氏看到的是畫面的近景，他將“驢背覓詩”的文化意涵融入畫面中，加入撚髭、吟詩等想像，甚至在“橋外紙窮”的空間裏加入了一位等待的友人，驢背上的吟詩人原來是攜著童子帶著琴去赴約，想像他與友人吟詩、飲酒、彈琴的樂趣，畫面更爲風雅也更爲活潑。柳氏忽略了畫作的中景、遠景，但這是另三人的關注點，柳潚將這幅畫稱爲“江湖樓閣帖”，二洪的詩中也提到了“城郭”“樓臺”這樣的背景，驢背（亦或馬背）上的人則是匆匆歸家的旅人，三人對畫作的理解頗接近，但亦有分歧：一是洪瑞鳳將畫中地點確定爲杭州西湖蘇堤；二是天邊的圓，柳潚與洪瑞鳳認爲是夕陽殘照，洪命元的詩作則可以理解爲夕陽，亦可認爲是一輪明月。對同一幅畫作的不同理解以及想像是一個有趣的現象，值得深入探討。《顧氏畫譜》刊刻精美，極爲珍貴，柳氏獲贈之後，作爲不傳之秘小心珍藏，等到該書爲朝鮮人熟知後才拿出來與他人一起欣賞題吟，似乎也是情理中事。《顧氏畫譜》東傳朝鮮後，也影響了朝鮮後期的畫壇與文壇，這已是另外的話題了④。

---

① 柳潚《醉吃集》卷一《題古畫帖》，《韓國文集叢刊》第 71 册，頁 7。

② 洪瑞鳳《鶴谷集》卷一《題顧氏畫譜》，《韓國文集叢刊》第 79 册，頁 445。

③ 洪命元《海峰集》卷一《題顧氏畫譜》，《韓國文集叢刊》第 82 册，頁 159。

④ 參見許英桓《顧氏畫譜研究：中國 의 畫譜 3》《誠信研究論文集》第三十一輯，誠信女子大學校，1991 年第一期）、宋惠卿《『顧氏畫譜』 와 조선후기 회화》（《〈顧氏畫譜〉與朝鮮後期繪畫》，弘益大學校大學院美術史學科韓國繪畫史專攻碩士學位論文，2002 年 6 月）、김홍대《322 편의 시와 글을 통해 본 17 세기 전기『고씨화보』》（《從 322 篇詩文畫看 17 世紀前期〈顧氏畫譜〉》，《温知論叢》第九卷，2003 年）、《변미영『고씨화보（顧氏畫譜）』와 조선후기 산수화》（《〈顧氏畫譜〉與朝鮮後期山水畫》，《기초조형학연구》，2004 年第 2 期）、구본현《『顧氏畫譜』의 전래와 朝鮮의 題畫詩》（《〈顧氏畫譜〉的傳來與題畫詩》，《奎章閣》第 28 卷，2005 年 12 月）、小林宏光《明代 顧氏畫譜（1603）의 간행과 회화사적 의의》（《明代〈顧氏畫譜〉（1603）的刊行與繪畫史意義》，《美術史研究》第 28 卷，2014 年 12 月）。

　　明代畫壇流派紛呈,有院體與浙派之争,浙派與吳派之争,吳派與松江派之争,在朱之蕃出使朝鮮的十七世紀初,中國畫壇上董其昌領導的松江派盛行,其畫論"南北宗論"影響深遠,這讓人不免好奇:朱之蕃更傾向於哪個流派? 他的出使是否影響了朝鮮的畫風? 許筠又更欣賞哪個流派呢?

　　根據姜紹書《無聲詩史》對朱之蕃的介紹,説他:"寫山水得米襄陽(芾)、梅道人(吳鎮)、顧寶幢(源)標韻,竹石兼東坡(蘇軾)、與可(文同)之妙。"①則朱之蕃爲吳派畫風的傳人。再根據《千古最盛》書畫帖的内容來看,也更接近吳派畫風,劉美那即認爲:"雖然《千古最盛帖》的原本未能流傳下來,但根據臨摹本的主題及畫法來推論,應與吳派畫風密切相關,因此將其與吳派繪畫進行比較,可以準確看出《千古最盛帖》繪畫的特徵。"②但書畫風格的發展是互相交織的,雖然明代畫壇有畫派之争,實際上在個體的創作中很難有清晰的劃分,更多的還是吸收衆家之長以成就個人畫風。

　　朱之蕃在與朝鮮士人書畫交流時曾留下一軼事,據《靖孝公家乘》記載:"朱之蕃求見畫士,令竹林守(李英胤)、石陽正(李霆)、魚夢龍見之。朱曰:'竹葉大者如柳,葉小者如蘆葉;梅則乃杏花也,杏花萼皆向上。'二人皆改筆法云。"③這裏説的竹與梅當是針對李霆與魚夢龍而言。李霆墨竹、魚夢龍墨梅與黃執中的墨葡萄在朝鮮繪畫史上並稱"三絶",但在朱之蕃看來,畫法都不夠精湛或者説不够形似。朱之蕃並非故意挑刺,如李霆所畫竹葉較粗,這也是朝鮮人自己的認知,但這是否正是畫家的個人風格呢? 是否就需要改筆呢? 柳辰仝(1497—1561)與李霆都以畫竹著稱,二人都偏葉粗,李恒福(1556—1618)"奉灘而絀柳",他自有一番道理:"最畫毋論工拙粗細,惟生趣爲重。柳筆厭厭有曹蜍、李志氣,灘筆飛揚動盪,各臻其妙。

①(清)姜紹書《無聲詩史》卷四,清康熙觀妙齋刻本。

②劉美那《中國詩文主題的朝鮮後期書畫合璧帖研究》,頁93。高居翰在《山外山——晚明繪畫(1570—1644)》亦稱:"此一雅集連同其他一些文會或歷史性的題材,如蘭亭修禊、蘇東坡的《赤壁賦》等等,都是蘇州職業畫家所最鍾愛的畫題。"(生活・讀書・新知三聯書店,2009年,頁29)他論及的爲"蘇州職業畫家",實際上在文人畫中以古人詩文爲抒寫對象也是常見的主題。

③轉引自白仁山《灘隱李霆 의 墨竹畫研究》(《灘隱李霆的墨竹畫研究》),東國大學校大學院美術史學科碩士學位論文,1999年,頁27注釋57。

何但近世三家(指申潛、柳辰仝、申師任堂),置之文湖山、蘇眉山間,不知鹿死誰手。如以粗而已,則蘇之葉粗,又甚於灘粗,亦奚病焉?"①李恒福揚李抑柳的原因是看畫作有無"生趣",而不是看筆法的粗細工拙,他將柳辰仝畫比作曹蜍、李志,厭厭如九泉之下的死人,而李霆畫作飛揚生動,不下於文徵明、蘇東坡,如此,筆法的粗細與否也就無足輕重了。就此而言,李恒福的畫論觀更接近吳派畫風,追求作品的詩意、生趣。相反,吳派畫風認爲"形似"是最低級的追求,朱之蕃指出的朝鮮畫士的缺點,則是針對形似而言,與吳派畫風頗有些格格不入②。

　　浙派與吳派的不同之一在於他們的傳承,一般而論,浙派的職業畫家繼承了宋代的繪畫傳統,而與吳派業餘文人畫家所代表的元人傳統形成對立,文人論畫的時候,也各有偏袒。王世貞是頗有鑒賞力的畫評家,往往流露出對宋畫的偏好,也就是對浙派畫風的推詡。比如他認爲浙派畫風的開山鼻祖戴進(1388—1462)爲"我明最高手"③;他曾請文徵明的學生錢穀作一《溪山深秀》圖卷,雖然王世貞很欣賞其筆墨之"蒼古秀潤,絕世蹊徑之外",但對畫作的意涵却有不同看法:"或謂余有所寄則不然。大丈夫好山水便當謝去朝市,安用役役寄此爲然。人生有義命,要不當以一端成出處也。譬如見佳畫,輒云是真山水,見佳山水輒云一幅真畫,究竟何所歸。"④在王世貞看來,山水即是山水,不是文人情感的比附,"他既然主張山水畫不須有所寄託,那麼山水畫也不能是文士所好自然山水的代用品,更不是

---

① 朴瀰《汾西集》卷一一《內子亂後,集舊藏屏障記》其五,《韓國文集叢刊(續)》第 25 册,頁 106。

② 朱之蕃的所言所行也可能只是對前代使臣的效仿。金湜,字本清,號太瘦生、枯木居士、朽本居士等,天順八年(1464)曾以頒登極詔使的身份出使朝鮮。他擅長畫竹,曾爲朝鮮君臣作畫,亦曾認爲朝鮮人所畫竹似麻似蘆葦,并對他們進行了指導。朱之蕃此處的言行似是金湜的歷史再現,《皇華集》的刊印,使前代使臣的表現爲後代使臣熟知,會影響他們的創作甚至言行,這使歷代使臣在朝鮮的作爲有了内在相連的脈絡,或相承或相反,構成了一種使臣傳統。

③ (清)王原祁等《佩文齋書畫譜》卷八六《歷代名人畫跋六》,《文淵閣四庫全書本》第 822 册,頁 656。

④ (明)王世貞《弇州四部稿》卷一三八《錢叔寶溪山深秀圖》《文淵閣四庫全書》第 1281 册,頁 280。

畫家或畫主心境轉化的形體,如此山水畫只是純粹的'畫',除此之外,別無其他。勉强附會,在他看來是無謂之舉。"①王世貞這種消解畫作興寄功能的作法與吳門畫派背道而馳,山水只是山水,無論筆墨如何精緻,如果没有情感的支撐,也會變得蒼白無力,還不如形似精準的畫作更有生機。朱之蕃是王世貞的門人,王世貞編輯的《王氏畫苑》前有他自己撰寫的《重刻古畫苑選小序》及《古今名畫苑序》二序,都爲朱之蕃書寫,那朱之蕃是否也曾受到王世貞畫論的影響呢?

王世貞可謂許筠尊崇的中國第一人,在他的《惺所覆瓿稿》中,在在反映出王世貞的影響,也在在透露出他以王世貞爲目標並與其争鋒媲美的意圖,王氏畫論也影響了許筠對中國畫作的收藏與評價。萬曆四十三年(1615),許筠最後一次出使中國,這次他不但購買了大量書籍,還收藏了不少畫作,而其收藏的畫作又以浙派畫家的作品爲主,從其《乙丙朝天録》可以略窺端倪,其《詠戴文進畫》云:

蓬萊縹緲洞天幽,雲海沉沉鎖十洲。想得當年槃礴處,衆仙環佩集丹丘。

幢節玲瓏降碧空,蟠桃初熟宴瑶宫。紅衣把釣休鎌錯,自是才高命未通。

樵柯忘爛坐看棋,思入幽玄落子遲。萬里赤霄人上鶴,碧煙籠日暗瑶池。

霓旌羽節列仙曹,捧出瓊盤摘玉桃。迎得雲中金母降,案頭先置八琅璈。

劃日祥雲抱玉臺,大羅天上鶴飛回。憑誰寄語軒轅老,莫向崆峒問道來。

雲幢飈馭引東君,煙顙黿峰海日曛。顧别赤松騰碧落,玉童閑軸紫瓊文。

繪出姑蘇最絶倫,少時曾賞尹家珍。東風十里珠簾捲,紅袖争看白舍人。

湖亭清絶對蓬山,海上鸞驂若可攀。會展此圖延羽客,九霄笙鶴五雲間。

---

①石守謙《風格與世變——中國繪畫十論》,北京大學出版社,2008 年,頁 334。

《題朱端畫》云：

> 煙樹蔥蘢夜色開，一天花月浸池臺。敲門剝啄驚春睡，想有游人載酒來。

> 高臺芳樹匝瓊流，閑倚匡床眺亂洲。十里平湖開夕靄，數聲漁笛在孤舟。

《題呂紀畫效張壽用體壽用，江右詩客也，吳山、西湖皆有十詠。玄生笑其拙，吾愛其拙，輒效之》云：

> 孔雀舞毰毸，雙棲跱岩卉。莫愛金尾鮮，人思拔金尾。

> 山雞愛其毛，照形每臨水。寧作毛醜生，不作毛美死。

> 白雉集岩幽，群雁戲川沚。爲問越裳來，亦自衡陽至。

> 冬柏冬自紅，華蟲頸如繡。鳧雛似怯寒，却來傍其母。①

戴文進，即戴進，文進爲字，錢塘人，明宣宗時著名畫家，毛先舒認爲“明畫手以戴進爲第一”，“其畫疏而能密，著筆澹遠，其畫人尤佳”②。戴進道釋、人物、山水、花果、翎毛、走獸無所不工。由許筠詩作來看，他見到的戴進畫作爲一畫册，主要描繪神仙境界以及凡人遇仙的故事，如觀棋爛柯等。但第七首又有不同，描寫白居易在蘇州的情景與神仙故事無關。

朱端，字克正，海鹽人，正德間著名畫家，山水宗盛懋，墨竹師夏㫤，花鳥並工③。《無聲詩史》説他“精工人物山水、花木翎毛，舉腕即曲盡其態度”④。許筠見到的朱端畫作應是山水人物，一幅畫的是春天的夜晚，月光籠罩著亭臺樓閣，有人攜酒而來月下敲門，驚醒了屋内已入睡的人。另一幅仍是春天景象，畫面分成兩個場景，一邊是爲緑樹環繞的高樓，上有倚闌遠眺的婦人；一邊是開闊的湖面，湖上一葉孤舟，舟中是吹笛的旅人。許筠詩作生動，再現了畫面内容，連畫中的清幽、孤寂之意都從字裏行間彌漫開來。

呂紀，字廷振，號樂愚，鄞（今屬浙江）人。以畫花鳥著稱，初學邊景昭，後摹仿唐宋諸家，始臻其妙。弘治間與林良被徵，同官錦衣。每承制作畫，

---

① 以上内容見許筠《乙丙朝天録》，《燕行録全集》第 11 册，頁 385－387、389－390。

② （清）張潮輯《虞初新志》卷八《戴文進傳》，《續修四庫全書》第 1783 册，頁 269。

③ （清）徐沁《明畫録》卷三，《續修四庫全書》第 1065 册，頁 660。

④ （清）姜紹書《無聲詩史》卷一，清康熙觀妙齋刻本。

立意進規,嘉賞甚渥①。《無聲詩史》説他:"作禽鳥,如鳳、鶴、孔雀、鴛鴦之類,俱有法度,設色鮮麗,生氣奕奕,當時極貴重之。"②吕紀以花鳥著稱于世,許筠的詩歌也描寫了四幅翎毛畫,分别是孔雀、山雞、白雉、雛雞。第一幅,兩隻孔雀以開屏的姿態站立在石頭上,石頭旁是盛開的鮮花;第二幅,山雞在臨水觀照自己的羽毛;第三幅,白雉棲息在幽岩上,群雁在水中的小洲上嬉戲;第四幅,一株冬柏下是一隻五彩的雛雞,一隻雛鳥似怕冷般依偎在母親的身邊。鳥兒的姿態、神情都栩栩如生,如在目前。

　　三位畫家都是江浙之人,都爲浙派畫風的代表人物,許筠以自己對書畫的鑒賞力,向世人再現了三位畫家的畫作,爲中國書畫史留下了寶貴的資料。許筠進入中國,所見繪畫作品當不僅止於此三人,而他細緻描繪的只有這三人的作品,可見他對畫作的欣賞,對浙派畫風的鍾愛。

　　許筠在東國歷史上并不以書畫著世,但他對書畫有關心有品鑒,亦能超越身份階層的差别,將衆多有才華的書法家畫家團結在自己的身邊,爲他們揚名,爲他們宣傳。另一方面,他也關心中國畫壇動態,關注畫風變更,畫派更迭,積極與中國士人進行書畫的探討,成爲中國與朝鮮書畫交流的一個紐帶。許筠爲我們勾勒出當時兩國書畫界交流的盛景,保存了較爲豐富的資料,這對于研究兩國書畫史的交流互動有著積極的意義。

(作者單位:深圳大學人文學院)

---

①(清)徐沁《明畫録》卷六,頁 679。
②(清)姜紹書《無聲詩史》卷二,清康熙觀妙齋刻本。

域外漢籍研究集刊　第十六輯
2017 年　頁 83—96

朝鮮儒者林泳《詩傳讀書劄録》論析 *

付星星

　　朝鮮儒者林泳(1649—1696),字德涵,號滄溪,祖籍羅州,官至副提學、大司憲。林泳潛心學術,於經學專研甚深,著作集爲《滄溪集》。收録在《滄溪集》中的《讀書劄録》是林泳的讀書筆記,體現了他的治學路徑及特徵。《詩傳讀書劄録》是林泳關於《詩傳大全》的讀書筆記,記録了他的《詩經》研究成果,本文以此爲基礎探究林泳的《詩經》學特色及成就。

一、引言

　　林泳《詩經》研究以《詩傳大全》(又名《詩集傳大全》)爲基礎文獻。《詩傳大全》是明永樂年間所編修的《五經大全》之一種。明永樂十二年(1414)十一月,成祖朱棣在"靖難之役"後爲了平息朝内外由殺戮之慘所帶來的憤懣情緒,整治社會秩序,統一思想,命令翰林學士胡廣等儒臣編修《五經大全》。明成祖規定《五經大全》的編纂内容云:"五經四書,皆聖賢精義要道,其傳注之外,諸儒議論有發明餘蘊者,爾等采其切當之言,增附於下。"①可見,《五經大全》是在宋人經典傳注的基礎上增附諸儒議論闡釋而成的經

＊ 本文爲 2014 年國家社會科學基金一般項目"朝鮮半島《詩經》學史研究"(項目編號:14BZW025)階段性成果。本論文受貴州大學——孔學堂中華傳統文化研究院經費資助。
①楊士奇等《明太宗實録》卷一五八,臺灣"中研院"歷史語言研究所,1962 年,頁 1803。

學集成著作，是對宋元以來關於五經釋義的整理和匯輯，而非原創之作①。永樂十三年(1415)九月，《五經大全》編撰完成，並於永樂十五年(1417)三月刊刻竣工，後頒佈刊賜給"六部並與兩京國子監及天下郡縣學"。

《詩傳大全》是《五經大全》之一種。《四庫全書總目》叙《詩傳大全》之成書云：

> 自宋以後，言《詩》者皆宗朱子《集傳》，其薈集衆説，以相闡發者，毋慮數十種，往往得失互見，學者旁參博考亦不能專主一家。至明成祖始命儒臣輯爲《大全》，以集其成。……然其書實本元安城劉瑾所著《詩傳通釋》而稍損益之。……然當時頒佈學官，凡士子之習舉子業者，必以此爲準則，乃一代定制所在。②

《詩傳大全》從學術特徵而言是彙聚宋元明以來關於《詩集傳》釋義的一個集注本，其以劉瑾《詩傳通釋》爲底本，再彙集羅復、曹居貞、朱善等人的解説以釋《詩集傳》③。《詩傳大全》在明代被定爲科舉考試的參考書，功令所在，影響甚巨。

明永樂十七年(1419)，明王朝將《詩傳大全》作爲《五經大全》之一種首次賜予朝鮮王朝。朝鮮世宗(1419—1449 在位)年間，朝鮮將《詩傳大全》確定爲科舉考試的參考書，《詩傳大全》由此成爲朝鮮時代最重要的《詩經》注本④。《詩傳大全》是朝鮮王朝官方認可的關於《詩經》研究的權威注本，林泳以《詩傳大全》爲《詩經》研究的文獻基礎亦是出於歷史政治與現實書籍境況的必然選擇。《詩傳讀書劄録》收録的是林泳關於《詩經》中五十七首詩篇的詩旨與字詞訓詁的讀書劄記，呈現出他在《詩傳大全》基礎之上對《詩經》釋義的深入思考。

---

① 參見周翔宇、周國林《明代〈五經大全〉編次考辨》，載《圖書館工作與研究》，2015 年第 2 期，頁 68。

② 紀昀《四庫全書總目》，中華書局，1997 年，頁 202。

③ 楊晉龍《〈詩傳大全〉來源問題探究》，林慶彰、蔣秋華主編《明代經學國際研討會論文集》，臺灣"中研院"中國文哲研究所籌備處，1996 年，頁 345—346。

④ 沈慶昊《漢文學 과 詩經論》，一志社，1999 年，頁 436—438。

　　林泳《詩經》研究以《詩傳大全》爲主要文本，通過辨析《詩傳大全》中所録的諸家釋義，並提出自己的《詩經》學觀點，其研究主要呈現出三個方面的特點：一是《詩經》釋義辨析，二是《詩經》"興"義闡發，三是《詩經》文學闡釋。

二、《詩經》釋義辨析

（一）《詩集傳》與諸家釋義論衡

　　林泳對《詩傳大全》中所録的諸家釋義與《詩集傳》進行比較。如《王風·兔爰》首章云："有兔爰爰，雉離于羅。我生之初，尚無爲。我生之後，逢此百罹。尚寐無吪。"對於詩中"兔"與"雉"的解釋，朱熹的解釋與吕祖謙的解釋不同。《詩集傳》云：

> 兔性陰狡。爰爰，緩意。雉性耿介。……周室衰微，諸侯背叛，君子不樂其生，而作此詩。言張羅本以取兔，今兔狡得脱，而雉以耿介，反離于羅，以比小人致亂，而以巧計倖免，君子無辜，而以忠直受禍也。①

　　上海博物館藏戰國竹簡《孔子詩論》第二十五簡提到了《君子陽陽》《有兔》《大田》《小明》四篇詩。其中的《有兔》指的是《王風·兔爰》詩，《孔子詩論》第二十五簡云："《有兔（兔爰）》不逢時。"孔子指出《兔爰》詩的思想基調是生不逢時，與詩句"我生之初，尚無爲。我生之後，逢此百罹"相貼合。《詩集傳》所謂"君子不樂其生，而作此詩"與《孔子詩論》的理解是一致的。朱熹將《兔爰》解釋爲詩人生不逢時的哀歎，在此基礎上，他以兔性狡黠，將致亂的小人比喻爲"兔"，而認爲雉鳥性耿介，將"雉"比喻爲無辜而受罪之君子，傳遞出君子不樂其生的哀怨。吕祖謙對於此詩的解釋與朱熹不同，《詩傳大全》載吕祖謙釋義云：

> 東萊吕氏曰："此因所見爲比也。兔之大，以比諸侯；雉之小，以自比也。言諸侯之背叛者，恣睢自如，而周人反受其禍也。"②

　　吕祖謙的解釋來源於《詩序》，《詩序》釋《兔爰》詩云："閔周也。桓王失

①朱熹《詩集傳》，上海古籍出版社，1980年，頁45。
②胡廣《詩傳大全》卷四，《四庫全書》本。

信,諸侯背叛,構怨連禍,王師傷敗,君子不樂其生焉。"①呂祖謙套用《詩序》,以"兔"比喻諸侯,以"雉"比詩人,凸顯的是諸侯背叛,周人反受其禍的主旨。但是細觀詩篇原文之"有兔爰爰,雉離于羅。我生之初,尚無爲。我生之後,逢此百罹。尚寐無吪",詩文本傳達出來的是一種感情的抒發,而非一種史實的呈現,故《詩序》云:"閔周也……君子不樂其生焉。"而其間的"桓王失信,諸侯背叛,構怨連禍,王師傷敗",不過是此種情所生發的歷史場景。呂祖謙的解釋重在對於歷史事實的叙述,而忽略了詩篇中所傳達的"不逢時"的深切哀怨之情,與《孔子詩論》《詩序》《詩集傳》背離,亦是對《國風》詩抒情原則的背離②。呂祖謙將"兔"比喻爲背叛的諸侯,以"雉"比詩人自身。可見,朱熹與呂祖謙關於"兔"與"雉"的釋義不同。林泳指出呂祖謙以具體史實比附詩篇缺乏證據之弊,贊同朱熹的解釋,其云:

> 呂氏"兔"以比諸侯,"雉"以自比之説可疑。"雉"以自比則幾矣,"兔"則安知其必指諸侯而言也。《集傳》以"君子"、"小人"爲言者,其義至矣。③

林泳認爲呂祖謙的解釋缺乏依據,他贊同朱熹以廣義的"君子""小人"來解釋。朱熹對"兔"與"雉"的解釋與漢唐諸儒不同。《毛傳》《鄭箋》《毛詩正義》均没有明確指出該詩中的"兔"與"雉"的具體指代,以政事緩急概而言者,如《毛詩正義》云:"言有兔無所拘制,爰爰然而緩。有雉離於羅網之中而急。此二者緩急之不均,以喻王之爲政,有所聽縱者則緩,有所躁蹙者則急。此言王爲政用心之不均也,故君子本而傷之。"④朱熹以"君子""小

---

①孔穎達《毛詩正義》,北京大學出版社,1999年,頁262。

②參見錢志熙《從歌謡的體制看"〈風〉詩"的藝術特點——兼論對〈毛傳〉序傳解詩系統的正確認識》,載《北京大學學報》,2005年第2期,頁60。

③林泳《詩傳讀書劄録》,《韓國經學資料集成》第71册,韓國成均館大學校出版部,1995年,頁170。

④孔穎達《毛詩正義》,頁263。

人”對舉來解釋“兔”與“雉”,可謂在《兔爰》詩理解上的進步①。林泳贊同朱熹的解釋,並高度贊揚爲“其義至矣”②。

（二）《詩經》釋義新探

林泳在辨析《詩經》諸家釋義的同時,還存在否定諸家釋義,自創一説的情況。如《小雅·雨無正》,《詩序》云:“大夫刺幽王也。”③《詩集傳》認爲此説“亦未有所考也”④,又云:“或曰:疑此亦東遷後詩。”⑤《詩傳大全》引録劉瑾釋義云:“《詩》言周宗既滅,似亦道已然之事,而非慮其將然之辭,似果作於東遷之後也。”⑥劉瑾根據詩句“周宗既滅”斷定此詩爲東遷後之詩,林泳對此表示懷疑,其云:

> 章下《注》安城劉氏言,此數詩皆作於東遷後之意,甚力矣。所謂罔或耆壽,俊在厥服,本是説幽王時事。如《十月之交》“不憖遺一老”者,亦此意也。今以“正大夫離居”爲東遷之作,既未必然。所謂王都,亦安知其果爲東都,而非西都耶?《正月》之“褒姒滅之”不曰“既滅”,無以證東遷之前後。《節南山》之“國既卒斬”,則其言又微,尤不足爲證。朱子以此只備一説,輯注或反以此爲主,愚未知其果然也。⑦

林泳不贊同劉瑾將《詩集傳》中的只備一説的解釋作爲此詩的唯一解釋,並認爲《詩集傳》所言之“正大夫離居”與詩句“周宗既滅”均不能證明此詩爲東遷後之詩。林泳贊同《詩序》之説,以此詩爲幽王時詩,但是他没有

---

①《詩集傳》對《兔爰》詩理解的進步,除了以“君子”“小人”分別解釋“兔”與“雉”外,在詩篇作者所處的時代也有較之《詩序》更爲穩妥的判斷。《兔爰》詩,《詩序》將此詩的時間定在東周桓王時期。朱熹在《詩序》的基礎上提出該詩創作的時間是西周末年,東周初年,其“周室衰微,諸侯背叛”及“爲此詩者,蓋猶及見西周之盛。故曰:方我生之初,天下尚無事。及我生之後,而逢時之多難如此”等語可以看出爲此詩者是跨越西周宣王與東周平王時代的人。朱熹關於《兔爰》詩創作年代的推斷得到了清代學者崔述的贊同,崔述在朱熹的基礎上推斷詩人生於西周宣王末年,此詩作于平王初年。

②孔穎達《毛詩正義》,頁 156。

③孔穎達《毛詩正義》,頁 730。

④朱熹《詩集傳》,頁 136。

⑤同上注,頁 134。

⑥胡廣《詩傳大全》卷十一,《四庫全書》本。

⑦孔穎達《毛詩正義》,頁 191－192。

提出有力的證據。現代學者朱東潤的考證可以補充林泳的説法。朱東潤云:"然必執褒姒滅周之語爲内證,以此詩爲非西周之詩,則亦未當。何則?鎬京雖陷,西周尚未滅亡也。《魯語》:'幽滅於戲。'今陝西臨潼縣有戲亭,其地在鎬京東,蓋西戎陷鎬之後,幽王轉徙兵間,及其死於戲下,而西周真滅矣。雖書闕有間,不能知其轉徙兵間者若干時,然去《史記·周本紀》所謂'西夷、犬戎攻幽王,幽王舉燧火徵兵,兵莫至,遂殺幽王驪山下'者,必有相當時期。"①朱東潤認爲《節南山》《正月》《十月之交》《雨無正》《召旻》等詩是作於鎬京滅亡幽王驪山被殺的時間段,而非作於東遷之後②。林泳在尊《詩集傳》的學術氛圍中,贊同《詩序》,認爲《雨無正》乃是西周之詩,學術眼光敏鋭。

三、《詩經》"興"義新論

　　《詩經》六義中最爲晦澀難解的是"興"義。《毛傳》在《詩經》文本中標"興"116處,這些"興"表示興象與所興之事存在寓意關係,故鄭玄以"興者,喻"的表達方式解釋《毛傳》之"興"。鄭玄對《毛傳》所標興的八十多篇詩以"喻"的方式來解釋。孔穎達《毛詩正義》于《周南·螽斯》篇疏解鄭玄的解釋方式云:"傳言興也,箋言興者喻,言傳所興者欲以喻此事也,興、喻名異而實同。"③《毛傳》所標之"興"與《鄭箋》"興者,喻"的闡釋方式不僅是一種解經的方式,還是一種意義轉換機制。

　　"興",《詩集傳》云:"興者,先言他物以引起所詠之詞也。"④《詩集傳》是從詩篇創作的文學角度闡釋"興"的,這與《毛傳》、《鄭箋》經學化的"興"存在本質的差異。在《詩經》中的一些詩篇中,《毛傳》與《詩集傳》均標注爲"興",但是對於"興"在詩篇中的闡釋功能却存在不同。林泳由於受到《詩傳大全》爲文獻基礎的限制,在"興"義的解釋上表面上是對朱熹"興"的闡釋,但其實質是對《毛傳》經學之"興"的深入思考。

---

① 朱東潤《詩三百篇探故》,雲南人民出版社,2007年,頁59—60。
② 朱東潤《詩三百篇探故》,頁59—62。
③ 孔穎達《毛詩正義》,頁44。
④ 朱熹《詩集傳》,頁1。

　　如《周南·樛木》首章云："南有樛木，葛藟纍之。樂只君子，福履綏之。"①《毛傳》云："興也。"②《詩集傳》與《毛傳》同，云："興也。"③《詩傳大全》在朱熹的釋義下錄輔廣詩説云："此詩皆興而比。"④林泳就《詩傳大全》中所錄的朱熹與輔廣的釋義展開了對於"興"的思考，其云：

　　　　《樛木》首章，《小注》輔氏説謂此詩，雖是興體，亦兼比意，與《關雎》同。仍取鄭氏下垂下逮之説證焉。愚謂：凡興詩兼比意者，蓋皆所興之物與下所説之事意思暗合者也，如關雎之摯而有别，自與下句窈窕淑女爲君子好逑者意思相合，故謂之興而兼比。此章若如鄭氏説，以樛木葛藟爲下逮上附之意，則與下句福履之意自不相接，而直爲比矣，非所謂兼比者也。詳味詩意，固有比意。所謂比者，木之樛曲而葛藟纍之，君子之德而福履綏之，其意自相近矣。蓋詩中興體有二：有只以言句爲興者，有兼意思以爲興者。兼意之興，即近於比，即謂之興而兼比，《關雎》之類是也。若與下句意不相接，則不可謂興起，而却只成比也。二義不並行如此者，謂之或曰比也，可也，不可謂興而兼比也。且從鄭説，玩味則終有艱深之病，《集傳》不取，豈以是歟，輔氏取證可疑。⑤

　　《樛木》詩，輔廣云："此詩雖是興體，然亦兼比意，與《關雎》同，故鄭氏以爲木枝以下垂之故，葛藟得纍而蔓之，喻后妃能以惠下逮衆妾，故衆妾得上附而事之也。"⑥林泳否定輔廣以"興而兼比"來解釋此詩，並反對輔廣所依據的《鄭箋》。林泳認爲《毛傳》在《詩經》中所標之"興"主要有兩種情況：一是興兼比，一是純爲比。所謂興兼比指的是興句與下面的詩句在意思上有暗合之處，如關雎摯而有别與君子好逑之淑女在性格上有相似之處，即物性與人性的相似處；而所謂純爲比者，指的是興句與下面詩句在意思上没有相接之處，只有比喻的意思。《樛木》詩中的葛藟攀附樛木與福履隨從

---

① 朱熹《詩集傳》，頁 4。
② 孔穎達《毛詩正義》，頁 41。
③ 朱熹《詩集傳》，頁 4。
④ 胡廣《詩傳大全》卷一，《四庫全書》本。
⑤ 林泳《詩傳讀書劄錄》，頁 150－151。
⑥ 胡廣《詩傳大全》卷一，《四庫全書》本。

君子有比喻而無内容意義的相連,故他認爲《樛木》詩中的"興"的功能是"比",指出輔廣"興而兼比"①的釋義與本詩不符,進而反對輔廣所依據的《鄭箋》。《鄭箋》釋此詩云:"木枝以下垂之故,故葛也藟也得藟而蔓之,而上下俱盛。興者,喻后妃能以意下逮衆妾,使得其次序,則衆妾上附事之,而禮義亦俱盛。"②鄭玄以"興者喻"的解釋方式意謂:樛木彎曲葛藟纍蔓之比喻后妃衆妾下逮上附之意。林泳批評《鄭箋》之意"玩味則終有艱深之病"。林泳的批評指出了《鄭箋》在詩意解釋上的存在的矛盾不通之處:詩句爲"南有樛木,葛藟纍之。樂只君子,福履綏之",以葛藟纏繞樛木比喻福履隨從君子,而《鄭箋》偏打破這種比的關係,將葛藟纏繞樛木的比義轉向樛木隱蔽葛藟而生發后妃隱蔽衆妾的興義。《鄭箋》的解釋與詩篇文本不符,且對"樂只君子,福履綏之"未作解釋。故林泳認爲《鄭箋》有艱深之病,指出了《鄭箋》在釋義上的不通之處。《鄭箋》在釋義上確實是存在囫圇不通之處,林泳指出了《鄭箋》之弊可謂識見甚高。

　　林泳不僅指出輔廣、鄭箋之誤,還指出《毛傳》所標"興"有實爲"比"的情況。他認爲《樛木》詩,《毛傳》標"興",則純爲比。其理由是:詩人以葛藟纍繫樛木的具體物質形態比喻福禄隨從君子之抽象義理,葛藟纏繞樛木與福禄隨從君子之間存在比附上的外在形貌上的相似性,並不包含《毛傳》所謂"后妃能和諧衆妾,不嫉妒其容貌,恒以善言逮下而安之"③的"興"義,故林泳認爲此處《毛傳》所標"興""却只成比也"。林泳對《毛傳》的質疑是有道理的。清代學者陳奂(1786—1863)對《毛傳》興的認識與林泳遥相呼應,陳奂在《詩毛氏傳疏》中云:"曰'若'曰'如'曰'喻'曰'猶',皆比也。《傳》則皆曰'興'。比者,比方於物;興者,託事於物。作詩者之意,先以託事於物,繼乃比方於物。蓋言興而比已寓焉矣。"④陳奂舉出《毛傳》標"興",又以"若"、"如"、"喻"、"猶"等來解釋,其實均是"比"的意思。陳奂與林泳可謂異域而同調。《毛傳》此類所標"興"之處不是偶然所致之誤,而是由《毛傳》

①《關雎》詩,輔廣云:"此詩皆興而比。首章以關雎起興,因以關雎摯而有別爲比。"胡廣
　　《詩傳大全》卷一,《四庫全書》本。
②孔穎達《毛詩正義》,頁41。
③同上注。
④陳奂《詩毛氏傳疏》,學生書局,1986年,頁193。

意義先置的經學闡釋特質所決定的。《樛木》詩"比"的闡釋功能不能在詩句自然意象與人事的並置中産生出"美后妃"的意義,故《毛傳》出於意義設置的需要故意弱化甚至打破詩句中"比"的結構權力,以"興"的方式生發出樛木隱蔽葛藟以喻后妃逮下衆妾的意義。此是《毛傳》標興的原因之所在。《毛傳》興義的産生又需要依靠比的功能,如在葛藟攀援樛木的比義中生發樛木蔭庇葛藟的興義,故《毛傳》《鄭箋》常用"若""如""喻""猶"來解釋"興"①。

　　林泳拘於研究文本的限制,他對於"興"的思考,是藉助于《詩集傳》的文本,但其研究并不涉及《詩集傳》的闡釋機制,而是直指《毛傳》《鄭箋》經學化的"興"義闡釋模式的特點與缺陷,他的研究促進了朝鮮半島"興"的經學特質的研究。

四、《詩經》文學闡釋

　　林泳《詩經》研究呈現出文學化的闡釋傾向,主要表現在對詩篇抒情性創作手法的探究與《詩經》文本涵泳之美的體悟上。

　　如《周南·卷耳》,《詩序》云:

> 后妃之志也,又當輔佐君子,求賢審官,知臣下之勤勞。内有進賢之志,而無險詖私謁之心,朝夕思念,至於憂勤也。②

　　《詩序》强調的是后妃輔佐君子、求取賢人的社會政治功用。朱熹《詩集傳》在《詩序》言后妃的基礎上,更爲强調詩篇中的情感抒發,并提出詩篇在創作上使用了"託言"的創作手法,其云:

> 后妃以君子不在而思念之,故賦此詩。託言方采卷耳,未滿頃筐,而心適念其君子,故不能復采,而寘之大道之旁也。……此又託言欲登此崔嵬之山,以望所懷之人而往從之,則馬罷病而不能進。於是且酌金罍之酒,而欲其不至於長以爲念也。③

---

①參見張節末《從〈詩經〉比興循環解釋現象探究"興"的起源》,《浙江大學學報》,2017年第1期,頁195。

②孔穎達《毛詩正義》,頁36。

③朱熹《詩集傳》,頁3—4。

　　《詩集傳》以"託言"闡釋此詩，將該詩第二章、第三章、第四章之"陟彼崔嵬""陟彼高岡""陟彼砠矣"解釋爲后妃以託言登山飲酒的想象之詞來表達思念之甚。朱熹用託言對《卷耳》詩作了意義上的拓展。

　　林泳在《卷耳》詩的闡釋上，舍棄《詩序》后妃輔佐君子求賢審官的經學闡釋，贊同《詩集傳》的文學化闡釋方式，其云：

> 　　《卷耳》，此章大抵皆託言也。託言者，假託之言，託虛事而言實意也。其事雖非真有，而其惻怛之誠心，實托此而宣焉，後世詩詞亦往往有此意。凡無其事而發其辭，以寓其意者，蓋本於此矣，所以知此章之爲託言者。卷耳初非足采之物，且誠欲登陟，亦豈患於僕馬之病而不得遂也，推此則可知其餘之皆爲託言也。①

　　林泳在贊同《詩集傳》的基礎上着力解釋《詩集傳》所提出的"託言"，他認爲《卷耳》全篇皆爲託言之詞，并指出"託言"的創作手法具有以託虛事而宣導惻怛之誠意的功能。《詩集傳》以"託言"的方式闡釋《卷耳》，并不爲《詩經》學家普遍接受，即便是從文學角度闡釋此詩的研究者們也異議不斷，在對這些異議的列舉中可以彰顯林泳的獨到眼光。如楊慎評此詩云：

> 　　蓋身在閨門，而思在道途，若後世詩詞所謂"計程應説到梁州"、"計程應説到常山"之意耳。②

戴震《詩經補注》云：

> 　　《卷耳》，感念於君子行邁之憂勞而作也。③

　　楊慎、戴震的解釋影響到當代《詩經》學者的解釋，如程俊英解釋此詩云："這首詩雖詩旨在表達作者的思念之情，但詩中着重表現的則是被思念對方的勞苦之狀。"④楊慎等人把《卷耳》詩分爲二事：即采卷耳，思婦也；登山飲酒者，所思之人也。這樣的闡釋模式在於認爲婦人思念君子，登高飲酒，有傷大雅，故解釋爲婦人所思念之君子登高飲酒之態。這種將詩意割裂爲二的闡釋終不如《詩集傳》託言之釋妥帖，以"託言"的方式寫盡了思婦思念之深，之曲折，於是更加的深切。正如沈守正所云：

---

①林泳《詩傳讀書劄録》，頁149—150。

②楊慎《升庵全集》卷四十二，商務印書館，1937年，頁407。

③戴震《杲溪詩經補注》卷六，《戴震全集》第2冊，清華大學出版社，1992年，頁1120。

④程俊英《詩經注析》，中華書局，1991年，頁9。

通章采卷耳以下都非實事,所以謂思之變境也。一室之中,無端而采物,忽焉而登高,忽焉而飲酒,忽焉而馬病,忽焉而僕痛,俱意中妄成之,旋妄滅之,繚繞紛紜,息之彌以繁,奪之彌以生,光景卒之,念息而歎曰:云何吁矣。可見懷人之思自真,而境之所設皆假也。①

沈守正對《卷耳》詩的闡釋與《詩集傳》"託言"說一脈相承,對於《卷耳》的理解"最近詩情"②。可見朝鮮學者林泳在《讀書劄錄》中對《詩集傳》"託言"的闡釋具備了極高的文學闡釋的眼光,并指出這種創作手法於"後世詩詞亦往往有此意",是從文學史的角度考量"託言"在文學創作中的承續。

再如《周南·芣苢》:

采采芣苢,薄言采之。　采采芣苢,薄言有之。

采采芣苢,薄言掇之。　采采芣苢,薄言捋之。

采采芣苢,薄言袺之。　采采芣苢,薄言襭之。

該詩三章章四句,每一句更換一個字,如後世"魚戲蓮葉東"四句。詩中沒有故事、沒有情節、沒有心緒,只有"采"這一動作貫穿詩篇首尾。《芣苢》詩文字簡潔疏朗,營造了平靜而闊遠的境界,但"無所指實"③的詩句却導致無所約束的闡釋空間,以《詩序》《毛詩正義》爲代表的漢唐《詩經》學將此詩與社會政治相聯繫,認爲是天下和平,則婦人樂有子之詩④,宣揚的國泰而后民安的政教思想,經學闡釋的穿鑿可見一斑。朱熹《詩集傳》在《詩序》的基礎上,揭示出詩篇所包韞的情感,其云:"化行俗美,家室和平,婦人無事,相與采此芣苢,而賦其事以相樂也。"⑤朱熹對詩篇中所包韞的婦女無事採摘芣苢的和樂情感的揭示開啟了《芣苢》文學闡釋的先路。

林泳在《詩集傳》的啟示下,從文學的角度研究《芣苢》詩,其云:

---

① 轉引自揚之水《詩經別裁》,中華書局,2007年,頁9—10。

② 揚之水《詩經別裁》,頁10。

③ 方玉潤《詩經原始》,中華書局,1986年,頁85。

④ 《詩序》云:"《芣苢》,后妃之美也。和平則婦人樂有子矣。"《鄭箋》云:"天下和,政教平也。"孔穎達《毛詩正義》云:"若天下亂離,兵役不息,則我躬不閱,於此之時,豈思子也? 今天下和平,於是婦人始樂有子矣。經三章,皆樂有子之事也。"孔穎達《毛詩正義》,頁50—51。

⑤ 朱熹《詩集傳》,頁5—6。

《芣苢》，或疑此詩無味。余謂退溪有言作歇後看則歇後，作非歇後看則非歇後。今此詩亦然，作無味看則無味，作非無味看則非無味。蓋婦人無事相與采此芣苢以相樂，其辭從容詳復而有和平之氣，其意一於所事而有專靜之象。若變風婦人行游之作，必不能如此。比下章喬木之詞，尤爲精粹。學者善讀之，則勿忘勿助之間，自有行其無事之意矣。①

《詩集傳》以後，中國古代《詩經》學家從文學角度闡釋《芣苢》詩主要集中在明清兩代②，這些《詩經》學家，如明鍾惺評點《詩經》云：

此篇作者不添一事，讀者亦不添一言，斯得之矣。③

明徐奮鵬《毛詩捷渡》云：

此章是和平無事景象。但自人視之，見爲相樂，婦人實不知其樂也。通詩内若寓情，又若忘情，若有事實，無滯事。④

清陳繼揆《讀風臆補》云：

采芣苢似無事矣，無事近古。薄言采似寡欲矣，寡欲近道。諷詠此詩，恍若身逢懷葛焉，尤妙在詞句重複，止換六字，而叙情婉曲，從事始終，與夫道途儔侶招邀容與之意，藹然可掬。儗山陸氏所以歎爲天下之至文也。試取而誦之，三百篇中有能若斯之春風太和猶夷自得者乎？⑤

清劉大櫆《詩經讀本》云：

中有人又有景，通首只"采"、"有"、"掇"、"捋"、"袺"、"襭"六字，變

---

① 林泳《詩傳讀書劄録》，頁 153—154。
② 明清兩代《詩經》文學研究的興起，一方面是明代、清代的科舉考試以八股文取士，由八股文評點所引起的《詩經》文學評點的興起；另一方面是由《詩經》學發展的内在理路所決定的，即是《詩經》研究由文學而經學，由經學而文學的循環演進過程。
③ 鍾惺評點《詩經》，明泰昌元年吳興閔刻三色套印本。轉引自黄霖、陳維昭、周興陸主編、張洪海輯著《詩經彙評》上册，鳳凰出版社，2016 年，頁 24。
④ 徐奮鵬《毛詩捷渡》，全稱《新鐫筆洞山房批點詩經捷渡大文》，明天啟中金陵王荆岑刻本。轉引自黄霖、陳維昭、周興陸主編、張洪海輯著《詩經彙評》上册，頁 22。
⑤ 陳繼揆補輯《讀風臆補》，光緒寧郡述古堂刊本。轉引自黄霖、陳維昭、周興陸主編、張洪海輯著《詩經彙評》上册，頁 25。

化招邀儔侶從事，始終一一如繪，天下之至文也。①

清方苞云：

> 《易》曰"聖人感人心而天下和平"。"和平"二字，是此詩真解，其味淡以永，其氣安以舒，如春光漸暖，勝景初開。黃實夫云：太羹玄酒，淡乎無味而有遺味；朱弦疏越，廖乎希聲而有遺音。治世安以樂，其民和，于此詩見之矣。②

清徐與喬云：

> 《芣苢》、《葛覃》之感，志和而音平。……詩詠化國之日，不言士庶而言婦人，不及織紝而詠芣苢。終篇變換才六字，恍然見庶女于原野，聞其歌聲。《詩》所以善于言也。言樂不露一"樂"字，而從容閒適之意可想。《葭楚》、《苕華》能得此景象否？③

清方玉潤《詩經原始》云：

> 殊知此詩之妙，正在其無所指實而愈佳也。夫佳詩不必盡皆徵實，自鳴天籟，一片好音，尤足令人低回無限。若實而按之，興會索然矣。讀者試平心靜氣，涵泳此詩，恍聽田家婦女，三三五五，於平原繡野、風和日麗中群歌互答，餘音裊裊，若遠若近，忽斷忽續，不知其情之何以移而神之何以曠。則此詩可不必細繹而自得其妙焉。

可見，對於《芣苢》詩的文學闡釋，林泳與明清時代諸家的闡釋具有相同之處，又具有自身的特點。相同之處主要體現在從以意逆志向讀詩者之志的轉化。林泳與明清時代的《詩經》研究者逐漸從傳統運用"以意逆志"的《詩》學方法探求詩人之志轉向探求讀詩者所感受到的旨意。林泳"作無味看則無味，作非無味看則非無味"即是強調讀詩者對詩旨的裁判功能。戴君恩《詩經臆評》、萬時華《詩經偶箋》、鍾惺評點《詩經》、陳繼揆《詩經臆補》等都注重讀詩者的感受。從以意逆志向讀詩者之志的轉化，這種詩學

---

① 劉大櫆《詩經讀本》，清抄本。轉引自黃霖、陳維昭、周興陸主編、張洪海輯著《詩經彙評》上冊，頁22—23。

② 姚鼐、曾國藩、吳汝綸、吳闓生《詩經》評點，清末都門印書局鉛印本。轉引自黃霖、陳維昭、周興陸主編、張洪海輯著《詩經彙評》上冊，頁24。

③ 徐與喬《增訂詩經輯評》，乾隆乙未友于堂刻巾箱本。轉引自黃霖、陳維昭、周興陸主編、張洪海輯著《詩經彙評》上冊，頁25。

方法的轉變導致研究者從經學研究的框架轉向詩篇文辭、意境、形象等文學化樣態的關注。在探究讀詩者的感受與領悟中，明清時代的《詩經》學家從文辭、音韻、圖像、意境、涵泳品評等角度對《芣苢》詩作了文學性的闡釋，朝鮮林泳從體悟詩篇文辭之美上對《芣苢》詩作了文學性的闡釋。此外，林泳在文學闡釋中提出“勿忘勿助”的辯證理念，豐富了《芣苢》詩闡釋的理論方法。

　　將林泳與久負盛名的方玉潤關於《芣苢》詩的文學闡釋加以比較，可以發現兩家存在三個方面的不同：第一是闡釋方法之不同。方玉潤闡釋《芣苢》詩的方法是“平心靜氣，涵泳此詩”，從詩篇的涵泳中體味出詩篇的音樂之美，即“餘音裊裊，若遠若近，忽斷忽續”。林泳闡釋《芣苢》詩的方法是“勿忘勿助之間”。林泳指出《芣苢》詩的解讀存在兩種錯誤傾向，一是以《詩序》爲代表的“助”之弊端，即對此詩的解讀存在穿鑿附會之弊；二是有些學者有“忘”之弊端，認爲此詩寡淡無味，可以擱置不理。林泳則認爲對於此詩的解讀應該本着孟子所言“勿忘勿助”的方法，立足文本，尋繹文意，以平常之心釋讀。方玉潤的文學闡釋在于詩篇的形式之美的把握，林泳的文學闡釋則是在詩篇文本基礎上的體之于心的詩義探求。第二是對待《芣苢》詩旨的態度不同。方玉潤對《芣苢》詩旨持逃避的態度，其云：“殊知此詩之妙，正在其無所指實而愈佳也。夫佳詩不必盡皆徵實。”在詩旨上無所徵實而轉向對詩篇形式之音樂曲調的追求上。林泳立足詩篇文本，重點拈出詩篇中的“采”字，在重章疊句的“采”字之中，感受到婦人相與採摘之樂，在詩篇流動的調律中體會出女性從容和平之氣與專靜之美德。第三是對《芣苢》詩篇中女性身份問題之不同處理。方玉潤以“田家婦女”指代採擷芣苢的女子，以田家婦女相與採摘芣苢看似空靈高妙，實則是確定了詩中的女性身份，但是這樣的身份確定是沒有依據的，同時限制了對於採摘芣苢之女的身份想象。林泳以婦人指代《芣苢》詩中的女性，這種模糊化的處理較之方玉潤更爲客觀。可見朝鮮學者林泳對《芣苢》所作的文學闡釋較之明清《詩經》文學闡釋亦是毫不遜色，亦可見朝鮮《詩經》文學闡釋之一隅。

（作者單位：貴州大學文學與傳媒學院）

域外漢籍研究集刊　第十六輯
2017 年　頁 97—113

1734 年日本問慰使行録《海行記》研究[①]

鄭雨峰撰　林侑毅譯

　　本文於學界首度介紹之《海行記》，爲牛峰金氏家族出身的譯官金弘祖（1698－1748），在 1734 年結束問慰行任務後撰寫之記録。在問慰行使行體驗相關文獻中，《海行記》是目前所知唯一由個人撰著之文獻，具有相當重要的價值。關於《海行記》的作者與内容，過去並未爲學界所知，經筆者考察《海行記》正文叙述及相關資料的結果，證實《海行記》的作者爲金弘祖。該書作者金弘祖來自以祖父金指南（1654－1718）與叔父金顯門（1675－1738）爲核心的牛峰金氏譯官家族，繼承了此家族歷來在外交實務活動上的著述傳統。

　　儘管書中部分段落自矜强烈的優越感，對日本文化與生活風俗多有批判，不過作者金弘祖在《海行記》中，對於日本及日本文化展現出相對客觀、實事求是的態度。特别值得關注的是，他在與日本知識份子的交流及觀賞日本傳統戲劇“能劇”的表演時，帶有積極且友善的態度。透過問慰行正使金顯門之侄金弘祖與雨森芳洲（1668－1755）二子，兩家文人之間活躍的人際交流，可確知金顯門與雨森芳洲之間的誠信外交，進而延續至下一個世代。而詳細描寫鶴龜、伯養、舍利、橋辨慶等日本戲劇“能劇”的表演情況，也是另一個有趣的焦點。

　　以上在金弘祖《海行記》中可見的這些特徵，可以説是繼承自金指南與金顯門的日本使行録叙述傳統。金弘祖沿襲了叔父金顯門撰寫日本使行

---

① 本文原韓文論文刊載於《大東文化研究》94，成均館大學大東文化研究院，2016 年，頁233－258。

録的視角,對日本傳統戲劇"能劇"與朝鮮人提供的戲劇場景尤其帶有濃厚的興趣,並致力於將表演細節形象化。金弘祖的《海行記》著述,以及《海行記》中所見對日本文化(尤其是傳統表演的場景)積極且友善的叙述態度,反映出 17 世紀中晚期至 18 世紀由金指南開始趨於鼎盛的中人家族——牛峰金氏,在負責對清、對日等外交任務的同時,也透過著述活動强化其文化力量的時代趨勢。

一、前言

本文旨在闡明 1734 年奉使赴日的問慰使行録①《海行記》作者,並藉由考察《海行記》中所見對日本及日本文化的認識,探究該書作爲日本使行録的意義。

朝鮮時代派遣赴日的外交使節,大致可分爲朝鮮國王向幕府將軍派遣之"通信使",以及由禮曹參議名義向對馬島主派遣之"問慰行"。② 通信使行是爲了祝賀日本幕府將軍的襲位而往來江户,壬辰倭亂後總計派遣 12次。相較於此,問慰行負責問慰對馬島主宗氏的任務,自 1632 年至 1860

---

① 參與通信使行的官員稱爲通信使,不過參與問慰行的官員稱爲問慰官。記録通信使使行體驗的文獻稱爲"通信使行録",本文爲對應此一稱呼,將記録問慰官使行體驗的文獻稱爲"問慰使行録"。關於問慰行的名稱,參見柳采延《朝鮮後期問慰行名稱與成立過程再考》(조선후기 問慰行 명칭과 성립과정에 대한 재고),載《韓日關係史研究》52,韓日關係史學會,2015 年,頁 183—219。

② 問慰行可與朝鮮後期對清使行中派遣譯官爲正使的賫咨行相比。賫咨行主要負責向中國上呈奏文、領收册曆、送還漂民等任務;"問慰行"一詞與《通文館志》、《增正交鄰志》中的"通信使行"相同,皆爲朝鮮對日外交使行的其中一種,亦標示爲"渡海譯官"(《邊例集要》)、"問慰官行"(《度支志》)、"象官之行"(《宗氏實録》)等。問慰行的名稱尚有"問慰行"、"問慰官"、"譯使"、"譯官使"、"渡海譯官"等説法。關於對日外交使節問慰行的主要研究,參見洪性德《朝鮮後期對日外交使節問慰行研究》,載《國史館論叢》93,國史編纂委員會,2000 年,頁 337—410;韓文鍾《朝鮮時代對日使行與對馬島》(조선시대 對日使行과 對馬島),載《韓日關係史研究》49,韓日關係史學會,2014 年,頁311—351;尹裕淑《朝鮮後期問慰行再考》(조선후기 문위행(問慰行)에 관한 재고(再考)),載《韓日關係史研究》50,韓日關係史學會,2015 年,頁 3—34。

年間共派遣 54 次至對馬島。問慰行在履行朝鮮後期對日外交政策上，由
於站在外交前綫負責面對面的外交任務，因此與通信使行同樣重要。相較
於 20 至 30 年派遣一次的通信使行，平均 4 至 5 年派遣一次的問慰行在實
際解決兩國的爭議上，更能發揮效果。尤其通信使行在 1811 年後中斷，問
慰行仍持續派遣，延續兩國的外交，意義極爲重大。

　　朝鮮向日本派出通信使與問慰行，而日本則向朝鮮派出年例送使與各
種差倭。因此在朝鮮與日本的往來及外交交涉上，便留下大量的記錄與著
作。對比過去學界在通信使行方面累積了諸多研究成果，問慰行及問慰使
行録的相關研究仍不甚活躍。① 前人研究問慰行多利用《增正交鄰志》、
《通文館志》、《邊例集要》、《裁判記録》、《通信使謄録》、《通航一覽》等資料，
然而在這些資料外，由個人記録的問慰行資料並未爲學界所知。問慰行相
關研究不如通信使行活躍的原因之一，或許就在於問慰行相關個人文獻的
存在未受到關注。問慰官與通信使同樣負責掌握日本情勢動向的任務，必
須隨時向朝廷報告使行期間發生的事件，返國後向承政院呈交"別單"。然
而由問慰行譯官撰寫呈交的"聞見別單"，目前已幾乎不傳，問慰行相關個
人文獻也未曾出現。

　　本文於學界首度介紹之《海行記》，爲牛峰金氏家族出身的譯官金弘
祖，在 1734 年結束問慰行任務後撰寫之記録。在問慰行使行體驗相關文
獻中，《海行記》是目前所知唯一由個人撰著之文獻，具有相當重要的價值。
《海行記》也被認爲是包含通信使記録在内的現存日本使行相關資料中，頗
能呈現朝鮮如何看待對馬島的重要文獻之一。在通信使研究上，由個人撰
寫的大量通信使行録已被發掘，並持續受到研究，然而在問慰行研究上，個
人使行録資料並未被介紹或研究。透過《海行記》資料的分析，將可深入了
解對日外交使節重要軸心之一的問慰行，俾利韓日外交及文化交流方面的
研究。另一個重要的價值，在於問慰行的主要參加者爲譯官，而留下該書
的金弘祖亦是牛峰金氏家族出身的譯官，因此透過對《海行記》的分析，將

①由禮曹或外交相關官署編纂的外交資料集，有《春官志》(禮曹)、《邊例集要》(禮曹典
　客司)、《邊例續集要》(禮曹典客司)、《同文彙考》(禮曹承文院)、《同文考略》(禮曹承
　文院)等；由譯官編纂的外交資料集，有《考事撮要》(魚叔權)、《通文館志》(金指南、金
　慶門)、《交鄰志》(李宗模)、《增正交鄰志》(金健瑞)等。

可考察在外交交涉上發揮實務功能的譯官對日本的認識。

二、《海行記》的體例與作者問題

《海行記》情況如下：

1 册(76 張)：無界，10 行 22 字；33.5×21.7cm

封面題名：海行記

金任重海行記序：丁巳(1737)……李德集叙

海行記序：甲子(1744)……吴尚文書

海行録識：丙寅(1746)……樗里病夫

印：牛峰、金弘祖印、任重、晚悟、富貴有争難下手林泉無禁可安身、金氏家藏等

受贈記：昭和十六年(1941)九月一日幣原坦殿惠貺

封面墨書：甲寅

現藏者：日本東洋文庫

《海行記》爲 1 册(76 張)分量的抄本，目前收藏於日本東洋文庫。① 封面題名爲"海行記"，右上方書有"甲寅"。甲寅年爲派遣問慰行的 1734 年，故可知該書成書於問慰行結束後的同一年。

卷首收有李德集與吴尚文的序，序文後有《該曹書契》與《别幅》。問慰行與朝鮮國王向幕府將軍派遣的通信使不同，是以禮曹參議的名義向對馬島主派遣的對日外交使節。此次派遣問慰行的目的，在於祝賀第七代對馬島主平方熙(1696—1759,1731—1732 在位)退位與第八代對

圖 1　《海行記》封面

---

①高麗大學民族文化研究院海外韓國學資料中心網站(http://kostma.korea.ac.kr/)提供該書原文影像。

馬島主平議和(1716－1752,1732－1752 在位)襲位,並對其前往江户參勤交代一事予以問慰。1734 年 1 月 12 日起出發,4 月 13 日返回,共計 90 餘日的使行行程,其中 1 月 18 日至 3 月 24 日停留於對馬島。《該曹書契》有兩封,爲禮曹參議金龍慶分別寄給前任對馬島主與現任對馬島主的官方文書。文書内容中,有"誠信相接,庶期益篤"一語。《別幅》中記録了致贈對馬島主的禮物清單。

　　其後依照時間順序記録問慰使行的經過。正文開頭處,寫道 1733 年 9 月 21 日對馬島主平方熙退位,其侄平義和襲位,故護行裁判向朝鮮請求派遣問慰官。對此,朝廷命《海行記》作者之叔金顯門(這是考證《海行記》作者的重要依據)爲問慰正官,朴春瑞爲問慰副官,而《海行記》作者也前往釜山,欲加入問慰行。接著是《一行元額》一項,記載了問慰行參加者的名單。

　　問慰行是在對馬島主結束江户參府回到對馬島,或是朝鮮爲了處理對馬島主、將軍的喪葬喜慶等緊急外交事務,由禮曹參議的名義向對馬島主派遣堂上譯官。問慰行的組成與派遣程序、使行路程,皆依通信使的派遣爲準。據《增正交鄰志》的規定,問慰行由堂上官、堂下官及以下 24 個職務、91 名使行人員組成,不過依據規定派遣 91 人的問慰行,只有 1704 年唯一一次,其餘少則 45 人,多則 154 人。通信使是派遣高級文官爲正使的"使",而派遣至對馬島的問慰行,則是任命譯官爲正使的"行"。問慰行規模包含堂上官 1 至 2 人、堂下官 1 人,以及軍官、砲手、吹手等人,少則 40 至 50 人,一般超過 70 人以上。問慰行往返對馬島的行程平均 92 天左右,而停留於對馬島主所在府邸的天數,平均爲 80 天。不過停留天數並不一致,短則 29 日(1651 年),長則 247 日(1658 年)。①

　　1734 年問慰行以金弘祖的叔父金顯門爲正使,以朴春瑞爲副使,共計 84 名使行人員,於 1 月 12 日至 4 月 13 日間往返對馬島。當年朝鮮方面派遣的問慰行人員共 84 人,各使行人員的職位、派遣當時的職責、出生地等

---

①以上叙述主要參考洪性德《關於朝鮮後期問慰行》(朝鮮後期「問慰行」에 대하여),載《韓國學報》16,1990 年,頁 118－161;洪性德《朝鮮後期對日外交使節問慰行研究》,同上。此外,亦可參考金斗憲《朝鮮後期通信使行及問慰行參與譯官的家系與婚姻》(조선후기 통신사행 및 문위행 참여 역관의 가계와 혼인),載《東北亞歷史論叢》41,東北亞歷史財團,2013 年,頁 299－355 等。

資訊,均詳載於《海行記》的《一行元額》中。此次問慰行分爲上上官(2 人)、上官(25 人)、中官(25 人)、下官(13 人)、中下官(19 人),金弘祖身份爲伴人,屬於上官。《海行記》中不僅收録朝鮮方派遣人員名單,對馬島派出與問慰行隨行的裁判差倭名單也見於其中。該名單依護行裁判差倭、奉進、傳語官、禁徒的順序,記録其職責與姓名。

　　問慰使行的經過依日期先後撰寫,不過在返程 4 月 14 日(抵達釜山)的記録後,特別分項整理了日本的文化與風俗。作者在這一部分採用近似見聞録的叙述方式,描寫日本與對馬島的婚姻、葬禮文化、刑罰、服飾、官職、居民習性、文化特徵等,並簡略整理問慰行的路程與時程。根據其内容,1634 年 1 月 10 日由釜山出發,4 月 14 日返抵釜山。在 93 天的日程中,水路移動距離達 760 里。之後至 5 月 8 日返回首爾的日程,依日期簡略叙述。

　　文末收録樗里病夫所撰寫的跋文。

　　考察《海行記》正文叙述及相關資料,可知《海行記》的作者爲金弘祖。以下列舉幾項證據。

　　①根據李德重的序文《金任重〈海行記〉序》,該書作者爲金任重,是日本使行録《東槎日録》作者廣川金指南的孫子。①

　　②作者於《海行記》寫道:"余雖以伴人上官來此,而乃是問慰正使之親姪,不可以立庭矣。"②這句話是作者從東萊出發,抵達對馬島佐須浦,於登島前接受搜檢時所説。作者明白指出自己是問慰行正使的親姪。

　　③作者於《海行記》中提及"朝廷以家叔父爲致賀兼問慰正官"③,可知作者爲當時問慰行正官之姪。

　　④《海行記》鈐有多顆藏書印,其中卷首題面鈐有"金弘祖印"、"任重"、"牛峰"等。

　　藉由書中附録的使行人員名單,可知《海行記》記録的是 1734 年的問

---

①李德集《金任重〈海行記〉序》,見金弘祖《海行記》,日本東洋文庫藏本:"近與金任重甫交,任重,即廣川公之孫,而嘗隨問慰之行,渡海而還者也。間示其《海行記》一篇,讀之,則所謂扶桑,如千萬里之外,在吾目中,而心胸爲之浩然矣。"
②金弘祖《海行記》。
③金弘祖《海行記》。

慰行。此次問慰行正使爲金顯門。《海行記》的作者既是金顯門的侄子，又是金指南的孫子。依據金指南、金顯門家族的族譜《牛峰金氏繼仝公派世譜》，簡略整理其家系如下。①

汝義—	振南	
	指南—	慶門— 弘業、弘喆
		顯門— 弘梁
		舜門— 弘祖、弘憲、弘翼
		繽門— 弘説、弘植
		保門— 弘杰
		瑞門— 弘甲、弘澤

　　作者自稱問慰使行正官之侄，以伴人上官的身份參與問慰行。《海行記》卷首收録參與此次問慰使行的 84 名人員名單，其中在伴人的項目下出現名爲金弘祖的人物，此人即是金顯門的侄子。作者又於正文内明言隨兩名叔父而來，除了問慰行正使金顯門外，另一位叔父則是伴人項目中出現的金瑞門。而《海行記》内鈐有多顆藏書印，其中“金弘祖印”、“任重”、“牛峰”鈐於卷首題面，指向字“任重”，籍貫“牛峰”的金弘祖。根據以上論述内容推敲，可以確知《海行記》的作者正是牛峰金氏家族的金弘祖。

　　金弘祖字任重、子重，初名弘得。他是曾任司譯院奉事的金舜門的長子，亦是牛峰金氏譯官家族的代表人物金指南的孫子。於 1734 年以伴人上官的身份參與問慰行，隨行赴對馬島。當時問慰行正使爲金顯門，即金弘祖的叔父。

　　金弘祖出身朝鮮後期以譯官家族聞名的牛峰金氏家族。牛峰金氏於17 世紀初投入譯科，250 年間培養出 93 名譯科及第者，占朝鮮時代譯科及第者的 3％，在培養譯科及第者的家族中排行第五。在牛峰金氏家族中，漢學譯科及第者達 80％，倭學譯科計有 6 人，蒙學譯科計有 8 人。

　　牛峰金氏家族中最具代表性的人物爲金指南，於 18 歲通過譯科，1682年以譯官身份隨日本通信使一行前往江户，並以此行經驗爲基礎，撰成《東

---

① 見牛峰金氏繼仝公派宗中編《牛峰金氏繼仝公派世譜》，**족보나라**，2012 年。

槎日録》；又於 1710 年隨燕行使赴清，1712 年參與協商朝鮮與清朝國界問題，活躍於韓中、韓日外交場合上。其記録白頭山定界碑設置一事的《北征録》流傳至今，中國使行録《燕行録》今則不存。金指南亦主導完整收録司譯院事務之《通文館志》的編纂，並於中國學得火藥製造法後，撰成《新傳煮硝方》一書。金指南膝下七男三女，慶門、顯門、舜門、裕門、纘門皆譯科及第，任職譯官。《海行記》作者金弘祖即爲金舜門之子，金顯門之侄①。

　　金指南二子金顯門於 28 歲(1702)譯科及第，專攻倭學，主要奉派至釜山倭館處理事務。1709 年任釜山倭館別差，1711 年擔任通信使行押物通事，1715 年奉派爲監董官，負責倭館修理，之後二十餘年間經歷不明。1731年任倭學訓上，1734 年膺問慰使行代表至對馬島。他將日本通信使行的經驗寫成《東槎録》，頗能反映 18 世紀譯官對日本的認識。訪問日本時產生的好奇、風光游賞、個人感懷、日常生活等，盡皆記録於其中，對於日本，金顯門極力保持實事求是且客觀的視角②。

　　金弘祖父親金舜門(1681－1713)於 19 歲譯科及第，專攻蒙學。金舜門一系有譯科及第者 21 人，以取才任譯官者 2 人，雲科及第者 2 人。後代55 人當中，有 25 人從事雜科職，這在中人職業中可謂最大規模。金舜門的六代孫金得鍊(1895－1930)曾出席俄皇加冕典禮，《環璆唫艸》爲當時海外體驗的記録。金舜門膝下三男一女，其中長男即爲金弘祖，其次爲金弘憲(1702－1776)與金弘翼(1704－1756)，皆爲專攻漢學的譯官。

　　金弘祖爲父親金舜門、母親楊根咸氏膝下三男一女中的長男，出生於

---

① 金良洙等著《朝鮮後期外交的主人公們》(조선후기 외교의 주인공들)，白山資料院，2008年；金良洙《朝鮮後期中人家族的發展：金指南、金慶門等牛峰金氏之例》(조선후기 中人人집안의 발전：金指南，金慶門 등 牛峰金氏 事例)，白山資料院，2008 年；金良洙《朝鮮後期社會變動與專業職中人的活動》(조선후기 사회변동과 전문직 중인의 활동)，收入延世大學國學研究院編《韓國近代移行期中人研究》，신서원，1999 年；白玉敬《譯官金指南的日本體驗與日本認識——以〈東槎日録〉爲中心》(역관 (譯官) 김지남의 일본 체험과 일본 인식：『동사일록(東槎日録)』을 중심으로)，載《韓國文學研究》10，梨花女子大學韓國文化研究院，2006 年，頁 169－198。

② 參見白玉敬《譯官金顯門的日本認識——以 1711 年使行録〈東槎録〉爲中心》(譯官金顯門의 日本認識：1711 년 사행록 『東槎録』을 중심으로)，載《韓國思想史學》29，韓國思想史學會，2007 年，頁 211－246。

父親、叔父、祖父及兄弟皆爲譯官的家族。金弘祖於 1719 年譯科及第,專攻漢學,其後於 37 歲(1734)以問慰行人員派赴對馬島,當時朝中職位爲副司猛。目前僅知曾擔任司譯院奉事,其餘官歷一概不詳。金弘祖與密陽朴氏(1697－1760)膝下育有二子,皆未擔任譯官。其侄金倫瑞譯科及第,曾編纂《重刊老乞大》。金弘祖堂兄弟金弘哲於 1715 年刊行《譯語類解》,兩人著作的刊行被認爲是牛峰金氏家族的著述傳統。

　　關於金弘祖《海行記》的著作背景,必須先從牛峰金氏家族旺盛的著述活動來看。牛峰金氏家族的人物,留下大量與譯官外交活動相關的著作,例如以《通文館志》爲代表的司譯院相關著作,以及記述外交使行經驗的通信使行録。祖父金指南著有記錄 1682 年日本使行經驗的《東槎日録》,亦著有中國使行録,惜今不傳。此外,尚著有關於白頭山定界碑設置一事的《北征録》,並與其長子金慶門共同編纂《通文館志》,詳載司譯院的沿革與對中、對日外交關係事項。叔父金顯門著有記錄 1711 年通信使行的《東槎録》。金指南與金顯門的《東槎日録》與《東槎録》,是過去未曾出現過的譯官通信使行録,因此特別值得關注。至 17 世紀中葉爲止,通信使行録的著述主要以三使爲中心,然而上述二書呈現了不同於此的改變。牛峰金氏家族人物積極參與通信使行録的著述,是頗值得關注的現象,而金弘祖記録對馬島問慰行使行經驗的《海行記》,則繼承了牛峰金氏家族此一使行録著述的傳統。

三、《海行記》中所見對日本及日本文化的認識

　　本文旨在集中考察《海行記》中所見對日本及日本文化的認識。首先如前所述,《海行記》詳細記述對馬島使行時的經驗,呈現出記錄的透徹性與客觀性。

　　在問慰行使行體驗相關文獻中,《海行記》是目前所知唯一由個人撰著之文獻,具有相當重要的價值。在《海行記》中,極其具體且詳細地記錄了關於 1734 年問慰行的各種事實。藉由該書,可掌握問慰行全面的概況與運作,其文獻價值極高。例如收録於《海行記》卷首的 84 名人員名單,各依職責分類,詳載其姓名與出生地。關於問慰行的人員名單及出生地區等記録,目前所知的資料不多。《海行記》中除了朝鮮方面的人員名單外,也記

録下對馬島派出的 65 名人員名單。兩國往來的文書、向問慰行人員提供的飲食及禮物内容、問慰行從出發到返國的具體日程與活動情況等,均清楚詳載。甚至如中下官 19 人的薪俸未列於發放規定中,故採取將上官薪俸平分給予的方式。過去在問慰行研究上,大多完全依賴《增正交鄰志》等外交相關資料,而未能利用個人使行録文獻。藉由金弘祖留下的《海行記》,將有助於掌握日本問慰行的具體情況。

> 沿右山而行數十里,而又轉一隅,則山勢屈曲,分作兩翼,龍虎相抱,而所泊船滄,處於其内,藏風向陽,實天作之地也。土狹人衆,故所居閭閻,依山之勢,環處於層巖之上,而樹以花竹,繞以松杉,粉墻飛甍,互相隱映於松篁之間,極其巧妙,物色清麗。此地人性,務從精巧,凡百作爲,大率如是云。島主使者陶山大助,與執事諸倭,問安於船頭,而老幼男女之觀光者,亞肩疊背,如山如海,無慮數千百,而默默如木偶人,少無喧雜之聲,亦爲奇哉。三吹放砲後,盛陳軍威,下陸就館。自船滄頭,設行步席,至于廳前,而門窗補陳之屬,極其精潔矣。[1]

上述引文爲作者描寫抵達問慰行的目的地——對馬島府中嚴原時的場景,如初次抵達對馬島藩主居所時見到的嚴原港周邊風光、生活在該處的日本人的生活樣態、前來迎接並觀賞問慰使行團的日本人的態度等。精巧與精潔,是話者最强烈的第一印象。看著依山勢而建的日本人住宅,話者對於"樹以花竹,繞以松杉,粉墻飛甍,互相隱映於松篁之間"的景象,留下深刻的印象,繼而説出:"此地人性,務從精巧,凡百作爲,大率如是。"而前來觀賞問慰使行團華麗行列的日本人,儘管人潮雲集數千,不可勝數,却無喧囂之聲,令話者嘖嘖稱奇。日本人井然有序且嚴整、精潔的模樣,在話者眼中形成特別而難忘的景象。

《海行記》中尤其值得矚目的部分,是作者積極關注日本文化的態度。特別是金弘祖將焦點放在文化交流相關的叙述,而非政治層面的叙述。在《海行記》中,多有描寫與雨森芳洲等日本知識份子的交流,以及朝鮮與日本的戲劇表演内容,有助於一定程度理解兩國文化交流的情況,故具有重要意義。金弘祖透過與雨森芳洲及其兩名兒子的筆談、書信往來,締結了友好的交流,也向春日玄億傳授針術等技術,積極與居住於對馬島的日本

---

[1] 金弘祖《海行記》。

知識份子進行交流。

　　　所謂雨森東者,專管一島中文翰禮節,而嘗以裁判差倭出來我國,
與洪滄浪道長互相唱和者也。厥家處於路左,故豫爲出待,叔父所乘
轎,至其門口,鞠躬問候。叔父欲爲下轎,則以爲公私有異,事體自別,
不可不可云。故叔父停轎,暫叙而別。余在其傍,觀其體貌舉止,年近
七旬,而顏貌不衰,雙眸瀅瀅,光彩動人,而清幽雅淡之狀,現見於周旋
云謂之間。①

　　上述引文爲作者描寫初次於對馬島遇見雨森芳洲時的場景。作者從
旁觀看叔父金顯門與雨森芳洲的短暫會見,並記録下對雨森芳洲的第一印
象。雨森芳洲精通漢文、朝鮮語、漢語,在對朝鮮貿易中扮演中介角色的對
馬島藩上,擔任外交方面的文官。在壬辰倭亂後,致力於修復與朝鮮的國
交關係,倡導善鄰外交。强調平等的外交關係,主張誠信外交的雨森芳洲,
亦使用朝鮮式姓名"雨森東"。②

　　雨森芳洲奉派至東萊倭館時,曾與金顯門及其他朝鮮知識份子締結深
交。他在金顯門擔任日本通信使赴日時,爲通信使迎接團的一員,延續與
金顯門的交往。③ 在此次問慰使行中,儘管雨森芳洲等候使節團一行前
來,然而私人會面受到嚴格限制。金顯門與雨森芳洲無法長談。在金弘祖
眼中,初次見到與叔父短暫會面的雨森芳洲,是一位七十餘歲的老人,却有
著光采動人、清幽雅淡的容貌。

　　作爲金顯門、雨森芳洲下一世代的金弘祖,與雨森芳洲的兩名兒子及
其文人弟子有過密切的交流。④

---

①金弘祖《海行記》。

②關於雨森芳洲的誠信外交及與朝鮮知識份子的交流,參見信原修《雨森芳洲と玄德
　潤》,明石書店,2009 年。

③金顯門《東槎録》中所見與雨森芳洲的交友内容,如"馬島之文人雨森東、松浦儀、西山
　僧玄圭來謁呈詩。三使令製述書記和贈之。於是罷出","雨森東松浦儀持酒肴來,與
　余達夜談話,竟至大醉"。

④與雨森芳洲二子的交流,詳參以下論文:信原修《關於對馬藩藩儒雨森芳洲的晚境與
　次男松浦贊治的知行没收》(《対馬藩々儒・雨森芳洲の晚境と次男・松浦賛治の知
　行召し上げをめぐって》),載《總合文化研究所紀要》23,同志社女子大學總合文化研
　究所,2006 年。

　　雨森東之長子，名顯之允者，嘗以都都禁徒出來我國，與之相接者累矣。而到此之後，渠國之法，無執事者，不得出入於館中。且渠有病，不能來見。故使其表弟大廳奉行吉田安右衛門問候，而兼致景昂之意。余書以答之："僕與足下，奉接於和館者，怳然如昨，而倏已經歲。三秋之思，曷勝言哉？釜海乘槎之日，意以爲即到貴邦，與足下討論文章，以叙契闊之懷。貴國法嚴，事與心違，菀陶斯深。"①

與雨森芳洲長子雨森顯之允的交流，早在問慰使行前已開始，雨森顯之允以都都禁徒的身份赴東萊倭館時，曾與金弘祖締結親交。來到對馬島上，由於嚴禁與執事者以外人物接觸，兼之疾病纏身，無緣得見，只能藉由書信延續交流，令金弘祖深爲惋惜。金弘祖與雨森顯之允的交流，顯示在金顯門與雨森芳洲後，朝鮮與日本外交實務負責人的密切交流關係延續至下一個世代，頗值得關注。

　　雨森東與其次子廳長來揖於余曰："尊公利涉於千里滄波，仰賀仰賀"云，而不用倭語，專以我言，十分明白。余起立答謝，與之對坐。森東以爲："俺即雨森院長也。往在癸巳，與尊叔父交游於貴國之和館者也。今已二十餘年矣。恒切悵仰，而不意今者獲拜尊叔父於公宴之上，欣幸之懷，曷勝言哉？且僕之不肖息顯允，向自草梁回來，盛稱足下眷愛之澤，而近得怪疾，不能出入於户庭之間。故聞足下之來，而趁不得趨謝，朝暮咄嗟，不勝舐犢之情，替伸敬意，而得瞻芝宇，幸莫大焉。"余答曰："僕在弊邦之日，得聞家叔父與足下交游之誼，願一識荊，而南北絶遠，境界有限，如風馬牛之不相及，故尋常慨歎矣。今兹意想之外，獲瞻芝眉於太守之堂，以遂平生之願。"②

上述引文爲雨森芳洲與其次子雨森德允來訪對話的場景。金弘祖對於雨森芳洲不使用日語，而是熟練的朝鮮語，留下深刻而奇特的印象。金弘祖也曾透過筆談與雨森芳洲的門人如鵬溟、春日玄意等人交流，並與春日玄意論及鍼術，向其傳授鍼術。

透過問慰行正使金顯門之侄金弘祖與雨森芳洲二子，兩家文人之間活躍的人際交流，可確知金顯門與雨森芳洲之間的誠信外交，進而延續至下

---

① 金弘祖《海行記》。
② 金弘祖《海行記》。

一個世代。

　　另一方面,金弘祖在《海行記》中致力突顯韓日外交現場中展開的文化交流情景。對於朝鮮與日本的表演場景,描寫得尤其深入且具體,是特別值得關注的部分。有趣的是,《海行記》中對於日本戲劇"能劇"表演場景的描寫,較其他使行録更加詳盡且細膩。

　　首先,金弘祖明確記録下朝鮮方派出之才人與樂工等的姓名,並於書中多處記述其奏詠風樂,盡顯才藝的場景。以下試舉其中一例。

　　　　樂工元達者,本老倡夫,善作戲謔者也。應鼓起舞,或作盲人狀,或作侏儒形,搖目掀鼻,縮項伸臂,奇怪之狀,無所不爲。彼我觀者,莫不絶倒,亦一破寂之道也。①

　　對朝鮮方提供之戲劇場景的描寫固然有趣,然而對日方於對馬島上提供之戲劇場景的描寫,更值得關注。其中特別引人矚目之處,在於描寫日本傳統戲劇"能劇"表演情況的段落。在《海行記》中,依序將鶴龜、伯養、舍利、橋辨慶等日本戲劇"能劇"的表演過程,極其細緻地予以形象化。對於對馬島主特別準備"能組"(日本傳統戲劇"能劇"的表演節目),在朝鮮使節團前演出日本傳統戲劇之一的能劇,金弘祖的描述令人印象深刻。以下試舉其中一段。

　　　　又一童子,頭戴金箍,身被白錦衣,腰插長劍,出舞堂中。忽豹頭怪眼者,身被紅錦,以帛裹頭,而大喊跳出,手舞大刀,直取童子。童子少無懼怯,拔其佩劍,與之合鋒,互相擊刺,劍光閃爍,寒氣颯颯。移時酣戰之際,忽豹頭怪眼者,擲劍退伏,叩頭稱罪。童子橫劍叱咤而去。問於傳語官,則以爲此名橋辨慶。此人恃勇,到處殺人。故童子學得劍術,挫其兇頑云,而且言今此戲具,皆是新造,所費甚重云。(妝鬼者,皆着假面)余不解其戲子言語,故雖不能悉曉其意味之如何,而觀光諸倭之拍掌誼笑,手舞足蹈,則可知其渠國之有來歷故事,而傳語官所傳之語,不甚明快,可慨也已。②

　　鶴龜、伯養、舍利、橋辨慶是日本戲劇"能劇"的表演劇目之一。日本傳統戲劇之一的能劇,是以某個傳説或故事爲演出題材,配合笛、小鼓、大鼓、

---

①金弘祖《海行記》。
②金弘祖《海行記》。

太鼓等四種伴奏樂器，用富有特色的曲調來歌唱故事，而名爲"仕手"的主角則化身爲故事中的主人公，戴著面具在觀衆面前歌唱（謠）與舞蹈（舞）。

話者對能劇中登場的人物外形與動作有詳盡的描寫，同時也記錄下觀衆的反應。上述引文是描寫橋辨慶演出時的情況。"雖不能悉曉其意味之如何，而觀光諸倭之拍掌誼笑，手舞足蹈，則可知其渠國之有來歷故事"，正如話者所言，橋辨慶起源自《弁慶物語》、《義經記》等室町時代的物語，義經被設定爲少年，而辨慶則是力大無窮的角色。整部劇的核心，在於童子遇上豹頭怪眼者，展開英勇對決的場面。作者看著眼前戲劇性的場面，却無法完全理解劇中人物的對話，對此感到惋惜，由此可知，金弘祖對日本傳統戲劇抱持極大的關心。

> 二盲去後，又二倭擡出榻床，置於堂中。蓋以錦褓上置小几，几上有如紅蓮之未開者一顆。緑衣僧俗二人，出立其傍，作供佛之狀。忽有被髮白面鬼，隱身潛出，跳上榻上，奪取紅蓮而逃。僧俗二人，始爲知覺，頓足焦燥，僅僅追奪，復置几上，拱手念佛。又有紺髮金面鬼，身被雜綵金縷衣，形容凶險，而張開大口，奮勇突出，手攫紅蓮，踏破小几，跳騰躍舞。僧俗二人，不敢近前，只自搥胸，滾倒在地。忽有朱顔金睛神，頭戴金箍，身穿星衣，手執金鞭，躍至榻邊，踢倒厥鬼，舉起金鞭，橫打肩背。厥鬼蒼黃堅抱紅蓮，縮伏榻下。朱顔金睛神，怒目張拳，掀飜厥鬼，復奪紅蓮。厥鬼乘隙，脱身逃走，與僧俗兩人，徐徐入去。問於傳語官，以爲戲名舍利。如紅蓮之未開者，即舍利也。人家請僧供佛，而魔奪舍利。故佛遣神將，復奪舍利，即返本還元之意也云①。

觀衆欣賞能劇演出，捧腹大笑的模樣，以及能劇表演中細膩的場景描寫，尤其爲人矚目。由於劇中人物的動作與事件的發展等描述極其詳細，使讀者腦海中再現表演當時的場景。值得注意的是，對於日本戲劇的場景，朝鮮使節團大多抱持負面的態度或僅簡略叙述，然而《海行記》呈現出與此立場全然不同的叙述態度。友好且積極的觀賞態度，自然使作者詳細記錄下日本傳統戲劇"能劇"的表演情況與出場人物。

《海行記》中對日本文化積極且友好的叙述觀點，也可以從獨立叙述對

---

① 金弘祖《海行記》。

馬島風俗與生活的段落中得到一定程度的驗證。在正文依照日期記錄外，金弘祖特別於《海行記》文末分項叙述對馬島的風俗與生活、制度等，採用的是通信使行錄中見聞錄的叙述方式。叙述範圍廣泛，包含婚禮、葬禮、刑罰、衣服、官職、性品等。

> 略聞彼國風俗，凡婚姻時納幣之物，有文武焉。武用甲胄寶劍銃槍弓箭之屬，文用彩錦文房之類。朝送夕娶，而與其親戚鄰里，偕至親家。新郎與新人，坐行九酌之禮，如渠國之常時酒禮，而無奠雁之節。飲罷，主客同會一處，痛飲盡醉。與其新人，即還其家，仍爲夫婦，而男年廿餘，女年十五六而後，始爲婚姻云①。

> 凡使民之法，務從簡便，不爲侵漁。或有工作，則給價雇立，而或計日之役，減其身役之銀。邑村樂業，無怨恨之聲云②。

對於對馬島民受到較少侵擾而能安居樂業的生活樣貌，引起了話者的關注。當然，《海行記》中也有批判對馬島民生活風俗的部分。例如在"買賣交易，舍死爭較，利析秋毫"一句，批判只追求商業利益的風氣③。另外，金弘祖也指出島民飲食、衣著俱皆華麗，却輕忽往生者葬禮的事實，嚴詞批判其風俗的問題④。

儘管書中部分段落自矜強烈的優越感，對日本文化與生活風俗多有批判，不過作者在《海行記》中，對於日本及日本文化展現出相對客觀、實事求是的態度。特別值得關注的是，他在與日本知識份子的交流及觀賞日本傳統戲劇"能劇"的表演時，帶有積極且友善的態度。在金弘祖《海行記》中可見的這些特徵，可以説是繼承自金指南與金顯門的日本使行錄叙述傳統。金顯門以日本通信使行的經驗寫成《東槎錄》，頗能反映 18 世紀譯官對日

---

① 金弘祖《海行記》。

② 金弘祖《海行記》。

③ 金弘祖《海行記》："第有可駭者，生長絶島，養其狼復之性。事不若意，則輕死如毛。少有好事，則喜不自勝，手舞足蹈，不可責之以義理者。且人有數其父，則恬然而不知感，愛其子，則欣喜而謝不已。買賣交易，舍死爭較，利析秋毫。其慈子嗜利，無異禽獸者也。"

④ 金弘祖《海行記》："彼人情態，狡黠精巧，耳衣目食，窮極奢靡，而送終一節，不啻疎忽之甚也。朝死而夕埋，視若尋常者，多有之云。吏奴之風，元來如是也夫。"

本的認識。他將訪問日本時產生的好奇與風光游賞、個人感懷、日常生活等，盡皆記錄於其中，對於日本，金顯門極力保持實事求是且客觀的視角①。金弘祖也沿襲了叔父金顯門撰寫日本使行錄的視角，對日本傳統戲劇"能劇"與朝鮮人提供的戲劇場景尤其有濃厚的興趣，並致力於將表演細節形象化。金弘祖的《海行記》著述，以及《海行記》中所見對日本文化（尤其是傳統表演的場景）積極且友善的敘述態度，反映出 17 世紀中晚期至 18 世紀由金指南開始趨於鼎盛的中人家族——牛峰金氏，在負責對清、對日等外交任務的同時，也透過著述活動強化其文化力量的時代趨勢。

四、結語

　　以上本文針對 1734 年日本問慰行使行錄《海行記》進行考察。對於該書的作者與內容，過去並未爲學界所知，經筆者考察《海行記》正文敘述及相關資料的結果，證實《海行記》的作者爲金弘祖。該書作者金弘祖來自以祖父金指南與叔父金顯門爲核心的牛峰金氏譯官家族，繼承了此家族歷來在外交實務活動上的著述傳統。

　　儘管書中部分段落自矜強烈的優越感，對日本文化與生活風俗多有批判，不過作者金弘祖在《海行記》中，對於日本及日本文化展現出相對客觀、實事求是的態度。特別值得關注的是，他在與日本知識份子的交流及觀賞日本傳統戲劇"能劇"的表演時，帶有積極且友善的態度。透過問慰行正使金顯門之侄金弘祖與雨森芳洲二子，兩家文人之間活躍的人際交流，可確知金顯門與雨森芳洲之間的誠信外交，進而延續至下一個世代。而詳細描寫鶴龜、伯養、舍利、橋辨慶等日本戲劇"能劇"的表演情況，也是另一個有趣的焦點。

　　以上在金弘祖《海行記》中可見的這些特徵，可以説是繼承自金指南與金顯門的日本使行錄敘述傳統。金弘祖沿襲了叔父金顯門撰寫日本使行錄的視角，對日本傳統戲劇"能劇"與朝鮮人提供的戲劇場景尤其有濃厚的興趣，並致力於將表演細節形象化。金弘祖的《海行記》著述，以及《海行記》中所見對日本文化（尤其是傳統表演的場景）積極且友善的敘述態度，

---

① 白玉敬《譯官金指南的日本體驗與日本認識——以〈東槎日錄〉爲中心》，同上。

反映出 17 世紀中晚期至 18 世紀由金指南開始趨於鼎盛的中人家族——牛峰金氏，在負責對清、對日等外交任務的同時，也透過著述活動強化其文化力量的時代趨勢。

　　祈望以此次發掘記録問慰使行體驗的《海行記》爲契機，促進問慰行相關研究的發展，擴大對日本與朝鮮外交、文化交流的廣泛理解。

　　　　（作者、譯者單位：韓國高麗大學國語國文學系）

域外漢籍研究集刊　第十六輯

2017 年　頁 115—130

正祖《孟子講義》疑孟思想發微 *

趙永剛

一、正祖與《孟子講義》的成書

正祖(1752—1800),名李祘,字亨運,號弘齋、萬川明月主人翁等。朝鮮王朝第二十二代君主,廟號正宗。正祖是英宗大王之孫,莊獻世子之子。英祖五十二年(1776)三月,英祖去世,正祖即位。正祖在位二十四年,政治較爲清明,國力持續發展,文教事業繁榮,開創了朝鮮王朝後期的盛世局面。

在學術方面,正祖亦有較高造詣。正祖爲政之暇,經常與經筵講官討論經史。《孟子講義》即是正祖與經筵講官之間研討孟子的著作,該書體例是正祖提問,講官回答。共計四卷,收入《弘齋全書》卷七十六至卷七十九。包括正祖五年(1781)講義,問答條目 138 個。《弘齋全書》曰:"辛丑,選李時秀、洪履健、李益運、李宗燮、李顯默、朴宗正、徐龍輔、金載瓚、李祖承、李錫夏、洪仁浩、曹允大、李魯春等對。"①正祖七年(1783)講義,問答條目 33 個。《弘齋全書》曰:"癸卯,選李顯道、鄭萬始、趙濟魯、李勉兢、金啓洛、金熙朝、

* 基金項目:本文爲 2015 年國家社科基金青年項目"朝鮮半島《孟子》學史研究"(項目編號:15CZW010)階段性成果、入駐孔學堂研修成果。本論文受貴州大學——孔學堂中華傳統文化研究院經費資助。

① 正祖《弘齋全書》卷七十六,韓國民族文化推進會編《韓國文集叢刊》,第 264 册,韓國景仁文化社,1990 年,頁 117。

李崑秀、尹行恁、成種仁、李晴、李翼晉、沈晉賢、徐瀅修、申馥、姜世綸等對。"①正祖八年(1784)、十年(1786)、十一年(1787)講義,問答條目 40 個。《弘齋全書》曰:"甲辰,選李書九、韓商新。丙午,選鄭晚錫、金祖淳。丁未,選尹永僖、尹光顏、李羲觀等對。"②《孟子講義》比較集中地反映了正祖的孟子學思想,涵蓋内容非常廣泛,本文則專論其中的疑孟思想。在具體論述正祖疑孟思想之前,有必要將學術史上的疑孟思想譜系,略作梳理。

《孟子》在宋代由子部升格到經部,尊孟是當時學術界的主要潮流。當然,也存在一個質疑孟子、批評孟子的次要潮流。隨著朱熹《孟子集注》學術權威地位的樹立,以及程朱理學官學化的確立,疑孟思潮就成了學術的潛流。具體到朝鮮時代來説,程朱理學是官學正統,朱熹《孟子集注》是朝鮮半島孟子學的權威著作,故此很少有學者對孟子和朱熹提出批評。在此學術背景下,正祖則試圖打破這種牢籠,不僅對朱熹《孟子集注》提出批評,而且對孟子也有質疑之聲。正祖對孟子的質疑主要集中在以下四個方面,即義利之辨的問題、孟子迂闊的問題、道勢之争的問題以及孟子不尊周的問題。

二、義利之辨的問題

《孟子》一書,開篇即揭櫫義利之辨。正祖非常重視這一章在《孟子》全書中的作用,希望從中找到統領全書的綱領性宗旨。正祖問曰:

> 開卷第一義,從古著書家之所致慎也。歷觀經傳,莫不以一部宗旨托始于篇首。《易》之《乾》、《坤》,書之二《典》,詩之二《南》,《論語》之學,《中庸》之性,《大學》之明德,皆是例也。若就此章之中求其包括一部之宗旨,則當於何處見得耶?

> (鄭)晚錫對:恐當以仁義二字爲一部宗旨矣。③

---

① 正祖《弘齋全書》卷七十八,韓國民族文化推進會編《韓國文集叢刊》,第 264 册,頁 152。

② 正祖《弘齋全書》卷七十九,第 264 册,頁 164。

③ 正祖《孟子講義》,張立文、王國軒總編纂《國際儒藏·韓國編·四書部》,華夏出版社、中國人民大學出版社,2010 年,《孟子卷》第 3 册,頁 415。

　　鄭晚錫將"仁義"二字定爲《孟子》全書的宗旨，無疑是過於狹窄的，畢竟道德理想主義的仁義只是孟子對於個體的道德要求，無法涵攝政治層面的王道觀念，因此正祖對這個回答是不滿意的。更何況作爲帝王的正祖，不僅與梁惠王有同樣的政治身份，更有同樣的政治訴求，即富國强兵之類的功利主義政治期待。正祖功利主義的重利思想與理想主義的重義思想之間有很大的鴻溝，義利之辨的儒家論題再次在異域的君臣之間展開。正祖念兹在兹的依然在利，而經筵講官則固守義的底綫。正祖問：

　　　　《大學》"平天下"章反復言"以義爲利"，"不以利爲利"，則以義之利固未始不可言也。梁王初見賓師之日，先以"利吾國"爲問，則此與利吾身不同，其利之以義、以利姑未可辨。孟子何不以以義之利因其勢利導之，如答齊王好貨、好色之問，而必以"何必曰利"折之者，何也？

　　　　時秀對：先儒云"梁王之問非不在利字，實在利吾國三字。他只曉得有我，不知有大夫士庶"，此説盡然。既曰"利吾國"，則其以利爲利，不待問而可知。①

　　正祖對孟子的質疑有兩點值得注意：第一，正祖認爲孟子泛言"何必曰利"，利的涵義含混不清。正祖援引《大學》："國不以利爲利，以義爲利也。"對利進行了分類，將利分爲"以利爲利"和"以義爲利"者兩類。第二，正祖認爲"利吾身"者是"以利爲利"，是功利主義的，應該反對；"利吾國"者是"以義爲利"，是仁政王道，應該贊成。因此，正祖認爲孟子深閉固拒梁惠王"何以利吾國"的做法是武斷的。

　　對"利"進行分類考察並不是正祖的首創，王充《刺孟》已經有此分類：

　　　　夫利有二，有貨財之利，有安吉之利。惠王曰"何以利吾國"，何以知不欲安吉之利，而孟子徑難以貨財之利也？《易》曰"利見大人"，"利涉大川"，"乾，元亨利貞"。《尚書》曰："黎民亦尚有利哉。"皆安吉之利也。行仁義，得安吉之利。孟子不且語問惠王何謂利吾國，惠王言貨財之利，乃可答若。設令惠王之問，未知何趣，孟子徑答以貨財之利。如惠王實問貨財，孟子無以驗效也；如問安吉之利，而孟子答以貨財之利，失對上之指，違道理之實也。②

---

① 正祖《孟子講義》，頁 376。
② 王充《論衡》，上海人民出版社，1974 年，頁 156—157。

　　王充將利分爲"貨財之利"和"安吉之利"兩類，所謂"貨財之利"是從物質財富方面立論，"安吉之利"是從和諧順利方面立論。正祖對王充的觀點也有繼承，正祖曰：

　　　　利有義理之利，有利欲之利。《易》所謂"利物和義"之利、"利用安身"之利，皆以義理言者也；《論語》所謂"放於利"之利，"小人喻於利"之利，皆以利欲言者也。梁王利國之問，安知其全出於利欲，而必如是深斥耶？說者謂：梁王之失全在吾國二字，只求自己一身之利，並抛大夫士庶之利，故下文以大夫之吾家、士庶之吾身對他吾國二字，而言其交征利之失。此說果如何？假使梁王不曰利吾國，而曰利吾民云爾，則孟子將許之耶？①

　　正祖所謂的"義理之利"類似于王充"安吉之利"，"利欲之利"類似于王充"貨財之利"，正祖和王充對利的分類與孟子的本義差異甚大。孟子所言之利只是"貨財之利"和"利欲之利"，是否定性的概念，並不包含肯定性的"義理"和"安吉"之意。如《滕文公下》："且夫枉尺而直尋者，以利言也。如以利，則枉尋直尺，而利亦可爲與？"《告子下》："先生以利說秦楚之王，秦楚之王悦於利，以罷三軍之師，是三軍之士樂罷而悦於利也。爲人臣者懷利以事其君，爲人子者懷利以事其父，爲人弟者懷利以事其兄，是君臣、父子、兄弟終去仁義，懷利以相接，然而不亡者，未之有也。"

　　正祖還試圖把利分爲公利和私利，"利吾國"爲公利，"利吾身"爲私利。李時秀借鑒前人觀點，認爲梁惠王所謂的"利吾國"仍然是從己身出發，著眼點在一"吾"字，利的對象並不涵蓋國民，因此梁惠王的"利吾國"與"利吾身"並無二致，還是私利。前文李時秀所言"先儒"是明代學者湯賓尹，正祖所言"說者"亦是此人，陸隴其《四書講義困勉録》載其言曰：

　　　　湯霍林曰：梁王之非不止在利，又在利吾國三字，他只曉得有我，便不知有大夫、士、庶，故孟子意以仁義挽他仁義，便是大公無我之心。②

　　李時秀徵引湯賓尹的觀點，格正祖君心之非，認爲梁惠王所言"利吾國"乃是私利而非公利，是"以利之利"而非"以義之利"。正祖仍不甘心，正

①正祖《孟子講義》，頁 416。
②陸隴其《四書講義困勉録》卷二十四，文淵閣四庫全書本。

祖認爲，即使如湯賓尹所言"利吾國"是私利，那麼"利吾民"是不是就是公利，孟子自然不會提倡私利，那麼公利孟子是否會反對呢？正祖觸及到了儒學思想史上的一個重要的命題，即"義利之辨"與"公私之别"，即公利是不是義、私利是不是利的問題，或者説孟子反對的利是否只是私利，至於公利，孟子又持何種態度？

黄俊傑《先秦儒家義利觀念的演變及其思想史的涵義》指出，孟子所倡導的仁義之中已經内涵了公利的講求，只是在孟子那裏，公利還没有提升到公義的高度①。正祖對於公利的强調，自然有現實政治實用主義的目的，當然與孟子的民本思想也並不違背。正祖認爲孟子反對私利而倡導公利的觀點是正確的，他對於"義利之辨"的認識既有經典文本爲之依據，又有現實政治的實用價值，是通經致用的開明經學觀念。與之相反，李時秀、鄭晚錫還在固守程朱的形上之論、迂腐之言，不僅對於《孟子》本文的學術闡發無益，更容易對現實政治造成巨大的災難，晚明大儒劉宗周就曾指出宋明理學空疏誤國之弊：

> 正言仁義功用，天地賴以常運而不息，人紀賴以接續而不墜，遺親、後君便非仁義，不是言仁義未嘗不利。自後世儒者事功與仁義分途，於是當變亂之時，力量不足以支持，聽其陸沉魚爛，全身遠害，是乃遺親、後君者也。此是宋襄、徐偃之仁義，而孟子爲之乎？②

與宋明理學家偏重内聖的心性之論不同，正祖强調内聖外王的統一，或者説更爲偏重外王的事功。正祖没有宋明儒學的高深玄妙，也規避了宋明儒學的空疏之弊，其學術觀點更爲篤實切用，在《孟子》學發展史上，有一定的價值。

三、孟子迂闊的問題

在義利之辨的問題上，正祖不滿于宋明儒者的空疏之弊，對於孟子的道德理想主義也有批評，他認爲孟子的王道理想在實踐層面的操作性不

---

① 黄俊傑《先秦儒家義利觀念的演變及其思想史的涵義》，《漢學研究》，1986 年第 1 期，頁 137。
② （清）黄宗羲《孟子師説》卷一，《黄宗羲全集》第 1 册，浙江古籍出版社，2005 年，頁 49。

强,有迂闊之弊。

　　關於孟子的迂闊之弊,始見於《史記·孟子荀卿列傳》。功利主義者對孟子有迂闊的批評,認爲孟子僅能載之空言,無法見諸實事。在霸道盛行的戰國時代,孟子的政治理想自然無有立足之地,難以付諸實施,以至於有人懷疑仁義等道德理想是虛文,對政治無有實際效用。雖然,孟子的仁政王道理想没有從正面得以彰顯,却從反面得以印證。秦王朝二世而亡的原因,就是賈誼《過秦論》所言"仁義不施而攻守之勢異也"。離開孟子倡導的仁政王道,即使是如秦國一樣國力雄厚,也會土崩瓦解。對此熊禾有精闢之論:

　　　　熊勿軒曰:當時孟子止言深耕易耨,孝悌忠信,則可以制梃而撻秦楚,自一等富强而言,豈不大迂闊而不切於事情? 然後來秦亡不過起於揭竿斬木之匹夫,堅甲利兵果足恃乎? 孟子之言,不我誣也![1]

　　駁斥孟子迂闊論的學者代不乏人,經過宋代尊孟學者的駁議,孟子迂闊的問題其實已經解決。可是,作爲帝王的正祖與梁惠王、齊宣王類似,有强烈的實用主義目的,現實事功的考量與理想主義的堅守之間有難以彌合的鴻溝,以至於正祖認爲孟子的某些政治策略形同虛設,並無現實意義。如《孟子·梁惠王下》:

　　　　滕文公問曰:"滕,小國也。竭力以事大國,則不得免焉。如之何則可?"孟子對曰:"昔者大王居邠,狄人侵之。事之以皮幣,不得免焉;事之以犬馬,不得免焉;事之以珠玉,不得免焉。乃屬其耆老而告之曰:'狄人之所欲者,吾土地也。吾聞之也:君子不以其所以養人者害人。二三子何患乎無君? 我將去之。'去邠,踰梁山,邑于岐山之下居焉。邠人曰:'仁人也,不可失也。'從之者如歸市。或曰:'世守也,非身之所能爲也。效死勿去。'君請擇於斯二者。"[2]

　　宋儒楊時注此章曰:"孟子所論,自世俗觀之,則可謂無謀矣。"[3]正祖確如楊時所言,批評孟子迂闊無謀,正祖曰:

　　　　孟子以"大王去邠"及"效死勿去"二者請擇於文公。而當文公之

---

[1] 孫奇逢《四書近指》卷十四,文淵閣四庫全書本。
[2] 朱熹《四書章句集注》,中華書局,2015 年,頁 226。
[3] 同上注。

時，“效死勿去”可矣。滕國，五十里之外皆他國也，未有如大王之膴原西漘爲可建國，則雖欲去而之他，將安所適然？則去邠之説，不免虛設。①

對於孟子提供給滕文公的兩個選擇，正祖認爲滕國地小民窮，築城鑿池，帶領國民，死守滕國，“效死勿去”，是唯一的選擇。至於效法周大王，離開滕國而徐圖自强，根本無此可能。因爲當時滕國處在齊、楚兩個大國之間，没有一塊權力真空地帶供其施行仁政，與周大王之時的情景已不可同日而語。因此，孟子所言“大王去邠”，對於滕文公來講是形同虛設，是脱離滕國現實的空想。

針對正祖的質疑，講官金載瓚對曰：

此章去邠，權也；死守，經也。以經權分言，使文公自擇而已。可遷之有地無地，顧何必論耶？②

金載瓚的觀點是承襲朱熹《孟子集注》之成説，朱熹注曰：

能如太王則避之，不能則謹守常法。蓋遷國以圖存者，權也；守正而俟死者，義也。審己量力，擇而處之可也。③

正祖和金載瓚君臣都誤讀了朱熹的注釋，更誤讀了孟子的本意。殊不知孟子對於滕國的艱危處境早已洞若觀火，滕國之被鄰國吞併、社稷丘墟乃是必然之事，作爲國君的滕文公若要忠於社稷，恐怕只有“效死勿去”之唯一選擇。但勸人舍身取義，實在是難開其口，更何況面對的是一國之君。不得已孟子才虛設遷國一策，雖是兩策並舉，實則只是一策。滕文公反躬自省、審時度勢，應該也能明白孟子本意。

據史學家研究，滕國滅亡的時間大約在公元前 300 年左右。根據錢穆《先秦諸子繫年·孟子游滕考》的研究成果，可以確定孟子初到滕國是在公元前 322 年，離開滕國是在公元前 320 年。因此，孟子回答滕文公的時間距離滕國滅亡的時間僅有短短二十年，孟子在滕時，滕國已經是國運衰微，孟子縱有魯陽之戈，也難挽虞淵落日。時勢使然，雖聖賢亦無如之何。正祖責難孟子迂闊無謀，求全責備，有失公允。

---

① 正祖《孟子講義》，頁 378。
② 同上注。
③ 朱熹《四書章句集注》，頁 226。

四、孟子不尊王者的問題

正祖既然有時已經認定孟子迂闊無謀，那麼對於孟子所享受的禮遇就深致不滿，認爲這與其政治貢獻並不匹配。正祖與彭更一樣，都懷疑孟子所享受的禮遇過高，甚至有泰侈之失，《孟子·滕文公下》曰："彭更問曰：後車數十乘，從者數百人，以傳食於諸侯，不以泰乎？"①

正祖認爲當時的國君如梁惠王、齊宣王等對孟子是非常尊重的，他們都給孟子以極高的政治禮遇，又給孟子提供了很高的物質俸禄，可謂盡到了禮賢下士的責任。與這些國君相比，孟子的態度似乎是不恭敬的，對待國君的態度有時是拒人千里之外，但正祖也只看到齊王尊敬孟子，未曾看到孟子尊敬齊王，正祖曰：

> 齊王之就見也，臨別之言，眷眷於繼此得見；向慕之意申申於中國萬鍾，至欲使國人矜式，則其所尊禮愛敬，固可謂勤且摯矣。聖人亦有際可之仕，孟子何若是邁邁，至引龍斷之説而拒之不受耶？②

"際可之仕"見於《孟子·萬章下》，所謂"際可之仕"就是國君以禮相待、待遇豐厚，士人可以出仕。正祖認爲齊王對待孟子完全符合"際可之仕"的要求，孟子拒絕齊王而浩然離去，未免有些倨傲不恭。

對於正祖的質疑，李魯春對曰：

> 齊王之言，外雖尊禮，實非誠心。孟子之適齊本爲行可之仕，則言不見用之後，豈可苟縻於矜式之虛文而不知去哉？若聖人際可之仕，其初亦以際可而來故也。③

李魯春的觀點是在程朱基礎上的進一步延伸，朱熹注徵引程子之言曰：

> 程子曰：齊王所以處孟子者，未爲不可，孟子亦非不肯爲國人矜式者。但齊王實非欲尊孟子，乃欲以利誘之，故孟子拒而不受。④

---

① 朱熹《四書章句集注》，頁 271。
② 正祖《孟子講義》，頁 382。
③ 正祖《孟子講義》，頁 383。
④ 朱熹《四書章句集注》，頁 251。

　　李魯春認爲孟子到齊國來的目的，是爲了得君行道，説服齊王施行仁政，出仕齊國乃是行可之仕而非際可之仕，即孟子不是爲高官厚禄而來，自然也不會因齊王的利禄之誘而羈留齊國。另外，齊王在實際政治上並不接納孟子的仁政構想，至於"使國人矜式"孟子的虚文俗套，也無非是爲了博取尊賢養士之名，表面上看是對孟子的尊禮，實則並非出於誠心。因此，孟子離開齊國，其過原本就在齊王，正如陳櫟所言："齊王固不得待孟子之道，尤爲不知孟子之心。"①

　　孟子不接受齊王萬鍾之禄的物質誘惑，浩然離開齊國，在正祖看來，是屬於行爲上對國君的不敬。正祖還指出，孟子對國君的不敬，有時還表現在君臣交往的語言上。如《孟子·梁惠王下》：

　　　　孟子謂齊宣王曰："王之臣有託其妻子於其友，而之楚游者。比其反也，則凍餒其妻子，則如之何？"王曰："棄之。"曰："士師不能治士，則如之何？"王曰："已之。"曰："四境之内不治，則如之何？"王顧左右而言他。②

正祖針對此章發問曰：

　　　　此章前二節發問，專爲四境之内不治而設也。辭氣得無欠於雍容耶？若《論語》則無此等問答。且使齊王知愧謝過，其於説而不繹、從而不改，何哉？恐不如直説王政之直捷徑約。此所以爲聖賢之分耶？先儒或云"四境之内不治"只是冷諷他，不著宣王身上。或云直説在宣王身上。兩説孰是？③

　　正祖對孟子"辭氣"的批評，是儒學史上的一個大命題，即聖賢在對君主表達觀點時的言語選擇和辭氣態度問題。漢代以後，君主專制强化，這個問題就顯得更爲迫切。宋代儒者甚至以此評判孔孟聖賢境界之高下，如：

　　　　程子又曰："孟子有些英氣。才有英氣，便有圭角，英氣甚害事。如顏子便渾厚不同，顏子去聖人只毫髮間。孟子大賢，亞聖之次也。"或曰："英氣見於甚處？"曰："但以孔子之言比之，便可見。且如冰與水

---

① 胡廣等纂修，周群、王玉琴校注《四書大全校注》，武漢大學出版社，2015 年，頁 849。
② 朱熹《四書章句集注》，頁 220。
③ 正祖《孟子講義》，頁 378。

精非不光,比之玉,自是有温潤含蓄氣象,無許多光耀也。”①

正祖提問中所援引之先儒乃是明代學者張振淵,陸隴其《四書講義困勉録》卷二十五載張振淵之言曰:“四境之内不治,亦只是大概冷諷他,不著宣王身上。”②明代學者蔡清則持與之截然相反的觀點,他説孟子是“直説在王身上。”③孟子是否直接針對齊宣王發難,這是正祖比較關心的問題,他以此爲問,講官李顯默對曰:

　　顯默對:孟子之引君當道、格其非心者,固爲第一義。而此章辭氣英發,圭角太露。若使孔子處之,恐不當如是。然此特泛論事理,而未必直指齊王身上。臣以前説爲得正義。④

李顯默也感到這個問題非常棘手,君臣關係固化之後,在驕主順臣眼中,孟子確實有圭角太露之嫌。但是李顯默既要維護君主的政治權威,更要維護孟子的道統地位,故此爲聖賢開脱彌縫,説孟子是泛泛而論事理,並不針對齊宣王本人。其實李顯默何嘗不知孟子本心,如此曲解聖賢之意,也是高壓政治下爲道統争空間的不得已之策。

其實,正祖不滿於孟子對待國君的倨傲態度,所反映的本質問題還是道勢之争,正祖的君主身份使他更爲關注社會地位的優越性,而擇善固執於民本思想和道德理想的孟子,則堅持以道抗勢。關於孟子以道抗勢的思想史意義,楊國榮《政道與治道——以孟子爲中心的思考》有較爲深入的分析⑤。在孔子、孟子爲代表的原始儒家確實試圖把君臣關係發展成對等性關係,如《論語·八佾》:“定公問:‘君使臣,臣事君,如之何?’孔子對曰:‘君使臣以禮,臣事君以忠。’”孟子進一步發展了孔子的君臣關係對等性思想,《孟子·離婁下》曰:

　　君之視臣如手足,則臣視君如腹心;君之視臣如犬馬,則臣視君如國人;君之視臣如土芥,則臣視君如寇讎。⑥

---

①朱熹《四書章句集注》,頁199。
②陸隴其《四書講義困勉録》卷二十五,文淵閣四庫全書本。
③蔡清《四書蒙引》卷九,文淵閣四庫全書本。
④正祖《孟子講義》,頁378。
⑤楊國榮《孟子的哲學思想》,華東師範大學出版社,2009年,頁158—159。
⑥朱熹《四書章句集注》,頁295。

　　孟子並不反對臣子對君主的忠誠,也把君臣關係視爲五倫關係中的重要一倫,但是孟子極力反對愚忠,反對無條件的盲目信從。孟子認爲在君臣關係之中,君主是作用力,而臣子是反作用力,君主的行爲決定了臣子的態度。因此,君臣關係和諧與否,責任在君主而非臣子,和諧的君臣關係是君仁臣忠,不和諧的君臣關係則是因君主德不配位所導致的。在孟子看來,君主不單是一個權力主體,更是一個道德主體。如果君主不能履行其道德責任,還要固守其政治權威的話,那麼以湯武革命的形式將其推翻也未嘗不可。但是在董仲舒提出三綱,至班固《白虎通義》將三綱六紀固化以後,君爲臣綱就成了處理君臣關係的金科玉律。以至於韓愈在《拘幽操文王羑里作》中想像周文王面對獨夫民賊殷紂王時,竟然宣稱“臣罪當誅兮,天王聖明”。程頤還表彰韓愈“道得文王心出來,此文王至德處也”①。孔孟所强調的君臣關係原本有對等性倫理的訴求,至此已經完全變質爲强制性倫理,即君主對臣子的强制性倫理規範。在君爲臣綱的倫理規範下,不要説湯武革命,即使是稍微對君主權威造成威脅的言論都會被認爲是大逆不道。即使這些言論是出自儒家經典,甚至出自孟子口中,也要遭受質疑批判。如《孟子·公孫丑下》記載,孟子準備入朝覲見齊王,齊王派使者來,謊稱自己有寒疾,不能親自來見孟子,希望孟子主動來拜見他。齊王態度不誠,不是對待賢者應該有的態度。孟子以其人之道還治其人之身,告訴使者自己也不幸生病,無法入朝。景丑氏批評孟子不敬齊王,孟子對曰:

　　　　天下有達尊三:爵一,齒一,德一。朝廷莫如爵,鄉黨莫如齒,輔世長民莫如德。惡得有其一以慢其二哉?②

　　齊王雖然爵位高於孟子,但是孟子年齡長於齊王,德行高於齊王,齊王不應該怠慢孟子。但是正祖認爲孟子仰仗自己德高年長,三達尊有其二,孟子反而有怠慢齊王之嫌。既然孟子可以怠慢齊王,齊王爲何不可怠慢孟子呢? 故正祖問曰:

　　　　此云“安得有其一以慢其二哉”,使齊王齒尊於孟子,則是有其二矣,可以慢孟子之一耶?③

----

① 程顥、程頤《二程集》,中華書局,1981 年,頁 232。
② 朱熹《四書章句集注》,頁 244—245。
③ 正祖《孟子講義》,頁 382。

正祖還是在三達尊的數量多寡上較高下,其實三達尊不是平行關係,三者的重要性也不是均等的,正如講官洪履健所言:

> 三達尊之中,德最重,齒次之,爵又次之。苟有其德,則只此一箇足以優於彼,況兼德與齒乎?然當時齊王之所以尊孟子,在德不在齒,則假使齊王齒尊於孟子,其爲不可慢均矣。孟子此訓,特主於德而論其道理而已,顧何嘗以王一我二較量多寡也?①

南宋學者饒魯評注此章曰:"景子之言,是人臣事君之常;孟子之言,是人君尊賢之道。"②這個評注也可以用來審視正祖對孟子的批評,孟子擇善固執,强調的是君主尊賢之道,而正祖念念不忘的還是君主的政治權威,强調的是臣子對君主的誠敬。一言以蔽之,孟子是以道抗勢,而正祖則是以勢抗道,歸根結底,還是一個道勢之爭的老命題。

五、孟子不尊周的問題

正祖對孟子的政治思想頗多訾議,尤其是孟子對待殘存的周天子及周政權的態度問題。孟子主張仁政,游説梁惠王、齊宣王施行王道政治,正祖認爲孟子的政治主張對周政權造成了巨大的威脅,對周天子毫無尊重之意。《孟子·梁惠王上》之"寡人之於國也"章,針對梁惠王富國强兵的願望,孟子提出了王道政治的理想藍圖:

> 不違農時,穀不可勝食也;數罟不入洿池,魚鼈不可勝食也;斧斤以時入山林,材木不可勝用也。穀與魚鼈不可勝食,材木不可勝用,是使民養生喪死無憾也。養生喪死無憾,王道之始也。③

朱熹注曰:"王道以得民心爲本,故以此爲王道之始。"④孟子的王道理想是一個完整的政治設計,首尾完足,有始有終,孟子又論述了"王道之成"所必備的條件:

> 五畝之宅,樹之以桑,五十者可以衣帛矣;雞豚狗彘之畜,無失其

---

① 正祖《孟子講義》,頁 382。
② 胡廣等纂修,周群、王玉琴校注《四書大全校注》,頁 841。
③ 朱熹《四書章句集注》,頁 203。
④ 朱熹《四書章句集注》,頁 104。

時，七十者可以食肉矣；百畝之田，勿奪其時，數口之家可以無饑矣；謹庠序之教，申之以孝悌之義，頒白者不負戴於道路矣。七十者衣帛食肉，黎民不饑不寒，然而不王者，未之有也。①

朱熹注曰："此言盡法制品節之詳，極裁成輔相之道，以左右民，是王道之成也。"②孟子對梁惠王曾經抱有希望，故以王道政治相期許。孟子認爲在魏國原有的政治實力基礎上，加上自己的王道設計，就能够深得民心，實現王天下的理想。對於孟子舍棄周天子而勸説梁惠王施行王道的做法，正祖深表不滿，他説：

> 程子之論此章（寡人之於國也）曰："聖賢亦何心哉？視天命之改與未改耳。"先儒釋之曰："天命之改與未改，驗之人心而已。"此固然矣。而但梁王之問不出利國，齊王之問只在桓、文，則周室雖云衰微，當時諸侯猶不敢輕窺天王之家，即此可見。然則孟子何由知天命之必改，人心之必離，而遽以王道勸齊、梁之君耶？③

正祖所言"程子"是指程頤、程頤論之曰：

> 或謂孔子尊周，孟子欲齊王行王政，何也？先生曰：譬如一樹，有可栽培之理則栽培之，不然須別種。賢聖何心？視天命之改與未改爾。④

正祖所言"先儒"是指南宋理學家陳櫟，陳氏論此章曰：

> 天命之改未改，驗之人心而已。人心猶知尊周，可驗天命未改，則當守天下之經，文王、孔子之事是也。人心不知有周，可驗天命已改，不得不達天下之權，武王、孟子之事是也。⑤

正祖並不否定人心決定天命、天命取決於人心，但是正祖質疑孟子之處在於，孟子是如何確定周王朝已失人心，進而窺見天命已改？講官金載瓚對曰：

> 孟子之時，周室將亡，人心已去，天命之必改，蓋無難知。而齊、梁

---

① 朱熹《四書章句集注》，頁 204。
② 朱熹《四書章句集注》，頁 104。
③ 正祖《孟子講義》，頁 377。
④ 程顥、程頤《二程集》，頁 415。
⑤ 胡廣等纂修，周群、王玉琴校注《四書大全校注》，頁 771。

之君言不及王道者，特其伎倆不外於富强一事，故孟子告之以王道。豈其彼猶尊周而反使奪周耶？①

金載瓚的觀點有點含混不清，不如朱熹説得明白透徹，《朱子語類》曰：

> 伊川説："孟子説齊梁之君行王政，王者，天下之義主也。聖賢亦何心哉，視天命之改與未改爾。"於此數句，未甚見得明。
>
> 先生却問：至云天命之改與未改，如何見得？
>
> 曰：莫是周末時禮樂征伐皆不出於天子，生民塗炭，而天王不能正其權以救之否？
>
> 曰：如何三晉猶尚請命於周？
>
> 曰：三晉請命既不是，而周王與之亦不是。如温公所云云，便是天王已不能正其權。
>
> 曰：如何周王與之不是，便以爲天命之改？
>
> 曰：至見得未甚明。舊曾記得程先生説譬如一株花，可以栽培則須栽培，莫是那時已是栽培不得否？
>
> 曰：大勢已去了。三晉請命於周，亦不是知尊周，謾假其虛聲耳。大抵人心已不復有愛戴之實。自入春秋以來，二百四十年間，那時猶自可整頓。不知周之子孫，何故都無一人能明目張膽出來整頓。到孟子時，人心都已去。②

朱熹師徒認爲周朝天命轉移、民心離散的表徵有三個：第一，禮樂征伐不自天子出，周王朝失去了實際的政治權威；第二，雖然三晉等諸侯國依然朝覲請命於周天子，但那只是儀式上的虛文，並無實際尊周之意；第三，生民塗炭，周天子不能救民於水火。因此，周王朝大勢已去的政治現實已經是戰國時期的共識，這一點對於孟子來説，並非什麼難知難曉之事。

但是出於君主本位立場的正祖始終不肯承認這個政治現實，他認爲既然周天子尚且在位，周王朝尚且維持殘存的統治，周朝的政治名分尚在，那麼，孟子就不該另擇新主。正祖責難孟子曰：

> 孟子之時，周室雖微，猶天子也。況宣、平之際，朝覲會同，未嘗去周室而之他。故幽、厲之不仁也，而天下猶不能不尊周。則孟子之於

① 正祖《孟子講義》，頁 377。

② 朱熹《朱子語類》，中華書局，2007 年，頁 1224。

此章直曰"三代之失天下",何也？ 孟子之意,固以東遷以後不足謂有天下而爲天子。然天子之名故在也,豈容遽歸之失天下耶？①

其實,正祖對孟子的責難並非首創,關於孟子不尊的批評之聲在北宋曾經引起了巨大的爭議。黃俊傑在《宋儒對孟子政治思想的爭辯及其蘊涵的問題》一文中指出:"宋儒關於孟子政治思想爭辯的論點甚多,其所蘊涵之問題亦復不少,但是他們對孟子的爭議之引爆點在於:孟子不尊周的態度。"②較早提出孟子不尊周問題的學者是李覯,其《常語》曰:

　　孟子曰:"五霸者,三王之罪人也。"吾以爲孟子者,五霸之罪人也。五霸率諸侯事天子,孟子勸諸侯爲天子,苟有人性者,必知其逆順耳矣。孟子當周顯王時,其後尚且百年而秦并之。嗚呼！ 孟子忍人也,其視周室如無有也。③

何以孟子急切地游説梁惠王、齊宣王施行王道,甚至勸其取周天子而代之,李覯認爲孟子完全是出於個人利禄考慮,他説:

　　夫周顯王未聞有惡行,特微弱爾。非紂也,而齊、梁不事之;非桀也,而孟子不就之。嗚呼！ 孟子之欲爲佐命,何其躁也！④

李覯對孟子的責難曾經引起很大的波瀾,宋儒余允文撰《尊孟辯》逐條駁斥,李覯的觀點幾乎被全部駁倒。尤其是經過朱熹的表彰之後,尊孟已經成爲思想史上的主要潮流,疑孟的潮流日漸式微。

明太祖朱元璋出於君主專制的立場,删減孟子文本,命臣下編訂《孟子節文》,對孟子的批評達到了頂峰。正祖對孟子不尊周問題的批評,學術觀點上與李覯大致相似,在政治立場上與朱元璋基本相同。孟子有著名的"民貴君輕"思想,關於這種思想的政治内涵,徐復觀《儒家政治思想的構造及其轉進》一文有深入分析⑤。在君民關係的輕重緩急問題上,正祖與孟子的觀點可謂是背道而馳,作爲君主的正祖無論如何也不可能接受君主爲虛位的政治設計,這也是正祖批評孟子不尊周問題的關鍵所在。孟子

---

①正祖《孟子講義》,頁387。
②黃俊傑《中國孟學詮釋史論》,社會科學文獻出版社,2004年,頁114。
③余允文《尊孟辯》卷中,文淵閣四庫全書本。
④余允文《尊孟辯》卷中,文淵閣四庫全書本。
⑤徐復觀《學術與政治之間》,九州出版社,2014年,頁49—50。

的王道政治和民本主義不見用於專制帝王，也是歷史局限性的必然結果。

六、餘　論

正祖對於孟子的批評有些是誤讀，但誤讀的動機各有不相同，誤讀所產生的意義也有正負之分。正祖的有些誤讀的動機是無意之誤讀，這種誤讀是屬於學術層面的理解偏差，其意義自然是負面的，不利於學術的正常發展。正祖對於孟子心性之學的質疑，幾乎都是屬於這種誤讀，比如正祖對《孟子·告子》的心性解讀，多與孟子本意牴牾扞格。在更多情況下，正祖的誤讀是有意之誤讀，正祖對於孟子政治觀點的批評，多是有意與孟子爲難，這種誤讀是屬於政治層面的分歧，有積極性的意義。不可否認，孟子在道德理想主義規約下的王道政治設計，如井田制等復古政治理論，明顯與當時的歷史現實不符。孟子其他的政治理論，也並非完美無瑕。

朱熹之後的孟子學，研究重心落在了心性之學上，重視内聖而忽視外王，重視人性論而忽視政治論，玄言空疏之弊日漸呈露。正祖從經世致用的角度出發，批評孟子政治理論的不合理之處，對於孟子學研究中的空疏之弊是有警示作用的。最後，對照正祖和講官的問答，精妙處是在正祖之提問，而非講官之回答。講官的回答受朱熹的籠罩太深，大都唯唯諾諾、謹小慎微，從《孟子集注大全》中綴拾前人成說，縮合歸納，學術創見甚少。反觀正祖，不單質疑孟子，懷疑經文，更對朱熹注釋時有反駁，精光閃耀之處頗多，有助於打破當時學界對朱熹孟子學的迷信，消解朱熹孟子學在朝鮮半島的學術霸權。

（作者單位：貴州大學文學與傳媒學院）

域外漢籍研究集刊　第十六輯
2017 年　頁 131—141

朝鮮李朝《備邊司謄録》中清朝
寧波海商析論

袁曉春

　　海上絲綢之路是法國學者讓・菲利奧(Jean Filliozat)在國際學術界第一次提出的名稱,是指古代中國通過海洋與海外各國進行政府往來、商貿交易、文化交流等的海上航路。中國開闢的古代海上絲綢之路受到海外學者的高度評價,日本著名航海史學者松浦章指出:"在東亞世界裏,有著一片廣闊的海域,這些名爲渤海、黄海、東海、臺灣海峽的廣闊海域,將東亞各國懸隔開來。在古代,這些國家之間主要依靠船舶相互往來。船舶是海洋地域和國家間接觸以及交流不可或缺的一個重要因素。14 世紀到 20 世紀初葉這段漫長的歷史時期裏,從事于遠洋航行的船舶主要是中國的帆船。在當時的東亞海域世界裏,中國的造船和航海技術最爲先進,其海洋政策也相對寬鬆,這使得中國帆船掌握了東亞世界的制海權,主導了當時的海上交通事業。"①位於太平洋西岸中國海岸綫居中位置的寧波,與古代中國東洋、西洋航路相互交集,在中國古代海上絲綢之路東西洋航路中佔有舉足輕重的地位。唐朝寧波海商張支信(或作張友信),頻繁往來於中日東洋航路。863 年,張支信在日本爲平成天皇三子頭陀親王造船,駕船運載頭陀親王等 61 人抵達寧波,頭陀親王等進入長安求法,成爲中日佛教交流史上

---

① 松浦章著,鄭潔西等譯《明清時代東亞海域的文化交流》,江蘇人民出版社,頁 1。

的重要事件①。明清時期，寧波商船在海上遭遇風浪漂流到朝鮮，朝鮮官方給予友好安置，並將漂流到此的寧波商船船員、商人送回中國，在《備邊司謄録》中予以詳細記載。有關史料未見於中國史籍與地方志，爲珍貴的古代東亞海洋貿易史料，故予以介紹，試做探析。

一、朝鮮李朝《備邊司謄録》與寧波海商

《備邊司謄録》爲朝鮮的官方實録，時間起自光海君八年（1616），下至高宗二十九年（1892），現存 273 册，記載有 276 年的歷史（其中缺載 54 年記録）。備邊司最初是作爲臨時機構處理女真與日本對朝鮮王朝的侵擾問題而設立，後爲朝鮮王朝國政諸般事務的最高決議機構，議處事項相當廣泛，一般界定範圍爲朝鮮内政、中朝關係及朝日關係。明宗十年備邊司劃爲常設機構，人員從正一品的都提調到從正六品的郎廳人員。備邊司主要記録會議，接收下面上報的文書、傳達的指令、國王對事情的處理意見等，主要謄寫的是郎廳人員。備邊司人員熟悉漢語並以漢語記叙，從而留下罕見的域外漢文文獻。

《備邊司謄録》的學術研究始於二十世紀三十年代。1936 年，日本學者重吉萬次發表《關於備邊司的設置》②，首先開始備邊司的史料研究。1964 年，韓國學者申奭鎬發表《備邊司與謄録》③，首次對備邊司及其謄録關係進行探討。在海洋貿易方面，日本關西大學松浦章教授編著、卞鳳奎編譯的《清代帆船東亞航運史料彙編》一書④，做出了開拓性貢獻。國内學者利用《備邊司謄録》史料方面，范金民在《清代前期福建商人的沿海北艚貿

---

①楊建德《唐代航海家張友信》，《中國港口・中國港口博物館館刊》，2015 年第 1 期，頁
　81－83。
②重吉萬次《關於備邊司的設置》，《青丘學叢》，1936 年第 23 期。
③申奭鎬《備邊司與謄録》，《韓國史料解説集》，韓國國史編纂委員會，1964 年。
④松浦章《清代帆船東亞航運史料彙編》，樂學書局，2007 年。

易》①、費馳在《17世紀末18世紀初的東亞商路及其影響》②中均引用過個別《備邊司謄録》海洋貿易史料。鄒然在《〈備邊司謄録〉與中國漂流民——以"問情別單"爲主要史料》③、宋先超在《〈備邊司謄録〉史料價值初探》④中都有部分介紹，對海洋貿易作了可貴探索。但是利用《備邊司謄録》進行中國海洋貿易史研究，國内尚少見專文發表，有待于海洋貿易研究的系統開展。本文史料來源於韓國國史編纂委員會1959－1960年出版的《備邊司謄録》謄寫影印本，涉及《備邊司謄録》中記載國内史料未見的40艘中國海船遭遇風暴漂流到朝鮮半島的航海史料，其記録的細節是國内史料中的盲點，爲我們研究海洋貿易與文化交流提供了另外的觀察視角。

　　《備邊司謄録》中記載的2艘寧波海船分別是：乾隆二十七年（1762）寧波府鄞縣孫合興船、道光四年（1824）寧波府鄞縣"順茂號"商船。像《備邊司謄録》這樣詳細記載2艘寧波海洋貿易船船主、舵工、水手、客商、乘客的姓名、年紀、籍貫、貿易貨物以及攜帶銀兩銅錢等具體海洋貿易資料實屬罕見。《備邊司謄録》記載的清朝寧波海洋貿易與航海史料，可以填補寧波古代海上絲綢之路相關史料的空白，具有較高的學術研究價值。

二、《備邊司謄録》記載的2艘清朝寧波商船

（一）乾隆27年鄞縣孫合興商船

　　據《備邊司謄録》英祖三十八年壬午條記載，寧波府鄞縣孫合興商船於乾隆27年（1762）6月26日駛離鄞縣，7月2日抵達上海，在上海裝上茶葉等貨物往北方發船。9月25日在山東石島海面突遭狂風，10月2日漂流到朝鮮境内。

---

① 范金民《清代前期福建商人的沿海北艚貿易》，《閩臺文化研究》，2013年第2期，頁5－22。

② 費馳《17世紀末18世紀初的東亞商路及其影響》，《中國邊疆史研究》，2011年第4期，頁94－149。

③ 鄒然《〈備邊司謄録〉與中國漂流民——以"問情別單"爲主要史料》，浙江工商大學2015年碩士論文。

④ 宋先超《〈備邊司謄録〉史料價值初探》，東北師範大學2011年博士論文。

　　孫合興商船上乘員 22 人,船主是寧波府鄞縣人,其中船員 19 人,包括船主孫合興、舵工蔡聖章、水手 17 人全部來自寧波府鄞縣,説明孫合興商船的船籍地是鄞縣。

　　隨船的商人來自蘇州與杭州,蘇州商人趙禹廷、潘長官 2 人,杭州商人于德銓共 3 人,但是據記載 3 人均不是貨物的據有人,而是做買賣的夥計,可見 3 人的老闆並不隨船做生意,而是派夥計押船從事交易。詳情見表 1。

表 1:乾隆二十七年(1762)鄞縣孫合興船①

姓名	身份	年齡	籍貫
孫合興	船主	37	寧波府鄞縣人
蔡聖章	舵工	59	寧波府鄞縣人
盧大章	水手	33	寧波府鄞縣人
孫涇水	水手	32	寧波府鄞縣人
胡良臣	水手	45	寧波府鄞縣人
鄭殿華	水手	35	寧波府鄞縣人
盧大伸	水手	42	寧波府鄞縣人
李大發	水手	40	寧波府鄞縣人
何元信	水手	34	寧波府鄞縣人
朱偉公	水手	38	寧波府鄞縣人
潘世韶	水手	28	寧波府鄞縣人
孫世隆	水手	35	寧波府鄞縣人
蔡弘仁	水手	21	寧波府鄞縣人
朱大倫	水手	28	寧波府鄞縣人
鍾振生	水手	54	寧波府鄞縣人
余允生	水手	61	寧波府鄞縣人

---

①《備邊司謄録》英祖三十八年壬午條,韓國國史編纂委員會謄寫影印本第 13 册,東國文化社,1959－1960 年,頁 819－821。

續表

姓名	身份	年齡	籍貫
許棠周	水手	25	寧波府鄞縣人
張奎德	水手	45	寧波府鄞縣人
盧可才	水手	35	寧波府鄞縣人
趙禹廷	客商	47	蘇州人
潘長官	客商	38	蘇州人
于德銓	客商	32	杭州人

(二)道光 4 年寧波府鄞縣"順茂號"商船

《備邊司謄録》純祖二十五年乙酉條記載,鄞縣"順茂號"商船於道光 4 年(1824)7 月 7 日從寧波府鎮海縣裝酒,自鎮海縣海口起航,8 月 7 日駛抵天津,順利地交貨、卸貨。9 月 13 日"順茂號"商船從天津出發,16 日到達山東一處有大山的地方,裝運山東大棗。20 日又出發,11 月 4 日駛進大洋洋面,6 日突然遭遇大風,7 日"順茂號"商船不幸桅杆、船舵全部損壞,亥時商船開始沉没海中。"順茂號"商船 16 名乘員趕緊換乘小艇,在海中隨風飄蕩。8 日申時,小艇飄至朝鮮海域被救上岸。

鄞縣"順茂號"商船載有乘員 16 名,其中船主朱和惠與舵工應文彩、水手陳武法等 14 人都是鄞縣人,僅有陳忠焕、馮盛乾兩人爲鎮海縣人,詳情參閱表 2。

表 2:道光四年(1824)"順茂號"商船①

姓名	身份	年齡	籍貫
朱和惠	貨主	42	寧波府鄞縣
應文彩	舵工	65	寧波府鄞縣
陳武法	水手	47	寧波府鄞縣

---

①《備邊司謄録》純祖二十五年乙酉條,第 21 册,頁 819—821。

續表

姓名	身份	年齡	籍貫
王家國	水手	28	寧波府鄞縣
王加臨	水手	21	寧波府鄞縣
朱大隆	水手	33	寧波府鄞縣
應慶餘	水手	33	寧波府鄞縣
朱孝雷	水手	33	寧波府鄞縣
姚文運	水手	21	寧波府鄞縣
謝明佩	水手	24	寧波府鄞縣
彭守錦	水手	61	寧波府鄞縣
李奎先	水手	47	寧波府鄞縣
包傅貴	水手	28	寧波府鄞縣
陳齊鳳		25	寧波府鄞縣
陳忠焕		50	寧波府鎮海縣
馮盛乾		22	寧波府鎮海縣

我國沿海長期形成的航海習俗中，有父子不同船、兄弟不同舟的避險習俗。航海習俗要求直系親屬要分開上不同的海船，以規避航海風險，來降低萬一出現海難帶給船員家庭的滅頂之災。不可思議的是，鄞縣“順茂號”商船海員中却出現父子、兄弟同在一艘商船上的罕見情况。朝鮮備邊司官員在多年的問詢中，偶然發現這一反常情形，因此在《備邊司謄録》純祖二十五年乙酉條予以明確記述：

　　問：你們中，有姓同者，是親戚耶。

　　答：應文彩，即應慶余之父，王家國，即王加臨之兄。①

可見僅有 21 名乘員的順茂號商船，出現父子、兄弟 2 對直系親屬的船員，4 名直系親屬船員占該船乘員總數的 19％，應該不是偶尔發生的現象。説明寧波鄞縣一帶的人們宗族觀念强烈，從事海洋貿易的商船船員中也出

---

① 《備邊司謄録》純祖二十五年乙酉條，第 21 册，頁 819—821。

現了打虎親兄弟、上陣父子兵的情形,但是不知什麼原因,忽視了父子不同船、兄弟不同舟的航海避險習俗,個中原因值得探究。

三、寧波商人、船員搭乘福船赴日從事海外貿易

　　明清時期,福建海船是海上絲綢之路海外貿易的主要載體。福建海商與海員熟悉日本航路,而福建泉州船主王富時年 55 歲,駕駛大船從事中日海外貿易。《備邊司謄錄》肅宗三十年甲申條記載寧波商人、船員搭乘福船進行海外貿易的情況。康熙四十三年(1704),福建泉州船主王富,駕駛大福船載乘員 116 人,其中有寧波商人周興年、徐子法、李君甫、楊起龍、鄭德普 5 人,原載爲:

> 周興年四十八,浙江寧波府鄞縣住。
>
> 徐子法年二十,浙江寧波府鄞縣住。
>
> 李君甫年三十三,浙江寧波府鄞縣住。
>
> 楊起龍年三十九,浙江寧波府鄞縣住。
>
> 鄭德普年二十五,浙江寧波府慈溪縣住。①

　　此外,該船有寧波船員裝貨付直庫余起雲、船梢吳世塡、王郎、任葉之、王材 5 人,原載爲:

> 裝貨付直庫余起雲年四十五,浙江寧波府鄞縣住。
>
> 船梢吳世塡年三十四,浙江寧波府鄞縣住。
>
> 王郎年十九,浙江寧波府鄞縣住。
>
> 任葉之年二十七,浙江寧波府鄞縣住。
>
> 王材年三十一,浙江寧波府鄞縣住。②

　　從上述文獻來看,寧波的海商、船員在泉州王富福船中共有 10 人。那麼,搭乘福船的寧波海商去日本進行海外貿易的貨物都有哪些呢? 文載:

> 問:你等將何樣物件,貿來何樣物件。
>
> 答:賣去蘇木、白糖、烏漆、烏糖、犀角、象牙、黑角、藤黃、牛皮、鹿皮、魚皮、烏鉛、輮藤、大楓子、檳榔、銀硃、水粉等物,貿換紅銅、金、銀、

---

①《備邊司謄錄》肅宗三十年甲申條,第 5 册,頁 382-387。

②《備邊司謄錄》肅宗三十年甲申條,第 5 册,頁 382-387。

鮑魚、海參、漆器、銅器等物以來矣。①

可見，寧波商人與福建商人合夥進行對日海外貿易，既將中國的漆、白糖、烏糖、藤黃、牛皮、魚皮、檳榔等貨物出口日本，也將東南亞的進口貨物犀角、象牙、蘇木等名貴貨物輸往日本進行轉口貿易，再從日本購回國内需要的金、銀、紅銅、海參、漆器等日本物產。

朝鮮李朝備邊司官員知道清朝康熙年間開放海禁，允許商人下海從事海外貿易，但日本方面採取什麽政策，備邊司官員亟需瞭解：

問：大國既許通市，則必有互市之舉，日本國人，亦往販大國地方耶。

答：日本國，則不許本國人往販他國耳。

問：你等往日本時，船有定數，而物貨亦有定限耶。

答：船是八十艘，銀是一百二十萬兩定數耳。

問：商船八十只，貨銀一百二十萬兩，誰爲的定耶。

答：日本國王定之耳。

問：九政令施爲，宜自大國定而行之，船隻、物貨之多寡，日本國王何以擅定耶。

答：此是日本國買賣，故自其國定數耳。

問：長崎島開市時，官人監市耶。

答：我船到日本，交易之時，有二位官人，照管買賣事矣。②

其時，日本幕府方面採取鎖國政策，不允許本國百姓進行海外貿易。但允許中國、荷蘭等國商船來日本唯一開放港口——長崎進行貿易，每年只允許 80 艘商船赴日貿易，貿易價值限定於白銀一百二十萬兩以内。

朝鮮李朝備邊司官員還注意瞭解清朝海船登記運營管理情況，詳細詢問不同海船的稅收數量。文載：

問：你等行商外國時，有文引耶。

答：文引原有之，而因洋中遇風，船尾被浪打破，將人爲衣箱，一統下水，故漂失文引矣。

問：你等文引，何等官人主管成給，而有收稅商人之事耶。

---

① 《備邊司謄録》肅宗三十年甲申條，第 5 册，頁 382－387。
② 《備邊司謄録》肅宗三十年甲申條，第 5 册，頁 382－387。

答：文引則有戶部收稅文引一張，知縣官本地方文引一張，而收稅，則小船銀子二十兩、中船銀子三十兩、大船銀子四十兩，貨物則隨其多寡，增減其稅矣。①

實際上文獻記錄的是清朝福建泉州從事赴日海外貿易商船的登記執照、收稅比例，可見清朝從事海外貿易的商船，當時需執有戶部收稅文引、本，各地方文引等經營執照。

四、寧波商船船員、舵工（船長）年齡分析

據《備邊司謄錄》記述，寧波鄞縣孫合興商船、鄞縣"順茂號"商船的船主孫合興、朱和惠均隨船貿易，與清朝山東等省商船的船主大多居住在陸地，委託他人下海貿易的情況有很大不同，顯示出寧波鄞縣商人不避風險，下海貿易的勇氣與膽量。從《備邊司謄錄》中看出，孫合興商船、"順茂號"商船屬民間私船，船員年齡多在 20 到 40 多歲之間，呈現出適齡化趨向，與福建福船船員年齡有一定區別。在《備邊司謄錄》中，明朝萬曆四十五年（1617），福建林成商船漂流到朝鮮時，林成商船上船員 41 人，船主林成不隨商船出行，船長薛萬春年齡 55 歲，其他船員年齡在 20 到 50 歲之間，50 到 60 歲的船員為個別現象。其中年齡最大的林泰 70 歲，年齡最小的船員蕭晉 14 歲，可見福船船員年齡跨度最大，不像寧波鄞縣船員的年齡較為年輕。引人注意的寧波鄞縣舵工（船長）年齡，孫合興商船舵工蔡聖章 59 歲，"順茂號"商船舵工 65 歲，均為年齡較大、航海經驗豐富的人員來擔當，顯示出注意選擇長期航海的資深人員擔任舵工（船長），這也是寧波鄞縣商船的特點之一。

五、寧波商船的貨物價值、船員信仰、
失事船舶處理的記錄

清朝道光年間寧波鄞縣"順茂號"商船，在我國沿海南北方海運貿易中，貨物資本價值多少？ 該船從山東返程裝運紅棗、粉條，有相關貨物價值

---

① 《備邊司謄錄》肅宗三十年甲申條，第 5 冊，頁 382—387。

的記載：

　　　問：你們往山東省裝載船上，只是紅棗耶。

　　　答：又有粉條。

　　　問：裝棗多少，粉條幾斤。

　　　答：粉條二千餘斤，紅棗二百余石。

　　　問：粉條與紅棗，價錢幾許。

　　　答：粉條每斤五十九文，紅棗每石五百文。①

　　這些裝載貨物在一定程度上說明運回的貨物價值，粉條 118000 文、紅棗 100000 文，貨值共 218000 文。由此看出，一艘 16 人乘員的寧波海船裝運貨物的價值情況。

　　朝鮮李朝備邊司官員發現“順茂號”的船員、商人面臨危險，雖然匆忙下船，却帶著金色佛像，感到十分不解，於是詢問：

　　　問：兩種物漂失之余，亦有如幹帶來耶。

　　　答：風濤危急，船上諸物，都不暇收拾，所帶者但衣被與三座金佛。

　　　問：你們所持佛像，宜在寺刹中，而緣何帶來。

　　　答：佛也是神，無論居家居外，隨處敬奉，以冀默佑。

　　　問：佛若有佑，你們何至此境。

　　　答：我們無一淹没，幸得俱全，安知非佛佑耶。②

　　上述文獻説明，鄞縣、鎮海縣從事海上運輸、貿易的商人、船員虔誠信仰佛教，不論是在陸地，還是在海船上，人們隨時敬奉，認爲即使遭遇風暴海難，也會得到佛的保佑，全體人員均能安然無恙。

　　《備邊司謄録》記載寧波鄞縣海船失事後，船上人員對殘船進行處理，可能是當時失事海船的通行做法。文曰：

　　　問：你們，燒船時拔出鐵物，共幾斤，而亦無遺失否。

　　　答：別無遺失，而斤數則七十五斤二兩。③

　　清朝時期鐵器是重要金屬，海船失事後，船員們會將船材點火焚燒，燒後將鐵釘等鐵器帶回，以做到舊物利用。

_____

①《備邊司謄録》純祖二十五年乙酉條，第 21 册，頁 819－821。
②《備邊司謄録》純祖二十五年乙酉條，第 21 册，頁 819－821。
③《備邊司謄録》純祖二十五年乙酉條，第 21 册，頁 819－821。

六、結語

　　中國是海岸綫漫長的海洋國家,正在建設海洋强國,而留存在海内外的海洋貿易史料日顯重要。朝鮮李朝《備邊司謄録》記載的寧波海商孫合興商船、"順茂號"商船以及寧波海商、船員搭乘福建商船赴日本海外貿易的相關史料,未見於中國史籍,屬於域外漢文獻關於中國海洋貿易與海上絲綢之路浙商研究的珍貴發現與記録,部分彌補了國内海洋貿易史料的空白。史料表明,寧波海商往北方輸運茶葉、酒等,運回紅棗、粉條等物産。寧波商船的船主孫合興、朱和惠均不避風險隨船入海交易,與山東、福建大部分船主居住岸上,找人代理交易有所不同。寧波"順茂號"商船海員中出現父子、兄弟同在一艘海船的少見情況,可見寧波地區家族共同經營的觀念超越沿海航海父子、兄弟不同船的避險習俗。寧波商船的船長注意選用年齡較大、航海經驗豐富的人員擔任,船員年齡多在 20 到 40 多歲的適齡之間。海船失事後,船員會採取將船材焚燒,燒後將鐵釘等鐵器帶回等止損措施。寧波海商有的跨越地區界限,搭乘福建海船赴日本海外貿易,不僅將國内物産,還將海外貨物轉口貿易到日本。寧波商人所代表的浙商,在我國經營海洋,積極開拓海内外市場等方面,都留下不滅的足迹,尚有待於人們進一步挖掘和研究。

(作者單位:蓬萊閣景區管理處)

域外漢籍研究集刊　第十六輯
2017 年　頁 143—154

朝鮮時代後期漢語教科書的"否咧"*

陳　穎

一、引言

(一)問題的提出

"否咧"是朝鮮時代後期漢語教科書的獨有成分,但鮮有討論其意義及演變的研究,只有任玉函提到,"否咧"有表假設、原因和條件三種用法,還有一些無法歸類①。"否咧"最早出現于《中華正音順天本》(1824)中、《你呢貴姓》(1883—1894)②,之後就沒有用例了。也就是說,這是一個在特定地域特定年代的語言現象。它是怎麼產生的,又是怎麼消失的,它在語言系統中承擔了怎樣的功能,都值得深入探討。

＊ 教育部重點基地重大項目"清末民初北京話系統研究"(11JJD740006)、教育部人文社科研究一般項目《基於大規模語料庫的晚清南北官話語法差異研究》(17YJC740112)、四川師範大學科研啓動項目(2015KYQD311)"清末民初朝鮮漢語教科書研究"成果。

① 任玉函《朝鮮後期漢語教科書語言研究》,浙江大學 2013 年博士學位論文,頁 164。
② 汪維輝認爲,《你呢貴姓》的成書時間是在 1864—1906 年(《朝鮮時代漢語教科書叢刊》,中華書局,2005 年,頁 499)。楊雪漓根據朝鮮時代後期漢語教科書的介詞使用情況,推測《你呢貴姓》的抄寫時間不晚于 1900 年(《朝鮮時代後期漢語教科書中的介詞研究》,四川師範大學 2015 年碩士學位論文)。陳穎參考清末民國時期北京話語氣詞的語音弱化過程,根據《你呢貴姓》的語言表現,將其成書時間定在 1883—1894 年之間(《清末民初北京話語氣詞研究》,北京大學 2015 年博士學位論文)。

　　對于朝鮮漢語教科書的基礎方言,蔡瑛純、金基石從語音角度認爲是北京官話①,李得春、岳輝認爲是東北官話②。張美蘭從詞匯角度考察後認爲,官話也有"流動"性,北京官話的地域性有傳承和傳播上互動等複雜特點③。這就提示我們,朝鮮漢語教科書所反映的語言面貌,不可能脱離北京官話的影響。特别是對"否咧"這樣特定地域和年代的語言現象,需結合考察功能相近的"罷了"、"罷咧",更需結合同時代或更長時期的語料,才能更全面地分析其意義和用法并定性。

(二)清末民國時期語氣詞語音弱化

　　我們考察了大量的清末民國時期北京話語料,包括旗人小説、西人漢語教科書和日本漢語教科書,發現這一時期的語氣詞不同程度地發生了語音弱化④。

　　高静亭《正音撮要》(1834)有的句尾"了"寫作"咯"(我們也該去拜拜年咯)⑤,説明至少在 1830 年代以前,"了"已經逐步從 liao 弱化爲 lo。威妥瑪《尋津録》(1859)的句尾"了"有 liao/lo/la 三種注音,説明"了"從 1850 年代開始弱化爲 la⑥。王照《對兵説話》(1904)中的"了"有 la、lou、le 三種讀音⑦。可見,"了"從 liao 弱化爲 lo/la,再弱化爲[lə]⑧。

---

①蔡瑛純《李朝朝漢對音研究》,北京大學出版社,2002 年;金基石《朝鮮韵書與明清音系》黑龍江朝鮮民族出版社,2003 年。

②李得春《介紹一份 19 世紀末的漢朝對音資料——〈華音啓蒙〉卷後的〈華音正俗變異〉》,載《東疆學刊》,2000 年第 3 期,頁 84—89;岳輝《〈華音啓蒙諺解〉和〈你呢貴姓〉的語言基礎》,載《吉林大學社會科學學報》,2006 年第 4 期,頁 149—154。

③張美蘭《19 世紀末北京官話背景下的兩部朝鮮漢語教材》,載《吉林大學社會科學學報》,2011 年第 2 期,頁 63—70。

④發生讀音弱化是有句法語義條件的,如"了₂"先于"了₁"發生弱化,"呢"的持續確認義先于疑問義弱化。篇幅所限,以下只列出最早記録弱化讀音的材料,實際上還有大批語料反映了這些現象,我們另文詳細討論。

⑤(清)高静亭《正音撮要》,粤東卒英齋刊本。

⑥Thomas Francis Wade(威妥瑪)*Hsin Ching Lu*《尋津録》,China Mail,1859 年。

⑦(清)王照《對兵説話》,《官話字母讀物八種》,文字改革出版社,1957 年。

⑧郭鋭、陳穎、劉雲《從早期北京話材料看虚詞"了"的讀音變化》,載《中國語文》2017 年第 4 期,頁 387—402。

　　根據威妥瑪《語言自邇集》(1867)的記録,這一時期"呢"開始弱化爲"哪 na"①。趙元任《國語留聲片課本》(1922)認爲"呢"讀得輕快時爲[nə]②。所以,"呢"從 ni 弱化爲 na,再弱化爲[nə]。

　　"了"和"呢"的弱化發生較早,經歷了"複元音/高元音—低元音—央元音"的弱化過程。"麽"和"罷"的弱化發生得較晚,只有元音央化(muo—ma)或聲調變輕(bà—ba),兹不贅述。

　　成系列的語氣詞讀音弱化,是清末民國時期北京話的一大特點。在這種大背景之下編寫而成的朝鮮漢語教科書,也相應地反映出了這種弱化特徵,"唎"系列語氣詞的表現正與此有關。

(三)朝鮮漢語教科書中"唎"的讀音弱化

　　朝鮮王朝重視漢學,設置司譯院,積極推行譯學言語政策,留下許多珍貴的對譯漢音資料,代表性的如 15 世紀《洪武正韵譯訓》、16 世紀《翻譯老乞大》、17 世紀《譯語類解》、18 世紀《朴通事新釋諺解》和 19 世紀《華音啓蒙諺解》《華語類抄》③。由司譯院發行的諺解均爲一字兩音,左音代表俗音,右音代表正音④,民間手抄本會話書的諺文注音則爲一字一音。

　　最早出現漢字"唎"的是《朴通事新釋諺解》(1765)⑤,該書的諺解爲一字兩音:

---

①Thomas Francis Wade(威妥瑪),*Yü—Yen Tzǔ-Erh Chī*《語言自邇集》,Trubner&co.,60,Paternostor Row,1867 年。

②趙元任《國語留聲片課本》,商務印書館,1922 年。

③蔡瑛純《李朝朝漢對音研究》,北京大學出版社,2002 年,頁 17。

④左俗右正,這是學界的普遍認識。也有人認爲左正右俗,或左爲南京音右爲北京音,但均未得到公認。蔡瑛純主張左音爲 15 世紀北方音,右音爲 17 世紀北方音(同注③,頁 36)。

⑤本文主要語料來源:《朴通事新釋諺解》、《華音啓蒙諺解》、《你呢貴姓》來自汪維輝《朝鮮時代漢語教科書叢刊》(中華書局,2005 年);《中華正音順天大學本》、《華音撮要》、《中華正音阿川文庫本》來自汪維輝、遠藤光曉、朴在淵、竹越孝《朝鮮時代漢語教科書叢刊續編》(中華書局,2011 年);《中華正音華峰文庫本》來自朴在淵、金瑛《騎着匹(六堂文庫)·中華正音(華峰文庫)》(韓國學古房,2011 年);《漢語獨學》、《速修漢語大成》、《支那語集成》來自朴在淵、金雅瑛《漢語會話書》(韓國學古房,2009 年)。

表 1《朴通事新釋諺解》注音

	唎	呢	哩	了
左音（俗音）	례 liɛ	녜 niɛ	례 liɛ	렴 liəm
右音（正音）	려 liə	니 ni	리 li	랸 liao

可以看到，“唎”的左音和“哩”相同，和“呢”“了”接近。但“唎”只有 1 處用例，性質并不明確。

(1)每月多少學錢一個呢？多少不等。也有三錢的、五錢的。人家有貧富不同，隨各人送罷唎。（《朴通事新釋諺解》）

到 19 世紀的朝鮮漢語教科書中，“了”只出現在“了不得”“算了”中，表示實義，不再用作語氣詞。“唎”的用例大大增加，《華音撮要》(1877)中達到了 244 例(不計“罷唎/否唎/不唎”)。對比一百年的變化可以看到，“了”和“唎”的數量呈此消彼長之勢。

更重要的是，《你呢貴姓》(1883－1894)和《中華正音·華峰文庫本》(1909)中，“唎”的諺文注音出現了 러 [lə]形式，用法上既可表示完成肯定，又可用于誇張情態，甚至在句中動詞後也用“唎”。有的相當于“了₁”：

(2)過唎一兩天，別人都停當。（《你呢貴姓》）

有的相當于“了₂”：

(3)王大哥，天氣不大早唎，我到別處瞧朋友問候去。（《中華正音·華峰文庫本》）

有的則相當于“呢”：

(4)弟兄們是四個，都在一塊兒日子，還沒有分家唎。（《你呢貴姓》）

綜合上述清末北京話語氣詞的讀音弱化情況，20 世紀初北京話中的“了”已弱讀爲[lə]，“呢”也逐步弱化爲[nə]，所以有理由推斷，這一時期的

"咧"也在弱化,因爲和"了""呢"臨時同音或音近而導致用法上相混①。

二、"罷了"和"罷咧"

要討論朝鮮漢語教科書中的特色詞"否咧",就要先考察同時代使用得較普遍的"罷了"和"罷咧"。這兩個形式不限于朝鮮漢語教科書,在旗人小説《兒女英雄傳》、西方傳教士所編漢語教科書《語言自邇集》、《官話類編》、日本漢語教科書《日清會話附軍用語》等材料中也有用例②。

(一)"罷了"

近幾年研究"罷了"詞匯化的文獻較多,劉寧、劉志遠、劉曉晴等詳細分析了"罷了"經歷語法化/詞匯化的過程,探討了從兩個實義動詞的組合演變成爲句末語氣詞的成因和機制③,但這些考察都是到明清時期爲止。到清末民初,北京話"罷了"作爲語氣詞的用例不多,統計數據如下:

表 2　"罷了"用例統計

	用例總數	非語氣詞用法		語氣詞用法	
		單用	結束義	限制義	讓步義
1824 中華正音順天本	9	4	3	1	1
1850 兒女英雄傳	72	9	33	2	28

① 陳穎《朝鮮時代後期漢語教科書的"咧"》,載《四川師範大學學報》,2016 年第 5 期,頁 92—98。

② 文康《兒女英雄傳》,人民文學出版社,1983 年;Calvin Wilson Matter(狄考文)*A Course of Mandarin Lessons*, *Based on Idiom*《官話類編》,American Presbyterian Missim Press ,1892 年;木野村政德《日清會話附軍用語》(1894)來自六角恒廣《中國語教本類集成》第五集,日本不二出版,1995 年。

③ 劉寧《句末複合助詞"罷了"考析》,天津師範大學 2010 年碩士學位論文;劉志遠、劉順《"罷了"的詞匯化及語氣意義的形成》,載《語文研究》2012 年第 1 期,頁 25—31;劉曉晴、邵敬敏《"罷了"的語法化進程及其語義的演變》,載《古漢語研究》2012 年第 2 期,頁 66—73。

	用例總數	非語氣詞用法		語氣詞用法	
		單用	結束義	限制義	讓步義
1867 語言自邇集	17		9	2	6
1877 華音撮要	2	2			

　　《兒女英雄傳》共 72 例"罷了",其中有 42 例保留了實義:或放在句中動詞後("吃罷了飯"),或做謂語動詞"也倒罷了",表示動作完成實現,或單用"罷了,不必了",表示放弃、取消。句末語氣詞"罷了"共 30 例,一類是限制義,把事物的量往小裏説,表示"僅此而已":

　　　　(5)我們没有弄別的好茶飯,就是空飯罷了,敬你一頓,就算是阿哥給我們的臉。(《中華正音順天大學本》)

　　另一類是讓步義,來源于實義"放弃、取消",表示"就算了,就是了":

　　　　(6)該怎嗎著,各人想不出方法來,寡丟人罷了。(《中華正音順天大學本》)

　　《語言自邇集》以後就没有"罷了"的語氣詞用例,連結束義的用例也没有①。《華音撮要》的 2 例"罷了",都是和"啊"連用。

　　　　(7)好兄弟的話,我有一件勾當要托你,你呢因爲我費一點兒事罷了啊。(《華音撮要》)

　　　　(8)一種靰鞡是買銀賣錢的東西,你們牛皮是按行市老價錢罷了啊。(《華音撮要》)

　　該書中諺文注音"了"讀 liao,"咧"讀[niə],"了啊"反映的很可能是"咧"的同音形式。

　　(二)"罷咧"

　　太田辰夫認爲"罷咧"是直接由"罷了"發展而來的②。清末民初北京

①《華音啓蒙諺解》(1883)有 2 例"罷了",均爲單用的非語氣詞用法。《中華正音日本阿川文庫本》(1883)没有"罷了"的新用例,只是抄録了《華音撮要》的用例。《中華正音華峰文庫本》(1909)3 例"罷了",1 例單用,另外 2 例直接抄録自《中華正音順天本》。
②太田辰夫《中國語歷史文法》,蔣紹愚、徐昌華譯,北京大學出版社,1987 年,頁 337。

話語料中的"罷咧"使用情況如下：

表 3　"罷咧"用例統計

	用例總數	結束義	讓步義	限制義	申明義
1824 中華正音順天本	5	2	2	1	
1850 兒女英雄傳	10	4	1	4	1
1867 語言自邇集	23		7	13	3
1883 華音啓蒙諺解	1			1	
1883 中華正音阿川本	1			1	
1892 官話類編	6	3		3	
1894 日清會話附軍用語	1			1	
1918 速修漢語大成	1			1	

《官話類編》把"罷咧"作爲北方方言詞，可見其方言俚俗色彩明顯：

（9）答：可不是嗎/罷咧。從來説，前人開路後人行，若我待我的父母不好，將來我的兒子還能待我好嗎。（《官話類編》）

"罷咧"作爲語氣詞，有的還帶有"罷"留存的結束義，相當于"就完了"：

（10）萬幸老天的托，太平無事的到去，就算呵彌陀佛罷咧。（《中華正音順天大學本》）

（11）全會：就是到你家裏吃了喝了也不能算你還了賬，我就跟你去罷咧。（《官話類編》）

"罷咧"和"罷了"一樣，具有主觀色彩稍强的讓步義和限制義用法。表示無奈的讓步義即"就算了"：

（12）阿哥既是講到這個來，咱們哥兒在這裏分手，送得門口罷咧，明個再不用送我來罷。（《中華正音順天大學本》）

（13）如今已經買定了，只得將就著養活罷咧。（《語言自邇集》）

表示"僅此而已"的限制義"罷咧"，限制所談內容範圍，句中常有"不過"與之呼應：

（14）零賣的雜貨上頭兒却是不過是勾一年的照顧罷咧。（《中華

正音阿川文庫本》)

　　　(15)上回他斷了弦了，過了五六天，又娶了媳婦了，比從前的怎麽樣？不過是以羊易牛罷咧。(《速修漢語大成》)

　　和"罷了"不同的是，"罷咧"由限制義發展出了申明義，帶有對該句所述之事的申明意味，句中往往有情態副詞與之呼應。

　　　(16)看這樣子，將來准是個八抬八座罷咧！(《兒女英雄傳》)

　　　(17)看起朋友們，都議論你來，想必你是有點兒罷咧。(《語言自邇集》)

　　"罷咧"從結束義加強主觀色彩發展出了讓步、限制、申明各義。但讓步義不見于《語言自邇集》以後的新用例①，申明義只出現在《兒女英雄傳》和《語言自邇集》中。

　　對比"罷了"和"罷咧"的語義，歸納出大致的演變路徑：

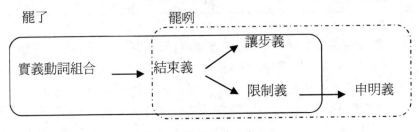

圖 1　"罷咧"語義演變路徑

三、"否咧"

　　"否咧"是朝鮮漢語教科書中特有的句末語氣詞，用例數遠多于"罷咧"。任玉函根據諺文對音材料考察了同時期的輕脣非敷母字，確認"否"的諺文 부／불 記錄的是 bu，即"否咧""不咧"同音②。從《中華正音順天

---

①《中華正音華峰文庫本》(1909)共 2 例讓步義"罷咧"，抄錄自《中華正音順天本》(1824)。《支那語集成》(1921)共 4 例讓步義"罷咧"，都是從《語言自邇集》(1867)中摘錄下來的。

②任玉函《朝鮮後期漢語教科書語言研究》，浙江大學 2013 年博士學位論文，頁 163。

本》(1824)到《中華正音華峰文庫本》(1909)，後者抄録了2例"罷咧"和3例"否咧"，還將前者的2例"否咧"改寫爲"不咧"。

(18)a 普天下不拘甚嗎地方否咧，再没有賣不出去的。(《中華正音順天大學本》)

b 普天下不拘甚嗎地方不咧，再没有賣不出去的。(《中華正音華峰文庫本》)

(19)a 咱們裏頭否咧，不拘甚嗎都是得，咱們酒却是從邊哈。(《中華正音順天大學本》)

b 咱們裏頭不咧，不拘甚嗎都是得，咱們酒却是從邊哈。(《中華正音華峰文庫本》)

"否咧"不僅放在一些複句中起到邏輯連接作用，還常常放在單句句末，表示主觀態度。將"否咧"和"罷咧"對比，既可以通過異同更細緻地分析語義，也能看出二者的演變關係。

(一)讓步義、限制義

和"罷咧"一樣，"否咧"也有讓步義和限制義用法，但用例較少。讓步義"否咧"表示"就算了"只有4例：

(20)——我的回來咧。——他們怎嗎説呢？——説是跑你們的否咧，年年塘塘作死例，却是省彼此囉嗙。(《華音撮要》)

(21)是得，這個是怪不著你啊，全是兄弟惱的。算是兄弟揹你一下子否咧。(《中華正音阿川文庫本》)

限制義"否咧"表示"僅此而已"，共19例，經常跟在名詞性成分後，容易成爲話題標記：

(22)一匹騾子否咧，舍不得借你嗎？(《華音撮要》)

(23)好説，一個珠子否咧，誰説没有准價錢？(《華音啓蒙諺解》)

(二)假設義

朝鮮漢語教科書"否咧"的一大特點就是放在假設分句末尾，相當于"呢"，這是"罷咧"不具備的用法。《中華正音順天本》21例"否咧"就有7例帶有"若"，還有一些"否咧"與"萬一"、"要"呼應：

(24)若有錯處否咧，你們爺爺們該當勸我改過是得，挂心仇著是得嗎？(《中華正音順天大學本》)

(25)萬一有送文書的否咧，我給你送信的時候兒，人家那裏不會

送信兒嗎?(《華音撮要》)

　　(26)不用啊,你要勾我理戲否咧,説個別的好説,這一句兒不該聽見的話却是實在不顧人家的名頭呢。(《華音撮要》)

也有泛指的無條件假設:

　　(27)普天下不拘甚嗎地方否咧,再没有賣不出去的。(《中華正音順天大學本》)

有的句子假設義不明顯,"否咧"也可看作是話題標記:

　　(28)你有外貨否咧,咱們兩頭作價,對對否子,也是得。(《你呢貴姓》)

　　(29)你呢哺哩都瞧瞧,那個頭看中的東西否咧,只管往我説罷,我給你留下,再不敢應許别人哪。(《你呢貴姓》)

(三)話題標記和句中停頓

"否咧"有話題標記的用法,"罷咧"没有:

　　(30)各人説的否咧,也有改口的嗎?(《中華正音順天大學本》)

　　(31)咱們裏頭否咧,咳要拘禮麽?(《華音啓蒙諺解》)

上例的意思是"咱們之間,還要拘禮嗎",因而可將"否咧"看作話題標記。這一用法虛化後便成爲句中停頓標記,也是接近"呢"的用法:

　　(32)你呢打著别人否咧,没有這個算板咧?(《中華正音阿川文庫本》)

　　(33)你若那嗎説,一個小桶子否咧,剛勾二十斤的,也給人家退十斤的有嗎?那個是水漲船高。小甬子否咧,趕子拿小傢伙裝上的,自然是東西小的時候兒,皮子不少嗎?那裏小桶子給你們退十斤的有嗎?(《華音撮要》)

(四)申明義

話題標記"否咧"前面的成分有時充當全句的對比焦點,因而帶有申明義:

　　(34)一個朋友否咧,怎嗎不好意思的錯待他嗎?(《華音撮要》)

　　(35)這是通御路大道否咧,迎官接差是他的道理,他劣惡不守本分,好混帳啊!(《華音啓蒙諺解》)

"罷咧"的申明義用例都出現在句末,也不見于朝鮮漢語教科書中。"否咧"的申明義則不限于句末,甚至可以用于名詞性成分後,更接近于

“呢”。

　　事實上,話題標記、申明義、限制義、假設義并不是那麼界限明顯,如以下例句:

　　　　(36)百數兒來的錢<u>否唎</u>,還算小的嗎?(《華音撮要》)

　　　　(37)一個夥計裏頭<u>否唎</u>,也有不給應帳的嗎?(《華音撮要》)

　　　　(38)一塘<u>否唎</u>,也有少來的嗎?(《華音撮要》)

　　(五)“否唎”的演變

　　朝鮮漢語教科書“否唎”使用情況統計如下(幾種意義均適用的歸入話題標記):

表4　朝鮮漢語教科書“否唎”用例統計

	用例總數	讓步義		限制義		假設義		申明義		話題標記/句中停頓	
1824 中華正音順天本	21	1	5%	5	24%	7	33%	1	5%	7	33%
1877 華音撮要	55	3	5%	7	13%	19	35%	2	4%	24	44%
1883 中華正音阿川本	38	1	3%	5	13%	11	29%			21	55%
1883 華音啓蒙諺解	11			2	18%			6	55%	3	27%
1883—1894 你呢貴姓	3					2	50%			1	50%

　　根據使用時間先後和語義之間的關係,歸納出“否唎”的語義演變路徑,并與“罷了”“罷唎”“呢”對比如下:

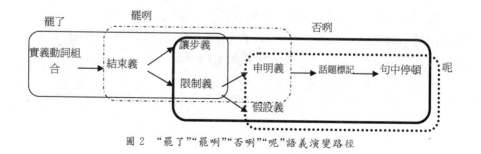

圖2　“罷了”“罷唎”“否唎”“呢”語義演變路徑

四、結語

前文已討論"罷咧"是由"罷了"發展而來，并帶有一定的方言俚俗色彩。朝鮮漢語教科書中的"否咧"則是從"罷咧"語音弱化而來。從義項的先後關係來看：

(1)"否咧"没有結束義用例，"否咧"已經看不出與"否"相關的否定義；

(2)讓步義、限制義和申明義用法在"罷咧"和"否咧"中都有；

(3)假設義和話題標記等用法只有"否咧"才具備。

從文獻用例的數量看，1890 年代以後的朝鮮漢語教科書未見新的"否咧"用例，均抄録前代用例。"否咧"的讓步義用法本來就不多，應爲"罷咧"語義的遺留，"罷咧"讓步義用法消失後也隨之消失。"否咧"的限制義由"罷咧"保留至今。

從語音弱化角度的推論，"否咧"中的"否"早已没有實際語義，在語音形式上就逐漸弱化直至消失。"咧"則極可能因爲音近而與"呢"相混。1892 年以前的朝鮮漢語教科書中"呢"大都讀 ni，與"咧[niə]"有明顯的語音對立，就算功能相同，也不會用相同的字形來記録。到趙元任《國語留聲片課本》(1922)中，"呢"開始讀爲[nə]。"呢"從高元音 i 降到央元音[ə]，如果中間有過渡，就可能讀爲複元音[iə]，則和"咧"語音相同。《漢語獨學》(1911)"呢"的諺文注音爲[nəi]，就反映了"呢"的弱化傾向，就有可能在語音上與"咧[niə]"相混。而"否咧"的假設、申明、話題等用法也正是"呢"的功能。由于讀音相近，表義功能相同，所以"否咧"最終被"呢"取代，不見于後世漢語教科書中。

從文獻整理、語義演變和音理推論等各方面來看，"否咧"是特定時代特定地域的特色詞。結合"咧"的方言俚俗特徵，可以認爲，"否咧"反映了朝鮮人學習北京官話"罷了"這個詞時産生的偏誤。

（作者單位：四川師範大學文學院）

日本漢籍研究

域外漢籍研究集刊　第十六輯
2017 年　頁 157—174

大曆年間唐朝使者赴日始末

——以《續日本紀》的記載爲中心

馬雲超

　　唐朝大曆十三年（778）三月，以小野石根爲首的日本遣唐使來到長安朝見，大喜過望的唐代宗決意派出使者回訪。然而，唐使在海上遭遇風浪而失散，大使趙寶英遇難。直到第二年四月，判官孫興進、秦怘期才進入日本平城京。又一年後，漂至耽羅國的另一名判官高鶴林在赴日新羅使的陪同下入京。在兩次唐使進京的過程中，日本朝廷採用了不同的外交禮儀。

　　關於遣唐使，中日學界已經積累了豐富的研究成果①，但研究時段比較集中於前期，對於安史之亂後的遣唐使相對着墨不多②。孫興進等唐使赴日作爲 778 年遣唐使的後續，自然也研究較少，森公章、葛繼勇、王海燕、

---

① 關於遣唐使的研究無法一一列舉，代表性的有池步洲《日本遣唐使簡史》，上海社會科學院出版社，1983 年；武安隆《遣唐使》，黑龍江人民出版社，1985 年；森克己《遣唐使》，至文堂，1955 年；增村宏《遣唐使の研究》，同朋舍，1988 年；東野治之《遣唐使》，岩波書店，2007 年；鈴木靖民《遣唐使研究と東アジア史論》，載《專修大學東アジア世界史研究センター年報》，2010 年第 4 號。等等。
② 着眼於後期遣唐使的有保立道久《黄金國家：東アジアと平安日本》，青木書店，2004年；佐伯有清《最後の遣唐使》，講談社現代新書，1978 年。關於大曆年間的遣唐使，東野治之《遣唐使船》（朝日新聞社，1999 年）一書中多有涉及，着重討論渡海航路、船隊構成、所載物品等問題。

高明士等學者針對孫興進入京時的禮儀問題展開過探討①，但很少深入分析此次出使過程的全貌，以及禮儀之爭背後所隱含的東北亞外交關係。筆者認爲，此次唐使赴日實際涉及日本與唐、新羅和渤海三國的外交關係，有必要在廓清事件始末的基礎上做進一步的剖析。本文以《續日本紀》的記載爲核心，重點梳理此次出使之背景和經過全貌。在此前提下，試對 8 世紀後半期的日本外交實態進行探討。

一、赴日唐使的派遣

赴日唐使的派遣直接源於大曆十三年(778)日本遣唐使的到來。光仁天皇寶龜八年(777)六月，第十三批遣唐使從九州大宰府出發，向唐朝的揚州駛去。日本學者研究指出，派遣遣唐使不單是文化攝取的需要，同時也是新任天皇宣示正統與權威的行爲，因此幾乎每代天皇登基後都要派出一批遣唐使②。這樣的宣示行爲，對於當時在位的光仁天皇來説似乎尤其迫切。神護景雲四年(770)八月，稱德女皇駕崩，天智天皇之孫白壁王在左大臣藤原永手等人的支持下繼承皇位，是爲光仁天皇。光仁皇的即位伴隨着皇統的重大變動。早在一個世紀前的 671 年，天智天皇駕崩後，其子大友皇子繼承皇位；不到一年，天智天皇之弟大海人起兵推翻了大友朝廷，繼位爲天武天皇，史稱"壬申之亂"。此後經歷文武、聖武、孝謙、稱德(孝謙重祚)等數代天皇，均是天武天皇一系的血脈。隨著稱德女皇無嗣駕崩後，天武一系宣告斷絕。儘管白壁王最初是因迎娶天武天皇之女井上內親王而得到擁立，但這事實上意味着皇統又回到了天智一系的手中。這樣的皇統變更勢必在統治層內部引起動盪，爲此即位後的光仁天皇一面册立井上內親王爲皇后，其子他户親王爲皇太子，以圖緩和反對派朝臣的不滿；一面積

---

①森公章《古代日本の対外認識と通交》，吉川弘文館，1998 年，頁 35—37；王海燕《古代日本的都城空間與禮儀》，浙江大學出版社，2006 年，頁 118—120；葛繼勇《七至八世紀赴日唐人研究》，商務印書館，2015 年，頁 329—337；高明士《天下秩序與文化圈的探索：以東亞古代的政治與教育爲中心》，上海古籍出版社，2008 年，頁 209—213。

②森克己《遣唐使》，至文堂，1955 年，頁 122—138；山尾幸久《遣唐使》，載《東アジア世界における日本古代史講座 6》，學生社，1982 年。

極開始籌畫遣唐使的派遣，在動亂的局勢中樹立起自身的權威。

　　從《續日本紀》的記載來看，光仁天皇早在寶龜二年（771）年就有了派遣遣唐使的打算：

　　　　十一月癸未朔，遣使造入唐使舶四艘於安藝國。①

然而，皇族間的内亂很快打亂了光仁天皇的計畫。寶龜三年（772）三月，"皇后井上内親王坐巫蠱廢"②，緊接着同年五月，皇太子他户親王也被貶爲庶人③。第二年十月，兩人同時遭到幽禁④。這一切似乎都暗示着朝中的政治紛爭愈演愈烈，但也更堅定了光仁天皇派遣遣唐使的決心。寶龜六年（775）四月，以井上内親王和他户親王之死爲契機，光仁天皇再次將遣唐使的任命提上日程。當年六月十九日：

　　　　辛巳，以正四位下佐伯宿禰今毛人爲遣唐大使，正五位上大伴宿禰益立、從五位下藤原朝臣鷹取爲副。判官、録事各四人，造使船四隻於安藝國。⑤

　　此後經歷了多次人事變遷，最終大使佐伯毛人因年老多病而未能成行，副使則改由小野石根和大神末足二人擔任，小野石根持節行大使之事⑥。此次遣唐使的到來在新舊《唐書》中均未記載，但《續日本紀》中的記録却格外詳細。判官小野滋野和大伴繼人在歸國之後分別向朝廷上呈了内容翔實的報告，兩人的報告可以相互印證和補充。但由於内容相對零散，在此有必要先對遣唐使入唐及歸國的經過做出梳理。

　　寶龜八年（777）六月廿四日，遣唐使四船從大宰府解纜出航，七月初到

①藤原繼繩、菅野真道《續日本紀》卷卅一《光仁紀一》寶龜二年十一月癸未條，吉川弘文館，1985年，頁395。
②藤原繼繩、菅野真道《續日本紀》卷卅一《光仁紀一》寶龜三年三月癸未條，頁401。
③藤原繼繩、菅野真道《續日本紀》卷卅二《光仁紀二》寶龜三年五月丁未條，頁404。
④藤原繼繩、菅野真道《續日本紀》卷卅二《光仁紀二》寶龜四年十月辛酉條，頁411。
⑤藤原繼繩、菅野真道《續日本紀》卷卅三《光仁紀三》寶龜六年六月辛巳條，頁421。
⑥藤原繼繩、菅野真道《續日本紀》卷卅四《光仁紀四》寶龜八年六月辛巳條，頁435。（宋）王溥撰《唐會要》卷九九《倭國》記載，"大曆十二年，遣大使朝楫寧、副使總達來朝貢。"（上海古籍出版社，2012年，頁2100）"大曆十二年"顯系"大曆十三年"之誤。"朝楫寧"恐怕是"朝臣楫寧"之誤，指小野朝臣石根，"總達"指大神朝臣末足，人名可能均爲音譯。

達揚州海陵縣(今江蘇泰州市)。大曆十三年(778)正月十三日,小野石根一行四十三人到達長安城,兩天後向當時在位的唐代宗獻上了國書和別貢,當年三月又在延英殿中得到皇帝的召見。一個月後,正當小野一行打算啟程回國時,代宗却下達了一道出人意料的旨意:以趙寶英爲大使,攜信物回訪日本。儘管判官小野滋野以"行路遥遠,風漂無准,今中使云往,冒涉波濤,萬一顛躓,恐乖王命"爲由加以辭謝,但代宗還是堅持遣使押送信物以結鄰好,並稱"道義所在,不以爲勞"①。

　　唐朝中央政府直接向日本派遣使者,自麟德二年(665)以來已經過了113年之久。此番代宗執意派出回訪的使者,究竟是出於怎樣的考慮呢?

　　榮原永遠男從天皇皇統變更的角度來解答這一問題,他認爲,"寶龜遣唐使的目的之一可能就是向唐報告新血統天皇的出現。唐在接到日本遣唐使的報告後,可能理解爲日本出現了新的王朝。唐朝爲了確認東方可能誕生的新王朝,或是爲在確認的基礎上表示慶賀,因而派遣了使者"②。但是,這樣的推測似乎高估了此次皇統變革的意義,天智與天武本是同胞兄弟,所謂皇統變革也僅僅限於皇族的内部,尚無證據可以證明唐代宗把皇統變更理解成了新王朝的出現。筆者認爲,原因更可能出自當時唐朝的國内情况。安史之亂後,北方社會遭到了嚴重的破壞,小野滋野在回國後的報告中稱,唐朝"屬禄山亂,常館凋敝"③。周邊民族趁機擴張勢力,尤其是吐蕃王朝屢屢寇邊,使唐朝在西部邊疆承受巨大的壓力。在這樣的情况下,唐朝原有的藩屬體系也日漸鬆弛,到代宗時期已經出現"四夷使者及四方奏計,或連歲不遣"④的局面。就日本而言⑤,上次遣使到來還需追溯到天寶十一載(752),安史之亂中雖曾有高元度到來,但實際只是借渤海道迎

----

① 藤原繼繩、菅野真道《續日本紀》卷卅五《光仁紀五》寶龜九年冬十月乙未條,頁444。

② 榮原永遠男《寶龜の唐使と遣唐使》,載《專修大學東アジア世界史研究センター年報》,2009年第2號,頁45。

③ 藤原繼繩、菅野真道《續日本紀》卷卅五《光仁紀五》寶龜九年冬十月乙未條,頁443。

④ (宋)司馬光編著《資治通鑒》卷二二五唐代宗大曆十四年秋七月戊辰朔條,中華書局,1956年,頁7264。

⑤ 一般認爲,日本從未接受隋唐王朝的册封,但仍定期前來朝貢,在中原王朝的天下秩序中屬於"有貢無封"的外臣之國,遣唐使在唐朝通常被稱爲"朝賀使"。

回大使藤原清河的"迎入唐大使使",使團的規模也小得多①。面對二十多年後日本朝賀使的再次到來,代宗的欣喜之情可想而知。這樣的喜悦之情從他對使者的態度上就能得到證明,據小野滋野報告,代宗對於所獻貢物"非分喜觀,班示群臣"。延英殿召見後,代宗又"所請並允,即於内裏設宴,官賞有差"②。

　　正是出於這份大喜過望的心情,代宗決定派出使者隨返航的遣唐使一同趕赴日本,在當地重建唐帝國的威儀。唐使的人員安排見於大伴繼人回國之後的報告:

　　　　差内使掖庭令趙寶英、判官四人,賫國土寶貨,隨使來朝,以結鄰好。③

　　唐朝後期,原有的外交管理機構尚書主客司和鴻臚寺變爲閑簡部門,宦官把持的鴻臚禮賓使和客省使漸漸掌握了外交管理的實權④。本次遣唐使進入長安的過程中,也隨處可見宦官的身影。此處的趙寶英正是朝廷中官,其官職爲掖庭令。據《唐六典》記載,掖庭令僅爲從七品下⑤,却仍擔任赴日唐朝使節團的大使。判官四人未載姓名,從下文的記載來看,先後進入平城京的孫興進、秦怠期、高鶴林應該是其中的三位。晚清學者黄遵憲就在其《日本國志》中指出:"所謂孫興進、秦怠期,皆其(趙寶英)僚屬,高鶴林亦其僚屬,乃别船後至者也。"⑥僅筆者所見,孫興進、秦怠期二人除《續日本紀》外不見於史書,唯獨高鶴林因赴日後前往弔唁鑒真和尚⑦,其

---

① 白江口之戰後的遣唐使原則上應有四艘大船,極盛時人數可達四百餘人,但高元度一行僅船一艘,共九十九人。(藤原繼繩、菅野真道《續日本紀》卷廿二《淳仁紀二》天平寶字三年冬十月辛亥條,頁266)
② 藤原繼繩、菅野真道《續日本紀》卷卅五《光仁紀五》寶龜九年冬十月乙未條,頁444。
③ 藤原繼繩、菅野真道《續日本紀》卷卅五《光仁紀五》寶龜九年十一月乙卯條,頁445。
④ 黎虎《略論唐後期外交管理體制的變化》,載《文史哲》,1994年第4期,頁30。
⑤ (唐)李林甫等撰,陳仲夫點校《唐六典》,中華書局,1992年,頁358。
⑥ (清)黄遵憲《日本國志》上卷,吴振清、徐勇、王家祥點校整理,天津人民出版社,2005年,頁108。
⑦ 據《唐大和上東征傳》記載,鑒真和尚圓寂的消息正是由此次遣唐使帶入唐朝。揚州諸寺問訊後"總著喪服,向東舉哀三日",並在龍興寺設大齋會。參見真人元開《唐大和上東征傳》寶龜八年丁巳條,汪向榮校注,中華書局,2000年,頁97。

詩作被淡海三船（真人元開）記録到所著《唐大和上東征傳》中，至今可知他
的官職是"都虞侯冠軍大將軍試太常卿上柱國"①。冠軍大將軍爲正三品
上②，這是目前所知赴日使者中的最高品級，代宗對此次赴日的重視程度
可見一斑。

　　大曆十三年（778）六月，趙寶英一行與遣唐使一同來到揚州。由於代
宗下令建造的船隻未能如期完成，唐使只得乘坐遣唐使的船隻赴日。其
中，第一、第二船停在揚子塘頭，小野石根與趙寶英均在此列；孫興進與秦
怘期所乘船只並無明確記載，但從第一船靠岸時"並唐判官等五十六人"③
一句來看，很可能同在第一船。高鶴林所乘爲第四船，當時停泊於在楚州
鹽城縣。

　　然而，此次遣唐使的返航途中却充滿了悲慘與驚險。九月三日，第
一、第二船來到蘇州常熟等候季風，十一月五日始得信風入海。但是，兩
船在起航後的第三日就遭遇了風浪，"潮水滿船，蓋板舉流，人物隨漂，無
遺勺撮米水"。結果，第一船在海中舳艫分裂，遣唐副使小野石根與唐使
趙寶英等共計六十三人葬身海底。萬幸的是，同船的唐判官等五十六人
乘其艫（船頭）於十一月乙卯（十日）漂至薩摩國甑島郡；判官大伴繼人和
藤原河清之女喜娘等四十一人則乘其舳（船尾），漂到了肥後國天草郡。
同一天，劫後餘生的第二船也到達了薩摩國出水郡。唯獨平安返航的是
小野滋野所在的第三船，九月九日從揚州海陵縣得正南風入海後，當年
十月乙未（廿三日）順利抵達肥前國松浦郡橘浦。第四船雖然也在數天
後到達了甑島郡，但判官海上三狩及高鶴林却在漂着耽羅島時被島上居
民扣留，只有同船的録事韓國源等人解纜逃出，率領遣衆四十餘人
歸國④。

────────────

①真人元開《唐大和上東征傳》，頁 101—102。

②（唐）李林甫等撰，陳仲夫點校《唐六典》，頁 152。

③藤原繼繩、菅野真道《續日本紀》卷卅五《光仁紀五》寶龜九年十一月乙卯條，頁 444。

①參看藤原繼繩、菅野真道《續日本紀》卷卅五《光仁紀五》寶龜九年冬十月乙未條、壬子
　條、十一月乙卯條，頁 444—445。

表 1：778 年遣唐使回國行程表

		起航日期	歸來日期	人員
第一船	舶	九月三日	十一月十日	主神津守國麻呂、唐判官（孫興進、秦怤期？）等 56 人
	艫		十一月十日	判官大伴繼人、藤原朝臣河清之女喜娘等 41 人
	死亡		———	副使小野石根等 38 人、唐大使趙寶英等 25 人
第二船		九月三日	十一月十日	不明
第三船		九月九日	十月廿三日	判官小野滋野等
第四船	逃脱	不明	十一月七日	錄事韓國源等四十餘人
	扣留		翌年七月廿二日	判官海上三狩、唐判官高鶴林等

二、孫興進等入京與禮儀之爭

寶龜九年（778）十一月，唐使到來的消息傳到了平城京。日本朝廷在慌亂之餘立即派遣藤原鷹取與健部人上前往九州大宰府慰問①，同時徵發騎兵隊伍迎接唐使進京，並賻贈溺水而亡的唐使趙寶英絁八十匹，綿二百屯②。

唐使赴日的歷史最早可以追溯到唐貞觀五年（631），太宗因倭國使者遠道而來，不僅"無令歲貢"，還派遣新州刺史高表仁持節前往安撫③。白江口之戰後，唐朝政府又在麟德二年（665）派出朝散大夫沂州司馬上

---

① 藤原繼繩、菅野真道《續日本紀》卷卅五《光仁紀五》寶龜九年十一月辛酉條，頁 445。
② 藤原繼繩、菅野真道《續日本紀》卷卅五《光仁紀五》寶龜九年十二月丁亥條、己丑條，頁 445。
③ （後晉）劉昫等撰《舊唐書》卷一九九上《東夷傳》，中華書局點校本，1975 年，頁 5340。

柱國劉德高出使日本商談戰後事宜,促進了兩國關係的正常化①。自此以後直到大曆十三年(778),唐朝再未向日本派遣過正式使者。其間雖然也有郭務悰、沈惟岳等人赴日的記録,但郭務悰實際爲百濟鎮將所派,沈惟岳僅作爲押水手官赴日,到達日本後只停留於大宰府,未能進入京城。

　　就在這與唐朝使節幾乎絶緣的一百多年中,日本的國内形勢已經發生了翻天覆地的變化。白江口戰敗後,日本轉爲固守本土,並借助國内的緊張氛圍加速推進大化改新。隨着大寶律令(701)和養老律令(717)相繼頒佈,日本以唐朝爲藍本建立起了全新的律令制度。從 5 世紀後期起,日本就已經不再滿足於藩國的地位,開始跳出中原王朝的册封體系,構建以本國爲中心的天下觀②。7 世紀中葉,齊明天皇大規模整修飛鳥京,並樹立起佛教中象徵世界中心的須彌山石,據推測是舉行蝦夷等族臣服儀式的場所③。到 8 世紀前期,這樣的天下觀再次以律令制度的形式得到確認,逐步建立起了以日本爲中心,蝦夷、隼人、熊襲、阿麻美(奄美諸島)爲夷狄,新羅、渤海爲藩國,唐朝爲鄰國的小型華夷秩序④。但是,日本的這一“華夷秩序”無疑是脆弱的,不僅國内的蝦夷、隼人、熊襲叛亂不斷,676 年後統一

①王勇《驅散戰争硝煙的使者:唐郭務驚使日事迹述略》,載《日本研究》,1995 年第 1
　　期,頁 70。
②日本埼玉縣稻荷山古墳出土鐵劍銘文和熊本縣江田船山古墳出土鐵刀銘文中都出現
　　有關“治天下大王”的字樣,所指“獲加多支鹵大王”通常比對爲 5 世紀後期的雄略天
　　皇,即《宋書·夷蠻傳》中的倭王武。可見倭王武在向南朝劉宋朝貢的同時,已經有了
　　構築小天下的意圖。參看王家驊《日本發現五世紀的鐵劍銘文》,載《歷史研究》,1979
　　年第 8 期,頁 95—96;吉村武彦《シリーズ日本古代史 2·ヤマト王権》,岩波新書,
　　2010 年,頁 89—90。
③舍人親王總裁《日本書紀》卷二六《齊明紀》齊明五年三月甲午條:“甘檮丘東之川上造
　　須彌山,而饗陸奥與越蝦夷。”(頁 269)齊明六年夏五月是月條:“阿倍引田臣獻夷五
　　十餘。又於石上池邊作須彌山,高如廟塔,以饗肅慎卌七人。”(頁 273)關於飛鳥京中
　　的石像及其意義,參看吉村武彦、館野和己、林部均《平安京誕生》,角川選書,2010
　　年,頁 98—103。
④上田正昭《講學·アジアのなかの日本古代史》,朝日新聞社,1999 年,頁 207—213;
　　古瀬奈津子《遣唐使眼裏的中國》,鄭威譯,武漢大學出版社,2007 年,頁 79。

朝鮮半島的新羅也不願長期臣服於日本，兩國摩擦不斷。更重要的是唐王朝的存在，雖然日本律令中將唐朝定位爲"鄰國"①，即對等之國，但因實際國力的懸殊，這樣的對等是難以實現的。於是，日本的對唐觀念衍生出對內和對外的雙重特性，即對內宣揚與唐朝對等的日本中心主義，對外奉行以唐朝爲中心的事大主義。由於唐朝使者百年來都未踏上日本國土，這兩種相矛盾的對唐態度可謂相安無事，甚至八世紀初按律令制度正式建立負責外交事務的大宰府官衙時，都完全沒有考慮到唐使到來的情況②。在這樣毫無準備的情形下，唐代宗使者的突然到來必定會在日本國內掀起軒然大波。

　　首先面臨的難題就是唐使入京的禮儀問題。日本在構建自己的"華夷秩序"時，大量參照了唐朝的禮儀制度，通過禮儀（特別是賓禮）的運用實現其在東北亞的地緣抱負③。如今，以怎樣的禮儀迎接唐使到來，却成了日本朝廷首先要解決的難題。其實早在小野滋野登岸之初，他就向大宰府建議"今唐客隨臣入朝，迎接祗供，令同蕃例"④。也就是説，主張把唐朝使者等同於新羅使或渤海使，用蕃客的禮節加以迎接。小野的建議是否獲得了朝廷的支持不得而知，三天後小野就被率先召回了朝廷，恐怕是進京後做進一步的商討。商議的最終結果沒有記入《續日本紀》，但是從唐使們的行程中仍可以爲這個問題找到答案。

　　寶龜九年（778）十一月，除被耽羅扣留的判官高鶴林外，唐使的主要人物都已經到達大宰府。令人不解的是，隨後近半年時間内，《續日本紀》中都找不到關於唐使的動向，直到寶龜十年（779）四月才出現了關於唐使進京儀仗問題的爭議。換言之，唐使在大宰府滯留了足足半年時間，爲什麼會出現這樣的情況呢？查閱《續日本紀》中該時段的記載，答案就一目了

①惟宗直本《令集解》卷卅一《公式令一》"明神御宇日本天皇詔書"條夾注引《古記》（約738年成書）曰："鄰國者大唐、蕃國者新羅也。"（吉川弘文館，1966年，頁774）
②田村圓澄《平城京の新羅使》，載其《古代東アジアの國家と仏教》，吉川弘文館，2002年，頁267。
③參見田島公《日本律令國家の「賓禮」：外交儀禮より見た天皇と太政官》，載《史林》，第68卷第3號，1985年。
④藤原繼繩、菅野真道《續日本紀》卷卅五《光仁紀五》寶龜九年冬十月乙未條，頁444。

然,此時的光仁天皇正忙於接待寶龜十年(779)正月入京的渤海使節:

> (寶龜)十年春正月壬寅朔……渤海國遣獻可大夫司賓少令張仙
> 壽等朝賀,其儀如常。
>
> 丙午,渤海使張仙壽等獻方物。
>
> 戊申,宴五位以上及渤海使仙壽等於朝堂,賜禄有差。詔渤海國
> 使曰:"渤海王使仙壽等來朝拜覲,朕有嘉焉,所以加授位階,兼賜
> 禄物。"
>
> 己未,内射,渤海使亦在射列。
>
> (二月癸酉)渤海使還國,賜其王璽書,並附信物。①

　　自 727 年渤海國王大武藝向日本派出第一批使者,呼籲"親仁結緣,庶
葉前經"②,此後兩國關係一直處於和睦狀態。特別是 8 世紀 50 年代末,把
持日本朝政的藤原仲麻呂曾一度策劃結盟渤海,趁唐朝内亂之機共同進攻
新羅,日渤兩國的關係進一步升温。不僅如此,渤海在日本的"華夷秩序"
中也佔有重要的地位。比起不斷製造摩擦的新羅,同樣作爲"藩國"的渤海
則態度始終恭順得多。半世紀以來,日本朝廷頻頻在國書中將渤海稱爲高
麗,通過構建高句麗國曾向日本朝貢的"故事",試圖將渤海完全納入自己
的"華夷秩序"之中③。

　　總之,日本在渤海的面前儼然是以宗主國自居的,接待渤海國的使者
也必定要採用小野滋野所説的藩禮。日本朝廷有意錯開唐使和渤海使的
入京時間,使唐朝和渤海的使節沒有在平城京相遇的機會,這樣的安排恰
好從側面説明,日本朝廷已經決定以藩國的身份、用迎接上國的禮節來接
待唐使。試想,如果唐使入京時渤海使尚未歸國,就意味着日本必須在自
己的藩國渤海面前,以藩國的身份來迎接唐使。如此一來,日本外交的雙
重性暴露無遺,朝廷將在渤海國的面前威儀掃地,這是日本統治者最不願
看到的。正是出於這樣的考慮,直到寶龜十年(779)二月渤海使回國後,光

---

① 藤原繼繩、菅野真道《續日本紀》卷卅五《光仁紀五》寶龜十年春正月壬寅條、丙午條、
　戊申條、己未條、二月癸酉條,頁 446—447。
② 藤原繼繩、菅野真道《續日本紀》卷十《聖武紀二》神龜五年春正月甲寅條,頁 111。
③ 馬一虹《東北亞各國的渤海觀:以唐、日本、新羅爲中心》,載其《靺鞨、渤海與周邊國
　家、部族關係史研究》,中國社會科學出版社,2011 年,頁 207—213。

仁天皇才開始着手迎接唐使入京。

　　渤海使離京後第二天，光仁天皇就追贈死於海難的小野石根從四位下①，同月又派遣下道長人爲遣新羅使，前往迎接遣唐判官海上三狩等人②。當年四月，前一年到達的唐使孫興進等人從大宰府一路前往平城京。關於迎接唐使的禮儀，王海燕將其分爲七個環節，即（1）派官人前往大宰府勞問唐使；（2）唐使入京途中，領客使一路相隨；（3）入京迎接儀式（郊勞）；（4）朝見天皇、呈上國書信物；（5）饗宴、授位、賜物；（6）唐使辭見；（7）派遣送唐客使送唐使歸國③。這七個環節在《續日本紀》中都有不同程度的記載，然而關於最核心部分的郊勞和朝見儀式的具體內容，《續日本紀》的記載卻是語焉不詳。

　　據“光仁天皇寶龜十年夏四月辛卯條”記載：

　　　　領唐客使等奏言：“唐使之行，左右建旗，亦有帶仗，行官立旗前後。臣等稽之古例，未見斯儀。禁不之旨，伏請處分者。”唯聽帶仗，勿令建旗。又奏曰：“往時，遣唐使粟田朝臣真人等發從楚州，到長樂驛，五品舍人宣敕勞問。此時未見拜謝之禮，又新羅朝貢使王子泰廉入京之日，官使宣命，賜以迎馬。客徒斂轡，馬上答謝。但渤海國使，皆悉下馬，再拜舞踏。今領唐客，準據何例者？”進退之禮，行列之次，具載別式。今下使所，宜據此式，勿以違失。④

　　領唐客使所問有二，即唐使的儀仗規格和郊勞時禮儀。對於前者，日本朝廷最終給出了一個折中的做法，即唐使可以“帶仗”，但不得樹立大旗。關於郊勞時的禮節，領唐客使列出了遣唐使、新羅王子和渤海使三種先例，得到的回答是“進退之禮，行列之次，具載別式。今下使所，宜據此式，勿以違失”。“別式”一詞在《續日本紀》中頻繁出現，可能是指天平寶字年間石川年足編定的二十卷書目。據記載，石川年足曾奏請曰：

　　　　臣聞：治官之本，要據律令；爲政之宗，則須格式。方今科條之禁，

---

① 藤原繼繩、菅野真道《續日本紀》卷卅五《光仁紀五》寶龜十年二月乙亥條，頁447。
② 藤原繼繩、菅野真道《續日本紀》卷卅五《光仁紀五》寶龜十年二月甲申條，頁447。
③ 王海燕《古代日本的都城空間與禮儀》，頁120。
④ 藤原繼繩、菅野真道《續日本紀》卷卅五《光仁紀五》寶龜十年夏四月辛卯條，頁448。

雖著篇簡，別式之文，未有製作。伏乞，作別式，與律令並行。①

可見“別式”是作爲律令的補充條文而制定的。這樣的“別式”平時並不公佈，而是臨時由天皇頒賜給臣僚遵行②。可惜這部別式沒有流傳下來，現在已經難以知曉京城門外郊勞的實際情況。

寶龜十年(779)五月癸卯，唐使孫興進、秦惣期等覲見光仁天皇，並遞交唐朝國書。關於接受國書的具體儀式沒有確切的記録，但森公章所引《栗里先生雜著》卷八《石上宅嗣補傳》所載“壬生官務家文書”已經解答了這個問題：

> 維寶龜十年歲次己未四月卅日，唐國孫興進等入京。五月三日將欲禮見。余奉敕撰朝議。時有大納言石上卿言稱：“彼大此小，須用藩國之禮。”余對曰：“昔仲尼辱齊侯於夾谷，相如叱秦王於澠池，自古以來，賢人君子皆欲致己君於他君之上，不以大小强弱而推謝，此忠臣義士之志也。今畏海外一個使，欲降萬代楷定天子之號，是大不忠不孝也。”時人皆服此言之有理。然遂降御座。嗚呼痛哉。不任憤鬱之懷，聊緝此論垂示後昆。③

由此可見，在天皇以何種身份禮遇唐使的問題上，日本朝廷中曾出現過不同的意見。雖然以君主身份接見唐使的觀點一度佔據上風，但最終的結果仍然是天皇以藩國王身份，走下御座接受了唐皇帝的國書。東野治之曾依據引文中“萬代楷定”等用語，主張奈良時代的日本尚未形成萬世一系的觀念，引文恐怕是幕末國學者的僞作④。但是，這只能證明幕末國學者可能進行了文字的潤色，依此否定“遂降御座”事件本身，恐怕是不充分的。高明士在肯定其史料價值的同時，還援引《開元禮·皇帝遣使詣蕃宣勞》指出，藩王在接受唐皇帝國書時必須“兩度再拜”⑤。此處“遂降御座”之後，

①藤原繼繩、菅野真道《續日本紀》卷廿二《淳仁紀二》天平寶字三年六月丙辰條，頁264。“別式”卷數見於《續日本紀》中石川年足的薨傳(卷廿四《淳仁紀四》天平寶字六年九月乙巳條，頁288—289)。

②高明士《天下秩序與文化圈的探索：以東亞古代的政治與教育爲中心》，頁211。

③轉引自森公章《古代日本の対外認識と通交》，頁35，着重號爲引者所加。

④東野治之《遣唐使船：東アジアのなかで》，頁39—40。

⑤高明士《天下秩序與文化圈的探索：以東亞古代的政治與教育爲中心》，頁207。

恐怕也必然伴隨着“兩度再拜”的禮儀,《續日本紀》中的缺載恰恰證明了這一推斷的可信性。

朝見後第三天,右大臣大中臣清麻吕在自己的家中饗宴唐客,光仁天皇下令賜綿三千屯。不久,孫興進等人辭見,寶龜十年(779)五月丁卯啟程回國①。送唐客使的人選早在寶龜九年(778)十二月就已經決定,“以從五位下布勢朝臣清直爲送唐客使,正六位上甘南備真人清野、從六位下多治比真人濱成爲判官”。② 第二年,孫興進等人在送使的陪同下回到長安。此時代宗已經駕崩,德宗即位後改年號爲“建中”。值得一提的是,《新唐書》記載:“建中元年(780),使者真人興能獻方物。真人,蓋因官而氏者也。”③這里的“興能”很可能就是判官甘南備清野。甘南備氏世代爲真人姓,清野可以念作“きよの(kiyono)”,“興能”恐怕是依據讀音而起的唐名④。

三、高鶴林入京與日羅外交

早在渤海使離京當月,光仁天皇就派下道長人爲遣新羅使,前往迎接遣唐判官海上三狩等人。遣唐使判官海上三狩被耽羅島人扣押,耽羅即今濟州島。據《新唐書·東夷傳》記載,耽羅(儋羅)本依附百濟,麟德年後依附於新羅⑤。要從島人手中索回海上三狩等人,必定少不了與新羅的交涉。

7世紀中期前,日羅兩國一直處於敵對的狀態,但隨着百濟滅亡後唐朝與新羅矛盾日益顯著,以及日本在白江口戰敗後深感唐朝來襲的恐懼,兩國關係迅速靠攏。天智天皇七年(668),新羅向日本派出了第一批使者進

①藤原繼繩、菅野真道《續日本紀》卷卅五《光仁紀五》寶龜十年五月丁卯條,頁449。

②藤原繼繩、菅野真道《續日本紀》卷卅五《光仁紀五》寶龜九年十二月乙丑條,頁445。

③(宋)宋祁、歐陽修撰《新唐書》卷二二○《東夷傳》,頁6209。

④黑板勝美認爲“興能”是指大使布勢清直(藤原繼繩、菅野真道《續日本紀》卷卅五《光仁紀五》寶龜九年十二月乙丑條校注,頁445),此説恐怕有誤,布勢氏的姓爲朝臣,而非真人。

⑤(宋)宋祁、歐陽修撰《新唐書》卷二二○《東夷傳》,中華書局點校本,1975年,頁6210。

調,天智天皇回賜新羅王"絹五十匹、綿五百斤、韋一百枚"①。此後新羅不斷向日本遣使,到 780 年爲止已超過 45 次。但是,日羅兩國的關係絕非一帆風順,伴隨朝鮮半島首次統一後民族情緒的不斷上升,新羅也不願長期臣服於日本。天平六年(734)日本朝廷指責新羅私自將國都改名爲王城國,下令逐回新羅使者②;天平十五年(743),新羅使者又因將進調改稱爲"土毛"而再次被日本朝廷驅逐③;天寶十二載(753)時,日羅兩國使者在長安發生了爭座次的事件④。藤原仲麻呂聯合渤海進攻新羅的計畫,也正是在這樣的環境下產生的。雖然計畫無果而終,但兩國關係依然矛盾叢生,來到日本的新羅使常常會因没有攜帶國王的表文而被大宰府逐回。

　　寶龜十年(779)七月,大宰府向朝廷奏報"遣新羅使下道朝臣長人等,率遣唐判官海上真人三狩等來歸"。⑤ 可見下道長人順利地完成了使命。不過當年八、九月間日本國内饑饉不斷,加上光仁天皇忙於裁汰不法僧尼,海上三狩入京一直被拖延到了十月初。通過大宰府的書信,日本朝廷得知此次海上三狩歸來還伴隨着新羅使來朝,其大使是新羅薩湌金蘭蓀。

　　　　冬十月丁酉朔乙巳,敕大宰府:"新羅使金蘭蓀等,遠涉滄波,賀正貢調。其諸蕃入朝,國有恒例。雖有通狀,更宜反復。府宜承知,研問來朝之由,並責表函。如有表者,準渤海蕃例,寫案進上,其本者却付使人。凡所有消息,驛傳奏上。"⑥

日本朝廷堅持舊例,向送來海上三狩的新羅使者索要表文。然而有趣的是,僅僅八天以後,大宰府又收到了一份意趣相反的旨令:

　　　　癸丑,敕大宰府,唐客高鶴林等五人,與新羅貢朝使,共令入京。⑦

---

①舍人親王《日本書紀》卷廿七《天智紀》,天智天皇七年十一月辛巳條,頁 295。
②藤原繼繩、菅野真道《續日本紀》卷十二《聖武紀四》,天平七年二月癸丑條,頁 137。
③藤原繼繩、菅野真道《續日本紀》卷十五《聖武紀七》,天平十五年四月甲午條,頁 172。
④藤原繼繩、菅野真道《續日本紀》卷十九《孝謙紀三》,天平勝寶六年春正月丙寅條,頁 219。關於天寶爭長事件有種種爭論,可參考池田温《天寶後期の唐・羅・日関係をめぐって》,載其《東アジア文化交流史》,吉川弘文館,2002 年,頁 106—118。
⑤藤原繼繩、菅野真道《續日本紀》卷卅五《光仁紀五》寶龜十年秋七月丁丑條,頁 450。
⑥藤原繼繩、菅野真道《續日本紀》卷卅五《光仁紀五》寶龜十年冬十月乙巳條,頁 452。
⑦藤原繼繩、菅野真道《續日本紀》卷卅五《光仁紀五》寶龜十年冬十月癸丑條,頁 453。

　　從下文的記載來看，此次新羅使與往常一樣，没有攜帶任何的表文。那麽，是什麽促使日本朝廷突然改變決定，放棄索要表文而同意新羅使者進京呢？光仁天皇在後來的敕書中説道：

　　　　夫新羅國……不修常貢，每事無禮，所以頃年，返却彼使，不加接
　　遇。但今朕時，遣使修貢，兼賀元正。又搜求海上三狩等，隨使送來。
　　此之勤勞，朕有嘉焉。①

　　也就是説，念及新羅使搜救到海上三狩的功勞，此次不再追究表文之事。但是不難想到，日本朝廷一開始就知曉新羅使送回海上三狩之事，却仍然按照舊例前往索要表文，可見日本朝廷並不會因新羅使救援的功勞而放棄索要表文，這樣的解釋不過是對既成事實的自我粉飾。筆者認爲，促使日本朝廷讓步的真正原因恐怕是唐使高鶴林的存在。從上文中小野滋野在寶龜九年（778）十月廿五日向朝廷送出書信，朝廷在當月庚子（廿八日）就已經收到來看②，書信從大宰府送抵平城京只需四天，這裏的八天時間剛好可在兩地之間進行一次書信的來回。新羅使者很可能接到平城京的敕令後，在回復的書信中强調了唐使高鶴林的存在，並要求與唐使共同入京。

　　從光仁天皇接待孫興進等人時提到“又海路艱險，一二使人，或漂没海中，或被掠耽羅”③來看，日本朝廷不可能不知道唐判官高鶴林的存在，但也許是因爲孫興進一行已經完成了所有外交任務，加上大宰府奏報關於海上三狩的消息中也並無提及高鶴林，日本朝廷知曉高鶴林隨同赴日之事，恐怕要到收到新羅使的回信以後。於是，日本朝廷出於對唐使的顧忌，被迫改變了以往的慣例，在没有書信的情況下就允許新羅使入京。但從之後又派出内藏全成到大宰府“問新羅國使薩湌金蘭蓀入朝之由”④來看，日本朝廷對於這樣的決定顯然是不情願的。

---

① 藤原繼繩、菅野真道《續日本紀》卷卅六《光仁紀六》寶龜十一年春正月己巳條，頁
　 455。
②《續日本紀》卷卅五《光仁紀五》寶龜九年冬十月庚子（廿八日）條記載：“得今月廿五日
　 奏狀，知遣唐使判官滋野等乘船到泊。”（頁444）
③ 藤原繼繩、菅野真道《續日本紀》卷卅五《光仁紀五》寶龜十年五月丁巳條，頁449。
④ 藤原繼繩、菅野真道《續日本紀》卷卅五《光仁紀五》寶龜十年十一月己巳條，頁453。

關於高鶴林入京的儀式,《續日本紀》中没有任何的記載。平澤加奈子認爲,唐使和新羅使分別是在不同的禮儀下被迎入平安京的①。但筆者認爲,這樣的推測很難從相關的史料中找到支撑。從後文的記載看,唐使高鶴林和新羅使一同向光仁天皇賀正,又一同接受了饗宴②,很難看出日本朝廷是在有意地區分對待兩者。因此筆者推測,高鶴林應該是跟隨着新羅使,在日本朝廷迎接藩客的禮儀中入京的。這一點還可以從高鶴林與新羅使一同參與射禮和踏歌中得到證明③。日本的射禮到天武持統時期就已經基本定型,吸收了中國東漢射禮的理念和周制的儀式,在律令制度下是一種教化和確認君臣關係的禮儀④。參加者除王公大臣外,通常就是來自新羅和渤海的"蕃使"。當然,此處《續日本紀》的記載是否真實值得探討,但在没有其他史料佐證的前提下,也無法即刻加以否定。如果《續日本紀》的記載確實可信,那也許可以理解爲,在高鶴林看來,使者的任務已經由孫興進一行完成,自己僅僅是爲了弔唁鑒真和尚,才跟隨新羅使團來到日本,所以對這樣的禮儀安排並没有提出抗議。

但是,若要以此認爲日本朝廷對唐鶴林等閒視之,那也是不恰當的。除了前文提到的新羅使入京一事外,《三國史記》中的以下記載同樣能够説明問題:

> 大曆十四年己未,(金巖)受命聘日本國。其國王知其賢,欲勒留之。會大唐使臣高鶴林來,相見甚懽。倭人認巖爲大國所知,故不敢留乃還。⑤

金巖是7世紀中期新羅名將金庾信的玄孫,此次擔任新羅使團的副

① 平澤加奈子《八世紀後半の日羅関係:寶亀十年新羅使を中心に》,載《白山史學》,2006年總第42號,頁68。
② 藤原繼繩、菅野真道《續日本紀》卷卅六《光仁紀六》寶龜十一年春正月己巳條、癸酉條,頁445。
③ 藤原繼繩、菅野真道《續日本紀》卷卅六《光仁紀六》寶龜十一年春正月壬午條,頁456。
④ 參見王海燕《古代日本的都城空間與禮儀》,頁147—148。
⑤ [高麗]金富軾《三國史記》卷四三《金庾信列傳下》,韓國精神文化研究院,1997年,頁419。

使。這裏所説與高鶴林相見甚歡之事，應該是發生在高鶴林一行從耽羅來到新羅，尚未趕赴日本之前。日本朝廷得知金巖賢能，本打算强行滯留，最終却因忌憚唐使高鶴林而作罷，其對唐心理可見一斑。

四、結語：矛盾的“華夷秩序”

8世紀後，確立律令制度的日本逐漸構造起以自身爲核心，國内包含蝦夷、熊襲、隼人，國外包含新羅、渤海乃至唐朝的“華夷秩序”，這樣的“華夷秩序”左右着日本的外交政策。其中，日本對於唐朝的態度是雙面的。一方面，在律令中將唐朝定義爲“鄰國”，以此在國内宣揚日本中心，與唐對等的觀念；另一方面，國力的對比決定唐日兩國不可能真正對等，日本統治者也仍需通過派遣遣唐使來宣揚自身統治的合法性。由於白江口戰後唐使很少踏上日本國土，更没有使者直接進入日本的都城，兩種相互矛盾的對唐觀念一直相安無事。然而此次唐使的突然來臨，却迫使日本朝廷必須在兩種對唐觀念中做出明確的選擇，以此來把握迎接唐使的外交禮儀。王海燕認爲，早在唐代宗決定派遣以掖庭令趙寶英爲首的使節團隨日本遣唐使一同前往日本時，小野滋野就意識到兩種對唐觀可能會發生衝突，所以加以勸阻，無奈代宗還是堅持了自己的決定①。

爲了維護本國外交，防止兩種對唐觀念矛盾的暴露，日本朝廷有意錯開了渤海使與唐使進入平城京的時間，避免發生禮儀上的衝突。這種矛盾的心理還集中體現在孫興進一行的郊勞儀式上，儀仗隊伍中除事先徵發的二百騎兵外，還有二十名蝦夷人②。日本朝廷在以藩國身份迎接唐朝使節時，仍不忘派出作爲本國東藩的蝦夷人，展示自己宗主國的身份。然而在唐朝面前，日本的“華夷秩序”終究是脆弱的。唐使的存在還迫使日本暫時放棄向新羅使者索要表文，同意其進入平城京。高鶴林雖然是跟隨新羅使在迎接藩客的禮儀中入京的，但他的存在仍令日本朝廷不敢等閒視之。

寶龜十一年(780)二月，高鶴林跟隨新羅使離開日本。至此，前後長達兩年的唐使赴日宣告結束。從日本朝廷給予孫興進等人的禮節來説，本次

①王海燕《古代日本的都城空間與禮儀》，頁116。
②藤原繼繩、菅野真道《續日本紀》卷卅五《光仁紀五》寶龜十年夏四月庚子條，頁448。

赴日總體上達到了預期的目的。此後直到唐朝滅亡,再没有派遣使者出使日本。事實上,日本遣唐使的派遣也正在走向尾聲。新羅使離開日本時,光仁天皇又賜予璽書,再次强調"今敕築紫府及對馬等戍,不將表使莫令入境"①。可見,儘管唐使的到來給日本構建自己的"華夷秩序"帶來了震盪,但日本朝廷並無意因此停下脚步,仍在不遺餘力的將新羅編入本國"華夷秩序"的版圖。然而,新羅也無意做出讓步,日羅關係進一步走向破裂,兩國的官方外交由此斷絶,王權之外的商業貿易開始成爲交往的主流②。安史之亂後,東北亞的外交關係開始由政治中心轉入經濟文化中心,這樣的趨勢在此次唐使赴日之後進一步加快了。

(作者單位:南京大學中國思想家研究中心)

---

① 藤原繼繩、菅野真道《續日本紀》卷卅六《光仁紀六》寶龜十一年二月庚戌條,頁 457。

② 武田幸男編《朝鮮史》第二章"三國の成立と新羅・渤海"(李成市執筆),山川出版社,2000 年,頁 101;坂上康俊《日本の歴史 05 律令國家の転換と「日本」》第三章"帝国の再編",講談社,2001 年,頁 103—104。

域外漢籍研究集刊　第十六輯
2017 年　頁 175—196

日本古代辭書《色葉字類抄》與
漢語典故詞研究

姚　堯

　　典故詞是歷代文人基於古代典籍中的故實或文句創造的新詞。中國
卷帙浩繁的典籍、崇尚傳統的學風,爲典故的産生和發展提供了廣闊空間,
使得漢語中凝練産生了一大批典故詞語。5、6 世紀以降,隨漢字文化圈的
擴大,中國典籍大量輸出域外,朝鮮、日本等國人在積極閱讀漢籍、學習漢
文的過程中,逐漸諳習漢語典故,並熟稔地將它們化用入詩賦文章。因此
很多域外漢文文獻和漢文辭書亦是研究漢語典故詞的寶貴語料。

　　《色葉字類抄》(以下簡稱《色葉》)是平安時代末期(12 世紀)橘忠兼編
纂的辭典,是日本最早的音序索引辭書。基本體例是將平安後期通行的漢
語詞根據“イロハ”音序①分爲 47 部,每部下又按天象、地儀、植物、動物、人
倫等意義分爲 21 門類,在每個詞語下以假名標注音讀或和訓,並有簡單的
意義、用法注釋。二卷本《色葉字類抄》成書於天養年間(1144－1145),後
於治承年間(1177－1181)經增補形成三卷本,至鐮倉時代又大幅增訂爲十
卷本,並成爲室町時代以降一些辭書的祖本②。

　　《色葉》收錄的詞語有不少出典於中國傳世典籍和漢譯佛經。奈良平
安時代的日本知識層人士從這些文獻中學習吸收了大量漢語典故詞,並化

---

①　イロハ音序是基於日本古歌『いろは歌』的日語 47 假名排列方式,是日本傳統辭書、
　　類書、百科事典等最常用的音序排列方式。
②　峰岸明『色葉字類抄研究並び:に總合索引』,風間書房,1977 年。

用在自己創作的漢文中,辭典編纂者又將這些詞語收集整理,加以注釋,以便讀者檢索查閱。可以説,《色葉》正是當時日本知識人士漢語修養的極佳體現。本文擬通過分析《色葉》中集中體現典故詞用法的"X,Y 名"記録,觀察日本漢文對漢語典故詞的吸收與改造,探討日本漢文文獻和辭書對於漢語典故詞研究的價值與意義。

一、《色葉字類抄》中的"X,Y 名"記録

三卷本《色葉字類抄》,尤其是"疊字部"中,有不少詞條下的注釋爲"——名",在此記録爲"X,Y 名",如:

貫珠,星名	列子,風名	麗天,日名
梁山,象名	蜀江,錦名	洛川,美婦人名

在詞典中相應的 Y 詞條下,常常又羅列了 X 詞,如:

星,貫珠、分位、司夜　風,列子、銅烏　日,麗天、照地、火精

象,梁山　　　　　　錦,蜀江、還鄉　美婦人,西施、緑珠、洛川

統計全書,這樣的"X,Y 名"記録共有 381 條。這些記録有其實用目的,即羅列同義詞、類義詞等,以供人們在作詩文和書簡時使用。從這個角度來看,《色葉》也具有收集舊典故實的類書性質。事實上,通過下文分析可知,《色葉》收集的詞語有大量吸收自《藝文類聚》《初學記》《白氏六帖》等唐代類書。

在《色葉》"德"字條下,羅列了"銅山、周白、陶朱、猗頓"四詞,並注:"已上德别名也。"日本研究者據此將 X 稱爲 Y 的"别名"①。日本古語研究中,"别名"是專有所指的術語,指來源於漢語典故的借詞,也稱作"唐名""異名"等②。據此可知,《色葉》中的"X,Y 名"記録大多與古漢語典故詞有關。

近四百條"X,Y 名"記録中,X 與 Y 的關係還可分爲三類,以下列三例爲代表:

---

① 原卓志「三卷本色葉字類抄疊字部における「——名」注記について」,『鎌倉時代語研究』第 11 期,1988 年,頁 185—229。

② 萩原義雄「「異名」について:『下學集』の異名語彙をもとに」,『駒沢大學北海道教養部研究紀要』第 31 期,1996 年,頁 31—74。

　　（1）応似王言多惠沢，<u>波臣</u>在藻楽中流。『本朝麗藻』卷上菅原宣義「雨爲水上糸」①

　　（2）<u>未央</u>闕側承雙掌，長信宮中起隻啼。『凌雲集』淳和天皇「九月九日侍讌神泉苑各賦一物得秋露応製」

　　（3）羅水叩舷秋浪冷，<u>磻溪</u>抛釣暮雲空。『本朝無題詩』卷二藤原周光「賦漁父」

《色葉》中記録：“波臣，魚名”“未央，宮名”“磻溪，隱逸名”，看似爲同一種訓釋法，内涵實則不同。例（1）“波臣”指魚，亦即 X 與 Y 可互相替換而不影響語義，X 是 Y 的代名詞。例（2）“未央”就是宮殿的名稱，此“宮名”之“名”可落到實處。而例（3）“磻溪”通過典故與“隱逸”聯繫起來，它既不是“隱逸”的代稱，也不是“隱逸”的名稱，僅能説與“隱逸”意義有關。在後兩種情況下，X 與 Y 不可互相替換。以下論述中，我們將這三種情況稱爲 A、B、C 類型。A、C 類是典型的典故詞，而 B 類專有名詞的性質還很强，未成爲真正的典故詞，在《色葉》中這類記録也僅有不足十條。

此外，有十餘條“X，Y 名”與典故没有太大關係，如“仲春，二月名”“晚夏，六月名”“白麻，紙名”“邊塞，北名”“土木，造作名”“竹簡，書簡名”“酣暢，歡游名”“阿兄，兄名”等，這種情況在以下論述中排除。

《色葉》中的“X，Y 名”記録對古漢語典故詞研究具有重要參考價值。有的典故詞在中國文獻中常見，《色葉》的記載恰能證明日本文獻的吸收和繼承；有的典故詞在中國文獻中不乏用例但在辭書中没有記載，或反之，雖有記載但不見實際用例，《色葉》就能成爲確鑿的補充材料；還有的典故詞在日本文獻中發生了進一步的語義演變，產生一些中國文獻中所没有的用法，《色葉》就爲這類語言接觸和改造提供了有力證據。以下將結合平安、鐮倉時代日本漢文的實際用例，從個案分析和列表統計兩方面觀察《色葉》中漢語典故詞的面貌與性質。

二、來源於儒家典籍的典故詞

無論在中國還是日本的文獻中，儒家典籍都是典故詞的最重要來源之

---

① 爲了與中國文獻用例相區别，日本文獻用例均直接使用日本漢字寫法，不作轉寫。

一。奈良平安時代的數百年間，儒家經典是日本知識層學識教養的主要來源，富含典故詞的中國六朝隋唐詩文又是日本文人學習模仿的重要對象，來源於四書五經的詞語在宮廷和上層社會廣泛流行，又逐漸滲入日本社會的各個方面。山田孝雄就曾提到，在傳入日本的各類漢籍中，五經地位尤高，其中的詞語和表達方式被習用之後，進入日語的不在少數①，《色葉》中就記錄了幾十個源於儒家經典的典故詞，如下表所示：

詞語 X	注釋 Y	出典
A 類		
吉甫	賢人名	《詩經·小雅·六月》：文武吉甫，萬邦爲憲。
東作	農耕名	《尚書·堯典》：寅賓出日，平秩東作。
鹽梅	臣名	《尚書·説命下》：若作和羹，爾惟鹽梅。
麗天	日名	《周易·離卦》：日月麗乎天。
沽洗	三月名	《禮記·月令》：季春之月……其音角，律中姑洗。
麥秋	四月名	《禮記·月令》：孟夏之月……靡草死，麥秋至。
蕤賓	夏名/五月名	《禮記·月令》：仲夏之月……其音徵，律中蕤賓。
林鍾	六月名	《禮記·月令》：季夏之月……其音徵，律中林鍾。
夷則	七月名	《禮記·月令》：孟秋之月……其音商，律中夷則。
化草	螢名	《禮記·月令》：季夏之月……腐草爲螢。
北辰	帝名	《論語·爲政》：爲政以德，譬如北辰，居其所而衆星共之。
八佾	舞名	《論語·八佾》：八佾舞於庭，是可忍也，孰不可忍也。
山梁	雉名	《論語·鄉黨》：山梁雌雉，時哉時哉。

---

① 山田孝雄『國語中に於ける漢語の研究』，寶文館，1958 年，頁 365。

續表

詞語 X	注釋 Y	出典
B 類		
傅巖	野名	《尚書·説命上》：説築傅巖之野。
C 類		
金罍	酒名	《詩經·周南·卷耳》：我姑酌彼金罍，維以不永懷。
遷喬	鶯名	《詩經·小雅·伐木》：伐木丁丁，鳥鳴嚶嚶。出自幽谷，遷於喬木。
有截	帝德名	《詩經·商頌·長發》：苞有三蘗，莫遂莫達，九有有截。
朝宗	海名	《尚書·禹貢》：江漢朝宗于海。
股肱	忠名	《尚書·益稷》：臣作朕股肱耳目。
南面	帝名	《周易·説卦》：聖人南面而聽天下，向明而治。
同心	朋友名	《周易·繫辭上》：二人同心，其利斷金。
斷金	朋友名	同上
垂衣	帝名	《周易·繫辭下》：黄帝堯舜垂衣裳而天下治。
有鄰	德名	《論語·里仁》：德不孤，必有鄰。
三友	交名	《論語·季氏》：益者三友，……友直，友諒，友多聞，益矣。

平安時代漢文中，這些典故詞有繁多用例：

A 類：

（4）雖勵離疎之質、難堪<u>吉甫</u>之勤。『三代実録』卷四十六元慶八年七月甲子

（5）時臨<u>東作</u>、人赴田疇、膏澤調暢、春事既起。『続日本紀』卷十神亀四年二月丙寅

（6）春玩梅於<u>孟陬</u>、秋折藕於<u>夷則</u>。『本朝文粋』卷一源順「奉同源澄才子河原院賦」

（7）氷夷讚洋詠井之見、不及大陽昇景<u>化草</u>之明。『凌雲集』小野岑守「序」

（8）聖主之爲長嫡、<u>北辰</u>位穩。『本朝続文粋』卷十二鳥羽上皇「修善願文」

　　這類用例中，X是Y的代名詞，"吉甫"即賢人，"東作"即"農耕"，餘皆同。這類中有一組源自《禮記·月令》的時間詞，如例（6）之"孟陬、夷則"，在日本古代漢詩文中它們被廣泛用來替代一至十二月名，能使行文古奧典雅，反映出作者的學識素養，正體現了典故詞最重要的語用功能。如例（7）這樣用"化草"指螢火蟲是中國常見典故，但《漢語大詞典》等中國辭書中皆未收錄"化草"這個詞，與典故相關的"腐草"等也未收入與螢火蟲有關的義項，後學者便不容易了解二者間的關係。

　　B類：

　　（9）傅巖昔夢非真境、曲阜春雲隔滋林。『本朝無題詩』卷四藤原周光「夏」

　　這類用例中X是專有名詞。它尚稱不上是完全的典故詞，"傅巖"與"曲阜"對偶，所指皆爲具體的地點。但當作者和讀者都熟知這個專有名詞關涉的典故時，它就可能發生語義泛化，成爲普通名詞。

　　C類：

　　（10）泛流催梶棹、指海共朝宗。『凌雲集』林娑婆「自山崎乘江赴讚岐在難波江口述懷贈野二郎」

　　（11）期一天下之無爲、活四海內之有截。『三代実録』卷十一貞観七年十月丙子

　　（12）我雖異國、心在斷金。『日本書紀』卷二十二推古天皇二十九年二月

　　（13）臣之專愚、聖衷所驗。雖云無德、庶幾有隣。『続日本後紀』卷一天長十年三月戊子

　　（14）訪四方而舉露才、開漢公孫丞相之東閣。携三友而賞風景、寫唐太子賓客之北窗。『本朝文粹』卷十一大江匡衡「暮秋陪左相府書閣同賦寒花爲客栽応教」

　　這是典故詞最常見的類型，本身不可替代典故的內容，但又清晰地指向典故。值得注意的是，《色葉》中"遷喬，鶯名""朝宗，海名"這樣的注釋法與整體體例有所不符。A類中X是Y的代稱，因此Y多爲普通名詞；而C類中，X指向與Y有關的典故，Y可以被理解爲典故的關鍵詞。如"斷金，朋友名"，"二人同心，其利斷金"是與交友有關的典故，"朋友"便是該典故的關鍵詞；同樣，"股肱，忠名"中"忠"是關鍵詞，"有隣，德名"中"德"是關鍵

詞。"遷喬，鶯名""朝宗，海名"這類表述容易使人將它們歸爲 A 類，即"遷喬"和"朝宗"可以用來指代鶯和海，但考察文獻並未發現這樣的用例，與中國文獻中的用法一樣，"遷喬"指富貴發迹，"朝宗"指歸附正統，它們實則屬於 C 類，但"鶯"和"海"只是典故的字面而非關鍵詞，若作"遷喬，貴名""朝宗，忠名"才符合一貫體例。這種現象在《色葉》中不時出現，不能不説是編纂中的不嚴謹之處。

在本節所列詞語中，值得深入分析的是"鹽梅"這個詞。

"鹽梅"來源於《尚書·説命下》："若作和羹，爾惟鹽梅。"孔安國傳："鹽鹹梅醋，羹須鹹醋以和之。"鹽和梅是烹飪時不可缺少的調料，下例用的是"鹽梅"的本義：

(15)塩梅少味、只鎖日於藥餌之中。舟檝無功、欲退身於江海之上。『本朝文粹』卷五大江朝綱「爲貞信公藤原忠平請致仕表」

《尚書》中的用例本就是一個比喻，將治國理政比喻作"和羹"，將賢人大臣的佐助比喻作調味的鹽梅，於是"鹽梅"引申爲"賢才、賢臣"的代名詞，也可指賢才輔佐國政的行爲。這個典故詞在六朝隋唐詩文中頻見，類書中也皆有記載，易被日本知識層習得，化用在漢詩文中：

(16)和塩梅乎台鉉、韜風雲乎才岑。『本朝文粹』卷二巨勢爲時「贈故菅左大臣太政大臣詔」

(17)天滿自在天神、或塩梅於天下、輔導一人。或日月於天上、照臨万民。『本朝文粹』卷十三大江匡衡「北野天神供御幣并種々物文」

(18)観音・勢至等は、阿弥陀仏の塩梅也、雙翼也、左右臣也。『鎌倉遺文』12768「日蓮聖人遺文」建治三年六月「日永書狀」

和文中也經常有「塩梅の臣」這樣的説法，指有力的家臣。例(15)中"鹽梅"與"少味"搭配，雖仍表示本義，但結合下句"舟楫"來看，是一個巧妙地將本義與典故義結合起來的用法，指慚愧於自己没有輔政良術。中國文獻中亦常將"鹽梅舟楫"並用來比喻賢臣之德，如《周書·蕭察傳》："鹽梅舟楫，允屬良規；苦口惡石，想勿餘隱。"

從中世開始，日語中"塩梅"一詞就有兩個讀音。一讀あんばい，語義有"①適當地配置、處理。②事物的情況。③身體的健康狀況。④味道鹹淡。"一讀えんばい,義爲"輔佐君主、處理政務。"①其中後一個讀音代表的就是上文分析的典故詞"鹽梅",而前一個讀音,《國語大辭典》認爲本字是"安排"。該讀音表示的詞的語義主要有兩方面,一是動作性的"處理、安排",一是名物性的"狀態、情況",無論哪個語義,與"鹽梅"仍不無關係。由"鹽梅"的調味品義引申出"食物的調味狀況"義,再引申爲抽象的"身體、事物的狀態"義,然後發展出動詞性的"將事物處理到合適的狀態",即"安排、處置"義,這些義項間有明顯的邏輯關係。這一系列的語義演變是在中世以降的日語中發生的變化,爲漢語所無,而由於語義演變的迂曲,日本人也越來越不了解它與《尚書》典故的關係,於是徑將漢字改寫作"安排、按排"等。事實上"安排"並非本字,而是"鹽梅"的改寫。

三、來源於史籍的典故詞

在中國繁多的史籍中,《史記》《漢書》等正史對日本影響尤其深遠。《續日本紀》卷卅神護景雲三年(769)十月甲辰記載:"大宰府言:⋯⋯伏乞,列代諸史,各給一本,傳習管内,以興學業。詔賜《史記》、《漢書》、《後漢書》、《三國志》、《晉書》各一部。"六國史中,關於天皇聽講或臣僚侍讀前四史的記載有數十條。正史被列爲古代日本最高教育機構大學寮的教科書,隨着學校的推廣和學生的傳習,這些史籍及其中所記載的中國歷史掌故,都廣爲日本學者所熟悉。

漢詩文中有許多來源於中國史籍,尤其是《史記》《漢書》《後漢書》的典故詞,《色葉》中有記載的如下表所示:

詞語 X	注釋 Y	出典
A 類		
流烏	日名	《史記·周本紀》:既渡有火,自上復于下,至于王屋,流爲烏。

---

① 阿部猛『古文書古記録語辭典』,東京堂,2012 年,頁 36、98。爲行文簡潔起見,日語辭書的内容徑譯作漢語。

續表

詞語 X	注釋 Y	出典
大夫	松名	《史記·秦始皇本紀》：乃遂上泰山……休於樹下，因封其樹爲五大夫。
席門	貧名	《史記·陳丞相世家》：家乃負郭窮巷，以弊席爲門，然門外多有長者車轍。
戚里	王名	《史記·萬石張叔列傳》：於是高祖……徙其家長安中戚里。
蒲輪	車名	《史記·平津侯主父列傳》：始以蒲輪迎枚生，見主父而歎息。
蒲桃	酒名	《史記·西域列傳》：宛左右以蒲陶爲酒。①
三尺	劍名	《漢書·高祖紀下》：吾以布衣提三尺，取天下，此非天命乎？
東閣	貴名	《漢書·公孫弘傳》：於是起客館，開東閣以延賢人，與參謀議。
甲乙	帳名	《漢書·西域傳》：立神明通天之臺，興造甲乙之帳，落以隨珠、和璧。
博陸	關白名	《後漢書·李固傳》：自非博陸忠勇，延年奮發，大漢之祀，幾將傾矣。
B 類		
長樂	宮名	《漢書·高祖紀下》：徙諸侯子關中，治長樂宮。
未央	宮名	《漢書·高祖紀下》：蕭何治未央宮，立東闕、北闕、前殿、武庫、大倉。
飛羽	殿名	《漢書·元后傳》：冬饗飲飛羽，校獵上蘭。
C 類		
採薇	隱逸名	《史記·伯夷列傳》：伯夷、叔齊恥之，義不食周粟，隱於首陽山，採薇而食之。
銅山	富名	《史記·佞幸列傳》：於是賜鄧通蜀嚴道銅山，得自鑄錢，"鄧氏錢"布天下。
朱輪	貴名	《漢書·李尋傳》：將軍一門九侯，二十朱輪，漢興以來，臣子貴盛，未嘗至此。

---

① "葡萄"爲聯綿詞，前字可作"葡、蒲"等，後字可作"萄、陶、桃"等。

詞語 X	注釋 Y	出典
賣藥	隱逸名	《後漢書·韓康傳》：韓康……常采藥名山，賣於長安市。
逃名	閒居名	《後漢書·逸民傳》：逃名而名我隨，避名而名我追。
並榻	賓客名	《晉書·外戚傳·羊琇》：初，杜預拜鎮南將軍，朝士畢賀，皆連榻而坐。

平安時代漢文中的用例如：

A類：

（19）吾昔後冷泉院末、生年二歲、隨嚴親參御前云々、依爲戚里之端，輒參進也。『中右記』嘉保元年一月廿七日

（20）家已席門也、若留長者之車軌、恐有衆口銷金之訕。『明衡往來』第十一條

（21）厚禮蒲輪、賜詔金馬。『本朝文粹』卷一大江以言「視雲知隱賦」

（22）是則弟子所奉書也、供仏施僧之資貯、專任東閣之芳意。『本朝文粹』卷十四大江以言「爲覺運僧都四十九日願文」

（23）上有博陸之咎、下招衆人之嘲歟。『中右記』寬治四年一月十八日

“戚里”本指漢高祖的外戚居住的里巷，後泛指權貴的聚居處所，如左思《魏都賦》：“亦有戚里，實宮之東，閒出長者，巷苞諸公。”它又從地點名詞引申爲指人名詞，表示住在這類處所中的皇親國戚，尤其是外戚。例（19）是平安後期公卿藤原宗忠的日記，相對天皇來說，藤原氏便是“戚里”，該詞在平安時代被頻繁用來指代外戚公卿，是已經進入日常語言的典故詞。

“席門”來源於漢丞相陳平的故實，指家庭貧窮以至以弊席爲門，後被用來比喻家境貧寒。例（20）“家已席門”指家庭變得貧窮，將“席門”當作謂詞性成分使用，是日本漢文的創造。

另一個在日本發揚光大的詞語是“博陸”。霍光是漢代位高權重的大

司馬大將軍，被封爲"博陸侯"，於是人們用"博陸"這一地名①來指代朝廷中官位最高的大臣，在南北朝隋唐文獻中不時可見。日本人習得這個詞語後，將它用來指代日本朝廷中的最高階官位"關白"，成爲最爲人熟知的"唐名"之一。

B類：

（24）心事須面諮皇太后殿下、然而君臣禮隔、男女事殊、何驚<u>長楽</u>之宮、敢幸沈淪之地。『三代実録』卷二十二貞観十四年十月丁未

（25）未央闕側承雙掌、長信宮中起隻啼。『凌雲集』淳和天皇「九月九日侍讌神泉苑各賦一物得秋露応製」

《色葉》中記録的一系列宮室名稱如"長樂、未央、飛羽、披香"等都源於漢代宮殿名，日本宮廷也常將這類名稱用作自己宮室的美稱，從這個意義上來看，這幾個詞也已經具有了典故詞的性質。

C類：

（26）登高只是銅山動、在下猶因金穴空。『本朝文粹』卷十二藤原衆海「秋夜書懷呈諸文友兼南隣源処士」

（27）披艸飲來顏莽水、採薇搜盡首陽雲。『扶桑集』卷七橘在列「復賦文字」

（28）匡衡昔白屋幽閑之夕、只披盡簡於拾螢之中。今<u>朱輪</u>照耀之朝、更加龍蹄於五馬之外。『本朝文粹』卷七大江匡衡「奉行成狀」

（29）孤巖排雲、寫殘夢而求貌。五湖賣薬，隱宿霧而<u>逃名</u>。『本朝文粹』卷五大江朝綱「爲清慎公藤原實賴辭右大臣第一表」

如第一節中所述，"銅山"一詞列在"德"字條下，但在後文記録中，又作"銅山，富名"。從典源來看應當作"富"，況且與"銅山"並列的"周白、陶朱、猗頓"亦皆爲古代富商的名字，列在"德"條下處恐怕是《色葉》的編纂疏漏。

----

① 《漢書・霍光金日磾傳》"光爲博陸侯"條顏師古注："文穎曰：博，大。陸，平。取其嘉名，無此縣也，食邑北海、河間、東郡。師古曰：蓋亦取鄉聚之名以爲國號，非必縣也，公孫弘平津鄉則是矣。"有注釋家認爲"博陸"並非地名，但顏師古認爲雖然無"博陸"這個縣名，但有可能是鄉聚之名。此處根據爵名的一般慣例，暫取顏師古的意見，將"博陸"理解爲地名。

四、來源於類書的典故詞

　　類書是輯録各種文獻資料並分門別類編排、以供檢索徵引的工具書。對古代日本人來説，在中國書籍卷帙龐雜、不易入手或繁奧難解的情況下，此類資料彙編不失爲閲讀學習的捷徑。在中國的各種類書中，《藝文類聚》《初學記》《白氏六帖》最爲日本讀書人熟知，是他們作詩行文時遣詞造句的最直接指導。在第一節中已經提到，《色葉》也具有類書的性質，築島裕分析過，包括《色葉》在内的一系列日本古辭書在意義分類、詞語收録等方面與《藝文類聚》等類書均有一致性①。根據原卓志的統計，《色葉》中的別名，78％在《白氏六帖》中出現過，75％在《藝文類聚》中出現過，62％在《初學記》中出現過，足見類書對《色葉》的深刻影響②。

　　《色葉》中所記録的來源於類書的典故詞如下表所示：③

詞語 X	注釋 Y	出典
A 類		
六出	雪名	《藝文類聚·雪》；《韓詩外傳》：凡草木花多五出，雪花獨六出。
兼清	酒名	《藝文類聚·居處》：張衡《南都賦》：酒則九醖甘醴，十旬兼清。
貫珠	星名	《初學記·星》；《易緯坤靈圖》：至德之朝，五星若貫珠。
黄雀	夏風名	《初學記·夏》：周處《風土記》：此節東南常有風，俗名黄雀長風。

---

①築島裕「古辭書における意義分類の基準」，『品詞別文法講座第 10 卷・品詞論の周邊』，明治書院，1971 年。

②原卓志「色葉字類抄における類書の受容」，『広島大學文學部紀要』第 44 期，1984 年，頁 1—33。

③類書並非典故詞的原始出處，古代日本人究竟是直接從原典中習得這些詞語，還是通過類書習得的，不是一個容易回答的問題，正如上兩節列舉的出自經史典籍的詞語幾乎也都被類書收録。一個辨別辦法是考察該詞的原典文獻是否有傳入日本、被廣泛學習的證據。如果典故詞的原典不是古代日本人直接廣泛接觸的文獻，據此可推測它們出自類書的可能性較高。

續表

詞語 X	注釋 Y	出典
五色	露名	《初學記·露》:《洞冥記》:照著於草樹,皆成五色露,露味甘。
宜春	酒名	《初學記·江南道》:宜春縣出美酒,隨歲貢上。
鵝眼	錢名	《初學記·錢》:裴子野《宋略》:沈慶之啟通私鑄而錢大壞矣,一貫長三寸,謂之鵝眼錢。
燭夜	雞名	《初學記·雞》:崔豹《古今注》:雞,一名燭夜。
蟬冕	貴名	《白氏六帖·蟬》:《車服注》:凡侍臣加蟬冠,取其清高,飲露不食也。
右動	地名	《白氏六帖·天》:《元命苞》:天左旋,地右動。
商羊	雨名	《白氏六帖·雨》:《家語》:天將大雨,商羊鼓舞。
五明	扇名	《白氏六帖·扇》:崔豹《古今注》:舜廣視聽,求賢人以自輔,作五明扇。
百煉	鏡名	《白氏六帖·鏡》:夏侯湛《抵疑》:百鍊之鑑,剔鬢眉之數而辟土不見泰山。
王喬烏	鳧名	《白氏六帖·鳧》:王喬爲鄴令,每朝帝怪往來速,有司望來無車馬,唯有雙鳧飛來,羅網獲之,乃是雙舃。
垂露	書迹名	《白氏六帖·書》:《古今篆隸》:垂露書,漢中郎曹家所作也,以書章奏,謂點綴輕,露於垂條也。
B 類		
望夫	石名	《初學記·地理》:武昌北山有望夫石,狀若人立。
落霞	琴名	《初學記·琴》:《洞冥記》:握鳳管之簫,拊落霞之琴。
霞光	繡名	《初學記·繡》:《洞冥記》:甘泉宮有霞光繡,有藻龍繡。
金乘	佛名	《初學記·佛》:《佛名經》:金乘佛
上黨	墨名	《白氏六帖·墨》:上黨郡松心作墨。
子夜	歌名	《白氏六帖·歌》:子夜歌者,女子夜造之。

續表

詞語 X	注釋 Y	出典
C 類		
擊壤	帝名	《藝文類聚・帝王》:《帝王世紀》:天下大和,百姓無事,有五十老人擊壤於道。
温席	孝名	《藝文類聚・孝》:《東觀漢記》:黃香父……暑即扇床枕,寒即以身温席。
白珠	簾名	《初學記・簾》:《漢武故事》:上起神屋,以白珠爲簾箔。
半月	席名	《初學記・席》:《拾遺記》:半月草無華無實,其質温柔,可以爲布爲席。
雲母	屏風名	《初學記・屏風》:《西京雜記》:趙飛燕爲皇后,其女弟上遺雲母屏風。
淇園	竹名	《初學記・竹》:梁孝文帝賦《得竹詩》:嶰谷管新抽,淇園節復脩。
嶰谷	竹名	同上
香口	梅名	《初學記・梅》:《詩義疏》:梅……又可含以香口。
懷蛟	夢名	《白氏六帖・報德》:懷蛟,董仲舒。
豹隱	霧名	《白氏六帖・豹》:南山有玄豹,隱霧雨而十日不下。

日本古代漢文中的用例如:

A 類:

　　(30)所率者虎牙蟬冕、策逐日而景從。所談者鶴勒馬鳴、叩疑氷而響応。『江吏部集』卷一「冬日登天台即事応員外藤納言教言」

　　(31)紫磨添光、百鍊比影。『朝野群載』卷二大江匡房「法勝寺御塔供養咒願文」

　　(32)秦皇泰山之雨、風消黃雀之跡。周穆長坂之雲、汗收赤驖之溝。『本朝文粹』卷十大江以言「夏日侍左相府池亭諸道講論後同賦松聲當夏寒応教」

　　(33)下兼清而上壽、頻言一二三者、亦遇何主。『本朝文粹』卷三

対策「壽考」菅原文時問

B類：

（34）遮沙風而婉轉、迴雪之袖暗翻。過巌泉而婆娑、落霞之琴遠
和。『本朝文粋』卷十大江匡衡「暮春侍宴左丞相藤原兼家東三條第同
賦渡水落花舞応製」

C類：

（35）函経味道之生、此焉詠業。吐鳳懷蛟之士、亦復容身。『本朝
文粋』卷八都在中「八月十五夜於文章院対月同賦清光千里同」

（36）若非雲母當庭布、疑又漢星繞水彰。『本朝無題詩』卷二藤原
敦基「賦瞿麥」

類書是語彙收集的寶庫，但其中收録的一些詞語有時在中國文獻中找
不到實際用例。如來源於張衡《南都賦》的“兼清”一詞，在各種類書中都有
記載，但在中國文獻中不易找到將此詞用作酒之代稱的，而在日本漢文中
就有如例（33）這樣的實際用例。又如“雲母”列在《初學記》的“屏風”部門
下，中國文獻中雖有李商隱《嫦娥》“雲母屏風燭影深”這樣用“雲母”修飾
“屏風”的例子，但沒有像例（36）這樣直接以“雲母”指屏風的用例，《漢語大
詞典》中列舉了“雲母”的諸多比喻用法，如美石、白花、鱗片、冰雪、泉水等，
亦未提及屏風。例（36）可作爲中國文獻的補充佐證。

在本節中，“五明”這個詞值得進一步討論。

“五明”是日本漢文研究者常提到的別名之一，用來作爲扇子、尤其是
團扇的代稱，日本漢文中的用例如：

（37）廿八日己巳、於北小庭召出小格勤等、被決相撲勝負、武州被
候、以五明賜勝輩云々。『吾妻鏡』卷二十六

（38）感悦之間召前賜酒盃、殊更五明等小引物下賜、畏悦退出。
『看聞日記』応永三十一年十一月三十日

（39）如御狀御布施、鳥目十貫文・太刀一・五明一本・焼香廿両給
候。『鎌倉遺文』13026「日蓮聖人遺文」弘安元年四月廿二日「日蓮書狀」

晉代崔豹《古今注》卷上《輿服》：“五明扇，舜所作也。既受堯禪，廣開視
聽，求賢人以自輔，故作五明扇焉。”“五明”和“五明扇”在《藝文類聚》《初學
記》《白氏六帖》中均有記載，日本文人從這些類書中了解該詞的可能性很大。

當然舜製五明扇的説法僅是傳説。漢代以前文獻中未出現過“五明

扇"這種説法,以"五明"指代扇子始見於魏晉文獻,如:

(40)故玄氷結則五明捐,隆暑熾則袞鑪退。《抱朴子外篇·廣譬》

(41)是故烹飪起於熱石,玉輅基於推輪,安衆方而氣散,五明圓而風煩。《陸士衡文集》卷四《羽扇賦》

出自原典的典故詞本爲"五明扇","五明"只是修飾語。但在以上用例中"五明"包攝了"扇"的語義,類似於修辭學上所説的"藏詞",語言使用者基於典故知識,故意用字面意義不明確的成分來替代意義顯豁的成分,以達到"創新隱喻"的效果。類似的還有"黄雀"和"鵝眼",被用來隱喻風和錢。《漢語大詞典》中僅收録了"黄雀風"和"鵝眼錢",而未注意到"黄雀"和"鵝眼"也能承擔典故意義。

除了儒家經典、史書、類書之外,《色葉》中收録的典故詞還有來源於其他中國著名典籍的,如《老子》《莊子》《韓非子》《淮南子》《水經注》《世説新語》《洛陽伽藍記》等,如下表所示:

詞語 X	注釋 Y	出典
A 類		
白駒	日名	《莊子·知北游》:人生天地之間,若白駒之過郤,忽然而已。
波臣	魚名	《莊子·外物》:我,東海之波臣也,君豈有斗升之水而活我哉?
青女	霜名	《淮南子·天文訓》:至秋三月……青女乃出,以降霜雪。
丹穴	鳳凰名	《山海經·南山經》:丹穴之山……有鳥焉,其狀如雞,五采而文,名曰鳳皇。
B 類		
扁鵲	醫師名	《韓非子·喻老》:扁鵲見蔡桓公。
白鹿	原名	《水經注·渭水》:麗山西有白鹿原。
貞女	峽名	《水經注·洭水》:溪水下流,歷峽南出,是峽謂之貞女峽。
白馬	寺名	《洛陽伽藍記·白馬寺》:白馬寺,漢明帝所立也,佛教入中國之始。
C 類		
無爲	帝德名	《老子》:道常無爲而無不爲。

續表

詞語 X	注釋 Y	出典
列子	風名	《莊子·逍遥游》：列子御風而行，泠然善也。
忘筌	漁釣名	《莊子·外物》：筌者所以在魚，得魚而忘筌。
飲羽	射名	《吕氏春秋·精通》：養由基射兕中石，矢乃飲羽。
擲地	金名	《世説新語·文學》：孫興公作《天臺賦》成，以示范榮期，云："卿試擲地，要作金石聲。"

五、和化/和製典故詞

《色葉》中還有一些典故詞，在中國文獻中無從尋找用例，甚至讓中國人不易索解。這是由於典故在域外扎根普及後，又會發生一些在漢語中不曾出現的形式、語義變化，乃至與漢語典故源頭漸行漸遠。這可以被稱爲"和化/和製"現象。"和化"指源於漢語的表達方式在日本發生了形式、功能演變，"和製"則指日本人利用漢語語素創造出在中國文獻中没有的表達方式。《色葉》中記録的這類和化/和製典故詞如下表所示：

詞語 X	注釋 Y	出典
A 類		
桃林	牛名	《尚書·武成》：偃武修文……放牛于桃林之野，示天下弗服。
後素	圖畫名	《論語·八佾》：繪事後素。
白波	盜人名	《後漢書·靈帝紀》：黄巾餘賊郭太等起於西河白波谷。
蔡倫	紙名	《後漢書·宦者傳·蔡倫》：倫乃造意，用樹膚、麻頭及敝布、魚網以爲紙。
魚網	紙名	同上
十字	餅名	《晉書·何曾傳》：務在華侈……蒸餅上不坼作十字不食。
墨子	絲名	《墨子·所染》：子墨子言見染絲者而歎曰："染於蒼則蒼，染於黄則黄，所入者變，其色亦變。"

續表

詞語 X	注釋 Y	出典
牛哀	虎名	《淮南子·俶真訓》:昔公牛哀轉病也,七日化爲虎。
曲水	三月三日名	王羲之《蘭亭集序》:暮春之初……引以爲流觴曲水,列坐其次。
洛川	美婦人名	曹植《洛神賦》:容與乎陽林,流眄乎洛川。
草聖	池名	《白氏六帖·墨》:張芝伯英臨池學書,水盡黑。
張芝	硯名	同上
C 類		
泗濱	磬名	《尚書·禹貢》:泗濱浮磬。
造舟	橋名	《詩經·大雅·大明》:造舟爲梁,不顯其光。
乘軒	鶴名	《左傳·閔公二年》:衛懿公好鶴,鶴有乘軒者。
曲肱	枕名	《論語·述而》:飯疏食飲水,曲肱而枕之,樂在其中矣。
及肩	墻名	《論語·子張》:譬之宮墻,賜之墻也及肩,窺見室家之好。
列子	風名	《莊子·逍遥游》:列子御風而行,泠然善也。
梁山	象名	《爾雅·釋地》:南方之美者,有梁山之犀象焉。
相如	璧名	《史記·廉頗藺相如列傳》:相如曰:"……城不入,臣請完璧歸趙。"
王粲	圍棋名	《三國志·魏書·王粲傳》:觀人圍棋,局壞,粲爲覆之。
還鄉	錦名	《梁書·柳慶遠傳》:卿衣錦還鄉,朕無西顧之憂矣。
補天	石名	《淮南子·覽冥訓》:於是女媧鍊五色石以補蒼天,斷鼇足以立四極。
女几	菊名	《山海經·中山經》:女几之山……其草多菊。
瀧(隴)頭	鼓名	盧照鄰《早度分水嶺》:隴頭聞戍鼓,嶺外咽飛湍。
逸才	師子名	《白氏六帖·獅子》:毛群之長,逸才之獸。
育彩	孔雀名	《白氏六帖·孔雀》:毛彩光華
六律	箏名	《白氏六帖·箏》:應六律,惣八風。
蜀江	錦名	《白氏六帖·錦》:蜀有濯錦江。
投杖	龍名	《初學記·龍》:以所騎竹杖投葛陂中,顧視之,乃青龍也。

日本古代漢文中的用例如：

（42）蓋當曲水之翌日、翫艷陽之風光也。『本朝文粹』卷十大江匡衡「暮春侍宴左丞相藤原兼家東三條第同賦渡水落花舞応製」

（43）仙家池水正泓澄、松樹臨來殊有情。草聖带煙殘月暗、波臣衣綠晚風清。『後二條師通記』寬治四年四月廿日載大江匡房「七言早夏陪行幸応製詩」

（44）雁書飛來、魚網納潛、見所命之旨、且以奉之。『和泉往來』「八月狀」

（45）寺家送十字、員數爲百枚。『民経記』嘉禎三年十月十六日

（46）乃見贈倭漢兩會寫真畫障各一張、容鬢皆顯於後素。『本朝文粹』卷九菅原文時「暮春藤亜相山莊尚齒會詩」

上舉詞語在句中的意義和用法都是中國文獻中所未見的。由於曲水流觴是上巳的習俗，日本人徑將“曲水”用作上巳、三月三日的代名詞，如例（42）“曲水之翌日”指的便是三月四日。“草聖”本是擅長草書的書法家張芝的稱號，他臨池學書使得池水盡黑的故事廣爲流傳，在各種類書中多有記載。例（43）是一首詠景詩，“草聖帶煙”描寫的是夜晚池塘霧氣氤氳的景色，“草聖”正如《色葉》所記錄的爲“池名”，亦即本來指人的名詞被轉用來指物①。例（44）出自日本古代書儀，“雁書”和“魚網”都是書信、信紙的代稱。“魚網，紙名”源於蔡倫造紙的典故。例（45）中“十字”指蒸餅，該義源自《晉書》中何曾的故事。何曾生活奢靡，在蒸餅上都要劃出十字裝飾。儘管中國人也都熟悉這個典故，但中國沒有用“十字”指代餅者，這是日本人的創造。關於《論語》中“繪事後素”一句注釋家意見紛紜，但無論如何理解，在中國文獻中它始終只是一個短語，沒有凝固成詞。而《色葉》記載：“後素，圖畫名。”例（46）中“後素”指的就是圖畫，這種詞彙化現象，僅在日本漢文中發生。以上這五個詞，有的在中國文獻中也出現，但意義不同，是和化典故詞，有的在中國根本不成詞，就是和製典故詞。

和製典故詞中最值得關注的是一系列由專有名詞演變來的典故詞。

---

①從對偶句“波臣衣綠”來看，此處“草聖”有雙關語義，一方面以其本義與擬人的“波臣”對仗，另一方面實際語義又指“池塘”。

以下以"白波"爲代表略作分析。該詞在日本漢文中的用例如：

（47）當時守護輩緩怠、暗夜之間、所々白波競起、末世之法、於事多恐、爲之如何。『民経記』寛元四年十二月八日

（48）如風聞者、海有白波、山有緑林、海陸之行、共不容易。『鎌倉遺文』4240「近衛家文書」寛喜三年十一月三日「後堀河天皇宣旨」

"白波"常與"緑林"並用，爲"盗賊"義。該詞來源於漢代歷史故實。《後漢書·董卓傳》："初，靈帝末，黄巾餘黨郭太等復起西河白波谷，轉寇太原，遂破河東，百姓流轉三輔，號爲'白波賊'，衆十余萬。"黄巾軍餘黨起於白波谷，故而又被稱爲"白波賊"，又可省略爲"白波"：

（49）經到，乃奮其白須，爲如與之有舊者，謂曰："阿先闖乎！念共避白波時不?"《三國志·魏書·胡昭傳》裴松之注引《魏略》

（50）楊奉、董承，外與催和，内引白波、李樂等破催，乘輿於是得進。酈道元《水經注》卷四

在中國文獻中，"白波"的所指從未突破漢末"白波賊"的範疇，仍當被視爲專有名詞，《漢語大詞典》"白波"詞條中亦未涉及"盗賊"之義。然而在日本漢文中"白波"的語義大大泛化了。熟悉漢魏典故的日本文人學者將"白波"當作"强盗、盗賊"的代名詞，於是有了以上例（47）（48）中的用法。又由於日語對"波"和"浪"的訓讀一樣，"白浪"也有了"盗賊、强盗"義，這就離原典更遠，如果不了解日本人對典故的改造過程，便無法準確把握"白浪"的語義來源。

專有名詞吸收典故語境成爲普通名詞的情況在日本漢文中十分普遍，許多是中國文獻中不存在的，體現了古代日本人對典故的深刻理解和特有的創造力。原卓志列舉過的"白波、蓋嶺、銅山、洛川、蜀江"等①，《色葉》均有收録，除此之外還可看到這樣的用例：

（51）墨子三段。『看聞日記』永享三年二月七日

（52）爲後記可有御助成之由申之間、桃林一頭被送遣、牛童牽之。『看聞日記』応永廿三年九月廿日

例（51）（52）的"墨子三段"和"桃林一頭"在中國人看來實在不易理解，

---

① 原卓志「本邦における漢語の意味用法の変化:固有名詞出自漢語を例として」，『國文學攷』第 112 期，1986 年，頁 44—55。

據《色葉》的記載,可知"墨子"指"絲","桃林"指"牛"。墨子與絲的關係、桃林與牛的關係,固然都建立在中國古籍記錄上,但中國人沒有把它們看作典故,也就不容易建立起聯想。《看聞日記》是日本古代公卿日記而非文學作品,可以推測,作者不是爲了追求遣詞造句的新穎生動而使用"墨子"和"桃林",這些詞在當時已經從專有名詞演變爲普通名詞,進入了日常生活語言。

六、結語

上文將列表統計和個案研究相結合,討論了《色葉字類抄》中"X,Y名"記錄,從中可以得出以下幾點結論。

第一,大部分的"X,Y名"記錄都基於中國古代典籍中的成語故實,因此《色葉》是研究漢語典故詞的有效材料。漢語的研究語料固然以中國文獻爲主,但古代漢字文化圈中的日本、朝鮮、越南人等,也用漢文創作了大量文獻,這些文獻同樣是漢語研究的寶貴語料。《色葉》中記錄的典故詞,有的在中國文獻中雖有用例,但辭書失收,有的在中國辭書、類書中有收錄,但沒有實際用例。通過考察《色葉》和日本漢文文獻,可對漢語典故詞研究提出許多有益的佐證和補充。

第二,古代日本人習得漢語典故詞有多種途徑,其中以儒家典籍、史書和類書爲最常見。經史文獻本就是漢語典故詞的最重要來源,源自儒家經典的主要是語典,而源自史籍的主要是事典。唐代類書對古代日本人有重要影響,通過分析《色葉》與唐代類書的關係,能進一步了解日本人對類書的學習和吸收情況。

第三,典故傳入日本後,由於理解角度、使用環境不同,會產生一些中國沒有的典故詞,或發生一些在中國文獻中不曾出現過的語義演變。《色葉》中記錄的典故詞中,有至少1/5屬於這種情況,可被稱爲和化或和製典故詞。探尋典故詞在日本發生的語義演變,既能爲研究漢語典故詞的語義演變的普遍規律提供材料,也能發掘日本人吸收和改造漢語典故詞的個性特徵。

在探討漢語典故詞,甚至其他普通詞語的歷時演變時,日本漢文是很好的補充材料,《色葉字類抄》是集中收錄這些詞語的寶庫,若對這座豐富的礦藏進行深入發掘,定能開拓漢語詞彙研究的新思路和新角度,對中日相關文獻整理和詞典編撰亦將有所裨益。

（作者單位:蘇州大學文學院）

域外漢籍研究集刊　第十六輯
2017 年　頁 197—210

日僧無著道忠《虚堂録犁耕》俗語
詞訓釋平議 *

王長林

　　禪宗語録是唐宋口語的活化石,是研究近代漢語俗語不可多得的語料。但禪宗語言素來難懂,這除了與禪宗思維、言表方式有關之外,還與禪門慣用方言俗語有直接的關係,所以閲讀禪宗文獻進而從事相關研究必須跨越俗語詞這一難關。日本江户時代臨濟宗學問僧無著道忠(1653—1745)一生著述不輟,遺著多達 374 種,911 卷,其中不乏關於禪宗語録注釋、禪語考證的著作,可爲中國禪宗文獻語言研究提供參考和借鑒。《虚堂録犁耕》(下稱《犁耕》)是無著道忠對臨濟宗楊歧派重要語録《虚堂録》①所作的注疏,創作於 1727 年春至 1729 年秋,凡 30 卷,是無著道忠禪録注疏的代表作之一。《犁耕》問世後一直未能廣爲流傳,直至 1990 年日本花園大學禪文化研究所影印出版,纔逐漸被大陸學者知曉。但時至今日,學界對《犁耕》俗語言的研究價值還未引起足夠的重視,對《犁耕》俗語詞訓釋的成績與不足尚未有清晰的認識,筆者不揣謭陋,試作討論,以期學界對無著道

* 本文是 2017 年國家社科基金一般項目"日僧無著道忠中國禪籍語言研究論考"(項目編號:17BYY023)的階段性成果,雷漢卿教授和《域外漢籍研究集刊》匿名評審專家對本文提出了中肯的修改意見,並致謝忱。
① 《虚堂録》又稱《虚堂智愚禪師語録》《虚堂和尚語録》和《虚堂禪師語録》,凡 10 卷,宋代虚堂智愚禪師(1185—1269)撰,門人妙源等編,集録了虚堂禪師在聖興、報恩、顯孝、瑞岩、延福、寶林、育王、浄慈和徑山諸寺法語、偈頌和詩文,後附行狀,刊行於宋咸淳五年(1296),後入《大正藏》和《續藏經》。

忠禪宗語言研究著作予以更多的關注和研究。

一

　　無著道忠在俗語詞訓釋方面的成績前賢時彦如柳田聖山、王鍈、梁曉虹和雷漢卿等多有論及①，就《犁耕》而言，無著道忠俗語詞訓釋的成績又具體表現在如下四個方面：

（一）關注俗語，扼要釋義

　　《虚堂録》方俗詞豐贍，既有當時流行的普通俗語詞，又有禪宗行業俗語詞。無著道忠注疏之際，遇見字面平平但意思却非雅詁舊解所能賅括的詞語時，通常會扼要指明詞義，如：

　　　　交頭結尾，交明年之頭，結今年之尾，正是緊要時節也。(36②)眼似銅鈴，眉如箭幹、眼似銅鈴，共靈利之相。(61)眼上安眉，眼上本有眉，今爲方安眉也。本來圓成，今以爲初成道也。(71)一地裏，猶言盡大地也。(101)到底，徹底義。(109)置辦，措置排辦。(141)倒指，曲指也。(142)一道，一列義。(190)三尺喙，今爲能言義。(191)五湖僧，稱天下行脚僧。(191)窮鬼子，貧窮小鬼子。(207)平白，明白義。(231)一絡索，猶言一段也，如繩索一絡結也。(236)節文，謂穀訛也，如木有節有文理也。(270)劈腹剜心，盡情吐露。(274)漆器，無分曉，又不甚乾净。(290)胡卜亂卜者，分字胡亂卜度而已。(328)名言，今但言句義。(340)潑撒，今潑撒者，散滅掃蕩也。(486)附火，向火也。(527)

　　有時，甚至還用"俗談""俗語""俗話""方言""世話""方語"以及"商家

---

①參見柳田聖山撰，董志翹譯《無著道忠的學術貢獻》，《俗語言研究》創刊號，1993年；王鍈《讀〈葛藤語箋〉隨札》，《俗語言研究》第二期，1995年；梁曉虹《靈雨除病——讀無著道忠〈盌雲靈雨〉》，載《佛教與漢語史研究——以日本資料爲中心》，上海古籍出版社，2008年，頁279－298；雷漢卿《日本無著道忠禪學研究著作整理與研究芻議》，《漢語史研究集刊》第16輯，2013年；雷漢卿、王長林《無著道忠禪宗文獻俗語詞訓釋的價值略論》，《東亞文獻研究》第18輯，2016年。

②括號内數字表示該條在《虚堂録犁耕》(禪文化研究所影印，1990年)中頁碼，下同。

語"等指出詞語的口語性、地域性以及行業性,所見甚夥,兹引若干如下:

去處,俗話,但言處也。(10)果州飯布,方語,漏逗不少。(48)鷺股割肉,鷺股元無肉,更復割肉,言過而甚也。與針頭削鐵一般,不可必泥辛辣無用處,方語也。(53)不合,本不欲如此而遽如此也,俗話也。(60)針頭削鐵,方語,無用處。(66)滴水滴凍,方語,間不容髮。(66)天津橋上漢,方語,靈利漢,謂邵康節。(95)翻本,商家語。"本"者,財本也。一失財本者,重又得之。翻得曾所失之本財也。(100)只管,俗話,但也。(145)漁父棲巢,方語,事參差。(146)老子,《老學菴筆記》曰:"西陲俚俗謂父曰老子。"(196)落節,俗話,猶言失利也。(207)蒼天蒼天,方語,望空啟告。(208)乞兒席袋,方語,盡底掀翻,不潔浄物。(227)蛇入竹筒,方語,曲心猶在。(231)互鄉童子,方語,不達時宜,忠曰:"難與言也。"(234)尺二,俗語,一尺二寸也。(268)秤錘落井,方語,了無出期。(272)不敢,俗話,謙辭,其實言然也。(351)版齒生毛,方語,説不得。(384)管取,俗話,領得之義。(400)

以上諸詞《禪宗詞典》《禪宗大詞典》或不收列,或義項缺失,均可補入。諸如上舉者《犁耕》還有很多,篇幅所限,不能詳盡。《虛堂錄》的俗語詞以及無著道忠的注釋應該予以全面地搜集整理,這對禪宗文獻語言詞典的編修與訂補裨益不匪。

(二)記録古解,祛疑解惑

俗語詞受地域範圍或社會階層等因素的影響,産生之初可能就不大流行,若延至後世,再追究其義就顯得分外困難,因此禪宗俗語詞就成爲禪録閲讀理解的一大障礙。元代臨濟宗楊岐派虎丘系禪僧一山一寧(1247—1317)曾奉命遠赴日本傳法,日本僧人經常向一山請教《景德傳燈録》《碧巌録》和《五燈會元》等禪録中的疑難詞語,一山的筆答在《傳燈鈔》《虛堂録舊解》等注疏中還有相當的數量被保存下來,無著道忠在《犁耕》中每每以"一山曰"的形式加以引用,奉爲圭臬,如:

犀牛扇子,《傳燈鈔》曰:"一山曰:'圖犀牛扇子也。'"(頁221)

買帽相頭,忠曰:"相,省視也(《正字通》)。比隨機大小接也。一山曰:'隨豐儉之義。'"(頁318)

女人拜,忠曰:"《傳燈鈔》曰:'一山曰:女人拜,女人立拜屈膝而已。又曰:一兩手當胸前些子鞠躬。'"(頁263)

静鞭，《舊解》曰："一山曰：'静鞭，用絲綫打成中團也。皇帝御幸時，先有静鞭聲，方舉，一切人皆不敢行動不敢喧嘩也。'"（頁502）

蓋膽毛，《傳燈鈔》曰："蓋膽毛，一山曰：'胸中有氣岸者也。'"（頁256）

一山禪師去古未遠，見聞廣博，其筆録對索解詞義具有較高的參考價值，有的已成爲今日破解迷團的重要甚至是唯一的綫索，兹以"料掉"和"鄭頭"二詞爲例證之。

【料掉】舉玄沙初到莆田縣，百戲迎之。次日問小塘長老："昨日許多喧鬧，向甚麽處去？"小塘提起袈裟角。玄沙云："料掉没交涉。"（《虛堂録》卷六）

"料掉"詞義衆説紛紜，龍溪主張"料"爲"計"義、"掉"爲"振"義（頁697），《諸録俗語解》以爲"料"依本字解爲"度料，計較"義，而"掉"無意義。一山一寧有不同的見解："料掉，極隔遠也；勿交涉，無相干也。"（頁697）

按："料掉"其實是一個連綿詞，又可作"料掉""料調""料調""顆挑""撩挑""顆挑""顆頻""鷯頻""了鳥"等，外典還有"了佻""了弔"和"了吊"等詞形，"料掉"與"闌單""郎當"和"龍東"等係同源連綿詞。"料掉"有"懸物貌"義，如《方言》卷七："佻、抗，懸也，趙魏之間曰佻。自山之東西曰抗，燕趙之郊懸物於臺上謂之佻。"郭璞注："了佻，懸物貌。"而"長""遠"是其引申義①。可見，一山禪師對俗語詞有較强的語感，所釋雖顯籠統，但實爲的詁，其餘二家都把連綿詞"料掉"拆分求義，未妥。

【鄭頭】僧云："只如德山小參不答話，趙州小參要答話，此意如何？"師云："布袋鄭頭相似重。"（《虛堂録》卷三）

"鄭頭"禪録僅此一例，外典不載，方言詞典亦未收録，對於這類一見之詞我們似乎只能不求甚解了。所幸的是，一山禪師曾或聽聞，通曉其義，一山的解釋被無著道忠轉抄入《犁耕》，"一山曰：'凡一擔有兩頭，一頭有物，一頭無物，則擔不得。若一頭無物可擔，則權以木石等代物，令輕重對均而得擔，此謂鄭頭，乃鄉談也。'"（頁400）鄉談"鄭頭"原來是用來填壓空擔子的，不失爲一種可信的説法。

---

① 參劉波《釋"料掉""了鳥"》，《勵耘學刊》（語言學卷），2007年第1期；董志翹《同源詞研究與語文辭書編纂》，《語言研究》2010年第1期。

（三）批判舊説，自立新解

"批判的精神"是無著學問的一大特色①，禪録俗語非人人賅通，謬解妄説司空見慣。《虛堂録》在無著道忠注疏之前，已經有十餘個抄注，無著道忠會對謬解歧説予以清算，且如：

> 【禪鈔子】致于南山内堂外堂，排單下拓，箇箇如生鐵概，捱得期滿。各人要箇禪鈔子以憑賞勞。（《虛堂録》卷三）

《犂耕》先舉諸家誤解：

> 忠曰："古來謬解禪鈔子，今且舉謬解。○《舊解》曰：'禪鈔子者，册子也。學者夏中學得的言語抄録之册子，欲以得師家證明也。'○溪曰：'抄録禪苑話柄之策子也，臨濟所謂大策子上抄死老漢語也。'"（頁404）

繼而對謬解予以辯駁，並提出自己的見解：

> ○忠曰："古今不得解鈔子字，故强作妄解，不覺背語脈也。夫鈔録學得的言語，夏滿要得師家證明。雖蒙昧愚漢不可有此模樣，況復内外堂專修禪坐如生鐵壁者何暇鈔録學得語言耶？故此解甚不得語脈矣。"

> ○忠解曰："鈔，楮錢②；子，助辭也。禪鈔子者，及夏滿師家勘驗學者而量其得道入做之淺深。深者，則多證明之；淺者，則少證明之。乃以禪語證明比與錢，故云'禪鈔子'也。猶如世之功多者以重物賞之，功少者以輕物賞之也。又，'禪鈔子'猶言法財、法寶也。前二《寶林録》曰'向無星等子上，較其重輕，以憑勞賞'，又後六《淨慈後録》曰

---

① 柳田聖山撰，董志翹譯《無著道忠的學術貢獻》（《俗語言研究》創刊號，1993年）首次討論無著作學問的"批判的精神"。

② 無著後引《品字箋》對"鈔"釋云："鈔，楮貨名。《宋史》紹興二十四年：'徽外以銅少，循宋交子法，造鈔引一貫、二貫、三貫、五貫、十貫五等謂之大鈔，一百、二百、三百、五百、七百五等謂之小鈔，與錢並用，以七年爲限，納舊易新，諸路置交鈔庫，官受之，每貫取工墨錢十五文，公私便焉。'明丘濬曰：'元以來鈔制始此，宋之交會其制度無考。'《金史》：'交鈔之制，外爲闌作花紋，其衡書貫列外書禁，闌下備書經，由交換之法，及印章花押。元承其舊沿用之，中雖小異，大槩實同也。宋交會猶與錢相爲輕重，而有稱提之法，此後則錢自錢，鈔自鈔，各與物相爲輕重矣。'"

'道乞師賞勞,只向他道三貫襯錢三味食,相招攜手上高臺',並可證余
禪鈔之鈔是楮錢之義也。"(頁404)

按:"鈔"在南宋有票據、單據的意思,如范成大《催租行》:"輸租得鈔官
更催,踉蹡里正敲門來。"《漢語大詞典》釋云"古時官府徵收錢物後所給的
單據"。又如《朱子語類》卷十《學四・讀書法上》:"讀書不要貪多,向見州
郡納稅,數萬鈔總作一結,忽錯其數,更無推尋處。"卷一一一《朱子八・論
民》:"據某説時,只教有田底便納米,有地底便納絹,只作兩鈔,官司亦只作
一倉一場。"潘牧天考察《朱子語類》發現"鈔"已經與金融貿易、稅收制度以
及錢幣財貨緊密聯繫,並認爲"'鈔'可能是從官府所發鹽鈔等權威的通用
貿易票據,逐漸演變爲政府授權的可以兌換金屬貨幣的紙樣憑據,最終成
爲與金錢具有同樣流通效力的法律認定的紙幣。"如《密齋筆記》記載宋徽
宗崇寧五年(1106)曾發行過一種名爲"小鈔"的紙幣,"鈔"正是先成爲某些
紙幣的名稱,後來纔成爲專指紙幣的專有名詞①。《明史・食貨志》云:"鈔
始於唐之飛錢,宋之交會,金之交鈔。② 元世始終用鈔,錢幾廢矣。"《虛堂
錄》卷三"禪鈔子"出自虛堂禪師景定五年(1264)住臨安府淨慈報恩光孝禪
寺的語錄,故無著道忠説這裏的"鈔"指錢鈔,符合史實。無著道忠通過考
察禪林解夏賞勞習俗,堪比相似語境措詞,認定"禪鈔子"是"以禪語證明比
與錢",甚爲確當。"禪鈔子"禪籍鮮見,我們在與虛堂禪師同時代居簡禪師
(1164—1246)《北澗居簡禪師語錄》中發現一例"禪鈔",《偈頌・示僧》云:
"相逢便要求禪鈔,近日諸方僞鈔多。慧日鈔書無兩樣,只争些子大諸訛。"
學人見面就企圖求得禪師引證,居簡也以錢鈔爲喻,學人求鈔,但諸方僞鈔
多,暗示學人小心謹慎,不可冒失尋求。

(四)披尋理據,深入探源

詞語的理據也是無著道忠關注的重點之一,這是無著博學覃研的重要
體現。對詞語理據的探尋,在辨認詞形、考釋詞義和瞭解禪林清規等方面
極具價值。

　　【樺楪唇】上堂:"金輪峯頂,錦鏡亭邊。有一句子,殃害天下衲僧,
　　未有一人點校得出。育王久日樺來唇,豈容緘默? 且道是那一句?"

————————

① 詳參潘牧天《"抄"和"鈔"詞義演變考》,《杭州師範大學學報》2014 年第 3 期。
② 按:金朝紙幣"交鈔"發行於 1154 年,流通長達 80 年之久。

（《虛堂録》卷三）

《犂耕》認爲：“樺楱唇者，唇開而不得合也。”（頁343）並對該詞的名義
予以詳考，探尋了“樺”與“楱”的具體所指：

　　○《字彙》：“樺，胡卦切，音話，木名，皮可貼弓。”

　　○忠曰：“《和名類聚》二十曰：‘《玉篇》云：樺戶花、胡化二反，和名
加波，又云加仁波，今櫻皮有之，木皮名，可以爲炬者也。’”

　　○忠曰：“《本草綱目》卅五下曰：‘樺木，其皮厚而輕虛軟柔，皮匠
家用襯靴裏，及爲刀靶之類，謂之暖皮。’”

　　○忠曰：“《康熙字典》辰中曰：‘楱，音來，《廣韻》：楱，椋木名，亦作
來。《唐本草注》：葉似柿，兩葉相當，子細如李子，生青熟黑，其本堅
重，煑汁赤色。’”

　　○忠謂：“楱汁赤色，以比唇赤乎？ 樺楱唇者，蓋樺皮久曆日干則
反曲如朱唇開，故云樺楱唇乎？”（頁343—344）

“樺楱唇”一詞禪籍用例不少，但幾乎全是模仿虛堂和尚“久日樺楱唇”
者，如《天聖廣燈録》卷二五《益州覺城院信禪師》：“僧問：‘無邊身菩薩爲什
麼不見如來頂相？’師云：‘愛陀三嶋静，不覺樺楱唇。’”筆者檢索幾部大型
語料庫，也並未發現外典的用例，因而很難通過文例互參來求證詞義。因
此目前來看，道忠的解釋可爲一家之言，以“樺”與“楱”的習性來證明其與
唇形、唇色的關係，較有説服力。

　　【何樓】僧云：“望見雪峯，便參主事，又作麼生？”師云：“何樓漆器
休拈出。”（《虛堂録》卷二）

“漆器”指不潔之器物，如《方融璽禪師語録》卷三：“想相爲塵垢是情，
出塵雖净垢還生。要將漆器掀翻底，但念彌陀六字名。”與“漆桶”意思相
當，《禪林類聚》卷一七：“南堂静頌云：‘作家相見時，堂堂呈漆器。烏龜落
漆桶，也有第一義。’”然“何樓”又是何義呢？《犂耕》云：

　　○《書言故事》十一曰：“物不精好曰何樓。宋朝京師有何樓，其下
所賣物多虛僞，故以名之。今樓已廢，而語相傳。”（頁301）

“何樓”本爲宋代京師一處樓宅，所賣物件繁多且真假難辨，内外典籍
均有載，如《五燈全書》卷七〇《鹽官金粟百癡元禪師》：“懷金無識價，抱璞
枉遭刑。似則固似，是即未是。大衆，既似矣，爲甚麼却未是？何樓市物真
和僞，到底行家不可瞞。”元·謝應芳《龜巢稿》卷七《簡張履道代蔣以誠

作》："雞林近有賈人來,不向何樓買襪材。坐待春風吹鐵笛,筆端還有鐵花開。"後來正如《書言故事》所言,"何樓"就用以指"物不精好",因此虚堂禪師口中的"何樓漆器"也即謂不精潔的玩意兒。

二

由於主客觀因素限制,《犁耕》俗語詞訓釋還存在一些罅漏,需排查審辨,避免以訛傳訛,試分類並舉例討論。

(一)囿於字形,望文生訓

禪僧聽音記字,禪録中音同(近)通假的現象比較普遍,釋義需要破除假借辨認本字。

【筋斗】僧問:"衲僧家,四月十五,結他不得;七月十五,解他不得。畢竟向甚處安身立命?"師云:"針鋒頭上翻筋斗。"(《虚堂録》卷二)

《犁耕》注云:

　　忠曰:"'筋'《八方珠玉》作'斤',音近訛耳,《事苑》解之。"

　　〇《事苑》七曰:"斤斗,斤,斫木具也,頭重而柯輕,用之則斗轉,爲此技者似之。"(頁261)

可見,無著道忠認爲"打筋斗"就是斧子斗轉之狀。

今按:"斤斗"禪籍確有用例,如《從容庵録》卷二:"秤錘移到徹梢頭,忽然捺落翻斤斗。"《無異元來禪師廣録》卷一九:"當陽打箇翻斤斗,鐵笛橫吹劫外詩。"内典又寫作"筋陡",如隋·闍那崛多譯《佛本行集經》卷一三:"如是次第,或於車上,示現輕便,或現筋陡,如是種種。"其實"筋斗""斤斗""筋陡"都只是"跟頭"的借字,曾良説:"'筋斗'有多種字面,或寫作'筋陡''斤斗''筋頭''跟斗''跟頭'等,本字即'跟頭',其他字面爲一聲之轉,是語音變化的結果,即舌根音在一些區域已分化出舌面音。'跟頭'又是'翻跟頭'的簡省。""'翻跟頭'的'跟'指脚跟,'頭'指腦袋,'翻'爲翻轉義,言脚跟和頭翻轉過來,即底朝天。語義很明晰。"①因此,認爲"斤"爲斫木具、"斗"爲"斗轉"顯然是望文生訓了。

【成襦】僧問:"天欲雪而未雪,梅欲花而未花,好個西來意,無人共

---

① 曾良、李軍《佛經字詞考釋》,《語言科學》2004 年第 3 期。

出家。”師云：“掩耳偷鈴。”僧云：“和尚多是成褫學人。”(《虛堂録》卷二)

《犂耕》注云：

　　○《事苑》七曰：“成褫，音池，藉褥也。”

　　○忠曰：“成褫，扶助人成其事，如藉褥承物也。”

　　○忠又按：“褫有助義，然韻書欠訓。《聽雨紀談》曰：‘倀褫，字書謂倀爲虎傷。蓋人或不幸而罹於虎口，其神魂不散，必被虎所役，爲之前導。今之人凡斃於虎者，其衣服巾履皆別置於地，此倀之所爲也。倀可謂鬼之愚者。’或曰：‘虎捕人已死，能步繞咒禱使死人自去衣服而後食。褫字從衣從虎者，以此更考之。’”

　　○《字彙》“褫”注引《聽雨》説而《正字通》駁其妄誕。然忠謂爲虎脱衣者，助虎也。成褫字得字而義通，必是唐時俗語也。東坡《漁樵閒話》以叙倀鬼事，豈蓋爲誕妄削之耶？《事苑》藉敷褥衻，亦是助他義，然未親見。”(頁243)

大正藏本《虛堂録》“成褫”，《犂耕》録作“成褫”，無著道忠釋爲“扶助人成其事”，無可非議，但把“褫”與“倀褫”繫聯，蓋依文解義，不免迂迴。

今按：“褫”與“褫”均是“持”的借字。“持”有扶持、幫助義，《漢書·劉向傳》：“上數欲用向爲九卿，輒不爲王氏居位者及丞相御史所持，故終不遷。”顏師古注：“持謂扶持佐助也。”《新五代史·雜傳四·王師範》：“吾幼未能任事，賴與諸將共持之爾。”“共持”即共同幫扶。“成持”當屬同義並列複合詞[1]，在敦煌變文和唐宋禪録中習見，如《敦煌變文集》卷五《無常講經文》：“且乞時時過講院，莫辭暖熱成持，各望開些方便。”《祖堂集》卷一四《西江馬祖》：“古人道：‘生我者父母，成我者朋友。’是你兩個僧，便是某甲朋友，成持老人。”同書卷四《道吾和尚》：“從此共師弟遞相成持。”禪録“成持”義同“扶持”，如《大慧録》卷二九：“故某每每切齒於此，不惜身命欲扶持之，使光明種子知有吾家本分事。”《碧巖録》卷二：“雖然如此，且道，雪竇是扶持伊是減他威光？人多錯會，道爲什麼？”

──────────

① 董志翹認爲“成持”之“持”已有詞綴化的傾向，“成持”義即同“成”，文獻中還有“促成、成就、完成、實現”等義。參《〈新經律異相〉譯注獻疑》，《文獻語言學》第2輯，中華書局，2016年。

無著道忠在連綿詞的釋義中也多犯望文生訓的弊病，今舉一例：

【須臾】須臾僧至，尚書召云："上座。"僧悉舉首。(《虛堂録》卷三)

《犂耕》引《丹鉛總録》云：

須，待也，《左傳》'寡君須矣'是也。臾字從申從乙，曲也，如今人請客恭俟屈降之義。今之所云似屈，古之所云須臾也。解字必宜如此，方暢本原。"(頁329)

據江藍生的考證，"須臾"的詞義源自"須"，"臾"字不能單用；"須"和"臾"聲母不同、韻母相同(古皆爲侯部字)，是疊韻的關係，因此"須臾"是"須"順向變聲重疊形式①，與踱—踱躞、團—團圞等詞衍生形式同理。因此把"須臾"拆分析義，於義未恰。

(二)徵引舊説，未予審辨

故訓材料如中土語文辭書、佛經音義、古籍注疏及筆記小説等是無著道忠禪宗俗語詞訓釋的重要參考資料，但若未予審辨而徑加利用，極易導致人云亦云，未及的詁。

【口吧吧】上堂："主丈子，尋常口吧吧地道，我能縱能奪，能殺能活，及問他遠法師因甚不過虎溪，便道不得。"(《虛堂録》卷一)

無著道忠認爲"口吧吧"是嘴巴大張貌，並引《祖庭事苑》卷七曰："吧，音巴，大口貌。"(頁65)《祖庭事苑》的解釋亦被今人所承襲，如袁賓《禪宗著作詞語匯釋》"口吧吧"條就釋作"張大嘴巴"，引《集韻·麻韻》："吧，大口貌。"《禪宗大詞典》亦釋爲"張大嘴巴(説話)"。②

按：把"口吧吧"生硬地解釋爲"大口貌"或"張大嘴巴"嫌不夠精切。"尋常口吧吧地道"是平常能説會道的意思，"口吧吧"即指話多，方言可證，如1932年《景縣誌》："多言曰'口巴巴'。"③山東寧陽還有"嘴巴巴"一詞，有話多、多嘴多舌之義，亦可參證。④　禪籍用例亦足以證明，如《圓悟録》卷

① 參見江藍生《變形重疊與元雜劇中的四字格狀態形容詞》，《歷史語言學研究》第1輯，2008年。

② 分別見於袁賓《禪宗著作詞語匯釋》，江蘇古籍出版社，1990年，頁103—104。《禪宗大詞典》，崇文書局，2010年，頁240。

③ 見許寶華、宮田一郎《漢語方言大詞典》"口巴巴"條，中華書局，1999年，頁346。

④ 參周學鋒《禪宗著作詞語拾詁》，《漢語史學報》第12輯，上海教育出版社，2012年。

一：“若論此事，貶上眉毛早已蹉過。既已蹉過，何用鼓兩片皮口吧吧地？”《緇門警訓》卷八：“諷誦如來經一卷，勝如閒話口吧吧。”“閒話口吧吧”即閒話太多。又《環溪和尚語録》卷下：“口吧吧地説盡萬千，究竟不知有這一解。”“口吧吧”當是個方言詞，參照方言加以解讀，更能契合禪宗語境。

【兜攬】師云：“香林雖能坐致太平，要且不通物義。有問報恩萬頃荒田是誰爲主，一氣走五百里，更不回頭。何故？似者般時節，誰敢兜攬許多田地？”（《虛堂録》卷一）

無著道忠認爲“兜攬”的“兜”無實義，引《瑯邪代醉》卷三五云：

楚人發語之辭曰“羌”曰“蹇”，平語之辭曰“些”，今毗陵人平語皆曰“鍾”，京口人曰“兜”，淮南人曰“塢”，猶楚人之曰“些”也。（頁74）

按：《犁耕》引《瑯邪代醉》未予明辨。“兜攬”爲同義並行複合詞，義同“包攬”，如朱熹《約束米牙不得兜攬搬米入市等事》：“契勘諸縣鄉村人户搬米入市出糶，多被米牙人兜攬拘截。”《紅樓夢》第六一回：“寶玉爲人，不管青紅皂白，愛兜攬事情。”

【杜家】山僧尋常不曾抑逼人，只教退步揩磨。但得心死意消一番了，自然不胡亂拈匙放筋，不然盡是念話杜家。（《虛堂録》卷二）

《犁耕》引王楙《野客叢書》云：“‘包彈’對‘杜撰’爲甚的，包拯爲臺官，嚴毅不恕，朝列有過必須彈擊，故言事無瑕疵者曰‘没包彈’。杜默爲詩，多不合律，故言事不合格者爲杜撰。世言‘杜撰’‘包彈’本此。然僕又觀俗有‘杜田’‘杜園’之説，‘杜’之云者，猶言假耳，如言自釀薄酒則曰‘杜酒’，子美詩有‘杜酒偏勞勸’之句，子美之意蓋指杜康，意與事適相符合有如此者，此正與‘杜撰’之説同。”（頁291）看來無著道忠認爲“杜家”與“杜撰”之“杜”義爲“假”。但據姚永銘、崔山佳和江藍生的研可知，“杜撰”的本詞形當作“肚撰”，“杜”實爲“肚”的同音借字①。如《慧琳音義》卷三九“姶僑”條：“譯經者於經卷末自音爲頷劑，率爾肚撰造字，兼陳村叟之談，未審姶僑是何詞句。”明金木散人《鼓掌絶塵》一回：“（許叔清）遂説道：‘有了，有了。只是肚撰，不堪聽的，恐班門弄斧，益增慚愧耳。’”又四回：“杜開先道：‘已肚撰多

---

① 見姚永銘、崔山佳《“杜撰”和“肚撰”》，《辭書研究》2005 年第 2 期；江藍生《詞語探源的路徑——以“埋單”爲例》，《中國語文》2010 年第 4 期。

時，只侯老伯到來，還求筆削。'"①既然王楙之説未必可信，那無著道忠的説法自然也就不足爲據了。

（三）釋義隨性，缺乏例證

無著道忠對有些俗語詞訓釋略顯隨性，尚缺乏充分的文獻證據，不可盡信。

【賣峭】釋迦老子一生賣峭，臨死自納敗闕，致令後代兒孫，箇箇以鰕爲目。（《虛堂録》卷一）

《犁耕》注云："賣峭者，商賈貴價無墜也，今言守向上不爲落草談也。《正字通》寅中曰：'峭，音俏，山峻拔峭絶也。'"（頁167）

按："賣峭"並非源於商賈交易，不妨先看如下三例：

（1）紫胡只知驚群動衆，賣峭誇俊，不顧傍觀，自招其咎。（《破菴和尚語録》）

（2）師云："保寧大似二八少年風流才子，一向賣峭，於唱教門中，足可觀光。"（《了菴和尚語録》卷一）

（3）乘白象降王宮，十分賣峭；指天地行七步，徹骨風流。（《穆菴禪師語録》卷一）

例（1）"賣峭"與"誇俊"連言，例（2）"二八少年風流才子"和例（3）"徹骨風流"，均向我們暗示了"賣峭"與美貌、風度相繫。其實，"賣峭"就是"賣俏"，賣弄嬌媚姿態②。例（1）"賣峭"在《宗門拈古彙集》卷四二和《宗鑒法林卷》卷三一保甯章均録作"賣俏"，可資參證。"賣俏"一詞禪籍慣見，多與"風流""妖嬌""天真"等連用或並舉，姑引數例如次：

（4）世尊脱體風流，迦葉渾身賣俏。當時百萬人天，只見拈花微笑。（《天童和尚辟妄救略》）

（5）人前賣俏最風流，一鈎無端便上鈎。縱使萊藍提得去，奈何覆水已難收。（《禪宗頌古聯珠通集》卷十四）

（6）渾淪白石含玉，輕薄紅英逐流，年少妖嬌賣俏，老來無處藏羞。（《隱元禪師語録》卷十五）

（7）不是渠儂輕賣俏，皆由默契自天真。（《百癡禪師語録》卷九）

---

① 例句轉引自姚永銘、崔山佳《"杜撰"和"肚撰"》，《辭書研究》2005年第2期。
② 參詹緒左《禪籍疑難詞語考（下）》，《漢語史研究集刊》第18輯，巴蜀書社，2014年。

【皮下無血】僧云:"還有爲人處也無?"師云:"獨有爾皮下無血。"僧云:"不因夜來雁,爭見海門秋。"(《虚堂録》卷一)

《犂耕》本條注云:

忠曰:"舊説云:'皮下無血,不識羞也,又死漢也。'言虚堂爲人,盡大地人領會,獨汝箇死漢無所覺悟也。"

○《大慧武庫》曰:"照覺以平常無事不立知見解會爲道乃至眼裏無筋、皮下無血之流,隨例顛倒,恬然不覺。"

○忠曰:"《博山禪驚語》上曰:'須皮下有血識慚愧始得。'依此語,不識羞之義是也,死漢義非也。余又謂能識羞者,遇可羞事則面發紅,是皮下有血也;不識羞者,雖遇可羞事,紅不發面,是皮下無血也。"(頁59—60)

僅憑"皮下有血識得慚愧"就斷定"皮下有血"乃"不識羞"義,有隨文解義之嫌,又以遇可羞事臉面發紅與否區別"皮下有/無血",也是附會之説。今按:禪録中"皮下無血"同義的表達又有"舌頭無骨""眼裏無筋""耳朵無聰"或"耳朵無竅"等,都是指人遲鈍愚頑,不夠靈透,非不識羞義。"皮下無血"的反義詞就是"皮下有血",與"眼裏有筋(睛)""面上有鼻""舌頭有骨"等義同,指人頭腦機靈。諸詞常常反義對舉或同義並現,有助於我們探究其義,如:

(1)德山棒如雨點,要且打不得皮下無血底。臨際喝似雷奔,要且喝不得耳朵無聰底。直饒打得悟喝得省,報恩未必橫點頭。(《虚堂録》卷一)

(2)者僧眼裏有筋,皮下有血,要見洞山也不難。(《宗門拈古彙集》卷二五)

(3)皮下有血,面上有鼻,脱體相呈,全無忌諱,明眼衲僧,更須瞥地。(《長靈守卓禪師語録》卷一)

(4)若是眼中有睛,皮下有血,具丈夫意氣底,終不向遮裏折倒。(《佛海瞎堂禪師語録》卷三)

(5)鏡清舌頭有骨,氣吐風雲。遮僧眼裏無筋,通身泥水。殊不知遮兩箇漢,錢不露陌,銀不露白。(《瞎堂慧遠禪師廣録》卷一)

(6)舌頭無骨,耳朵無竅,佛法不知,只會亂道。(《蔗菴範禪師語録》卷二二)

　　且如例(2)是説"者僧"很有靈氣,因此不難見洞山。又如例(4)"眼中有睛,皮下有血"被認爲是"具丈夫意氣底",也即是禪宗常言伶俐漢,足見"皮下有血"是褒贊之詞。

　　無著道忠利用傳統訓詁學的方法從文獻學、禪學和語文學的角度對《虛堂録》逐句注解,考釋了一大批俗語詞,爲禪宗文獻語詞研究積累了寶貴的材料,爲探索詞義、追溯語源提供了重要的綫索,俗語研究的價值不言而喻。同時,我們又必須認識到《犁耕》在詞語訓釋上尚缺乏科學性和系統性,難免存在釋義、溯源訛誤的情況,也有補正的必要。全面地認識《犁耕》在俗語詞訓釋上的成績與不足,對禪宗文獻語詞考釋、無著道忠禪録注疏研究很有助益,值得進一步系統地研究。

（作者單位:四川大學文學與新聞學院）

漢籍交流研究

域外漢籍研究集刊　第十六輯
2017 年　頁 213—228

習鑿齒《與釋道安書》考釋①

——兼論日本古抄本《高僧傳》卷五異文現象

武紹衞

　　因具有補遺、校勘等方面的重大價值,日本古抄本一切經一直是學界關注的焦點。2015 年,國際佛教學大學院大學"日本古寫經研究所"公佈了日本金剛寺、七寺藏古抄本《高僧傳》卷五,其中《釋道安傳》與刊本多有不同,尤爲明顯者即傳中所録習鑿齒《與釋道安書》。《與釋道安書》是東晉名士習鑿齒爲邀請釋道安來東晉宣揚佛法而寫。就傳世文獻而言,此信有兩個版本即梁僧祐《弘明集》收録本和梁慧皎《高僧傳》收録本。

　　該信件一直是我們理解東晉時期士大夫與佛教、皇室與佛教關係的重要文獻,但是學界在該信傳世版本的完整性、寫作時間以及信件歌頌人物等問題上,存在很大分歧。日本古抄本的刊佈,重新引起了筆者對上述問題的思考。茲不揣固陋,試論上述問題於下。

一、《與釋道安書》的版本

　　從内容上看,除個别字詞外,金剛寺、七寺等古抄本基本相同,古抄本的《與釋道安書》與《弘明集》版幾乎完全一致。因王招國先生已經以《金剛寺》本爲底本,以七寺本、興聖寺本和四天王寺藏法隆寺本爲校本,對《高僧

---

①此文寫作過程中,得到了陳金華教授、定源(王招國)先生、陳志遠先生等師友的幫助,在此表示感謝!

傳》卷五進行了校勘，公佈了異文①。故下文僅以《大正藏》所收《弘明集》
本《與釋道安書》②爲底本，以有圖版但無録文之七寺本（爲甲本）爲校本③，
將《與釋道安書》校録於下：

　　　興寧三年四月五日，鑿齒稽首和南：

　　　　承應真履正，明白内融，慈訓兼照，道俗齊蔭。宗虚者，悟無常之
　　旨；存有者，達外身之權。清風藻於中夏，鸞響屬乎八冥。玄味遠猷，
　　何勞如之？ 弟子聞④，不⑤終朝而雨六合者，彌天之雲也；弘淵源以潤
　　八極者，四⑥大⑦之流也。彼真⑧無爲，降而萬物賴其澤⑨；此本無心，
　　行而高下蒙其潤⑩。況哀世⑪降步，漘時而生？ 資始系於度物，明道存
　　乎練俗⑫。乘不疾之輿，以涉無遠之道⑬；命外身之駕，以應十方之求，
　　而⑭可得⑮玉潤於一山，冰結于一谷。望閶風而不⑯回儀⑰，損此⑱世

---

① 參國際佛教學大學院大學、日本古寫經研究所《日本古寫經善本叢刊第九輯・高僧傳
　　卷五、續高僧傳卷二八二九三〇》，三美印刷株式會社，2015 年，頁 40—60。
② 參（梁）僧祐《弘明集》，《大正藏》第 52 册，頁 76 下—77 上。
③ 參國際佛教學大學院大學、日本古寫經研究所《日本古寫經善本叢刊第九輯・高僧傳
　　卷五、續高僧傳卷二八二九三〇》，頁 67—68。
④ 甲本自此始。
⑤ “不”，甲本作“夫不”。
⑥ “四”，甲本作“四四”，其一爲衍字。
⑦ “大”，甲本作“海”。
⑧ “真”，甲本作“直”。
⑨ “澤”，甲本作“潤”。
⑩ “潤”，甲本作“澤”。
⑪ “世”，甲本無。
⑫ “資始……練俗”，甲本無。
⑬ “道”，甲本作“路”。
⑭ “而”，甲本作“豈”。
⑮ “得”，甲本無。
⑯ “不”，甲本作“弗”。
⑰ “儀”，甲本無。
⑱ “此”，甲本作“世”。

而不誨①度者哉②。

　　且夫③自大教東流四百餘年矣④，雖藩王居士時有奉者，而真丹宿訓先行上世。道運時⑤遷，俗未僉悟；藻悦濤波，下士而已⑥。唯⑦肅祖明皇帝，實天降德，始欽斯道⑧。手畫⑨如來之容，口味三昧之旨。戒行峻於巖隱，玄祖⑩暢乎無生⑪。大塊既唱，萬竅怒⑫吗⑬，賢哲⑭君子，靡不歸宗；日月雖遠，光景⑮彌暉⑯。道業之隆，莫盛於今⑰。豈所謂"月光首寂將生真土⑱，靈鉢東遷忽驗於兹⑲"乎？

　　又聞三千得道，俱見南陽；明學開士，陶演真言。上考聖達之誨，下測道行之驗。深經並往，非斯而誰？懷道邁訓，舍兹孰降？是以⑳此方諸僧，咸有傾想㉑。目欣金色之瑞，耳遲無上之藏㉒。老幼等願，

---

①"誨"，甲本無。

②"者哉"，甲本無。

③"且夫"，甲本無。

④"年矣"，甲本作"祀"。

⑤"時"，甲本無。

⑥"藻悦濤波，下士而已"，甲本無。

⑦"唯"，甲本無。

⑧"道"，甲本作"義"。

⑨"畫"，甲本作"書"。

⑩"如來之容……玄祖"，甲本無。

⑪"生"，甲本作"外"。

⑫"怒"，甲本作"俱怒"。

⑬"吗"，甲本作"豪"。

⑭"哲"，甲本無。

⑮"景"，甲本作"影"。

⑯"暉"，甲本作"著"。

⑰"今"，甲本作"此"。

⑱"土"，甲本作"地"。

⑲"兹"，甲本作"是"。

⑳"又聞……是以"，甲本無。

㉑"傾想"，甲本作"思慕"。

㉒"藏"，甲本作"蒇"。

道俗同懷①，系詠之情，非常言也。

　　若慶雲東徂，摩尼回曜，一躡七寶之座②，暫視明誓之燈。雨甘露
于豐草，植栴檀于江湄，則如來之教，復崇於今日；玄波逸響③，重蕩
濯④於一代矣。

　　不勝延豫，裁書致心。意之蘊積，曷云能暢？⑤
弟子襄陽習鑿齒稽首和南。

通過校勘，不難發現，相比於《弘明集》本，日本古抄本多有舛誤；但亦
有可校改前者之處，如原本"玄波逸響，重蕩濯於一代矣"句，"響"改爲抄本
之"漾"，删除"濯"字，更符合文義。

其實不獨上述四寺藏本，早已刊佈的石山寺藏《高僧傳》本的形態亦是
如此⑥。位於大阪的金剛寺、名古屋的七寺、奈良的西方寺、京都的興聖寺
和滋賀縣的石山寺等，它們的藏本，抄寫年代基本相同，都是日本平安末期
（十二世紀）。其內容的相近，顯示出這批寫經屬於同一系統。而各個藏本
抄寫地區的不同，則説明我們現在看到的這批抄本也只是抄録比其更早的
抄本後的形態，而非抄寫僧傳的沙門自己堪異和校補的結果。其實，非但
是習鑿齒《與釋道安書》，《高僧傳》卷五中《法和傳》、《僧朗傳》等也都存在
用諸如《晉書》、《十六國春秋》等史料校補的現象⑦。

與慧皎《高僧傳·釋道安傳》中收録版本比，《弘明集》本可能是全本。
這是以往學者多持有的觀點⑧。但事實可能並非如此。兹將慧皎《高僧

---

①"老幼等願，道俗同懷"，甲本無。

②"座"，甲本作"坐"。

③"響"，甲本作"漾"。

④"濯"，甲本無。

⑤甲本止於此。

⑥具體考察，參［日本］牧田諦亮《高僧傳の成立》，《東方學報》48 卷，頁 245—259。

⑦具體情況，參定源（王招國）《〈高僧傳篇〉論考》，收入《日本古寫經善本叢刊第九輯·
　　高僧傳卷五、續高僧傳卷二八二九三〇》，頁 148—149。

⑧參［荷蘭］許理和著，裴勇等譯《佛教征服中國》，江蘇人民出版社，2003 年，頁 289，注
　　57；黃慧賢《對習鑿齒卒年及其著作的檢討和蠡測》，《魏晉南北朝隋唐史資料》第 26
　　輯，武漢大學文科學報編輯部，2010 年，頁 41；等。

傳·釋道安傳》中收録版本引於此處，以便比對：

> 承應真履正，明白内融。慈訓兼照，道俗齊蔭。自大教東流，四百餘年，雖蕃王居士時有奉者，而真丹宿訓先行上世。道運時遷，俗未僉悟。自頃道業之隆，咸無以匹，所謂月光將出，靈鉢應降。法師任當洪範，化洽幽深。此方諸僧咸有思慕。若慶雲東徂，摩尼回曜。一躡七寶之座，暫現明哲之燈。雨甘露于豐草，植栴檀于江湄。則如來之教，復崇於今日；玄波溢漾，重蕩於一代矣。①

通過對比不難看出，這兩個版本内容雖然大體一致，但也有一些不同：《高僧傳》本明顯簡略，省去了不少信息；《弘明集》本雖然詳細，但也並没有包含了《高僧傳》本的所有信息，主要是遺漏了"自頃""法師任當洪範，化洽幽深"等。在信件原件的表達邏輯中，這些詞句起到的是承上啓下的連結作用。這一點下文會有詳述。二者的不同，似乎也表明《高僧傳》本雖簡略，但却不是簡單地抄略《弘明集》本。尤爲突出者，只保存在《高僧傳》本中之"法師任當洪範，化洽幽深"一語則屬於針對道安法師的評價語，似當理解爲《與釋道安書》原文。又考慮到齊梁時期，《與釋道安書》一直在社會上流傳，故而僧祐和慧皎很可能都看到了信件的原稿②，根據各自的需要對原件進行了不同程度的摘抄。

關於日本古抄本《高僧傳》與刻本系統的關係，船山徹等認爲古抄本可能是後人根據《晉書》改竄刻本系統的結果，將石山寺本視爲《高僧傳》的原本有較大困難，但也認爲現在尚難以得出最終的結論③；王招國曾有一系列深入的研究，他懷疑這批古抄本《高僧傳》可能是慧皎當時撰寫的另一

---

① 參（梁）釋慧皎撰，湯用彤校注《高僧傳》，中華書局，1992 年，頁 180。

② 關於此點，根據歷代經録的記載，可以知悉。《出三藏記集》卷十二中就收録了僧祐所見到的習鑿齒《與釋道安書》，參《出三藏記集》，《大正藏》第 55 册，頁 85 上。唐初道宣編撰《大唐内典録》時曾著録此信，並標明收録於"續法論第十四帙"，可見道宣時很可能仍可見到此信。參（唐）道宣《大唐内典録》，《大正藏》第 55 册，頁 329 下。

③ 參［日本］吉川忠夫、船山徹《高僧傳譯注》之"解説"部分，岩波書店，2009 年。

個版本①。如果從僧祐和慧皎都可能見到了信件的全文這一點出發，則古抄本《高僧傳》不太可能是慧皎的另一個版本，因爲慧皎應該不會棄原文不顧轉而摘抄《弘明集》。不過，必須承認這裏的討論僅限於《與釋道安書》。古抄本的定性，是一個需要對古抄本全部異文進行通盤考察之後才可能得出最後結論的問題。限於學識，筆者無力也無意於解決這一重要却異常複雜的問題。

　　《高僧傳》本與《弘明集》本不契合處，竟與上述幾件日本古抄本多有一致：如"此方諸僧咸有思慕"之"思慕"一詞，《高僧傳》本與古抄本同，而《弘明集》本作"傾想"；又如上文已舉之"漾"與《弘明集》本當删之"濯"字，《高僧傳》本與古抄本俱同。這也許是慧皎或後世抄者以《弘明集》和《高僧傳》兩個版本互校的表現②。

　　考慮至遲到唐初道宣時期，《與釋道安書》可能一直在社會上流傳③，在日本多次按照經録來華搜集經典的情況下④，該信件完全是有可能傳入過日本。那麼，日本古抄本有無可能使用《與釋道安書》的單行本原件而非《弘明集》本校補僧傳？這是一個之前往往被簡單跳躍過去的問題。其實，通過上文對《高僧傳》本和《弘明集》本異同的對比，也可以看出《弘明集》本缺少的幾處比較關鍵信息的現象，也同樣見諸日本古抄本。如此，上述提到的以信件單行本校補僧傳的可能是不存在的。

　　目前尚不能確定古抄本的異文是何時出現，但其他文獻給我們提供了

---

① 參定源（王招國）Newly Discovered Japanese Manuscript Copies of the *Liang Biographies of Eminent Monks*：An Examination of the Problem of the Text's Development Based on a Comparison with Printed Editions，《國際佛教學大學院大學研究紀要》第16 號，2012 年，頁 129—142；同氏《日本古寫經〈高僧傳〉所見"法和傳"異文考辯》，《漢語史學報》，2014 年，頁 72—84。

② 古抄本其他僧傳中也有使用《出三藏記集》《名僧傳》《晉書》等史料校勘、補充者，相關研究，可參王招國（定源）《日本古寫經〈高僧傳〉所見"法和傳"異文考辯》，頁 72—84。

③ 參 217 頁注釋②。

④ 日本每次遣使來華前，幾乎都會根據按照中國傳入的經録統計國內闕經情況，這也成爲來華搜集經典的依據，相關研究，參王勇《奈良時代唐寫本的傳播——以〈闕經目録〉爲綫索》，《佛教與東亞宗教寫本研究國際研討會》會議論文集，2014 年，頁 71—77。

一個年代的下限。《一切經音義》的釋詞表明,九世紀初,慧琳(820 年卒)所看到的《高僧傳》的此部分已經有所變化:在相關部分,慧琳擇取了"閶風"與"江湄"二詞①。其中"閶風"一詞並不見諸刊本《高僧傳》,却出現在了《弘明集》本中②。但這僅有的幾個詞彙尚不足以支持我們分辨清慧琳等人所見到的版本和日本古抄本之間的關係。

二、《與釋道安書》的寫作時間

關於信件的寫作年代,只在《弘明集》中有一條記載,即"興寧三年四月五日"。興寧是晉哀帝年號,興寧三年即公元 365 年。《與釋道安書》本是習鑿齒爲請南下的道安到東晉傳法而作,而史料中所記載的釋道安師徒南投襄陽的時間也正是興寧三年,所以《弘明集》所録時間與道安南下時間十分契合,應該無誤。但也有一些學者提出過質疑,朱雷先生基於他對釋道安南投襄陽時間的新解,認爲該信件應作于晉孝武帝年間③;古正美則認爲"僧祐可能用不同的資料重新組織了習鑿齒的信,因此出現信中所記的事有時間及人物時代不一致的現象",信件"應該不會是習鑿齒早期在襄陽給道安寫的,而是道安離開襄陽到了長安爲符堅發展佛教的時代"④。《與釋道安書》的寫作和釋道安師徒南投襄陽有著直接聯繫,所以在討論這份信件之前,必須明確道安師徒南投襄陽的時間。

(一)釋道安南投襄陽時間釋疑

關於釋道安南投襄陽的時間,早在 1989 年,朱雷先生就曾懷疑《高僧傳·釋道安傳》中關於道安在襄陽居住十五年的記載是錯誤的⑤。1991年,他進一步認爲釋道安南下的時間應在 354 年,並懷疑僧傳中的記載在"十五載"前遺脱了一個"二"字,即釋道安在襄陽居住的時間不是"十五

---

① 參(唐)慧琳《一切經音義》卷八九,《大正藏》第 54 册,頁 876 下。
② 更爲詳細的討論,可以參看定源《〈慧琳音義〉所據〈高僧傳〉版本略考》,頁 254—267。
③ 朱雷《釋道安南投襄陽疑年考》,原刊《魏晉南北朝隋唐史資料》第 11 輯,此據《武漢大學歷史學集刊》第 1 輯,頁 13—15。
④ (新加坡)古正美《從天王傳統到佛王傳統》,商周出版社,2003 年,頁 158—161。
⑤ 朱雷《釋道安南投襄陽疑年考》,頁 8。

年",而是"二十五年"①。朱雷先生之所以對這一記載表示懷疑,主要基於對《高僧傳・釋道安》中時間用詞的分析以及對竺法汰、曇翼一些行事記載。

首先是關於《高僧傳》的用詞問題。《高僧傳・釋道安傳》記:

> [道安]遂復率衆入王屋女休山。頃之復渡河依陸渾,山木食修學。俄而慕容俊逼陸渾,遂南投襄陽。②

朱先生認爲《高僧傳》中用"頃之""俄而"等詞來表示道安師徒遷居王屋之後,不久便復又渡黄河,南下陸渾;不久之後,又南下襄陽③。其實,分析慧皎的用例,就會發現,釋慧皎對"頃之、有頃、俄、俄而、俄爾、俄頃"等時間副詞的使用並不全是單指時間短暫,兩個動作行爲之間的時間間隔有時候也會很長。如《僧伽提婆傳》載:

> 俄而安公棄世未及改正,後山東清平提婆,乃與冀州沙門法和俱適洛陽。四五年間研講前經,居華稍積博明漢語,方知先所出經多有乖失。……頃之,姚興王秦。④

道安於 385 年逝世後,提婆和法和在洛陽共同居住了四五年後,其時亦不過 390 年。姚興稱帝的時間則是 394 年,二者之間相差四年。但是慧皎在叙述這兩件事時,只用了"頃之"一詞。又,《釋曇始傳》載:

> 崔(浩)、寇(謙之)二人次發惡病。(拓跋)燾以過由於彼,於是誅剪二家,門族都盡,宣下國中興復正教。俄而燾卒。⑤

寇謙之亡於 448 年,崔浩卒於 450 年,魏太武帝拓跋燾則崩於 452 年。慧皎在這裏將"拓跋燾誅殺崔浩"事和拓跋燾病死兩件事之間用"俄而"一詞連接,雖有時間間隔不長之意,但更多的是表示這兩件事之間的先後關係。所以,不能通過今天對這幾個副詞的使用,來考察慧皎時期的用法。

其次,在《世説新語・賞譽第八》所載竺法汰南下受王洽供養之事上,朱雷先生指出此事發生在晉穆帝時期,但王洽卒於穆帝升平二年(358),所

---

① 朱雷《釋道安南投襄陽疑年考》,頁 7—13。
② (梁)釋慧皎《高僧傳》,中華書局,1992 年,頁 178。
③ 朱雷《釋道安南投襄陽疑年考》,頁 9。
④ (梁)釋慧皎《高僧傳》,頁 37。
⑤ (梁)釋慧皎《高僧傳》,頁 386。

以興寧三年(365)供養竺法汰之事絕無可能①。其實,竺法汰曾兩次南下弘法,穆帝時期的南下正是第一次,與釋道安南投襄陽時的分張是兩件事情②。也正是因爲早在穆帝之際,法汰既已在江南、尤其是京師建康有了良好的關係,所以在新野分張徒衆時,道安特意安排竺法汰前往江東。

至於滕含事,朱雷先生據滕含于晉穆帝升平五年(361)卒于廣州刺史任内,所以認爲"若如昔所論興寧三年道安法師方南投襄陽,此時滕含早已魂歸蒿里多年,何能求道安法師薦一'綱領'?此亦可證道安南投襄陽必在東晉穆帝世"③。其實,《高僧傳·曇翼傳》所載史事混亂,很難確認這件事情的人物關係。《高僧傳·曇翼傳》載:

> 翼嘗隨安在檀溪寺。晉長沙太守滕含,於江陵舍宅爲寺,告安求一僧爲綱領。安謂翼曰:"荆楚士庶始欲師宗,成其化者非爾而誰?"翼遂杖錫南征締構寺宇,即長沙寺是也。④

滕含舍宅爲寺之事在《法苑珠林》卷十三有載:"長沙太守江陵滕畯(一云滕含)永和二年(346)舍宅爲寺。"滕含,《晉書》有傳。含爲滕修之孫,滕並之子,"初爲庾冰輕車長史,討蘇峻有功,封夏陽縣開國侯,邑千六百户,授平南將軍、廣州刺史"⑤。這裏並没有説明他曾任長沙太守。所以,向道安求"綱領"之"長沙太守"是否爲滕含是有疑問的。又,關於檀溪寺,《高僧傳·釋道安傳》中有載:

> 安以白馬寺狹,乃更立寺名曰檀溪,即清河張殷宅也。……涼州刺史楊弘忠送銅萬斤……於是衆共抽舍助成佛像。⑥

《法苑珠林》卷十三《感應緣》載:

> 東晉孝武寧康三年四月八日,襄陽檀溪寺沙門釋道安,盛德昭彰播聲宇内,于郭西精舍,鑄造丈八金銅無量壽佛。⑦

---

①朱雷《釋道安南投襄陽疑年考》,頁11—12。
②袁仕萍《法汰晉土弘法時間稽疑》,《蘭臺世界》,2011年6月下旬,頁78—79。
③朱雷《釋道安南投襄陽疑年考》,頁13。
④(梁)釋慧皎《高僧傳》,頁198。
⑤《晉書》卷五七《滕含傳》,中華書局,1974年,頁1554。
⑥(梁)釋慧皎《高僧傳》,頁179。
⑦(唐)釋道世《法苑珠林》,《大正藏》第53册,頁384中。

　　據上兩條材料看,檀溪寺肯定是建于道安襄陽弘法的年代。涼州刺史楊弘忠似爲慶祝檀溪寺的修建而送來銅,所以據此可以推知楊弘忠送銅事件和檀溪寺修建的時間相距不遠。檀溪寺的佛像鑄成於"東晉孝武帝寧康三年(375 年)四月八日",故檀溪寺的修建也當距 375 年不遠。這個時間和《法苑珠林》關於滕含舍宅爲寺的記載也是矛盾的。爲解決這個矛盾,許理和先生曾認爲《法苑珠林》所載"永和二年"當是"太和十二年(367 年)"之誤①。但是這仍不能解釋早在 361 年既已去世的滕含何以出現在這個故事中。

　　通過上面的梳理,雖然尚不能完全否定朱雷先生的質疑,但在文獻不足徵的情況下,還是不能斷然否認《弘明集》所標示的時間。

　　(二)《與釋道安書》非苻堅時期所書

　　古正美之所以認爲該信件"是道安離開襄陽到了長安爲苻堅發展佛教的時代",主要是出於對該信件的完整性和真實性的判斷。她認爲,習鑿齒在信件中主要稱讚的對象是晉明帝司馬紹(323—326 年在位),但是興寧卻是晉哀帝司馬丕(361—365 年在位)的年號,距明帝去世已有四十年,所以斷言"《弘明集》所載的習鑿齒的信,不僅有時間錯亂的問題,同時也有人物錯亂的問題"②。單就該信件保存下來的部分來看,古正美的懷疑是有道理的,但她忽略了一點,即該信件是一個節本,中間遺漏了許多信息。如果將這些遺漏的信息補全,便可發現這封信並不是僧祐用不同的資料重新組織起來的。關於這一工作,下文將進行處理,在此只是先通過對習鑿齒的史學思想和政治歷程的簡單分析,確認這封信不可能是習鑿齒在道安被苻堅遷至長安之後才寫的,更不可能是爲勸説道安爲苻堅發展佛教的而作。

　　習鑿齒有著强烈的正統觀念,據《晉書》本傳載:"是時溫覬覦非望,鑿齒在郡,著《漢晉春秋》以裁正之。"③晚年又臨終上疏曰:"臣每謂皇晉宜越魏繼漢,不應以魏後爲三恪。"他的這種正統觀念被後世贊爲"晉越魏繼漢統論"。當桓溫覬覦之心昭然若揭時,習鑿齒作《漢晉春秋》進行規勸,勸阻無果後,便"以脚疾"罷歸襄陽了。對同是漢人的桓溫篡權之行爲,習鑿齒

①[荷蘭]許理和《佛教征服中國》,頁 289,注 61。
②[新加坡]古正美《從天王傳統到佛王傳統》,頁 159—161。
③《晉書》卷八二《習鑿齒傳》,頁 2154。

尚且如此,對於一個企圖以武力征服天下的外族統治者,他又怎能彎腰屈膝爲之歌功頌德呢? 379 年,攻克襄陽俘獲道安和習鑿齒後,苻堅曾興奮地説:"今破漢南,獲士裁一人有半耳。"一人乃道安,半人即習鑿齒。苻堅對二人賞賜甚厚。在這種情形下,道安選擇了留在苻秦長安進行弘法,但習鑿齒却"俄以疾歸襄陽"。可見,習鑿齒並沒有因苻堅的知遇而與之合作,仍在堅持自己的政治理想。所以,從這個角度看,古正美的觀點也是不成立的。

綜上,道安師徒南投襄陽的時間爲興寧三年,應當是正確的。《與釋道安書》一信的寫作時間也應當是興寧三年,即 365 年。

三、被遺漏的聖人:《與釋道安書》的中心人物

除了上文已經探討了的信件的寫作時間問題,圍繞這封信件的分歧還有兩個:一是信中稱讚的主要對象,二是信中習鑿齒要求道安輔佐的"月光"的指代。許理和認爲信中稱讚的人物即是道安法師:月光降生中土,即是因爲道安的功德①。方廣錩先生的觀點和許理和大致相同②。但是上述二位先生都沒有指出信件中出世的"月光"指代何者。多數學者認爲該信稱讚的人物是晉明帝③。古正美則認爲,習鑿齒在信中要求道安服務的物件是前秦苻堅④。

要弄清上述兩個問題,有必要將這份信件的叙述邏輯搞清楚。但在討論這封信之前,必須明確以下兩點:

(1)無論是《弘明集》,還是《高僧傳》,所收録的信件都不是原件的全文,即使是節録各段也未必是對原稿的完整抄録。《高僧傳》的遺漏自不用説,有些學者認爲《弘明集》本收録的信件是全本,其實不然,《弘明集》的版

---

① Erik Zürcher,"Prince Moonlight:Messianism and Eschatology in Early Medieval Chinese Buddhism",*T'oung Pao* LⅩⅧ,1—3(1982),p.25.

② 方廣錩《道安評傳》,頁 149。

③ 可參湯用彤《漢魏兩晉南北朝佛教史》,頁 104;[日本]塚本善隆《中國佛教通史(第一卷)》,春秋社,1979 年,頁 320;[荷蘭]許理和《佛教征服中國》,頁 129,等。

④ [新加坡]古正美《從天王傳統到佛王傳統》,頁 158—161。

本亦是節録。最明顯的一點即是《高僧傳》版本中記有"法師任當洪範,化洽幽深",而《弘明集》中缺失;並且該句並不能獨立成段,明顯是被僧祐在摘録原文時遺漏或故意省略了。此外,從信件開頭"鑿齒稽首和南"看,似是從原件從頭收録,但是下文緊接著便是宣揚護法行爲以及佛法治世,一點寒暄語句都没有,全文 561 字更未提及"道安"等字,若非後人知曉該信件收件人,怕很難知道該信是寫與何人的。這很不符合古人信件的寫作格式。

(2)僧祐節録這一部分之目的在於護法弘道。他在《弘明集》卷一序文講:"其有刻意剪邪建言衛法,制無大小,莫不畢采。……夫道以人弘,教以文明,弘道明教,故謂之'弘明集'。"又,在收有《與釋道安書》的卷十二的序文中講:"余所撰《弘明》,並集護法之論。"可見僧祐收文的標準即是,文章必須是和弘揚佛道有關。知曉了這一點,對僧祐所收習鑿齒《與釋道安書》的中心思想也有了一個簡單把握。

明白了以上兩點之後,便可以開始討論信件本身了。這裏主要是以《弘明集》版本爲底本,結合《高僧傳》本進行分析。

首節引文之首段講述一個佛教弟子應當承擔的責任。保存下來的信件開頭便使用了"應真"一詞,"應真"即"羅漢"的另一稱呼。習鑿齒使用該詞即是在闡明僧衆護法和宣揚佛法的責任。其後則以"彌天之雲"和"四大之流"來烘托佛教大德,認爲前二者無心尚且能够滋養萬物,更何況生於末世以濟世爲己任的得道大德? 接著又講述了佛徒應當如何在末世濟世,即"度物練俗"。不難看出,在這一部分中,習鑿齒是在強調佛法的功能,宣揚大乘佛教的"普度衆生"。他認爲佛教的重心應當放在世俗方面,得道大德應該像入世儒士一樣積極承擔起"治國平天下"的責任。

次段是在描述佛教東傳以至自己生活時代間的流傳情況。習鑿齒認爲佛法自傳入中國以來,已四百多年。期間,中國傳統文化(即所謂的"真丹宿訓")還是居於主導地位,廣大民衆都未能皈依釋教。雖時有地方諸侯王、居士信奉,但他們都只能被稱爲"下士",社會地位也不是最爲顯赫。換言之,之前的中國仍然是一片佛教的荒漠,信奉者因身份的限制都不能承擔起弘揚佛法、以佛法拯濟萬民的職責。但是這種情況因東晉肅祖明帝的出現而發生了改變。在習鑿齒的認識中,晉明帝是中國第一位信佛的皇帝,他不僅具有手畫佛像的技藝,而且還有口誦佛經、恪守戒行的虔誠。

　　下文接著言"大塊既唱,萬竅怒號,賢哲君子,靡不歸宗。日月雖遠,光景彌暉;道業之隆,莫盛於今",很多學者認爲這幾句也是在稱頌晉明帝①。但筆者十分懷疑,在這幾句之前,信件也省略了數句。很明顯,在這幾句之前的信件一直是在稱頌晉明帝的護法行爲,並且所提功績也文獻可徵。但這幾句所述功績却很難説可以歸於明帝:"賢哲君子,靡不歸宗",在明帝時期活動于其周圍的大德並不多;"道業之隆,莫盛於今"一句則可以看出,在習鑿齒眼中,明帝時代雖已漸崇佛法,但道業最爲興盛的却是自己所處的時代。此句在《高僧傳》本作"自頃道業之隆,咸無以匹",比《弘明集》本多出"自頃"一詞,該詞即"近來"之意,也透漏出了同樣的時代信息。習鑿齒(318? －383 年)和明帝(323－326 年在位)並不生活在同一時代,所以便不能將"今"字理解爲明帝的時代,而只能理解爲寫信的時代,即興寧三年。此時屬於晉哀帝的統治時期。從這個邏輯看,在"大塊既唱"前,若不叙述明帝之後歷代皇帝的佛教政策,也應該述及哀帝的護法行爲。若非如此,便很難理解習鑿齒爲何在追念四十年前明帝的護法功德時,突然把思緒轉到了他自己的年代。古正美等也許正是没有認識到這一點,才認爲信中所記的事有時間及人物時代不一致的現象,並斷言是僧祐用不同的資料重新組織了習鑿齒的信。

　　那麼,習鑿齒爲什麼要單單提出明帝和哀帝作爲護持佛法聖者的代表呢? 筆者以爲這反映的恰恰正是習鑿齒對東晉皇室佛教政策演變的認識。檢視一下東晉歷代皇帝的佛教政策,即可發現在晉哀帝之前晉明帝是唯一一位真正虔誠信佛的皇帝②。他曾在建康修建皇興寺和道場寺,並十分崇拜尼僧道容③,而根據張彦遠的記載和引文,也可以瞭解到"(晉明帝)善書畫,有識鑒,最善畫佛像","帝畫佛于樂賢堂,經歷寇亂,而堂獨存"④。但是晉明帝之後、晉哀帝之前的晉成帝、康帝和穆帝都没有實權,或受制於後宫,或聽命於權臣。直到"好重佛法"的哀帝統治時期,"王室佛教獲得了長

---

① [日本]塚本善隆《中國佛教通史(第一卷)》,頁 320。

② [荷蘭]許理和《佛教征服中國》,頁 121。

③ 參(唐)釋法琳《辯正論》卷三《十代奉佛篇》。

④ (唐)張彦遠撰,周曉薇點校《歷代名畫記》,遼寧教育出版社,2001 年,頁 48。

足的發展"①：期間，哀帝不僅興建了許多著名的寺院，如安樂寺等，而且還請回了之前因政治原因逃出建康的許多名僧，如支遁、竺道潛、于法開等，佛法盛極一時。這正符合信件中所説"大塊既唱，萬竅怒呺，賢哲君子，靡不歸宗，日月雖遠，光景彌暉，道業之隆，莫盛於今"。

　　瞭解了晉朝南渡後歷代皇帝的佛教態度與政策，便可以理解爲何習鑿齒在讚頌晉哀帝之前先追憶起晉明帝的護法行爲了——正是在明帝之後，佛法没有得到皇帝護持，所以才顯得哀帝的崇佛格外的讓人激動，以至於習鑿齒在信中興奮地説到："道業之隆，莫盛於今。豈所謂'月光首迹將生真土；靈鉢東遷忽驗於兹'乎？"很多學者認爲習鑿齒這幾句話是以"月光"稱頌道安或其他人。其實不然，"月光"即月光童子，是佛經中最早的一位轉生中土爲聖王的佛教菩薩；"首寂"，又可音譯爲"申曰"②"德護"等，在佛經中是月光童子之父，也是一位如來。佛教經典中，月光童子有衆多形象，比如少年形象、菩薩形象、轉輪聖王形象等。③　在這裏，習鑿齒言"月光首迹將生真土"，則是在用其轉生中土爲聖王的形象。所以"月光"所指是一位帝王而非僧伽。承接上文分析，這位帝王即是侫佛的晉哀帝，而非晉明帝，更非苻堅。

　　興寧三年的二月，哀帝已崩，但他在位時的佛教政策在短短四個月内並没有大的改變。實際上，繼哀帝之後的廢帝司馬奕和簡文帝司馬昱都相當的崇佛。也正是在這樣的崇佛氛圍下，習鑿齒很自然的便想到了要爲東晉皇室籠絡各方大德。正在南下的大德道安，則成爲了習鑿齒心目中的理想人選。信中所講"又聞三千得道，俱見南陽，明學開士，陶演真言"，便是指道安師徒由陸渾（今河南嵩縣）避難到達南陽之事。接著，習鑿齒便講述了他理解的大德幫助聖王治理萬民所應盡的職責，即所謂"上考聖達之誨，下測道行之驗"。承擔這種責任的大德即是"深經普往，非斯而誰？懷道邁訓，舍兹孰降"。《高僧傳》本中提到的那句《弘明集》本並未節錄的話——

①［荷蘭］許理和《佛教征服中國》，頁 167。
②關於"申曰"一詞，歷代經藏都記爲"申日"，據臺灣學者釋章慧考證，應爲"申曰"之誤。
　　詳參釋章慧《〈申曰經〉研究》，法鼓出版社，2006 年，頁 23—96。
③參武紹衞《中國漢文佛教疑僞經所見月光童子信仰研究》首都師範大學碩士論文，
　　2014 年。

“法師任當洪範，化洽幽深”，正可説明這點。這樣看來，只有將《高僧傳》本中多出的這句話放在“陶演真言”和“上考聖達之誨”之間，才更符合信件全文的叙述邏輯。

在叙述了自己和東晉僧衆信徒對道安法師的期許之後，習鑿齒又講到“目欣金色之瑞，耳遲無上之藏。老幼等願，道俗同懷。繫詠之情，非常言也”，再次強調了東晉所具有的弘法的環境和不具備的因子，即東晉已經擁有了轉輪聖王（即“金色之瑞”），但是弘揚佛法仍然缺少一位精通佛法的聖人。僧衆信徒都在期待著道安這樣的大德的到來。

在下面的行文中，習鑿齒繼續展望了擁有了護持佛法帝王和弘法大德之後東晉的盛世狀況。他認爲，只要道安來東晉幫助晉帝治理國家，便會“如來之教復崇於今日，玄波逸漾重蕩於一代”，“道業之隆”確可達到前不見古人的高度！

通過上面的解讀，信件（僅就保存的部分而言）的總體結構如下：

習鑿齒首先叙述了佛教信徒們應當承擔起拯濟萬民的世俗責任；其次回顧了佛教東傳以來的流行狀況，尤其是對永嘉南渡後東晉皇室的歷代佛教政策進行了詳細追述，突出強調了晉哀帝護持佛法爲弘揚佛法創造了良好的環境；接著，便對道安提出了協助晉帝弘法的請求，並展望了皇帝和大德合作所可能帶來的盛況。

四、小結

習鑿齒的這封信並不是僧祐和慧皎用不同的資料重新組織的，信中的時間、事件和人物也並不錯亂。將習鑿齒寫這封信的時間定爲 365 年應該是符合歷史事實的；在信中，習鑿齒著重宣揚的人物除了道安和晉明帝外，其實還有一位被遺漏的聖者，即晉哀帝。信中提到晉明帝也只是所述東晉皇室佛教政策的一部分，更重要的是爲烘托出哀帝護法的可貴。從這封信，也不難看出，在習鑿齒心中，弘揚佛法拯濟萬民離開道安這樣的大德是不可以的，但東晉王朝真正的救世主却還是那位擁有至尊權力的皇帝。

考慮到這封信的寫作時機——晉哀帝二月崩、司馬奕新立，習鑿齒邀請道安前來弘法，不僅是出於對釋道安的仰慕，更重要的是爲新帝尋找支持力量。他的這種努力亦可見於他給當時的朝廷重臣謝安的信，信中引薦道安:"恨不使足下見之,其亦每言思得一見足下"①,迫切之情躍於紙上。

　　出於"弘法明道"的目的,僧祐收録了習鑿齒的《與釋道安書》,雖最爲接近原件,但終是節選,有所删節,使原件的叙述邏輯隱晦不明,給後世的理解造成了困難;《高僧傳》則可能囿於傳記體例,不能全文引述,故其所載更是節略,但仍保留了一些僧祐删節的文字,給我們復原信件提供了可能。無論是慧皎本人,抑或後世的僧傳閲讀者曾以《弘明集》本改寫或校補了刻本系統《高僧傳》的此部分,但因文獻不足,尚不能明斷這種校補工作是在何時進行;也不宜對何以出現此種舉措進行過多解讀,筆者在此僅提供一點思考如下:一是刻本系統《高僧傳》原本中的信件明顯簡略於《弘明集》,而且在信件結尾處有"文多不悉載"之語,給讀者以强烈的此處收録信件不完整之感;二是中古時期道安在僧界中的影響力也許是讀傳僧衆力圖補全僧傳的推動力。

（作者單位:浙江師範大學人文學院歷史系）

---

① (梁)僧祐《出三藏記集》卷一五,頁108。

域外漢籍研究集刊　第十六輯
2017 年　頁 229—240

關於《論語集解義疏》流傳的三個問題[*]

周天爽　張　昇

　　皇侃《論語集解義疏》十卷在乾隆年間由商人汪鵬自日本帶回國後，一者上四庫館，被收入《四庫全書》，又通過武英殿刊行（在乾隆五十二年），備受重視；一者曾被刻入《知不足齋叢書》，流傳更廣。關於此書流傳的研究目前雖已取得不少成果[①]，但是其流傳過程中的一些細節問題仍有探討之必要。例如，汪鵬是何時從日本帶回《論語集解義疏》的？該書的《四庫》采進本是何人呈送的？鮑廷博與《論語集解義疏》初刻本（即王亶望刻本）有何關係？這些問題在國內相關研究中難以找到準確的答案。最近，筆者讀到日本學者松浦章《浙江商人汪鵬（汪竹里）與和刻本〈論語集解義疏〉》一文[②]，其中引用了浙江巡撫王亶望於乾隆四十四年的一份奏折，可以有助於我們解答上述問題，兹將全文照録於此：

　　　　浙江巡撫臣王亶望跪奏爲恭進皇侃《論語義疏》仰祈聖鑒事。竊
　　照浙省商人認辦銅斤，前赴東洋貿易。有商夥仁和縣監生汪鵬，其人

* 本文爲中央高校基本科研業務費專項資金資助項目“書籍之交——明清江南非商業性圖書流通研究”（項目號：SKZZY2015041）、國家社科基金重大專案“百年中國古籍整理與古文獻學科發展研究（1911－2011）”（項目號：11&ZD109）的階段成果。

① 如陳東《關於皇侃〈論語義疏〉的整理與研究》，載《恒道》，2005 年第 3 輯；劉詠梅《皇侃〈論語義疏〉研究》，曲阜師範大學 2006 年碩士論文；李玉玲《皇侃〈論語義疏〉堂本、齋本比較研究》，曲阜師範大學 2013 年碩士論文。
② 載［日］松浦章《清代帆船與中日文化交流》，張新藝譯，上海科學技術文獻出版社，2012 年。

通曉文義，從前曾在臣衙門管理筆墨。茲據自東洋回籍，呈繳日本國所刻皇侃《論語集解義疏》一部。謹按：侃爲六朝梁時人，官國子助教，見《梁書·武帝紀》。所著《義疏》，見晁公武《郡齋讀書志》、馬端臨《文獻通考》，其書在今所行邢昺《論語疏》之前。朱子謂：昺之《疏》即侃之本。至明焦竑《經籍志》，尚列其名，明末諸藏書家書目始無著録者。朱彝尊《經義考》亦云未見，不知何以流傳該國。尚有其書，相應呈進，伏候我皇上裁定，或可備《四庫全書》採擇。至該國此本係庚午年所刊，其國人服元喬作序，文中以中土爲海外，議程朱爲經生，蓋蟄蟲閉户、封己見小之説，自應撤去。謹粘簽另册，一併恭呈御覽，仰祈皇上睿鑒。謹奏。

　　　朱批：知道了。

　　　乾隆四十四年九月二十七日。

　據此奏折可以明確獲知，《論語集解義疏》是浙江巡撫王亶望於乾隆四十四年（1779）九月呈進四庫館的。但是，松浦章的文章並没有對上述三個問題提供令人滿意的解答，例如，關於第一、二個問題，松浦章的文章有所涉及（即認爲汪鵬在乾隆四十三年購得此書，並將此書送給浙江巡撫衙門），但其没有作論證；關於第三個問題，則根本没有論及。因此，本文在松浦章文章的基礎上，以該奏折爲依據，再參考其他材料，試圖解答上述三個問題。

一、汪鵬何時從日本帶回《論語集解義疏》

　陳東在《關於皇侃〈論語義疏〉的整理與研究》中認爲："乾隆三十六年（1771），武林汪鵬航海至日本，購得《論語義疏》而還。次年，乾隆三十七年（1772），乾隆帝諭天下遍訪遺書，準備編纂《四庫全書》。浙江省也設立了遺書局，布政使王亶望親爲總裁，鋭意收集遺書。汪鵬趁機將新得的珍本《論語義疏》獻給了遺書局。王亶望得之大喜過望，急忙將此書進呈四庫館。"也就是説，乾隆三十六年（1771），汪鵬從日本購得《論語義疏》而帶回國。陳東雖然没有明確指出呈進四庫館的時間，但據其上下文來推測，應該是指在乾隆三十七年。上述觀點在學界較有代表性①。

　　雖然陳東在文章中並沒有交待得出上述觀點的依據，但筆者推測其依據應爲翟灝《四書考異》。翟灝《四書考異》載：“愚于乾隆辛巳（乾隆二十六年）從董浦杭先生（杭世駿，字董浦）向小粉場汪氏（指藏書家汪啟淑）借閱此書（指《七經孟子考文補遺》），知彼國尚有皇侃《義疏》，語于杭。杭初不深信，反復諦觀，乃相與東望歎息。逡巡十年，衆友互相傳説。武林汪君鵬航海至日本國，竟購得以歸，上遺書局。長塘鮑君廷博槧其副於《知不足齋叢書》中，以初模一本見饋，不啻獲珍珠船也。”②據此條材料可知，乾隆二十六年，翟灝獲知日本有《論語集解義疏》；大約過了十年（即“逡巡十年”），也就是乾隆三十六年，汪鵬從日本帶回《論語集解義疏》。翟灝《四書考異》還載：“自宋淳化初，命邢昺等重定《論語》諸疏，邢《疏》頒行，皇《疏》遂以廢……今乾隆三十七年，天子詔徵遺書，海内外欣躍訪購。有自日本國得侃疏本上獻者，六百餘年淪失古書，重得爲下士所見，誠厚幸哉。”③我們粗看此條材料，有可能認爲，《論語集解義疏》是在乾隆三十七年被呈進四庫館的。但是，如果我們仔細分析此條材料則會發現，其中並沒有明確説呈進《論語集解義疏》在乾隆三十七年，而只是説朝廷徵書是從乾隆三十七年開始。而且，我們據上述王宣望奏折已經可以明確否定乾隆三十七年進呈此書之觀點。那麼，乾隆三十六年汪鵬從日本帶回《論語集解義疏》的觀點是否正確呢？這需要稍加分析。

　　如前所述，松浦章認爲汪鵬是在乾隆四十三年將《論語集解義疏》帶回中國的，其主要依據應該是上述的奏折，但松浦章沒有在文中作具體的説明。筆者認爲松浦章的説法是比較合理的，兹論證如下：

　　其一、如果汪鵬於乾隆三十六年即已帶回《論語集解義疏》，爲何王宣望於乾隆四十四年九月才呈進四庫館呢？這不好解釋。而且，從奏折原文看，汪鵬應該是在回國後不久而不是在過了若干年後將此書獻給王宣

①前注所引的劉詠梅《皇侃〈論語義疏〉研究》與李玉玲《皇侃〈論語義疏〉堂本、齋本比較研究》均採用了此觀點。

②（清）翟灝《四書考異》上編卷三十二“前人考異本”《續修四庫全書》本，第 167 册，上海古籍出版社，1995 年，頁 136。

③同上，卷三十一，頁 130。

望的。

其二、當時在浙江杭州書局任職且後來參與校刻《論語集解義疏》的朱休度於乾隆四十四年才看到來自海舶（洋商）的此書。據錢儀吉《山西廣靈知縣名宦朱君事狀》載："乾隆己亥（四十四年），始獲皇氏侃《論語義疏》於海舶，君（指朱休度）因著《皇本論語經疏考異》。"①其時進呈之書都要經過書局辦理，故此記載應該比較可信。

其三、吳騫於乾隆四十六年仲秋作《皇氏論語義疏參訂》序云："梁皇侃《論語義疏》十卷……前歲武林汪君航海至日本，得其本以歸。"汪君，即汪鵬。前歲應指乾隆四十四年。

其四、據松浦章《浙江商人汪鵬（汪竹里）與和刻本〈論語集解義疏〉》考證，汪鵬作爲船主到達日本共有八次，分別爲：乾隆二十九年（1764）、三十七年、三十八年、三十九年、四十一年、四十二年、四十三年和四十五年。汪鵬獲得《論語集解義疏》應該是在乾隆四十三年。汪鵬於乾隆四十三年二月到達長崎，在逗留期間獲得《論語集解義疏》。汪鵬回國後，將其送給王亶望，時間估計是在乾隆四十四年。

綜上所述，汪鵬於乾隆四十三年在日本購得《論語集解義疏》帶回國後，於乾隆四十四年獻給王亶望。經過浙江書局審查後，王亶望於乾隆四十四年九月將此書進呈四庫館。那麼，前述乾隆三十六年進呈的觀點如何解釋呢？筆者認爲，翟灝過了十幾年後回憶前事所記之時間未必準確，而且，"逡巡十年"可能只是泛稱十餘年，並非指整十年。

二、是汪鵬還是鮑廷博將《論語集解義疏》獻給王亶望

汪鵬與鮑廷博關係密切。汪鵬曾受鮑氏之托往日本求書，並將在日本搜得之《古文孝經孔氏傳》送給鮑氏。有種種迹象表明，汪鵬自日本購歸《論語集解義疏》後不久（大約也在乾隆四十四年），鮑氏即獲得了此書之副本。那麼，王亶望獻給四庫館之《論語集解義疏》，是出自汪鵬還是鮑廷博

① （清）錢儀吉《衎石齋記事稿》卷八，《續修四庫全書》本，第 1508 冊，上海古籍出版社，2000 年，頁 638。

之手呢？陳東在《關於皇侃〈論語義疏〉的整理與研究》一文即提到："四庫采進本是汪鵬所獻還是由鮑廷博所獻？何時所獻？關係到四庫本皇疏文字改動的年代與責任問題，但現在還依然是個謎。"

筆者認爲，進呈四庫館之《論語集解義疏》是由汪鵬獻給王亶望（當時主持浙江書局）的，其依據主要有：

其一，前引翟灝《四書考異》載："武林汪君鵬航海至日本國，竟購得以歸，上遺書局。"這裏明確説汪鵬將《論語集解義疏》獻給遺書局（即浙江書局）。

其二，王亶望在前引奏折中只提到汪鵬而没提鮑廷博，可見，獻書應該與鮑廷博没有什麼關係。

其三，王亶望在前引奏折中稱："汪鵬，其人通曉文義，從前曾在臣衙門管理筆墨。"這説明他們兩人本就認識，且暗示書是其親自送來的。

其四，汪鵬對《四庫》徵書之事頗瞭解，據日本人木村兼葭堂《翻刻清版〈古文孝經〉序跋引》云："安永四年乙亥，汪竹里航海，豔説《四庫全書》之舉。"[1]汪竹里，即汪鵬（號竹里山人）；安永四年，即乾隆四十年。因此，汪鵬將搜得之書獻給浙江書局是很正常的。

其五，如果是鮑氏將《論語集解義疏》送給浙江書局的，那麼鮑氏肯定會有文字述及，因爲這是其榮耀之事。但是，鮑氏相關題跋及盧文弨爲鮑刻本《論語集解義疏》所作之序均没有提及此事。此外，如果是鮑氏送的，應該會在王亶望奏折中提及或在該進呈本中有相應的標記，例如，鮑廷博之前獻給四庫館的書都是以其子鮑士恭的名義獻的，在《四庫全書總目》著録其所獻之書中均有明確的標記：浙江鮑士恭家藏本。但是，王亶望奏折中既没有提及鮑氏，《四庫全書總目》也只是將《論語集解義疏》標記爲浙江巡撫采進本。

綜上所述，將《論語集解義疏》獻給浙江書局（王亶望）的應該是汪鵬而不是鮑廷博。

---

① 轉引自［日］松浦章《浙江商人汪鵬（汪竹里）與和刻本〈論語集解義疏〉》，頁 146。

三、鮑廷博與《論語集解義疏》初刻本是何種關係

　　陳東在《關於皇侃〈論語義疏〉的整理與研究》中指出："王亶望在將日本原刻本《義疏》進獻四庫館的同時，也爲自己以巾箱本的形式翻刻了一部，請鮑廷博予以校正，後遂刊行於世。"此巾箱本即爲王亶望刻本，亦可稱爲《論語集解義疏》初刻本（或《知不足齋叢書》初刻本）。民國十年上海古書流通處影印的《知不足齋叢書》所收即爲此本。此本與通行的《知不足齋叢書》本不同，保留有王亶望參與刻書的相關記録：書題"論語集解義疏"；黑口，四周單欄，半頁 9 行，每行 20 字，無魚尾；經注文單行，疏文雙行；每卷首三行署：魏何晏集解，梁皇侃義疏，臨汾王亶望重刊（日本根遜志本此處原署：日本根遜志校正）；每卷卷末依次署題校者爲：仁和汪鵬校字，臨汾樊士鑒校字，秀水朱休度校字，臨汾王裘校字，臨汾王棨校字，仁和孫麗春校字，臨汾王焞校字，錢塘温廷楷校字，臨汾王祜校字，錢塘汪庚校字。通行的《知不足齋叢書》本則將上述"臨汾王亶望重刊"和各卷校者署名均删除，而且參照《四庫全書》本作了相應的改動，又於書前增加了乾隆五十三年盧文弨爲《知不足齋叢書》本《論語集解義疏》所作的序文："吾鄉汪翼滄氏常往來瀛海間，得梁皇侃《論語義疏》十卷於日本足利學中……新安鮑以文氏廣購異書，得之，喜甚，顧剞劂之費有不逮。浙之大府聞有斯舉也，慨然任之，且屬鮑君以校訂之事，於是不外求而事已集。既而大府以他事獲譴死，名不彰，人曰是鮑子之功也。以文曰：吾無其實，敢冒其名乎？謂文弨曰：是書梓成時未爲之序者，人率未知其端末。夫是書入中國之首功，則汪君也；使天下學者得以家置一編，則大府之爲之也。春秋褒毫毛之善，今國法已伸，而此一編也，其功要不容没。子幸爲之序，而並及之，使吾不尸其功，庶幾不爲朋友之所譏責，吾得安焉。"浙之大府，指的就是浙江巡撫王亶望[①]。

　　據王亶望刻本看，其中並没有鮑廷博參與校訂此刻本的記録，那麽，盧文弨序中説"且屬鮑君以校訂之事"（也就是前引陳東文中所説的"請鮑廷

---

① 劉尚恒編《鮑廷博年譜》（黄山書社，2010 年，頁 146）認爲"大府"是閩浙總督陳輝祖，不對。

博予以校正")又是怎麼回事呢？鮑氏與王亶望刻本是何關係呢？

　　綜合盧序及王亶望刻本的具體情況看，筆者認爲王亶望刻本的校刻過程是這樣的：

　　首先，刻印《論語集解義疏》之發起當爲鮑廷博。如前所述，鮑廷博於乾隆四十四年即已獲得此書之副本。當時鮑氏正在編刻《知不足齋叢書》，因此，一旦得到珍貴之圖書，應該會考慮將其刻入此叢書。而且，鮑氏於乾隆四十一年即將從日本尋歸的《古文孝經孔氏傳》刻入《知不足齋叢書》第一集，因此，他有將《論語集解義疏》刻入叢書的想法是完全可以理解的。但是，由於經費欠缺①，他便想到找浙江巡撫王亶望幫忙。他與王亶望本就相熟，在浙江書局中多有合作，而且當時鮑氏正承擔翻刻聚珍本之事，也與王氏多有合作（參下文）。

　　其次，王亶望答應資助，並承擔校訂的任務。王氏爲何願意資助呢？主要因爲：一方面王氏也想刻書留名；另一方面，這些錢對他來説並不算多大負擔（乾隆四十六年查辦王亶望案即已證實王氏是大貪官）②。王氏爲何願意承擔校訂任務？主要因爲：一方面，既想留名，那麼校訂是在刻印古書中留名之理想途徑；另一方面，他可以很容易找人來助其校訂，而且當時他已審查過此書（應該主要是由朱休度等書局中人辦理的）。據王亶望刻本可知，全書十卷分別由十人負責校字，每人一卷，並在卷後刻上校字者姓名。這十人可分爲兩類，一類爲王亶望之幕僚或下屬：汪鵬、樊士鑒、朱休度、孫麗春、溫廷楷、汪庚。樊士鑒爲舉人（後於乾隆四十五年中進士），是王亶望之同鄉，應屬王氏之幕僚。朱休度是浙江嘉興舉人，曾在杭州書局和爲乾隆南巡而設的杭州總局任職（主要經理書畫等事）。汪庚，是浙江錢塘生員，是杭州大藏書家汪啟淑之子，曾承刊朝廷發下浙江翻刻的聚珍

---

① 《知不足齋叢書》之編刻經常會遇到資金問題，這從該叢書之凡例上之徵刻資廣告亦可看出。

② 乾隆三十九年編刻《浙江採集遺書總録》時，王亶望亦捐資助刊。參（清）沈初等編《浙江採集遺書總録》（杜澤遜、何燦點校），上海古籍出版社，2010年，黃璋跋。

本①。孫麗春（浙江仁和人，泰順縣試用訓導），曾任朝廷發下浙江翻刻的聚珍本的校字②。温廷楷，錢塘人，估計也在杭州總局中任職。以上諸位爲王氏校書可視爲其本職工作。至於汪鵬，亦曾在王氏衙門工作，又是獻書者，未必親自參與校訂工作，但仍列名校者（而且是居於首卷），可能主要因爲王氏有獎勵其獻書之意。另一類爲王亶望之兒子：王裘、王棨、王焯、王祜。其中王祜當時尚年幼（不滿六歲。檔案中名爲王佑③），應該只是列名而已。至於另外三位是否真正參與，也不好説。總之，王亶望應該確實組織人員對《論語集解義疏》做過校訂。例如，據前引錢儀吉《山西廣靈知縣名宦朱君事狀》載："乾隆己亥（四十四年），始獲皇氏侃《論語義疏》於海舶，君（朱休度）因著《皇本論語經疏考異》。"顯然，朱休度著《皇本論語經疏考異》（已佚）即與校訂之事有關。

最後，王亶望將校訂好的《論語集解義疏》交由鮑廷博刊刻。上述"且屬鮑君以校訂之事"，可能是指由鮑氏刊刻而言的，因爲刊刻時亦會有校對。至於以往學者多以爲《論語集解義疏》由王亶望刊刻，王氏被處死後而板歸鮑氏④，筆者認爲這一觀點是不對的。兹論證如下：

其一，對於王亶望而言，將《論語集解義疏》交由鮑廷博刊刻是當然的想法。這與翻刻聚珍本的運作模式是一樣的。據丁申《武林藏書録》、傅以禮《華延年室題跋》相關記載可知，乾隆四十二年，朝廷頒發下聚珍本讓浙江翻刻。翻刻工作由浙江大員如浙江巡撫王亶望等主持、督刊，由杭州書

---

① 鮑廷博在獲得明汪道昆刻劉向《列女傳》十六卷原板後擬印刷，請盧文弨寫了一篇序，而這篇序就是請汪庚書寫上板的。劉尚恒編《鮑廷博年譜》，頁93。可見，鮑氏與汪庚關係也不一般。

② 參（清）丁申《武林藏書録》卷上"重刊聚珍版諸書"，上海古籍出版社，2005年，頁24－25。

③ 參［日］松浦章《浙江商人汪鵬（汪竹里）與和刻本〈論語集解義疏〉》，頁146。

④ 繆荃孫《藝風堂文續集·外集》"日本訪書記"（《續修四庫全書》本，第1574册，頁285）載："汪翼滄得梁皇侃《論語義疏》十卷於足利學，浙撫王亶望刻之，後歸鮑氏（初印本卷一銜名三行，首魏何晏集解，次梁皇侃義疏，三行王亶望校刊。王伏法後，板歸知不足齋，改三行爲二行而削去王名）。"陳東《關於皇侃〈論語義疏〉的整理與研究》亦認爲："乾隆四十七年（1782），王亶望因貪污獲罪自盡，《義疏》木板歸鮑廷博所有。"其實，王亶望並非自盡，而是被處死的。

局人員如孫麗春等負責校字,由鮑廷博等四位杭州的大藏書家承刊①。《論語集解義疏》的刻印也如此運作:由王亶望督刊,所以署"臨汾王亶望重刊";由書局人員校字,如孫麗春,既爲聚珍本校字,又爲此書校字;最後由鮑廷博承刊。刻印《論語集解義疏》約在乾隆四十五年,與翻刻聚珍本時間相近,故便於按同一模式來操作。另外,據法式善《陶廬雜録》載,鮑氏承刊的聚珍本有38種290卷②。乾隆年間發下浙江翻刻的聚珍本一共才39種,而鮑氏即承刊了38種,似乎不太可信(估計有虛高的成分)。但不管如何,鮑氏承擔了較多聚珍本的翻刻是肯定的,因而其花費也是相當巨大的。據此來看,當時鮑氏要刻《論語集解義疏》而缺錢確實事出有因,而他向王亶望求助亦屬正常之舉(相當於互相幫助)。

其二,王亶望刻本《論語集解義疏》也符合鮑氏知不足齋刻本之特點。《論語集解義疏》與翻刻聚珍本、鮑氏《知不足齋叢書》一樣,都採用巾箱本(或稱袖珍本)裝印。但是,需要注意的是,翻刻聚珍本與叢書的行款完全相同,均爲半頁9行,每行21字,而王亶望刻本《論語集解義疏》的行款却爲半頁9行,每行20字,爲什麽呢? 這主要有兩方面的原因:首先,覆刻原書的結果。王氏刻本之底本爲日本根遜志刻本,其行款即爲半頁9行,每行20字③。至於爲何要覆刻原書,則可能一方面是遵照王氏之意;另一方面是考慮刻印之方便,因爲原書有大小字、正文與疏文之區分,不便改動版式。其次,鮑氏《知不足齋叢書》所收也有個別書的行款是半頁9行,每行20字的,例如,《赤雅》、《客杭日記》、《對床夜話》即如此。可見,這種行款在鮑氏刻書中也並非特例。而且,尤其需要注意的是,以上《赤雅》等三書均曾作爲鮑氏知不足齋單刻本印行,後來才被收入叢書(收入時行款仍照舊),這與《論語集解義疏》的情況完全相同。因此,鮑氏一開始就是將《論語集解義疏》作爲鮑氏知不足齋單刻本來印行的,後來才將其收入叢書第

①分別參(清)丁申《武林藏書録》卷上"重刊聚珍版諸書",上海古籍出版社,2005年,頁24—25;傅以禮《華延年室題跋》卷上"欽頒武英殿聚珍版書浙刻本",上海古籍出版社,2009年,頁95—96。

②(清)法式善《陶廬雜録》,中華書局,1997年,頁133—134。

③王亶望刻本《論語集解義疏》版式仿照根遜志本,只是省略了原書中的日式標點和假名。

七集。

其三，吳騫於乾隆四十六年仲秋作《皇氏論語義疏參訂》序云：“梁皇侃《論語義疏》十卷……前歲武林汪君航海至日本，得其本以歸。予友鮑君以文讀而異之，亟爲開梓，以廣其傳。數百年湮晦之書，一旦可使家學而人習之，謂非治經者一大幸與！”①吳騫序顯然是針對初刻本而言的，且明確説這是鮑氏刻的。吳騫序作於乾隆四十六年仲秋（八月），其時已完成了《皇氏論語義疏參訂》的寫作，而且所據主要是鮑刻本《論語集解義疏》②，因此，《論語集解義疏》的刻印時間應遠早於乾隆四十六年仲秋，估計是在乾隆四十五年。如果如之前所認爲的，《論語集解義疏》由王亶望刻印，板存王氏處，後來因爲王氏被處死而板歸鮑氏，再由鮑氏重印，那麼，乾隆四十六年七月王亶望才被收監，八月被處死，鮑氏怎麼可能在乾隆四十五年就獲得其板片而重印呢？吳騫怎麼可能於乾隆四十六年八月即已完成《皇氏論語義疏參訂》的寫作呢？

其四，王氏被處死後板歸鮑氏的説法，既不符合時間（如上述），也不符合情理。首先，板存王氏，案發後歸鮑氏，這一説法目前並没有直接材料證明。後人多據板在鮑氏處而有此猜測，而没想到板原來即在鮑氏處，本就爲鮑氏承刊的。其次，王亶望案爲朝廷大案，牽涉面廣，鮑氏應該會儘量撇清與其關係，爲何要急急求得此板？何況他在初刻本上並没有留下什麼痕迹，不需要刻意去修改。此板已印行，鮑氏也有其書，又缺錢，要刻印的書還有很多，没有必要購入其板片。相反，如果板片原來即屬於自己，則會想方設法印行以售賣。最後，據王亶望案的相關檔案看，當時涉案資產要查封一段時間後再充公，在短時期内不太可能將板片售予鮑氏。那麼，有没有可能是案發前賣給鮑氏的呢？也就是説，王氏在案發之前即已將書板賣予鮑氏。筆者認爲這種可能性也不大，因爲王氏何必剛刻好就賣呢？而且鮑氏又説因缺錢而無法刻此書，怎麼可能反而有錢去買現成的書版呢？

---

① （清）吳騫《皇氏論語義疏參訂》卷首《續修四庫全書》末，第 153 册，上海古籍出版社，1995 年，頁 507。

② 吳騫《皇氏論語義疏參訂》卷首凡例云：“凡經注中異字，援證他書，但以鮑氏新刻本爲主。”

　　總之,王亶望只是贊助刻資,並負責校訂,而由鮑氏負責刻板,板片仍歸鮑氏,由其印行售賣。因此,儘管此書書前署"臨汾王亶望重刊",但是吳騫仍理解爲鮑氏所刻。與他同樣理解的還有翟灝,他在前引《四書考異》中也認爲《論語集解義疏》是鮑氏刻的:"武林汪君鵬航海至日本國,竟購得以歸,上遺書局。長塘鮑君廷博槧其副於《知不足齋叢書》中,以初模一本見饋,不啻獲珍珠船也。"正因爲刊印由鮑氏承擔,所以書板一直存于鮑氏之處。到王氏案發後,即削去其名和各卷校訂者之名而重印①。

　　需要注意的是,鮑氏在重印時除了將王亶望之名刪除外,還將每卷原有的校訂者姓名均刪除,爲什麼呢? 這些人當時均應在世,不怕被人指責嗎? 筆者覺得主要是因爲:其一,原書基本是照日本根遜志本覆刻的,這些校訂者的工作其實並不重要。其二,校訂者中有四位爲王亶望之子,鮑氏恐有嫌疑。既然刪除了這四位,其餘六位也不便保留。其三,在重印時,鮑氏已參照《四庫》本重新進行了修改②,不想將最新的校訂成果歸美於原有之校訂者。

　　此外,陳東在《關於皇侃〈論語義疏〉的整理與研究》中認爲:初刻《論語集解義疏》是在乾隆四十年左右。這顯然是不對的,因爲《論語集解義疏》於乾隆四十三年才由汪鵬從日本購歸。至於前引松浦章文章認爲,在乾隆四十五年年底前完成了《論語集解義疏》的校訂。這應該稍有誤差,因爲參與校訂的樊士鑒於乾隆四十五年初考中進士,朱休度也於是年乾隆南巡後離開杭州總局(約在五月),因此校訂工作應該在乾隆四十五年年初即已完成。至於刻印完成的時間,據前述吳騫於乾隆四十六年仲秋即已寫成《皇氏論語義疏參訂》看,應該是在乾隆四十五年。

　　綜上所述,王亶望出資助鮑廷博刊刻《論語集解義疏》,並承擔校訂任務。鮑氏約在乾隆四十五年刊成此書,並保存其版片。乾隆四十六年八月

①鮑氏重印《論語集解義疏》時又覺得有必要記下王氏之功勞,故請盧文弨寫了篇序冠於書首。不過,爲了避嫌,序中只"大府"代指王亶望。至於民國十年上海古書流通處影印的《知不足齋叢書》本《論語集解義疏》,所據爲王亶望刻本,但又有盧序,應該是後來加入的。可參顧洪《王亶望與〈知不足齋叢書〉本〈論語義疏〉》,載《文史》,1987年第28輯。

②其改動情況可參顧洪《皇侃〈論語義疏〉釋文辨僞一則》,載《文史》,1985年第25輯。

王氏因貪污罪被處死後,鮑氏將原版中王氏及各卷校訂者的姓名削去而重印,收入其《知不足齋叢書》第七集中。

以上關於《論語集解義疏》流傳問題的探討,還有助於我們重新認識四庫館徵書的持續時間。一般認爲,至乾隆四十三年八月,江西附解"堪備選擇"的數種書籍之後,各省就再也沒有進呈書籍,四庫館徵書工作遂告全部結束①。但是,《論語集解義疏》是在乾隆四十四年九月由浙江巡撫王亶望呈進四庫館的,而且很快就被采入《四庫全書》中(文淵閣《四庫全書》該書的校上時間是乾隆四十六年),這説明,零星的呈進在乾隆四十三年八月之後依然存在。

　　　　　　　　　　　　　　　　(作者單位:北京師範大學歷史學院)

---

① 參黄愛平《四庫全書纂修研究》,中國人民大學出版社,2001 年,頁 33—34。

域外漢籍研究集刊　第十六輯
2017 年　頁 241—258

日藏《文選》古鈔本中所見音注
舊家遺説輯考①

馬　燕　鑫

　　自蕭統編成《文選》後,作爲一部盡采菁華的文章總集,受到了後世的推崇。因集内作品衆多,文字典奥,爲其作注的學問也隨之而興,並逐漸形成了專門之學的“文選學”。現存完備並成系統的注本有李善注與五臣注,而蕭該、曹憲、許淹、公孫羅等人的注本則隨着歷史的變遷而散失殆盡。所幸的是,在日本發現的各種《文選》古鈔本中猶録有諸家的佚文,儘管多寡不一,然吉光片羽,彌足珍貴。又《文選》中選録辭賦甚多,作爲文章典奥的代表作品,爲其注音的著作亦屢見於史書目録,如陳武、諸詮之、郭徵之等人。其佚文遺説,時見徵引,或精粗有别,然各具聲韻學的價值。另外,釋道騫曾撰《楚辭音》,雖非專門《文選》音注,但楚辭類文章作爲《文選》重要文體之一,道騫之音也不無參考意義。

　　關於該方面的工作,狩野充德、金少華等學者均曾注意,但限於條件,二者僅考察了《文選集注》一書所録《音決》中的相關資料,而對其他古鈔本《文選》中所記録的舊音則未加涉及。實際上這些古鈔本中的舊音在不同程度上可以增補缺漏,如蕭該音新輯八條,曹憲音新輯六條,陳武、王氏音新輯各三條等。同時,前人對舊音的分析也存在着立論未密之處,需要進一步完善。兹將其搜聚一處,以供學界研究。

---

① 本文爲河北省社科基金一般項目“《文選》古音注研究”(HB17TQ005)階段性成果。

一、陳武

陳武,字國武,後趙時人。本出休屠胡族,育於臨水令陳氏,因姓陳。後慕蘇武爲人,乃名武。少常騎驢牧羊,隨牧豎學《太山梁父》《幽州馬客吟》及《行路難》等歌謡。時人無察者,頓丘閭遐薦於軍府。或問:"武當今可與誰爲輩?"遐曰:"方謝道堅不足,比徐世璋有餘。"道堅、世璋皆當時知名之士。武聞之,笑曰:"乃處我季孟之間乎!"①武妻一産三男一女,武攜妻子赴襄國上書自陳,石勒以爲二儀和氣所致,乃賜賞乳婢一口,穀百石,雜綵四十匹②。其生平可知者僅如此。

陳武著作,今已不知其詳。據後人所引其音,當有《羽獵賦音》《長楊賦音》之作。又《爾雅·釋獸》"貙獌似貍",郭注:"今山民呼貙虎之大者爲貙豻。"《經典釋文》云:豻,"陳國武音《子虚賦》苦姦反,解云:胡地野犬,似狐,黑喙"③。其中"音《子虚賦》",既有音也有解,揆諸當時著述體例,當即《子虚賦音義》之類著作④。又從《音决》所引陳武音,可知其亦曾爲左思《三都賦》注音,當時好事者不僅張載、韋權、劉逵三人。

今從各本中得陳武音凡五條,依次如下:

卷四《蜀都賦》"蹵五岠之蹇滻"。岠,集注本《音决》:陳武作嶢,音尨。案:《音决》亦作"嶢",武江反,且以"作岠音兀"者爲非。尤袤本、陳八郎本並音"兀",宫内廳本又音"五骨反",均讀入聲,與陳武、《音决》不同。或以爲蜀山無嶢名,當以岠爲是⑤。此亦推斷之辭。古今方言名詞變化甚多,未必皆有文獻可徵,陳武之本作嶢,當有所據。

---

① 李昉《太平御覽》卷三六三、三九二、四四六,中華書局,1960 年,頁 1671、1812、2054。第三條品藻之文,趙一清附入《三國志·陳武傳》,非。

② 房玄齡《晉書》卷一〇五《石勒載記下》,中華書局,1974 年,頁 2737。

③ 陸德明《經典釋文》,中華書局,1983 年,頁 435。另《釋天》"螮蝀虹也",《釋文》:"虹,陳國武:古巷反。"惜不知出於何著。見頁 419。

④ 丁國鈞《補晉書藝文志·補遺》著録《子虚上林賦音解》及《羽獵長楊賦音解》兩條,即本此爲説。丁書見《二十五史補編》,中華書局,1955 年,頁 3695。

⑤ 參金少華《古抄本〈文選集注〉研究》,浙江大學出版社,2015 年,頁 216。

卷五《吴都賦》"宵露霒霵"。霵，集注本《音决》作"湛"，引陳音：徒感。案：尤袤本、陳八郎本、九條本並音"徒感"，與陳音同。《魯靈光殿賦》"雲覆霒霵"，當即左思所本。

卷八《羽獵賦》"紅蜺爲繯"。繯，黄善夫本《漢書》注蕭該引陳武音：環。案：繯，顏師古、尤袤本音"下犬反（切）"，陳八郎本、九條本音"胡犬"。下、胡聲紐同爲匣母，後四者音實同。陳武讀平聲者當爲舊音。

卷九《長楊賦》"以網爲周阹"。阹，黄善夫本《漢書》注宋祁引陳武音：古業反。案：顏師古、北宋本、尤袤本、陳八郎本並音"袪"。陳武音入聲，與他本不同。《廣韻》：業，魚怯切。怯從去取聲，阹亦從去，陳武蓋以此讀爲"古業反"。

卷十四《赭白馬賦》"旦刷幽燕"。刷，九條本引陳音：子六反。案：陳武早於顏延之，此條必非本賦之音，疑取自他篇。然依注引體例，若非説明引文出自某篇，則當爲本篇之注。九條本此處僅云陳音，未言引自他文之注，於是又似該賦之音。疑冰莫釋，姑存待考。

二、諸詮

諸詮，或作諸詮之，又作褚詮之[1]，南朝宋人，官至御史。《隋志》著録其《百賦音》十卷。兩《唐志》作"褚令之《百賦音》一卷"，其書至唐時蓋已殘佚不全，不然則"一"爲"十"字之訛。宋祁校本《漢書》曾引諸詮音，則北宋時其書猶有存者。此後《宋史·藝文志》無載録，或許即亡佚於南宋。詮之賦音之書，流行當時，《顏氏家訓·勉學篇》謂"習賦誦者，信褚詮而忽吕忱"[2]。而顏師古説："近代之讀相如賦者多矣，皆改易文字，競爲音説，致失本真，徐廣、鄒誕生、諸詮之、陳武之屬是也。"[3]顏氏一家精於音學，故有此言。

今從《文選》古鈔本中輯得諸詮音三條，另《文選》賦篇出於《漢書》的

①關於諸詮的姓字，參楊明照《漢書顏注發覆》"諸詮第二十二"條注釋，見《學不已齋雜著》，上海古籍出版社，1985年，頁93。
②王利器《顏氏家訓集解（增補本）》，中華書局，1993年，頁220。
③班固《漢書》卷五七上《司馬相如傳》，中華書局，1962年，頁2529。

《甘泉》《羽獵》《長楊》《幽通》四賦，黄善夫本《漢書》中亦有諸詮音二十二條，兹亦附録於後。

卷三《東京賦》"設三乏"。乏，宮内廳本頁眉記：諸、蕭並爲貶，音乏，亦非也。案：宮内廳本音"扶法反"，又云：或爲貶，布檢反，非。《集韻》入聲三十四乏韻扶法切："貶，射者所蔽，通作之。"（之，疑爲乏字之訛）《集韻》所收蓋即諸、蕭舊説。

卷四《蜀都賦》"夾江傍山"。夾，集注本《音决》：諸詮音古洽反。

卷四《蜀都賦》"劇談戲論"。戲，集注本案：諸、蕭等咸以爲攭，許奇反。案：《音决》、冷泉本、九條本皆讀去聲，諸、蕭則讀平聲。

【附】黄善夫本《漢書》注所引諸詮賦音

卷七《甘泉賦》"柴虒參差"。柴，蕭該引諸詮作"傺"：初綺反。

卷七《甘泉賦》"迺望通天之繹繹"。繹，諸詮：亦。

卷七《甘泉賦》"嵌岩岩其龍鱗"。嵌，諸詮：苦銜反。

卷七《甘泉賦》"覽樛流於高光兮"。樛，宋祁引諸詮：株。

卷七《甘泉賦》"相與齊乎陽靈之宫"。齊，宋祁引諸詮：沮諧反。

卷八《羽獵賦》"鴻絧緁獵"。鴻，蕭該引諸詮：胡棟反。

卷八《羽獵賦》"驕駻駼磑"。磑，蕭該引諸詮：苦蓋反。

卷八《羽獵賦》"羨漫半散"。半，蕭該引諸詮：叛。

卷八《羽獵賦》"騁耆奔欲"。耆，蕭該引諸詮：市至反。

卷八《羽獵賦》"蹶浮麋"。蹶，蕭該引諸詮：居衛反。

卷八《羽獵賦》"窮尤閜與"。尤，蕭該引諸詮：余腫反。

卷八《羽獵賦》"熊羆之挐獡"。挐，蕭該引諸詮：奴加反。

卷八《羽獵賦》"薄索蛟螭"。薄，蕭該引諸詮：博。索，桑各反。

卷九《長楊賦》"輪長楊射熊館"。射，宋祁引諸詮：食射反。

卷九《長楊賦》"漂昆侖"。漂，宋祁引諸詮：匹妙反。

卷九《長楊賦》"扶服蛾伏"。服，蕭該音諸詮：扶北反。

卷十四《幽通賦》"吻昕寱而仰思兮"。吻，蕭該引諸詮：方昧反。

卷十四《幽通賦》"儀遺讖以臆對"。讖，蕭該引諸詮：楚鳩反。

卷十四《幽通賦》"固行行其必凶兮"。行，蕭該引諸詮：胡郎反。

卷十四《幽通賦》"复冥默而不周"。复，蕭該引諸詮：呼政反。

卷十四《幽通賦》"胥仍物而鬼諏兮"。諏，蕭該引諸詮：祖侯反。

【附】《經典釋文》所引諸詮之音注

《毛詩音義上·葛覃》"煩擖"：諸詮之音而專反。案：《文選·射雉賦》"擖降丘以馳敵"，擖，徐爰注：一作擖，而專切。諸詮之此條或即《射雉賦》音。

《春秋公羊音義·僖公三十三年》"嶘"：苦衡反，鄒深生、褚詮之音《上林賦》並同。案：褚詮之此條音當在《上林賦》"嶘岩倚傾"句下。

《爾雅音義下·釋獸》"远"：諸詮之云：兔道也。案：《西京賦》《東京賦》皆有"远"字，依音義之例，此注當在《西京賦》"远杜蹊塞"句下。

《爾雅音義下·釋獸》"獥"：諸詮之：烏八反。案：獥與猰通，此音當在《吳都賦》"獥猰貙象"句下。

三、郭徵之

郭徵之，梁人，生平不詳。《隋志》著録《賦音》二卷。今《文選》鈔本中見郭音兩條，疑即郭氏《賦音》遺文。

卷五《吳都賦》"繰賄紛紜"。繰，集注本《音决》：郭音捷，李音維。案：北宋本、尤袤本、陳八郎本、九條本並音"捷"，與郭音同。狩野充德推測"郭音"即郭徵之《賦音》，是。今有學者疑出郭璞《三蒼解詁》①，其説非，辯詳下條。又李音不知爲誰，待考。

卷十四《赭白馬賦》"兼飾丹臒"。臒，九條本引郭音：護。案：郭璞早于顏延之，此條非郭璞音甚明，然則其爲郭徵之《賦音》，蓋可無疑。

四、江氏

江氏，名字、爵邑、生平並不詳。敦煌本《楚辭音》"鴠"字下引"《文

---

①狩野充德《文選音决の研究》，廣島溪水社，2000年，頁22。又《古抄本〈文選集注〉研究》，頁193。

釋》”，亦江氏所著。① 據《長笛賦》“瓠巴耴柱”李善注，《文釋》作者爲江邃。未知二者是否一人。今得其音注兩條。

卷一《西都賦》“論功賜胙”。胙，正安本引江音：工角反。案：正安本爲摹寫本，此條音疑有誤。待考。

卷十三《鸚鵡賦》“時黃祖太子射賓客大會”。射，九條本引江音：子夜反。案：尤袤本、陳八郎本、九條本音“亦”。射讀以母，而子爲精母，九條本所引江音“子”疑爲“予”字之訛。

【附】《經典釋文》所引《文釋》佚文

《爾雅音義下·釋鳥》“鶬”：文釋云：離黃，倉庚也，鳴則蠶生。案：“文”字，盧本改作“又”，段校改“文釋云”三字爲“又作離”，然宋本即作“文釋”②。姑錄以備考。

五、釋道騫

道騫，又名智騫，江表人，隋東都慧日道場沙門，精於字學，又通音學。時人有疑問，向其咨決，即爲“定其今古，出其人世，變體訓詁，明若面焉”。每曰：“余字學頗周，而不識字者多矣，無人通決，以爲恨耳。”可見其於字學自視甚高。所造《衆經音》等，宏叙周贍，達者高之，以至“家藏一本，以爲珍璧”。晚年從事“導述”（即唱導），“變革前綱”，其術學臻於“既絕文縟，頗程深器”之境③。《隋志》稱其善讀《楚辭》，“能爲楚聲，音韻清切”，且傳《楚辭》者，“皆祖騫公之音”④。其著述可考者，有《楚辭音》一卷，《蒼雅》《字苑》，《爾雅音決》三卷，《方言注》，《急就章音義》一卷，《衆經音義》等⑤。

道騫著述散佚甚多，今存者似僅敦煌殘卷《楚辭音》數紙而已，現藏法

①《楚辭音》，見《法國國家圖書館藏敦煌西域文獻》（第 14 册），上海古籍出版社，2001
　年，頁 308。聞一多以爲《文釋》爲《釋文》之倒，《釋文》即《楚辭補注》所謂《離騷釋
　文》。今不從。聞説見《古典新義》，上海古籍出版社，2013 年，頁 328。

②黃焯《經典釋文彙校》，武漢大學出版社，2008 年，頁 291。

③道宣《續高僧傳》卷三十《釋智果傳》，中華書局，2014 年，頁 1256—1257。

④魏徵《隋書》卷三五，中華書局，1973 年，頁 1056。

⑤姜亮夫《智騫〈楚辭音〉跋》，載《中國社會科學》，1980 年第 1 期，頁 166—167。

國國家圖書館，編號 Pel.chin.2494。其文具見《法國國家圖書館藏敦煌西域文獻》（第十四册）。此外，《文選集注》所錄《音决》中猶存四條道騫音，皆出於殘卷《楚辭音》之外，金沙碎錦，亦可珍惜，謹録於下。

卷五《吴都賦》"歧嶷繼體"。歧，集注本《音决》作"岐"，引騫音：奇。案：《音决》又音"巨支反"。岐字《切韻》《釋文》皆有兩讀，《顏氏家訓》謂"岐山當音爲奇"①，道騫音與之同。此音不知出於道騫何書。

卷三十二《離騷經》"願竢時乎吾將刈"。刈，集注本《音决》引騫上人音：魚再反。案：刈爲開口三等，再爲開口一等。下文"衆薆然而蔽之"，《楚辭音》"薆，烏既反"。薆爲開口一等，既爲開口三等。亦開口一、三等混切。

卷三十二《離騷經》"湯禹嚴而祇敬兮"。嚴，集注本《音决》引騫上人音：魚儉反。案：《離騷經》"湯禹嚴而求合兮"，《楚辭音》"嚴，魚儉反"，與此同。

卷三十三《招隱士》"蘋草靃靡"。蘋，集注本《音决》引騫音：煩。案：蘋，一作蘋，《音决》以爲即《字林》所謂青蘋草，音"頻"，故謂道騫音非。然《音决》又引蕭音，與騫音同，陳八郎本五臣音亦爲"煩"。據聞一多考證，作"蘋"是②。

六、蕭該

蕭該，梁鄱陽王恢之孫，昭明從子。荆州陷，入長安。隋開皇初，拜國子博士。陸法言撰《切韻》，蕭該與顏之推"多所决定"（《切韻序》）。撰有《漢書音義》十二卷、《文選音》三卷（新、舊《唐志》作十卷）③。敦煌殘卷有《文選音》，據考即蕭該之作④。其書見《敦煌吐魯番本〈文選〉》。其與上文《楚辭音》俱收入專書，今並不録。散見於各鈔本之蕭該音，目前共得三十三條。

卷二《西京賦》"增嬋娟以此豸"。豸，正安本引蕭音：直氏反。
卷三《東京賦》"關關嚶嚶。"嚶，九條本引蕭音：盈。

---

① 參周祖謨《顏氏家訓音辭篇注補》，見《問學集》，中華書局，1966 年，頁 423。
② 聞一多《楚辭校補》，嶽麓書社，2013 年，頁 119。
③ 詳《隋書》卷七五《儒林傳》及《經籍志》，頁 1715—1716、953、1082。
④ 周祖謨以爲乃許淹所撰，見《論文選音殘卷之作者及其方音》，載《問學集》，頁 189。

卷三《東京賦》"設三乏"。乏，宮内廳本頁眉記：諸、蕭並爲貶，音乏，亦非也。案：見上文諸詮條。

卷三《東京賦》"尋木起於藜栽"。栽，宮内廳本引蕭音：裁。今案賦宜爲栽，音災。案：此蓋《音决》之文。栽爲精母，裁爲從母，精、從互轉。

卷四《蜀都賦》"汩若湯谷之揚濤"。汩，集注本《音决》引蕭音：骨。案：《音决》又引曹音"呼没反"。尤袤本、陳八郎本、九條本俱音"骨"。蕭音屬牙音，曹音屬喉音，牙喉可通轉。

卷四《蜀都賦》"劇談戲論"。戲，集注本案：諸、蕭等咸以爲戲，許奇反。案：見上文諸詮條。

卷五《吳都賦》"玩其磧礫而不窺玉淵者"。磧，集注本《音决》引蕭音：千積反。案：《音决》"七歷反"，北宋本及尤袤本李善音"且歷切"，陳八郎本、九條本音"七亦"。蕭該與五臣俱讀昔韻，《音决》與李善則讀錫韻。

卷五《吳都賦》"刷盪漪瀾"。刷，集注本《音决》作"唰"，引蕭音：所劣反。案：《廣韻》薛韻有"所列切"，與蕭音同。

卷五《吳都賦》"東風扶留"。扶，集注本《音决》作"夫"，引蕭音：方于反。案今南方人音扶。案：夫，《玉篇》甫俱切，聲紐爲幫母；扶，《玉篇》防無切，聲紐爲並母。幫讀全清，並讀全濁。蕭讀清音，與南方之濁音不同，《文選音》蓋其入北後所作。

卷五《吳都賦》"蓋象琴筑并奏"。并，集注本《音决》引蕭音：步冷反。案：并爲幫母，並爲並母，蕭讀"步冷反"，是依"並"字爲音。

卷五《吳都賦》"騰踔飛超"。超，集注本《音决》引蕭音：吐弔反。案：蕭音吐屬透母，超屬徹母，是舌上音尚未從舌頭音中分化而出。

卷五《吳都賦》"驚透沸亂"。透，集注本《音决》引蕭音：詩六反。案：透字作"驚"義時，《廣韻》音"式竹切"。賦文驚、透連用，是透爲驚義，故蕭音"詩六反"。《方言》"透，驚也"，郭璞音"式六反"；《廣雅》"逴、㹟、透，驚也"，曹憲音"叔"，皆與蕭音合①。

卷五《吳都賦》"都輦殷而四奥來暨"。奥，集注本《音决》作"隩"，引蕭音：於六反。案：九條本亦音"於六反"，蓋録蕭音。集注本引五家音"烏告反"。隩，《釋文》：於六反，《玉篇》於報反。顏延之《三月三日曲水詩序》"四

_____

① 參《古抄本〈文選集注〉研究》，頁198。

隩來暨”，《音決》：隩，於六反，又烏報反①。據《釋文》及《音決》，“於六反”蓋舊音，“烏報反”爲後起音。

　　卷五《吴都賦》“雜遝傱萃”。傱，集注本《音決》作“漎”，引蕭音：先項反。案：傱，先勇反，腫韻。蕭音“項”，講韻。講、腫鄰韻古通，如《西京賦》“修額短項”“詭類殊種”兩句中“項”“種”爲韻是也。《廣韻》腫韻息拱切“傱”字“又先項切”，與蕭音同，蓋即舊音之遺②。

　　卷五《吴都賦》“將校獵乎具區”。校，集注本《音決》引蕭音：胡孝反。案：九條本音“胡孝反”，當亦蕭音。

　　卷五《吴都賦》“烏滸狼睓”。烏，集注本《音決》引蕭音：烏古反。案：陳八郎本、九條本音“上聲”，與蕭音合。

　　卷七《甘泉賦》“薌呹肸以棍批兮”。呹，黄善夫本《漢書》引蕭該：别本丑乙反，《文選》余日反。案：顔師古音“丑乙反”。《集韻》“呹”字兩見，一音“敕栗切”，義爲“聲也”；一音“弋質切”，義爲“疾也”。顔、蕭取義不同，音讀因之而異。李善注：呹，疾也，余日切。音義蓋即本蕭該。

　　卷十三《鵩鳥賦》“單閼之歲兮”。閼，九條本引蕭該音：於乾反。案：張守節音“烏曷反”，顔師古音“一葛反”，陳八郎本、九條本音“烏葛”，各本皆讀入聲，獨蕭該音平聲。《史記索隱》謂“單閼”，“孫炎本作蟬焉”③。然則孫炎亦讀“閼”爲“焉”，與蕭音合。

　　卷十四《赭白馬賦》“隘通都之圈束”。圈，九條本引蕭該音：其遠反。案：圈字作“獸欄”義有阮韻“求晚切”與獼韻“渠篆切”兩讀。蕭音“其遠”讀阮韻。陳八郎本音“求免”，則讀獼韻。阮爲合口三等，獼爲開口三等，古音相通，如秦嘉《贈婦詩》其一“去爾日遥遠”“誰與相勸勉”，阮韻之遠、獼韻之勉通押。蓋讀阮韻者爲舊音，讀獼韻者爲新音。《漢書》卷五十《張釋之傳》“上登虎圈”，顔師古：圈，求遠反④。與蕭該音合。《文選》卷三十七曹子建

①例見《古抄本〈文選集注〉研究》，頁196。

②余逎永據故宫本《王韻》及裴務齊正字本《刊謬補缺切韻》皆無“又先項反”四字而謂傱字又音爲後加。參《古抄本〈文選集注〉研究》，頁200。

③司馬遷《史記》卷八四，中華書局，1959年，頁2497。

④班固《漢書》卷五十，中華書局，1962年，頁2308。又《禮記·玉藻》“圈豚”，《釋文》“舉遠反，又去阮反”。雖聲紐與蕭、顔不同，然皆讀爲阮韻。見《經典釋文》，頁190。

《求自試表》“此徒圈牢之養物”，《音決》：圈，其遠反，又其勉反。亦有阮、獮兩韻之音。而卷二張平子《西京賦》“圈巨狿”、卷三十九枚叔《上書重諫吴王》“圈守禽獸”，李善及五臣音則皆讀獮韻，無讀阮韻者。可見兩音之更替。

　　卷十五《思玄賦》“行頗僻而獲志兮”。頗，尤袤本李善注：蕭該音本作陂，布義切。案：陂、頗通，《廣韻》去聲寘韻“彼義切”，與蕭該音合。

　　卷二十一《覽古詩》“爰在澠池會”。澠，九條本引蕭音：亡忍反。

　　卷二十三張孟陽《七哀詩》“毁壞過一抔”。抔，九條本作“坏”，引蕭該音：普來反。案：九條本音“步侯反”，並謂蕭音非。《漢書·張釋之傳》“假令愚民取長陵一抔土”，顏師古音“步侯反”，並曰：“今學者讀抔爲杯勺之杯，非也。”①

　　卷三十《七月七日夜詠牛女》“瞬目曬曾穿”。曬，集注本《音決》引蕭音：所綺反。案：《音決》所買反。陳八郎本、九條本音：力帝。《廣韻》紙韻“所綺切”與蕭音同。

　　卷三十二《離騷經》“路曼曼其修遠兮”。曼，集注本《音決》引蕭音：武半反。案：道騫《楚辭音》：曼，亡半反。與蕭該音合。

　　卷三十三《招魂》“身服義而未沬”。沬，集注本《音決》引蕭音：亡蓋反。案：《離騷經》“芬至今猶未沬”，道騫《楚辭音》：沬，亡蓋反。與蕭該音同。

　　卷三十三《招隱士》“偃蹇連卷兮枝相繚”。繚，集注本《音決》引蕭音：析。案：此句與上“桂樹叢生兮山之幽”押韻。繚古音屬宵部，幽屬幽部，相通。《音決》“居虯反”，陳八郎本“居休反”，疑其本依“糺”爲音，陸善經本即作“糺”。

　　卷三十三《招隱士》“蘋草霏靡”。蘋，集注本《音決》引蕭音：煩。案：《音決》以爲蕭音非。詳上文釋道騫條。

　　卷三十四《七啓》“抗招摇之華旍”。招，集注本《音決》引蕭音：韶。案：招爲章母，韶爲常母，章組互轉。《漢書·禮樂志》“體招摇若永望”、《司馬相如傳》“又猗狔以招摇”，顏師古俱音“韶”；《楊雄傳》“俳佪招摇”，音“上遥反”，“上”字亦爲常母。蕭該與師古音合。章組互轉現象在《文選》音注中

---

①《漢書》卷五十，頁 2311。

並不鮮見，如卷四十四《難蜀父老》"中外禔福"。禔，《音決》《史記索隱》並音"市支反"。禔爲章母，市爲常母，即章、常二紐互轉之例。

卷四十《與魏文帝牋》"謇姐名倡"。姐，集注本《音決》引蕭音：子也反。案：集注本及尤袤本李善音"子也"，與蕭該音同；三條家本五臣音"咨也"，亦與蕭音合。

卷四十七《聖主得賢臣頌》"清水淬其鋒"。淬，集注本《音決》引蕭音：子妹反。案：《文選音》、北宋本及尤袤本李善音並"子妹"，與蕭該音同。淬爲清母，子爲精母，精、清聲近互轉。又《音決》引曹音"七對反"，顔師古音"千内反"，七、千皆清母，審音較蕭該精確①。以上數音反切下字皆屬隊韻。陳八郎本音"子會"，會爲泰韻，與隊韻可通。

卷四十七《聖主得賢臣頌》"襲狐貉之煖者"。煖，集注本《音決》引蕭音：香遠反。案：《文選音》"乃管"，《音決》"奴管反"，《漢書》作"煩"，顔師古"乃短反"。香爲曉母，乃、奴爲泥母。《集韻》煖，"火遠切"，與蕭音合。

卷五十一《四子講德論》"鄙人黮淺"。黮，集注本《音決》引蕭音：奄。案：詳下文王氏條。

卷五十七《馬汧督誄》"既縱礧而又升焉"。礧，集注本《音決》、九條本並引蕭音：力罪反。案：《音決》又引王音"力對反"。各本李善音"力對"，陳八郎本、九條本音"盧會"。罪爲上聲賄韻，對爲去聲隊韻，會爲去聲泰韻。蕭音以上聲切去聲。

七、曹憲

曹憲是"文選學"的鼻祖，其行事著述，學者耳熟能詳，兹不贅言，其生平具見兩《唐書·儒林傳》。今從各本所得曹憲音共十八條。

卷二《西京賦》"增嬋娟以此豸"。此，正安本旁記"跐"，引曹音：側辭反。案：跐，《博雅音》卷一音"側買"，卷二音"昃買，又子爾"，俱讀上聲。且

①《文選音》又有"之對"一音，周祖謨以爲"之"爲"七"字之訛。然清、章二紐混切，《文選》音注亦有其例，如卷三《東京賦》"琿弩重旃"，宫内廳本、九條本：旃，音千。故"之"是否即"七"字之訛，正未可定。周説見《問學集》，頁178。

各韻書未見有讀平聲者。疑"辭"字摹寫訛誤。

　　卷四《南都賦》"縠玃猱狿戲其巔"。玃,宮内廳本引曹音:九傳。案:尤衮本、陳八郎本、九條本、奎章閣本李善音:居縛。宮内廳本曹音"傳"疑爲"縛"字之訛。《博雅音》卷九《釋地》玃字正音"九縛"。

　　卷四《蜀都賦》"汩若湯谷之揚濤"。汩,集注本《音決》引曹音:胡没反。案:見上文蕭該條。

　　卷五《吳都賦》"泓澄奫潫"。澄,集注本《音決》引曹音:直耕反。案:澄屬庚韻,耕屬耕韻,庚、耕通用,南北朝十分普遍①。然《音決》引曹音後,又注"又如字",可知庚、耕大同中猶有小異。有學者認爲曹憲以"泓澄"爲聯綿詞而作疊韻破讀②,是。

　　卷五《吳都賦》"鮫鯔琵琶"。琵,集注本《音決》引曹音:步兮反。案:琵屬脂韻,兮屬齊韻,脂、齊可通,這在南北朝詩人用韻中也是較常見的。以上兩例説明曹憲音受六朝舊音的影響比較大。

　　卷五《吳都賦》"刷盪漪瀾"。刷,集注本《音決》作"唰",引曹音:子六反。案:刷爲生母,子爲精母,精、莊組類隔切。又刷字《廣韻》有鎋、薛兩韻,而《漢書·西域叙傳》"總統城郭,三十有六。修奉朝貢,各以其職",六、職協韻,是六亦讀職韻。薛、職韻部音近。曹蓋依古音而讀。《博雅音》卷八《釋器》:刷,所滑。則又讀爲鎋韻。

　　卷五《吳都賦》"巽荂藍蒢"。荂,集注本《音決》引曹音:苦花反。案:《音決》引《字林》"況于反",而尤衮本李善音"枯瓜切",陳八郎本、九條本音"苦華",皆與曹音合。《字林》音"況于",説明麻韻尚未完全從魚部分離出來。

　　卷五《吳都賦》"淵客慷慨而泣珠"。慷,集注本《音決》作"忼",引曹音:何朗反。案:忼爲溪母,何爲曉母,牙喉通轉。

　　卷十四《赭白馬賦》"隘通都之圈束"。圈,九條本引曹憲音:其敏反。案:圈爲獮韻,敏爲軫韻,古通用,如《西京賦》"隱隱展展""方轅接軫",獮韻之展、軫韻之軫通押。

　　卷十七《舞賦》"黎收而拜"。黎收,李善注:曹憲曰:瞵眓而拜,上音戾,

---

① 參王力《南北朝詩人用韻考》,山西人民出版社,2015年,頁31—33。
② 《古抄本〈文選集注〉研究》,頁211。

下居虬反。

卷二十三《詠懷詩》"青驪逝駸駸"。駸，九條本引曹音：楚金反。案：駸屬清母，楚屬初母，曹音莊組與精組類隔切。

卷三十二《離騷經》"長顑頷亦何傷"。顑頷，集注本《音决》引曹音：減澹。案：顑頷、減澹古皆屬侵部。曹憲蓋依古音爲注。

卷三十三《招魂》"蘪菅是食些"。蘪，集注本《音决》引曹音：鄒。案：蘪屬東部，鄒屬侯部，東、侯陰陽對轉。

卷三十三《招魂》"其身若牛些"。牛，集注本《音决》引曹音：合口呼謀，齊魯之間言也。案：牛、謀本皆開口，曹以合口讀之。然未詳何以如此讀。

卷三十七《陳情事表》"實爲狼狽"。狽，九條本旁記《音决》作"猑"，引曹音：古覓反。案：此條音疑有誤字，待考。

卷四十《與魏文帝牋》"謇姐名倡"。姐，集注本《音决》引曹音：子預反。案：蕭該、李善並音"子也"，五臣音"咨也"，姐、也皆屬馬韻。曹音"子預反"，預屬御韻，馬、御古通。九條本亦音"子預反"，當即曹音。

卷四十七《聖主得賢臣頌》"清水淬其鋒"。淬，集注本《音决》引曹音：七對反。案：詳上蕭該條。

卷五十二《六代論》"封植子弟"。植，觀智院本引曹音：值。案：詳下文王氏條。

八、王氏

王氏，其情形一如上文江氏，並湮没無考。各注本言及僅稱姓氏，不言其名。集注本卷六八《七啓》"歷盤鼓"、卷九三《漢高祖功臣頌》"嘉慮四回"句下，《文選鈔》均引有"王生"之説。蓋與《音决》等本所引王氏爲一人。"生"爲敬稱，常施於同時而年輩較早之人①。因此該王氏當即《音决》《文選鈔》撰者同時之人，或亦曹憲門人，而從學較早。從下文所輯音注來看，王音也與曹憲音時代相近。從各本所輯王音凡八條。

卷三《東京賦》"結飛雲之袷輅"。袷，宮内廳本引王音：洽。案：陳八郎

---

① 如杜甫《不見》"不見李生久"之稱李白，《送高三十五書記》"高生跨鞍馬"之稱高適。

本、九條本音"古洽"。祫、古屬牙音見母，洽屬喉音匣母。牙喉通轉現象在《文選》音注中並不鮮見，但主要出現於舊音之中，李善和五臣音中的牙喉音相混的音例已經極少①。由此可以推斷王音較李善時代爲早。

卷五《吴都賦》"騰踔飛超"。超，集注本《音决》引王音：協韻，丑照反。案：《音决》又引蕭音"吐弔反"，舌上音與舌頭音類隔切。王音辨析較爲精細。

卷二十三《詠懷詩》"青驪逝駸駸"。駸，九條本引王音：七林。案：尤袤本李善音亦爲"七林"，與王音同。

卷四十七《聖主得賢臣頌》"雖伯牙操遞鐘"。遞，集注本《音决》作"篪"，引王音：户高反。案：《音决》引王音下有案語云："當爲號，古之爲文者不以聲韻爲害，儒者不曉，見下有烏號，遂改爲篪，使諸人疑之，或大帝反，或音池，皆非也。"《文選音》音"池"，晉灼音"遞"，與"大帝反"音同。李善引《漢書》臣瓚注，以爲當讀"號"。王音與各本均異，獨與臣瓚合。

卷五十一《四子講德論》"凡人視之怢焉"。怢，集注本《音决》引王音：逸。案：《音决》音"他忽反"，又"都忽反"，尤袤本、陳八郎本音"他没切"。凡從"失"字者，其聲母往往有舌音、喉音兩讀。如"軼"，《莊子·徐無鬼》"超軼"，李軌音逸，徐邈音徒列反②。如"佚"，《集韻》有"弋質切""徒結切"兩讀。古音以母讀爲定母（所謂"喻四歸定"③），後世分化，遂有兩讀。該條王音亦如此例。

卷五十一《四子講德論》"鄙人黯淺"。黯，集注本《音决》引王音：暗。案：《音决》引蕭音"奄"，集注本、尤袤本李善音"烏感"，陳八郎本音"於感"，並讀上聲。王音則以去聲切上聲。觀智院本亦音"暗"，蓋即王音。

卷五十二《六代論》"封植子弟"。植，觀智院本引王音：食。案：觀智院本又引曹音"值"。植、值爲澄母，食爲船母，澄、船古讀皆與定母同。王音知章兩組混切。

卷五十七《馬汧督誄》"既縱碅而又升焉"。碅，集注本《音决》引王音：

①參筆者《〈文選〉音注所存古音現象識小》，待刊。

②《經典釋文》，頁392。

③曾運乾《喻母古讀考》，載《東北大學季刊》，1928 年第 12 期。又見《音韻學講義》，中華書局，2011 年，頁 155—165。

力對反。案：《音決》又引蕭音“力罪反”。各本李善音“力對”，陳八郎本、九條本音“盧會”。《廣韻》“盧對切”，與王音合。

另《四子講德論》“而潛底震動”。底，集注本《音決》：底，□巨支反。案：□處字殘，狩野充德疑爲“王”①。然其結體、筆意與該篇他處“王”字不類。今不録。

九、許淹

許淹，潤州句容人。少出家爲僧，後還俗。博物洽聞，尤精訓詁②。《舊唐書·經籍志》：“《文選音義》十卷，釋道淹撰。”《新唐書·藝文志》作“許淹《文選音》十卷”，蓋即一書。此書久已亡佚，集注本《音決》中存其遺説三條，另九條本旁記亦録一條，字有訛誤，實與《音決》同。從其佚文大致可以考見其音讀的時代。

卷五《吴都賦》“鬱兮莜茂”。莜，集注本《音決》引許音：與税反。案：《音決》：莜，音悦。許音、《音決》分別讀去聲、入聲。檢各本《切韻》，莜僅收去聲音，《玉篇》“弋芮切”亦讀去聲，《方言》卷二“莜”字郭璞注：音鋭。是六朝以來皆讀去聲，許音爲舊音。至曹憲《博雅音》則讀入聲“悦”（見《釋詁二》），《音決》與之同。《廣韻》有“以芮切”“弋雪切”兩讀，兼録去聲舊音與入聲新音。

卷五十七《夏侯常侍誄》“愊抑失聲”。愊，集注本《音決》引淹音：皮力反。案：九條本作“淹波反”，蓋即淹音“皮力反”，既脱力字，皮又訛作波。《音決》：愊，普逼反。許淹音“皮”爲並母，《音決》“普”爲滂母，是淹音滂母字讀爲並母。卷四十四《檄吴將校部曲文》“巴夷王朴胡”。朴，集注本及尤袤本李善注引孫盛音：浮。朴爲滂母，浮爲並母，孫盛亦讀滂母爲並母。

卷五十七《馬汧督誄》“若乃下吏之肆其噤害”。噤，集注本《音決》引淹音：其錦反。案：卷四十五楊子雲《解嘲》“蔡澤以噤吟而笑唐舉”。噤，顏師古音：鉅錦反。尤袤本李善引韋昭音：欺稟切（敦煌本稟作廩）。皆作上聲，與淹音合。然《音決》作“其禁反”，九條本、正德本、奎章閣本五臣音作“渠

---

① 《文選音決の研究》，頁 32。
② 劉昫《舊唐書》卷一八九上《儒學·曹憲傳附許淹》，中華書局，1975 年，頁 4946。

蔭(反)",俱讀去聲。卷十《西征賦》"有噤門而莫啟",北宋本及尤袤本李善音"巨蔭切",正德本五臣音"渠蔭",又卷六十《弔魏武帝文》"慮噤閉而無端",奎章閣本李善音"巨蔭切",亦均作去聲。蓋許淹、顏師古音爲六朝舊讀,李善、五臣則爲唐代新讀。

　　上考許淹音三條,皆與六朝以來舊音相合,而與唐以來新讀不同,可知許淹《文選音義》成書較早。《舊唐書》謂其"少出家爲僧,後又還俗",其《文選音義》一書蓋即爲僧時所撰,正如釋道騫以僧人而撰《楚辭音》。許淹還俗後,又從曹憲問學,仍治《文選》音學。其前後學術是否有新變,今文獻不足,難以考定。

　　許淹《文選音義》,注音之外,兼事訓詁。陸士衡《贈尚書郎顧彦先》"淒風迕時序"。集注本《文選鈔》"淹上人作迅風,疾也"。又慧苑《新譯大方廣佛華嚴經音義》卷上"猗覺"條:"猗,於宜反。淹師《文選音義》云:猗,美也。"[1]上條佚文對於瞭解《文選音義》的體例彌足珍貴。

十、公孫羅

　　公孫羅,江都人,高宗時,爲沛王府參軍,後任無錫縣丞。撰《文選音義》十卷[2]。藤原佐世《日本國見在書目》著錄公孫羅《文選音決》十卷、《文選鈔》六十九卷兩種著述。《文選音決》見集注本所錄,其文甚夥。且九條本等古鈔本中亦時時見其佚文。關於《文選集注》所錄的《文選鈔》是否爲公孫羅所撰,頗有爭議,今從藤原佐世[3]。《音決》文繁,非此文可容,今不錄。所可注意的是,《文選鈔》亦有音注,可知其並非單純纂事釋義之作。今從集注本及九條本中得其音注佚文凡五條。

　　卷二十四《答賈長淵》"靡邦不泯"。泯,集注本《文選鈔》:泯音民,取韻耳。

　　卷三十四《七發》"羞魚膾炙"。魚,九條本旁記"𩵋",引《鈔》音:缶。

①轉引自李小榮、侯豔《論僧人撰述與〈文選〉的傳播》,載《福州大學學報》(哲學社會科學版),2008 年第 3 期,頁 78。

②《舊唐書》卷一八九上《儒學·曹憲傳附許淹》,頁 4946。

③又參《古抄本〈文選集注〉研究》,頁 106—111。

卷四十四《檄吳將校部曲文》“要領不足以膏齊斧”。齊，集注本《文選鈔》引虞喜《志林》音：側皆反。案：尤袤本李善注與《鈔》同，集注本李善注無說。尤袤本蓋據《鈔》而補。

卷五十七《宋孝武宣貴妃誄》“巾見餘軸”。軸，九條本引《鈔》音：逐。

卷五十八《褚淵碑文》“昔柳莊疾棘”。棘，集注本《鈔》作“革”：九力反。

十一、陸善經

陸善經，或名該，善經其字。吳郡吳縣人。頗通經史，亦諳小學。歷官河南府倉曹參軍、集賢院直學士。開元中，參纂《大唐開元禮》《唐六典》，注《御刊定月令》，並注《文選》。善經著作宏富，今知者有《孟子注》七卷、《周易注》八卷、《周詩注》十卷、《古文尚書注》十卷、《三禮注》三十卷、《春秋三傳注》三十卷、《論語注》六卷、《列子注》八卷、《史記注》若干卷。又著《字林》，或稱《新字林》，《廣韻》尚引其文。梁元帝纂《古今同姓名録》，善經賡續增廣之[1]。陸善經《文選》注中輯得佚音四條。

卷五《吳都賦》“猭子長嘯”。猭，集注本陸善經音：渾。

卷二十四《爲賈謐作贈陸機》“婉婉長離”。長，集注本陸善經注：或音丁丈反。

卷三十二《離騷經》“謠諑謂餘以善淫”。諑，集注本陸善經：《方言》云：楚以南謂訴爲諑。音涿。

卷三十三《招魂》“摼鳴鼓些”。摼，集注本陸善經音：憂。案：摼屬真部，憂屬質部，陽入對轉。

狩野充德統計《音決》所引舊音注家凡十三人，其中毛公、鄭玄、魯世達三家與《文選》無關，今不録。張載音一條，見《蜀都賦》“壇宇顯敞”句下，壇，《音決》謂“張載爲墠，音善”，其中音注疑爲《音決》之文。茲亦不録。李

---

[1] 陸善經行事，向宗魯、浚廣及日人新美寬均有考索，而虞萬里《唐陸善經行歷索隱》一文最爲詳實。虞文載《中華文史論叢》第 64 輯，上海古籍出版社，2000 年，頁 171—184。

氏音一條，姓名待考，附入郭微之條，不别出。江氏、公孫羅、陸善經，狩野氏未及，本文收入。於是共得十一家。《文選》音注舊家之搜羅，由此稍得完備。

（作者單位：河北大學文學院）

域外漢籍研究集刊　第十六輯
2017 年　頁 259—277

關於九條本《文選》識語的研究

佐川保子撰　楊穎譯

一、引言

　　中國南朝梁（西曆六世紀開始），在晚唐杜牧“南朝四百八十寺”句中歌詠過的擁有繁榮景象的都城建康（今南京），詩文選集被編纂出來。那就是收録了從公元前五世紀左右到公元六世紀初之間的七百五十二篇詩文，共三〇卷的《文選》。身爲編纂者的昭明太子蕭統，是一個特別愛好文藝的貴公子，而實際擔任編纂工作的一般認爲是他周邊的貴族文人。

　　關於《文選》，中國幾年前就計畫出版《文選學研究集成》叢書。終於在1998 年由中華書局出版了《中外學者文選學論著索引》和《中外學者文選學論集》上下。而根據俞紹初、許逸民撰寫的《〈文選學研究集成〉序》（已刊登的兩書中所收）中介紹，之後，《文選學研究資料彙編》、《文選學書目》、《文選集校》、《文選彙注》、《文選唐注考》、《文選版本學》、《文選學發展史》、《文選編纂學》、《文選今注今譯》、《文選學詞典》等也將會陸續出版。

　　另一方面，在日本，1999 年 2 月富永一登的《文選李善注的研究》（研文出版），同年 4 月岡村繁的《文選的研究》（岩波書店），同年 10 月清水凱夫的《新文選學——〈文選的新研究〉》（研文出版）等的力作也相繼出版。富永的書詳細探討了唐代李善所做的注，同時也涉及了有關《文選》的受容史。岡村繁的書從序章《〈文選學〉的歷史和課題》的第二節《科舉和〈文選〉》到第四節《近來文選研究和課題》主要是介紹《文選》的受容史。不僅如此，岡村繁還在第一章《〈文選〉編纂的實際情況和編纂當時對〈文選〉的評價》的第二節《對〈文選〉六朝末期文壇的反響》，第二章《〈文選〉和〈玉臺新詠〉》，第三章《搖曳的〈文選〉——南北朝末期文學的動向和"文選學"的成立》，第四章《細川家永青文庫藏〈敦煌本文選注〉——唐代初期〈文選〉注釋的一面》，第六章《〈文選〉李善注的編修過程——以經書引用的方法爲例》，第七章《〈文選集注〉和宋明刊行的李善注》對《文選》受容史周邊的情況進行了逐一考察。

《文選》作爲中國的文藝作品，它的歷史和規模可以説僅次於《詩經》和《楚辭》。這樣一部典籍之作，對《文選》本身的研究自不用説（清永的著作主要就是圍繞《文選》本身爲中心的），關於後世的人們如何理解和欣賞這部作品的研究也是非常重要的。

本文主要從《文選》受容史的一個方面來進行考察。只是富永的著作，岡村繁的著作，甚至是《中外學者文選學論集》上下裏收録的大多數論文都是圍繞著《文選》在中國的受容情況而展開的。本文主要以《文選》在日本的受容情況爲對象來進行考察。

二、《文選》在日本的受容

《文選》最早由遣隋使、遣唐使帶到日本。能够證實《文選》傳到日本最古的例子要數推古天皇十二年（604）制定的《憲法十七條》。其中第五條裏有這樣一句話："絶饕棄欲，明弁訴訟。……頃治訟者，得利爲常，見賄聽讞。便有財之訟，如石投水，乏者之訴，似水投石。"關於這個岡田正之在《日本漢文學史（增訂版）》（吉川弘文館，1954）第 171 頁中有以下的記述："聖德太子的憲法十七條裏有'有財之訟如石投水，乏者訴似水投石'這句話，如果是來自魏李康《運命論》的'其言也，如以水投石。莫之受也。……其言也，如以石投水，莫之逆也'的話，那麼很明顯證明了《文選》的傳入。"

李康的《運命論》被收録在《文選》（三〇卷）卷二七中。對於引用部分的關於水和石的比喻，李善和其他的學者並没有對此處的出典做出標注，因此水和石的比喻是《運命論》的獨創的可能性非常高。而且《運命論》只被收録在現存古籍的《文選》和《藝文類聚》中。據《唐會要》卷三六記載，《藝文類聚》的上奏是唐武德七年（624），這比《憲法十七條》晚了二十年。由此看來，關於《憲法十七條》第五條的比喻的出典，來自岡田指出的《文選》所收的《運命論》的説法是非常妥當的。

《憲法十七條》之後,天平年間(729—749)有明確記載的正倉院古文書裏,留下了幾個關於抄寫《文選》的記録。而且,《續日本紀》卷三五,《續日本後紀》卷九和卷一二,《菅家文草》卷六,《延喜式》卷二〇《大學寮》的"講書"條,《令解集》卷一七的《秀才進士條》,《文德實録》卷三和卷八,《日本三代實録》卷四五,《日本紀略前篇》卷二〇,藤原明衡編的《本朝文粹》卷七《書狀》中所收的大江匡衡的信中,都有關於學習,講讀,背誦《文選》的記載。和大江匡衡的妻子赤染衛門一起擔任平安女流文學的清少納言在《枕草子》第 211 段裏記載的"所謂'書'是指文集,文選,新賦,史記五帝本紀,祈禱文,表,學者的申文"(池田龜鑑校訂岩波文庫本)這句話可以説衆所周知。

奈良朝以後,日本人更加珍視學習並抄寫《文選》。根據前面提到的正倉院古文書裏記載,可以推測《文選》的抄本非常多。但是,現在大部分都已經逸散了。其中比較大部頭的抄本有兩部被保留了下來,分別是《文選集注》一二〇卷的殘卷和無注本《文選》三〇卷的殘卷。

平安時代的抄本當屬《文選集注》了,其中除了李善注、五臣注之外,也記載了唐以前的中國學者們的注釋。但因爲它們中的好多在中國都已經逸散,所以平安時代的寫本成爲保留了中國的古注和當時文本全貌的不可欠缺的極爲重要的資料。

另一方面,因爲無注本《文選》是九條家祖傳,因此被稱爲"九條本"。其卷末記載了好多從平安朝末期到南北朝初期的有年號的識語。雖説本文也可以看到好多注記的地方,但是這些注記大多沒有出《文選集注》、版本《文選》所收的注記的範圍。因此,在研究中國古注方面,九條本《文選》不像《文選集注》起到那麼大的作用。

那麼,九條本《文選》的本文部分如何呢? 普遍認爲它的本文是"謄寫無注本三十卷本而來的"(斯波六郎《九條本文選解説》①),也就是説"這個抄本出於李善未注以前的三十卷本"(屈守元《跋日本古抄無注三十卷本

①《文選索引附録》(包含 1959 年的《序言》),頁 11。

〈文選〉》①）。但是，"反復抄寫的過程中，或多或少會受到了當時新傳來的版本的影響"（前揭斯波六郎論文）。因此，哪個部分是原貌，哪個部分是受到版本的影響的，還需要今後做精密的調查。無論如何，研究過程中不可避免的會摻雜很多臆測。同時，九條本《文選》和《文選集注》的殘存部分有很多一致的地方。當然，因爲《文選集注》的殘存部分是極爲有限的，因此很難一一進行對照。即使如此，也不能輕易斷定它是以《文選集注》爲底本，並不斷受到新傳入的版本影響的書。總之，因爲九條本《文選》的來歷尚且不明，可以說它還處在無法作爲有效資料的階段。

　　但是，另一方面，像前面闡述的一樣，九條本《文選》的卷末還遺留著很多當時抄寫它的日本人的識語。也就是說，這是一本可以直接傳達在日本《文選》受容的氣息的書。因此，從考察受容史這方面來看，可以說這也是極其重要的資料。

　　九條本《文選》的識語是用很漂亮的行書記載的。1967 年，小林芳規在《平安鎌倉時代漢籍訓讀的國語史的研究》（東京大學出版會）書中，已經嘗試將其還原爲活字。但是，經對內容的詳細研究，在我的觀察範圍內，不論是小林的書，還是之後的研究都還尚未觸及。本文在研究九條本《文選》的識語的基礎上，想要嘗試著考察一下在日本《文選》受容的情況 。

三、九條本《文選》的識語

　　九條本《文選》的原版由東山御文庫所藏，我們不能够輕易看到。但幸運的是，影印版《九條本文選抄》八册已經在 1962 年被製作出來，並收藏在若干圖書館中。本文所使用的影印本是東北大學圖書館的藏本（本館　丁 B・2—4—1・49）。

　　九條本《文選》是指無注的三〇卷本，但有缺卷，分別是卷第五，卷第六，卷第九，卷第二四到卷第二八，以及最後的卷第三〇。同時，卷第一六的後半部分因爲殘缺，所以看不到識語部分。卷第八，卷第二一，卷第二二雖然現存，但是本身並沒有記載識語。因此，卷第一到卷第四，卷第七，卷

---

①本文上述列舉的《中外學者文選學論集》上，頁 432。初出《文選學論文集》，時代文藝
　出版社，1992 年。

第一〇到卷第一五,卷第一七到卷第二〇,卷第二三,卷第二九,共一七卷的識語部分成爲本文的研究對象。

正如前面介紹過的,小林所著的《平安鐮倉時代漢籍訓讀的國語史的研究》中"附録Ⅰ 漢籍古點本奥書識語集"的第 1493 頁到 1495 頁,將每卷的識語都已經翻成活字。在這裏如果按卷列舉識語會造成重複,因此在這裏不按卷列舉,而是按照時間順序排列,並將每段識語加上標點,並譯成現代日語,如下所示。

其中有幾個識語,因爲署名和記載的年份都非常相似,因此整理在一起。將其看做一個整體,並對每個整體進行考察。

有時,會出現正在考察的識語的語言和内容與後面出現別的識語相關聯的情況。遇到這種情況的時候,就必須要對後面即將出現的識語做提前的説明。因此,還煩請諸位讀者費些時間從本稿的後面查找到相應號碼的識語的部分。同時,對前面舉出的小林的著作還有幾個疑問,關於這點也會在以下考察的時候一併探討。

我本來就缺乏日本中世史學和中世文學的素養,因此在研究的過程中不免有諸多差錯,懇請各位專家指正。

　　01 卷一九/康和元年九月廿日巳刻、書了。

　　康和元年(一〇九九)九月二十日巳刻,書寫完了。

　　02 卷第一七/保延二年正月廿三日午時、所讀了。

　　保延二年(一一三六)正月二十三日午時,讀完。

　　03 卷第一七/保元二年二月廿三日、見合證本了。

　　保元二年(一一五七)二月二十三日,對照善本校訂完畢。

　　04 卷第一七/借請菅冠者之本、加一見了。公重。

　　借菅冠者的藏本,再次校訂了一遍。公重。

01—03 是從十一世紀末到十二世紀中期的識語,没有署名。只有 04 署名爲"公重"。但 04 卷一七的識語,與 02 和 03 的筆迹看起來不甚相同。無論如何,關於"公重"的出身來歷,我們不得而知。不過,04 之後的九條本的識語中,以《本朝文粹》的編者藤原明衡爲開始的藤原式家的署名佔據了大多數。關於這點請參照本文最後附的表格。比如,05 的藤原宗光,11—14,17—18 的藤原長英,19—29 的藤原師英等。09 的藤原相房雖然在《尊卑分脈》裏看不到他的名字,但是前面引用的小林的著作的第 1169 頁裏,有將有將其作爲式家學者的記述。01—03 的字體和 05 的宗光的字體相似。01—03 的識語由當時式家的人記録的可能性會比較大吧。

03 裏的所謂"證本",09 裏記載爲"對照菅江兩家的藏本抄寫的",而 05 裏式家的宗光寫到:"抄寫了菅給料家珍藏的善本並加點",由此可以推斷03 裏的"證本"應該是大江家或者是菅原家所藏的《文選》的善本。

　　　　05 卷第二〇/承安二年壬辰閏十二月廿一日、以菅給料家本、寫點了。安紀宗光、生年十八。承安二年後十二月晦日、奉授正親町大夫了。

　　　　承安二年(一一七二)壬辰閏十二月二十一日,對照菅給料家的藏本,抄寫并加點。安紀宗光,十八歲。承安二年后十二月三十一日,奉旨教授正親町大夫。

所謂十八歲的"宗光"是指藤原式家明衡的第六代孫子,也是尊經閣版的白氏文集卷六十的識語中署名的式家敦光的直系第五代孫子,即指式家宗光吧。國史大系《尊卑分脈》第二篇第 532 頁裏可以看到他的名字,年代也比較符合。並記載他是筑後的地方長官,官位是從五位上。如果對照菅原家的善本抄寫並加點的同一年,十八歲的宗光便開始教授正親町大夫的話,足見他是個相當早熟的秀才。

　　問題是接受宗光指導的是正親町大夫。根據《尊卑分脈》的第一篇第139 頁裏記載,第一次稱爲"正親町"的是正親町三條家的藤原公氏。但是因爲公氏在嘉禎三年(1237)年六十六歲時去世。也就是 1172 年的時候,他才剛出生。這跟《公卿補任》裏記載的去世年份是一樣的,但顯示的是享年五十五歲,也就是出生年代不吻合。因爲正親町公氏歷任"中宮大夫","皇后宮大夫",因此符合"正親町大夫"這一稱呼。但年代的不一致却很難解釋,只好期待各位的研究了。

　　　　06 卷第一五/本奥云、養和二年五月廿六日、於洞院亭、書寫了。七月朔日、點墨了。散位菅以業。

　　　　原本的卷末記載:"養和二年(一一八二)五月二十六日,在洞院亭裏抄寫完了。七月一日,用墨筆加點完畢。散位菅以業。"

　　　　07 卷第一五/建久三年十一月十四日、以家說、授筑州別駕了。散位菅—。

　　　　建久三年(一一九二)十一月十四日將祖傳家學教授給筑州別駕。

散位菅一。

07 是接著 06 記載的。也就是説,06 的"卷末記載"也包含了 07 的内容。利用原書的"後記"内容來寫本次後記的人或許是正慶二年(1333)的藤原式家師英(參照 27),他也正是之後抄寫《文選》但没有寫識語的人。

我認爲 07 最後的"一"是 06 的"以業"的省略。雖然"菅以業"的名字在《尊卑分脈》裏看不到,但恐怕是和藤原式家明衡的養子菅原明業有親戚關係的人吧。因爲和式家的書有關聯,同時名字中有共同的"業"字。藤原明衡 989 年生 1066 年去世,1182 年抄寫《文選》,並在十年後教授筑州别駕的叫"以業"的人物或許是明衡的養子明業的曾孫輩的人。05 的式家宗光大約和以業是同一代的人。大概菅原以業也抄寫了宗光借的菅原家的善本,並將它傳授給了北九州的一個地方官吧。

　　08 卷第二三/弘安三年無射十八日、以家秘説、奉授秋田城務好士、既訖。前吏部少卿諸範[花押]。

　　弘安三年(一二八〇)九月十八日,將祖傳家學秘説教授給了秋田城務喜歡的人士,並教授完畢。前吏部少卿諸範[花押]。

"前吏部少卿諸範"是誰?在《尊卑分脈》第二篇第 470 頁裏記載的藤原南家有"諸範"的名字(請參照附圖),同時記載其官位元是"刑部卿 正四下 式部少甫"。"式部少甫"在漢語裏叫"吏部少卿",所以識語裏的"諸範"應該就是指藤原南家的諸範。

諸範所教授的"秋田城務"應該就是指"秋田城介",1280 年的"秋田城介"就是指安達泰盛。《關東評定衆傳》卷二①裏的關於"弘安三年"的事件中,作爲"評審員"可以看到"秋田城介藤原泰盛 五號首席裁判員"的名稱。

而所謂的"藤原泰盛"在《尊卑分脈》第二篇第 286 頁裏記載就是指安達泰盛。泰盛的祖父景盛在建保六年(1218)年被任命爲秋田城介以來②,

①《群書類從》第四輯輔任部卷四九(續群書類從完成會。1932 年。1977 年訂正三版第三次印刷)。關於"安達泰盛"的資料,二十年前,曾在中國文學研究室的"教授公卿、將軍等特定貴人的記事"磯部彰前輩(現任東北大學東北亞洲研究中心教授)的介紹下,得到了國史學研究室的齊藤氏的指教。因爲不知道齊藤氏的全名,只能將姓記入,對此深表歉意。同時對磯部氏和齊藤氏的熱心的指教深表感謝。
②《吾妻鏡》第二三,根據建保六年三月十六日的事件。

從景盛到第四代的宗景在弘安八年（1285）被誅殺，這期間他們代代世襲"秋田城介"，第三代的泰盛在建長六年（1254）成爲秋田城介，並在弘安五年（1282）將職位傳給兒子宗景，三年後和兒子一起被殺害①。

　　從 08 的卷二三的識語我們知道了京師的博士家（律令時代，教授各種學問的世襲教官——譯者注）將中國的典籍教授給東國的武將。而這類現象在同一時期並不少見。清原家的教隆作爲北條即時的老師在寬元五年（1247）和建長七年（1255）分別將《古文孝經》和《群書治要》②教授給北條即時。教隆的兒子直隆，在文永六年（1269）和永仁六年（1298）分別將《春秋經傳集解》③和《古文孝經》④教授給北條即時的兒子篤時，同樣，教隆的另一兒子俊隆也曾在弘安元年（1278）將《春秋經傳集解》教授給篤時⑤。還有，藤原諸範的哥哥茂範也曾爲了北條即時，給《群書治要》加點⑥。以上都是從各種抄本的識語部分讀出的內容。清原家的教隆、直隆、俊隆以及藤原南家的茂範都是專門負責教金澤北條氏中國典籍的老師。

　　上述的清原教隆的祖父清原賴業是當時非常有名，治學嚴謹的經學者（請參照附圖）。根據《尊卑分脈》第二篇第 467 頁的記載，賴業的女兒們分別嫁給了藤原南家的光範和他的兒子賴範。光範是 08 的《文選》卷二三的識語中記載的"諸範"的祖父的哥哥，也就是"諸範"的伯祖。即清原教隆是諸範的爺爺的哥哥的妻子的外甥，也是諸範父親的堂兄的妻子的外甥。這兩家因爲教隆姑姑們的關係結成了雙重親戚關係。兩家幾乎是在同一時期，清原氏負責東國的金澤北條氏，藤原南家的哥哥也負責金澤北條氏，而南家的弟弟則負責東國的秋田安達氏，分別教授他們中國典籍。由此便可以看出，十三世紀後半期的中國典籍的學習是從西向東，從堂上公家到武家傳播的。

　　附帶說一下，和金澤北條氏有關聯的金澤文庫裏，還收藏了本文研究

①以上，根據本文上述的《關東評定衆傳》和《尊卑分脈》。
②本文根據上述小林著作的頁 1260，頁 1462，頁 1480。
③同上，頁 1453。
④同上，頁 1462。
⑤同上，頁 1448－1449。
⑥同上，頁 1481。

的九條本《文選》不同系統的宋版的五臣李善注《文選》六〇卷，平安時代抄寫的《文選集注》一二〇卷的斷簡殘篇，這些都是在中國已經失傳的《文選》的善本，在日本被發現了。這樣重視中國古典的風氣可以通過九條本《文選》卷二三的識語讀出來。

09 卷第一／本云、弘安八年六月廿五日、以菅江両家證本、校合、書寫了。散位藤原相房。

原本的卷末記載："弘安八年（一二八五）六月五日，借助菅原、大江兩家所藏的善本進行校合，並抄寫完成。散位藤原相房。"

10 卷第二九／正應二年已丑十一月六日、自巳刻終至子時半分終書功。於京洛大宮宿房、以大内記吏部侍郎本、書寫畢。十一日加朱點已了。

正應二年（一二八九）已丑十一月六日，從上午十二時一直抄寫到晚上十二時。於京城朝廷的值班室内，借大内記吏部侍郎的書抄寫完畢。十一日用朱筆加點完畢。

09 的"藤原相房"的名字在《尊卑分脈》裏看不到，但如前所述，前面列出的小林的著作的第 1169 頁認爲其是式家的學者。如此推算，其和 11 以後頻繁出現的"長英"大約是同世代的同族。

10 裏没有署名。但是按照 01—03 的考察方法分析，暫時認爲是式家的學者所爲。"大内記吏部侍郎"也不明，但記錄者所謂的"大内記吏部侍郎本"很有可能指的是 05 或 09 的識語中看到的大江家或菅原家所藏的善本。因此，所謂"大内記吏部侍郎"很可能是大江家或菅原家裏任何和這兩家有關係的人，而根據《尊卑分脈》裏的記載，在大江家擔任"大内記"或式部官的人極少。而與此相對的菅原家則很多，其中符合識語年代的人物有"侍讀後宇多御書所開闈東宮學士式部少甫大内記從四位下"的"在守"（《尊卑分脈》第四篇第 67 頁）和"侍讀後宇多長者文章博士大内記從三式部權大甫縫殿助"的"在公"（同第 70 頁）。"在守"是從菅原孝標開始算起的第九代，"在公"是第八代，兩人生卒年都不詳。"在守"的父親"在章"在文永五年（1268）去世。"在公"的長子"在輔"在元應二年（1320）七十四歲去世。由此推算，1289 年的時候，"在守""在公"分別都是壯年。

寫 10 的識語的式家的學者大概借了菅原家的善本，從中午一直抄到深夜，並抄寫了相當於李善注《文選》的卷五七和卷五九兩卷分量的長文。

足見他的用功程度非同一般。

　　11 卷第四／本云、正應五年二月廿八日、書寫畢。散位藤長英在判。同六月廿五日、校點畢。同王六月三日、點畢。右判。同廿二日、付尺音畢。長英。

　　原本的卷末記載：正應五年（一二九二）二月二十八日，抄寫畢。散位藤長英蓋章。同六月二十五日，校對並加點完畢。同閏六月三日，加點完畢。蓋章。同二十二日，加上詞語解釋和讀音，完畢。長英。

　　12 卷第一／正應五年五月九日、點了文選。十二三歲之時、兩年、以自筆令書寫、受嚴君之説了。而先年甘繩回禄之時、皆以爲灰燼了。仍爲授幼稚所令校點了。散位藤長英。

　　正應五年（一二九二）五月九日，爲《文選》加點完畢。十二三歲之時接受了父親（藤原基長）建議，花兩年的時間抄寫了《文選》。但是去年，甘繩（不明）發生火災，（所有的抄寫本）都化作灰燼。因此，爲了教兒子（或許是師英吧？參照 21），又讓他給《文選》校訂並加點。散位藤長英。

　　13 卷第七／正應五年八月十六日、書寫畢。于時久就病席、屢染疎毫、宿好之主、愁篤只且了。散位藤原長英。

　　正應五年（一二九二）八月十六日，抄寫完畢。正好當時因病臥床很久，但仍堅持抄寫，所以從小一直很要好的主人因爲我的病情非常擔心我。散位藤原長英。

　　14 卷第十／本云、本云、正應五年十月二日丑尅、書寫了。此書、曾祖父一筆也、而上袟紛失之間、爲備欠失、所令書寫了。散位藤原長英。

　　原本的卷末記載：原本的卷末裏説“正應五年（一二九二）十月二日丑刻（凌晨二點左右），抄寫完畢。這本書的抄本原是曾祖父（應該是指式家的敦綱）抄本。但因爲上卷佚失，爲防止丢失，於是讓我抄寫。”

　　15 卷第七／正應五年十月六日、雨中書寫畢。源信元。同八日墨黙了。在一。同十一日付尺音了。信元。同十四日朱黙了。信元。同十五日匕下注付了。信元。同十七日一校了。信元。

正應五年(一二九二)十月六日,雨天中抄寫完畢。信元。同八日,用墨筆加點完畢。信元。在一。同十一日,填上詞語解釋和讀音完畢。信元。同一四日,用朱筆加點完畢。信元。同一五日,在燈火下添加了注釋。信元。同一七日,重讀一遍完畢。信元。

以上是 1292 年 2 月到 10 月的識語。在進入具體研究之前,先要對一些細節加以説明。第一,關於 11,識語裏記載"六月廿五日,校對並加點完畢",但是不到十天再次出現"加點完畢"。通過影印版可以看到,後者比前者要淡。而且參照小林的著作第 1494 頁也可以看出這不是用墨筆而是用朱筆所寫。由此推斷後者的"點"是"朱點",前者的"點"是"墨點"。第二,關於 15 的"墨默了"和"朱默了"。"默"字是"點"的誤記吧。第三,關于 15 的"匕下注付了"。前面舉出的小林的著作第 1494 頁,"匕"字的下面加入了"燈"字的推測我認爲是正確的。

通過以上的五段識語我們可以讀出的是祖傳家學的傳承方法和學習方法。通過 14 我們可以知道,關於《文選》卷一〇中的"曾祖父"即指式家明衡的第四代敦綱,《文選》卷一〇的抄本是敦綱所有。通過 12 我們可以知道,卷一的抄本爲第七代的長英和第八代的師英所有。甚至 12 裏長英説"以自筆令書寫、受嚴君之説了",因此長英臨摹的"嚴君",即第六代的基長的抄本的可能性很大。也就是説,式家的學者們當他們代代學習《文選》時,都是通過自己抄寫全部或者其中一部分來學習的。

抄寫長文的原文,並用墨筆和朱筆加點,有時還加入詞語解釋、讀音、注解等,這並非是容易的事情。再加上要理解文章的意思就更不容易了。像第一章裏闡述的那樣,《文選》是由中國南朝後期的皇太子和他的貴族文人們共同編纂的。南朝後期正是修辭學極其發達,華麗但很難懂的美文在貴族間流行的時期。《文選》對於日本人來説,可以説是中國古典文學裏最複雜難懂的書之一。但正像 12 裏記載的那樣,式家的長英在"十二三歲之時"便想要抄寫和理解這樣難解的外國書籍。長英自身還把這本書教給"幼稚",正因爲使用"幼稚"這樣是帶有貶義的詞語,所以應該指的不是別人家的孩子,而是自己的兒子吧。更能證明其可能性的是同一卷(卷一)裏記載的識語(參照 21),是長英的兒子師英。他學習《文選》一定也和十二三歲之時便開始學習的長英一樣,從小就開始了吧。

長英不止十二三歲之時被要求抄寫《文選》,像 11 中記載的那樣,長大之後還在不斷的抄寫《文選》。那不止是爲了學習，更是爲了防止《文選》的佚失（參照 14）。像 14 裏記載的有的時候一直抄寫到"丑刻"，像 13 記載的，"久就病席，屢染疎毫"，帶病抄寫。足以見得他對《文選》的熱情。

而上面的 13 和 15 却有著微妙的關係。都是卷七的識語，但是時間晚的 15 却被放置在 13 之前。或許是因爲帶著病仍堅持抄寫的長英的抄寫不够完整，於是一個月之後 15 的"源信元"對其進行補充，並分別用墨筆和朱筆加點，加讀音和詞語解釋等使之完成吧。如果像上面推斷的那樣的話，那麼 13 的識語裏寫的，"愁"長英的病情的"宿好之主"或許就是指"源信元"吧。"源信元"這個名字，在《尊卑分脈》只有一處記載。第三篇第 270 頁中，作爲清和源式畠山高國的法號出現的。但是，畠山高國在觀應二年（1351）四十七歲的時候就去世了，而識語中記載的正應五年（1292）時還没有出生。識語裏的"源信元"這個人不明。正因爲如此，就像前面列舉的將"點"誤記成"黙"，將"燈"用片假名記載等，可以看出他們的素養顯然不及式家人們的素養，可以考慮或許是式家周邊的人物吧。

16 卷第三／本云、永仁七年散樂廿五日、黙畢。同廿七日、黙畢。

原本的卷末記載："永仁七年（一二九九）三月二十五日，加點完畢。同二七日，加點完畢。"

17 卷第四／乾元二年閏四月七日、授申千手才子畢。前對州刺史長英。

乾元二年（一三〇三）閏四月七日，教授千手的才子。前對州刺史長英。

18 卷第四／德治二年十二月十一日、授申垂水藤才子畢。散位長英。

德治二年（一三〇七）十二月十一日，教授垂水的藤才子。散位長英。

16 的"廿七"後出現的"黙畢"要比"廿五日"後出現的"黙畢"印得淡。像前面列舉的小林的著作第 1494 頁指出的"可能是朱筆"的説法，考慮是使用朱筆的關係。還有，這個"黙"字也是"點"字的誤記，所以 16 也和 15 一樣是"源信元"寫的識語，"信元"爲了幫式家的長英而加點的可能性非常高。

17 和 18 都是長英寫的識語。這裏出現了關於"千手才子""垂水藤才子”的問題。前面列舉的小林的著作的第 34 到 37 頁裏將 18 歸納在“父子相繼事件”的事例中，因此將“垂水藤才子”看作是長英的兒子。而且同書的“父子相繼事件”中，按照 17、18 的記載，列舉出了永仁二年（1294），長英將《古文尚書》教授給“池内藤才子”的識語，因此小林認爲“池内藤才子”或許就是“師英”。

而就算“内藤才子”、“垂水藤才子”和“千手才子”是長英兒子，但師英的可能性是極其小的吧。爲什麼這麼說，因爲在識語中，對“池内藤才子”“垂水藤才子”“千手才子”都使用的是敬語（“授申”）。僅就前面列舉的小林的著作第 34 到 37 頁和網羅了當時的識語的第 1432 到 1504 頁來看，很明顯如果是教兒子或孫子的話，是不會使用“申”這個字的。例如，長久二年（1041）藤原正家的識語裏“授孫顯業了”，保延六年（1140）的“李部少卿知明”的識語裏“授三男敦真了”，弘安四年（1281）的中原師種的識語裏“以累祖秘説授愚息筑前權刺史師國了”，永仁五年（1297）的中原師國的識語裏“以累家秘説授愚息師言訖”，延慶四年（1311）的清原教宗的識語裏“以南堂十代秘説重授愚息外史二千石繁隆畢”，延文元年（1356）的清原教氏的識語裏“授于愚息豐隆了”。

同樣，對於自己的兒子稱“才子”的做法，在嚴格遵守中國禮法的博士家裏幾乎是不可能出現的事情。中原師種、師國，清原教宗、教氏等都是將自己的兒子稱作“愚息”的例子可以作爲佐證。

由此推斷：17、18 的識語中，長英教授的對象，從沒有記他們的官位這點來看，很有可能是同族的御曹司（貴族或官吏之子），但充其量是比擔任對州刺史的長英身份高點的人的兒子吧。

19 卷第二/正慶元年大呂五日、書寫了。散位藤原師英。同廿三日、寫墨點、同勘物了。師英。同夜半、朱點畢。師英。

正慶元年（一三三二）十二月五日，抄寫完畢。散位藤原師英。同月二十三日用墨筆加點並校對。師英。同日半夜，用朱筆加點完畢。師英。

20 卷第七/正慶二年大蔟廿四日、書寫了。于時白雪紛々、紅燭耿々而已。散位藤原師英。翌朝墨點了。師英。同時朱點了。師英。

正慶二年（一三三三）一月二十四日，抄寫完畢。正值那時白雪紛飛，紅燭閃耀。散位藤原師英。翌日清晨，用墨筆加點完畢。師英。

同時用朱筆加點完畢。師英。

　　21 卷第一/正慶二年二月十四日書寫了。散位藤原師英。翌朝寫朱墨兩點勘物了。師英。

　　正慶二年(一三三三)二月十四日,抄寫完畢。散位藤原師英。翌日清晨分別用朱筆和墨筆加點並校勘完畢。師英。

　　22 卷第十/本云、正慶二年後二月一二日、書寫了。同日、朱墨兩點了。散位藤原師英。

　　原本的卷末記載:正慶二年(一三三三)閏二月十二日,抄寫完畢。同日,用朱筆和墨筆加點。散位藤原師英。

　　23 卷第十一/本云、正慶二年後二月十七日夜半、書寫了。散位藤原師英。判。同時墨點了。師英。同時朱點了。師英。

　　原本的卷末記載:正慶二年(一三三三)閏二月十七日半夜,抄寫完畢。散位藤原師英。蓋章。同時,用墨筆加點。師英。同時,用朱筆加點。師英。

　　24 卷第十二/本云、正慶二年三月十一日子刻、書寫之了。散位藤原師英。判。同朝朱墨兩點了。

　　原本的卷末記載:正慶二年(一三三三)三月十一日子時,抄寫完畢。散位藤原師英。蓋章。同日早上,分別用朱筆和墨筆加點。

　　25 卷第十三/正慶二年三月廿八日夜半、書寫之訖。散位藤原師英。判。翌日兩點了。師英。

　　正慶二年(一三三三)三月二十八日半夜,抄寫完畢。散位藤原師英。蓋章。翌日,分別用朱筆和墨筆加點。師英。

　　26 卷第十四/本云、正慶二年仲呂十一日、書寫了。散位藤原師英。判。同日朱墨兩點了。師英。

　　原本的卷末記載:正慶二年(一三三三)四月十一日,抄寫完畢。散位藤原師英。蓋章。同日,分別用朱筆和墨筆加點。師英。

　　27 卷第十五/正慶二年四月廿五日、書寫了。散位藤原英右判。同日、朱墨兩點了。師英。

　　正慶二年(一三三三)四月二十五日,抄寫完畢。散位藤原師英。蓋章。同日,分別用朱筆和墨筆加點。師英。

前面列舉的小林的著作第 1493 頁裏,將 21 的時間讀成"正慶五年"。

但是影印版中的大寫數字確實是"二"。因此我覺得還應該是"正慶二年"吧。"正慶"是北朝光嚴天皇的年號,光嚴帝在正慶二年的時候被廢了。實際在位只有兩年。只是,第三年開始進入南朝,而師英拒絕使用南朝的年號"建武",所以將建武三年稱作"正慶五年"也不是没有可能。但是,從九條本《文選》整體來看,21 不是"正慶五年",還應該是"正慶二年"更爲妥當。而且"正慶二年"對師英來説,或許還意味著蘊含了一個更大的問題。以下就來闡述一下這個問題。

師英所寫的識語裏,除以上列舉之外,還有康永二年(1343)所寫的第28 條。

> 28 卷第十八本云、康永二年六月十九日、拭細汗、勵抄書了。前但州刺史師英。同七月廿三日、於三條坊御學問所、寫了。師英。同廿七日、朱點了。師英。

> 原本的卷末記載:康永二年(一三四三)六月十九日,一邊擦拭流淌的汗水,一邊努力抄寫。前但州刺史師英。同年七月二十三日,在三條坊學問所裏,抄寫完畢。師英。同月二十七日,加朱點。師英。

與 28 及 01—19 的識語相較,你會發現 20—27 的識語的内容有明顯的特徵。即,從抄寫到加點完畢所需時間特別短。

例如,在 20 中,一月二十四日抄寫完畢,翌日清晨加墨點和朱點完畢。在 22 中,閏二月十二日抄寫,同日加朱點和墨點完畢。在 23 中,閏二月十七日抄寫到半夜,同時加朱點和墨點完畢。在 24 中,三月十一日抄寫到深夜,翌日清晨加朱點和墨點完畢。在 25 中,三月二十八日,抄寫到半夜,翌日加朱點和墨點完畢。在 26 中,四月十一日抄寫,同日加朱點和墨點完畢。在 27 中,四月二十五日抄寫,同日加朱點和墨點完畢。所有這些從抄寫到加點完畢都只花了不到一天的時間。

與此相對,06 菅以業的識語中,五月二十六日抄寫完畢,七月一日加墨點完畢。在 10 的無名氏的識語中,十一月六日深夜抄寫完畢,同月十一日加朱點完畢。在 11 的藤原長英的識語中,二月二十八日抄寫完畢,六月二十五日加墨點,閏六月三日加朱點完畢。在 15 的源信元的識語中,十月六日抄寫完畢,同八日加墨點,同十四日加朱點完畢。同樣的,在被認爲是源信元的識語 16 中,三月二十五日加墨點,同二十七日加朱點完畢。如前述即使是被看做幫助長英的源信元,從抄寫完畢到加點完畢至少也要花兩天的時間,在 15 的識語中甚至還花了八天的時間。至於菅以業和長英的話,則要花一個月以上。

那麼師英的話也總能在一天以内就能完成嗎? 即使同是師英的抄寫,在 19 的正慶元年(1332)的識語中,十二月五日抄寫完畢後,時隔半個月以上,同月二十三日加朱點和墨點完畢。在 28 的康永三年(1343)的識語中,七月二十三日抄寫完畢,四日以後加朱點完畢。

也就是説,師英只限於 20—27 的正慶二年間,以迅猛的速度進行抄寫作業。即使是被懷疑是否是"正慶二年"所做的 21 的識語中也可以看到"二月十四日抄寫完畢""翌日清晨加朱點和墨點校勘完畢",與師英迅猛的抄寫速度相吻合。因此也證明了 21 應該是"正慶二年"所寫。

這可以説是師英比較匆忙,或者是反映了他對《文選》的熱情。而從正慶二年的抄寫作業大多是在夜裏完成的事實中也可以看出。在 20 的識語中,抄寫完成時是"白雪紛飛,紅燭閃耀"的雪夜,直到翌日清晨,才完成了加朱點和墨點的工作。在 23 的識語中是"半夜,抄寫完畢"。在 24 的識語中是"子時,抄寫完畢"。在 25 的識語中是"半夜,抄寫完畢"。包括有異議的 21 的識語中也是"翌日清晨,加朱點和墨點校勘完畢",抄寫完之後的夜裏進行校對和加朱點和墨點的可能性很高。另一方面,在九條本《文選》中其他人的識語中,明顯看出在夜裏工作的只有 10 的無名氏和 14 的長英。

正慶二年的師英的工作速度爲什麼這麼快? 首先我認爲這説明對師英來説,並不是第一次抄寫《文選》。像 12 的識語中,師英在 1292 年尚年幼的時候,就在父親長英嚴格的要求下抄寫《文選》。但是也不都是如此,看一下正慶二年後的 28 的康永二年,也就是十年後,同樣是師英的第二次抄寫,但是這次的速度就沒有那麼快了。而父親長英也一樣,例如,11 的識語中,應該不是第一次抄寫,但也花了四個多月的時間。對知識的熟練程度不一定反應在抄寫的速度上。

如果把"幼稚"期以十歲前後來算,正慶二年進入老年的師英爲什麼那麼急於抄寫? 這或許和當時南北朝更替,複雜的社會背景也有一定的關係吧。至於這方面的調查和研究已經超出了本人的能力,就只能仰仗日本史學專家的指教了。

四、結語——從識語看接受情況

　　以上研究了九條本裏記載的從平安朝後期到南北朝初期 28 條識語。從所有這些識語中我們可以看到學習主體、被施教者中看不到以天皇爲首的最高層的人。

　　平安朝前期，例如，弘仁十年（819）嵯峨天皇（《繼日本書紀》卷一二），仁壽元年（851）文德天皇（《文德實録》卷三），元慶八年（884）光孝天皇（《日本三代實録》卷四五），寬平八年（896）齊世親王（《日本紀略前篇》卷二〇），長保四年（1002）以前一條天皇（《本朝文粹》卷七），分別被教授，學習《文選》。

　　但是，從十二世紀到十四世紀的九條本《文選》中看，被教授的最高人物是"正親町大夫"（05）、其次是"秋田城務"（08）、"筑州別駕"（07）、"千手才子"（17）、"垂水藤才子"（18）等的地方長官、次官、或是無名的御曹司（名門子弟，公子哥兒）。除此之外，就只是菅原家（06、07）、藤原南家（08）、藤原式家（09、11—14、17—28）等以教中國典籍爲職業的博士家的人自己學習，或教授自家孩子。

　　這一現象似乎不只限於九條本《文選》。前面列舉的小林的著作的第28 到 31 頁裏記載了從十一世紀到十三世紀教授天皇漢籍的記事。主要涉及的漢籍有《古文尚書》《古文孝經》《後漢書》《貞觀政要》《帝範》《臣規》《白氏文集》等，關於《文選》的例子一個也沒有看到。小林著作的第 32 到 34頁中"教授公卿、將軍等特定貴人的記事"中，《文選》被教授的事例也僅限於本文探討的九條本《文選》裏涉及的"正親町大夫"、"秋田城務"、"筑州別駕"三例。"公卿、將軍等特定貴人"被教授的書籍裏除了上述列舉的漢籍外，還有《春秋經傳集解》《論語》《群書治要》。被教授的書籍按照四部分類的話，正統的經書最多，其次是與治世相關的子部（《帝範》《臣規》《群書治要》）、史部（《貞觀政要》）。

　　平安後期的文化是從"唐風"向"和風"轉換的時期。特別是在文藝方面，產生了由平假名構成的世界級的傑作，女性文學的代表《源氏物語》。在文藝方面，一方面逐漸偏向和風，另一方面學習唐風的風氣逐漸偏向聖人之言、治世之術。

　　不過,在文藝方面,這時唯一被教授的就是《白氏文集》。中世紀的日本人特別喜歡《長恨歌》等閒適的詩。喜愛的原因之一是因爲白居易的詩平易通俗。如果結合這一原因分析的話,對白樂天的詩的喜愛也正是對《文選》敬而遠之的原因之一。因爲《文選》在中國古典文集裏是最複雜難解的典籍之一,這與平易簡明的白樂天的文學形成了鮮明的對比。

　　總之,平安後期以後的上層社會的人們不再那麼喜歡《文選》了,因此可以推測對《文選》學習的需求也在不斷減少吧。

　　但是,儘管對《文選》的學習需求少,藤原式家,以及他周邊的人仍然努力地學習《文選》。從十歲左右的年少期就開始學習(12),借菅原家、大江家的善本校對(03、04、05、09、10),有時帶著病(13),有時因爲某些緊急的事情而徹夜抄寫(10、14、19、20、21、23、24、25),即使到了老年仍然冒著酷暑一邊擦拭汗水一邊努力抄寫(28)。科舉制度在日本並沒有像中國一樣固定下來,因此對於《文選》的學習也沒有達到發達、繁榮的程度。

　　還有一點值得注意的是08裏的以東國的武將爲教授對象的事件。如第三節所闡述的一樣,這反映了在十三世紀後半期出現的從西向東,從公家到武家的傳播過程。不僅如此,也可以看出本文的九條本《文選》和其他系統的宋版五臣李善注《文選》六〇卷(也就是足利本《文選》)、平安抄本《文選集注》一二〇卷在東國武家支配下被重視的一面。

　　通過九條家《文選》的識語的分析,我們仿佛可以看到《文選》在日本國內,從中央的博士家爲小的核心逐漸滲透到周邊地域和階層的現象。

附圖:簡略家譜(依據《尊卑分脈》)

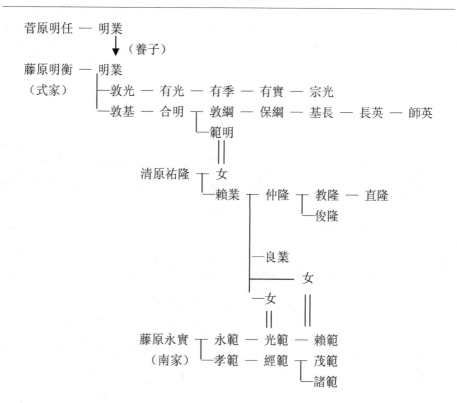

（譯者單位：華僑大學文學院）

域外漢籍研究集刊　第十六輯
2017 年　頁 279—292

日藏弘仁本《文館詞林》寫本學研究序説 *

王曉平

　　從保存我國不見於他文獻中詩文作品這一點來説,弘仁本《文館詞林》堪稱日本寫本之最。故其一旦披露,就引起中國學者極大關注。澀江全善、森立之所撰《經籍訪古志》説:"昔時僧奝然①入宋,話及存我之書,内有《文觀詞林》,時人不知其目,以'館'作'觀',且誤謂皇朝人所著(事見《宋朝類苑》及楊億《談苑》),知是書在宋初已失傳。則雖零卷殘軸,所存不多,實可寶重矣。"又述及其回流中土的反響:"文化中,述齋林君得是書零本,收於《佚存叢書》中,近日孫星衍《續古文苑》、阮元《四庫未收書提要》皆援引之,則已播西土。但其所傳僅四卷,不及其他,是亦可憾耳。"②此後,《文館詞林》被收入《古逸叢書》。上世紀 60 年代末,弘仁本《文館詞林》影印在日出版。四十年後,我國學者羅國威所著《日藏弘仁本文館詞林校證》(以下簡稱《校證》),邁出中國學者研究此書重大一步。從那時以來的十餘年,我國對以敦煌寫卷爲中心的寫本文獻研究由淺入深,扎實推進,取得的成果令國際漢學界刮目相看,也有了對弘仁本《文館詞林》深度整理的條件。

　　唐代以寫本流傳的文學作品,到宋代以後,大都經過了多次整理,完成了從寫本到刻本的華麗轉身。像弘仁本這樣相對完整地保存了唐代寫本風貌的總集,今日實屬罕見。雖然在日本也曾有《文館詞林》的刊本,但並

* 國家社科基金重大項目"日本漢文古寫本整理與研究"(14ZD085)
① 木村正辭《文館詞林盛事》注:"正辭云:'奝然','寂昭'之誤,誤同橋本氏。"參見《影弘仁本文館詞林》,古典研究會,1969 年,頁 479。
② 佐村八郎編《和漢名著解題選》第一卷,ゆまに書房,1996 年,頁 116。

沒有中國學者參與過校勘工作。也就是説，一個像我們今天看到其他文獻那樣的"轉身"本，21世紀以前並沒有出現。對這樣重要的寫本文獻，有幾種整理本並不多餘，就像是外國文學經典不妨重譯一樣。這是因爲儘管整理者無不以保存原貌爲宗旨，但如何把握保存原貌與服務於今人之間的平衡，仍然會有不同處理。整理本可以面向不同傳播階段、不同層次的讀者。此謹就目前有關該寫本整理與研究而寡聞所見、尚未論及的三個課題，略陳己見。引用《文館詞林》時引文括弧後的數字是影印弘仁本一書中的頁碼。

一、《文館詞林》與日本文學

關於《文館詞林》的發現考證、傳承經緯與文獻價值，木村正辭（1827—1913）所撰寫的《〈文館詞林〉盛事》與阿部隆一的《〈文館詞林〉考》均有極爲詳盡的梳理。凡是有關《文館詞林》的資料幾乎網羅殆盡，並有評述。美中不足的是，兩文對於《文館詞林》在日本文化、日本文學的投影，其在奈良、平安時代文獻中的痕迹，概未觸及。這當然是因爲文獻記載的缺乏，不宜貿然推斷。然而，這樣一部重要總集，傳入正在大力汲取中華文化的奈良朝、平安朝，是否引起當時學人的關注，畢竟是一個讓人思考的問題。

《文館詞林》傳入日本的具體年代，史書無載，但我們仍可以從奈良時代、平安時代的一些文獻中看到一些蛛絲馬迹。奈良時代出現了兩部史無前例的文學總集，一部是漢詩集《懷風藻》，一部是和歌集《萬葉集》。關於兩書書名的語源出處，歷來其説不一。筆者發現，不論是"懷風"，還是"萬葉"，在《文館詞林》中均多次出現。

《懷風藻序》稱："余撰此文，意者爲將不忘先哲遺風，故以懷風名之云爾。"關於"懷風"一詞，《懷風藻》研究最新最全面的研究成果《懷風藻全注釋》（以下簡稱《全注釋》）引謝惠連《雪賦》"夜幽靜而多懷風"、謝宣城《高松賦》"蓊靜懷風音"、王融《琵琶》"抱月如可明，懷風殊復清"。在《文館詞林》中，"懷風"用例，至少還有以下兩處：卷一五八宋謝靈運《答謝諮議》一首其二："告離甫爾，荏苒迴周。懷風感遷，思我良疇。"（61）卷三四七東晉曹毗《伐蜀頌》一首其十："德之所逮，無往不充。遐邇載歌，震威懷風。"（110）

《文館詞林》書中多處出現"萬葉"一詞，這或許是日本最早的和歌集

《萬葉集》書名的重要出處。卷一五六西晉陸雲《答孫承》一首其一："遐矣上祖，垂休萬葉。"(29)卷六六五《宋文帝拜謁山陵赦詔》二首其一："門下，先帝道合二儀，功濟四海，膺期撫運，大造區夏，仁孚幽顯，化覃無外，而猶哀矜鰥寡，簡卹庶獄，群生懷惠，率土仰德。遺愛明訓，永光萬葉。"(275)卷六六六《東晉孝武帝立皇太子大赦詔一首》："門下：夫古先哲王，有國有家，必建儲貳之重，以崇無窮之統，所以欽奉祖宗，克隆萬葉。"(291)同卷《立太子恩賚詔一首》："門下：朕屬當期運，係迹前王，思所以長俗流祚，垂之萬葉。"(293)同卷《貞觀年中誕皇孫恩詔一首》："一人之慶既洽，萬葉之祚無疆。宣布凱澤，被之億兆。"(297)

　　從江户時代到近現代，日本學者不斷對《懷風藻》《萬葉集》進行尋找出典的研究，也就是追尋每一詞語出自中國哪些典籍，並進而闡述其在日語語境中的轉換。由於學科分割，研究日本文學的人幾乎還没有注意到《文館詞林》一書。有一些用語和表達方式，在我們熟知的一些作品中似乎並不常見，所能列舉的用例也不多。不過，在《文館詞林》中，反而是可以找到不少同類型的詞語。這起碼可以爲所謂出典論研究提供一個新管道。如《懷風藻》第 97 首《五言仲春釋奠》："天縱神化色，萬代仰芳猷"，關於"芳猷"一詞，《全注釋》引《謝朓集·酬德賦》："帶芳猷而爲服"，而《文館詞林》卷一五八梁沈約《贈沈録事江水曹二大使》一首："崇君遠業，敬爾芳猷。"(67)

　　又如"芳塵"一詞，《懷風藻》有"塘柳掃芳塵"(紀麻吕《五言春日應詔》一首)，"誰不仰芳塵"(山前王《五言侍宴》一首)，"日下沐芳塵"(采女比良夫《五言春日侍宴應詔》一首)等用例。《全注釋》僅引《文選·謝靈運〈石門新營所詩〉》："芳塵凝瑶席"。考《文館詞林》卷四五三褚亮《左屯衛大將軍周孝範碑銘》一首："趙武之情留管庫，晏平之禄及朋友，而玄化旋促，芳塵不追。"(165)

　　《萬葉集》卷十七大伴家持《七言晚春三日游覽》一首並序："嗟乎！近日所恨，德星已少歟?"①"德星"乃"德音"之訛。《文館詞林》卷一五六西晉鄭豐《答陸士龍》四首："當年相遇，又屢獲德音。"(22—23)"乃惠嘉訊，德音維馨。"(23)卷一五七西晉夏靖《答陸士衡》一首："靜恭夙夜，莫其德音。德

---

①鶴久、森山隆編《萬葉集》，櫻楓社，1988 年，頁 524。

音既莫,其美彌深。"(45)同卷東晉孫綽《與庾冰》一首:"明發詢求,德音遐宣。"(51)"德音"是對對方來信的美稱。

中國傳來的總集對於奈良、平安時代的文學傳播具有特殊意義,從當時學人的漢文水準來說,全面理解與吸收《文選》《文館詞林》中的文學營養似乎是很困難的,但是部分或在現實中用到的部分,可能引起學人格外關注。《文館詞林》中有關詩人贈答、唱和以及釋奠等内容的詩篇,或許爲某些詩人、歌人引以模仿,這樣的可能性是存在的。由於迄今發現的文獻資料有限,我們不能做更具體的分析,此僅作爲一個問題提出,有待於新資料的發掘和傳世文獻的重新解讀。

二、文字的大同與小異

1916 年,烏程張鈞衡輯刊《適園叢書》所收《文館詞林》,卷末附張鈞衡所撰跋説:"自來總集之矩,無過《文苑英華》,而《英華》則唐人居多,唐前之文於《文選》、史書之外,間有搜獲,皆出短書。若此宏篇鉅制,雖不及原書十分之一,然已非張天如、嚴鐵橋所及見。謂藝林之瑰寶歟?"①不見於其他文獻的篇目在《文館詞林》中佔有很高比例。這些作品大多尚未經過詳細的考證與研究,首先應作的工作,就是像宋人那樣對寫本進行校勘整理。

以從中國傳入的典籍爲原初底本的日本寫本,基本遵循中國的書寫標準,因而來自中日兩國同一文獻的寫本,文字現象的基本面是相同的,可以説"大同"是第一位的。正因爲如此,我們才可能以日本寫本爲基礎,着手還原那些不見於其他文獻的篇目。同時,漢字在日本長期流傳與發展,形成了一些獨特的書寫習慣,有些還受到日語語音的影響,這些就是兩國寫本文字的"小異"。在某些場合,這種"小異"還直接影響對文獻的解讀,也正因爲如此,在還原中國文獻的時候,就有必要研究一下日本寫本的特有文字現象。包括日本漢字本身以及書法的歷史發展,歷代日本學人的漢字研究成果,日本寫本出現訛誤的基本規律等,都是整理研究日藏寫本的預備知識。

弘仁本《文館詞林》保存着則天造字,這一發現曾給江户時代與清代學

---

① 《影弘仁本文館詞林》,古典研究會,1969 年,頁 557。

者巨大的驚喜。除此之外,該寫本還保留了很多與敦煌寫卷相同的俗字和異體字,這些都是跨文化的漢學研究者求之不得的寶貴資源。研究寫本漢字的共同點和不同點,是做好寫本整理工作的第一步。

楊守敬在爲楊葆初校勘本所作序中説:"其書屢經鈔寫,訛誤頗多,乃携之歸。凡是於史傳、《太平御覽》《藝文類聚》《初學記》等書所引者,悉爲比勘,擇善而從,其無可參證者闕焉。"①羅國威所撰《日藏弘仁本〈文館詞林〉校記》(以下簡稱《校記》)繼續了這一工作,將《廣文選》《陸士龍文集》《陶淵明集》《玉臺新詠》《北堂書鈔》等亦納入參校比勘範圍。不過對於不見於其他文獻的篇目,仍無暇顧及。其方法,大體就文字在篇中的音義加以比勘,而解決寫本文字問題,多數情況需要整體把握其文字現象與書寫規律。《文館詞林》中的誤書頗爲驚人,留下正訛糾謬任務,不可謂不大。試舉六例,以見一斑。

1.嗣邺、其卲、卲驛。卷一五二梁昭明太子《示徐州弟》一首其十二:"言反甲館,雨面莫收。予若西岳,爾譬東流。興言思此,心焉如浮。玉顔雖阻,金相嗣邺。"(17)"雨","兩"字形近而訛。"兩面莫收",兩人不能相聚,不能見面。"邺",《校證》作"邱"(18)。案:當作"郵"。金相,完美的文章。南朝謝朓《秋夜講解》詩:"惠唱摛泉湧,妙演發金相。"南朝梁劉勰《文心雕龍·書記》:"文藻條流,託在筆札,既馳金相,亦運木訥。"詹鍈義證:"金相,比喻文章形式完美。"《漢書·京房傳》:"房意愈恐,去至新豐,因郵上封事。"顏師古注:"郵,行書者也,若今傳送文書矣。""玉顔雖阻,金相嗣郵。"是說雖然不能與君相見,却期待君郵寄來的書信(精美的文章)。

卷六六七《東晉穆帝日月薄蝕大赦詔》一首:"頃日月薄蝕,五緯愆度,譴罰既彰,咎徵又臻,不有失政,何以致此。雖懷惕屬,罔知其卲。"(317)卲,《校證》作"卸"(317)。案:當作"郵"。"郵",通"尤",過失,罪過。《詩·小雅·賓之初筵》:"是曰既醉,不知其郵。"鄭玄箋:"郵,過。"孔穎達疏:"既已醉,則不自知其過失。""罔知其郵",正出自"不知其郵。"上文是說,出現日夜薄蝕這樣的天災,是上天對失政的懲罰,本人雖心懷警惕,却不知過失在哪裏。

卷六九一《隋文帝答蜀王敕書》一首:"欺君欺父,不子不臣。私立關

①《影弘仁本文館詞林》,古典研究會,1969年,頁556。

刻,密防行路,盜置卲驛,陰訪京師,瞬眄二宮,佇覬災釁。伺察内外,希望艱危。"(401)卲,《校證》作"邱"。(405)案:當作"郵"。郵驛,驛站,傳舍,傳遞文書,步曰郵,馬遞曰置、曰驛。《後漢書·袁安傳》:"公事自有郵驛,私請則非功曹所持。"上文歷數蜀王僭越的罪行,私自設置驛站是其中一條。

又,卷六九一隋李德林《北齊後主除僧惠肇冀州沙門都維那敕》一首:"敕旨:趙州劉滔寺僧惠肇,夙持戒業,弘濟爲心。往在東楚,時逢邊寇,藩鎮相望,卲驛爲梗,而冒涉險塗,屢通音信。"(410)"卲驛",郵驛。《孟子·公孫丑上》:"孔子曰:德之流行,迷於置郵而傳命。"孫奭疏:"郵,驛名。"郵驛是同義連文。此言由於邊寇爲亂,地方割據而使郵路不同,交通阻隔,惠肇冒險往來,而使音信多次得通。

以上四處的"卲"字或變形的"卲"字,均爲"郵"的俗字。《新集藏經音義隨函錄》:"郵:卲 60/420b/420c"①《龍龕手鏡》:"卸,司夜反,解卸也。又俗音尤。"即"卸"俗音與"郵"同。"郵,音尤。境上舍也。亦督郵,古官號也。又姓。"即"卸"俗音與"郵"同讀"尤"。同時也可以注意到,弘仁本中與此字易相混相亂的"邱"字,都寫成"邱",字形與"卲"有顯著區别。

2.冈愛。卷六六五《宋孝武帝躬耕千畝大赦詔一首》:"門下:歲慶聿新,楷燎肅展,耕寔務本,教以富立。朕式應協風,躬藉三推,仰供粢盛,俯訓億兆,囷庾克衍,人和禮順,天地並貺,神祇冈愛。"(278)最後一句,《校證》録作"罔愛"。讀此一段文字,均列舉的是豐年的椿椿好事,按照當時的觀念,本應是神祇賜福,當不會視爲神祇不愛的結果。卷六七〇《宋孝武帝大赦詔一首》:"門下:歲慶聿新,楷燎肅展,耕寔務本,教以富立。朕式應協風。躬藉三推,仰供粢盛,俯訓億兆,庶囷庾克衍,人和禮興。頃天地並況(貺),神祇冈愛。"(378)與上述文字大致相同,亦是自贊之詞,而言"神祇罔愛",亦於理不通。

考弘仁本字作"冈",而在日本"冈"是"同"的俗字②,則此句原爲"神祇同愛"。"天地並貺,神祇同愛",正是將豐收看作天地、神祇共同的恩賜。

"罔",俗字作"冈",凡從"罔"者皆可從"冈"。"冈"與"冈"僅一筆之差,書寫與認讀時稍一馬虎便會認"同"爲"罔"。此文録作"罔",還是録作

①鄭賢章著《〈新集藏經音義隨函錄〉研究》,湖南師範大學出版社,2007年,頁691。
②難字大鑒編集委員會編《異體字解讀字典》,柏書房,2008年,頁36。

“同”，意思完全相反。審視文勢，此以作“同”字爲勝。

3. 情非樂禍。卷六六二《後魏孝静帝伐元種和等詔》一首：“自餘拘縶，詿誤之徒，既懼死俛眉。情非樂禍，宜疎天網，一原不問。”(245) 情，《校證》作“惛”(229)。案：情，情。情非樂禍，就是情況並不是幸災樂禍，結構同“情非得已”。

從字體來講，日藏寫本除極個別外，全用楷書書寫，一般只有少數草書夾雜在楷書當中，較易辨識；不過也形成了一些延續已久的書寫習慣，需要慎重辨析。江戶時代太宰春台便曾撰有《倭楷正訛》，試圖糾正一些他認爲不良的字形。其中談到，日本人喜歡將“月”部件寫成“日”部件。太宰春台《倭楷正訛》列舉了月訛爲日的字例：“有有，有。下從月。”“冒冐，冒。下從月。下三字仿此。謂謂，謂。渭渭，渭。膚臅，膚。”下面是相類的例子：

曺冑，冑　　胥胥，胥　　肴肴，肴　　膺膺，膺　　龍龍，龍　　散散，散

徹徹，徹　　潜潜，潜　　冐冐，冐　　靑靑，靑

在弘仁本中不止一處是這樣的寫法。“情非樂禍”之“情”，便是一例。

4.卷惰。卷次不明殘簡後，梁沈君攸《爲王湜讓再爲侍中表》一首：“當乎此時，非忘展力。不能入弘政要，出喻公卿，竟闕勤王，徒成賴寵。晢士重其未從，顧臣術而多愧。因茲疎惰，久絶覬覦。”(465) 疎惰，《校證》作“疎惰”(482)。案：“晢士”爲“哲士”之訛。“晢”俗字作“搢”，“哲”俗字作“括”，形近易混。惰，惰。疎惰，亦作疏惰。疎懶，懶散。《宋書·孔覬傳》：“覬學不綜貫，性又疏惰，何可以屬知祕記，秉筆文闈。”《北史·序傳·李仲舉》：“吾性本疏惰，少無宦情，豈以垂老之年，求一階半級。”“因茲疎惰，久絶覬覦。”是説因爲這種懶散，很久就絶了念想。

上面這些例子，説明了瞭解日本俗字對日藏寫本整理的意義。在解讀文字時，有時還需要考慮日本語音對書寫者不知不覺産生的干擾。

5.國風。卷四一四魏曹植《七啓》八首並序：“故田光伏劍於北燕，公叔畢命於西秦。果毅輕斷，武步國風。威憮萬乘，華夏稱雄。”(127)《校記》：“明州本、尤刻本、六臣本作‘虎步谷風’”

據文意，當作“虎步谷風”，谷風，山谷之風。“虎”因避諱而改作“武”。那麽，爲什麽“谷”會誤寫成“國”呢？此乃因日語中“谷”與“國”都可訓讀爲“こく”(koku)，音近而訛，“谷”誤作“國”。

　　6.亡曺。卷四五二薛收《驃騎將軍王懷文碑銘》一首並序："一發則貫其左股，再申而折其右肱。凶魁僵撲，應時顛趾。奔鯨赴穴，桀犬如林。以無因之迹，駭不存之地，莫不眩目驚視，廢手頓足，雄夫爲之亡曺，猛士於焉累氣。"(152)案：如：往，去。"亡曺"，當爲"亡厝"。亡厝，無法處置，不知如何是好。《宋書·自序傳》："臣遠愧南董，近謝遷固，以閭閻小才，述一代盛典。屬辭比事，望古慚色，鞠躬跼蹐，覼汗亡厝。"累氣，猶屏息。"亡厝"與"屏息"相對，形容勇猛的敵人也無力抵抗，驚恐萬狀。"厝"與"曺"不僅形近，而且日語訓讀均作"そう"(sou)，故相亂。

　　對日藏寫本漢字與讀音特點的分析，有益於從更廣闊的視野考察寫本的原貌。從這一點出發，兩國寫本之間的"小異"，其實並不小。日藏各種中國典籍的寫本書寫年代不同，傳承路徑各異，書寫目的與書寫者的素養有別，因而其"小異"之中也有"大異"。熟悉了敦煌寫本再來讀這些日藏漢文寫本，就會發現兩國寫本中的大學問。

三、保存原貌與現代規範

　　唐人避諱，唐書中凡淵、虎、景等字皆代以他字，唐代以前的書也不能倖免，被改動得面目全非，每一個字又帶出一批詞語的改動。而宋人整理這些典籍的一項重要工作，便是將它們還原，所以我們今天看到的唐前典籍的刻本，不一定都能感受到避諱的痕迹。《文館詞林》卻是一部沒有經過這樣處理的書，所以我們處處可以看到避諱給文獻帶來的混亂。

　　高祖的"淵"字代以泉字、深字或汪字。弘仁本中多有以"泉"代"淵"者。卷四一四曹植《七啓》八首並序："援九泉之靈龜。"《校記》："明州本、尤刻本、六臣本，《類聚》'泉'作'淵'。"也有以"波"字代"淵"的。如卷四一四傅巽《七誨》八首："鴻波巨鯉。"(131)《校記》："《書鈔》兩引，'鴻波'一作'鴻淵'，一作'梁淵'。"同類用法，在不見於其他文獻中的篇目中，尚不乏其例。下面是一些與"淵"相關的避諱詞：

　　廣泉，廣淵。卷一五六西晉摯虞《答伏仲武》一首其一："崇山栖鳳，廣泉含螭。洋洋大府，儁德攸宜。"(20)廣淵，廣大深遠。《書·微之之命》："乃祖成湯，克齊聖廣淵。"孔傳："言汝祖成湯能齊德聖達，廣大深遠，澤流後世。"

川水，淵水。卷六六八《陳武帝即位改元大赦詔書》一首：“受終文祖，升禋上帝。繼迹百王，君臨萬宇，若涉川水，罔知攸濟。”(347)淵水，深潭；深潭之水。《書·大誥》：“已，予惟小子，若涉淵水。”《新唐書·劉蕡傳》：“兹心浩然，若涉淵水。”

泉嘿，淵默。卷六六八魏收《北齊廢帝即位改元大赦詔》一首：“宇宙之内，一朝再造，及端纘臨朝，泉嘿其度；深視高居，規謨弘遠。”(343)淵默，亦作“淵嘿”、“淵嚜”。《莊子·在宥》：“尸居而龍見，淵默而雷聲。”《隸釋·魏受禪表》：“寬容淵嚜，恩洽群黎。”

川谷，淵谷。卷六七〇《東晉康帝大赦詔》一首：“每夙夜憂懼，如臨川谷。思與群后，求人之瘼，使元元之命，咸得自新。”(375)淵谷，深谷，南朝宋裴松之《上〈三國志注〉表》：“淹留無成，祇穢翰墨，不足以上酬聖旨，少塞愆責，愧懼之深，若墜淵谷。”

泉谷，淵谷。卷六六七《東晉安帝玄象告譴大赦詔》一首：“朕以寡德，弗克負荷。洪統靈基，中墜泉谷。幸賴命時，再建皇極。”(321)泉谷，同川谷，皆淵谷之避諱詞。

泉林，淵林。卷一五二宋謝靈運《贈從弟弘元》一首：“憩鳳于林，養龍在泉。捨潛就躍，假雲翔天。”(11)卷一五六《贈李叔龍以尚書郎遷建平太守》一首：“龍愛同泉，鳳戀共林。之子云往，我勞彌深。”(21)淵林，深淵與密林，比喻事物集聚之處。宋神宗《〈資治通鑑〉序》：“凡十六代，勒成二百九十六卷，列於戶牖之間，而盡古今之統，博而得其要，簡而周於事，是亦典刑之總會，冊牘之淵林也。”淵、林或相對而，或相並而稱。以上所引，皆相對言之，前例即“憩鳳于林，養龍在淵”，後一例爲“龍愛同泉，鳳戀共林”。

泉渟，淵渟。卷一五八後魏高允《答宗欽》一首其三：“放志琴書，恬心初素。潛思泉渟，秀藻雲布。”(59)泉渟，淵渟。淵渟，深静。《魏書·宗欽傳》此詩作“淵渟”。

泉渟嶽峙，淵渟嶽峙。卷一六〇梁陸倕《釋奠應令》一首其五：“巍巍儲后，實等生靈。克岐克嶷，夙智早成。無論岳峙，豈定泉渟。”(77)峙，通“峙”。“淳”，乃“渟”字形近而訛。“岳峙”，即“嶽峙”，“泉渟”，即“淵渟”。嶽峙淵渟，亦作“淵渟嶽峙”，亦作淵渟嶽立。喻人品如淵水深沉，如高山聳立。晉石崇《楚妃歎》詩：“矯矯莊王，淵渟嶽峙，冕旒垂精，充纊塞耳。"

泉海,淵海。卷六六八《北齊孝昭帝即位大赦詔》一首:"威稜駕寰縣,德澤漏泉海。聲教之所流通,車書之所覃及,莫不空首屈膝,請吏承風,俱飲太和,共陶仁壽。"(344)淵海,深淵與大海。多比喻事物包容深廣或薈萃之處。漢王充《論衡·亂龍》:"子駿,漢朝智囊,筆墨淵海也。"《宋書·武帝紀中》:"七百之祚,翦焉既傾,若涉淵海,罔知攸濟。"

泉洞,淵洞。卷一五六西晉鄭豐《答陸士龍》四首並序其四:"沉潤泉洞,逸藻雲浮。"(25)《校記》:"本集(《陸士龍文集》)'泉'作'淵'。"淵洞,極深的洞穴。用例見《漢語大詞典》,恕不贅録。

泉哉,淵哉。卷一五七東晉梅陶《贈温嶠》一首其二:"台衡增燿,元輔重輝。泉哉若人,亦顔之徽。知文之宗,研理之機。入銓帝評,出綱王維。"(47—48)淵,深邃,深沉。《老子》:"道沖而用之或不盈,淵兮似萬物之宗。""泉哉若人":"淵哉若人"。

泉人,淵人。淵博的人,意近"淵才"。卷一五七東晉郗超《答傅郎》一首其三:"迹以化形,慧以通神。時歇運歇,邁兹泉人。"(55)淵博的人,意近"淵才"。"淵才",淵博的人才。

泉塞,淵塞。卷一六○南齊陸璡《皇太子釋奠》一首其二:"太明在運,帝功泉塞。端飾寶命,化垂人則。"(74)同卷梁鮑幾《釋奠應詔爲王皦作》一首其四:"於爍上嗣,夙昭懋則。正位則離,邁心泉塞。"(80)淵塞,深遠誠實。漢傅毅《舞賦》:"簡惰跳踃,般紛挐兮;淵塞沉蕩,改恒常兮。"

尚有以美爲淵的代字的。卷一五二陸雲《答兄機》一首:"弘道惇德,美哉爲器。統我先基,弱冠慷慨。"(9)《校記》:"本集(《陸士龍文集》)'美'作'淵'。"卷一五六西晉孫承《贈陸士龍》一首其三:"美哉陸生,丕顯洪冑。"(28)《校記》:"本集'美'作'淵'。"以上皆是避淵字諱而改爲"美"字。

自以上諸例不難看出,由於一字可代以不同的字,所以一詞亦會出現不同的避諱詞。泉哉、美哉,皆爲"淵哉"的避諱詞,川谷、泉谷皆爲淵谷的避諱詞。這是因爲一字用什麽字替換,並未給以硬性規定,在文學作品中更需要考慮韻律、是否重複與產生歧義等因素。像這樣的例子還有很多,如由"虎"的替代字"武""獸""豹"等形成的避諱詞便有三四十個。在整理《文館詞林》的時候,如果將所有的避諱詞還原,那就是以保存唐前文獻的原貌爲中心的考慮；如果爲了呈現《文館詞林》成書時的面貌，也可以不在正文中改動，而在注釋中予以説明。總之，不管採用哪種方式，都應以對避諱詞的切實考證與研究爲基礎來進行。

四、訓校資料之研究

寫本研究面對的是寫本中一切與傳承相關的資訊。《文館詞林》既屢經抄寫，儘管誤寫頗繁，但依然基本保存了千年以前的面貌。這得益於歷次抄寫者遵循了不輕易改字的原則，對於底本中的文字，不論本人是否完全理解，均照準不易。其中有數卷，留下了抄寫者所作的訓讀和校勘符號。儘管這在全書中所占比例很小，也無從知道留下這些符號的時間與人士，但這些訓讀與校勘文字仍然可以視爲對今人的提示。

弘仁本中訓讀符號比較簡單。校勘則使用小圓圈作删改號，而將改正文字書於字的右側，或欄外（欄上或欄下），有時在俗字旁，又寫出正字，或在字體不清的字旁，再寫一個清楚的字，這些都是爲了不改底本而又有利於後人讀懂。如卷六六八徐孝嗣《南齊明帝改元大赦詔》一首："門下：朕膺祖宗之重，託王公之上，夕惕惟貪，浚明無怠。而庶績弗熙，遠猷多晦。"其中"猷"字寫作"猷"，而旁注"本ノママ"（意爲"原文如此"），又書"猷"字（341），以示當作"猷"。又如同卷魏收《北齊武成帝即位改元大赦詔》一首："加以王公卿士，敦請逾至，雖以不德，大命所鐘。"（346）在"鐘"字旁書"鍾"字，指出"鐘"乃"鍾"字形近而訛。本寫本中唯有此一"鐘"字，他處"鐘鼓"之"鐘"也通作"鍾"。

這些校勘，不少值得參照。兹舉數例。

1.卷六六八《東晉改元大赦詔》一首："余一人畏天之威，用弗敢違，遂登壇南岳，受終文祖，焚柴頒瑞，告類上帝。惟朕寡德，績戎洪緒，君臨四海，惴憂懼，若涉川水，罔知攸濟。"（336）《校證》後半録作"惟朕寡德，績戎洪緒，君臨四海，惴憂懼若涉川水，罔知攸濟。"（333）這一段話中，寫本中"績"字左側有小圓圈，爲删改號。"績"字右側書"纘"，意"績"字爲當作"纘"字。惴字右下端有"〻"，字寫得很偏，又小，容易被看成日語的"ニ"，這也可能是原本乃重文號，被誤寫成"ニ"，從文意看，此當爲重文號。

有了這兩個符號，這一句就可以讀通了。先看"惴惴"，卷六六八張華

《西晉武帝即位改元大赦詔》一首："惟朕寡德，負荷洪烈，允執其中，託於王公之上，以臨君四海，惴惴惟懼，罔知所濟。"（327）"惴惴惟懼"與"惴惴憂懼"，僅一字之差。

"纘"，繼承。"纘戎"，出《詩·大雅·韓奕》："王親命之，纘戎祖考，無廢朕命。"孔穎達疏："王身親自命之云：'汝當紹繼光大其祖考之舊職，復爲侯伯，以繼先祖，無得棄我之教命而不用之。'"後以"纘戎"指繼承帝業。同卷徐孝嗣《南齊明帝即位改元大赦詔》一首："猥以虛薄，纘戎大業，仰繄鴻本，顧臨億兆。"（340）卷六六五《東晉安帝平賊大赦詔》一首："朕以眇身，夙承多福，纘戎洪緒，託于兆人之上，寔以不德，叢脞于位。"（352）"纉"，同"纘"。"纘戎洪緒"可謂套語，"纘戎大業"意近。可見"纘"字乃"纘"形近而訛。

故上文後四句當録爲："惟朕寡德，纘戎洪緒，君臨四海。惴惴憂懼，若涉川水，罔知攸濟。"

2.如卷六六八張華《西晉武帝即位改元大赦詔》一首："自謀反大逆不道已下，在命年十二月七日昧爽以前，皆赦除之。改咸熙二年爲泰始元年，賜人爵五級。"（334）"在命"，《校證》作"在命"（331）。寫本"命"字左側有小圓圈，即删改號，右側書小字："今ノ字ナラン。"案：以作"在今"爲佳。"今"的俗字作"今"，"命"字草書作"令"，形近易混。

3.卷六六八徐孝嗣《南齊海陵王即位改元大赦詔》一首："人怨神恫，宗祧如綴。賴忠謨肅舉，霄漢廓清，俾三后之業，絕而更細；七百之慶，危而復安。"（340）紐，《校證》作"細"（338）。弘仁本作"細"，字左有小圈，爲删改號，右側書"紐"字。案："細"、"紐"字形近而訛。紐，連接。"絕而更紐"是説斷絕之後又連續下來了，正與"危而復安"相對。反之，既有斷絕，便無所謂粗細了。"紐"與"細"形近，在敦煌寫卷中也有類似相亂的例子，此不贅述。

4.卷六六八徐孝嗣《南齊明帝即位改元大赦詔》一首："門下：皇齊受終建極·握鏡臨宸，神武重輝，欽明懿鑠。七百攸長，磐石斯固。而王度中蹇，天階荐阻，嗣命多違，藩釁孔棘。"（340）

"蹇"字右側有小圓圈，左側注有小字："蹇ノ字ナルヘシ"，意當爲"蹇"字。《校證》作"中蹇"（339）。案：蹇，卦名。六十四卦之一。艮下坎上。《易·蹇》："象曰：山上有水，蹇。"王弼注："山上有水，蹇難之象。"此言王運

不順。又塞,亦通寒。卷一五七東晉孫綽《與庾冰》一首其四:"天步艱難,
蹇運方資。凶羯稽誅,外憂未夷。"(51)

　　5.卷六六八沈約《梁武帝改元大赦詔》二首其一:"門下:朕屬時哉之運,
而無聖人之才,有求賢之勞,闕垂拱之化,尅己責躬,日慎一日。外無俁后
之謠,内之刑厝之德。"(342)"内之",《校證》作"内之"(342)。案:"之"字左
側有小圈,爲删改號,右側注"乏"字。此校改可從。"内乏刑厝之德"與"外
無俁后之謠"相對,言外無謠諺警示,内缺嚴明的法律。

　　6.卷六六八魏收《北齊廢帝即位改元大赦詔》一首:"合謀當圖,王府充
仞。大道協契,至德傍通。會昌千載,抑揚萬古。愿俗而佳,白雲在馭。"
(343)"佳"字左側有小字注:"往ノ字ナルヘシ",意當爲"往"字。案:以
"往"字爲佳。

　　7.卷六六八魏收《北齊廢帝即位改元大赦詔》一首:"弓劍不追,昊天罔
極。荼交集,貫徹骨髓。"(344)"極"字下有小圈,爲插入號,旁書"蓼"。意
"極""荼"之間脱一"蓼"字。《校證》作"藜荼"(343)。案蓼荼,亦作"荼蓼"。
卷六七○魏收《北齊後主大赦詔一首》:"朕以虛寡,夙承寶曆,膝下過庭,罔
極空軫。精誠罕鑒,荼蓼遂臻。"(388)《詩·周頌·良耜》:"以薅荼蓼。"毛
傳:"蓼,水草也。"荼味苦,蓼味辛,因比喻艱難困苦。《後漢書·陳蕃傳》:
"今帝祚未立,政事日蹙,諸君奈何委荼蓼之苦,息偃在床,於義不足,焉得
仁乎!"所引上文可録作:"蓼荼交集,貫徹骨髓。"

　　卷六六八中的删改號,特別值得注意的是衍文的標記。傅亮《宋武帝
即位改元大赦詔》一首:"其有犯鄉論清議,臟汙淫盜,一皆蕩滌,洗除先
注,與之更始。"(337—338)"先注"二字右側皆有删改號,"先注"或指未
混入正文的注文。同王儉《南齊高帝即位改元大赦詔》一首:"有犯鄉論
清議,臟汙淫盜,一皆蕩滌,洗除先注,與之更始。"(339)"先注"亦有删改
號,可見校勘者認爲此二句後面都應斷爲"一皆蕩滌洗除,與之更始"。
同卷沈約《梁武帝即位改元大赦詔》一首也有同樣一句,雖無删改號,也
亦同樣看待。尚存疑問的是同卷《宋孝武帝改元大赦詔》一首:"頃龍鳳
庶靈,屢表天睨;泉河衆瑞,頻彰寔,歲稔不御,榮辱斯辯。"(338)"寔,歲稔
不御"五字,左亦有小圓圈,此或非爲删改之意,是表明校勘者認爲此處存
疑。因爲此五字右側有"アヤマリアルヘシ",意爲"當有誤"。然而,這樣
的看法是否恰當,却還需要證明。"注",記載,登記。"滌除先注",意爲以

前在册的罪行一筆勾銷。對於這樣的校勘符號，我們均需要在瞭解的基礎上再作進一步的鑒別。

（作者單位：天津師範大學文學院）

域外漢籍研究集刊　第十六輯
2017 年　頁 293—317

《群書治要》所載《孟子》研究①

潘銘基

一、《群書治要》之成書與流傳

　　《群書治要》五十卷②，唐魏徵等奉敕撰。隋末唐初，天下方定，唐太宗李世民欲以古爲鑒，明治亂之道。唐太宗以爲類書如《皇覽》等“隨方類聚，名目互顯，首尾淆亂，文義斷絶，尋究爲難”③，因而命魏徵等博采群書，以治要爲目的，編撰《群書治要》一書。於是魏徵乃率群臣編撰《群書治要》，

---

① 案：本文初稿宣讀於香港公開大學主辦之 Conference on Digital Humanities，RIDCH Conference 2016，嗣後嘗作修改。又，筆者在 2016 年 2 月赴東京國立博物館觀覽九條家本《群書治要》，得學芸企畫部主任研究員惠美千鶴子女士(EMI Chizuko)提供許多有關此本收入東京國立博物館之資料。又蒙君波妙子女士(KIMINAMI Taeko)擔任翻譯工作，使事情可順利完成。此外，學芸研究部熊賴加女士(KUMA Yorika)在筆者申請前往東京國立博物館觀覽此本的過程中，多番協助。又，友人張冠雄先生協助本人閱讀日文原典，居功至偉，在此一併致謝！
② 案：《群書治要》原書五十卷，及後於中國本土散佚，在日本却可見其流傳。日藏諸本爲本文之考察對象，然就各本所見，《治要》今可見者僅四十七卷，闕卷四（春秋左氏傳上）、卷十三（漢書一）、卷二十（漢書三）等三卷。
③ 魏徵奉敕撰，尾崎康、小林芳規解題《群書治要》（汲古書院，1989 年），第一册，序，頁10。本文所引《群書治要》，除非特别注明，否則悉據此本。

修書者包括魏徵、虞世南、褚亮、蕭德言等。

《群書治要》之編撰，用意乃在"昭德塞違，勸善懲惡"①，希望君主可以史爲鑒，從典籍所載治國之要道以見爲國者之所應爲。然而，歷代典籍衆多，"百家蹖駮，窮理盡性，則勞而少功，周覽汎觀，則博而寡要"②。魏徵等遂於群籍之中，擇其"務乎政術"③者，"以備勸戒，爰自六經，訖乎諸子，上始五帝，下盡晉年，凡爲五袠，合五十卷，本求治要，故以治要爲名"④。是以其於經史諸子百家之中，皆擇取其與治道相關者，臚列其文，以爲天子借鑒。

兩唐書俱未載《群書治要》之成書年分，惟《唐會要》云："貞觀五年九月二十七日。祕書監魏徵。撰《群書政要》。上之。"⑤可知貞觀五年（631）爲《治要》書成之時。魏徵《群書治要·序》謂此書"爰自六經，訖乎諸子；上始五帝，下盡晉年。凡爲五袠，合五十卷"⑥。可知《群書治要》原書五十卷。《舊唐書·經籍下》載"《群書理要》五十卷"⑦，《新唐書·藝文志》載"《群書治要》五十卷"⑧，皆同。此後，《群書治要》漸有佚失，南宋時陳騤所編《中

①《群書治要》，第一册，序，頁 5。

②同上，頁 7。

③同上，頁 7。

④同上，頁 10。

⑤王溥《唐會要》卷三六，中華書局，1955 年，頁 651。案：《唐會要》作"群書政要"者，蓋避唐高宗李治諱。

⑥同注①，頁 10。

⑦劉昫等《舊唐書》卷四七，中華書局，1975 年，頁 2035。案：《舊唐書》作"理"者，蓋避唐高宗李治諱。案：譚樸森（P.M.Thompson）著有《慎子逸文》一書，研治《慎子》，卓然有成。惟其中謂《群書治要》有不同名稱，或作"政要"，或作"理要"，却未有指出當爲避唐高宗李治名諱之事，尤有未備。（參自 P. M. Thompson, *The Shen Tzu Fragments*. London：Oxford University Press，1979，pp.64.）

⑧歐陽修、宋祁《新唐書》卷五九，中華書局，1975 年，頁 1535。

興館閣書目》載爲十卷①,《宋史·藝文志》所載同爲"十卷"②。阮元謂"《宋史·藝文志》即不著録,知其佚久矣"③,今見《宋志》尚有著録,阮説可商。《宋志》以後,公私書目俱不載《群書治要》,蓋已散佚。

　　《群書治要》有重要之文獻價值,尾崎康《群書治要解題》以爲《群書治要》保留不少古文獻之唐前鈔本。其時房玄齡等修撰之《晉書》尚未成,所見者當爲十八家晉書;《漢書》注亦皆顏師古以前之舊注;子書皆兩晉或以前作品。《群書治要》摘録諸書最爲珍貴之部,採用六朝後期寫本(即公元七世紀以前)入文,吉光片羽,彌足珍貴④。尾崎氏所言是也,此正《群書治要》之價值所在。

　　魏徵《群書治要》雖在國内久佚,惟在日本却有流傳。日人藤原良房(804—872)《續日本後紀》仁明天皇"承和五年六月壬子"下云:"天皇御清

---

① 案: 陳騤《中興館閣書目》今佚,趙士煒有輯本。此條據王應麟《玉海》所引《中興書目》,其云: "十卷,秘閣所録唐人墨迹。乾道七年寫副本藏之,起第十一,止二十卷,餘不存。"(王應麟:《玉海》(元至元慶元路儒學刻明遞修本),卷五四《藝文》,頁 29a)譚樸森云:"The last catalogue in which it was listed, the *Chung HsingKuanKe Shu Mu* (1178), knew only a fragment (chuan nos.11—20)."(*The Shen Tzu Fragments*, pp.65.)譚樸森以爲《群書治要》於宋代載録漸少,並謂《中興館閣書目》爲《群書治要》於中國本土之著録,其説是也。

② 脱脱等《宋史》卷二〇七,中華書局,1977 年,頁 5301。

③ 阮元《群書治要五十卷提要》,載阮元《揅經室集·外集》卷二,中華書局,1993 年,頁 1216。案: 嚴紹璗:"唐代魏徵等編纂的《群書治要》五十卷,《宋史·藝文志》等皆不見著録,是當時已佚失。"(嚴紹璗《漢籍在日本的流布研究》,江蘇古籍出版社,1992 年,頁 266)嚴氏所言乃據阮説入文,實則《治要》在宋代尚未全佚。

④ 尾崎康説原文如下:「これらの群書は、經史はほぼ後漢以前の著作であるが、晉書が當時未撰の通行の唐修晉書のはずはなくて、六朝時代に十八家が撰したといわれるものの一であり、同じく、漢書注が顏師古以前のものであり、また子書には魏吴晉代のものまでを含む。初唐に編纂が行われたのであるから、依據した本はそれ以前、おそらくは六朝後期の寫本で、本文に今本と異同があることは當然であろう。十一世紀以降の宋刊本に先行する經史子の寫本はほとんど傳存しないから、七世紀以前の寫本、それも勅命を奉じて祕府の藏書を用いたこの五十卷の本文は、各書とも抄出であってもすこぶる貴重である。」(尾崎康《群書治要解題》,載《群書治要》第七册,頁 473。)

涼殿、令助教正六位上直道宿禰廣公讀《群書治要》第一卷、有五經文故
也。"①承和五年(838)即唐文宗開成三年,正值日本之平安時代(794—
1192),此爲日本人閱讀《群書治要》之最早記載。準此,《群書治要》此前已
告傳入日本。除了仁明天皇(810—850,833—850在位)以外,平安時期尚
有另外三名天皇曾讀過《群書治要》,分別是清和天皇(850—880,858—874
在位)、宇多天皇(867—931,889—897在位)、醍醐天皇(885—930,897—
930在位)。由是觀之,《群書治要》應在平安時代之日本皇室廣爲流傳②。
本文探討之九條家本《群書治要》即爲平安時代中期之抄本,反映了此時傳
鈔、閱讀是書之風尚。

　　清嘉慶年間,《群書治要》流傳回國③。阮元據兹收入《宛委別藏》④。
今《四部叢刊》、《續修四庫全書》本《群書治要》悉據此本影印。《宛委別藏》
本《群書治要》係據日本天明(1781—1788)刻本收入⑤,惟據細井德民《刊群
書治要考例》所言,知天明刻本乃日人對照魏徵所引原書重新校刊之本子。
細井德民云:"我孝昭二世子好學,及讀此書,有志校刊。幸魏氏所引原書,
今存者十七八,乃博募異本於四方,日與侍臣照對是正。"⑥類書之作用乃
保存文獻被引録時之舊貌,今細井等學者據所引原書回改,致使天明刻本
未有保留《群書治要》之原貌矣。是以清人阮元、王念孫等所見《群書治

---

①藤原良房奉敕撰《續日本後紀》卷七,佚存書坊,1883年,頁4b。

②孫猛謂《群書治要》"於奈良或平安初期傳入日本",孫説是也。(孫猛《日本國見在書
　目録詳考》,上海古籍出版社,2015年,頁1166)

③尾崎康《群書治要解題》云:"群書治要は天明七年に尾張藩て刊刻され、その寬政三
　年修本か同八年(1796)に清國へ運はた。"尾崎康指出尾張藩於天明七年刊刻《群書
　治要》,並於寬政三年(1791)年修訂,復於寬政八年傳入清國(尾崎康《群書治要解
　題》,載《群書治要》第七册,頁473)。寬政三年,即清仁宗嘉慶元年,《群書治要》天明
　本於其時返遣中國。

④阮元所輯《宛委別藏》,共收宋元鈔本三十六種,及其他稀見難得之書。阮元仿《四庫
　全書》模式,每部撰寫提要,並收入《揅經室外集》。

⑤案:天明乃日本光格天皇在位時之年號,《群書治要》天明本即指刊刻於天明七年之
　本。又,此本乃尾張藩所刊刻,故又稱"尾張本"。此本回流中國以後,阮元即據之收
　入《宛委別藏》,及後《四部叢刊》亦採此本,故諸本所據實皆天明本。

⑥細井德民:《刊群書治要考例》,載《群書治要·考例》,商務印書館,1936年,頁1。

要》，皆是嘗經回改之天明刻本，未可稱善①。

其實，島田翰《古文舊書考》已嘗言日本金澤文庫有藏《群書治要》卷子本。金澤文庫本書寫於日本鎌倉時代（1192—1333），約當中國宋、元之間，較之天明刻本爲近古。島田翰云："予以元和活字刊本對校祕府卷子本，稍有異同。"②又云："乃知卷子本不但有異同，又可以知舊本之卷第矣。"③可見島田翰亦嘗對勘二本，以爲有別，並指出"活字本之根於此書亦可知也"④，即駿河版出於金澤文庫本⑤，然而天明本又嘗據原書回改，大大減低唐宋類書徵引古籍所能起之校勘作用。又如前文所言，有平安時代中期九條家十三卷殘本，現藏東京國立博物館。此十三卷本《群書治要》原傳自九條家，乃平安時代中期根據唐代鈔本寫成，此本爲《群書治要》現存最古之手鈔本，列之爲日本"國寶"。

由是觀之，倘用《群書治要》勘證古籍，必須以九條家本（最古）、金澤文庫本（最全）爲主，天明刻本爲輔。島田翰《古文舊書考》云："是書所載，皆初唐舊本，可藉以訂補今本之訛誤者，亦復不鮮。"⑥其言是也。本文之撰，其旨在於考察九條家本《群書治要》之文獻價值，首論其概要，次之以其勘正文獻（以《孟子》爲例）之例，復論其與金澤文庫本之關係。

二、平安時代九條家本《群書治要》之概要

九條家本《群書治要》僅存十三卷，現藏日本東京國立博物館。據是澤恭三《群書治要について》所載，成立於 1950 年之文化財保護委員會開始

①嚴紹璗云："《群書治要》在中國失而復得，這實在是一件慶幸的事。此書其後爲有清一代的校勘學立下了不小的功績。"（《漢籍在日本的流布研究》，頁 162）可是清代校勘學家只能得見嘗經回改之天明本，而非時代更早之九條家本和金澤文庫本。

②島田翰《古文舊書考》卷一《群書治要四十七卷》，上海古籍出版社，2014 年，頁 77。

③同上，頁 79。

④同上，卷三《聚分韻略五卷》，頁 258。

⑤嚴紹璗云："'駿河版'刊印的《群書治要》，是以鎌倉僧人謄寫的金澤文庫本爲原本的。"（《漢籍在日本的流布研究》，頁 161）

⑥島田翰《古文舊書考》卷一《群書治要四十七卷》，頁 79。

討論哪些文化財産將受到特別保護，九條家本《群書治要》即在此列。至 1952 年，此本終列爲日本國寶①。平安中期九條家本《群書治要》原藏東京赤板之九條公爵府内，在 1945 年之空襲中，九條家遇襲變爲灰燼。至於《群書治要》，原藏府邸内之倉庫中。倉庫内之書架上空箱處處，其中一箱貼有"書第百十五"和"群書治要"標記。箱内藏有卷物十五卷，各卷破損情況嚴重，並無表紙、無軸，亦有蟲損痕迹、鼠害等。此中十三卷爲《群書治要》。九條家本《群書治要》及後收入東京國立博物館。據尾崎康所言，九條家本最初只有卷二二、卷二六完成修復②；時至今天，其可見者則爲七卷，此可見東京國立博物館修復之勤矣。據東京國立博物館學芸企畫部主任研究員惠美千鶴子表示，九條家本《群書治要》抵東京國立博物館時，部分紙張與表紙脱落，雖然尚屬卷狀，惟亟待修復。據筆者目測，各紙表面有水漬、蟲害，在館方重新裱褙以後，已能恢復古書寫卷之遺風矣。惟館方之修復仍有不盡善處，今據二例言之。一爲各紙之黏合。即以本人親覽之卷三七爲例，據《治要》各本推之，此卷當有二十八紙，惟今存者僅十九紙③，當中存頁並不全數相連，而今復修以卷狀出之，仿如前後相續，實則不然。此誠卷子鈔本修復者今後當多注意之事。二爲"裏書"之處理。據是澤恭三所言，九條家本卷三七第一紙"裏書"（第一紙之背面）有云："此文表書之筆者之銘、尚後滋眼院殿也、判同前。"④惟據筆者親赴東京國立博物館所見，卷三七第一紙背頁並無文字，此文則在修復以後補貼在卷三七末紙末句。倘無是澤恭三在 1960 年所撰之文，實不知此句原在第一紙"裏書"。在 1986 年，東京和京都兩所博物館的"日本美術名寶展"曾展出卷二二。在 1990 年，九條家本《群書治要》卷二二乃"日本國寶展"之第 95 號展品。2013 年 2 月，東京國立博物館復展出卷二二。2017 年 2 月 14 日至 3 月 12 日，九條家本《群書治要》卷三一亦有作展覽。

---

① 孫猛云："日本今存平安時期鈔本殘卷，1945 年從東京赤坂九條公爵邸宅發現，習稱九條家本。昭和二十七年（1952）指定爲國寶，今藏國立東京博物館。"（《日本國見在書目録詳考》，頁 1166）

② 尾崎康《群書治要とその現存本》，載《斯道文庫論集》第 25 號，1990 年，頁 134。

③ 案：此十九紙者，包括十八紙全頁，以及一紙僅存十一行。

④ 是澤恭三《群書治要について》，載《MUSEUM》110 號，1960 年，頁 17。

　　九條家本《群書治要》各卷以紫、淺藍、茶等深淺不同之各色染色紙，以及一種在紙張剛漉成之際，加入有顏色之纖維以呈現如雲朵般紋樣之花紋紙連接而成。抄者在紙上施以金泥界欄，筆致優雅而端正，爲和樣化書風，日本學界以之爲書迹珍寶，並斷定爲平安時代中期（十一世紀）抄本①。九條家本《群書治要》現存十三卷，有關各卷存佚之具體狀況，是澤恭三②、尾崎康③述之如下：

卷次	切斷欠佚枚數	現存枚數
二二 *	卷尾欠	三一
二六 *		三一
三一 *	第一紙欠	二三
三三 *		二六
三五 *	第二、三紙欠 第一二至二〇紙迄九紙欠 第二六、二七紙（獻上）	一五
三六 *	第二〇紙以下欠	二〇
三七 *	第五、九紙（獻上） 第一四至十七紙迄四紙欠 第二四、二五、二六紙 第二七紙之內一〇行	一九
四二	第一紙欠、第一一紙（獻上）	二三

①嚴紹璗云："著者多年訪查，在日本特藏唐寫本中，得三十二種可以確認爲平安時代傳入日本的唐人寫本。"（《漢籍在日本的流布研究》，頁 27）然而當中並無九條家本《群書治要》，嚴氏蓋失檢矣。
②是澤恭三《群書治要について》，頁 16。
③尾崎康《群書治要とその現存本》，頁 134。案：據尾崎康所言，其所載此表實本諸是澤恭三之文，故雖謂二人同載此表，實則爲是澤恭三所撰也。

續表

卷次	切斷欠佚枚數	現存枚數
四三	第十四紙(獻上)	一七
四五	第十二紙(獻上)	二六
四七	第二八紙(獻上)	二八
四八	第三紙(獻上)	二六
四九		二七

（以上各卷篇號後之"＊"號爲筆者所加，代表該卷已修復完畢，並由東京國立博物館掃瞄存放於"e-Museum"網站，可供研究者參考。）

今考《群書治要》各卷長度不一，至於九條家本各卷之長度，就今所能見之七卷而論，卷二二有 31 紙、卷二六有 31 紙、卷三一有 24 紙、卷三三有 26 紙、卷三五有 29 紙、卷三六有 28 紙、卷三七有 28 紙。惟就上表所見，今見九條家本各卷皆有散佚，部分原因不明，亦有因藏書者奉獻權貴(上表列爲"獻上"①者)而殘缺不全。以卷三七爲例，其中第一紙裏書載有此卷爲藤原賴忠(謐號：廉義公，924—989)所書，而第二十三紙裏書則寫著九條兼孝(1553—1636)將卷三七部分(第二十四紙、第二十五紙、第二十六紙、第二十七紙之其中十行)贈與梅庵大村由己(約 1536—1596)之事②。此處雖未有題作"獻上"，惟可見九條家將此珍貴筆迹比作禮物，贈予他人，致使今所見九條家本《群書治要》多有缺佚。太田晶二郎討論《群書治要》殘簡數

①據是澤恭三、尾崎康所列，平安時代中期九條家本《群書治要》共有九紙題有"獻上"二字，分別是卷三五之第廿六、廿七紙，卷三七之第五、九紙，卷四二之第十一紙，卷四三之第十四紙，卷四五之第十二紙，卷四七之第廿八紙，卷四八之第三紙。今東京國立博館"e 國寶"網站可供瀏覽此本之七卷，包括以上所欠九紙之卷三五、卷三七；然而，卷三五之第廿六、廿七紙，今實可見於"e-Museum"網站內。準此，卷三五所缺紙當爲第廿八、廿九紙，是澤恭三、尾崎康所言或誤。又據尾崎康所言，此"獻上"之九紙乃時任權大納言之九條道房(1609—1647)於寬永二年(1625)上獻後水尾天皇(1596—1680，1611—1629 在位)。

②卷三七第廿七紙裏書云："此以前三枚半別之而梅庵號由己遣之、爲覺如此兼孝書之。"

種，其中提及平安時代中期至後期所書寫之殘簡四十二行（《晉書》），以及
《孟子·告子》斷簡三行①。二本今俱藏於日本奈良縣天理市天理大學附
屬天理圖書館，尾崎康載之於九條家本《群書治要》之下。此亦可以補充説
明九條家本《群書治要》散佚之情況。又九條家本各卷某紙之背頁亦間有
"裏書"，可助揭示此本之流傳情況及其佚失之因由。

　　平安時代九條家本《群書治要》所用料紙高 27.1 釐米，紙長 54.7 釐米，
每行寬度 2.2 釐米②。尾崎康以卷二二爲例，以爲此卷有金界，界高 20.5 釐
米，界幅寬度爲 2.3 至 2.4 釐米。每行 21 字。一紙 21 行，然而第一紙只有
20 行③。就今見七卷而言，如能得見第一紙者皆爲 20 行④。九條家本《群
書治要》僅餘十三卷，其中七卷（卷二二、卷二六、卷三一、卷三三、卷三五、
卷三六、卷三七）可透過日本"e-Museum"⑤網站瀏覽；至於所不見之六卷，
據東京國立博物館表示，乃因保存狀態較差，有待修復，不供外界瀏覽。

　　至於九條家本《群書治要》抄成之年代，今可據各卷之避諱情況得其端
倪。卷二二避唐太宗李世民名諱，"民"字缺末筆。尾崎康云："なお、『世』
字は欠畫しないが、『民』字は多く末畫を欠き、その上で右に『人』と傍記
する場合がある。"⑥據尾崎康所言，此卷載"世"字有缺筆，"民"字缺末筆，
或於"民"字右旁標記"人"字，此皆其避唐太宗李世民名諱之證。島谷弘幸
進一步推測，以爲九條本乃從唐寫本轉抄而來⑦。除卷二二外，卷三三引

①《"群書治要"の殘簡》爲太田氏於 1951 年 4 月 12 日所發表之報告，當時九條家本《群
　書治要》尚未被日本文化財保護委員會列爲"國寶·重要文化財"，乃現今可見最早關於
　平安時代九條家本《群書治要》之論述。（太田晶二郎《"群書治要"の殘簡》，載《日本
　學士院紀要》第 9 卷第 1 期，1951 年，頁 41—48。）
②是澤恭三《群書治要について》，頁 16。
③尾崎康《群書治要とその現存本》，頁 135。
④案：今可見第一紙者，分別爲卷二二、卷二六、卷三七。其餘各卷皆未能得見第一紙，
　或第一紙有所殘缺，故未可推知其總行數。
⑤九條家本《群書治要》http://www.emuseum.jp/detail/100168/000/000? mode＝
　detail&d_lang＝zh&s_lang＝zh&class＝&title＝&c_e＝&region＝&era＝
　&century＝&cptype＝&owner＝&pos＝57&num＝8
⑥同注③，頁 135。
⑦島谷弘幸《群書治要（色紙）》，載《日本の國寶》第 44 號，1997 年，頁 104。

《晏子》，其中如“人得其利”（第十紙），今《晏子春秋·問下》作“民得其利”（4.5），則屬改字避諱。卷三七引《孟子》“民有飢色”（第一紙），“民”字缺末筆，避李世民名諱。準此，是九條家本所據之底本俱爲避唐太宗名諱之本子。

又卷三一第二十四紙引《鶡子》“智者理之”（24/3，金澤文庫本 29/482－483）句，今本《鶡子》作“智者治之”，鍾肇鵬云：“《群書治要》作‘理之’。蓋避唐高宗李治諱，改‘治’爲‘理’。”①然考諸九條家本《群書治要》，“治”字或避或不避，與“民”字幾乎皆避顯有差異，然則九條家本《治要》者，蓋能保持初唐舊貌之本子也。

三、《群書治要》所載《孟子》及其校勘《孟子》用例

《孟子》初爲子書，《漢書·藝文志》列入諸子略儒家類②。及至唐初編撰《隋書》，《隋志》仍次《孟子》爲子部儒家類③。《群書治要》臚列經、史、子部典籍，以供君主治國之用，其中卷一至十引用經籍，卷十一至三十引用史書，卷三一至五十則引用子書。準此，《群書治要》卷三七引用《孟子》，自必視其爲子書無疑。其時《孟子》雖不在經部，然其書與治國相關，故《群書治要》亦加引用。今考《群書治要》引用《孟子》共 13 章節，其概略如下：

	《孟子》篇名	章節編號
1	《梁惠王上》	1.1
2	《梁惠王上》	1.4
3	《梁惠王下》	2.2

① 鍾肇鵬《鶡子校理》，中華書局，2010 年，頁 13。案：九條家本《群書治要》卷三一下文引《鶡子》有“治者”“治志治謀”之文，不避高宗名諱，乃後世傳鈔回改所致。惟上引之文作“理”者，乃其原來避諱改字之證。

② 班固《漢書》卷三十，中華書局，1962 年，頁 1725。

③ 魏徵、令狐德棻《隋書》卷三四，中華書局，1973 年，頁 997。

續表

4	《公孫丑上》	3.6
5	《公孫丑上》	3.7
6	《公孫丑上》	3.8
7	《滕文公上》	5.4
8	《離婁上》	7.1
9	《離婁上》	7.3
10	《離婁下》	8.3
11	《告子上》	11.18
12	《告子上》	11.19
13	《盡心上》	13.12

至於《群書治要》所引《孟子》，約有以下特點：

1.多非全節取用，而只録用其與治國相關之文。舉例而言，《群書治要》引《孟子·梁惠王上》1.4"寡人願安承教"章，原文文末有"仲尼曰：'始作俑者，其無後乎！'爲其象人而用之也。如之何其使斯民飢而死也"諸句，惟《治要》舍此孔子話語，並不引用。又如《群書治要》引《孟子·公孫丑上》3.6"人皆有不忍人之心"章，原文文末有"凡有四端於我者，知皆擴而充之矣。若火之始然，泉之始達。苟能充之，足以保四海；苟不充之，不足以事父母"諸句，惟《治要》亦未加採用。

2.《群書治要》引用典籍每多兼引其注，其引用《孟子》亦不例外。今考《治要》所引注釋，例不注明其注釋者，然據其文與趙岐《章句》排比對讀，知《治要》所引《孟子》之注釋乃係後漢趙岐《章句》。據《隋書·經籍志》所載，除趙岐《章句》外，尚有鄭玄注《孟子》七卷、劉熙注《孟子》七卷；又綦毋邃《孟子》九卷，惟《隋志》已注爲"亡"①。然而，《群書治要》既採用趙注，則《孟子》正文亦當據之。此可見唐初採録《孟子》及其注解之風尚。

①《隋書》卷三四，頁997。

　　3.今傳《孟子》七篇①,題爲《梁惠王》《公孫丑》《滕文公》《離婁》《萬章》《告子》《盡心》,各篇又分爲上、下,共十四篇。據上表所見,《群書治要》所引遍及《梁惠王》《公孫丑》《滕文公》《離婁》《告子》《盡心》等六篇,其中各篇排序、篇中章節排序,皆與今本《孟子》相同。大抵今本《孟子》與唐時所見相去不遠。

　　4.九條家本《群書治要》只引《孟子》13 章節中之前 9 章節,以及第 10 章節之部分。此因《群書治要》九條家本卷三七第 5 紙已佚,在寬永二年(1625)"獻上"予後水尾天皇之列。

　　汪辟疆云:"書鈔在六朝唐初最盛,但鈔而不類,故與類書不同。今存者如《群書治要》《意林》,皆可看。亦因其保存古書至多也。"②《群書治要》所以爲後世學者重視,除保存久佚之古籍外,亦因其所採用各書遠較今日所見爲古。阮元謂"如《晉書》二卷,尚爲未修《晉史》以前十八家中之舊本"③。尾崎康持見相近④,皆言《群書治要》所録《晉書》二卷,彌爲近古。考今本《晉書》修撰於貞觀二十年(646)⑤,唐太宗命房玄齡、褚遂良等重撰《晉書》,並以臧榮緒《晉書》爲底本,參以"十八家晉書"及其他晉人典籍而

①據《史記》本傳所載,孟子"退而與萬章之徒序《詩》《書》,述仲尼之意,作《孟子》七篇"(《史記》卷七四,頁 2343)。《漢書·藝文志》載爲《孟子》十一篇(《漢書》,卷三十,頁 1725),趙岐《孟子題辭》謂"又有《外書》四篇,《性善》《辯文》《説孝經》《爲正》,其文不能弘深,不與内篇相似,似非孟子本真,後世依放而託之者也"。(《孟子注疏》,載《十三經注疏(整理本)》,孟子注疏題辭解,頁 11)可知《孟子》或原有十一篇,其中包括四篇外書,而趙岐不爲之章句,後世已佚失。今傳本《孟子》只有七篇,蓋與《史記》所言相同。

②《讀書説示中文系諸生》,載汪辟疆《汪辟疆文集》,上海古籍出版社,1988 年,頁 48。

③永瑢等《四庫全書總目》附録,中華書局,1965 年,頁 1852 下。

④尾崎康云:"晉書か當時未撰の通行の唐修晉書のはすはなくて、六朝時代に十八家か撰したといわれるものの一てあり。"尾崎氏指出《治要》所載乃唐修《晉書》以前之材料,即十八家《晉書》。(尾崎康《群書治要解題》,載《群書治要》第七册,頁 473)

⑤王溥《唐會要》云:"二十年閏三月四日詔,令修史所更撰《晉書》,銓次舊聞,裁成義類,其所須可依修五代史故事,若少,學士量事追取。於是司空房玄齡、中書令褚遂良、太子左庶子許敬宗掌其事。"(《唐會要》卷六三,頁 1091)又《修晉書詔》敕於"貞觀二十年閏二月"。(宋敏求編《唐大詔令集》卷八一,商務印書館,1959 年,頁 467)

成。《群書治要》成於貞觀五年，其時《晉書》未撰，《治要》所載或即臧榮緒《晉書》，可借此考見臧書舊貌。

　　王念孫《讀書雜志》校勘古籍，成就卓越，其校讎古籍之法衆多，其一爲比勘唐宋類書徵引典籍與今本之異同。就《讀漢書雜志》而言，王念孫即用《初學記》《北堂書鈔》《群書治要》《藝文類聚》《白帖》《太平御覽》等類書作爲旁證，其中用《群書治要》者約有 26 次。王念孫所用《群書治要》，乃係阮元《宛委別藏》據日本天明刻本，即今《四部叢刊》本①。《讀書雜志》利用《群書治要》校理古籍，多所創獲。王念孫《讀書雜志》云："凡《治要》所引之書，於原文皆無所增加，故知是今本遺脫也。"②此可證《群書治要》之校勘作用也。下文即以《群書治要》卷三七所載《孟子》爲例③。説明利用《治要》校勘古籍之重要性，並論《治要》諸本優勝之處。又《治要》引書只删不增，故可用以探究其引用典籍之訛誤與脫文。詳情如下：

　　例一：《孟子·梁惠王上》1.1 趙岐注"王何以利爲名乎"、"亦有仁義之道可以爲名"句

今本	王何　以利爲名乎？亦　有仁義之道　可以　爲名　。
九條家本	王何必以利爲名乎？亦唯有仁義之道□可以利爲名耳。
金澤文庫本	王何必以利爲名乎？亦唯有仁義之道　可以利爲名耳。
駿河版	王何必以利爲名乎？亦唯有仁義之道者可以利爲名耳。
宛委別藏本	王何必以利爲名乎？亦唯有仁義之道　可以利爲名耳。

　　案：據王念孫所言，《群書治要》引書極爲矜慎，只删不增，然則《治要》文字多於今傳典籍者，必屬今傳典籍之脫文。以此言之，《治要》諸本引趙

①王念孫撰寫《讀書雜志》在清嘉慶年間，其時可見之《群書治要》，惟清嘉慶元年流傳回國之天明刻本而已，故王念孫所據當是此本。
②王念孫《讀書雜志》志九之九，江蘇古籍出版社，2000 年，頁 13b，總頁 839 下。
③本文所用《孟子》據北京大學出版社 2000 年繁體校點本；《群書治要》方面，九條家本據日本國立博物館"e-Museum"網站、金澤文庫本據東京汲古書院 1989 年影宫内廳書陵部所藏本、駿河版據東京大學東洋文化研究所漢籍善本全文影像資料庫、宛委別藏本據上海古籍出版社 1995 年版，援引諸本文字之時，爲省行文，不另出注。

岐注"王何必以利爲名乎"句有"必"字,"亦唯有仁義之道可以利爲名耳"有"唯"、"利"、"耳"等三字,俱可視爲今本《孟子》趙注之脱文。阮元云:"閩、監、毛三本同,孔本、韓本、考文古本'何'下有'必'字,足利本'王何'作'可必'。"①據此而知《治要》所引《孟子》之文有與別本《孟子》相同。

　　例二:《公孫丑上》3.7趙岐注"矢人"、"函人",排比對讀如下:

今本	矢,箭也。函,甲也。《周禮》曰:"函人爲甲。"
九條家本	矢,箭也。函,鎧也。
金澤文庫本	矢,箭也。函,鎧也。
駿河版	矢,箭也。函,鎧也。
宛委別藏本	矢,箭也。函,鎧也。

今本	作箭之人,其性非獨不仁於作甲之人也,術使之然。
九條家本	作箭之人,其性非獨不仁於作鎧之人也,術使之然。
金澤文庫本	作箭之人,其性非獨不仁於作鎧之人也,術使之然。
駿河版	作箭之人,其性非獨不仁於作鎧之人也,術使之然。
宛委別藏本	作箭之人,其性非獨不仁於作鎧之人也,術使之然。

　　案:《孟子》趙岐注:"函,甲也。"下文亦謂"其性非獨不仁於作甲之人也",是皆訓"函"爲"甲"也;《治要》引趙注則訓爲"鎧"也。《太平御覽》卷三五六引《孟子》此文亦作"函,鎧也"②。孫奭《孟子音義》云:"函,音含。鎧,苦愛切,又苦亥切。"③是孫氏所見本作"鎧"也。阮元《十三經注疏校勘

----

①阮元《孟子注疏校勘記》,載阮元《十三經注疏校勘記》卷一上,上海古籍出版社據南京圖書館藏清嘉慶阮氏文選樓刻本影印,1995年,頁3a－b。案:"孔本"即乾隆壬辰(1772)曲阜孔繼涵微波榭刊本,"韓本"即乾隆辛丑(1781)安邱韓岱雲刊本,"考文古本"即日本國古本之經注本,"足利本"亦經注本。

②李昉等《太平御覽》卷三五六,中華書局,1960年,頁2a。

③孫奭《孟子音義》卷上,上海古籍出版社據文淵閣四庫全書本影印,1987年,頁6a。

記》:"閩、監、毛三本同,廖本、孔本、韓本'甲'作'鎧',下'作甲'同。《音義》出'鎧'字。"①焦循《正義》云:"閩、監、毛三本作'函甲也',《音義》出'鎧'字,則鎧是也。"②焦氏引用武億《釋甲》之文,援引書證,指出"鎧爲甲之通名"③,其言是也。大抵《治要》能存趙注"鎧"字之文,較之今本《孟子》爲是矣。廖本、孔本、韓本經注本《孟子》皆作"鎧",與《治要》所引正同,可見《治要》能存《孟子》異文之舊。

例三:《公孫丑上》3.7趙岐注"故治術當慎"句,排比對讀如下:

今本　　　　　故治術當　　慎,修其善者也。

九條家本　　　故治術不可不慎　脩其善者　　。

金澤文庫本　　故治術不可不慎　脩其善者也。

駿河版　　　　故治術不可不慎　修其善者也。

宛委別藏本　　故治術不可不慎　修其善者也。

案:就對讀所見,《孟子》"故治術當慎",《群書治要》諸本皆作"故治術不可不慎"。究之文義,"當慎"與"不可不慎"相差無幾,惟二者終有所別。準此,今本《孟子》與《群書治要》所本《孟子》之文字實不盡相同。

例四:《孟子·滕文公上》5.4"治於人者食人,治人者食於人"句

今本　　　　　故曰或勞心,或勞力。勞心者治人,勞力者治於人。

九條家本　　　　或勞心,或勞力。勞心者治人,勞力者治於人。

金澤文庫本　　　或勞心,或勞力。勞心者治人,勞力者治於人。

駿河版　　　　　或勞心,或勞力。勞心者治人,勞力者治於人。

---

① 阮元《孟子注疏校勘記》卷三下,載《十三經注疏校勘記》,頁4a。案:"廖本"即廖瑩中世綵堂本,"孔本"即乾隆壬辰(1772)曲阜孔繼涵微波榭刊本,"韓本"即乾隆辛丑(1781)安邱韓岱雲刊本。

② 焦循《孟子正義》卷七,中華書局,1987年,頁237。

③ 武億《三禮義證》周禮夏官一卷,上海古籍出版社據清道光二十三年刻本,1995年,頁6a。

宛委別藏本	或勞心，或勞力。勞心者治人，勞力者治於人。

今本	治於人者食人，　治人者食於人，天下之通義也。
九條家本	故能治　人者食人，不能治人者食於人，天下之通義。
金澤文庫本	故能治　人者食人，不能治人者食於人，天下之通義。
駿河版	故能治　人者食人，不能治人者食於人，天下之通義。
宛委別藏本	故治於　人者食人，不能治人者食於人，天下之通義也。

　　案：今本《孟子》作"治於人者食人，治人者食於人"，意謂被統治者養活別人，統治者靠人養活。至於九條家本、金澤文庫本、駿河版《群書治要》所引，則作"故能治人者食人，不能治人者食於人"，與今本《孟子》相異，其謂治國者養活別人，不能治國者靠人養活。準此，是今本《孟子》與九條家本、金澤文庫本、駿河版《治要》所引前後句文義剛好相反，合而言之則無甚分別。

　　例五：《孟子·滕文公上》5.4 趙岐注"君施教以治理之"句

今本	君施教以治理之，民竭力治公田以奉養其上，
九條家本	君施教以治　之，民竭力治公田以奉食其上，
金澤文庫本	君施教以治　之，民竭力治公田以奉食其上，
駿河版	君施教以治　之，民竭力治公田以奉食其上，
宛委別藏本	君施教以治　之，民竭力治公田以奉食其上，
今本	天下通義，所常行者也。
九條家本	天下通義　所常行　也。
金澤文庫本	天下通義　所常行　也。
駿河版	天下通義　所常行　也。
宛委別藏本	天下通義　所常行　也。

案：趙注此文"君施教以治理之"句，《群書治要》諸本皆引作"君施教以治之"，無"理"字。《孟子》此文作"治理"者，或涉乎唐高宗之避諱。唐高宗李治，諱治爲理，《孟子》原作"治"字，因高宗名諱而改爲"理"，回改之時，却又忘記將"理"字删改，故"治"、"理"二字並存。《群書治要》諸本所引俱無"理"字，只有"治"字，較是。

例六：《孟子·離婁》7.1"離婁子之明"句

今本	離婁　之明，公輸子之巧，不以規矩，不能成方員；
九條家本	離婁子之明，公輸子之巧，不以規矩，不能爲方圓；
金澤文庫本	離婁子之明，公輸子之巧，不以規矩，不能爲方圓；
駿河版	離婁子之明，公輸子之巧，不以規矩，不能爲方圓；
宛委别藏本	離婁子之明，公輸子之巧，不以規矩，不能成方圓；

案：今本《孟子》作"離婁"，而《群書治要》諸本皆作"離婁子"。離婁，相傳爲黄帝時人，目力極强，能於百步之外察秋毫之末，《莊子》作"離朱"①。考《孟子》諸本無題"離婁"作"離婁子"者，唐宋類書引文亦然。然唐代柳宗元《與吕恭書》有"離婁子眇然盼之"句②。亦稱離婁爲"離婁子"，與《治要》同。或唐本《孟子》有作"離婁子"者，亦未可知。

例七：《孟子·離婁上》7.3"國家""不保四海之内"句

今本	國　之所以廢興存亡者亦然。天子不仁，不保四海；
九條家本	國家之所以廢興存亡者亦然。天子不仁，不保四海之内；
金澤文庫本	國家之所以廢興存亡者亦然。天子不仁，不保四海之内；
駿河版	國家之所以廢興存亡者亦然。天子不仁，不保四海之内；

---

① 案："離朱"見《莊子·駢拇》《胠篋》《天地》，其人目明，能察秋毫之末。又，趙岐云："離婁者，古之明目者，蓋以爲黄帝之時人也。黄帝亡其玄珠，使離朱索之。離朱即離婁也。能視於百步之外，見秋毫之末。"(《孟子注疏》卷七上，《十三經注疏（整理本）》，頁218。)

② 柳宗元《與吕恭論墓中石書書》卷三十一，載《柳宗元集》，中華書局，1979年，頁828。

宛委別藏本　　國家之所以廢興存亡者亦然。天子不仁,不保四海之内;

　　案:據以上排比對讀所見,今本《孟子》"國"後無"家"字,"不保四海"後無"之内"二字;反之,《群書治要》諸本皆作"國家之所以廢興存亡者亦然"與"不保四海之内",文意較爲完整。考諸唐宋類書引文,馬總《意林》卷一引《孟子》作"不保四海"①,無"之内"二字;《太平御覽》引《孟子》作"國之所以廢興存亡者亦然""不保四海"②,皆與《治要》相異。準此,《群書治要》所引《孟子》蓋與他家稍别,或非一本也。

　　例八:《孟子·告子上》11.18"猶以此杯與於不仁之甚者也"句

今本　　　　　猶以一杯水救一車薪之火也,不熄,則謂之水不勝火。

金澤文庫本　　猶以一杯水救一車薪之火也,不息,則謂　水不　　者,

駿河版　　　　猶以一杯水救一車薪之火也,不息,則謂　水不勝火者,

宛委別藏本　　猶以一杯水救一車薪之火也,不息,則謂　水不勝火者,

今本　　　　　　　此又與於不仁之甚者也,亦終必亡而已矣。

金澤文庫本　　猶以此杯與於不仁之甚者也。

駿河版　　　　猶以此杯與於不仁之甚者也。

宛委別藏本　　　此　與於不仁之甚者也。

　　案:就以上排比對讀所見,駿河版《群書治要》引《孟子》作"猶以此杯與於不仁之甚者也",今本《孟子》則作"此又與於不仁之甚者也",二者文字稍異。觀乎《孟子》此文,乃以杯水爲喻,以杯水救一薪之火,杯水雖小,猶勝於無。是以駿河版《治要》所引謂"此杯"者,較今本《孟子》所見更爲適順。

---

①王天海、王韌《意林校釋》卷一,中華書局,2014年,頁35。
②《太平御覽》卷四一九,頁4b。

四、略論九條家本與金澤文庫本
《群書治要》之關係

　　金澤文庫本《群書治要》原本藏於日本宮內廳書陵部，珍而重之，罕人能及。至 1989 年，東京汲古書院據昭和十六年版（1941）覆製底本再行複印成書出版，金澤文庫本《群書治要》遂得爲學界普遍使用。自是以後，言及《治要》者皆以金澤文庫本最爲近古，最堪採用。然而，日本所藏諸部《群書治要》之中，只有九條家本獲評爲“國寶”①，其重要性自比金澤文庫本有過之而無不及。較諸金澤文庫本而言，九條家本《群書治要》字體秀麗，書寫工整，東京國立博物館向以漢文書法珍品將之收藏。上文提及九條兼孝以三枚半紙贈予大村由己，亦足證此本之美術價值。更有甚者，九條道房於寬永二年（1625）將九條家本《群書治要》之十紙獻予後水尾天皇，皆是此本極爲珍貴之明證。

　　尾崎康以卷二二爲例，以爲金澤文庫本《群書治要》與九條家本之訓點幾乎一致，而且金澤文庫本之校勘結果亦與九條家本極爲接近。因此，尾崎康推斷二本屬同一系統，關係密切②。除卷二二外，其他各卷亦可見九條家本與金澤文庫本關係密切。如卷三一引《鶡子》原句當作“是以禹朝廷間可以羅雀者”，九條家本卷三一第二四紙分作三行，第一行爲前文及“是以禹朝廷間可以”，第二行爲“羅省”，第三行“者”字連後文。金澤文庫本卷三一第二九紙便分列於 480、481、482 三行。如此分行，正可見九條家本與金澤文庫本屬同一系統，抄寫者在書寫金澤文庫本時，必曾參考九條家本或與此本系統相同之本子方始下文。

　　又如卷三六引《商君書》之《權脩》篇，九條家本作“權脩”（5/5），金澤文庫本亦作“權脩”（372/89），惟金澤文庫本於二字之旁有校語，改作“修權”。及後駿河版、宛委別藏本皆作“脩權”，亦諸本據金澤文庫本校語而校改之

---

①據 2015 年 9 月瀏覽“維基百科”之“日本國寶列表”資料，在日本國寶之中，其中“書迹·典籍”共有 224 件，東京國立博物館所藏平安時期九條家本《群書治要》即屬其一。
②尾崎康《群書治要とその現存本》，頁 135。

也。今《商君書》此篇題作"修權"。《群書治要》諸本唯九條家本、金澤文庫本爲誤,他本皆不誤,反之亦可證二本關係密切矣。

至於卷三七引《孟子》之文,亦可見九條家本與金澤文庫本關係密切,今舉例如下:

例九:《孟子·梁惠王上》1.1"未有仁而遺其親者也,未有義而後其君者也"句

今本	未有仁而遺其親者也,未有義而後其君者也。
九條家本	未有仁而遺其親　　,未有義而後其　者也。
金澤文庫本	未有仁而遺其親　　,未有義而後其　者也。
駿河版	未有仁而遺其親　　,未有義而後其君者也。
宛委別藏本	未有仁而遺其親者也,未有義而後其君者也。

案:就以上排比對讀所見,唯九條家本與金澤文庫本無"者也"與"君"字,二本最爲相近。駿河版補回"君"字,而宛委別藏本更與今本《孟子》文字相同,蓋其據以回改之證也。

例十:《孟子·梁惠王下》2.2"卅里"

今本	寡人之囿　方四十里　,民猶以爲大,何也?
九條家本	寡人之囿,方卅　里耳,民以猶爲大·何也?
金澤文庫本	寡人之囿,方卅　里耳,民以猶爲大·何也?
駿河版	寡人之囿,方四十里耳,民以猶爲大·何也?
宛委別藏本	寡人之囿,方四十里耳,民猶以爲大·何也?

案:《孟子》此處所引"四十"二字,九條家本、金澤文庫本《群書治要》俱寫作"卅"字,後文"有囿方卅里"、"則是以卅里爲阱於國中也"、"今陷阱乃方卅里"等句,九條家本、金澤文庫本皆寫成"卅",可見其關係密切。此外,駿河版、宛委別藏本俱作"四十",可見其已據《孟子》原書回改矣。

例十一:《孟子·公孫丑上》3.6"無惻隱之心,非人也"句

今本	由是觀之,無惻隱之心,非人也;無羞惡之心,非人也;

九條家本	由此觀之,無惻隱之 、非 也。 無羞惡之 ,非人也。
金澤文庫本	由此觀之,無惻隱之 、非 也。 無羞惡之 ,非人也。
駿河版	由此觀之,無惻隱之心、非人也。 無羞惡之心,非人也。
宛委別藏本	由此觀之,無惻隱之心、非人也。 無羞惡之心,非人也。

今本	無辭讓之心,非人也;無是非之心,非人也。
九條家本	無辭 之心,非民也;無是非之心、非人也。
金澤文庫本	無辭 之心,非民也;無是非之心、非人也。
駿河版	無辭讓之心、非人也;無是非之心、非人也。
宛委別藏本	無辭讓之心、非人也;無是非之心、非人也。

案:就上文對讀所見,九條家本與金澤文庫本此文脱漏頗多,却又非常一致,可知金澤文庫本確實來自九條家本,或與九條家本所本相同。此處九條家本"無惻隱之"下脱"心"字、"非"下脱"人"字、"無羞惡之"下脱"心"字、"無辭"下脱"讓"字,金澤文庫本俱與之相同。 又,清原教隆(1199—1265)校點金澤文庫本之時,在文字旁邊稍作校語,在"無惻隱之、非也"句,"之"下補"心"字;"非"下補"人"字。"無羞惡之"句,"之"下補"心"字。"無辭之心"句,"辭"下補"讓"字①。其所校補皆與今傳本《孟子》相同。

例十二:《孟子・公孫丑上》3.7"函人唯恐不傷人"句

今本	矢人豈不仁於函人哉! 矢人惟恐不傷人,
九條家本	矢人豈不仁於函人哉? 矢人唯恐不傷人,
金澤文庫本	矢人豈不仁於函人哉? 矢人唯恐不傷人,

① 金澤文庫本《群書治要》卷三七篇末,清原教隆云:"爲進上辛酉勘文參花之次申出、蓮華王院寶藏御本加交點了、依越州使君尊閣教命而已。"(511/581—512/583)可知清原教隆嘗爲此卷作校勘。

駿河版	矢人豈不仁於函人哉？矢人唯恐不傷人，
宛委別藏本	矢人豈不仁於函人哉？矢人唯恐不傷人，
今本	函人惟恐　傷人。
九條家本	函人唯恐不傷人，
金澤文庫本	函人唯恐不傷人，
駿河版	函人唯恐　傷人，
宛委別藏本	函人唯恐　傷人，

　　案：此言矢人造箭，唯恐不傷人；函人造甲，唯恐不能抵禦刀箭而使人受傷。顯而易見，九條家本與金澤文庫本《治要》"函人唯恐不傷人"之"不"字當屬衍文，函人所恐應在傷人。駿河版、宛委別藏本《治要》俱已校正，唯九條家本與金澤文庫本同誤，可見二本關係密切。是金澤文庫本有本於九條家本，或二者同祖一本也。

　　例十三：《孟子·離婁》7.1"不可法於後世者"句

今本	今有仁心仁聞，而民不被其澤，不可法於後世者，
九條家本	今有仁心仁聞，而民不被　澤，不可治於後世者，
金澤文庫本	今有仁心仁聞，而民不被　澤，不可治於後世者，
駿河版	今有仁心仁聞，而民不被　澤，不可法於後世者，
宛委別藏本	今有仁心仁聞，而民不被　澤，不可法於後世者，
今本	不行先王之道也。
九條家本	不行先王之道也。
金澤文庫本	不行先王之道也。
駿河版	不先先王之道也。
宛委別藏本	不行先王之道也。

案：今本《孟子》作"不可法於後世者"，九條家本、金澤文庫本《群書治要》引"法"作"治"字。駿河版、宛委別藏本《治要》所引則與今本《孟子》同。觀後文趙岐注謂"雖然，猶須行先王之道，使百姓被澤，乃可爲後世之法也"，則《孟子》作"法"者較是。各本《治要》唯九條家與金澤文庫本同作"治"，因形近而訛，是金澤文庫本有本於九條家本，或二者同祖一本也。

五、略論天明本《群書治要》之缺失

如前文所論，天明本《群書治要》乃據原書文字回改之本，失却《治要》存舊之真。阮元據天明本《群書治要》收錄於宛委別藏中。是以《治要》所載《孟子》，亦得見其據原書回改之情況。今舉例如下：

例十四：《孟子·梁惠王上》1.4"庖有肥肉"句

今本	庖有肥肉，	厩有肥馬，	民有飢色，	野有餓莩
九條家本		廄有肥馬，	民有飢色，	野有餓殍
金澤文庫本		廄有肥馬，	民有飢色，	野有餓殍
駿河版		廄有肥馬，	民有飢色，	野有餓殍
宛委別藏本	庖有肥肉，	廄有肥馬，	民有飢色，	野有餓殍

今本	此率獸而食人也。
九條家本	此率獸而食人也。
金澤文庫本	此率獸而食人也。
駿河版	此率獸而食人也。
宛委別藏本	此率獸而食人也。

案：準上所見，九條家本、金澤文庫本、駿河版《群書治要》所引《孟子》均無"庖有肥肉"句，乃《治要》編者有意删去，因與"厩有肥馬"取意相近，以免重複之故。天明本編者據《孟子》原書回改，補充"庖有肥肉"四字，以原書校改《治要》，失却類書原有引文之真，做法並不可取。

例十五:《孟子·告子上》11.18"此與於不仁之甚者也"句

今本	猶以一杯水救一車薪之火也,不熄,則謂之水不勝火。
金澤文庫本	猶以一杯水救一車薪之火也,不息,則謂　水不　　者,
駿河版	猶以一杯水救一車薪之火也,不息,則謂　水不勝火者,
宛委別藏本	猶以一杯水救一車薪之火也,不息,則謂　水不勝火者,

今本	此又與於不仁之甚者也,亦終必亡而已矣。
金澤文庫本	猶以此杯與於不仁之甚者也。
駿河版	猶以此杯與於不仁之甚者也。
宛委別藏本	此　與於不仁之甚者也。

　　案:誠如前文所論,駿河版《治要》所引謂"此杯"者,較今本《孟子》所見更爲適順。至於宛委別藏本所引《孟子》,顯與金澤文庫本、駿河版不同,究其所以,乃因宛委別藏所本之天明本已據原書回改,即改爲"此與於不仁之甚者也",無"猶以"、"杯"等字。此就《治要》原來存舊之功而言,實不可取。

六、結論

　　汪紹楹云:"古類書可用以來校理古籍,但是它的本身也有待於校理。"①唐以前之書籍流傳,只靠手抄,字體自不如刻版印刷穩定。因此,類書之異體字或錯别字亦每每可見。後人校理類書時,又往往據錯誤之原典更改類書,是以今日所見類書,亦非全數可靠。各本《群書治要》雖然極爲珍貴,然其中亦有訛誤之處,借他本異文對校可知。本文可總之如下:

　　(1)魏徵等《群書治要》於中國久佚,在日本廣爲流傳,自清代回流中國以後,傳者漸衆,却不得善本。就《治要》現存諸本言之,當以平安時代中期之九條家本最古,金澤文庫本最全,如能並用二本校勘傳世典籍,功莫

————————

① 歐陽詢撰,汪紹楹校《藝文類聚》前言,上海古籍出版社,1999年,頁13。

大焉。

（2）《群書治要》自傳入日本以後，地位舉足輕重，平安時期之天皇多誦習之。今所見九條家本《治要》，即爲其時之重要傳本。九條家本雖因戰火、自然災害、上獻等致使只餘下十三卷，惟其文化意義却是毋庸置疑。日本文化財保護委員會列此本爲日本國寶，便可見其重要性。

（3）據本文分析，《群書治要》諸本引用《孟子》時，既與今本《孟子》序次相同，足證今本與唐本《孟子》相去不遠。至於其引用《孟子》之文，則間與今本《孟子》稍有不同，或爲各本異文，或爲今本《孟子》脱誤所致。

（4）《群書治要》能保存其引用文獻之舊貌，故能用以校勘文獻，甚或可用以輯佚。然而，自《治要》回傳中國以後，學者有以其所引文獻回改，失却《治要》之真。本文以《孟子》爲例，列舉九條家本、金澤文庫本、駿河版、宛委別藏本等各本爲證，以證九條家本、金澤文庫本彌爲近古，吉光片羽，最爲可貴。

（5）九條家本《治要》與金澤文庫本關係密切，系統相近。據本文考證，九條家本成於平安時代中期，金澤文庫本則成於鐮倉時期，而九條家本於鐮倉中期嘗經校改、訓點，金澤文庫本亦然。今觀金澤文庫本及其校改結果，仿如校勘者取九條家本爲底本勘正而來。準此，二者之承傳關係可以證成，可補《群書治要》流傳史研究之一隅。

（作者單位：香港中文大學中國語言及文學系）

域外漢籍研究集刊　第十六輯
2017 年　頁 319—341

試論洪武律與《大明律直解》《大明律講解》《律解辯疑》律文的關係

張景俊撰　　錢念純譯

一、緒論

　　大明律爲明朝律法，最終頒行於洪武三十年（1397）。據明太祖實録以及其他明史記録，可推論洪武三十年律頒行之前，曾有吳元年律、洪武七年律、洪武九年律、洪武十八—十九年律、洪武二十二年律等①。然而，由於洪武三十年律頒行後，明朝便廢止此前的洪武律，因而目前難以瞭解洪武律的修改過程。

　　收録洪武律内容的文獻現存三部，一爲附有洪武二十八年（1395）跋文的《大明律直解》（以下簡稱《直解》），一爲刊年未詳的《大明律講解》（以下簡稱《講解》），一爲附有洪武十九年（1386）序文的《律解辯疑》（以下簡稱

---

① 黃彰健《明清史研究叢稿》，臺灣商務印書館，1977 年；楊一凡《洪武法律典籍考證》，法律出版社，1992 年；佐藤邦憲《明の律編纂考—洪武年律編纂の二·三の史料の再檢討から—》，載《法律論叢》67 卷 2·3 號，1995 年，頁 435—472；朴盛鍾《明律的變遷與問題以及〈大明律直解〉底本》，載《國語史研究》17，2013 年，頁 167—196。在區分洪武三十年之前頒行的大明律與洪武三十年頒行的大明律（即洪武三十年律）時，依慣例，稱前者爲“洪武律”（楊一凡《洪武法律典籍考證》，法律出版社，1992 年，頁 224）。

《辯疑》)。此三書在朝鮮廣爲普及,其中《直解》與《講解》很有可能編纂於
朝鮮①。

　　進行相關研究時,學者主要參考以下幾種資料:《直解》有保景文化社
影印本(1986)、首爾大學奎章閣影印本(2001)以及花村美樹校勘本,楊一
凡、宋國范校勘本②;《講解》則有首爾大學奎章閣影印本(2001);《辯疑》有
楊一凡、宋國范校勘本以及楊一凡校勘本③。此外,另有黃彰健、楊一凡、
宋國范、鄭肯植、趙志晚等學者所進行的比較研究④,頗有參考價值。

　　然而目前的影印本、校勘本尚有許多問題,有的以不具備代表性的異
本爲底本,有的則於校勘上有疏漏之處。自然地,以此進行的比較研究亦
有諸多有待修正的問題。也就是説,異本調查、對校、校勘等基礎工作目前
尚有改進的空間。

　　本文將利用與《直解》、《講解》、《辯疑》有關的最新研究成果分析既有
的影印本、校勘以及文本比較研究的問題所在,並將探討此三書的律文與
洪武律之間的關係。

二、《大明律直解》律文

　　高麗末期(西元 1388 年,洪武二十一年)典法司向國王進諫,建議將大

---

①尚未發現有關《講解》編纂的詳細記錄,故尚難斷定(參考本文第三章)。

②花村美樹校注《校訂大明律直解》,朝鮮總督府中樞院,1936 年;楊一凡、宋國範點校
　《大明律直解所載明律》,載《中國珍稀法律典籍集成乙編第一册:洪武法律典籍》,科
　學出版社,1994 年,頁 398－632。

③楊一凡、宋國範點校《律解辯疑所載律文》,載《中國珍稀法律典籍集成乙編第一册:洪
　武法律典籍》,科學出版社,1994 年,頁 277－395;楊一凡點校《律解辯疑》,載《中國珍
　稀法律典籍續編第三册:明代法律文獻》,黑龍江人民出版社,2002 年,頁 3－296。

④黃彰健《〈律解辯疑〉、〈大明律直解〉及〈明律集解附例〉三書所載明律之比較研究》,載
　《明清史研究叢稿》,臺灣商務印書館,1977 年,頁 208－236;楊一凡、宋國範點校《大
　明律直解所載明律與洪武三十年律對勘表》,載《中國珍稀法律典籍集成乙編第一册:
　洪武法律典籍》,科學出版社,1994 年,頁 942－983;鄭肯植、趙志晚《大明律直解、講
　解、附例内容比較》,載《大明律直解》,首爾大學校奎章閣,2001 年,頁 52－60。

明律及元朝的《議刑易覽》與高麗律法進行比較,加以改訂後再施行之①。1392 年,鄭夢周參考大明律、元朝《至正條格》、高麗法令等資料,制定新的律法並進呈於國王②。由此可知大明律已於 1388 年前傳入高麗,而當時傳入的版本是早於洪武二十二年的。

　　朝鮮太祖在 1392 年登基詔書中闡明,在裁決公私案件時,務必依據大明律③。1394 年鄭道傳在《朝鮮經國典》憲典序文中言及奉命將大明律譯成方言、予以施行之事④。鄭道傳所言方言,是指當時廣爲人使用的吏讀標記⑤,而以吏讀翻譯完成後刊行的書正是《大明律直解》⑥。《直解》的翻譯特徵是以朝鮮的日常語言替代原文的術語,而對與朝鮮實情不符的原文,或予以變更,或加以增删,以便朝鮮官吏理解、使用大明律。

　　《直解》原刊本於 1395 年頒行於全國,此後似於太宗、世宗年間多次修改譯文⑦。然而現存版本均刊於 16 世紀之後,因此僅能透過《朝鮮王朝實錄》等記錄窺知極少的修改内容。茲舉例如下⑧。

　　(1)《太宗實錄》十二年三月二十四日記錄

　　　　議政府啓改正律文翻譯。上書曰:

　　　　　豐海道觀察使報:“有谷州人張永盜耕他人田三十負。按律,田一畝以下,笞三十,每五畝加一等罪,止杖八十。”得此,考究田法,中朝田一畝準本朝二十二負。以此觀之,永罪當笞四十,今監司斷以四十,上

---

① 參《高麗史》志卷第三十八《刑法一·職制》禑王十四年九月典法司上疏。

② 參《高麗史》列傳卷第一百一十七《鄭夢周傳》。

③ 參《太祖實錄》元年七月二十八日記錄。

④ 參《朝鮮經國典》憲典總序。

⑤ 吏讀是指借用漢字標記韓文的標記體系。譬如,律文“本條自有罪名”被譯爲“本條良中[아긔]罪名亦[이]有去乃[잇거나]”,其中反映出韓文語序與詞彙。

⑥ 以吏讀翻譯大明律律文而成的譯文稱爲直解文,附有直解文的現存版本的卷首題均爲“大明律”。“大明律直解”是依慣例,爲區別有直解文之書與無直接文之書而指稱前者的用語。

⑦ 參《太宗實錄》四年十月二十八日、十一年十二月二日、十二年三月二十四日、十四年十二月十五日記錄;《世宗實錄》十二年五月十五日、十三年六月二十二日、十三年六月二十三日記錄。

⑧ 此處所引《朝鮮王朝實錄》原文爲朝鮮王朝實錄主頁所提供的原文。

加一倍,蓋因律文翻譯内,以唐田一畝準鄉田一負,故差謬至此。其按律,率皆若是,乞令中外改正。"從之。

(2)《直解》户律·田宅"盜耕種官民田"條

（律文）凡盜耕種他人田者,一畝以下笞三十,每五畝加一等,罪止杖八十。荒田減一等。

（直解文）凡他人田地/等乙偷取耕作/爲在乙良一畝以下笞三十每五畝加一等杖八十爲限/齊陳田/是去等減一等/齊

由(1)《太宗實録》記録可知,在太宗十二年(1412),當時中國的一畝相當於朝鮮的二十二負,然而《直解》却將原文的"一畝、五畝"譯成"一負、五負",以致產生弊端,於是朝廷對譯文予以改正。由此可知,當時在使用大明律之時《直解》廣爲使用,此外此時的直解文作"一負、五負"。而如(2)所示,今傳本《直解》的直解文則與原文一致,均作"一畝、五畝",反映了太宗十二年對譯文所作的改正①。

由於《直解》由大明律翻譯而成,因此假如底本的律文已定型,改正《直解》譯文時無需修改律文。然而,《直解》原刊本刊行於洪武二十八年(1395),因而其律文與明朝最終頒行的洪武三十年律有所出入。因此,太宗、世宗年間改正《直解》譯文時極有可能亦對律文進行了修改。但是由於《直解》原刊本現不傳,因此無法瞭解實際情況。

研究《直解》的首位學者花村美樹認爲今傳本《直解》大體沿襲了原刊本的内容,且反映了洪武二十二年律的律文。到目前爲止這一主張幾乎成爲學界的定論。且花村美樹校訂的《校訂大明律直解》對學界影響頗深,至今起著《直解》勘定本的作用。

然而,筆者最近對《直解》異本進行調查後發現,可將異本分爲兩大系統,分別反映不同時期的洪武律,若以是否用同一種木板印刷爲標準,則可分爲以下六種版本②。

---

① 然而直解文中的"負"字並未全被改作大明律原文中的"畝"字。譬如,户律、田宅"欺隱田糧"條律文中的"一畝、五畝"仍保留之前譯文"一負、五負"。

② 詳見拙文《駒澤大學與蓬左文庫所藏〈大明律直解〉古版本研究》,載《韓國語學》64,2014年,頁117—168;張景俊、陳允貞《〈大明律直解〉的系統與書志學特徵》,載《書志學研究》58,2014年,頁549—590。

　　(一)世宗版:似是以世宗年間修正的《直解》爲底本,於16世紀重刊的版本。與其餘系統的版本在律文上存在出入,且卷次的版式不統一,形態上亦有較大差別。現藏於日本駒澤大學與蓬左文庫。

　　(二)公州版:似是對世宗版進行大幅修改後,1546年於公州重刊的版本。前後版式統一,爲之後各版的母本。現藏於高麗大學晚松文庫與日本國立公文書館内閣文庫。

　　(三)光州版:爲16世紀後半於光州、羅州翻刻公州版的版本,翻刻過程中出現較多謬誤。現藏於啟明大學、首爾大學奎章閣、延世大學、通文館等處。

　　(四)晉州版:17世紀後半於晉州翻刻光州版而成的版本。卷十二的部分内容爲《講解》代替,卷十三增入"懸帶關防牌面"條。現藏於高麗大學晚松文庫、慶尚大學文泉閣、大邱加圖立大學。

　　(五)樂安版:17世紀後半刻於全州,印刷於樂安。儘管糾正了晉州版的部分謬誤,却出現大量新的謬誤。卷二十八增入"吏典代寫招草"條。現藏於高麗大學、慶北大學、啟明大學、大邱加圖立大學、韓國學中央研究院藏書閣、日本國立國會圖書館、日本對馬歷史民俗資料館宗家文庫等處。

　　(六)平壤版:1686年刊印於平壤,與增入"吏典代寫招草"條的樂安版形式相同。相較其他版本,此版謬誤最多。現藏於高麗大學晚松文庫、西江大學、首爾大學奎章閣、忠南大學等處。

　　在《直解》六種版本中,尤其引人矚目的是世宗版的律文和其他幾種版本不同,反映更早的洪武律。兹舉禮律·儀制"朝見留難"條爲例①。

　　如下圖所示,世宗版律文作"侍儀官"的部分,公州版則將之改爲"儀禮司官"。現存大明律相關書籍中,使用"侍儀官"一詞的僅有《直解》世宗版。《大明會典·卷二百一十九》記載:"國初,置侍儀司爲從六品衙門……洪武九年,改爲殿庭儀禮司。"據此可知,"儀禮司官"一詞是洪武九年設置負責朝覲事宜的儀禮司之後才開始使用的。因而,我們可以從世宗版《直解》的記録瞭解,明朝設置儀禮司之前將負責朝覲事宜的官員稱爲"侍儀官",亦可推論世宗版所反映的版本是洪武七年律或洪武九年律②。

━━━━━━━━━

①圖1世宗版爲蓬左文庫影印,圖2公州版爲高麗大學晚松文庫影印。

②儘管律文將"侍儀官"改作"儀禮司官",然而直解文仍保留原譯"近侍官員"。其原因大概是由於朝鮮不存在"儀禮司",因而無需修改直解文。

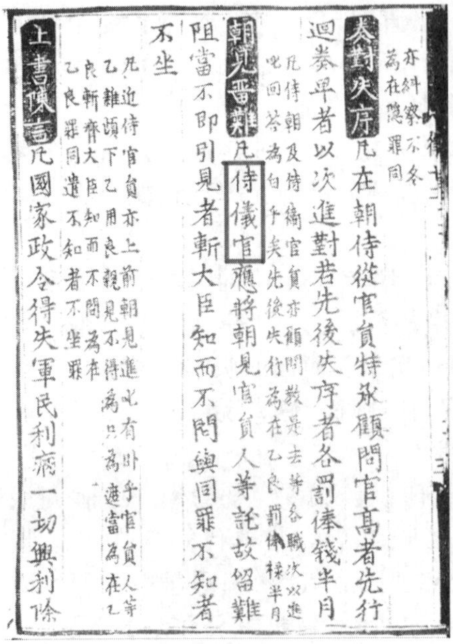
奏對失序　凡在朝侍從官員特承顧問官高者先行
迴奏卑者以次進對若先後失序者各罰俸錢半月
朝見留難　凡侍儀官應將朝見官員人等託故留難
阻當不即引見者斬大臣知而不問與同罪不知者
不坐
上書陳言　凡國家政令得失軍民利病一切興利除

［圖 1］《直解》世宗版"朝見留難"條

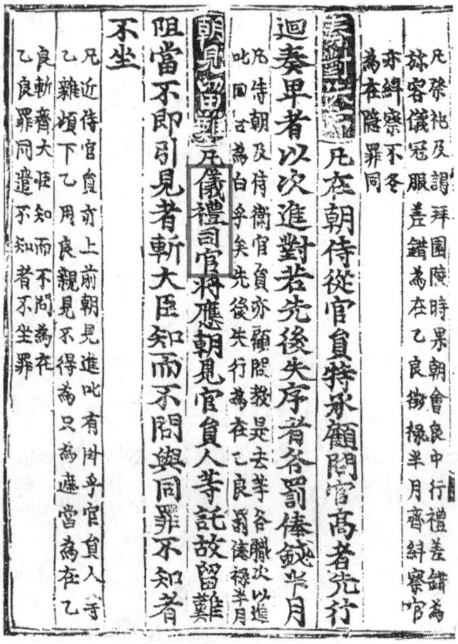
奏對失序　凡在朝侍從官員特承顧問官高者先行
迴奏卑者以次進對若先後失序者各罰俸錢半月
朝見留難　凡儀禮司官將應朝見官員人等託故留難
阻當不即引見者斬大臣知而不問與同罪不知者
不坐

［圖 2］《直解》公州版"朝見留難"條

如前所述，現傳《直解》各異本的律文有所出入，而這些出入點可提供重要的研究綫索，然而《校訂大明律直解》並未完整地記録此類出入的情況。其原因在於花村美樹在編纂《校訂大明律直解》時，忽略了與"濯足庵本"(世宗版，現藏於駒澤大學)的對校工作①。不僅如此，之後問世的《律解辯疑・大明律直解及明律集解附例三書所載明律之比較研究》(黄彰健)"大明律直解所載明律與洪武三十年律對勘表"(楊一凡、宋國範)"大明律直解・講解・附例内容比較表"(鄭肯植、趙志晩)也重蹈花村美樹之轍，遺漏世宗版《直解》所反映的重要内容。以下舉刑律・鬥毆"妻妾與夫親屬相毆"條爲例。

①關於花村美樹編纂《校訂大明律直解》之過程及其中反映的對校、校勘的諸問題，參拙文《花村美樹的大明律直解校訂研究》，載《奎章閣》46，2015 年，頁 175—200。

［圖3］世宗版《直解》"妻妾與夫親屬相毆"條　　［圖4］公州版《直解》"妻妾與夫親屬相毆"條

如上所示，世宗版律文爲"若弟妹毆兄之妻及妻毆夫之兄姊，各加凡人一等"，而公州版則闕"及妻毆夫之兄姊各"八字。此八字僅見於世宗版，他版均無，實屬重要訊息，它所反映的是洪武律在修改過程中，此八字被刪之前的情況。然而，此八字與上述的"侍儀官"一樣，未見於《校訂大明律直解》及其他對校、校勘記等。

試再舉一例説明既有校勘記的問題。下圖爲刑律·人命"戲殺誤殺過失殺傷人"條。如圖所示，世宗版律文作"……誤殺傍人者，以故殺論"，而公州版及之後的各版均作"毆"字，而不作"殺"字。以内容而言，"殺"才是正確的，按道理説，各家校勘記應清楚表明世宗版的"殺"字正確的，而公州版等各版的"毆"字爲誤字。然而，《校訂大明律直解》的作者却不知世宗版作"殺"字的情況，推定底本之"毆"字爲"殺"字之誤，並僅記録"流布本"作

“殺”字之事①。此外，“大明律直解所載明律”的校勘記亦沿襲了花村美樹之誤，寫道“以故殺論，故殺，底本誤作‘故毆’，據本條律文和胡本、舒本、沈本改”。（楊一凡、宋國範，1994：567）總的來説，《直解》的既有校勘記多處有待完善②。

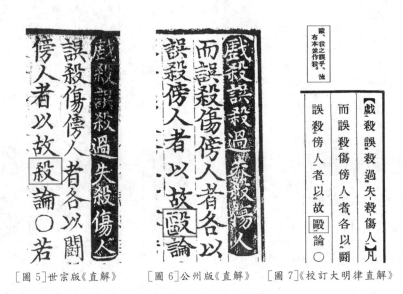

[圖5]世宗版《直解》　　[圖6]公州版《直解》　　[圖7]《校訂大明律直解》

三、《大明律講解》律文

　　《講解》爲在朝鮮廣泛使用的大明律注釋書，編年時期及編者未詳。許

---

① 花村美樹在編纂《校訂大明律直解》時，以五種異本爲對校物件，而以其中的弘文館本爲底本。原因是花村美樹認爲弘文館本最接近原刊本。然而，弘文館本晚於世宗版或公州版，且屬於謬誤更多的光州版系統。花村美樹判斷爲誤（拙文《花村美樹的大明律直解校訂研究》，載《奎章閣》46，2015年，頁175—200）。

② 筆者自2013年起對《直解》異本作調查，對各系統異本作對校、校勘。有關《直解》世宗版、公州版的暫定對校記錄，參張景俊、陳允貞《〈大明律直解〉的系統與書志學特徵》附錄，載《書志學研究》58，2014年。

多學者認爲此書編纂於明而之後再傳入朝鮮①,但筆者根據以下幾點,認爲此書極有可能編纂於朝鮮②。

　　其一,中國未見任何有關《講解》的編纂或刊行記錄③。目前中國大陸與臺灣現藏的《講解》均刊印於朝鮮,而非本國刊行,並無直接證據表明《講解》編纂於中國。

　　其二,十五世紀初於朝鮮刊印並分發全國的大明律相關書籍共四種,爲《直解》、《講解》、《律學解頤》(以下簡稱《解頤》)、《辯疑》。其中,《解頤》、《辯疑》與《大明律》、《經國大典》等書同被納入科舉考試律科範疇,而《直解》與《講解》則未被納入。《解頤》與《辯疑》十七世紀時喪失了大明律注釋書的地位,不再被刊行,亦被從科舉中剔除。與之相反,《直解》、《講解》直至朝鮮末期持續刊行,由官府主導其普及事宜。此意味著在朝鮮《直解》與《講解》皆扮演重要參考書的角色,以便官吏及律法學徒掌握大明律的內容並將之適用於實務上。由此我們也許可以推論《講解》正如《直解》一般,是一部由官府編纂並推廣的官纂書。

　　其三,據《世宗實錄》記載,議政府曾向世宗進言"今講解律……既非中國頒降成書……"(世宗二十五年(1443)十月十六日),故在處理案件時不

---

① 黃彰健《明代律例彙編》,臺灣"中研院"歷史語言研究所,1979 年;佐藤邦憲《明律·明令と大誥および文形條例》,載《中國法制史—基本資料の研究》(滋賀秀三編),東京大學出版會,1993 年,頁 435—472;鄭肯植、趙志晚《大明律解題》,載《大明律直解》,首爾大學校奎章閣,2001 年,頁 7—60;鄭肯植《朝鮮前期中國法書的接受與活用》,載《首爾大學校法學》50—4,2009 年,頁 35—80;沈羲基《律解辯疑·律學解頤·大明律講解相互關係的實證研究》,載《法史學研究》53,2016 年,頁 65—93。

② 認爲《講解》編纂於朝鮮的主張首見於田中俊光《朝鮮刊〈大明律講解〉について》,載《東洋法制史研究會通信》第 28 號,2015 年。筆者與田中俊光不約而同持相同見解,曾在拙文《朝鮮刊大明律"鄉本"研究》,載《法史學研究》53,2016 年,頁 141 中予以簡述,而本文將更爲詳細地闡述此觀點。

③ 雖然 Google 或臺灣人文及社會科學引文索引資料庫等網站可搜尋到"明萬曆年間奉敕《大明律講解》"一書,然而根據筆者的調查,此乃部分論文將 1970 年 12 月臺灣學生書局刊行的《大明律集解附例》誤作《大明律講解》所造成的。

當依據《講解》的注解。此暗示著《講解》並非來自中國的書籍①

　　其四,朝鮮初期流行參考傳自中國的各種書籍,自行編纂注釋書,此風氣尤於世宗年間爲最盛②,他們不僅自行編纂了史書類、文學類書籍的注釋書,也編纂醫藥等實用書籍的注釋書,如《資治通鑑思政殿訓義》、《朱文公校昌黎先生集》、《纂注分類杜詩》、《醫方類聚》等③。考慮到世宗年間的學術風氣,以傳自中國的唯一注釋書《辯疑》爲基礎,自行編纂《講解》是可能的④。朝鮮在斷罪、執法方面皆以大明律爲依據,不難瞭解他們除了需要吏讀譯本《直解》外,應也需要較詳細的注釋書。

　　其五,據《成宗實錄》所載,成宗曾下令要將《解頤》與《辯疑》的内容添增於大明律,將之一併刊行:"《解頤》《辨疑》之書,添入大明律刊行,則用律之時,便於考閱,庶無誤矣。"(成宗九年(1478)十二月十一日)而與此記錄相符的文獻僅有增補注釋的《講解》一書。由此可推論增補注釋的《講解》很有可能是朝鮮人奉王命編纂的。

　.　其六,原刊本刊行後,《講解》大幅增補注釋,其中亦包括於朝鮮刊行的《吏文輯覽》的内容。《吏文輯覽》是爲了幫助人們學習吏文而設計的注釋書,由崔世珍奉中宗之命於 1539 年首次編纂⑤。中國編纂的書中,並無引用《吏文輯覽》之例,顯然引用《吏文輯覽》内容的《講解》增補本無疑地編纂於朝鮮。

---

①刊於 15 世紀的《講解》今不傳(參見後文)。然而屬於 18 世紀刊行的原刊本系統的丁酉字本,卷首題雖爲"大明律講解",但版心内卷次以"講解律"起首,可知"大明律講解"亦被簡稱爲"講解律"(參[圖 13])。

②參沈慶昊《韓國漢文基礎學史 3》,太學社,2012 年,頁 263—293。

③同上。

④《解頤》爲編年未詳的大明律注釋書,頗有可能於世宗朝之後傳入朝鮮。《世祖實錄》十二年(1466)七月一日記録:"上出内藏《大明講解律》及《律學解頤》、《律解辨疑》等書,命大司憲梁誠之校正。分送《講解律》於慶尚道,《解頤》於全羅道,《辨疑》於忠清道,使之刊印各五百件,廣布中外。"此爲有關《解頤》的最早記録。參鄭肯植《朝鮮本〈律學解頤〉研究》,載《首爾大學校法學》54—1,2013 年,頁 47—52。

⑤參安秉禧《吏文諸書輯覽》,載《國語史資料研究》,文學與知性社,1992 年,頁 371—376。

其七，假若《講解》是購自中國的，而朝鮮人在此基礎上增補注釋而編成增補本，較常見的情形是書名上作一些修改，或於序文或跋文中記錄此事，但是《講解》增補本並無這樣的情形。只有《講解》的編纂者並未改變時此一現象才得以圓滿的解釋①，此亦是《講解》的原刊本成書於朝鮮的旁證之一。

其八，刊於 17 世紀末的《直解》晉州版、樂安版、平壤版皆以欠缺卷十二第五、六章的光州版爲底本，爲了彌補所缺的直解文，以《講解》的注釋代替，可見《直解》與《講解》之間的密切關係。

考慮到以上諸點，筆者認爲正如《直解》一般，《講解》很可能也是在朝鮮初期由官府編纂的官纂書。

目前《講解》或以活字本或木板本的形態藏於韓國、日本、臺灣、大陸等地②。據文소라（2012）分類，活字本分爲乙亥字本、丁酉字本、全史字本三種，木板本分爲箕營版、嶺營版、完營版、刊地未詳版四種。其中，乙亥字本爲增補注釋的版本，刊於 16 世紀末，其他各版均爲於 18 世紀以增補注釋之前的原刊本爲基礎的重刊本。

隷屬增補本系統的乙亥字本存本寥寥③，且朝鮮末期刊行的各版本均屬原刊本系統，因此以往學界並未充分意識到增補本系統的存在④。乙亥

---

① 《直解》亦奉命數次改正，然而未有任何有關的詳細記錄。

② 參黃彰健《明代律例彙編》，臺灣“中研院”歷史語言研究所，1979 年；姜寶有《延邊大學校圖書館所藏韓國本古文獻資料》，載《海外韓國本古文獻資料探索與檢討》，三慶文化社，2012 年，頁 228；文소라《朝鮮時代刊行〈大明律〉注釋書版本分析》，慶北大學校碩士學位論文，2012 年；田中俊光《關於朝鮮刊〈大明律講解〉》，載《東洋法制史研究會通信》第 28 號，2015 年；拙文《朝鮮刊大明律“鄉本”研究》，載《法史學研究》53，2016 年。

③ 現傳乙亥字本完帙藏於日本尊經閣文庫，韓國國內僅嶺南大學藏有卷一（上）一册，高麗大學晚松文庫藏有卷二至卷四、卷十九至卷二十兩册，華峰文庫藏有卷二十八至卷三十一册。

④ 詳見拙文《朝鮮刊大明律“鄉本”研究》，載《法史學研究》53，2016 年，頁 140－141；沈羲基《律解辯疑・律學解頤・大明律講解相互關係的實證研究》，載《法史學研究》53，2016 年，頁 84－85。

字本中收有其他版本所無的注釋，這一事實由文소라（2012）首次提及。而後來張景俊（2016）又首次提出乙亥字本是在原刊本注釋上加以增補後，於 16 世紀末刊行的，而到 18 世紀後，原刊本系統的版本再次廣爲普及①。

　　下面將以刑律·人命"採生拆割人"條來考察《講解》的注釋增補情況。（圖 8）與（圖 9）分別爲隸屬原刊本系統的丁酉字本、全史字本，（圖 10）爲隸屬增補本系統的乙亥字本②：丁酉字本及全史字本僅有律文而無注釋；乙亥字本則添入標記爲"（辯疑）""（解頤）""（吏文輯覽）"的注釋。而（圖 11）（圖 12）爲被引用的《解頤》、《辯疑》之原文③。將乙亥字本所引的《解頤》、《辯疑》注釋與《解頤》、《辯疑》原文作比較，可以確認引文内容與原文内容基本一致④，引自《吏文輯覽》的注釋亦與原文基本一致⑤。

　　以上資料明確顯示，成宗於 1478 年下達的命令（將《解頤》《辯疑》文字添入大明律，予以刊行）是以編纂《講解》增補本的形式執行⑥。而且，引自

---

①與拙文（《朝鮮刊大明律"鄉本"研究》，載《法史學研究》53，2016 年）同一時期出版的沈羲基論文（《律解辯疑·律學解頤·大明律講解相互關係的實證研究》，載《法史學研究》53，2016 年）亦記述了《講解》增補情況。

②其中，丁酉字本爲日本東京大學文學部小倉文庫藏本的影印，全史字本爲首爾大學奎章閣藏本的影印，乙亥字本爲高麗大學晚松文庫藏本的影印。

③其中，《解頤》爲崔鍾庫、沈羲基所傳複印本，《辯疑》爲日本國立國會圖書館所藏微型膠卷的影印。

④存在出入的字以圓圈圈出，《辯疑》未被乙亥年字本引用的部分則以四方形標出。比較《講解》"採生拆割人"條所引《辯疑》注釋與《辯疑》原文，則可知存在兩處不同。即，《辯疑》中的"役使""吒聽"在《講解》中分別作"役""喚聽"，前者以内容而言，省去"使"字亦無妨，後者爲通用字。對比《講解》所引《解頤》注釋與《解頤》原文，則《解頤》中的"聽""去"在《講解》中分別作"禮""丟"，前者以内容而言，其中之一爲誤字，後者爲通用字。因此可以説所引注釋與原文無出入。

⑤《吏文輯覽》原文爲"丟棄：丟，音 듀，平聲，亦棄也"。（《吏文輯覽》卷三，頁 20）

⑥注釋的增補有可能在 1478 年之後歷經多次才得以完成。從現傳乙亥字本引用《吏文輯覽》這一事實及其版式、紙質、活字狀態等形態書志層面分析，則此書當刊於 16 世紀後半（拙文《朝鮮刊大明律"鄉本"研究》，載《法史學研究》53，2016 年，頁 141）。

採生拆割人　凡採生拆割人者凌遲處死財產
斷付死者之家妻子及同居家口雖不知情
並流二千里安置為從者斬若已行而未曾
傷人者亦斬妻子流二千里為從者杖一百
流三千里里長知而不舉者杖一百不知者
不坐告獲者官給賞銀二十兩

造畜蠱毒殺人　凡造畜蠱毒堪以殺人及教令

採生拆割人　凡採生拆割人者凌遲處死財
產斷付死者之家妻子及同居家口雖不
知情並流二千里安置為從者斬若已行
而未曾傷人者亦斬妻子流二千里為從
者杖一百流三千里里長知而不舉者杖
一百不知者不坐告獲者官給賞銀二十
兩

造畜蠱毒殺人　凡造畜蠱毒堪以殺人及教

［圖 8］《講解》丁酉字本"採生拆割人"條　　［圖 9］《講解》全史書字本"採生拆割人"條

造畜蠱毒殺人　凡造畜蠱毒堪以殺人及教令

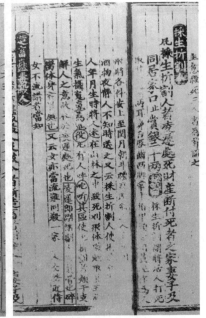

［圖10］《講解》乙亥字本"採生折割人"條

［圖11］《解頤》"採生折割人"條

［圖12］《辯疑》"採生折割人"條

《吏文輯覽》的"丟"字並不出現於律文中,僅出現於引自《解頤》的句子中,由此可知當時人細心進行《講解》的增補工作,並非機械般轉載現成的注釋①。

據筆者迄今爲止所作的調查,《講解》增補本所增的注釋以《辯疑》、《解頤》、《律條疏議》、《唐律疏議》爲中心,並利用《直引釋義》、《釋文》②、《指南》③、《吏文輯覽》、《無冤錄》等資料中補充對字或詞的解釋。此外,律文方面原刊本系統與增補本系統除誤脱字、異體字、通用字外,並無較大出入,這是因爲增補工作僅針對注釋進行。

聚焦於《直解》與洪武三十年律在律文上的出入而分析《講解》律文,則可發現其不但有與《直解》律文一致之處,亦有與洪武三十年律一致之處。譬如,朝鮮刊本《大明律附例》中以"鄉本云"起首,標明與洪武三十年律不同的有七處,皆與《直解》及《講解》一致④。至於條項數(460 條)、排列順序,《講解》則與洪武三十年律完全一致。由此可知《講解》很可能處於《直解》與洪武三十年律之間。

綜上所述,學界對《講解》的關注與研究尚不足,應先對《講解》異本進行縝密調查、對校與校勘,才能完整地追究《講解》與洪武律之間的關係。

四、《律解辯疑》律文

《辯疑》是何廣於洪武十九年(1386)編纂的一部大明律注釋書。《朝鮮王朝實錄》等文獻中,《律解辯疑》之"解"字亦作"學"字,"辯"字亦作"辨"

①由此點而言,沈羲基《〈律解辯疑〉、〈律學解頤〉、〈大明律講解〉相互關係的實證研究》,載《法史學研究》53,2016 年,頁 89"增補《講解》亦是幾乎全部機械地轉載其他注釋書的注釋片段,因而很難認證其注釋的獨立性"的主張有待再考。
②《釋文》未詳爲何種文獻,亦被寫作《律條釋文》或《唐律釋文》。
③指《吏學指南》。
④關於"鄉本"的内容與調查結果,參拙文《朝鮮刊大明律"鄉本"研究》,載《法史學研究》53,2016 年。

字。目前臺灣"國立中央圖書館"存孤本①，上海社會科學院圖書館存複印本②。遺憾的是不少字被磨損，難以辨認（參圖 12、14、15、17）。

《辯疑》的注釋與《講解》的注釋有著密切的關係。黄彰健曾指出"律解辯疑，北平圖書館藏本已斷爛模糊，應據此書所引校補。"③楊一凡在校勘《辯疑》時，大量參考《講解》④。田中俊光認爲《講解》是"朝鮮編者對《辯疑》注釋予以恰當取捨，或將部分内容省去，或改變其字詞，以期簡潔等，而編成的"一部書（田中俊光，2015），沈義基認爲《講解》"將《辯疑》98％以上的注釋片段原樣照搬，也有或多或少地縮小後轉載的"（沈義基，2016：75）⑤。

茲舉刑律・人命"謀殺人"條爲例⑥。

如上所示，原刊本系統《講解》中以"講曰"起首的三條小字注釋與《辯疑》中以"義曰"起首的三條注釋大體一致。然而由於二者間存在三十字的

---

① 《辯疑》原本藏於北平圖書館，後藏於美國國會圖書館，現藏於臺灣"國立中央圖書館"（參 Chang，Peter，*Chinese Rare Book Collections in Taiwan：Their History，Cataloging and Conservation*，Journal of East Asian Libraries：Vol.1993：No.101，Article24，1993）。美國國會圖書館藏有微型膠卷，筆者於日本國立國會圖書館閱覽此膠卷。

② 何勤華《明代律學的開山之作—何廣撰〈律解辯疑〉簡介》，載《法學評論》2000 年第 5 期，2000 年，頁 137 寫道"筆者在東京大學法學部圖書室曾見過《律解辯疑》完整的抄本"。然而，筆者通過主管司書得知，現在東京大學法學部圖書室並未收藏《辯疑》，亦未有記錄顯示之前曾收藏過此書。只不過，美國國會圖書館製作的微型膠卷一度收藏於此，證明此事的一張卡片保存於此。何勤華所看《辯疑》究竟爲何書令人生疑。

③ 參黄彰健《明代律例彙編》，臺灣"中研院"歷史語言研究所，1979 年，頁 117。

④ 參《律解辯疑》點校本（《中國珍稀法律典籍續編》第 3 冊：明代法律文獻，黑龍江人民出版社，2002 年）校勘記。

⑤ 黄彰健與楊一凡所言《講解》未詳是原刊本系統抑或是增補本系統，田中俊光與沈義基所言《講解》指原刊本系統。

⑥ 在《辯疑》與《講解》的注釋中，彼此存在出入的字以圓圈圈出，而僅出現於一書的字以四方形標出。

出入,嚴格而言難以論定二者是同一內容,不同於增補本系統中明確標記引文出自《辯疑》的"采生拆割人"條的情形(參圖10、12)。在"采生拆割人"條,《講解》中引用的《辯疑》內容與今傳本內容幾無二致。

　　據筆者至今爲止的分析,《講解》原刊本系統中的"講曰""解曰"的內容雖與今傳本《辯疑》的注釋大體一致,然而呈現差異的情況亦爲數不少。相反地,《講解》的增補本系統,即乙亥字本中後來追加的《辯疑》注釋,幾乎一字未差地引入《辯疑》。也就是說,《講解》原刊本與增補本在編纂上具有如此的趨勢:編纂原刊本時,編者對《辯疑》注釋"予以恰當取舍";增補注釋時,却幾乎一字未改地引用《辯疑》注釋。

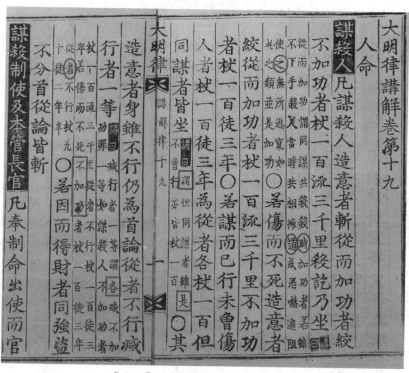

[圖13]《講解》丁酉字本"謀殺人"條

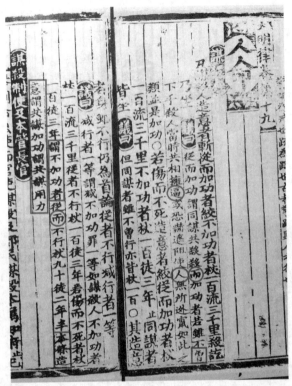

［圖 14］《辯疑》"謀殺人"條

　　由於目前調查尚未充分,故此無法斷言,但是假若筆者所推出的編纂趨勢正確,此乃頗爲重要的一件事實。原因是《講解》原刊本的編者雖然也有正如田中俊光所説的那樣,未照搬《辯疑》注釋而作了部分改動的可能,但是另有編者當時所依據的《辯疑》注釋本與今傳本《辯疑》有出入的可能性。試看下例。

　　上圖顯示,今傳本《辯疑》卷首的"照刷文卷罰俸例"稱明太祖朱元璋爲"太祖高皇帝"。由此可知這一部書無疑地刊于於朱元璋逝後,我們不得不生疑今傳本《辯疑》究竟是否刊於洪武年間。

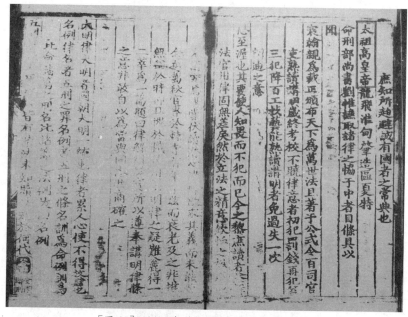

[圖 15]《辯疑》卷首"照刷文卷罰俸例"內容

　　黃彰健（1977）認爲"太祖高皇帝"五字歪斜，此是之後爲改正而增刻所致，無法僅以此推斷此書是否刊於洪武年間。他也將此書的律文與《直解》及《大明律集解附例》的律文加以比較，最後推論此書反映其序文所說的洪武十九年的律法，即洪武十八－十九年律。

　　然而筆者懷疑（圖 15）中的"太祖高皇帝"五字是否真爲增刻之字。而且據筆者迄今的研究，《講解》與《辯疑》兩書的律文在可確認的範疇內，除兩處差異外，未有出入。有出入的兩處爲刑律·詐僞"詐僞制書"條與"詐傳詔旨"條。

　　如圖所示，在"詐僞制書"條與"詐傳詔旨"條的內容上，《講解》與《辯疑》大相逕庭。而且，《講解》律文與《直解》律文一致，而《辯疑》律文在可確認的範疇內①與洪武三十年律一致。因此，假如筆者在上文所推論的《直

①所引《辯疑》律文並未全引，而是僅引必要部分。如［圖 17］所示，假若所引律文較長，則略去中間部分，標以"止"字。

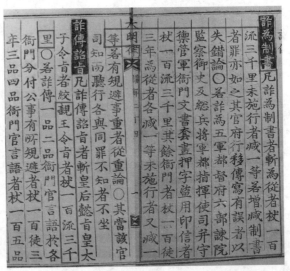

[圖 16]《講解》丁酉字本"詐偽制書""詐傳詔旨"條

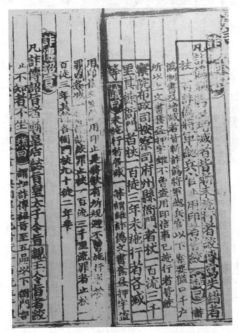

[圖 17]《辯疑》"詐偽制書""詐傳詔旨"條

［圖 18］《直解》公州版"詐偽制書""詐傳詔旨"條

［圖 19］洪武三十年律—《大明律釋義》①

①《大明律釋義》爲 1543 年刊行的大明律注釋書,此圖爲《中國律學文獻》第二集(黑龍江人民出版社,2002 年)的影印。

解》→《講解》→洪武三十年律這一反映順序是正確的,則可進一步認爲《辯疑》的這一部分正如"太祖高皇帝"那樣,洪武年間以後才被更改,反映了洪武三十年律。

黄彰健(1977:222－226)認爲今傳本《辯疑》反映了洪武十八－十九年律,《直解》反映了洪武二十二年律,並推測洪武十六年三月制定的"詐僞制書"條與"詐傳詔旨"條内容反映在《辯疑》中,洪武二十二年將"詐僞制書"條與"詐傳詔旨"條改爲寬鬆的刑法,反映在《直解》中,洪武三十年再次將"詐僞制書"條與"詐傳詔旨"條改回原本的嚴酷刑法①。然而,黄彰健的這一説法却有自相矛盾之處,他認爲《講解》刊於 1510 年②,而《直解》的律文反映洪武二十二年律,根據他的説法,我們無法圓滿解釋《講解》的律文與《直解》一致,而與洪武三十年律不同的原因③。

本文認爲今傳本《辯疑》極有可能爲洪武年間之後修訂的版本。正如前述,書中不但出現在明太祖逝後才使用的稱號(太祖高皇帝),也出現與洪武三十年律一致的内容("詐僞制書"條與"詐傳詔旨"條)。以此爲基礎亦可進一步認爲《講解》原刊本的編者所依據的《辯疑》注釋亦含有與今傳本《辯疑》不同的内容,《講解》原刊本所引的注釋亦可作爲旁證。如此一來,《辯疑》與《講解》的律文除上述兩條外,皆一致的現象亦可得以圓滿的解釋。也就是説,《辯疑》與《講解》的律文基本反映同一時期的洪武律(似是洪武二十二年律),而二書皆以原刊本爲基礎,經過修訂與增補後刊行爲重刊本。

除此之外,學者廣爲參閲的《辯疑》現代活字本有《中國珍稀法律典籍

①《明太祖實録》的記録,即"洪武十六年三月壬申,命刑部尚書開濟議定詐僞律條"爲主要依據(黄彰健《明清史研究叢稿》,臺灣商務印書館,1977 年,頁 226)。

②黄彰健《明代律例彙編》,臺灣"中研院"歷史語言研究所,1979 年,頁 1031 寫道"《大明律講解》則刊行於武宗正德庚午",認爲《講解》刊行於 1510 年,佐藤邦憲《明律·明令と大誥および文形條例》,載《中國法制史－基本資料の研究》(滋賀秀三編),東京大學出版會,1993 年,頁 466 亦寫道《講解》"正德五年刊"。然而,綜合今傳本《講解》的内容、異本的系統及書志特徵、相關記録等因素來看,認爲《講解》刊行於 1510 年的主張很難被接受(參考本文第三章)。

③假如承認黄彰健主張正確,則得出的推論爲洪武三十年確定的"詐僞制書"條與"詐傳詔旨"條的内容於 1510 年被改回洪武二十二年律的内容。然而這一推論無法成立。

集成乙編第一冊：洪武法律典籍》（楊一凡、宋國範點校，科學出版社，1994年版）及《中國珍稀法律典籍續編第三冊：明代法律文獻》（楊一凡點校，黑龍江人民出版社，2002年版），筆者對照微型膠卷後發現，其中收錄的《辯疑》律文與注釋有許多謬誤，希望學者參考時予以留意①。

五、結論

　　本文反映今傳本《直解》、《講解》、《辯疑》的最新研究，指出前人研究的問題所在，並探討此三書的律文與洪武律之間的關係。雖然目前尚在起步階段，需要進一步的調查、研究，今暫且整理筆者所推論的內容，以作結論：

　　第一，今傳本《直解》保留了大量的洪武二十二年律或之前律文。

　　第二，今傳本《講解》與《辯疑》大體反映了洪武二十二年所改訂的律文。

　　第三，洪武三十年大明律定型後刊行的相關書籍間亦有律文有出入的情形，似乎可以1585年舒化等人匯集洪武三十年律中的事例而編成的《大明律附例》爲界綫，分爲前後兩大類②。

（作者單位：高麗大學校文科大學國語國文學科
　　　　譯者單位：高麗大學校文科大學漢文學科）

---

① 採録今傳本《辯疑》內容的科學出版社印本的律文與參考《講解》等書而校勘的黑龍江人民出版社印本的律文存在不少出入，而校勘記中却並無針對這些出入的説明。且將有出入的部分與原本微型膠卷對照，發現一部分與科學出版社印本的律文一致，而一部分與黑龍江人民出版社印本的律文一致。因此，科學出版社印本與黑龍江人民出版社印本皆不足以引以爲據。

② 譬如，"犯罪自首"條律文的注釋中有"本應過失者聽從本法"一句，《直解》、《講解》、《古鏡》、《疏義》、《大明律釋義》等1585年之前編纂的書中均有"應"字，而1585年之後編纂的《大明律附例》、《大明律集解附例》、《大明律附例詮釋》、《大明律例諺解》等書中均無"應"字。可以説在編纂《大明律附例》時删去了此字（參拙文《朝鮮刊大明律"鄉本"研究》，載《法史學研究》53，2016年，頁136）。

域外漢籍研究集刊　第十六輯
2017 年　頁 343—369

江户美術中的李白接受研究

鍾卓螢

序　論

　　江户時代的美術被認爲是"日本美術史上從未有過的多彩的發展"①。從這一點來看,跟同時代的漢詩文和俳諧文學可謂異曲同工。商人階層的抬頭使接受層面擴大的同時,以中國爲主的外國知識通過書籍大量輸入到日本國内。這樣的社會變化給江户時代的畫壇帶來了巨大的影響,並催生了當時畫壇的空前盛況②。

　　江户畫壇以文人畫派和寫生畫派兩大流派爲中心。文人畫是從中國流傳到日本的一個流派,在中國主要指知識素養豐富、胸懷政治抱負的士大夫文人所作的畫,並被定位爲一種士大夫階層的教養行爲③。對李白有著强烈憧憬的祇園南海被稱爲"日本文人畫之祖",他繼承了中國文人畫原有的畫風,並以"詩畫一體"的境界爲理想。南海的這種審美意識和思想對後來與謝蕪村的繪畫也有著强烈的影響④。

　　然而,由於在日本並不存在像中國的士大夫這樣的階層,日本的文人

---

① 佐佐木丞平《江户時代中·後期の畫壇》,載《日本美術全集第 19 卷:大雅と応挙》,講談社,1993 年,頁 146。

② 同上,頁 146—147。

③ 同上,頁 147。

④ 同上,頁 148。

畫便有其獨自的發展。首先,日本文人畫的畫家並非文人,而是日本獨有的被視爲"具有文人風格的教養人士"的"文人畫派畫家"①。當然,像南海那樣有著豐富教養、類同于文人的階層也並非不存在,只是隨著文人畫的日益發展,文人畫本來的意義逐漸發生變化,文人畫派的畫家也從公家、武家階層擴展到在野的階層。

　　自李白像在室町時代傳入日本以來,日本畫家便開始以其爲畫題作畫。李白像多以小型掛幅的形態傳入日本,在日本却被製作成隔扇畫、屏風畫這樣的大幅畫作,由此可以看出日本的李白像在圖像上的變化。此外,可以確認的日本現存李白像作品中,日本畫家的作品比中國畫家還要多②。從這兩點可以看到,李白的畫像在日本和中國的接受情況是大相徑庭的。

　　柴田就平關於李白像的接受變遷的考察中,僅限於美術作品,從視覺方面揭示了李白在日本是如何被接受、被圖像化的。他把李白像的圖樣總結爲觀瀑圖、飲中八仙圖、醉騎圖和醉李白圖等"四大系統",並把圖像分成"詩仙李白"和"酒仙李白"兩個方面論述。本文採用柴田所提出的"酒仙像"和"詩仙像"這一分法,但考察範圍大爲拓展,把以李白的詩文爲主題的繪畫作品也納入視野,來全面探究江戶美術中的李白接受情況。

一、江戶美術中的"詩仙"接受

(一)《唐詩選畫本》與李白

　　進入江戶時代以後,舊題李攀龍編的《唐詩選》因古文辭學派的推崇而盛行起來,它的傳播超越了文學的範圍,更涉及到江戶的美術界。在這樣的背景下,出現了爲《唐詩選》的詩配上插畫的《唐詩選畫本》,它作爲《唐詩選》的插畫版本被廣泛閱讀。《唐詩選畫本》又稱《唐詩選繪本》或《畫本唐詩選》,共七篇三十五冊,由江戶嵩山房在天明 8 年(1788)至天保 7 年

①佐佐木丞平《江戶時代中・後期の畫壇》,載《日本美術全集第 19 卷:大雅と応挙》,講談社,1993 年,頁 148－149。

②柴田就平《海を渡った李白像──中國から日本へ》,載《アジア文化交流研究》第 4 號,2009 年,頁 197－215.

(1836)前後 48 年間陸續發行。《唐詩選畫本》按照詩體分篇,第一到第七篇所收詩體分別爲五言絶句、七言絶句、五言律和排律、七言絶句續篇、五七言古詩、五言律和排律、七言律詩,且每篇書畫者不一。

張小鋼的先行研究中,圍繞《唐詩選》中詩題與畫題之間的關係展開了考察。通過研究,他指出相對于《唐詩選》中的 465 首詩,《唐詩選畫本》中只有 398 首配上了插畫,即有 67 首詩是沒有配畫的①。這 67 首沒有配畫的詩中,並不包括李白的作品。換言之,《唐詩選》中李白詩全數以繪畫的形式被收編在《唐詩選畫本》中。根據張小剛的統計,《唐詩選畫本》的編輯順序與《唐詩選》的卷次順序並不一致,反而把《唐詩選》最後兩卷的五言絶句和七言絶句優先輯録出版。如《唐詩選》序中所寫,李白被李攀龍評價爲五七言絶句中的"唐三百年第一人",江户的漢詩人也因此格外推崇李白的絶句。李白的絶句在《唐詩選》中最被推崇,加上《唐詩選畫本》中最優先編輯絶句,從這兩個事實中可以看出李白的絶句是佔有雙重優勢的。

那麼,《唐詩選畫本》中李白的詩歌是被如何收編的呢? 筆者按照編輯年次、卷次和收録順序,對《唐詩選畫本》中的 33 首李白詩歸納出表 1 如下。其中描繪了李白的人物畫像的作品以灰色標注。

表 1 《唐詩選畫本》中的李白詩一覽表

年代(初版)	編號	卷次	卷名	詩題
1788	編一(五言絶句)	卷一	(無)	① 静夜思
				② 怨情
				③ 秋浦歌
				④ 獨坐敬亭山
		卷二	(無)	⑤ 見京兆韋參軍量移東陽

① 張小鋼《〈唐詩選畫本〉考——詩題と畫題について》,載《金城學院大學論集人文科學編》第 11 卷第 1 號,2014 年,頁 84。

年代(初版)	編號	卷次	卷名	詩題
1790	編二(七言絶句)	卷一	鴻雁	⑥　清平調三首　其一
				⑦　清平調三首　其二
		卷二	黄雀	⑧　清平調三首　其三
				⑨　客中行
				⑩　峨眉山月歌
				⑪　上皇西巡南京歌　其一
				⑫　上皇西巡南京歌　其二
				⑬　聞王昌齡左遷龍標尉遥有此寄
				⑭　黄鶴樓送孟浩然之廣陵
				⑮　陪族叔刑部侍郎曄及中書賈舍人至游洞庭
				⑯　望天門山
				⑰　秋下荆門
				⑱　蘇臺覽古
				⑲　早發白帝城
				⑳　越中懷古
				㉑　與史郎中欽聽黄雀樓上吹笛
				㉒　春夜洛城聞笛
1791	編三(五七言律排律)	卷二	(無)	㉓　秋思　　*
		卷四	(無)	㉔　送儲邕之武昌

續表

年代（初版）	編號	卷次	卷名	詩題
1832	編五（五七言古詩）	卷一	或古	㉕ 子夜吳歌
				㉖ 經下邳圯橋懷張子房
		卷三	歌舞	㉗ 烏夜啼
		卷四	江上	㉘ 江上吟
1833	編六（五言律排律）	卷二	少婦	㉙ 塞下曲
				㉚ 秋思　*
				㉛ 送友人
				㉜ 送友人入蜀
				㉝ 秋登宣城謝朓北樓
1836	編七（七言律）	卷二	雲漢	㉞ 登金陵鳳凰臺

*《秋思》一詩分別在編三和編六中，由高田圓乘和葛飾北齋兩位畫家製作了兩次配畫。

　　從《唐詩選畫本》裏能看到各卷都帶有卷名，而這些卷名却是《唐詩選》中没有的。張小鋼氏曾指出，這些卷名是出版商爲了讓當時的讀者留下印象而恣意加上的，實際上這些卷名與各卷中的詩關聯不大，與其説是用來標示作品群的特性，還不如説只是用作修飾的①。這些卷名並不齊全，從取名方法來看大致上是從每一卷中第一首詩的内容裏抽取的。譬如，《編五·卷四》的卷名"江上"就是從該卷的第一首詩，也就是李白㉘《江上吟》的詩題中抽取的。另外，《編六·卷二》的卷名"少婦"，也看得出是從該卷的第一首㉙《塞下曲》的結句"玉關殊未入，少婦莫長嗟"中抽取出來的。從這樣的取名方法可以推斷，出版商並非特意以李白詩中的内容來命名各卷，而是李白詩碰巧被編排爲各卷的第一首而已。

　　然而，《編二·卷二》的卷名"黄雀"，則無法從該卷第一首⑭《黄鶴樓送孟浩然之廣陵》中找到同樣的詞語。該卷所收編的 15 首詩當中，包含"黄

①張小鋼《〈唐詩選畫本〉考——詩題と畫題について》，載《金城學院大學論集人文科學編》第 11 卷第 1 號，2014 年，頁 86。

雀”二字的只有李白㉑《與史郎中欽聽黃雀樓上吹笛》的配圖①。不僅如此,本來的詩名《與史郎中欽聽黃鶴樓上吹笛》中“黃鶴樓”這一地名,也被改寫成“黃雀樓”。無論是《唐詩選》抑或是《唐詩選國字解》裏,都是遵照原本的詩題《與史郎中欽聽黃鶴樓上吹笛》,在其他文學作品中,把“黃鶴樓”改成“黃雀樓”的先例也不曾有過。

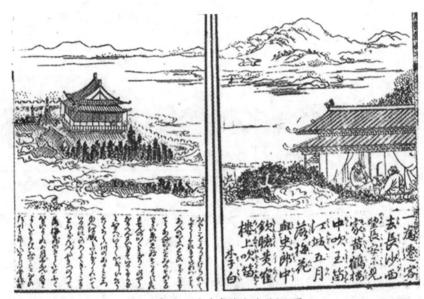

《與史郎中欽聽黃雀樓上吹笛》配圖

　　本來“鶴”和“雀”雖同屬鳥類却差異甚大,漢字的寫法也並非相像到令人混淆的程度。更令人費解的是,《唐詩選畫本》中的這首《與史郎中欽聽黃雀樓上吹笛》的“黃鶴樓中吹玉笛”這一句中,寫的也是本來的“黃鶴樓”。同卷中“黃鶴樓”這一地名總共出現了三次,三首詩都是李白的作品,除去《與史郎中欽聽黃雀樓上吹笛》這一處以外,都是按原本寫的“黃鶴樓”。因

---

①《與史郎中欽聽黃雀樓上吹笛》,載《唐詩選畫本》第二編卷二,1790 年,出自神奈川大學學術機関リポジトリ・図書館・貴重書電子庫,http://klibredb.lib.kanagawa－u.ac.jp/dspace/handle/10487/4539。

此，可以認爲編輯者因爲某種原因而擅自把《與史郎中欽聽黃鶴樓上吹笛》的詩題換成《與史郎中欽聽黃雀樓上吹笛》，並且有意識地從改過的詩題中抽取"黃雀"二字來命名該卷目。

把"鶴"這種華麗的大型鳥類縮小成體積小很多倍的"雀"，可以説是由於日本人的"縮小傾向"①而導致的漢詩"日本化"的一種現象。諸如此類的文字游戲在當時的日本俗文學中非常普遍，也可以説是江戶時代漢詩文對中國古典接受中的一個明顯的特徵。

從圖像的内容看，爲李白的詩所配的圖畫大都與詩歌的内容一致。儘管有先行研究指出《唐詩選畫本》的詩題與畫題並非完全一致②，但只著眼於李白的部分的話，即便説不上是"詩畫一體"的境界，構圖上也幾乎都是忠實地按照詩歌内容製作的。比方説，①《静夜思》的構圖對應"牀前看月光"一句而把畫中人物置於牀的前方；對應"舉頭望山月"一句圖像右側有山和月；對應結句"低頭思故鄉"而把人物畫成低頭狀。再者，②《怨情》的繪畫中不僅依照"美人卷珠簾，深坐蹙蛾眉"的内容於左側畫上静坐的美人和珠簾，畫中美人單手作拭淚狀的神態與"但見淚痕濕，不知心恨誰"一句也互相呼應。此外，③《秋浦歌》的配圖中白髪長長的人物也是根據"白髪三千丈，緣愁似個長"一句的内容製作的。此畫中人物更被描繪成鏡中映射，把"不知明鏡裏，何處得秋霜"一句中"明鏡裏"的情景表現得非常到位。

若説以上的三個例子均是依據詩歌内容字面上的意思直接圖像化的表現，⑥⑦⑧《清平調詞》三首的配畫便是更上一層樓，展現了更具藝術表達力的作品。三首詩歌分別都配有不同的繪畫，而這三幅繪畫中描繪的都是作爲詩歌背景的唐玄宗與楊貴妃的故事。從此可見，這些繪畫並非僅僅是把詩歌文字上的内容直接表現出來，而是在對詩歌背景及典故有一定理解的基礎上製作的。

縱然有像⑫《上皇西巡南京歌》兩首、⑯《望天門山》、㉕《子夜吳歌》這樣只有風景的圖畫，也有如⑱《蘇臺覽古》、㉓㉚《秋思》、㉗《烏夜啼》、㉙《塞下曲》等只描繪了女性或動物的圖畫，《唐詩選畫本》中李白詩歌的 33 幅配畫中，仍有 20 幅包含了可設想爲李白的人物畫像。

①此爲李御寧在《"縮み"志向の日本人》（講談社學術文庫，2007 年）中提出的概念。
②張小鋼《〈唐詩選畫本〉考——詩題と畫題について》，頁 90。

　　這 20 幅李白的人物畫像如表 1 灰色部分所示。其中除了⑳《越中懷古》和㉝《秋登宣城謝朓北樓》兩幅由於有其他人物而不能明確定誰是李白以外，其餘的 18 幅作品中都清楚地展示了李白的人物像。

　　這 18 幅人物畫像是如何表現李白形象的呢？本文按照畫像的構圖大致分成三類，如表 2 所示。

表 2　《唐詩選畫本》中李白像的構圖分類

	月	酒	自然	其他
①　静夜思	○			
③　秋浦歌				○
④　獨坐敬亭山			○	
⑤　見京兆韋參軍量移東陽		○	○	
⑨　客中行		○		
⑩　峨眉山月歌	○		○	
⑬　聞王昌齡左遷龍標遥有此寄	○			
⑭　黄鶴樓送孟浩然之廣陵		○	○	
⑮　陪族叔刑部侍郎曄及中書賈舍人至游洞庭		○	○	
⑰　秋下荆門			○	
⑲　早發白帝城			○	
㉑　與史郎中欽聽黄雀樓上吹笛		○		
㉒　春夜洛城聞笛				○
㉔　送儲邕之武昌		○		
㉖　經下邳圯橋懷張子房			○	
㉘　江上吟		○	○	
㉛　送友人		○		
㉜　送友人入蜀		○		

　　首先，從構圖上來看可以分成"望月的李白"、"飲酒的李白"和"享受自

然的李白"三大類。

描繪"望月的李白"的畫像有三幅①⑩⑬,三幅的内容都包含詠月的詩句。考慮到對"月"特别鍾愛的李白作品中含有大量的詠月詩,可以説《唐詩選畫本》中"望月的李白"像的比例是非常小的。

描繪"飲酒的李白"的畫像有九幅,這個數字相當於"望月的李白"的三倍。然而,仔細看圖像的話,⑤⑭⑮㉔㉛這五幅作品的構圖中,雖然跟隨李白的童子都手持酒壺,李白却並没拿著酒杯。再如㉑和㉘這兩幅作品,雖然都是描繪李白與友人共飲的場景,但是作品中表現的重點與其説是單純在飲酒的李白,還不如説是與友人共度歡樂時光的李白。㉔和㉜這兩幅均是如詩題,屬於送别詩。在古代中國與友人送别之際,有以酒相送的習俗。因此,這兩幅畫像中描繪的"飲酒的李白"並非是爲了表現李白愛酒的性格,只是單純爲了送别友人而喝酒。

"享受自然的李白"的圖像數量與"飲酒的李白"一樣各有 9 幅,圖中主要表現李白作爲"詩仙"的富有高蹈精神和隱逸思想的形象。《唐詩選畫本》被製作出版的 18 世紀後期至 19 世紀初,是"文人精神"在日本最流行的時期。從這些李白畫像中可以看出,李白在當時的日本人印象中,是作爲"文人"代表的高雅形象。

綜上所述,雖然先行研究曾指出 18 世紀中期以後的李白畫像中描繪"酒仙"的作品比"詩仙"的多①,於 18 世紀後期至 19 世紀初期出版的《唐詩選畫本》却没有這一傾向,甚至可以説在《唐詩選畫本》中反映出來的"詩仙"形象,比"酒仙"形象還要濃厚。

(二)其他美術作品與李白

除《唐詩選畫本》以外,江户時代前期還有許多描繪李白或是以李白詩文爲主題的美術作品,從先行研究和參考文獻中可以確認的作品數目有 52 幅,筆者整理爲附録的《現存先行研究中可以確認的李白像或以李白詩爲題的繪畫作品一覽表》。其中,以李白詩爲主題、或描繪出李白作爲詩人的人物形象的作品共有 26 幅。把這 26 幅作品按照主題分類匯總,得出以下的表 3。

---

① 柴田就平《海を渡った李白像——中國から日本へ》,頁 207。

表 3　以李白詩歌、李白的"詩仙"形象爲題的繪畫作品一覽表

畫題	圖像編號	畫家	作品名稱
觀瀑圖	①	杉村治兵衛(不詳)	大和風流繪鑒
	②	狩野尚信(1607—1650)	李白觀瀑圖
	③	狩野守信(1602—1674)	竹林七賢・李白觀瀑圖
	④	長谷川等雲(畫)橘宗重(書)	繪本實鑒(1688)
	⑥	橘守國(1679—1748)	李太白見瀧之圖
	⑨	吉村周山(1700—1773)	李白
	⑩	吉村周山(1700—1773)	李太白
	⑪	吉村周山(1700—1773)	李太白
	⑬	鈴木春信(1725—1770)	游女與禿春之行樂(譯名)
	⑭	鈴木春信(1725—1770)	見立紅葉狩
	⑮	磯田湖龍齋(不詳)	風俗賢人略　李伯
	⑲	與謝蕪村(1716—1783)	李白觀瀑圖
	㊱	金子鶴村(1759—1841)	觀瀑圖
	㊲	葛飾北齋(1760—1849)	詩歌寫真鏡李伯
	㊵	谷文晁(1763—1841)	李白觀瀑圖(文化年間)
	㊷	林蓀坡(1781—1836)	觀瀑之圖
	㊼	吉村孝敬(1769—1836)	李白觀瀑・子猷訪載圖屏風(1828)
春夜宴桃李園序	⑳	與謝蕪村(1716—1783)	龍山落帽・春夜桃李園圖
	㉗	與謝蕪村(1716—1783)	春夜桃李園圖
	㉘	與謝蕪村(1716—1783)	春夜宴桃李園圖
	㉙	與謝蕪村 1716—1783)	桃李園圖
	㊹	榊原拙處(1789—1876)	桃李園之圖

續表

畫題	圖像編號	畫家	作品名稱
山水、自然	㊽	野吕介石(畫)　伊藤蘭偶(書)	山水圖(第二・三扇)
	㉚	池大雅(1723－1776)	李白詩意圖　敬山亭
	⑱	與謝蕪村(1716－1783)	峨眉露頂圖
	(51)	正阿彌派	松下李白圖大鍔

柴田指出,在李白畫像的"四大系統"之中,只有"觀瀑圖"屬於"詩仙"像,與"酒仙"像相比的話數量較少。但是,柴田的研究對象僅以李白的人物畫像爲中心,而本文則是把以李白詩爲題的美術作品也納入研究範圍,故視點、結論有異。

1.觀瀑圖

從表3可以看到,"四大系統"之一的"觀瀑圖"的作品有16幅,占"詩仙"畫像總數的一半以上。

在中國,"觀瀑圖"這一畫題自古就存在。而在日本,"觀瀑圖"從中世時期就開始作爲傳統的李白像畫題被採用,可以説是在日本的李白畫像中最具代表性的畫題。表3所示這些日本畫家的作品中,既有踏襲中國"觀瀑圖"的漢畫風格的作品,也有把"觀瀑圖"以日本風格製作的作品。

舉例來説,⑬和⑭的圖樣中,背景的上方都有白雲、瀑布以及男子。雖然這兩幅作品中都是身穿和服的日本男子,很難令人聯想到李白,但是從構圖上來看的話,這兩幅作品都與《風俗賢人略李伯》相同。⑭中描繪的日本男子手中的扇子上,甚至還寫著李白名詩《望廬山瀑布》中的一句:"飛流直下三千尺。"①此外,①被普遍認爲是江户初期最早以"觀瀑圖"爲畫題的浮世繪作品。也就是説,在《唐詩選》和文人精神流行之前,李白已經透

①佐藤悟《李白観瀑図の変貌——李白はいつから酔ったのか——》,載《實踐國文學》第80號,2011年,頁59－68。

過"觀瀑圖"被江户美術界所熟知。像這樣"和漢混合"的接收方式,不僅限於文學領域,美術領域的作品之中也很常見,凸顯出江户時代"雅俗融合"的文藝特徵。

更值得矚目的,是中國與日本"觀瀑圖"之間李白形象的差異。佐藤悟曾指出,中國和日本室町時代的李白觀瀑圖中描繪的李白並未呈酩酊狀。然而,進入江户時代以後,隨著李白的"酒仙"形象逐漸深入人心,"觀瀑圖"中的李白也開始"醉"了起來。因此,這融合了"醉李白"和"觀瀑圖"的李白觀瀑圖,也漸漸發展成日本獨有的畫題①。從這一變化中能看出,李白的"詩仙"形象逐漸被"酒仙"形象所代替,呈現出弱化的迹象。

2.春夜宴桃李園圖

除"觀瀑圖"以外,以李白的《春夜宴桃李園序》爲主題的美術作品也不在少數。如表3所示,五幅同題作品中有四幅都出自與謝蕪村之手。

從製作年份來看的話,⑳是蕪村學習期的作品,㉗㉘㉙則均屬於成熟期的作品。雖然㊹榊原拙處(1789—1876)作品的具體製作年份不詳,但從作者的生卒年可知他是屬於江户後期的人物。因此,他的構圖非常有可能是參考了蕪村的作品。

【圖⑳】龍山落帽·春夜桃李園圖(蕪村)

①佐藤悟《李白觀瀑図の変貌——李白はいつから酔ったのか——》,載《實踐國文學》第80號,2011年,頁65—66。

【圖㉘】春夜宴桃李園圖（蕪村）

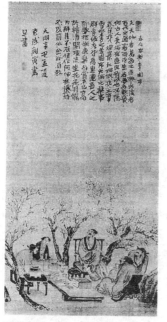

【圖㉗】春夜宴桃李園圖（蕪村）

【圖㊹】桃李園之圖（榊原拙處）

　　從具體圖樣來看的話，⑳㉗㉘㊹四幅作品的構圖都十分相似，其中㉗㉘㊹三幅都書有《春夜宴桃李園序》的全文。此外，於同年製作的㉗和㉘雖然形狀大小不同，構圖却幾乎一模一樣。反之，㉙的構圖中則沒有桃李園，只是在左側畫上了李白的人物像，在右側書寫《春夜宴桃李園序》的全文。這一幅作品中文章所占的空間比圖畫大，可見是一幅以“文”爲主的作品。

把蕪村的作品拿來比對的話,從早期製作的⑳中沒有"文",到後期的㉗㉘中有"文",再到㉙的以"文"爲主,可以看出"畫"的部分是隨著"文"的增加而減少的。從這一變化中可以推測,在蕪村心目中《春夜宴桃李園序》這篇漢文本身的文學價值,逐漸比"春夜宴桃李園圖"這個畫題的重要性來的要大。

3.山水、自然

雖然㊽㉚⑱㉛四幅都是以山水、自然爲題的作品,由於作品各自的具體畫題

【圖㉙】桃李園圖(蕪村)

不同,無法像前文中的"觀瀑圖"和"春夜宴桃李園圖"那樣一概而論。

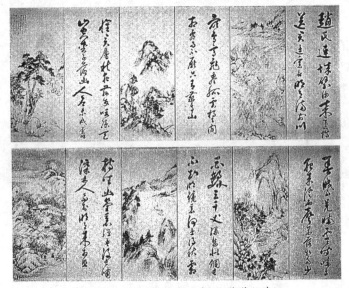

【圖㊽】山水圖(野呂介石畫、伊藤蘭偶書)

首先,㊽和㉚都同樣是把李白《獨坐敬亭山》的詩意以山水畫的形式視覺化的作品。

㊽的六扇屏風畫①中,《獨坐敬亭山》和《秋浦歌》兩扇都是以李白的詩歌爲題,並且兩首都是被納入《唐詩選》的作品。每一幅畫都配上一幅書法,這種詩、書、畫一體化的做法表現出濃厚的中國趣味。㉚雖然在文獻上有記載②,由於筆者並未閱覽到原圖,所以無法對圖像內容加以論述。然而,"詩意圖"這一取名方式在同一時代的中國也很常見,因此至少可以推斷出㉚與其他"詩意圖"一樣,是把李白的《獨坐敬亭山》的詩意以山水畫形式表現的作品。

⑱《峨眉露頂圖》③被視作與謝蕪村最具代表性的畫作之一,是以李白的《峨眉山月歌》爲主題的作品。畫面左側的一彎弦月,明顯是依照詩中"峨眉山月半輪秋"之句所畫。另外,爲了表達"夜發清溪向三峽"中的情景,作品整體運用了暗色調來強調夜景。因此,這一作品中詩題與畫題的一致性是比較高的。

【圖⑱】峨眉露頂圖(蕪村)

這一幅作品被認爲也受到服部南郭的《夜下墨水》④的影響,而服部南郭的《夜下墨水》則明顯受到了李白的影響。通過《峨眉山月歌》——《夜下墨水》——《峨眉露頂圖》這一系列的作品,可以看出"李白——服部南郭——與謝蕪村"三人之間的接受關係。蕪村的"李白志向"已經是衆所周知的事實,他的俳諧作品中也有受《峨眉山月歌》影響的例子。由此可見,除卻前述的《春夜宴桃李園序》以外,對《峨眉山月歌》的偏愛也是蕪村對李

①載吉沢忠・河野元昭《日本屏風絵集成第三卷:南畫山水》,講談社,1979年。
②載早稻田大學合津八一紀念博物館"萩泉堂コレクション受贈記念""江户時代の文人畫"的出品名單中。http://www.waseda.jp/aizu/tekisendo－list.html(2015/06/05)。
③載尾形仇等《蕪村全集》第6卷,講談社,1998年,頁360。
④池澤一郎《雅俗往還:近世文人の詩と絵畫》,若草書房,2012年,頁239－240。

白接受的特徵之一。

最後的(51)《松下李白圖大鍔》①由擅長鍔工技術的正阿彌派製作，是表中唯一的金屬作品。劍鍔上刻有松樹、竹葉、山石和拿著葫蘆瓢手杖的李白，表現出李白避世離俗、享受自然的姿態。這一構圖與本節叙述的《唐詩選畫本》中描寫"享受自然的李白"的繪畫作品相似，因此也可以歸類爲表現李白的"詩仙"形象的作品。

【圖(51)】松下李白圖大鍔（正阿彌）

本節主要考察了由18世紀前半開始流行的《唐詩選》衍生的《唐詩選畫本》中收録的33幅繪畫，以及在此之前以李白詩歌爲畫題製作的美術作品。從這些作品中，可以看出江户時代的美術家偏好李白詩，並且大量地以之爲基調製作美術作品。其次，也可看出當時的美術家對李白抱有"具備高雅的文人風格的詩仙"的認識。然而，如同"觀瀑圖"作品中李白形象的變化那樣，"酒仙"形象逐漸增强的傾向也是確鑿的事實。從詩題與畫題的關係這一角度來看，這些李白畫像及以李白詩爲題的美術作品在内容上基本都與李白的原詩保持較高的一致性。由此筆者認爲，江户時代的美術家對李白的詩歌及"詩仙"李白，都有一定的認識和充分的理解。

二、江户美術中的"酒仙"接受

柴田所提出的李白像的"四大系統"中，"飲中八仙圖"、"醉李白圖"及"醉騎圖"都屬於描繪李白"酒仙"形象的作品。首先，把現存的26幅"酒仙"像作品按主題分類，得出下列的表4。

---

①載古文藝品專賣店"水馬"的商品介紹網頁，http://www.mizusumashi.com/menu/details_14012673839_19_4.html(2015/06/05)。

表 4　以李白的"酒仙"形象爲題的作品一覽表

主題	圖像編號	畫家	作品名
飲中八仙圖	⑤	狩野周信(1659—1728)	飲中八仙圖
	㉑	與謝蕪村(1716—1783)	飲中八仙圖
	㉔	與謝蕪村(1716—1783)	飲中八仙圖(明安 7 年—安永 6 年)
	㉕	與謝蕪村(1716—1783)	飲中八仙圖(1776)
	㉖	與謝蕪村(1716—1783)	飲中八仙圖(1776)
	㉝	池大雅(1723—1776)	飲中八仙圖
	㊴	崗熊嶽(1762—1833)	飲中八仙圖
	㊶	柴田義董(1780—1817)	飲中八仙圖
	㊸	横山華山(1783—1837)	飲中八仙圖
	㊺	石田逸翁(1800—1869)	飲中八仙圖
醉李白圖	⑦	大崗春卜(1679—1763)	李白像
	⑫	吉村周山(1700—1773)	醉李白圖
	⑯	與謝蕪村(畫)皆川願(題)	李白圖
	⑰	與謝蕪村(畫)皆川願(題)	醉李白(1770)
	㉒	與謝蕪村(1716—1783)	醉李白
	㉓	與謝蕪村(1716—1783)	醉李白
	㉛	池大雅(1723—1776)	李白像畫贊
	㉜	池大雅(1723—1776)	李白醉步圖
	㉞	曾我蕭白(1730—1781)	李白醉卧圖屏風
	㉟	福原五岳(1730—1799)	醉李白圖
	㊳	紀楳亭(1761—1810)	醉李白圖
	㊻	高久隆古(1801—1859)	醉李白圖
	㊽	龍賀(不詳)	醉李白圖
	㊿	青木猷山(不詳)	醉李白圖
	㊾	上田公長(？—1862)	李白像
李白醉騎圖	⑧	吉村周山(1700—1773)	李白醉騎圖

　　如上表所示，描繪李白"酒仙"像的作品中，"飲中八仙圖"占 10 幅、"醉李白圖"占 16 幅，而"醉騎圖"則只有一幅。從數位上來看，"醉李白圖"和"飲中八仙圖"明顯擁有壓倒性的人氣，相比之下"醉騎圖"的數量實在極少。尤其是對李白有著強烈憧憬的與謝蕪村，出自他筆下的"飲中八仙圖"和"醉李白圖"各有 4 幅，總共有 8 幅之多。李白像的"四大系統"之中，"醉李白圖"與前文闡述的"觀瀑圖"數量相當，都是最常見的李白畫題。那麼，這些作品中又是如何反映李白的形象的呢？以下將按畫題分別論述。

（一）飲中八仙圖

　　"飲中八仙圖"是以杜甫的《飲中八仙歌》爲題材的繪畫，在中國從明代就開始成爲畫題。由於《飲中八仙歌》也被收録在《唐詩選》中，江户時代的人們對這組詩十分熟悉。從表 4 中能看到，"飲中八仙圖"是從 18 世紀中期以後，即《唐詩選》廣爲流行以後才開始被日本畫家大量製作的。因此，"飲中八仙圖"這一畫題的盛行可以歸因於《唐詩選》的流行。

　　《飲中八仙歌》中按賀知章、汝陽王李璡、李適之、崔宗之、蘇晉、李白、張旭、焦遂的順序歌詠了八位當時的酒仙。其中描述李白的部分最多，可以看出杜甫對李白之敬意。杜甫在詩中是如此描寫李白的：

　　　　李白一斗詩百篇　長安市上酒家眠
　　　　天子呼來不上船　自稱臣是酒中仙

　　受這四句詩影響的接受案例在江户文學中屢見不鮮，從古文辭學派到木門詩人，以至其角、幾董等與謝蕪村的門生們的作品中，都能找到引用或模仿的痕跡。雖然李白被視爲《飲中八仙歌》中最受重視的一位，但在美術作品中情況却不盡相同。例如，由明代畫家唐寅所製作的《臨李公麟飲中八仙圖》①中，並沒有特別強調李白，而是按詩中出場順序平等地描繪了八人的姿態。第六個登場的李白位於圖卷的後半部分（圖中最下右方），和其他人物的大小相等，並無特別出彩之處。當然，同爲明代畫家的萬邦治的《醉飲圖卷》②中把李白刻意放置在畫面正中央的例子也存在。

①唐寅《臨李公麟飲中八仙圖》，藏於臺北故宫博物院。載龍軒美術網，http://www.aihuahua.net/guohua/renwu/4447.html(2015－09－30)。

②載于陽涵《中國美術全集》第 6 卷，上海人民美術出版社，1988 年，頁 206。

明唐寅《臨李公麟飲中八仙圖》的全圖（上）與李白部分放大圖（下）

明萬邦治《醉飲圖卷》

　　至於江戶時代的日本畫家的作品，被視爲與謝蕪村完成期的作品的㉔㉕㉖的構圖，都是按照《飲中八仙歌》的出現順序排列的。然而，他在摸索期所製作的㉑中，則唯獨將李白與其他七位酒仙分開，安排在畫面的最右面。雖然李白並非在畫面正中心，却是酒仙中所占空間最大的一位。

【圖㉑】飲中八仙圖（蕪村）

　　由岡熊嶽所畫的㊴更加凸顯了其刻意强調李白的傾向。在先行研究中就已經有人提出，岡熊嶽的《飲中八仙圖》中原本第六位登場的李白被置於排第四的崔宗之之前，而且被畫家刻意安排在畫面中央偏下方的位置。根據柴田所述，這一作品中畫家與原詩作者杜甫一樣，包含著對李白特別的致敬之意①。由此可以推斷，當時的日本文人畫家，有比明代畫家更重視、更高度評價李白的傾向。

（二）《醉李白圖》

與前述的《飲中八仙圖》相比，《醉李白圖》所畫的不是複數的人物像，而是只有李白一人的肖像畫，因此更能鮮明地表現李白的"酒仙"形象。

《醉李白圖》的構圖基本都是描繪醉酒的李白的站姿和在身邊攙扶他的侍從或童子。不同的作品中侍從或童子的人數各不相同，由一人到五人不等。和《飲中八仙圖》不同，《醉李白圖》這一畫題並非基於某一首特定的詩歌，因此畫家在創作時有相對大的自由發揮空間。

舉例來説，表 4 中由曾我蕭白所作的㉞《李白醉卧圖屏風》中，李白既非站著也非坐著，而是橫卧著。此外，他還打破了傳統的醉李白圖中必有侍從或童子這一規律，只畫了醉酒的李白一人而已。由於這樣的作品並無他例，因此可以推測是曾我蕭白這位個性派畫家按照本人的判斷和意志所創作的構圖，這也充分表現了江户時代在野畫家創作的多樣性。

除此以外，㉟福原五嶽的《醉李白圖》雖然使用了《醉李白圖》這一畫題，畫面中出現在李白身邊的人物却不是侍從或童子，而是一位女性。圖像的左上方還寫著以下的詩句：

【圖㉟】醉李白圖

三百六十日，日日醉如泥。

雖爲李白婦，何異太常妻。

這首詩正是李白的《贈内》，是李白贈給妻子、表達自己貪杯好酒有愧于妻子的一首詩。由此可以推斷，圖中所畫的女性就是李白的妻子，但從構圖來看雖然的確是描繪了"醉李白"的姿態，從作品全體來看的話，却是以《贈内》爲背景的。因此，與其説是《醉李白圖》，還不如説是"贈内圖"更爲恰當。

---

① 中谷伸生《平成十九（2007）年度日本及び東洋美術の調查報告》，載《関西大學博物館紀要》第 14 號，頁 4。

（三）《飲中八仙圖》和《醉李白圖》的比較——"站立"和"醉坐"的李白像

在日本，"醉坐"的李白被視爲《飲中八仙圖》中李白像的標準構圖①。
而《醉李白圖》則多爲被侍從攙扶的李白站立像，並且在中國的《醉李白圖》
也被定型爲"站立"的姿態②。

然而，表 4 的 10 幅《飲中八仙圖》中，㉑㉔㉝
這三幅中的李白都是"站立"的。另一方面，15
幅《醉李白圖》中描繪"醉坐"李白像的有㉒和㉕
兩幅。這説明，雖然《飲中八仙圖》和《醉李白
圖》作爲兩個獨立的畫題本該有不同的構圖，卻
出現了不少把兩個構圖相混淆的作品。

柴田氏指出，在描繪李白"酒仙"像的作品
中，《飲中八仙圖》和《醉李白圖》中使用的圖樣
是一致的③。這一現象出現的原因是由於李白
像的圖樣從中國傳到日本後，兩個畫題同時被
日本畫家接受變容，結果令《飲中八仙圖》中已
經被定型的李白"醉坐"像也被獨立製作成《醉
李白圖》。

與此同時，本來應該描繪李白的"站立"像
的《醉李白圖》，也開始出現一些使用《飲中八仙
圖》的圖樣，變成描繪"醉坐"的李白像。因此，
同樣是描繪李白"酒仙"像的兩個畫題，除了畫
中人數不同以外，李白的形象和構圖已經基本
上可以説是共通的。

【圖㉛】李白像畫贊

除此以外，㉛池大雅的《李白像畫贊》中以別的形式把《飲中八仙圖》和
《醉李白圖》兩個構圖混用了。從畫面中可以看到，主題是李白個人畫像這
一點，還有"站立"的醉李白這一點，都明顯與《醉李白圖》的構圖一致。可
是圖像上方所寫的漢詩，則是《飲中八仙歌》中描述李白的"李白一斗詩百

①柴田就平，《海を渡った李白像——中國から日本へ》，頁 205。
②同上。
③同上。

篇"。换言之,這個作品使用《醉李白圖》的圖樣,題的却是《飲中八仙圖》的背景詩歌。池大雅的這種做法,與前述把兩個畫題混用的方式不同,可以説是把"詩"和"畫"的内容混用,展現了江户美術自由創作的特色。

(四)醉騎圖

最後,是描繪酒醉的李白騎在馬背上的《醉騎圖》。這個畫題的構圖,被視作把李白《秋浦歌》中"醉上山公馬"這句詩繪畫化的作品①,日本現存最古老的作品可以追溯到室町時代。然而,跟《飲中八仙圖》和《醉李白圖》一樣以"酒仙李白"爲主題的《醉騎圖》,却不知爲何不太受到江户畫家的青睞,現存能確認的作品只有一幅。

以上是關於江户美術中李白"酒仙"的接受情況的論述。如柴田所説,18世紀中期以後的李白畫像的確屬於"酒仙"像的居多。其原因可以歸納爲:(1)在以商人階層爲主的大衆對中國趣味帶有强烈憧憬這一背景下,多以"酒""醉"爲主題的李白詩歌廣泛爲人熟知;(2)對商人階層來説,在日常生活中"酒"比"詩"更有親切感②。而在本文中想要補充的是,以《唐詩選》爲首的漢籍的廣泛傳播,也推動了李白"酒仙"形象在當時社會的滲透。除《飲中八仙歌》以外,從以《贈内》、《秋浦歌》等詩歌爲題創作的作品中也能看出,江户時代的日本畫家對李白詩歌的理解已經超越美術的領域。此外,通過總結觀察日本的《飲中八仙圖》不難發現,其中不少畫家是偏愛李白、特意强調李白的。關於這一點除了拜杜甫的影響所賜以外,也要歸因於當時通過書籍而廣爲流傳的李白傳説、生平逸事塑造出來的大衆化的"李白形象"。

三、結　語

本文中把迄今爲止與李白接受史研究相關的先行研究較少的美術領域也納入視野,嘗試從美術史、文化史的側面考察江户時代的美術界對李白的接受情況。

第一節"江户美術中的'詩仙'接受"主要圍繞《唐詩選畫本》里李白詩

①柴田就平,《海を渡った李白像——中國から日本へ》,頁205。
②同上。

歌的配圖以及以李白的詩文爲主題或與其有關聯的其他美術作品進行考察，并論述了李白的作品與他的"詩仙"形象是如何被江户美術界所接受的。

　　第二節"江户美術中的'酒仙'接受"則著眼于以李白的飲酒詩或"酒仙"李白的傳說軼事、典故爲題材的美術作品，探究并論述了江户美術是如何接受李白的"酒仙"形象的。

　　本文所得出的結論，可以總結爲以下三點：

　　第一，若僅限於描繪李白人物肖像的美術作品的話，"酒仙"像的作品的確比"詩仙"像要多。然而，本文把抽象的"李白像"、即對李白這位詩人的認識與形象，還有直接以李白詩文爲題的作品也納入研究對象範圍，由此得出了與柴田的先行研究不同的結果。如果除却《唐詩選畫本》，只看獨立的美術作品，屬於"詩仙"像的作品實際上與"酒仙"像相同，這一點是非常值得矚目的。若是將《唐詩選畫本》中 33 首李白詩歌的配圖也算進來的話，以"詩仙"李白爲主題的美術作品的數量就遠遠超過"酒仙"像的作品了。因此，可以説江户美術中的"詩仙"接受往往離不開李白詩文本身。但是像"觀瀑圖"那樣，在"詩仙"像作品中"酒仙"形象逐漸加强這一傾向也是存在的。

　　第二，在李白的"酒仙"像被大量製作的同時，這些作品中也强烈地表現了"詩仙"的形象。其中，要數"飲中八仙圖"這一畫題最受歡迎，而原因就在於江户時代通過漢籍，大量關於李白的傳說軼事得以廣泛傳播的背景。

　　第三，不論是"詩仙"還是"酒仙"，本文中作爲研究對象的全部美術作品中都顯示出，當時的日本畫家對李白其人其詩都有著超越美術領域的認識與了解。從這一角度來看，在日本文人畫一步一步脱離中國文人畫獨立發展的過程中，原來作爲文人畫家所需要的"文人的教養"這一要素，也可以説在某種程度上保持住了。

（作者單位：清華大學中文系）

附　録

現存先行研究中可以確認的李白像或以李白詩爲題的繪畫作品一覽表

	畫家	作品名
①	杉村治兵衛(不詳)	大和風流繪鑑
②	狩野尚信(1607—1650)	李白觀瀑圖
③	狩野守信(1602—1674)	竹林七賢·李白觀瀑圖
④	長谷川等雲(畫)橘宗重(著)	繪本寶鑑(1688)
⑤	狩野周信(1659—1728)	飲中八仙圖
⑥	橘守國(1679—1748)	李太白見瀧之圖
⑦	大岡春卜(1679—1763)	李白像
⑧	吉村周山(1700—1773)	李白醉騎圖の構圖
⑨	吉村周山(1700—1773)	李白
⑩	吉村周山(1700—1773)	李太白
⑪	吉村周山(1700—1773)	李太白
⑫	吉村周山(1700—1773)	醉李白圖
⑬	鈴木春信(1725—1770)	遊女と禿春の行樂
⑭	鈴木春信(1725—1770)	見立紅葉狩
⑮	磯田湖竜齋(不詳)	風俗賢人略　李伯
⑯	與謝蕪村(畫)　皆川願(題)	李白圖
⑰	與謝蕪村(畫)　皆川願(題)	醉李白(1770)
⑱	與謝蕪村(1716—1783)	峨眉露頂圖
⑲	與謝蕪村(1716—1783)	李白觀瀑圖
⑳	與謝蕪村(1716—1783)	龍山落帽·春夜桃李園圖
㉑	與謝蕪村(1716—1783)	飲中八仙圖
㉒	與謝蕪村(1716—1783)	醉李白

	畫家	作品名
㉓	與謝蕪村(1716－1783)	醉李白
㉔	與謝蕪村(1716－1783)	飲中八仙圖(明安 7 年－安永 6 年)
㉕	與謝蕪村(1716－1783)	飲中八仙圖(1776)
㉖	與謝蕪村(1716－1783)	飲中八仙圖(1776)
㉗	與謝蕪村(1716－1783)	春夜桃李園圖
㉘	與謝蕪村(1716－1783)	春夜宴桃李園圖
㉙	與謝蕪村(1716－1783)	桃李園圖
㉚	池大雅(1723－1776)	李白詩意圖　敬山亭
㉛	池大雅(1723－1776)	李白像畫贊
㉜	池大雅(1723－1776)	李白醉步圖
㉝	池大雅(1723－1776)	飲中八仙圖
㉞	曾我蕭白(1730－1781)	李白醉卧圖屏風
㉟	福原五岳(1730－1799)	醉李白圖
㊱	金子鶴村(1759－1841)	觀瀑圖
㊲	葛飾北齋(1760－1849)	詩歌寫真鏡李伯
㊳	紀楳亭(1761－1810)	醉李白圖
㊴	岡熊嶽(1762－1833)	飲中八仙圖
㊵	谷文晁(1763－1841)	李白觀瀑圖(文化年間)
㊶	柴田義董(1780－1817)	飲中八仙圖
㊷	林蓀坡(1781－1836)	觀瀑之圖
㊸	橫山華山(1783－1837)	飲中八仙圖
㊹	榊原拙處(1789－1876)	桃李園之圖
㊺	石田逸翁(1800－1869)	飲中八仙圖
㊻	高久隆古(1801－1859)	醉李白圖
㊼	吉村　孝敬(1769－1836)	李白觀瀑・子猷訪載圖屏風（1828）

	畫家	作品名
㊽	野呂介石(畫)　伊藤蘭偶(書)	山水圖(第二・三扇)
㊾	龍賀(不詳)	醉李白圖
㊿	青木猷山(不詳)	醉李白圖
51	正阿彌派	松下李白圖大鍔
52	上田公長(？ －1862)	李白像

域外漢籍研究集刊　第十六輯
2017 年　頁 371—385

德川日本禹王信仰的文獻考察

吴偉明

一、前言

　　禹（姓姒，名文命）是傳説中的中國古代帝王，因治水有功爲後世紀念。他在中國及日本分别被尊稱“大禹”及“禹王”。大禹信仰在中國根深蒂固，不論官方或民間均有祭禹的儀式①。儒家以禹爲聖人，道教以禹爲水官大帝②。大禹成爲一種民間信仰，成爲治水的神靈。大禹信仰隨漢籍及移民傳播鄰邦，日本、朝鮮及越南均受其影響③。禹在日本雖無官方祭祀，但在民間却備受崇拜，在德川時代（近世或江户，1603－1868）出現數量可觀的禹王信仰遺迹及相關的文獻記録。日本人對堯舜禪讓及湯武革命都有所保留，但對禹的評價幾乎全面肯定，將他視作聖帝明君，念念不忘其治水功績。在三皇五帝之中，若論日本人的重視程度，大概只有神農可以與禹相

---

① 參劉訓華編《大禹文化學概論》，武漢大學出版社，2012 年，第七章《大禹祭祀研究》。

② 道教的下元節（農曆 10 月 15 日）是水官大帝禹的誕辰，當天人們使用香燭及祭品拜祭，祈求解難消災。水官大帝是道教三官大帝之一，其餘是天官大帝堯及地官大帝舜。

③ 朝鮮以禹爲治水神，在江原道三陟有禹王遺迹。韓國歷史學家申采浩（1880－1936）在《朝鮮上古史》（1931）主張朝鮮開國之君檀君的兒子曾教大禹治水。越南有人奉大禹爲越族祖先。《史記》及《吴越春秋》均以大禹爲春秋時期越國的祖先，有越南人以越南爲越國之後，因此是禹的一族。

提並論。當今學界在禹王遺迹的考察方面取得豐碩的成果,但在文獻整理上却相對不足①。德川有關禹王信仰的文獻十分零碎,搜集及整理的難度頗高。本研究以原始文獻爲基礎,探討禹王信仰在德川日本的展開與影響,特別重視禹在德川治水史及中日文化交流史的角色。

二、德川以前的禹王崇拜

自五世紀五經博士從朝鮮半島來日以來,儒典不斷傳入。大禹的故事亦隨四書五經傳播古代日本。大禹的事迹在日本自古已經家傳户曉,成爲政治倫理典範及治水神信仰的一部分。日本最早有關禹的文字多是用禹來歌頌天皇。禹在奈良及平安時期雖已是政治及道德典範,但本身仍未成爲崇拜對象。《古事記》(711)歌頌天明天皇"可謂名高文命(按:夏禹),德冠天乙(按:商湯)"。②《日本書紀》(720)記孝德天皇下詔時曾引《管子》之"禹立建鼓於朝,而備訊望也"。③　平安初期完成的史書《日本後記》稱讚遷都平安的平城天皇"聲滔嗣禹"。④　最澄和尚(767—822)用禹的典故講述人生道理如下:"古賢禹王,惜一寸之陰,半寸之暇。"⑤鎌倉三代將軍源實朝(1192—1219)的和歌中有"洪天漫水,土民愁歡",大概是受《尚書·益

①有關日本禹遺迹考察的綜合成果,參大脇良夫、植村善博《治水神禹王をたずねる旅》,人文書院,2013 年,及王敏《禹王と日本人:"治水神"がつなぐ東アジア》,NHK 出版,2014 年;Ōwaki Yoshio,"Overview of Research of Yu the Great,"*Journal of Cultural Interaction in East Asia*,vol.7 (2016):5—24.在遺迹個案研究方面,日本各地的鄉土歷史家作出重大貢獻。其實德川時期留下數量可觀的相關文獻,却一直缺乏整理。本文旨在彌補這個研究缺口。

②丸山二郎訓注《古事記:標注訓読》,吉川弘文館,1965 年,頁 2。

③小島憲之校注《日本書紀》第 3—4 卷,小學館,1994 年,頁 14。

④《日本後記》,收錄在神宮寺廳編《古事類苑》,地部 2,第 1 卷,神宮寺廳,1912 年,頁 190—191。

⑤最澄《願文》,收錄在國史大系刊行會編《新訂增補·國史大系》,第 31 卷,吉川弘文館,1930 年,頁 16。

稷》禹的發言所啓發。①

　　大禹治水的傳説在中世成爲民間信仰，日本最古的禹王崇拜可追溯至鎌倉時代（1192－1333）。當時京都鴨川五條有大橋，位於人們前往清水寺參拜的路上。因其兩旁松樹林立，亦稱松原橋。相傳 1228 年京都鴨川五條大橋（中世後期此地再被編爲四條松原橋）東北的中州已有禹廟。不知何人何時所建。不過根據鎌倉後期成書的《百錬抄》，1288 年鴨川曾出現特大洪水，將整條松原橋沖走，不知禹廟是否同樣受到破壞。禹廟成立的相關史料匱乏，最早記載鴨川禹廟是室町時代（1336－1573）的相國寺日記《蔭涼軒日録》（1488），這已是禹廟成立後兩個半世紀的文獻。它對松原橋的叙述只有簡單數字：“禹廟，乃祭祖先之靈及諸神之祠也。”②不太清楚其中的祖先及諸神所指爲何。禹廟在中世一直存在，但不知曾否重建。在京都屏風繪《洛中洛外圖》（1549）中，禹廟仍坐落五條大橋附近。

　　中世禪僧好漢籍，留下不少讚美大禹治水的文字。虎關師錬（1278－1346）在五言漢詩《曝書》中有“禹鑿山川曲，恬澶地脉斷”之句。③ 1433 年四國龍澤寺開山，名禹門山，以示對禹的敬仰。禹門相傳是夏禹在山西所鑿的工程。正宗龍統（1428－1498）記述其父東益之（1376－1441）仿禹在美濃郡上治水。益之曾曰：“禹何人也？驅聚治内萬姓，疊山石築陂堤者里許。新鑿溝洫，汩（按：打通）其道路，而遠挽河水於安光鄉。變原野作水田者，凡一萬六千餘步。歲貢倍前，民咸懽賀，永享四歲。”④快川紹喜（？ －1582）於 1582 年獲正親町天皇（1517－1593）御賜“國師”之號。他作漢詩《黃麗化龍》表達内心的喜悦，詩中將自己比喻作一登龍門、升價十倍的小鳥：“鶯入禹門改舊容，金衣八十一鱗重，桃花開口叫希記。”⑤

①小川剛生《武士はなぜ歌を詠むか：鎌倉将軍から戦国大名まで》，角川學藝，2008年，頁 70。

②轉譯自植村善博《時間・空間で読み解く鴨川》，《水の文化》40 號，2012 年 2 月，頁20。

③上村觀光編《五山文学全集》，第 1 卷，思文閣，1973 年，頁 69。

④正宗龍統《故左金吾兼野州太守平公墳記》，收録在塙保己一編《続群書類從》，第 8 輯上，傳部，續群書類從完成會，1957 年，頁 74。

⑤轉録自橫山住雄《快川国師の生涯（三）》，《禅文化》192 號 ，2004 年 4 月，頁 110。

戰國時代軍人領袖對禹亦存敬意。《陰德太平記》(1717)稱許戰國武將毛利隆元(1523—1563)奔走九州戰綫,無閒拜訪父親,猶如"禹稷過門不入"。① 豐臣秀吉(1537—1598)派家臣前田利家(1539—1599)治理宇治川,秀吉目睹利家親自拿鏟帶領群衆工作,讚許他有禹王的遺風:"昔夏之禹王拿鋤斷金花山之洪水,以救衆生。今利家公之心亦然。"②

三、德川日本的禹王遺迹

禹王崇拜在德川時代升温,多個主要河川出現禹王碑(文命碑),這跟儒學興起、漢籍流通及治水工程頻密關係密切。儒者取代僧侶成爲近世知識階層的主力,作爲儒家先王及聖人的禹因此備受敬重。大量漢籍由唐船經長崎輸入,而且部分在日本再版,日人對禹的認識不斷增加。此外,德川太平盛世,江户幕府及地方諸藩均積極治水以通運輸及利農耕。③ 在多種有利條件下,禹王遺迹不斷增加,其地理上的分佈包括關東、近畿、四國及九州。按其成立先後可分以下九大遺迹:

第一,鴨川治水神信仰。德川時代出現鴨川治水神是地藏化身的説法。據京都儒醫黑川道祐(1623—1691)在《雍州府志》(1686)所述,在1228年8月鴨川泛濫時,地藏曾現身向防鴨河使中原爲兼建議祭禹:

> 後堀河院安貞二年,大風雨,鴨河洪水泛濫,使勢多判官爲兼防河水,爲兼茫然失所。於時異僧忽然來告爲兼曰:"欲防此水,則於鴨河東岸南建夏禹廟,北建辨財天社,須祭之。"言終異僧入寺不見。……然則異僧地藏之現身乎? 爲兼爲奇異之恩,於茲建兩社而祈之,水忽

① 參金谷俊則《毛利隆元》,中央公論事業出版,2008年,頁416。《平家物語》最早提出將軍要忘家、忘妻及忘身。德川前期一些國學家將大禹"三過其門而不入"及《史記》的"將受命之日則忘其家,臨軍約束則忘其親,援枹鼓之急則忘其身。"發展成"武士三忘"(忘家事、忘妻子、忘我身)的日本武士價值觀。
② 譯自山田四郎《三壺聞書》,第7卷,石川縣圖書館協會,1931年,頁82。
③ 大谷貞夫《近世日本治水史の研究》,雄山閣出版,1986年。

乾。夏禹廟今不知其處。①

　　鴨川禹廟本在五條中州,但在德川初期它被移至四條松原橋,至 18 世紀已不復存在,《京町鑑》(1762)亦謂它已經消失。《都名所圖會》(1786)介紹宮川町時記曰:"宮川者,鴨川四條以南之別號也。昔日此處有禹王廟。治洪水之神也。後世人家建屋此地,遂成町名。"②大阪儒者中井竹山(1730—1804)在《草矛危言》(1789)亦謂:"水利之事,京都加茂川往古漲溢甚,都人昏墊之害,舊記多見。夫故有諸手當,置防鴨河使等。又四條通東岸建夏禹王廟祭祀。"③此外,鴨川東岸的仲源寺是德川時代治水信仰重鎮之一,它主張寺内目疾地藏尊菩薩像其實是禹王像,地藏是禹王的誤傳。雜學家山崎美成(1796—1856)在其隨筆集《提醒紀談》(1850)如此說明:

　　　　今鴨河之邊有目疾地藏,謂爲祈願治眼病之地藏尊,實乃昔日河防祭之禹王像。此乃防大雨使河川泛濫之祭也。地藏尊者,誤也。雨止地藏尊再訛爲目疾地藏,變成爲治眼病祈願。細看此像,可知非地藏尊也。④

　　美成還指出鴨川四條旁的京都建仁寺夷之社其實最初祭禹,後世誤祭蛭子神。他解釋曰:

　　　　京都建仁寺有夷之社,本非祭蛭子,而是祭夏禹王。昔鴨河泛濫,爲害甚大,人們建禹王廟祭之。日本稱唐土及外國爲夷。後世將夷國之神誤傳,才成蛭子之社。⑤

　　從以上的佛寺祭禹及地藏勸人祭禹的記載反映禹王信仰與佛教的融合。這是日本禹王信仰異於中國的特色之一。

---

①黑川道祐《雍州府志》(1684),收錄在日本隨筆大成編輯部編:《日本隨筆大成》,第 2 期,第 2 卷,吉川弘文館,1973 年,頁 110—111。《仲源寺目疾地藏略緣起》謂 1228 年中原爲兼在治水期間曾獻一尊地藏坐像,同年地藏向他顯靈相助。參南忠信《仲源寺めやみ地藏尊略緣起》,仲源寺,1957 年,頁 1—7。

②譯自秋里籬島《都名所圖會》,第 2 卷,《平安城尾,宮川》,河内屋太助,1786 年,國立國會圖書館電子版(請求記號:特 1—18)。

③譯自中井竹山《草茅危言》,懷德堂記念館,1942 年,第 3 卷,頁 9。

④譯自山崎美成《提醒紀談》,收錄在日本隨筆大成編輯部編《日本隨筆大成》,第 2 期,第 1 卷,吉川弘文館,1973 年,頁 111。

⑤譯自同上。

　　第二，香東川大禹謨碑。四國高松香東川時而乾涸、時而氾濫。土木工程名人西嶋八兵衛（1596—1680）在 1625 至 1639 年間被津藩藩主藤堂高虎（1556—1630）派去讚岐治理香東川。八兵衛在 1638 年建“大禹謨”石碑以紀念水利工程順利完成。“大禹謨”三字由八兵衛所書，這是日本現存最古禹王碑。八兵衛獲“讚岐之禹王”的美譽。此碑原埋於土中，有鎮壓水魔之意，直到 1912 年才出土。

　　第三，埼玉久喜文命聖廟。在五代將軍德川綱吉（1646—1709）之治世，久喜的地方豪族島田忠章爲綱吉養女八重姬（1689—1746）進藥，建議在她的領地埼玉久喜立禹廟，並在自己的私邸騰出空地興建。禹廟於 1708 年完成，稱爲文命聖廟，廟中拜祭“文命皇神”。《文命皇神尊御由來記》記曰：

> 余吾法眼殿爲五代將軍綱吉公之姬君進藥。姬君領武州埼玉郡小林村高三百五十五石餘。村之長老島田左内源忠章謂該建禹廟。忠章於居所垂迹建祠拜崇，此爲文命聖廟也。①

　　此禹廟以祈福爲目的，跟治水無關，這情況不論在日本或是中國均屬罕見。

　　第四，大阪本町淀川夏大禹聖王碑。淀川爲三川合流而成，水流湍急，並經常泛濫。元和（1681—1683）及貞享（1684—1687）年間官方曾派人修治。1719 年有人在大阪本町淀川堤防立夏大禹聖王碑以祈免受水患之苦。此碑後放置於藥師寺，1923 年移至武内神社。該碑只有“夏大禹聖王碑”的題字，沒有碑文。②

　　第五，相模國酒匂川文命神社。1707 年富士山寶永噴火後，酒匂川泛濫成爲常態。治水工程師田中丘隅（1663—1729）在治理酒匂川後建文命神社（今福澤神社）祭禹。文命神社内禹被祭祀爲“文命大明神”及“治水之神”，社内有文命東堤碑（1726 年立）、文命宮（1726 年立）及文命社御寶前塔（1807 年立）。昌平坂學問所編的《新編相模國風土記稿》（1841）記曰：“享保十一年，爲防酒匂川水患，田中丘隅右衛門奉官命築堤。堤上有禹王

---

① 譯自《文命皇神尊御由来記》（島田家所藏），收録在茂木和平《埼玉苗字辞典》，第 2 卷（カーシ），茂木和平，2006 年，《島田》之 52。

② 上方史蹟散策會編《淀川往来》，向陽書房，1984 年，頁 122—123。

廟,名曰文命。"①丘隅爲文命東堤碑撰碑文,表示祭禹是仿效中原爲兼治理鴨川之後的做法:

> 　　昔安貞二年,勢田判官爲兼奉敕治水,建神禹祠於鴨河。舊章可據,故今累石設神座於堤上,越四月朔四方氓庶,傳聞其事,不期雲集,膜拜者弗已。②

丘隅撰寫碑文初稿後,呈交幕臣大岡忠相(1677—1752)。忠相却不太滿意,命丘隅向荻生徂徠(1666—1728)請教。徂徠及其高足服部南郭(1683—1759)對碑文修辭曾提供意見。《蘐園雜話》(1787)記載此事如下:

> 　　大岡越前守殿欲立禹王碑記治酒匂川一事。碑文爲久吾所書,提交越前守殿。越前守殿給徂徠書信《與物右衛門相談》,拜託一日之内將碑文修訂。遂派灃水(按:徂徠門人宇佐美灃水)赴越前守殿屋敷。因碑文内有:"伊勢判官爲兼,奉敕命治水,立神禹廟於鴨川。"問南郭其出處。答曰:"此見《雍州志》也。"③

第六,九州豐後國臼杵川禹稷合祀壇碑(通稱禹王塔)。此壇碑的設立由臼杵藩儒官莊田子謙(1697—1754)所提議,在 1740 年獲豐後國臼杵藩第九代藩主稻葉泰通(1730—1768)的支持下完成。臼杵川水害多,故建此壇祭祀治水之神禹及五穀之神稷,祈求無水災及農作物豐收。臼杵藩對於是否建此壇碑曾引起爭論,結果經卜筮後決定興建。該壇成正方型,面積爲四方丈,中間的石塔分兩層,高五尺。壇碑的字體出自書法家源君岳(1699—1779)。自此每年均進行春秋二祭,祈求風調雨順、農業豐收及盜賊不至,祭祀一直進行至 1871 年才停止。這是日本唯一將禹稷合祀之廟。④ 子謙在《禹稷合祀碑記》曰:

> 　　昔在堯之時,洚水方割(按:洪水爲患,語出《尚書·堯典》),乃命禹治,克治績成於是焉。后稷教民稼穡,播時百穀,烝民乃粒。萬邦作義。繇是觀之,之二神即人之天,民之父母也。昔我皇京亦祀帝禹

---

① 收録在《古事類苑》,政治部,第 4 卷,下編,水利上,頁 1032。

② 同上,頁 1033。

③ 荻生徂徠門人《蘐園雜話》,1787 年,頁 42,早稻田大學圖書館電子版(請求記號:イ17 02304)。

④《孟子》將禹稷合稱。中國有些禹廟旁祭稷,最著名的是武漢漢陽龜山的禹稷行宮。

……造壇於松埼。降二神以合祀焉。立碑其旁爲表經，於是乎神之眷之，水爲順流，而畎畝永治矣。①

與子謙及君岳同門的服部南郭在《大禹后稷合祀碑銘》用四言詩説明日本人祭祀大禹的意義：

> 大禹底績，明德遠矣。匪直也迹，萬世永賴。
> 岡方不祀，匪比睢漳。遠乃可邇，興國聽民。
> 冀其穰穰，邦君馨德，神格乃饗。②

第七，美濃國高須藩海津揖斐川的禹王崇拜。海津被揖斐川、長良川及木曾川包圍，水患嚴重。高須藩十代藩主松平義建（1800—1862）督信儒學，在 1838 年親自製作禹王木像，木像背後有松平義建的花押，安奉在諦觀院（現稱法華寺）祭祀，以求平息水患。此外，他又命南蘋派畫師紫岡宗琳（1781—1850）繪製大禹王尊畫掛軸四幅，分別安置境内位處東南西北四方的佛寺。高須藩士日記《諸事留書》有詳盡記録：

> 天保九年九月藩主因水患心痛，親自雕刻大禹木像一尊，派家臣增田助太郎江户領取，護送回藩，安置於諦觀院。藩主命人做掛物四幅，爲它們親撰贊文。一幅放須脇覺明寺，一幅放日下丸法圓寺，一幅放萱野願信寺，一幅放秋江三寺。禹王木像於天保九年九月十日交諦觀院，四幅掛物於九月十五日交四寺。③

1843 年義建從江户歸藩，於 8 月 28 日舉行禹王祭，祭典上載歌載舞，義建親自出席。禹王祭有團結藩民的功效。中國多位皇帝（包括秦始皇、清康熙、乾隆）亦曾親自祭禹，中國民間則在 4 月 20 日舉行祭禹大典。高須藩的禹王祭不但日期跟中國不同，形式上亦較接近日本民間祭祀。

第八，關東埼玉杉户町大禹像勒碑。1849 年地方官關口廣胤修築水利，方便灌溉。他在杉户町放置大禹像勒碑紀念歷代官吏治水之功，在一自然石上刻有畫師谷文一（1786—1818）所繪的大禹半身像及儒者龜田綾瀬（1778—1854）的贊詩。詩曰："盡力乎疏鑿，萬姓始粒食。道冠於百王，乾坤仰大德。"背後有 421 字碑文，亦出自綾瀬之手。碑陰記成立之經緯：

---

①收録在莊子謙《芙蓉記》，頁 20，信州大學圖書館電子版（請求記號：0025363052）。
②同上，頁 21。
③轉譯自水谷容子《治水神禹王崇拜の広がり》，《KISSO》，第 89 卷，2014 年，頁 9。

里正關口廣胤每先衆操事,事不愆期功有各濟,官嘉廣胤有才幹,命之掌木功巡視之事,加恩賜禄且許自稱姓氏。廣胤乃使谷文一繪大禹像,勒之於石。又乞余文鐫之於陰,以建屋西之山,庶幾使其子其孫百世,莫遺祖先之勳焉。①

第九,陸前國(今宮城縣)加美郡加美町味ケ袋大禹碑。味ケ袋因洪水問題嚴重,在 1862 年建大禹碑以祈求平安。碑高一米,上刻楷書"大禹之碑"四大字,下有篆書碑文如下:"自安政己未至萬延庚申,此地每年洪水,至田圃幾流失矣。既有公命築土導水,雖欲是憂徒費人力而已。於是乎建是碑祀之,庶永除是憂矣。"②

從以上近世九大禹王遺迹可見,禹王遺迹主要以碑的形式出現,以紀念治水工程完成及祈求平安爲主要動機,地域上多集中本州的關東及近畿地區的主要河川。

四、禹與德川治水論

德川文獻讚美大禹治水者甚多,在學者及官員的文字中隨處可見。③儒者中江藤樹(1608－1648)評曰:"大禹治水,勤勞至極,快活其樂也。"④幕府儒官室鳩巢(1658－1734)在《獻可録》引《禹貢》強調治水應由下流至上流,謂:"大禹九州治水,自下流按地形高下治理,此治水之第一工夫也。"⑤這種思想對享保期(1716－1735)幕府的治水政策有很大影響。⑥

---

①《谷文一畫、龜田綾瀬題書、埼玉県杉戸町桜神社の禹王碑表の肉筆原本を得ること》,《東隅随筆》376 號 ,2014 年 3 月,頁 6。

②收録在小野田町史編纂委員會編《小野田町史》,小野田町,1974 年,頁 1176。

③"Overview of Research of Yu the Great,"pp.17－23.

④譯自中江藤樹《中江藤樹 第一卷》,日本圖書中心,1979 年,頁 50。

⑤譯自室鳩巢《獻可録》,收録在瀧本誠一編《日本經濟叢書》,第 3 卷,日本經濟叢書刊行會,1915 年,頁 219。

⑥神吉和夫、金築亮《室鳩巢"水は下より治ると申儀御尋に付申上侯"にみられる享保期の治水思想》,《土木史研究》22 號 ,2002 年,頁 41－47。

荻生徂徠頌曰：“夏禹治水之功，今猶欽慕其德，祀其靈。”①心學者石田梅岩(1685—1744)在《都鄙問答》(1739)讚曰：“古時中國賢人禹治水之道，眺地勢，觀其高低，測其水流之方向及勢力。非特別之事也。此所謂聖知也。”②

　　近世一些地方治水工程雖無立禹碑，但却跟禹的傳說不無關係。第一，琉球長堂川宇平橋碑。琉球在 1690 年建宇平橋，並立石碑紀念。碑文由曾留學福建的久米士族梁鏞(琉球名爲國吉親雲上)撰寫，指出本島南部的人前往首里必須渡長堂川，現存的木橋並不安全，因此琉球王改建石橋。碑文歌頌琉球王的恩澤可比大禹：“吾王上體皇天好生之德，而念及大禹治水之功。當兹農功已可用民力，特有聖旨以示國相法司幹官，督責石匠夫役新石橋始工。”③宇平橋碑是紀念修橋而非治水之碑，其文以歌頌琉球王爲主，因此與日本的禹王碑性質有所不同。

　　第二，甲府(今山梨縣)富士川富士水碑。富士川禹之瀨河道狹窄，若不開削則排水能力不足，容易泛濫。武田信玄(1521—1573)曾派人開削。江戶初代將軍德川家康(1543—1616)命京都商人角倉了以(1554—1614)開削禹之瀨，使水流變緩，令貨運木船可以通行。工程始於 1607 年，由了以子玄之(1594—1681)完成。後人於 1797 年立富士水碑，以紀念角倉家的功績。碑文由市川代官所的官吏黑川好祖撰，内容是富士川有急流，雖“禹不能鑿”，但在神祖家康的意志及角倉父子的努力下完成。由此可見富士水碑不是禹王碑，但治水者一直有意識到大禹的功績。

　　第三，大阪柏原大和川小禹廟。大阪大和川在 1753 年興建紀念大阪城代稻垣重綱(1583—1654)死後百年的供養塔。塔由國分村船持仲間(按：貨運船主的組織)所立，以示感恩。重綱整治大和川後，貨船能從國分航行至大阪，對國分的經濟發展貢獻鉅大。國分村民愛稱重綱爲“小禹”，其供養石塔得“小禹廟”的俗名。

　　此外，利根川土母治水傳說亦可能受大禹治水所啓發。相傳古時利根川有浮木飄至，村民用之造土神之母神像拜祭，祈求河川安寧。村民於每

①《徂徠集》，收録在《日本隨筆大成》，第 2 期，第 2 卷，吉川弘文館，1973 年，頁 111。
②譯自石川謙《石田梅岩と“都鄙問答”》，岩波書店，1979 年，頁 123。
③塚田清策《琉球国碑文記》，別卷，第 1 卷，學術書出版會，1970 年，頁 64。

年3月5日在香取神社舉行泥祭紀念,其中男童向池塘抛泥的儀式令人想起大禹父親鯀的治水法。至於村民用洪水飄來的木頭做土神之母,與禹用飄來的木頭做小舟巡視災區有相近之處。①

五、禹對德川思想文化的衝擊

禹既是聖人、明君,亦是工程師,獲後世以不同形式致敬。禹對德川政治倫理及文藝都有相當影響。

第一,禹是聖王典範。德川學者發表頗多讚美禹仁德之詞。儒者荻生徂徠將堯、舜、禹、湯、文、武、周公七位古代聖人列爲其理想的"先王之道"。他在《辨名》(1717)讚美禹"不伐"之德曰:"夫不伐者,禹之德也。讓者,堯舜泰伯之德也。禹之功賴萬世而不伐,大矣哉! 堯讓舜,舜讓禹,正德之道於是乎!"②幕臣新井白石(1657—1725)在自傳《折焚柴記》(1716)中以禹爲中國的理財典範,白石向幕府建議重設勘定所時強調這是大禹已立的先例:

> 現在御勘定所者,中國古代大禹、伯益等所司。三代之時爲大司空之職掌。漢唐宋明之各王朝皆設,由重要官職所兼。對比我朝官制,實兼民部、大藏、刑部三省及勘解由使四大官職。③

町人學者富永仲基(1715—1746)在《出定後語》(1745)讚美禹清心寡欲:"佛戒殺生、禁肉,儒亦相同。唯血氣者不行君子之道。禹薄飲食,惡旨酒,從之而已。"④幕末吉田松陰(1830—1859)在《講孟餘話》(1856)批評幕

---

① 參張愛萍《從"禹祭"的東傳及流變看吳越文化與日本民族文化的淵源關係》,《日語學習與研究》,2015年3期,頁10—16;徐宏圖《從大禹治水神話看越文化對日本文化的影響》,《紹興文理學院學報》,第23卷,第2期,2003年,頁8。

② 荻生徂徠《弁名》,吉川幸次郎《日本思想大系36 荻生徂徠》,岩波書店,1973年,頁100。

③ 譯自新井白石《折りたく柴の記》,桑原武夫編《日本の名著15 新井白石》,中央公論社,1969年,頁154—155。

④ 譯自富永仲基《出定後語》,水田紀久、有坂隆道校注《日本思想大系43 富永仲基・山片蟠桃》,岩波書店,1973年,頁67。

府散漫、懶惰,跟大禹治水的艱辛形成强烈對比。①

　　《尚書》的流行鞏固了禹在日人心中的地位。《尚書》有關禹的文章有
《大禹謨》及《禹貢》兩篇。《大禹謨》出自僞古文尚書,主要是禹、舜及伯益
有關施政的對話。它反映儒家政治理念,在日本影響深遠。1305 年大臣菅
原在嗣引《大禹謨》的"俊德治能之士並在官",改元德治。② 吉田兼好
(1283—1358)在《徒然草》引《大禹謨》稱許禹不好戰。足利學校所藏《尚書
正義》在日本影響很大。陽明學派熊澤蕃山(1619—1691)曾爲藩主池田光
正(1609—1682)講《尚書正義》的《大禹謨》,解釋"滿招損,謙受益"的道理:
"禹王昔聖人也,從不輕心。得賢臣伯益輔佐,此所謂滿招損,謙受益也。
聖人以下之人一刻不忘此戒。"③古學派伊藤仁齋(1627—1705)及其子東
涯(1670—1736)重視《大禹謨》,尤欣賞其"危微精一"(人心惟危,道心惟
微,惟精惟一,允執厥中)的思想。石田梅岩在《都鄙問答》引《大禹謨》説明
以德服人勝過武力鎮壓。德川後期儒者佐藤一齋(1772—1859)對《大禹
謨》評價極高,奉之爲"治心之大訓也,廢之而天下復有此邪"。④

　　《禹貢》是中國最古的地理文章,内容是禹將九大州分封的安排。《禹
貢》備受農學家及地理學家重視。福岡藩藩士宮崎安貞(1623—1697)在日
本最古農書《農業全書》(1697)引用《禹貢》談不同顔色的土壤。佐藤信淵
(1769—1850)在《禹貢集覽》(1829)論中國地理。連國學派亦有人稱頌禹。
平田派國學家生田萬(1801—1837)在《古易大象經傳》引《禹貢》支持封
建制:

　　　　夏先王之建萬國,親諸侯,亦讀《禹貢》而可知焉此制也。所謂封
　　建之治,而三代之前皆爲然。蓋泰古之世,我神真所授之道也。然嬴

①參吉田松陰《講孟劄記》,松陰會,1936 年,上,頁 75;下,頁 30,69—70。

②《元秘別録》,收録在神宮寺廳編《古事類苑》,歲時部,第 3 卷,年號上,神宮寺廳,1912
　年,頁 226。

③譯自中江藤樹《集義和書》,伊東多三郎編《中江藤樹・熊沢蕃山》,中央公論社,1976
　年,頁 163。

④佐藤一齋《尚書欄外書》,第 1 卷,頁 12,日本國立國會圖書館電子版(請求記號は—
　55)。

秦併吞六國，以天下爲一人之有，始有郡縣之治。①

第二，禹步影響德川宗教、歌舞及相撲。據說其淵源是因禹治水弄壞身體，跛步而行。後世巫師加以仿效而成禹步。荻生徂徠在《讀荀子》(1707)中旁徵博引論禹步："《尚書大傳》：禹其跳。《非相篇》亦曰：禹跳。注：禹步不相過。人曰禹步。《史記・索引》曰：今巫猶稱禹步。合而觀之，跛即禹步也。傴豈巫人祈禱。其形似傴歟。或古以傴僂足疾之人爲之，亦不可知也。"②禹步相傳是大禹治水祭典中的儀式，後來成爲道家步法，相信其有祈福、治病、除魔等功效。日本中世陰陽師懂得禹步（又稱反閇），朝廷不時舉行此儀式。日本最早的禹步記錄是公元 1000 年陰陽師安倍晴明（921－1005）所作。③ 江戶時期伊勢貞丈（1718－1784）的《貞丈雜記》及青木北海（1783－1865）的《禹步僊決》均有記載禹步。《貞丈雜記》寫道："反閇者，神拜時所作之事也，陰陽師之法也。三足反閇、五足反閇、九足反閇等有之。陰陽師應學之。"④《禹步僊決》曰："勝敗、得失、損益、辯論、加冠、婚姻，不論何等身之大事，先行禹步，以正心身。"⑤禹步成爲驅邪護身法。德川中期公卿滋野井公麗（1733－1781）的《禁秘御抄階梯》記："反閇稱六甲術，其作法，安賀兩家所習傳有異同歟，於反閇者有禹步。身固者，反閇之略法也。身固者本朝之名目也。"⑥歌舞伎、淨琉璃的六方、能樂的足捌及相撲的四股步法均可能受禹步啓發。⑦

第三，禹王信仰亦見於德川繪畫及雕刻。京都御所御常御殿的襖繪有

①生田萬《古易大象經傳》，上卷，頁 19－20，日本國立國會圖書館電子版（請求記號 847－103）。

②荻生徂徠《読荀子》，《徂徠山人外集》，審美書院，1941 年，日本國立國會圖書館電子版（請求記號 309－155）。

③參小坂真二《陰陽道の反閇について》，村山修一編，《陰陽道叢書 4》，名著出版，1993年，頁 117－48。

④譯自伊勢貞丈《貞丈雜記》，卷 16。日本國立國會圖書館電字版（請求記號192－55）。

⑤轉譯自深澤瞳《禹步・反閇から身固めへ：日本陰陽道展開の一端として》，《大妻国文》43 號 ，2012 年 3 月，頁 31。

⑥轉譯自同上，頁 39。

⑦John T.Brinkman，*Simplicity：A Distinctive Quality of Japanese Spirituality*，New York：Peter Lang，1996，pp.42－51。

禹王故事。據稱京都御所自 1641 年始擺設《大禹戒酒防微圖》,不同時代有不同版本,採大和繪的風格。狩野派鶴澤探真(1834－1893)作《大禹戒酒防微圖》(1855),該圖記酒祖儀狄向大禹獻酒,大禹品嘗後感嘆酒能亡國,反映聖帝明君的理想形象。① 此外,德川禹畫還有狩野派畫家狩野山雪的《歷聖大儒像大禹》(1633)、浮世繪師魚屋北溪(1780－1850)的《大禹戰龍》(1832?)及江戸畫師谷文一的《夏禹王圖》。山雪的《歷聖大儒像大禹》獲朝鮮文人金世濂(1593－1646)題字,由林羅山(1583－1657)獻納,德川時代安奉於湯島聖堂。近世亦有人做禹王坐像,最著名是 1630 年鑄造,高 80 釐米的禹王金像。岐阜海津鹿野的百姓在 1838 年供奉小型禹王木像於治水神社,祈求木曾三川(長良川、揖斐川、木曾川)不再泛濫。

六、結語

本文透過考察大量原始文獻,探討德川日本禹王信仰的形成及對日本文化的影響。德川日本禹王信仰的主要特色如下:第一,受中國影響十分明顯,儒家色彩濃厚。在禹王信仰普及的同時亦呈現一定程度的本地化,例如禹在神社及佛寺被供奉及出現多元化的動機等。跟媽祖及神農不同,禹並未跟日本本土宗教產生太多的互動,亦無被認爲是日本神祇的化身。② 第二,禹王信仰跟德川河川修治工程關係密切,遺迹及文獻大多跟治水相關。拜祭者主要是治水官吏及河川運輸業者,跟一般百姓關係不大。第三,禹對德川文藝的影響有限。禹的漢詩、畫像及木像數量不算多,禹的故事在文學及舞臺上沒有被改編。其影響力不能與同時期的關帝信仰及神農信仰相提並論。

禹王信仰的歷史意義深遠,不論是治水者及政治領袖都希望成爲日本的大禹。在德川治水史,禹是個精神領袖及榜樣,其治水的態度、甚至方法

---

① 此圖靈感來自《戰國策》之"昔者帝女令儀狄作酒而美,進之禹。禹飲而甘之,遂疏儀狄,絶旨酒,曰:後世必有以酒亡其國者"。參劉向編,高誘注《戰國策》,藝文印書館,1974 年,頁 478－479。

② 一些國學者如本居宣長(1730－1801)及平田篤胤(1776－1843)提出中國上古聖王爲日本神祇化身之説,但在德川思想史無多大影響力。

都是重要參考。禹成爲治水的象徵，在日本治水史的重要性比神道的治水神瀨織津姬及佛教河神辨財天爲高。對中日文化交流史而言，禹王信仰反映儒學的興起，中國古代聖帝明君的言行及思想對德川日本造成衝擊。跟堯舜禪讓及湯武革命不同，禹所代表的利民厚生之道並沒有與日本固有價值相抵觸，因而在日本受到高度評價及廣泛崇拜。

（作者單位：香港中文大學日本研究學系）

域外漢籍研究集刊　第十六輯

2017 年　頁 387—470

正祖與《通志堂經解》

沈慶昊撰　王亞楠譯

一

　　18 世紀朝鮮政府開始從清朝收集各種書籍,以圖用此振興國内的學術。1713 年(肅宗三十九年)引進了《古文淵鑒》、《佩文韻府》,又於 1723 年(景宗三年)購買了《朱子全書》,1729 年(英宗五年)購買了《康熙字典》、《性理精義》等書籍。1769 年(英祖四十五年)徐命膺私人一行又購買了《數理精蘊》、《曆象考成後編》等 500 餘卷天文、曆學的書籍。

　　但是在 1771 年(英祖四十七年),由於朱璘的《明紀輯略》一書中記載了太祖李成桂爲高麗末期權臣李仁任之子的這一事實,並廣爲散佈,書籍販賣商及持書者等十餘人被處以死刑。英祖還下令將從中國引進書籍的官吏處以終身監禁,將書生文人從青衿録中除名。

　　不過正祖從世孫時代開始便對明清書籍産生濃厚興趣,並從即位時便計劃從清朝大量購買書籍。正祖下令在奎章閣中編撰了《内閣訪書録》,其書目與解題主要出自《浙江採集遺書總録》①,並以《經義考》爲參考。

---

① 鄭研植《内閣訪書録》解題,奎章閣 13,1990 年,頁 59—60;趙望秦、蔡丹《〈内閣訪書録〉爲〈浙江採集遺書總録〉之節抄》,《文獻》2012 年第 2 期,頁 79—84。

圖 1　《古今圖書集成》首爾大學奎章閣所藏印記：極、萬機之暇、弘齋、朝鮮國

　　1776 年（正祖元年）派遣的陳賀兼謝恩使一行購買了《古今圖書集成》，並於 1777 年 2 月引進入朝鮮。原本正祖打算購入《四庫全書》，但是陳賀兼謝恩正使李溵、副使徐浩修得知當時《四庫全書》的十分之一都沒有付印，根本無法購買，爲此詢問序班後，最終用白銀 2150 兩購買了 502 匣、5020 卷的《古今圖書集成》，並帶回朝鮮①。也有一説認爲，此書是作爲柳得恭的部屬參與此行的柳琴拜託翰林院友人購入的。正祖曾命令奎章閣的檢書官編寫從中國引進的書籍的目録。正祖將《古今圖書集成》5020 册用朝鮮紙張改裝，保管於皆有窩，1780 年命令李德懋、柳得恭、朴齊家、徐理修等奎章閣的檢書官擬定《古今圖書集成》的部目。當時尚衣主簿曹允亨謄寫書名，寫字官净書部目，僅用了 40 天便完成。《古今圖書集成》本來有

①《正祖實録》卷三，正祖一年二月二十四日狀啟。

5020 册，但是在奎章閣整理過程中，將原編的 5002 册和目録 20 册整合統分爲 5022 册。現在奎章閣所藏的《古今圖書集成》（奎中貴 2555－v.1－272）中共有鈐印 4 個。橢圓形的爲"朝鮮國"印，四方形的爲"弘齋""萬機之暇""極"印。

除此之外，還引進了在清代時編撰完成的經學叢書《十三經注疏》。根據《奎章總目》的記載，《十三經注疏》有汲古閣本和乾隆年間内閣本 2 種版本，蓋有"承華藏圭，弘齋"印記的汲古閣本（奎中 3261）現收藏於奎章閣中①。

清代編撰完成的經解共有 3 種。一是在康熙十九年(1680)納蘭成德②將(1655—1685)徐乾學③收集、校正的經解輯刻而成《通志堂經解》；二是在道光九年(1829)阮元(1764—1849)主編的《皇清經解》；三是在光緒十四年(1888)王先謙主編的《皇清經解續編》。其中，《通志堂經解》在正祖初期引進保管於皆有窩中。

《通志堂經解》作爲一部闡釋儒家經義的大型叢書，收録唐、宋、元、明經解 138 種，共計 1781 卷(或者 140 種 1781 卷)，又稱《九經解》。《皇清經解》爲清代的經典考證著作，相較而言，《通志堂經解》以宋、元學者注釋爲主，間以涉及唐、明兩代。由於納蘭成德將師傅徐乾學的傳是樓藏書中珍貴的書籍整理出版，因此又稱《傳是樓經解》。通志堂即爲納蘭成德的書齋名。《通志堂經解》有康熙本和同治本的重刊本 2 種版本。同治本也稱新

---

① 奎章閣中《毛詩注疏》（奎中 2735－v.1－16）蓋有弘文館的印記，版心有 9 行 21 字的 "萬曆十七年刊"的刊記，此版本與《奎章總目》中收録的版本不同。

② 納蘭成德出身滿洲正黄旗。原名爲成德，一度因避諱太子胤礽的本名保成而改名納蘭性德。18 歲中舉人，康熙十五年(1676)中進士，授乾清門三等侍衛，後升爲一等。隨康熙出巡南北，還曾考察沙俄侵邊情況。

③ 徐乾學，字原一，昆山人。康熙庚戌年(1670)進士，後爲刑部尚書，著作有《憺圃集》等。作爲顧炎武的外甥，熟知朝廷法度和國家典故，與萬斯同共同編撰《資治通鑑後編》184 卷。有《傳是樓宋元版書目》。

刊經解,以40册或者16册影印出版①。由於認爲收集宋、元經解並無很高
的價值,因此主要以珍貴本爲中心進行收集整理,而蘇軾、蘇轍的經解及
《大全》中遺漏的宋、元、明的主要的經解書籍都没有收録。但是清高宗在
諭旨中對此經解叢書評價道,"薈萃諸家,典贍賅博,實足以表彰六經"。乾
隆時纂修的《四庫全書薈要》經部中共收録了152種,其中從《通志堂經解》
中謄録了99種。嘉慶年間,張金吾編輯了《詒經堂續經解》,道光、咸豐年
間,錢儀吉編撰了《經苑》,雖是將宋、元經解中的遺編墜簡裒集成帙,但其
輯刻的本意都是依照《通志堂經解》。

　　　道光初年,阮元②任兩廣總督時,在廣州粤秀山開辦學海堂,召集學
者,利用自己所藏的清代顧炎武、蔣廷錫、孫星衍等73人的183種經解著
作,編撰完成了《皇清經解》1400卷。又稱《學海堂經解》。嚴杰負責編輯,
阮福等負責監刻,孫成彦等負責管理及復校,道光五年(1825)八月開始版
刻,道光九年(1829)九月完成。以作者的年代順序排列,《皇清經解》一共
有道光本,咸豐庚申補刊本,庚午續刊本三種。光緒十四年(1888)上海點
石齋以道光本爲底本出版了石印縮本。

　　　本稿意在研究考察正祖初年《通志堂經解》進入朝鮮,正祖在其經書講
義中,對此書的運用狀况。

二

　　　對於《通志堂經解》,翁方綱根據《經解》別撰了《目録》,詳細整理了不

①40册本的目録爲"新經解",而16册本的目録爲"經解",在序跋類上差異較大。16册
　本中收録有黄仲炎的《春秋通説》的自序,而40册本中却删除不載。16册本中董楷
　的《周易傳義附録》置於卷首,而40册本中却予以省略。另一方面,載於40册本中的
　序跋也有不收録於16册本中的情况,而且16册本中省略了善藏本欄外的注文,壓縮
　至每頁三段。林慶彰、蔣秋華主編《通志堂經解研究論集》(上、下),經學研究叢刊,
　"中研院"中國文哲研究所,2005年。
②阮元,字伯元,號芸臺,又號雷塘庵主,晚年號爲怡性老人,江蘇儀徵人。1789中進
　士,任翰林院庶吉士、編修等,1791年任少詹事,入職南書房。歷任山東、浙江學政,
　户部左侍郎,浙江、江西巡撫,兩廣、雲貴總督,體仁閣大學士等。前後任太子太保、太
　傅等。

同的版本。民國初年，關文瑛著《通志堂經解提要》，綜合論述了《經解》中的各種書籍的源流、概要及撰述主旨等①。

此外，李德懋在《盎葉記》"經解條目"下引用了徐乾學《經解》序的部分，原文如下：

> 秀水朱竹垞謐予："書策莫繁伙於今日，而古籍漸替。若經解僅有存者，彌當珍惜矣。"予喟曰：嘗考史志所載經解諸家，自漢迄隋暨唐，失去過半。自隋唐迄宋元明，彌多闕廢。明興，敕天下學校，皆宗程朱之學。永樂時，詔輯四書五經、性理大全，徵海內名士，開館東華門，御府給筆札。是時，胡廣諸大臣，虛糜廩餼，叨冒遷賞。四書大全，則本倪士毅《通義大成》，詩則襲劉瑾《通釋》，春秋則襲汪克寬《纂疏》，勦竊抄撮，苟以塞責而已。詔旨頒行，末學後生，奉爲寶書。予感竹垞之言，深懼今時所存十百之一，又復淪斁，責在後死。因悉予兄弟家所藏本，而覆加校勘，更假秀水曹秋岳，無錫秦對巖，常熟錢遵王、毛斧季，溫陵黃俞邰，及竹垞家藏舊板書若鈔本，釐擇是正，總若干種，謀雕板行世。門人納蘭容若，尤慫恿是舉，捐金倡始。始於康熙癸丑，踰二年迄工。②

李德懋同樣引用了毛奇齡的《論語稽求録》的序文。李德懋認爲毛奇齡在康熙己未年應試博學鴻詞科，官至檢討，著有《西河集》，在經學方面造詣頗深，但因其批判朱熹，故批判其難爲一代醇儒，並且在毛奇齡提及"侍衛成德，校刻經解數萬卷"③之後，附上按語如下：

> 德懋案：經解凡一百四十四種，一千七百七十五卷，五百册，與毛説數萬卷相左。又如毛説，則已經皇帝呈進後入梓矣。戊戌，沈涵齋念祖使燕購來，今藏于大内皆有窩。余嘗繙閱，録其目。

李德懋記載道："戊戌（1778），沈涵齋念祖使燕購來，今藏於大内皆有窩。"

---

① 林慶彰、蔣秋華主編，黃智明編輯，《通志堂經解研究論集（上、下）》，"中研院"中國文哲研究所，2008 年。

② 《青莊館全書》第 7 卷《盎葉記》四"經解條目"。

③ 毛奇齡《論語稽求録序》曰："群儒別解，不襲章句，有裨聖學者，特頒上諭，使搜輯呈進凡若干本，而侍衛成德，校刻經解數萬卷。"

沈念祖（1734—1783）是燕巖朴趾源年輕時的摯友，作爲蔭官任工曹佐郎，後任狼川縣監。1776 年文科及第，1778 年正月派遣任江華反庫御史，3月任謝恩兼陳奏使的謝恩使書狀官，陪同李德懋燕行訪問，7 月初回國復命。由於深受正祖寵愛，沈念祖歷任奎章閣直提學、弘文館副提學、黄海道觀察使等職。

在《日省録》正祖二年戊戌（1778，乾隆四十三年）三月三日（癸亥）所記録的政事中，正祖下教道："正使正一品重臣中備擬，副司果沈念祖陞品備擬於書狀官。"即任命蔡濟恭爲謝恩兼陳奏使，鄭一祥爲副使，沈念祖爲書狀官①。正祖二年戊戌（1778，乾隆四十三年）三月十七日（丁丑）上使蔡濟恭、副使鄭一祥，書狀官沈念祖進見誠正閣②。七月二日（己丑）於熙政堂中召見左議政徐命善等，當天上使蔡濟恭、副使鄭一祥，書狀官沈念祖進見復命。

正祖二年，沈念祖與李德懋燕行期間，購買《通志堂經解》的過程，通過李德懋的《入燕記》正祖二年六月二日（庚寅）條的記録可以推想而知。

> 初二日庚寅，熱。館。○往五柳居陶生書坊，檢閱經解六十套。經解者，朱竹垞彝尊，與徐憺園乾學，搜憺園、竹垞所藏，又借秀水曹秋岳、無錫秦對巖、常熟錢遵王、毛斧季、温陵黄俞邰之藏，得一百四十種。自子夏易傳外，唐人之書，僅二三種。其餘皆宋元諸儒所撰述，而明人所著，間存一二。真儒家之府藏，經學之淵藪也。此書刊行已百年，而東方人漠然不知，每年使臣冠蓋絡繹，而其所車輪東來者，只演義小説及八大家文抄、唐詩品彙等書。此二種雖曰實用，然家家有之，亦有本國刊行，則不必更購。中國則此二書亦廣布，不必珍貴，價亦甚低。但朝鮮使來時，必別爲儲置，以高價賣之，東人之孤陋類如是。③

---

① 正祖二年戊戌（1778，乾隆四十三年）三月六日（丙寅）實録廳堂上蔡濟恭、鄭一祥因一同越境，先被免職，繼而都廳郎廳沈念祖也被免職。同日，任命洪樂性、權噵爲實録廳堂上，任命郎廳趙時偉代替沈念祖的職務。

② 正祖二年戊戌（1778，乾隆四十三年）閏六月六日（甲子），備邊司覆啟了江華反庫御史沈念祖的書啟，閏六月二十六日（甲申）的記録中，沈念祖被任命爲教理。

③《青莊館全書》卷六十七《入燕記下》正祖二年六月二日（庚寅）。

　　關於奎章閣閣臣及抄啓文臣使用《通志堂經解》的情況,通過《日得録》中檢校直提學徐浩修在乙巳年(1785 年,正祖九年)所記載的正祖語録,可以瞭解。

　　　　自古祕府之官,必選聰俊博雅之士以充之者,非但爲典守出納而已。有逸則補之,有誤則正之,而方其補之正之之時,所以廣其學富其識者,爲效尤多。故漢唐宋明諸名臣,莫不自祕府中培養成就。是名臣者,又莫不以校對蒐討,作爲己任,誠心理會,殆無異於飢者之求食,渴者之求飲。此其所以君焉而治具卓举,臣焉而事業光輝,不若後世藏書之無益於實用也。近來内閣書册,固多善本,而其中訛畫逸篇,亦安保其必無。如圖書集成經解等巨帙,使之出置直院者,予意蓋欲使在直及仕進諸臣,相與披閲,而典籍之潔浄,人才之作興,庶幾其一举兩得。近聞隨手散漫,徒致卷帙之狼藉,無人照管,或慮部位之遺落云。予爲諸閣臣,誠不勝慨然。此後則勿論舊藏與新購,各取其所欲見者,從容默坐,首尾看過,而其中誤落者,依古人雌黄滅字之例,以朱墨刊正可也。①

李德懋在《盎葉記》“日本文獻”條目下,摘抄了英祖戊辰(1748)通信使(正使爲洪啓禧)等與日本儒士藤知冬(安藤知冬)即安藤陽洲等的筆談内容,當時三河國吉田越緝論述如下。

　　　　納蘭容若總録經解七百册,自長碕出來。蓋日本之學,有二歧。山崎嘉之流,學朱子者也。伊藤氏之屬,背朱子者也。惟物徂徠之以王鳳洲、李滄溟爲學之宗主,真病風之人也。王、李之文章猶不服人,烏覩所謂學問也哉?②

據此記録,日本的文人學者比朝鮮文人更早獲知了《通志堂經解》。

三

　　李德懋(1741—1793)爲奎章閣皆有窩收藏的“144 種,1775 卷,500 册”《通志堂經解》擬定了書目:

---

①《弘齋全書》卷一七四《日得録》十四“訓語一”。
②《青莊館全書》卷五十八《盎葉記》五“日本文獻”。

易解 44 種(實際 39 種),書解 19 種,詩解 12 種(實際 11 種),三禮解 12 種,春秋解 33 種,孝經解 4 種。

論語解 2 種,孟子解 3 種,四書解 8 種,總經解 7 種。

《奎章總目》①中總經類著録共有"經解五百五十二本",其解題如下:

清納蘭成德輯。自序曰:經之有解,自漢儒始。故戴禮著經解之篇,宋末元初,義理愈明,講貫愈熟,學者各隨所得以立言。惜其書流傳日久,十不存一二。余向屬友人朱竹垞,購諸藏書之家,則彤板漫漶,鈔本偽謬,多不可讀。間以啓於健庵徐尚書,健庵乃盡出所藏示余曰:"是吾三十年心力所擇取而校定者。"余且喜且愕,鈔得一百四十種。自《子夏易傳》以外,唐人書僅二三種,餘皆宋元諸儒撰述,而明人所著,間存一二。遂與同志彤板行世。

但是《奎章總目》中並無這"經解五百五十二本"的細目。

《奎章總目》的編撰從 1781 年 2 月開始,同年 6 月完成編撰。徐命膺曾在《正祖實録》(卷 11,五年二月十三日内辰)中提及編撰的責任者,據《弘齋全書》(卷 183,群書標記)中記載,編撰的負責者即爲徐命膺之子,江華留守兼奎章閣檢校直提學的徐浩修(1736—1799)。事實上,徐浩修確實主導了編撰。但是,徐命膺的二子徐瀅修(1749—1824)也參與其中,只是徐瀅修在任都承旨期間,從 1805 年(純祖五年)4 月末到 6 月初,以新入的身份整理了内入書籍的書目②,對《奎章總目》進行了增補。徐瀅修文集《明皋集》中收録了《奎章總目》的範例,這應該是編撰原初本時擬定的。增補本編撰期間,洪奭周(1774—1842)作爲閣臣參與了增補工作。

①《奎章總目》筆寫本 3 册,首爾大學中央圖書館藏檀紀四二八二年(1949)謄寫本。國立中央圖書館原文資訊資料(database);張伯偉編《朝鮮時代書目叢刊》(全 9 册),中華書局,2004 年。
②《承政院日記》純祖五年四月二十八日(辛巳)。

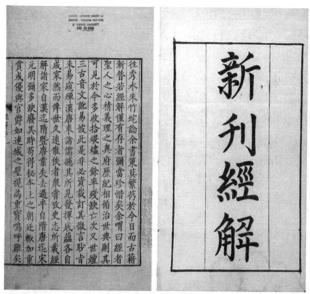

圖 2　Harvard-Yenching Library 收藏的《新刊刊解》。數字資料。子夏易傳(十一卷)

　　純祖時,成海應(1760—1839)在《通志堂經解書目》中,指明徐乾學所刊行的《經解》中易類 384 卷,書類 224 卷,詩類 137 卷,春秋類 433 卷,三禮類 363 卷,孝經類 4 卷,論語類 20 卷,孟子類 23 卷,四書類 132 卷,總經類 63 卷,共 1783 卷。關於各種書籍的書志事項,根據毛扆(1640—?)的《汲古閣珍藏秘本書目》,錢曾(1629—1701)的《讀書敏求記》,何焯(1661—1722)的《義門讀書記》,翁方綱(1733—1818)的《通志堂經解目錄》①,陳鱣(1753—1817)的《經籍跋文》等進一步展開了辯證。

　　成海應認爲《通志堂經解》的易中没有收錄李鼎祚《集解》,詩中没有收錄歐陽修説和蘇轍説,書中没有收錄蘇軾説,可能是因爲其著作及學説多以木板本單行出版,但對於收錄《春秋名號歸一圖》、《春秋類對賦》等淺近的書籍,存疑不少。李鼎祚的《集解》(主象論的集成)和房審權的《周易義解》(主理論的集成。書今佚,惟存《李衡撮要》)雖是網羅收集了唐

──────────

①（清）伍崇曜編《粤雅堂叢書》第 180 册《通志堂經解目録》（翁方綱撰）。

宋之前的儒生的學説，但是南宋之後注疏認爲其“枝葉蒙蔽，反晦原旨”，並且《通志堂經解》中因爲收録此類書籍而飽受批判①。

　　除此之外，成海應在《書經解目録後》中也表明了相同的論旨，成海應認爲徐乾學的弟子只用功於廣博，但無實學所得，而李鼎祚與房審權的論著雖於實學無益，但有助於考證，而南宋之後注疏於考證無益，因此批判《通志堂經解》中收録這種於實學、考證皆無進益的書籍②。

　　雖無法直接確認康熙本全帙的面貌，但是將同治本《通志堂經解》（Harvard－Yenching Library《新刊經解》數字資料）的目録與朝鮮學者整理的目録進行對照，整理如下：

---

① 《研經齋全集》外集卷二十一“總經類”《通志堂經解書目》：“通志堂，清太學士徐乾學堂號。乾學，號健庵，一稱東海。素淹博好藏書，而經解者即其所刊書種。易類三百八十四卷，書類二百二十四卷，詩類一百三十七卷，春秋類四百三十三卷，三禮類三百六十三卷，孝經類四卷，論語類二十卷，孟子類二十三卷，四書類一百三十二卷，總經類六十三卷，凡一千七百八十三卷，富矣鉅矣。義門何焯手勘其目，而北平翁方綱鋟之，濟南且有記。健庵所蓄，皆稀有之本，前已鋟刊行於世者，想不載此目。如易之李鼎祚集解，書之蘇軾傳，詩之歐陽修蘇轍説，皆其佳者而無有。又如《春秋名號歸一圖》、《春秋類對賦》之屬，皆淺近不足採而反有之，何哉？唐宋以前經生，皆自爲立論可傳。若其蒐羅諸説而使編纂富盛者，不過鼎祚及房審權數人而已。及宋南渡以後，往往經傳割裂，前人述作之迹，不可復尋者劇多。枝葉蒙蔽，反晦原旨。經解中所載諸書，大抵多此類也。”

② 《研經齋全集》續集册十二，文三《書經解目録後》：“經解一千七百八十三卷，清大學士徐乾學所蒐輯，而義門何焯手勘其目，北平翁方綱，鋟之濟南。竊考乾學所蒐，皆世所稀有之本，而至若易之李鼎祚集解，詩之歐陽修蘇轍説，書之蘇軾傳，皆不載。豈以彼皆鋟行，故不取歟？又如《春秋名號歸一圖》、《春秋類對賦》之屬，皆淺近無足採，而反載之者，何也？蓋其學徒務博之故，粹駁互見，精粗並蒐，而於實學無得也。唐宋以前，經生皆恪守前説，縱或立論，皆有所援據傅會，而若其蒐羅前説，使編纂富盛者，不過鼎祚及房審權數人而已，若是者，雖於實學無得，苟有所考徵者，誠亦不可闕者。及南宋以後，注解漸盛，而前人述作之迹，反致蒙蔽隱晦，亦無補於考徵。經解中所載諸書，大抵皆此類也。”

表 1：同治本《通志堂經解》目録及朝鮮學者整理目録

同治本通志堂經解目録	李德懋經解目録	研經齋全集外集卷二十一總經類通志堂經解書目 [易類 384 卷，書類 224 卷，詩類 137 卷，春秋類 433 卷，三禮類 363 卷，孝經類 4 卷，論語類 20 卷，孟子類 23 卷，四書類 132 卷，總經類 63 卷]
易解 39 種	易解中誤記爲 44 種	易類 384 卷
01 子夏易傳十一卷	01 子夏易傳 11 卷周卜商	01 子夏易傳十一卷，或云：唐張弧撰。案弧唐末爲大理寺評事，有素履子別著録。
02 易數鉤隱圖三卷遺論九事一卷宋劉牧撰	02 易數鉤隱圖 3 卷－附遺論九事 1 卷宋劉牧	02 易數鉤隱圖三卷，附遺論九事一卷，宋劉牧撰。以九爲河圖，以十爲洛書。長洲何焯曰："此道藏本也。"案實在道藏目録洞真部靈圖類雲字號，南宋時劉敏士嘗刻於浙右漕司，有歐陽修序。 吳澄曰："修不信河圖，殆後人偽爲。"
03 横渠先生易説三卷宋張載撰	03 横渠易説 3 卷宋張載	03 横渠易説三卷，宋張載。 案是書較程傳爲簡，往往經文數十句中，一無所説。末卷更不載經文，只載有説者。
04 易學一卷宋王湜撰	04 易學 1 卷宋王湜	04 易學一卷，宋王湜撰，亦是圖學。
05 紫岩居士易傳十卷宋張浚撰	05 紫巌易傳 10 卷宋張浚	05 紫巌易傳十卷，宋張浚撰。其第十卷，是讀易雜記。何焯曰："明書帕版，恐不足憑。"案立言醇粹，凡説陰陽動静，皆遵義理之正。末一篇雜説，胡一桂議其專主劉牧。
06 漢上易傳十一卷周易卦圖三卷周易叢説一卷宋朱震撰	06 漢上易傳 11 卷－附卦圖 3 卷叢説 1 卷宋朱震	06 漢上易傳十一卷，附卦圖三卷，叢説一卷，宋朱震撰。震荆門軍人，紹興四年書成。其書以程子易傳爲宗，兼采漢魏以下諸家，謂王弼注雜入莊老爲非，故於象數特詳。何焯曰："卦圖及叢説，西亭王孫鈔本，尚未盡善。其十一卷影宋本可據。"案朱子曰："王弼破互體。"朱子發明互體，互體自左氏已言，亦有道理，只是今推不合處多。
07 易璇璣三卷宋吳沆撰	07 易璇璣 3 卷宋吳沆	07 易璇璣三卷，宋崇仁布衣吳沆撰，紹興十六年自序。何焯曰："汲古閣後得舊本，尚有序文寫樣，付東海後人，竟未曾刻其書，亦尚有訛處，不曾修版。"案其大旨主於觀象，因象而求之卦，因卦而求之象求之爻。其曰璇璣者，取王弼易略例，明象篇處璇璣，以觀大運語也。

續表

同治本通志堂經解目録	李德懋經解目録	研經齋全集外集卷二十一總經類通志堂經解書目〔易類 384 卷,書類 224 卷,詩類 137 卷,春秋類 433 卷,三禮類 363 卷,孝經類 4 卷,論語類 20 卷,孟子類 23 卷,四書類 132 卷,總經類 63 卷〕
08 周易義海撮要十二卷宋李衡撰	08 周易義海撮要 12 卷宋李衡	08 周易義海撮要十二卷,宋熙寧間,蜀人房審權集鄭康成以下至王介甫易説凡百家,擇取專明人事者,編爲百卷曰周易義海。到紹興三十年,江都李衡彦平删之,益以伊川東坡漢上易傳,爲撮要十卷。義海失傳而是編存。何焯曰:"汲古宋本每首葉有印。其文云:'淳熙七年,明州恭奉聖旨,敕賜魏王府書籍,謹藏于九經堂,不許借出。'其印精工絶倫,宛然筠州學記。"案自唐以來,唯李鼎祚周易集解,合漢以後三十五家之説,略稱該備,繼之者審權義海而已。
09 易小傳六卷宋沈該撰	09 易小傳 6 卷宋沈該	09 易小傳六卷,宋左僕射吴興沈該撰,紹興二十八年表進之。 其書專釋交爻,每卦後爲一論。 何焯曰:"原本未詳何自。"案其書以正體發明爻象之占,以變體擬議變動之義,以求合於觀象玩詞觀變玩占之義。
10 復齋易説六卷宋趙彦肅撰	10 復齋易説 6 卷宋趙彦肅	10 復齋易説六卷,宋趙彦肅。 何焯曰:"天乙閣鈔本。"案彦肅論易,與朱子不合,故朱子語録,謂其爲説太精,取義太密,或傷簡。
11 古周易一卷宋吕祖謙等撰	11 古周易 1 卷宋吕祖謙	11 古周易一卷,宋吕祖謙撰。此周易編次考也。最有關係之書。後有朱子跋。案朱子作本義,即用此本。其書又與吕大防書同。
12 童溪王先生易傳三十卷宋王宗傳撰	12 童溪易傳 30 卷宋王宗傳	12 童溪易傳三十卷,宋寧德王宗傳撰,説卦以下,皆有經無傳。何焯曰:"汲古宋本,俞石澗收藏後闕二卷,非全書,屢考其始末,寄來京師,跋中竟未及此。"案其説祧梁孟而宗王弼,故惟憑心力斥象數之敝。
13 易禆傳一卷外篇一卷宋林至撰	13 周易禆傳 2 卷宋林至	13 周易禆傳二卷,宋松江林至撰。至淳熙間人,及朱子之門。其上卷論撰蓍,其下卷外篇論卦變。案三篇,一曰法象,二曰極數,三曰觀變,自序稱法象本之太極,極數本之天地,觀變本之卦撰十有八變,皆據易太傳之文。

同治本通志堂經解目録	李德懋經解目録	研經齋全集外集卷二十一總經類通志堂經解書目[易類 384 卷，書類 224 卷，詩類 137 卷，春秋類 433 卷，三禮類 363 卷，孝經類 4 卷，論語類 20 卷，孟子類 23 卷，四書類 132 卷，總經類 63 卷]
14 易圖説三卷宋吳仁傑撰	14 易圖説 3 卷宋吳仁傑	14 易圖説三卷，宋吳仁傑撰。仁傑淳熙進士，嘗講學朱子之門。此所著圖，全以撲著所用言之。案其説謂六十四正卦，伏羲所作。故首列八純卦各變八卦圖。又謂卦外六爻及六十四卦，文王所作，故有一卦變六十四卦圖，有六爻皆變則占對卦皆不變則占覆卦圖。又謂序卦爲伏羲，雜卦爲文王，今之爻辭當爲繫辭傳，繫辭傳當爲説卦傳，較諸家古易之説，特新異。
15 易學啓蒙通釋二卷圖一卷宋胡方平撰	15 易學啓蒙通釋 2 卷宋胡方平	15 易學啓蒙通釋二卷，宋婺原胡方平撰。至元己丑自序。今所刻淳熙丙午序，乃朱子啓蒙原序也。案方平學出於董夢程，夢程之學出於黄幹，故方平及其子一桂，皆篤守朱子之説。此書即發明朱子易學啓蒙之旨。
16 周易玩辭十六卷宋項安世撰	16 周易玩辭 16 卷宋項安世	16 周易玩辭十六卷，宋項安世撰。安世字平甫江陵人，書成於慶元四年，重修於嘉泰二年。蓋嘗問學於朱子者。其書不全録經文，摘取經中之辭説之。何焯曰：“大江以南抄本有五部，俱不全。後於李中麓家得殘本，其文獨全，遂成完書。”歸安丁杰曰：“項安世宜在林至前，吳仁傑亦宜在前。”案安世學出於伊川，而伊川易傳，惟闡義理，安世則兼象數而求之。其意欲於程傳之外，補所不及，所謂各明一義者也。馬端臨、虞集作序，盛相推挹。
17 東谷鄭先生易翼傳二卷宋鄭汝諧撰	17 東谷易翼傳 2 卷宋鄭汝諧[誤記爲趙汝楷]	17 東谷易翼傳二卷，宋處州鄭汝偕撰。其書止有上下經，全以程傳爲主。何焯曰：“汲古閣原本最精。”案所謂翼傳者，翼程傳也。然時有異同。
18 三易備遺十卷宋朱元升撰	18 三易備遺 10 卷宋朱元升[誤記爲朱元昇]	18 三易備遺十卷，宋東嘉朱元昇撰。自序在咸淳庚午。其書第一卷言河圖洛書，第二卷至四卷言連山，五卷至七卷言歸藏，八卷至十卷言周易。案言河洛，祖劉牧，言連山，以卦位配夏時氣候，言歸藏，以干支之納音配卦爻。其言周易，闡反對互體之旨，蓋冥心求索者也。

同治本通志堂經解目録	李德懋經解目録	研經齋全集外集卷二十一總經類通志堂經解書目〔易類 384 卷,書類 224 卷,詩類 137 卷,春秋類 433 卷,三禮類 363 卷,孝經類 4 卷,論語類 20 卷,孟子類 23 卷,四書類 132 卷,總經類 63 卷〕
19 丙子學易編一卷宋李心傳撰	19 丙子學易編 1 卷宋李心傳	19 丙子學易編一卷,宋李心傳撰。其書取王弼張橫渠郭子和伊川紫陽之説,附以己見。原書十五卷,俞石澗琰節鈔,僅十之一耳。丙子嘉定九年也。案是書竭二百八日之力,排纂藏業所取五家説,以其父舜臣易本傳之説證之。
20 易學啟蒙小傳一卷古經傳一卷宋税與權撰	20 易學啟蒙小傳 1 卷宋税與權	20 易學啟蒙小傳一卷,宋税與權撰。與權字巽甫,魏鶴山弟子。案其説闡邵子之説,以補啟蒙之未修者。
21 水村易鏡一卷宋林光世撰	21 水村易鏡 1 卷宋林光世	21 水村易鏡一卷,宋莆田林光也。
22 晦庵先生朱文公易説二十三卷宋朱鑑輯	22 文公易説 23 卷宋朱鑑	22 文公易説二十三卷,宋朱鑑文公之孫。集語録爲之。何焯曰:“汲古原本,惜有模糊處。”案其目有五,曰易傳十一卷,曰易本義十二卷,曰易學啟蒙三卷,曰古易音訓二卷,曰蓍卦考誤一卷,皆有成帙。倣鄭小同所撰鄭志。
23 大易緝説十卷元王申子撰	23 周易緝説 10 卷宋王申子〔誤記爲輯説〕	23 大易輯説十卷,元臨邛王申子巽卿撰。申子皇度二年,充武昌路南陽書院山長。朱氏經義考,列元人。通志堂原目,作宋王申子,非。何焯曰:“吳志伊有宋本,屢寄札東海,託其借挍,竟未借來,僅從鈔本付刊。”
24 周易輯聞六卷易雅一卷筮宗一卷宋趙汝楳撰	24 周易輯聞 6 卷－附易雅 1 卷筮宗 1 卷宋趙汝楳	25〔改變順序〕周易輯聞六卷,附易雅一卷、筮宗一卷,宋汴水趙汝楳。案汝楳承其父善湘之學,而惟注經文,以象傳散付象辭,小象散付爻辭,仍用王弼本。其以大象移卦畫後象辭前,以文言散附乾坤彖傳及小象後,即其創意割裂,殊屬師心。
25 周易傳義附録十四卷首一卷宋董楷撰	25 周易傳義附録 14 卷宋董楷	24〔改變順序〕周易傳義附録十四卷,宋天台董楷正叔,倚程傳朱義爲之。割裂本義以附程傳,自此書始。楷文天祥榜進士,自序在咸淳丙寅前,有綱領一卷、圖説一卷。案楷本以經文平書,而十翼之文下一格書之,其本義無所附麗者,仿諸經疏文某句至某句之例,朱書其間明之,猶爲有別。今本經傳一例平書,益愈失愈遠。

續表

同治本通志堂經解目録	李德懋經解目録	研經齋全集外集卷二十一總經類通志堂經解書目 [易類384卷,書類224卷,詩類137卷,春秋類433卷,三禮類363卷,孝經類4卷,論語類20卷,孟子類23卷,四書類132卷,總經類63卷]
26 學易記九卷首一卷元李簡撰	26 學易記9卷元李簡	26 學易記九卷,元李簡仿李鼎祚集解、房審權義海之例,採子夏易傳以下六十四家之説。自序在中統元年前,有圖綱領一卷。何焯曰:"從李中麓家藏鈔本發刊後,健菴得一元刻書,賈僞作劉跂者,并假造劉跂序文。健翁云:"近得劉跂學易,余狂喜叫絶,急索觀之,開卷即李簡之書也。"余云:"即宜校正去僞序并傳,皆未從也。"
27 讀易私言一卷元許衡撰	27 讀易私言1卷元許衡	27 讀易私言一卷,元許衡。何焯曰:"記昔未曾刻。"案其書論六爻德位,因繫辭傳同功異位柔危剛勝之義,而多所發明。
28 俞氏易集説十三卷宋俞琰撰	28 大易集説10卷元俞琰	28 大易集説十卷。按經義考,作四十卷,今以通志堂此刻板心計之則是十三卷。元俞琰號石澗,宋末遺老,其書成於元至大間。敏求記,備載其序定篇次之説。何焯曰:"此遵王元本,惜屬伊人所校板心大繆。"案其説以朱子爲宗,易圖多本邵子。
29 周易本義附録纂注十五卷元胡一桂撰	29 周易本義附録纂注15卷元胡一桂	29 周易本義附録纂注十五卷,元新安雙胡胡一桂,取朱子文集語録之及於易者,附於本義之下,謂之附録,取諸儒易説之發明本義者,謂之纂注。案陳櫟稱一桂此書出於楊萬里易傳,然萬里早工吟詠,不甚以講學爲事,一桂以新安門路,辨别尤甚,以詞人擯之,未宜盡用其言。
30 周易發明啓蒙翼傳三卷外篇一卷元胡一桂撰	30 周易啓蒙翼傳3卷一外編1卷元胡一桂	30 周易啓蒙翼傳三篇、外篇一篇,元胡一桂。其上篇發詞變象占之義,中篇著古本及諸家本,又及歷代授受傳注叙録。雖云略舉所知,然頗足資考據。下篇著左傳及後人占筮,外篇則焦京以下太玄諸書,至皇極經世諸法。何焯曰:"汲古原本。"案此書大致與其父書互出入。方平主於明本旨,一桂主於辨異學。
31 周易本義通釋十二卷輯録雲峰文集易義一卷元胡炳文撰	31 周易本義通釋12卷元胡炳文	31 周易本義通釋十二卷,元新安胡炳文雲峯,自序在延祐丙辰。何焯曰:"汲古原本。"

同治本通志堂經解目録	李德懋經解目録	研經齋全集外集卷二十一總經類通志堂經解書目 ［易類384卷，書類224卷，詩類137卷，春秋類433卷，三禮類363卷，孝經類4卷，論語類20卷，孟子類23卷，四書類132卷，總經類63卷］
32 易纂言十二卷首一卷元吳澄撰	32 易纂言 13 卷元吳澄	32 易纂言十卷，元吳澄，書成于至治二年秋。案是書用吕祖謙古易本，經文每卦，先刊卦變主爻，每爻先列變爻，次列象占，十翼亦各分章數，其訓解各附句下，音釋考證則經附每卦之末，傳附每章之末，間有文義相因，即附辨於句下，證於諸經，好臆爲點竄，惟此書所改有根據。
33 周易本義集成十二卷首一卷元熊良輔撰	33 周易本義集成 12 卷元熊良輔	33 周易本義集成十二卷，元南昌熊良輔季重。自序在至治二年五月。
34 周易經傳集程朱解附録纂注十四卷首一卷附一卷周易會通元董真卿撰	34 周易會通 14 卷元董真卿	34 周易會通十四卷，元都陽董真卿季真。自序在天歷元年前。有例目姓氏因革一卷、圖二卷，其姓氏因革，頗足以資考據。此書板心云周易會通，而其每卷題云周易經傳集程朱解附録纂注，後學都陽董真卿編集，並無會通二字之名。蓋宋朝刊書，已有此失矣。案真卿學出胡一桂，此書篇次伏羲文王周公之經，翼以孔子之傳，各爲標目，故爲經傳。又取程子傳朱子本義，夾注其下爲集解。程子經説，朱子語録，各續傳後，故爲附録。又取一桂纂疏，增以諸説，是爲纂注。其後定名會通。蓋板心書今名，卷題書以舊名。
35 易圖通變五卷元雷思齊撰	35 易圖通變 5 卷元雷思齊	35 易圖通變五卷，元臨川道士雷思齊。案思齊宋亡後爲道士。其説自出新意，不主舊法。
36 易象圖説内篇三卷外篇三卷元張理撰	36 易象圖説 3 卷元張理	36 易象圖説六卷，元清江張理仲純。自序在至正二十四年。何焯曰："道藏本。"
37 大易象數鉤深圖三卷元張理撰	37 大易象數鉤深圖 3 卷元張理［誤記梁寅］	37 大易象數鉤深圖三卷，元張理。何焯曰："道藏本。"
38 周易參義十二卷元梁寅撰	38 周易參義 12 卷元梁寅［奪］	38 周易參義十二卷，元新喻梁寅孟敬。自序在後至元六年。

同治本通志堂經解目錄	李德懋經解目錄	研經齋全集外集卷二十一總經類通志堂經解書目 [易類384卷,書類224卷,詩類137卷,春秋類433卷,三禮類363卷,孝經類4卷,論語類20卷,孟子類23卷,四書類132卷,總經類63卷]
39 合訂删補大易集義粹言八十卷清納蘭性德撰	39 合訂删補大易粹言80卷納蘭成德編輯	39 合訂删補大易集義粹言八十卷,成德編。何焯曰:"集義粹言本義兩書,兩人所著,今合編之,頗屬杜撰。"翁方綱曰:"宋陳友文大易集義,撫周郡、朱子及上蔡、和靖、南軒、藍田、五峯、屏山、漢上、東萊十一家之説,曾輯大易粹言,撫二程張子及龜山定夫兼山白雲父子七家之説。此書彙輯成八十卷,凡采十八家之説。義門以爲杜撰,亦過泥矣。"又按大易粹言今考定,是宋方聞一撰,宋史藝文志,作曾穜誤也。
書解 19 種		
01 書古文訓十六卷宋薛季宣撰	01 古文訓 16 卷宋薛季宣	01 書古文訓十六卷,宋永嘉薛季宣士龍撰。純以古字寫之。何焯曰:"焦氏家藏本宋本,今歸東海。"
02 三山拙齋林先生尚書全解四十卷宋林之奇撰	02 尚書全解 40 卷宋林之奇第 34 卷殘本。	02 尚書全解四十卷,宋三山拙齋林之奇少穎撰。原闕第三十四卷多方篇,今於永樂大典中得之抄補乃成。何焯曰:"此書朱子所稱。"案是書多異説,然覃思積慮,實卓然成家。
03 程尚書禹貢論二卷後論一卷山川地理圖二卷宋程大昌撰	03 禹貢論 4 卷宋程大昌	03 禹貢論四卷,宋新安程大昌泰之,淳熙四年六月,自序上進。何焯曰:"從天乙閣鈔本,惜乎無圖,應訪有圖者補之。"翁方綱曰:"今於永樂大典鈔補。"案大昌精於地理。然歸有光譏其以鳥鼠同穴指爲二山之非。
04 尚書説七卷宋黃度撰	04 尚書説 7 卷宋黃度	05[改變順序]尚書説七卷,宋新昌黃度文叔。何焯曰:"明書帕本。"案此書以孔安國傳爲主。
05 增修東萊書説三十五卷首一卷宋吕祖謙撰宋時瀾修定	05 增修東萊書説 35 卷宋時瀾	04[改變順序]增修東萊書説三十五卷,宋東萊吕成公輯書説,自秦誓洎洛誥,未畢而卒,門人清江時瀾以平昔所聞纂成之。何焯曰:"影鈔宋本。"案王應麟玉海、林少穎書説,至洛誥而終,成公書説,自洛誥而始,蓋少穎學于吕居仁,祖謙又學少穎,瀾又續其説。

同治本通志堂經解目録	李德懋經解目録	研經齋全集外集卷二十一總經類通志堂經解書目〔易類384卷，書類224卷，詩類137卷，春秋類433卷，三禮類363卷，孝經類4卷，論語類20卷，孟子類23卷，四書類132卷，總經類63卷〕
06書疑九卷宋王柏撰	06書疑9卷宋王柏	06書疑九卷，宋金華王柏魯齋撰，多更易經文，蓋倣今文而疑之矣。案柏學出朱子，實則師心，與朱子之謹嚴絶異。
07書集傳或問二卷宋陳大猷撰	07書集傳或問2卷宋陳大猷	07書集傳或問二卷，宋陳大猷既集書傳，復自爲或問。同時東陽都昌有兩陳大猷。都昌陳大猷號東齋，饒雙峯弟子，著書傳會通，仕為黄州判官，即陳澔之父也。東陽陳大猷，紹興二年進士，六部架閣。今集傳不可見，而或問猶存。張雲章以集解或問，是東陽之書。朱氏經義考則謂："菉竹堂書目、萬卷堂目，皆載尚書集傳一十四册，未知是誰之書，而鄱陽董氏書纂注，列引用姓氏。"於陳氏書集傳注云："東齋則未可定爲東陽而非都昌也。"陳氏蔡傳旁通，亦引東齋集傳。何焯曰："汲古元本。"
08杏溪傅氏禹貢集解二卷宋傅寅撰	08禹貢集解2卷宋傅寅	08禹貢集解二卷，宋義烏杏溪傅寅撰。此書凡闕四十餘板。何焯曰："宋本。"案此程大昌之學也。
09尚書詳解十三卷宋胡士行撰	09尚書詳解13卷宋胡士行	09初學尚書詳解十三卷，宋廬陵胡士行。何焯曰："從天乙閣鈔本通志堂原目，無初學二字。杭世駿道古堂文集有跋，謂初學二字不當删。"案此解多主孔傳而存異説於後，孔傳未善，引楊時、林之奇、吕祖謙説補之，諸説未備則以己意解之。
10尚書表注二卷宋金履祥撰	10尚書表注2卷元金履祥	10尚書表注二卷，元蘭谿金履祥撰，王柏弟子也，書之上下四旁，皆有識語。何焯曰："金仁山表注，名重而書僅中等。且元刻有殘闕處補全者，未可盡信。是顧湄伊人妄爲補合耳。"案此其晚年定本，與蔡傳頗有異同云。
11尚書纂傳四十六卷元王天與撰	11尚書纂傳46卷元王天與	11尚書纂傳四十六卷，元梅浦王天與立大撰。何焯曰："李氏元刻最精。"
12書蔡氏傳輯録纂注六卷首一卷元董鼎撰	12書傳6卷元董鼎	12書蔡氏傳輯録纂注六卷，元鄱陽董鼎李亨撰，真卿之父。案其自序謂得朱子之再傳，鼎族兄夢程學於黄榦，鼎學於夢程。

同治本通志堂經解目録	李德懋經解目録	研經齋全集外集卷二十一總經類通志堂經解書目〔易類 384 卷,書類 224 卷,詩類 137 卷,春秋類 433 卷,三禮類 363 卷,孝經類 4 卷,論語類 20 卷,孟子類 23 卷,四書類 132 卷,總經類 63 卷〕
13 書纂言四卷元吳澄撰	13 書纂言 4 卷元吳澄	13 今文尚書纂言四卷,元吳澄。其卷前序目,即艸廬之古文考也。
14 書蔡氏傳旁通六卷元陳師凱撰	14 書蔡傳傍通 6 卷元陳師凱	14 書蔡氏傳旁通六卷,元彭蠡陳師凱。不録經文。但摘蔡傳語,猶如蔡傳之疏耳。然頗足資考據。何焯曰:"汲古元板。"
15 尚書句解十三卷元朱祖義撰	15 尚書句解 13 卷元朱祖義	15 尚書句解十三卷,元廬陵朱祖義子由撰。何焯曰:"六經皆有句解,不過節略舊注,非另出手眼者。"
16 書集傳纂疏六卷首一卷元陳櫟撰	16 尚書傳纂疏 6 卷元陳櫟	16 書集傳纂疏六卷,元新安陳櫟定宇。何焯曰:"汲古元板。"案櫟宋亡後隱居三十八年,年六十三出應試,中浙江鄉試,以病不及會試。是編疏通蔡傳之意故曰疏,纂輯諸家之說故曰纂。
17 尚書通考十卷元黃鎮成撰	17 尚書通考 10 卷元黃鎮成	17 尚書通考十卷,元昭武黃鎮成存齋。何焯曰:"汲古元刻惜有闕,葉應爲標出。"
18 王耕野先生讀書管見二卷元王充耘撰	18 讀書管見元王充耘	18 讀書管見二卷,元吉水王充耘耕野,摘取經語說之。案與蔡氏多異同。
19 定正洪範集說一卷首一卷元胡一中撰	19 定正洪範 1 卷元胡一中	19 定正洪範集說一卷,元諸暨胡一中允大,於九疇皆分大禹之經箕子之傳,以斂時五福,至民用僭忒,爲九五福六極之傳,以王省維歲,至則以風雨,爲三八政四五紀之傳。何焯曰:"汲古元刻李中麓藏本中闕一葉,從黃梨洲處補全。"
詩經解		
01 毛詩指說一卷唐成伯璵撰	01 毛詩指說 1 卷唐成伯璵〔誤記爲成伯瑜〕	01 毛詩指說一卷,唐成伯瑜撰,凡四篇。其傳受一篇,足資考核,唐世說詩正義而外傳者惟此書耳。其中尚有闕字。瑜新唐志作璵。何焯曰:"李中麓鈔本。"案定詩序首句爲子夏所傳,其下爲毛萇所續,實此書發其端。

同治本通志堂經解目録	李德懋經解目録	研經齋全集外集卷二十一總經類通志堂經解書目 [易類 384 卷，書類 224 卷，詩類 137 卷，春秋類 433 卷，三禮類 363 卷，孝經類 4 卷，論語類 20 卷，孟子類 23 卷，四書類 132 卷，總經類 63 卷]
02 詩本義十五卷鄭氏詩譜補亡一卷宋歐陽修撰	02 毛詩本義 15 卷－附鄭氏詩譜 1 卷宋歐陽修	02 毛詩本義十五卷，附補鄭氏詩譜一卷，宋歐陽修前十二卷，摭篇爲論爲本義，多規毛、鄭之説，其偶從毛、鄭者則第十三卷取舍義一條中著之。蓋後三卷是揔論也。此書召南篇内闕失二十餘行，又此詩譜一卷，當云補鄭氏詩譜，板心云詩本義譜，專系之本義者非也。目云鄭氏詩譜，又專以歸修者亦非也。何焯云："遵王宋，伊人校勘未當，深爲可怪。"案自唐以來説詩者，莫敢議毛鄭，至宋而新義日增，舊説俱廢，實發於修，然修之書，本出和氣平心，以意逆志。其立論特不曲徇二家，非欲相抗。
03 李迂仲黄實夫毛詩集解四十二卷首一卷宋李樗講義宋黄櫄講義宋吕祖謙釋音	03 毛詩集解 42 卷宋李樗、黄櫄	03 毛詩集解四十二卷，宋李樗、黄櫄，此書閩縣李迂仲、龍溪黄實夫二家，卷前各有詳説揔論，其卷内黄氏又引李迂仲説。蓋黄在李後，或是本相續而作，互爲補苴，併爲一書，故無合編姓氏也。案樗、櫄二書，疑爲建陽書肆所合編，樗爲林之奇外兄，又吕本中門人，學有淵源，櫄解體例亦同，但不相附合，如論詩序，樗取蘇轍説，爲毛公作，衛宏績。櫄用王安石程子説，以爲非聖人不能作，所見迥爲不同。
04 毛詩名物解二十卷宋蔡辨撰	04 毛詩名物解 20 卷宋蔡元度[字誤記以蔡辨，字元度，標記爲宋元度]	04 毛詩名物解二十卷，宋蔡卞，多用王氏字説。案王氏新義及字説行而士風一變，其爲名物訓詁之學者，惟卞與陸佃二家。佃安石客，卞安石壻也。
05 詩説一卷宋張耒撰	05 詩説 1 卷宋張耒	05 詩説一卷，宋張耒，僅十二條，從宛邱集鈔出。
06 詩疑二卷宋王柏撰	06 詩疑 2 卷宋王柏	06 詩疑二卷，宋金華王柏撰，一名詩辨説。竟欲删去野有死麕等三十一篇，而退何彼穠矣、甘棠於王風。
07 詩傳遺説六卷宋朱鑑撰	07 詩傳遺説 6 卷宋朱鑑	07 文公詩傳遺説六卷，宋朱鑑文公孫，集語類爲之，自跋在端平二年。案其説首綱領，次序辨次六義，繼之以風雅頌之論斷，終之以逸詩詩譜叶韻之義，以朱子之説，明朱子未竟之義。

同治本通志堂經解目錄	李德懋經解目錄	研經齋全集外集卷二十一總經類通志堂經解書目 〔易類 384 卷，書類 224 卷，詩類 137 卷，春秋類 433 卷，三禮類 363 卷，孝經類 4 卷，論語類 20 卷，孟子類 23 卷，四書類 132 卷，總經類 63 卷〕
08 逸齋詩補傳三十卷篇目一卷宋范處義撰	08 逸齋詩補傳 30 卷宋無名氏	08 詩補傳三十卷，題曰逸齋，不著姓名。朱氏經義考，據宋藝文志，作金華范處義，紹興中進士也。第三十卷廣詁，足備查檢，南宋之初最攻序者鄭樵也，最尊序者范處義也。案處義此書篤信古文，務求實證。但詩序以爲尼山之筆，引據孔叢子，既屬僞撰，牽合春秋，尤爲旁義，矯枉過直，是亦一義。
09 詩集傳名物鈔八卷元許謙撰	09 毛詩名物鈔 8 卷元許謙	09 詩集傳名物鈔八卷，元東陽許謙。敏求記云：“朱子之學，一傳爲何基、王柏，再傳爲金履祥、許謙白雲一代大儒，其於詩專宗朱子，汎掃毛鄭之説，然此書頗有資考處。”何焯曰：“汲古舊鈔本。”案謙雖受學於王柏，實多採陸德明釋文及孔穎達正義，亦未嘗株守一家，名之曰鈔，蓋以此云。
10 詩經疑問七卷附編一卷元朱倬撰宋趙悳撰附編	10 詩經疑問 7 卷元朱倬	10 詩經疑問七卷，元盱黎朱倬孟章撰。此書内間有有問而無答者，云以俟後人深思也。後附南昌趙悳疑問附徧。何焯曰：“葉九來藏本。”
11 詩解頤四卷明朱善撰	11 毛詩解頤 4 卷明朱善	〔詩解頤四卷遺漏〕
春秋 35 種	李德懋記録道：春秋見解 33 種。	記録爲 33 種。遺漏 2 種
01 春秋尊王發微十二卷附録一卷宋孫復撰	01 春秋尊王發微 12 卷宋孫復	01 春秋尊王發微十二卷，宋孫復撰，明復嘉祐二年卒，年六十六，作此書時，蓋在天聖間，唐以前説春秋者，多本三傳，至陸淳始別出新義，此書本淳意多，與先儒異，此參合三傳本也。案此書謂春秋有貶無褒，深爲峻刻，二百四十年，無一善類，楊安國謂其説庚常秋，比之商鞅之法，然朱子謂凜凜可畏，終始得聖人意。
02 春秋皇綱論五卷宋王晳撰	02 春秋皇綱論 5 卷宋王晳〔誤記爲王晳〕	02 春秋皇綱論五卷，宋太原王晳，至和間官太常博士，據三傳注疏及啖趙之説，其缺者以己意釋之，凡二十三篇。案其言明易，無穿鑿附會之習。

同治本通志堂經解目録	李德懋經解目録	研經齋全集外集卷二十一總經類通志堂經解書目〔易類 384 卷，書類 224 卷，詩類 137 卷，春秋類 433 卷，三禮類 363 卷，孝經類 4 卷，論語類 20 卷，孟子類 23 卷，四書類 132 卷，總經類 63 卷〕
03 春秋劉氏傳十五卷宋劉敞撰	03 春秋傳 15 卷宋劉敞	春秋傳十五卷，宋劉敞撰，卷前有春秋傳名氏，自周至宋凡八十七家，二劉亦在内。案此書節録三傳事迹，斷以己意，褒貶義例，多取公、穀，惟好改竄，是爲一失。
04 春秋權衡十七卷宋劉敞撰	04 春秋權衡 17 卷宋劉敞	04 春秋權衡十七卷，宋劉敞。何焯曰："孫北海藏宋本，惜未遵行。"案敞邃於禮，故是書進退諸説，往依經立義，不似孫復之意爲斷制。
05 劉氏春秋意林二卷宋劉敞撰	05 春秋意林 2 卷宋劉敞	05 春秋意林二卷，宋劉敞，案葉夢得云正名分別嫌疑，大義微言，得聖人之意。
06 春秋年表一卷闕名撰	＊06〔遺漏〕	〔06 遺漏〕
07 春秋名號歸一圖二卷後蜀馮繼先	07 春秋名號歸一圖 2 卷宋馮繼先	07 春秋名號歸一圖二卷，蜀馮繼元。此書通志堂原目，作宋馮繼先，閻百詩與戴唐器書云繼元，先當作元，僞蜀朝人，宜居宋孫復之首，乃置劉敞之後何也。何焯曰："海虞某氏家藏本。"案此書岳珂重編，取春秋經傳所載人名，核其異稱使歸一，蓋左氏學也，然紕繆不足貴也。
08 龍學孫公春秋經解十五卷宋孫覺撰	＊08〔遺漏〕	〔08 遺漏〕
09 春秋臣傳三十卷宋王當撰	09 春秋列國臣傳 30 卷宋王當	09 春秋臣傳三十卷，宋眉山王當，元祐間人。案當字子思，蘇轍以賢良方正薦，廷對慷慨，不避權貴，策入四等，蔡京知成都，舉爲學官不就，後京相，當遂不復仕。
10 西疇居士春秋本例二十卷宋崔子方撰	10 春秋本例 20 卷宋崔子方	10 春秋本例二十卷，宋涪陵崔子方彦直，嘗與蘇、黄諸君子游，此書凡十六門，大約以日月時爲例。何焯曰："汲古舊鈔本。"案陳振孫書録解題，稱其辨正三傳之是非，而專以日月爲例，正蹈其失而不悟，所論甚允。

同治本通志堂經解目錄	李德懋經解目錄	研經齋全集外集卷二十一總經類通志堂經解書目
		[易類 384 卷，書類 224 卷，詩類 137 卷，春秋類 433 卷，三禮類 363 卷，孝經類 4 卷，論語類 20 卷，孟子類 23 卷，四書類 132 卷，總經類 63 卷]
11 木訥先生春秋經筌十六卷宋趙鵬飛撰	11 春秋經筌 16 卷宋趙鵬飛	11 春秋經筌十六卷，宋左綿趙鵬飛，經義考例之南宋本。何焯曰："全書從天乙閣鈔來，汲古得李中麓殘本三册，用以校勘，有整句脱落者，其新鈔皆未愜意。"案木訥得濂洛之傳，倡於西蜀。其言曰："魚可以筌求，經不可以筌求，道不可以器聞而可以心求，求經嘗求聖人之心，此經筌之所作也。"
12 石林先生春秋傳二十卷宋葉夢得撰	12 石林春秋傳 20 卷宋葉夢得	12 石林春秋傳二十卷，宋葉夢得，末有開禧乙丑，孫筠及真德秀跋，蓋是讞、考、傳三書合刻之跋也。案此書參考三傳以求經，多不因循舊説。
13 止齋先生春秋後傳十二卷宋陳傅良撰	13 春秋後傳 12 卷宋陳傅良	13 春秋後傳十二卷，宋陳傅良從勸德堂刊本鈔寫者也。此書大指詳按攻媿序，止齋尚有左氏章指一書，應訪求之。案宋人説春秋者，最推傅良，以公穀説參之左氏，以其所不書實其所書，以其所書推其所不書，得學春秋之要。
14 春秋集解三十卷宋呂祖謙撰	14 春秋集解 30 卷宋呂祖謙	14 春秋集解三十卷，宋呂祖謙。納蘭容若序，疑是呂居仁作，云須得善本，有陳邕序者，方可證定之。然其卷内則題曰呂祖謙伯恭，而朱氏經義考，則呂本中、呂祖謙二先生名下，皆載春秋集解三十卷，蓋即一書之前後誤複耳。今入四庫全書，作呂本中。
15 左氏傳説二十卷宋呂祖謙撰	15 春秋左氏傳説 20 卷宋呂祖謙	15 春秋左氏傳説二十卷，宋呂祖謙。案成公之學，於左傳最深，其發揮左傳者，有類編、博議及此書，類編便記誦，今不傳。博議與此書，皆據事發揮，指陳得失，此書尤詳。
16 春秋左氏傳事類始末五卷附録一卷宋章沖撰	16 春秋左氏傳事類始末 5 卷宋章沖	16 春秋左氏傳事類始末五卷，宋章沖淳熙十四年守台州，作目録，後附録災異及事物等，亦有資於查考。何焯曰："汲古鈔本，原爲姚舜咨所藏。"案沖少從葉夢得學，夢得作春秋讞，沖執左傳，從傍撿閲，乃得攄摭附類，二百四十二年之間，小大之事，靡不采取，約而不煩，一覽盡見。
17 春秋提綱十卷宋陳則通撰	17 春秋提綱 10 卷宋陳則通	17 春秋操綱十卷，宋陳則通國史經籍志，作元人經義考，亦列於元人内，其書分侵伐朝聘盟會雜例四門。案此書多推究成敗，體如史論，在春秋家，別成一格。

續表

		研經齋全集外集卷二十一總經類通志堂經解書目
同治本通志堂經解目録	李德懋經解目録	［易類 384 卷，書類 224 卷，詩類 137 卷，春秋類 433 卷，三禮類 363 卷，孝經類 4 卷，論語類 20 卷，孟子類 23 卷，四書類 132 卷，總經類 63 卷］
18 春秋王霸列國世紀編三卷宋李琪撰	18 春秋五伯列國世紀編 5 卷宋李琪	18 春秋王霸列國世紀編三卷，宋李琪嘉定辛未七月自序。案琪當南渡後，借春秋以寓時事，略與胡安國同。
19 春秋通説十三卷宋黄仲炎撰	19 春秋通説 12 卷宋黄仲炎	19 春秋通説十三卷，宋温州布衣黄仲炎若晦，紹定三年五月自序。何焯曰：東海先有鈔本，從黄俞邰處來，仍舊書也。後汲古得李中麓所藏影鈔宋本，用以付刊。案仲炎大旨謂直書事迹，義理自明，於古來經師相傳王不稱天，桓不稱王之類，一切闕之，且論孔子必不私段正朔，尤義正詞嚴。
20 春秋集注十一卷綱領一卷宋張洽撰	20 春秋集注 11 卷宋張洽	20 春秋集注十一卷、綱領一卷，宋朝奉郎直秘閣清江張洽元德，端平元年九月壯進，元德朱子門人也，謚文憲。何焯曰："汲古宋板。"案皇明洪武初，與胡氏傳同頒學宫，而胡傳單行，而此書流傳日鮮，其説集諸家之長，務歸至當，允宜頒行。
21 春秋或問二十卷宋吕大圭撰	21 春秋或問 20 卷宋吕大圭	21 春秋或問二十卷，宋温陵吕大圭圭叔，人稱樸卿先生，受業於陳北溪之門人。案此書大旨，多主左氏穀梁而深排公羊，於何休解詁，斥之尤力，大圭德祐時知漳州，不降元遇害，立身本末，無愧於春秋之義者。大圭師僭軒王昭，昭爲北溪陳淳弟子，淳受業于晦菴，淵源有自，人稱温陵派。
22 春秋五論一卷宋吕大圭撰	22 春秋五論 1 卷宋吕大圭	22 春秋五論一卷，宋吕大圭。按五論，一曰論夫子作春秋，二曰辨日月褒貶之例，三曰特筆，四曰論三傳長短，五曰世變，圭叔著述甚多，而既抗節死，書皆燬於兵火，獨此書得存。
23 則堂先生春秋集傳詳説三十卷綱領一卷宋家鉉翁撰	23 春秋詳説 30 卷宋家鉉翁	23 春秋集傳詳説三十卷、綱領一卷，宋家鉉翁則堂先生，入元北遷，不屈放還，此其北遷時作。何焯曰："從天乙閣鈔本。"案鉉翁德祐時，以大臣從少主在瀛州者十年，憂患困躓，作此書，抑揚與奪，多從經義，以抒己憤。

續表

		研經齋全集外集卷二十一總經類通志堂經解書目 [易類 384 卷,書類 224 卷,詩類 137 卷,春秋類 433 卷,三 禮類 363 卷,孝經類 4 卷,論語類 20 卷,孟子類 23 卷,四 書類 132 卷,總經類 63 卷]
同治本通志堂 經解目録	李德懋 經解 目録	
24 春秋類對賦 一卷宋徐晉 卿撰	24 春秋類對賦 1 卷宋徐晉卿	24 春秋經傳類對賦一卷,宋徐晉卿。何焯曰:汲古李中麓 鈔本,杭世駿曰:"此書當入類家,不當列之經解。"翁方綱 云:"類對賦北宋皇祐中作,蓋亦以其近於類家,故附置宋 末耳,然究不宜入經解也。"案此書非深於春秋者,然首尾 貫穿,多資考據。
25 春秋諸國統 紀六卷元齊履 謙撰	25 春秋諸國統 紀 6 卷元齊 履謙	25 春秋諸國統紀六卷,宋齊履謙,延祐四年六月自序,凡 二十二篇,前有目録一卷,言所以叙諸國統紀之義。何焯 曰:"汲古元本,顔書最精。"案此書與李琪列國記體例略 同,而以魯冠周前例不可解。
26 春秋本義三 十卷首一卷元 程端學撰	26 春秋本義 30 卷元程端學	26 春秋本義三十卷,元四明程端學時叔所採三傳以下之 説,凡一百七十六家,自序在泰定四年四月。何焯曰:"元 刻最精,有句讀圈點,抹因中有闕葉,不敢擅增,句讀圈 點,鄙見有無,皆照元本,而東海必欲一例,竟未刻句讀點 抹,惜哉。"翁方綱曰:"此書前有問答通論綱領及點抹例 一卷,中有所説紅黄青黑點抹之别,今尚刻於卷前,而其 卷内乃不刻之,無怪義門之致惜矣。"案此書持論刻覈,與 孫復相類。
27 春秋或問十 卷元程端學撰	27 春秋或問 10 卷元程端學	27 春秋或問十卷,元程端學。案四明之學,多宗象山,獨 黄震、史蒙卿爲朱子之學,端學與兄端禮師事蒙卿,深得 朱子明體達用之學,時以二程目之,此書皆發明本義 之旨。
28 春秋集傳十 五卷元趙汸撰 明倪尚誼校定	28 春秋集傳 15 卷元趙汸	28 春秋集傳十五卷,元趙汸。案汸師事九江黄楚望,傳春 秋之學,所著諸書,皆名重當世,是傳艸,至昭公二十八年 乃疾,至洪武己丑而卒,昭公二十八年以下,其門人倪尚 誼續之。
29 春秋屬辭十 五卷元趙汸撰	29 春秋屬辭 15 卷元趙汸	29 春秋屬辭十五卷,元趙汸凡八篇,自序謂筆削之,大凡 蓋制作之原也。案汸此書大旨,春秋之法,在乎屬辭比 事,以杜預釋例、陳傅良後傳爲本,取所長而棄其短,有未 及者,辨以補之。何者爲史策舊文,何者是聖人筆削,悉 有附麗。

同治本通志堂經解目録	李德懋經解目録	研經齋全集外集卷二十一總經類通志堂經解書目〔易類 384 卷,書類 224 卷,詩類 137 卷,春秋類 433 卷,三禮類 363 卷,孝經類 4 卷,論語類 20 卷,孟子類 23 卷,四書類 132 卷,總經類 63 卷〕
30 春秋師説三卷附録二卷元趙汸撰	30 春秋師説 3 卷元趙汸	30 春秋師説三卷,元趙汸至正戊子,述其師黄楚望之説,爲十一篇,又附録二卷。案汸嘗館于虞集,多玩所藏書,得之者最多。
31 春秋左氏傳補注十卷元趙汸撰	31 春秋左氏傳補注 10 卷元趙汸	31 春秋左氏傳補注十卷,元趙汸,案此書宗杜預注,而以陳傅良左傳章者通之。
32 春秋諸傳會通二十四卷首一卷元李廉撰	32 春秋諸傳會通 24 卷元李廉	32 春秋諸傳會通二十四卷,元廬陵李廉,至正九年七月,自序所編諸傳,據左氏公穀及胡陳張而以胡氏爲主。然所引張洽語,仍即今所見張氏集注,而非張氏之傳,則知張洽集傳,其書之佚久矣。案楊士奇東里集,廉至正壬午,以春秋舉於卿,擢進士,官信豊令,遇寇亂守節死。
33 春秋集傳釋義大成十二卷首一卷元俞皋撰	33 春秋集傳釋義大成 12 卷元俞皋	33 春秋集傳釋義大成十二卷,元新元俞皋撰。其書備載三傳及胡氏傳。案吴澄以爲兼列胡氏,以從時尚,而四傳之名,實權輿於是。
34 清全齋讀春秋編十二卷元陳深撰	34 讀春秋編 12 卷元陳深	34 讀春秋編十二卷,元陳深清全入元不仕,當人宋人,列家鈜翁之後。何焯曰:元人鈔本,案此書以胡氏爲宗,兼採左氏。
35 春秋春王正月考一卷辨疑一卷明張以寧撰	35 春王正月考 2 卷明張以寧	35 春王正月考二卷,明古田張以寧志道撰考一卷、辨疑一卷。案以寧洪武三年,奉使册封安南王還,卒於道,是書即雲南寓舍所著。春王正月,建子無疑,唐劉知幾始以春秋爲夏正,宋儒從之爲夏時冠周月之説,支離蔓引,以寧徵引五經,參以史漢,以决數百年疑案。
三禮		

同治本通志堂經解目録	李德懋經解目録	研經齋全集外集卷二十一總經類通志堂經解書目 〔易類 384 卷,書類 224 卷,詩類 137 卷,春秋類 433 卷,三禮類 363 卷,孝經類 4 卷,論語類 20 卷,孟子類 23 卷,四書類 132 卷,總經類 63 卷〕
01 新定三禮圖二十卷宋聶崇義集注	01 三禮圖 20 卷宋聶崇義	三禮圖集注二十卷,宋洛陽聶崇義自周顯德三年,奉命參定郊廟器玉,因采鄭康成、阮諶等六家圖列定,至宋建隆二年奏之,竇儼爲之序,今通志此刻序無姓名者,即竇序也,而無崇義自序,朱氏經義考尚節録聶序,蓋舊本有之也。何焯曰:"汲古宋本序文,稍有訛處,已經改正,書中訛錯亦多,蓋通志堂刻本,不依原書款式也。"案張昭等言書中宮室車服等圖,多與鄭玄注違異,然抄撮諸家,不盡出於杜撰。
02 東巖周禮訂義八十卷首一卷宋王與之撰	02 周禮訂義 80 卷宋王與之	周禮訂義八十卷,宋樂清王與之次點東巖撰,東巖嘗撰周官補遺,摘取五官之屬,以補冬官,其説始自臨川俞壽翁廷椿復古編,而東巖與清原邱葵繼。然東巖所著訂義,則以諸屬仍列五官而爲之説也,此書採舊説五十一家,宋儒之説又四十五家,蓋言義理者,略備於此。何焯曰:"李中麓宋本。"案五十一家,唐以前僅杜子春、鄭興、鄭衆、鄭玄、崔靈恩、賈公彦等六家,其四十五家,佚其十之八九,賴是編以傳。
03 鬳齋考工記解二卷宋林希逸撰	03 考工記解 2 卷宋林希逸	鬳齋考工記解二卷,宋林希逸,每段有圖,雖未極詳博,而文頗明顯。何焯曰:"汲古宋本中有闕葉,應訪求補全。"案考工記雖補冬官,然後往往別釋,唐有杜牧注,宋有陳祥道注,林亦之、王炎諸家解而並不傳,獨希逸此書僅存,良由淺顯,初學易尋求也。
04 儀禮圖十七卷旁通圖一卷附儀禮本經十七卷宋楊復撰	04 儀禮圖 17 卷宋楊復	儀禮圖十七卷,宋楊復信齋朱子門人,嘗爲朱子編儀禮經傳通解,此圖凡二百有五,又旁通圖一卷,分宮廟弁冕牲鼎禮器諸類,爲圖二十有五,陳鱣曰:"吴■客嘗以鮑以文所贈元刻,校通志堂刊本,則通志刻本圖之甚謬也。"案讀儀禮者,必明於古人宮室之制而後,所位所陳揖讓進退,不失其方,是書闕此一門,隨事立圖,頗爲疎略。然依經繪像,約舉大端,可粗見古人梗槩。

續表

		研經齋全集外集卷二十一總經類通志堂經解書目
同治本通志堂經解目録	李德懋經解目録	研經齋全集外集卷二十一總經類通志堂經解書目〔易類 384 卷，書類 224 卷，詩類 137 卷，春秋類 433 卷，三禮類 363 卷，孝經類 4 卷，論語類 20 卷，孟子類 23 卷，四書類 132 卷，總經類 63 卷〕
05 禮記集説一百六十卷宋衛湜撰	05 禮記集説 160 卷宋衛湜	05 禮記集説一百六十卷，宋直秘閣崑山衛湜正叔櫟齋採集漢至宋説禮之書，凡一百四十四家，寶慶二年表進。何焯曰：“名重而書平平。”又曰：“集説從兩鈔本付刻，皆未盡善，伊人分校成部，大有乖誤。後數年，有項氏宋本，爲骨董家所得，中闕十餘卷，其板最精且多，魏鶴山序一首，屢勸東海借校，並補刻魏序，未之從也。其書今在金陵，應物色得之，真至寶也。伊人擅亂補遺卷數，另疏別紙。”毛扆汲古閣書目云：“禮記集説四十二本，綿紙舊鈔，世無其書，止有此影鈔宋本一部，今崑山所刻，借此古寫樣，而新刻後半部，爲顧伊人紊亂次第，幸存此本爲正。”衛正叔自跋云：“紹定辛卯，某備員江東漕筦，大資政趙公善相，見予集説，欣然損貲鋟木。次年秋，予秩滿而歸，迨嘉熙己亥越九年矣。里居虛次，搜訪新聞，遇有可採，隨筆補入，增十之三，揭來嚴瀨別刊此本。”庚子六月跋也。所以有卷第幾之後，添入幾條者，乃趙公刻後所增也。崑山刻書時下半部，乃顧伊人所校，對將後添者移入，前本失之矣，賴此本猶存衛公之舊。翁方綱曰：“衛氏此書，刻于嘉熙四年庚子。”慈溪黄氏日抄云：“吴郡衛氏集禮記解，自鄭康成而下，得一百四十六家，惟方氏、馬氏、陸氏有全書，其餘僅解篇章。凡講義論説嘗及之者皆取之，其書浩瀚，惟嚴陵郡有官本，此所謂嚴陵郡官本者，即此跋所云庚子六月刊于嚴瀨者是也。”案此書極浩博，乃禮家淵海，皇明初定制，乃以陳澔説立學官，而湜書在若隱若現之間。
06 禮經會元四卷宋葉時撰	06 禮經會元 4 卷宋葉時	06 禮經會元四卷，宋錢唐葉時，官龍圖閣學士，謚文康，與朱子發善，稱竹垞先生，其書凡百篇。
07 太平經國之書十一卷首一卷宋鄭伯謙撰	07 太平經國之書 11 卷宋鄭伯謙	07 太平經國之書十一卷，宋永嘉鄭伯謙撰，其目二十。

續表

		研經齋全集外集卷二十一總經類通志堂經解書目
同治本通志堂經解目録	李德懋經解目録	[易類 384 卷,書類 224 卷,詩類 137 卷,春秋類 433 卷,三禮類 363 卷,孝經類 4 卷,論語類 20 卷,孟子類 23 卷,四書類 132 卷,總經類 63 卷]
08 夏小正戴氏傳四卷宋傅崧卿注	08 夏小正解 4 卷宋傅崧卿	08 夏小正戴氏傳四卷,宋山陰傅崧卿,世所傳夏小正與大戴傳文合,傅氏始爲釐定,以正文居前,以傳列於後,何焯曰:"汲古宋人鈔本。"案此書多論治法政謨,不全主禮,以其語發自周禮,故置之禮類。
09 儀禮集説十七卷元敖繼公撰	09 儀禮集説 17 卷元敖繼公	09 儀禮集説十七卷,元福州敖繼公,君善家於吳興,趙孟頫之師也,何焯曰:"每卷後有一紙最善,惜尚闕幾卷失記其詳,應訪求補足。"翁方綱曰:"此謂其每卷後正誤也,所無者第一卷士冠,第十一卷喪服,第十五卷特牲饋食,此三卷之末,無此正誤耳。此須覓元朝刻本考之矣。"案此書雖稱康成注,疵多醇少,康成注簡約,又多古語,賈公彥疏,尚未能一一申明,繼公逐字研究,務暢厥旨,實有發揮,則亦不宜病其異同。
10 儀禮逸經傳一卷元吳澄撰	10 儀禮逸經傳 1 卷元吳澄	10 儀禮逸經傳一卷,元吳澄,經八篇傳十篇,朱竹垞謂應列於學官,案漢興,高堂生傳禮十七篇,孔壁出,多三十九篇,謂之逸禮,平帝時王莽主之,旋廢猶傳,至東漢鄭玄注三禮,曾引之是篇,掇拾逸經,以補儀禮之遺經八篇,曰投壺禮,曰奔喪禮,曰公冠禮,曰諸侯遷廟禮,曰諸侯釁廟禮,曰中霤禮,曰禘于太廟禮,曰王居明堂位,蓋倣朱子儀禮通解之例,其傳十篇,皆取二戴記,曰冠儀,曰昏儀,曰士相見儀,曰鄉飲酒儀,曰鄉射儀,曰燕儀,曰大射儀,曰聘儀,曰公食大夫儀,曰朝事儀。
11 經禮補逸九卷附録一卷元汪克寬撰	11 經禮補逸 9 卷元汪克寬	11 經禮補逸九卷,元新安汪克寬環谷鈔合三禮三傳諸經之文,以五禮統之,與草廬之書不侔矣。
12 禮記陳氏集説補正三十八卷清納蘭性德撰	12 禮記陳氏集説補正 38 卷納蘭成德	12 禮記陳氏集説補正三十八卷,成德撰,何焯曰:"不足據。"方苞曰:"張撲村以爲陸翼王所述。"按望溪志,撲村之墓云。君始以校勘宋元經解,客徐司寇家,何焯曰:"衛正叔禮記集説內補遺在卷數後者,七十三卷玉藻,七十六卷玉藻,七十七卷玉藻,九十三卷樂記,九十四卷樂記,九十六卷樂記,九十七卷樂記,九十九卷樂記。"

同治本通志堂經解目録	李德懋經解目録	研經齋全集外集卷二十一總經類通志堂經解書目 〔易類 384 卷，書類 224 卷，詩類 137 卷，春秋類 433 卷，三禮類 363 卷，孝經類 4 卷，論語類 20 卷，孟子類 23 卷，四書類 132 卷，總經類 63 卷〕
孝經		
01 孝經注解一卷唐玄宗明皇帝御注宋司馬光指解宋范祖禹説	01 孝經注解 1 卷唐玄宗，宋司馬光、范祖禹	01 孝經注解一卷，唐玄宗、宋司馬光、范祖禹，此合明皇注、司馬氏指解、范氏説爲一書也，丁杰云明皇所注者今文，司馬氏、范氏所解説者古文，如何合爲一書，何焯曰："李中麓本。"案孝經今文古文争端，不過字句間，觀光從古文，而句下乃備載唐玄宗今文之注，使二本南轅而北轍，可謂賢者之過。
02 孝經大義一卷元董鼎撰	02 孝經大義 1 卷元董鼎	02 孝經大義一卷，元鄱陽董鼎，案朱子作孝經刊誤，但釐正經傳，删削字句，而未及爲訓釋，鼎仍朱子改本，爲之詮解，雖遺辭稍冗，發揮明暢，有益於初學。
03 孝經一卷元吳澄校定	03 孝經定本 1 卷元吳澄	03 孝經定本一卷，元吳澄，即孝經章句，案此書以今文孝經爲本，分列經傳，其經合今文六章爲一章，其傳依今文爲十二章，改易其次序，澄門人張恒跋，稱澄觀邢疏而知古文之僞，觀朱子所論，知今文亦有可疑，因整齊諸説，附以己見，爲家塾課子之書。
04 晦庵先生所定古文孝經句解一卷元朱申撰	04 孝經句解 1 卷元朱申	04 孝經句解一卷，元朱申。
論語		
01 南軒先生論語解十卷宋張栻撰	01 南軒論語解 10 卷宋張栻	01 南軒論語解十卷，宋張栻，乾道九年五月自序，何焯曰："東海從天乙閣鈔本來，未可盡信。"案朱子大全中備載與栻商量此書之誤，抉摘疵瑕，多至一百一十八條，又訂其誤字二條，以今所行本較之，從朱子改正者，僅二十三條，餘悉仍舊稿。
02 論語集説十卷宋蔡節撰	02 論語集説 10 卷宋蔡節	02 論語集説十卷，宋永嘉蔡節，淳祐五年表進，案此書從朱子集説，其間偶有異同，而多牽强穿鑿。
孟子 3 種		

同治本通志堂經解目録	李德懋經解目録	研經齋全集外集卷二十一總經類通志堂經解書目[易類384卷,書類224卷,詩類137卷,春秋類433卷,三禮類363卷,孝經類4卷,論語類20卷,孟子類23卷,四書類132卷,總經類63卷]
01 南軒先生孟子説七卷宋張栻撰	01 南軒孟子説7卷宋張栻	南軒孟子説七卷,宋張栻,乾道九年十月自序,何焯曰:"東海從天乙閣鈔本,即以付刊後,得最精宋本,余勸其校正修板,未從也。"案栻諫除張説爲執政,出知嚴州,故多因著書,寄感憤於時事者。
02 孟子集注集疏十四卷宋蔡模撰	02 孟子集疏14卷宋蔡模	孟子集疏十四卷,宋蔡模覺軒,九峯先生沈之子,此書後序,在淳祐六年,何焯曰:"汲古宋本最精,尚有論語集疏,應訪求刻之。"案此書皆備列朱子集注原文而發明其義,故曰集疏,言如注之有疏。
03 孟子音義二卷宋孫奭撰	03 孟子音義2卷宋孫奭	03 孟子音義二卷,宋龍圖閣學士博平孫奭撰,采張鎰、丁公著、陸善經三家音義,可補陸德明經典釋文之闕,非孟子正義之影附者比,閻若璩曰:"奭諡宣公,真宗朝名儒,乃置南宋蔡模之後何也。"案陸德明經典釋文,群經皆有音義,獨缺孟子,奭校正趙歧注,因刊正,唐張鎰孟子音義及丁公著注孟子手音二書,兼引陸善經孟子注以成此書。
四書8種		
01 大學纂疏一卷中庸纂疏一卷論語纂疏十卷孟子纂疏十四卷宋趙順孫撰	01 四書纂疏26卷宋趙順孫	四書纂疏二十六卷,宋格菴趙順孫撰,其書一以朱注爲歸,何焯曰:"汲古宋本。"
02 大學集編一卷中庸集編一卷論語集編十卷孟子集編十四卷宋真德秀撰	02 四書集編26卷宋真德秀	四書集編二十六卷,宋真德秀,何焯曰:"李中麓鈔本,惜未盡善。"

續表

同治本通志堂經解目録	李德懋經解目録	研經齋全集外集卷二十一總經類通志堂經解書目[易類 384 卷,書類 224 卷,詩類 137 卷,春秋類 433 卷,三禮類 363 卷,孝經類 4 卷,論語類 20 卷,孟子類 23 卷,四書類 132 卷,總經類 63 卷]
03 大學通一卷中庸通一卷論語通十卷孟子通十四卷元胡炳文撰	03 四書通 26 卷元胡炳文	四書通三十四卷,元胡炳文,案此書取於趙順孫四書纂疏、吴真子四書集成二書者十四家,又二書之外,增四十五家,皆恪守考亭之學者。
04 大學章句或問通證一卷中庸章句或問通證一卷論語集注通證二卷孟子集注通證二卷元張存中撰	04 四書通證 6 卷元張存仲	四書通證六卷,元新安張存中,何焯曰:"汲古元本。"
05 大學章句纂箋一卷大學或問纂箋一卷中庸章句纂箋一卷中庸或問纂箋一卷論語集注纂箋十卷孟子集注纂箋十四卷元詹道傳撰	05 四書纂箋 26 卷元詹道傳	05 四書纂箋二十六卷,元詹道傳撰,用王魯齋所定句讀,何焯曰:"李中麓元本。"案是書略做古經箋疏之體,取朱子四書章句集注幾問,正其音讀,考其名物度數,各注本句下。
06 四書通旨六卷元朱公遷撰	06 四書通旨 6 卷元朱公遷	06 四書通旨六卷,元鄱陽朱公遷克升撰,編類之目,凡九十有八。
07 四書辨疑十五卷元陳天祥撰	07 四書辨疑 15 卷元無名氏	07 四書辨疑十五卷,元人失名,吴中范撿討必英家藏元本也,朱氏經義考云范本是元時舊刻,不著撰人名氏,是偃師陳氏天祥所撰。
08 大學集説啓蒙一卷中庸集説啓蒙一卷元景星撰	08 學庸啓蒙 1 卷元景星	08 學庸集説啓蒙二卷,元余姚景星訥菴,案此書與章句互有出入,然發明頗切。

同治本通志堂經解目録	李德懋經解目録	研經齋全集外集卷二十一總經類通志堂經解書目〔易類 384 卷，書類 224 卷，詩類 137 卷，春秋類 433 卷，三禮類 363 卷，孝經類 4 卷，論語類 20 卷，孟子類 23 卷，四書類 132 卷，總經類 63 卷〕
諸經總共 7 種		
01 經典釋文三十卷唐陸德明撰	01 經典釋文 30 卷唐陸德明	01 經典釋文三十卷，唐陸德明撰，釋易、書、詩、三禮、三傳、孝經、論語、爾雅、老莊，前有序録一卷，序言癸卯追陳，至德初年也。何焯曰："從導王鈔本付刊，伊人所校，滿紙皆訛謬，武林顧氏豹文有宋本，屢勸東海借校，未從也。"案德明吴人，多從吴音，如以來爲黎，以野爲汝，從其方音，與孔穎達同，與登瀛之選，而釋文正義多背馳。
02 公是先生七經小傳三卷宋劉敞撰	02 七經小傳 3 卷宋劉敞	02 七經小傳三卷，宋劉敞撰，前世經傳多守注疏，至原甫，始以己意説經，雜釋詩、書、春秋、周禮、儀禮、禮記、論語，異於諸儒之説，王荆公修經義，蓋本於此，案原甫雖以己意説經，皆有根據，快洗經生之陋。
03 六經奧論六卷首一卷宋鄭樵撰	03 六經奧論 6 卷宋鄭樵	03 六經奧論六卷，宋鄭樵，黎温序云是鄭樵唐荆川神論從之，朱氏經義考，列入無名氏云，其書議論，與通志略不合，且漁仲上書自叙所撰經説，無此書名。案漁仲强辨，正自難及，而宋儒多從理學上立脚，不能窺考證家藩籬，故漁仲名盛。
04 六經正誤六卷宋毛居正撰	04 六經正誤 6 卷宋毛居正	04 六經正誤六卷，宋毛居正撰，訂易、書、詩、禮記、周禮、春秋三傳家體之誤，居正衢州人，毛晃之子，何焯曰："焦氏宋本。"
05 熊先生經説七卷元熊朋來撰	05 經説 7 卷宋熊明來	經説七卷，宋南昌熊朋來撰，易、詩、書、春秋、儀禮、周禮、大小戴記及雜説也，何焯曰："其人博雅。"案熊氏之説甚該，即漁仲之亞流。
06 十一經問對五卷元何異孫撰	06 十一經問對 5 卷 -〔原文缺少"一"字〕- 何異孫	06 十一經問對五卷，元何異孫撰，説爲疑問如策對也，書、詩、春秋、三禮、論語、孝經、學、庸、孟子，無周易，敏求記云："禮記中大學中庸兩篇，河南始分爲二書，而此已與禮記列爲三經矣。"何焯曰："汲古元刻付刊，惜缺序文，後汲古復得一本序文，特全寫刻樣付京，竟未曾刻。"陳鱣曰："此所謂後一本者亦元刻，今爲鮑以文所收，以校崑山刻本，補其缺矣。"案此書頗淺利於功令，恐非深於講學者。

續表

同治本通志堂經解目録	李德懋經解目録	研經齋全集外集卷二十一總經類通志堂經解書目 [易類 384 卷,書類 224 卷,詩類 137 卷,春秋類 433 卷,三禮類 363 卷,孝經類 4 卷,論語類 20 卷,孟子類 23 卷,四書類 132 卷,總經類 63 卷]
07 五經蠡測六卷明蔣悌生撰	07 五經蠡測 6 卷明蔣悌生	07 五經蠡測六卷,明福寧蔣悌生仁叔自序,在洪武三年,闕禮記,實四經耳,春秋一卷亦甚少,凡一百三十八種。

四

　　正祖在奎章閣中建立了抄啓文臣的講經制述制度,1781 年(正祖五年)辛丑年教示中下令將御製條問和抄啓文臣條對作爲《經史講義》整理成冊①。經史講義從抄啓文臣制度開始實施的 1781 年夏開始一直持續到 1799 年,在這期間編成了《大學講義》(3 卷),《論語講義》(5 卷),《孟子講義》(4 卷),《中庸講義》(6 卷),《詩經講義》(9 卷),《尚書講義》(8 卷),《周易講義》(5 卷),《資治通鑑綱目講義》(10 卷),《左傳講義》(1 卷)。這些講義的寫本收録在《弘齋全書》卷 64－卷 119,共 56 卷中。《周易講義》和《尚

---

①《弘齋全書》卷一八○《群書標記》"周易講義"下附的辛丑教示如下:"文風不振,由培養之失其本也。譽髦之盛,尚矣,不可論。如詞翰小藝,亦未能躐等而襲取,必須磨礱,然後乃可成就而需用。近來年少文官,纔決科第,便謂能事已畢,不曾看一字做一文,又從以束閣書籍,不識爲何物。習俗轉痼,矯革未易,雖有專經之規,月課之式,作輟無常,名實不符,朝家勸課,既乖其方,新進怠忽,不可專責。予於曩日十事策躬也,以人才之不興,惓惓爲説。大抵人才不可以一概論,以文學爲最重。蓋其蘊之德行,發諸事業,以至飭皇猷礪頹俗,鳴國家之盛者,實有關於世道之污隆,治教之興衰,豈可曰少補也哉!今欲倣古設教以爲作成之道,則湖堂太簡,徒啓奔競之風,知製稍衆,反歸濫屑之科。若就文臣堂下中,限其年,廣其選,月講經史,旬試程文,月終聚而考之。較勤慢,行賞罰,未必不爲振文風之一助。文臣參上參下,年幾歲以上抄啓,遂自是歲爲始,每過新榜,廟堂選槐院分館中三十七歲以下,有文識可教者以啓,謂之抄啓文臣,輪講五經四書,或臨筵發難,或拈疑頒問,以第其所對之優劣,而使閣臣及抄啓文臣等,陸續編次。此經書講義之所以成也。條問則全載之,諸文臣對語,則節略以附於條問之下。"

書講義》以別本單行的方式傳世。《弘齋全書》中經史講義及其後的《鄒書春記》、《魯論夏箋》、《曾傳秋録》和《類義評例》等與經學相關的其他著述統合起來,在《弘齋全書》184卷中分量超過了三分之一。

正祖在對奎章閣抄啓文臣的經書講義條問中多次間接引用明清的經學學説,在這其中經常引用敕撰本的《折中》和《彙纂》,與此相比,《通志堂經解》的運用程度較低。

通過正祖的經書講義可知,在關於《孝經》、《論語》、《孟子》的條問中,完全没有引用《通志堂經解》中收録的經解。

關於《書》的條問,主要引用了《書古文訓》(薛季宣),《三山拙齋林先生尚書全解》(林之奇),《程尚書禹貢論、後論、山川地理圖》(程大昌),《書疑》(王柏),《尚書表注》(金履祥),《書蔡氏傳輯録纂注》(董鼎),《書纂言》(吴澄),《書蔡氏傳旁通》(陳師凱),《書集傳纂疏》(陳櫟),《王耕野先生讀書管見》(王充耘),《定正洪範集説》(胡一中)中的學説,而更多的引證了《文獻通考》中的學説。

關於《詩》的條問,引用了《逸齋詩補傳》(范處義),《詩集傳名物鈔》(許謙),《詩解頤》(朱善)等論著,相較之下,更多運用了朱公遷《詩經疏義會通》的内容(此書收録於《四庫全書》中)。

關於三禮的條問中,雖然提及了與《周禮》冬官的重構相關的王與之、柯尚遷的學説,但是這並不一定是引用《通志堂經解》中收録的王與之《東巖周禮訂義》,柯尚遷《周禮全經釋原》、《三禮全經釋原》、《曲禮全經類釋》的内容。

　　漢儒以《考工記》補《冬官之》闕,而俞壽翁著《復古編》以爲《冬官》不亡,雜出五官中。王與之訂義,吴幼清考注並從之。至柯尚遷則以《地官·遂人》而下屬於《冬官》,爲周禮釋原。然鄉屬司徒而遂屬司空,則不成篇例矣。後儒之駁之者曰:“俞廷春謂冬官散見於五官,而遂掇五官之屬,以補《冬官》,則周禮一書,深遠精密,其官職之布置,必皆有精義,遽以一人之見,割裂而牽補之可乎?昔則一官闕,而今成五官俱闕。”此説何如?蓋《考工記》本無冬官二字,故謂之以漢人所加,或曰:“考工記文字最妙,豈漢儒所能到?人不信《周禮》,並此篇推與漢儒。”或曰:“《周禮》爲周公未成之書,勿論漢前後,補之者得周公遺

意。"此説亦何如？（以下省略）①

　　而且從大全本的小注中引用過經解，如下例所示，没有引用（明）朱善的《詩解頤》，而是從大全本小注中引用了此經解。

　　　　經史講義28○詩8[小旻之什]

　　　　"謀之其臧"以下，亦如前章指王而言。蓋不臧之謀，即瀆詛小人之謀，王乃用之云爾。小注豐城朱氏説恐非是。

　　　　[得永對]此承上文"謀臧不從，不臧覆用"而言，則專指其君而言。朱善拘於"瀆詛"之文，便欲以全章屬之小人，其見泥矣。

　　《周易講義》以《周易傳義大全》和《周易折中》爲主要對照本，同時也參考了宋董楷的《周易傳義附録》，元胡一桂的《周易發明啓蒙翼傳》，元胡炳文的《周易本義通釋》，元吴澄的《易纂言》，清趙繼序《周易圖書質疑》②等。其中《周易發明啓蒙翼傳》和《周易本義通釋》從朝鮮中葉就廣爲熟知，而《周易圖書質疑》24卷使用的是清代編撰《四庫全書》中的安徽巡撫採進本。

　　例如，癸卯年選拔中對抄啓文臣的《周易講義》中，有關於無妄卦的條問如下：

　　　　朱子解《中庸》"誠"字曰真實無妄之謂，此解"無妄"曰實理自然之謂，抑有同異之可言歟？所謂無妄者，亦有無所期望之意。丘氏（丘富國）所謂惟其無妄，所以無望，及胡氏（胡居仁）所謂自然二字，已兼無望之意云者，果合於朱子之意耶？③

　　這裏所引用的丘富國的學説和胡居仁的學説都是出自《周易折中》無妄卦集説的内容。

––––––––––––––

①《弘齋全書》卷一〇八，經史講義45，總經3，戊午年（1798，正祖二十二年），對湖南、關西、關北選拔的儒生特别提出的條問："三禮"。

②趙繼序，休寧人，號易門，乾隆辛酉舉人。以象數來論述《周易》，不認同陳邵所謂河洛説中圖是根據《易》而制的，而主張《易》是以圖爲基礎而成的，因爲錢義方的學説而廣爲人知。該書不分卷數，卷首僅書"古經"12篇，之後將經義逐節詮釋，不載經文，只用卦爻表示，遵行漢儒經傳別行的範例，之後用32幅圖各自説明。最後附有《大衍象數考》、《春秋傳論易考》、《易通歷數》、《周易考異》、《卦爻類象》。象從卦變中來，兼采漢宋之説。

③《弘齋全書》卷一〇一《經史講義》38，易1，癸卯年選拔"無妄卦條問"。

　　雖然正祖在《周易講義》中引用了《周易折中》的集説和按語,但是並不認同集説中陸象山和王陽明的學説。

　　《尚書講義》以闡明經書義理的問題和辯證古文《尚書》爲重點,參考了明清時期的學説。正祖介紹説明了古文《尚書》的由來,繼而探討了以朱子爲首對古文《尚書》持疑的學者們的觀點。其中有宋代的吳棫、趙汝談、陳振孫,元代的吳澄,明代的趙汸、梅鷟、鄭瑗、歸有光、羅敦仁等①。

　　王柏(1197—1274)不僅對古文《尚書》持疑,甚至對《周易》、《詩經》、《三禮》、春秋三《傳》、《孝經》,以及今文《尚書》也持懷疑態度,因此正祖也探討了王柏的學説。通過探討,正祖回顧了今文古文《尚書》論爭的學術史,對於朱子對古文《尚書》的真僞存疑的同時,只對二《典》和《大禹謨》注疏的理由提出了疑問。並且進一步認爲如果廢棄古文《尚書》的話,作爲聖學的核心、經學的支柱的 16 字《大禹謨》及《太甲》、《説命》中的優秀思想和周官的制度都將虛空不存,因此學習研究經學的學者們必須廣泛考證,深思熟慮。正祖可謂一直秉持朱子所説的"經書有不可解處,只得闕,若一向

---

① 正祖《尚書講義》三,《弘齋全書》卷九十五書經十二。"《尚書》古文出孔子壁中,孔安國悉得其書,考《伏生》二十九篇,得多十六篇。于時司馬遷亦從安國問,故班固謂遷書載《堯典》、《禹貢》、《洪範》、《微子》、《金縢》諸篇,多古文説。然其所載不出二十九篇,惟《湯誥》載其文百三十字,《泰誓》載其文九十七字,良由十六篇,未奉詔旨立博士設弟子,故安國不敢私授諸人。而自膠東庸生,以至桑欽所習者,仍二十九篇而已。東漢初扶風杜林得漆書於西州,以授徐巡、衛宏,於是賈逵作訓,馬融作傳,鄭康成作注。餘若尹敏、孫期、丁鴻、劉祐、張楷、孔喬、周盤類從漆書之學,初不本于孔安國。而唐孔氏《正義》謬稱孔所傳者賈逵、馬融,其亦疏矣。《後漢書·孔僖傳》亦稱自安國以下世傳古文尚書,而趙岐注《孟子》,高誘注《吕覽》,杜預注《左傳》,遇孔氏增多篇文,皆曰"逸書"。則壁中之書,雖藏僞家,而不在科策之例,世人固莫得以識也。然則此增多十六篇者,自漢迄西晉,蔑有見者。至東晉之初,五十九篇俱出,而并得孔氏受詔所作之傳。自是諸儒,或説大義,或成義疏,或釋音義,越唐及宋,莫敢輕加擬議。至朱夫子始疑之,伸其説者吳棫、趙汝談、陳振孫諸家,而元之吳澄,明之趙汸、梅鷟、鄭瑗、歸有光、羅敦仁尤非之。此係《尚書》一大疑案,其顯晦之沿革,真僞之得失,今可以明白剖析歟?"

去解,便有不通而謬處"的治學態度①。

正祖指出《書集傳》中缺乏一貫性,從而批判了沿襲《書集傳》中錯誤的《書傳大全》。正祖在條問的發難中,將朱熹的經學中因時間經過而産生的思想的矛盾折中定論,調和大全本中朱熹的學説和小注中所引的諸儒學説之間的矛盾,將朱熹的學説與明末清初的諸儒的學説比較,這都是試圖確立和鞏固朱熹學説的正統性②。

蔡沈認爲武王戰勝商之後微子到周,進見武王而分封於宋,引證了《左傳》僖公六年中逢伯的話。但是,正祖認爲通過經文的記事"詔王子出迪"之語可知,微子可能是在商亡之前,即將亡未亡之時,聽取箕子之語,而離開了商。並且認爲在武王戰勝商,分封三仁之一的微子並不受商的祭祀,從這一點來看,武王並没有召見微子③。但是,這一批判微子分封説的條文與明代王樵的《尚書日記》類似。王樵的學説收録於清代《欽定書經傳説

---

① 正祖《尚書講義》一,《弘齋全書》卷九十三,《集成》六十,書經十二:"是以朱夫子亦嘗疑之曰:某嘗疑孔安國書是假書。又曰:孔書至東晉方出,前此諸儒皆未之見,可疑之甚。又曰:書凡易讀者皆古文,難讀者皆今文。又曰:豈有數百年壁中之物,不訛損一字者。合衆説而觀之,夫子平日之論,概可知也。然則蔡序所云二《典》、《禹謨》蓋嘗是正,又何故歟? 朱子之箋釋群經也多矣,至及於《離騷》、《參同》之類,而至於此經而獨闕焉,其亦有微意於其間歟? 如以爲其書之可疑,則何不作一辨以明其僞,反使門人作傳歟。今若以古文真爲可疑,則《禹謨》之十六言,《太甲》、《説命》之徽言嘉猷,《周官》之制度,都歸烏有也。此實聖學之頭顱也,經術之大關也。窮經之士,必有所博考而深量者。願聞畫一之論。"
② 沈慶昊,《正祖的經學研究方法窺見》,《泰東古典研究》21,翰林大學校,泰東古典研究所,2005 年。
③《弘齋全書》卷九十三《經史講義》三十二,書三,癸卯選微子,"[條問]《集傳》以微子之適周,謂在於武王克商之後,以《左氏》面縛銜璧之語爲證。然以經考之,詔王子出迪者,已出於父師之語。且武王克商,即反商政,釋箕子之囚,封比干之墓,式商容之閭者,皆載於經,則豈於微子獨遺之耶?《史記》謂微子抱祭器而造軍門,亦甚無謂。如微子抱器而往,則武王如何不封微子,使奉湯祀,而必封武庚耶? 以此推之則微子之出,已在於武王克商之前,武王之封武庚,以微子之遯而未獲也。然則《集傳》之説,豈非偶失照檢耶?"

彙纂》的附録中①，正祖通過《欽定書經傳説彙纂》而接觸到王樵的學説也不無可能。

通過《尚書講義》可知，正祖以《書傳大全》爲基本文本，並參考了許多明清的注釋。明永樂年間胡廣等學者以元代陳櫟的《尚書集傳纂疏》和陳師凱的《書蔡傳旁通》爲主，編撰了《書傳大全》，蔡沈《書集傳》的學説成爲正統教學的學説。清康熙帝（1654—1772，在位 1661—1722）用《書集傳》作爲進講的文本，命講官庫勒納、葉方藹等收集講演時的講義原稿。最終在康熙十九年（1680）夏編成了《日講書經解義》13 卷。之後康熙帝深感《書集傳》的訓詁和考證都有失嚴謹，又命王頊齡（1642—1725）等將蔡沈之外的漢、唐、宋、元、明的學説收集、折中②。王頊齡等將《書集傳》的是非加以分辨，增補集説和附録，編成了《欽定書經傳説彙纂》。此書於雍正八年（1730）刊行。現在韓國延世大學國學資料室中藏有《欽定書經傳説彙纂》，共 14 册，上有"萬機"、"弘齋"的印記。正祖從這本將《書集傳》的是非分辨清楚的著作中，受到了不小的刺激。

《詩經講義》中，相較於引用《通志堂經解》，更多的是不注明出處地引用毛奇齡（1623—1713）的經解，將其與《詩集傳》和大全本小注的學説進行對照。正祖在對《詩經》進行討論時，在對修正批判朱熹學説的詩論或三家詩説進行探討的同時，意圖確立朱熹學説的正統性和優越性。正祖從辛丑年起，曾 4、5 次頒給、條對有關《詩經》的條文。最終編成《詩經講義》九卷（寫本）。其中 1785 年抄啓文臣洪仁浩編寫了條問辛丑選二卷和條問癸卯選一卷，1791 年抄啓文臣徐有榘編撰了條問甲辰選一卷，1792 年抄啓文臣金熙朝等編寫了條問己酉庚戌選五卷。條問辛丑選二卷和條問癸卯選一卷從 1783 年（癸卯）開始校對。當時負責校正《毛詩講義》的李德懋批判毛奇齡在詩經論中對朱熹的批評推翻了儒林的公案③。條問己酉庚戌選即辛亥頒給條問，在《詩經講義》寫本的"標記"部分，正祖要求對毛詩序的從違問題下定論，並且認爲"近代儒者之公詆前賢，別創新意，尤不足多辨"，

①《欽定書經傳説彙纂》卷九"微子"附録。
②《欽定書經傳説彙纂》，《世宗憲皇帝御製書經傳説彙纂序》。
③《青莊館全書》卷十二，《雅亭遺稿》四，《校内閣毛詩講義》13 首。

警戒妄論《詩經》者實有好誇競奇的風潮①。辛亥頒給條問第一問的"總論"中,指出《詩集傳》雖有訓釋,但關於小序美刺説並無定論,詩篇分析較爲困難。之所以對小序的可信度提出疑問,直接原因是近代學者即毛奇齡的異説②。正祖間接引用毛奇齡的《白鷺洲主客説詩》,關於小序作者,提出與《詩集傳》和《詩經大全》不同的異説③。毛奇齡不是極端的從序派,爲了否定朱熹的淫詩説,而否定了小序及小序的刺詩説。朱熹的《詩序辨説》中批判性地探討了序説,雖然在《詩集傳》中没有記載,但是例如真德秀的《大學衍義》參考小序的學説等有關小序取用的問題,在朱熹之後的學者中也一直是難題。最終清代康熙帝"研思六義,綜貫四家",以《詩集傳》爲綱,下令將古義中不可磨滅的部分作爲附録附上,並在 1727 年(雍正五年)刊行了《欽定詩經傳説彙纂》20 卷④。可以確定的是,在《欽定詩經傳説彙纂》刊行、頒發的第二年,1728 年(英祖四年)引進朝鮮。這其中批判了朱熹的鄭風淫詩説。在 1755 年(乾隆二十年)編撰的《欽定詩義折中》20 卷中重視毛、鄭學説,用鄭箋分章代替《詩集傳》的分章體系,排斥朱熹的淫詩説,根據《毛詩序》解釋詩旨和微事⑤。正祖的《詩經講義》相對於《欽定詩義折中》,更多參考了《欽定詩經傳説彙纂》。

　　《大學》雖然引用了《大學通》、《中庸通》、《論語通》、《孟子通》(胡炳文),但是更爲頻繁地引用了陳德秀的《大學衍義》。在《詩》的經解中,反復

---

① 《弘齋全書》卷一八〇《群書標記》,"詩經講義"。"詩之篇旨、六義、古韻、詩樂、鳥獸、草木、器用、服飾,爲類至頤,用工至密。雖以吕伯恭之博識,所著讀詩記,猶不免偏主小序之病。輔漢卿之醇儒,所著童子問,亦不免多背朱傳之譏。至如近代儒者之公詆前賢,别創新意,尤不足多辨。此編發問,本之以朱傳,參之以衆説。名物則只求其實然之證。字句則但其文從之訓,以懲説詩者好誇競奇之風云。"

② 近見一文字自燕中出來者,載其論詩説而曰:"漢魯國毛亨作訓詁傳,以授趙國毛萇,時人爲之大小毛公。所由授受,則得之趙人荀卿,而逆泝于根牟子、孟仲子、李克、曾申,以及于卜氏子夏。子夏親見聖人者,總其删述之旨,爲之序論,以授門弟子。今世所習三百篇小序,雖繫毛公,實本諸子夏氏而立説者也。"觀此説,則其叙來歷,似爲該備,而與朱子説不同。且所謂毛亨之作訓得之荀卿者,果何所據也?

③ 沈慶昊《朝鮮時代的漢文學和詩經論》,一志社,1999 年。

④ 《四庫全書總目提要》卷十六經部詩類二中提要。

⑤ 洪湛侯《詩經學史》(下册),中華書局,2002 年,頁 484。

引用了朱公遷的學説，但是《四書通旨》（朱公遷）僅在傳的第七章引用過一次。

五

《通志堂經解》中的一部分書籍是 1781 年（正祖五年）閣臣徐浩修等人接受王命，整理奎章閣皆有窩所藏的華本圖書，在擬定好的《奎章總目》"經解"條目下著録完成的。

《奎章總目》的解題圖書按照經史子集四部分類排列，原本著録的規模在《弘齋全書》中較爲詳細。據《弘齋全書》的記載，《奎章總目》中經部類圖書有 60 種，史部類圖書有 120 種，子部類圖書有 148 種，集部類圖書有 279 種，共 607 種。現存奎章閣所藏的《奎章總目》（奎 4461，筆寫本，4 卷 3 册）中經部類有 78 種，史部類有 134 種，子部類有 182 種，集部類有 303 種，共計 696 種，相較於《弘齋全書》多了 90 種。

《奎章總目》是在《内閣訪書録》（奎 1748，2 卷 1 册 74 張）編撰的基礎上完成的。《内閣訪書録》分爲 1 卷"經史"類和 2 卷"子集"類。收録的圖書經類有 134 種，史類 64 種，子類 124 種，集類 63 種，共計 385 種。雖然無法確認編撰負責人，但是是在正祖即位不久完成的①。

《内閣訪書録》以正祖二年購入的（清）鐘音等受命編成的 12 卷 10 册木板本《浙江採集遺書總録》（奎中 4564，乾隆三十九年，1774，序，簡稱"浙江書目"或"浙江遺書"）的解題爲參考。當時奎章閣内已經收入《文獻通考》、《通志》、《浙江採集遺書總録》、陳振孫的《直齋書録解題》（22 卷 20 册，乾隆三十九年，1774，序，簡稱"書録解題"）、顧炎武的《日知録》等。《奎章總目》的編輯者參考以上書籍中的解題，以此分類，並附各書的解題。《奎章總目》中未收録宋代《崇文總目》，晁公武的《郡齋讀書志》等②。1782 年（乾隆四十七年，正祖六年）永瑢等編撰完成木板本 20 卷 12 册《四庫全書簡明目録》後，此書即輸入朝鮮，首爾大學奎章閣現藏有 1 秩（奎中 5445）。

---

① 鄭浩勛，《内閣訪書録》解題，《奎章閣》13，1990 年。
②《崇文總目》收録于清代伍崇曜編撰的木板本《粤雅堂從書》中。奎章閣現藏有《粤雅堂叢書》（奎中 5969）。

《奎章總目》按照經史子集四部分類,在其下再分細目進行著録。但是,現存的《奎章總目》並非 1781 年(正祖五年)刊行的 607 種收録本,而是 1805 年(純祖五年)刊行的 696 種增補本。

卷一:皆有窩甲庫(經):總經類,易類,書類,詩類,春秋類,禮類,樂類,四書類,小學類。

卷二:皆有窩乙庫(史):正史類,編年類,別史類,掌故類,地理類,鈔史類,譜系類,總目類。

卷三:皆有窩丙庫(子):儒家類,天文類,曆籌類,卜筮類,農家類,醫家類,兵家類,刑法類,道家類,釋家類,雜家類,説家類,藝玩類,類事類,叢書類。

卷四:皆有窩丁庫(集):總集類,別集類

皆有窩甲庫(經)的書目以清刊本爲主,其中四書類 03《四書輯釋章圖大成》(元休甯倪士毅輯釋,林隱程複心章圖)明確標識爲日本板。而且四書類 14《增訂四書》(汪份增訂四書大全)雖注明"清長洲汪份輯",但現在奎章閣藏本中注明爲一齋佐藤即佐藤一齋(1772—1859)"閲",吉村晉(吉村秋陽)"點",其爲 1853 年吉村晉撰寫序文的千鐘房宋榮堂①的翻刻本。因此正祖當時是没有可能御覽奎章閣藏本的。

表紙裏面:江都一齋佐藤先生閲清汪份武曹增訂四書大全安藝吉村晉點千鐘房宋榮堂翻雕

序:康熙四十一年(1702)夏五月朔旦同里韓菼

序:康熙四十一年(1702)五月十一日賜進士第提督浙江等處學政鴻臚寺少卿支正四品俸仍兼管户科給事中事太原姜橚

序:康熙四十一年(1702)五月七日長洲汪份

後序:嘉永六年(1853)癸丑王月安藝秋陽學人吉村晉麗明甫造文

現行的《奎章總目》很可能也收入了純祖以後,從日本購入收藏的書籍。將《奎章總目》的皆有窩甲庫(經)書目與奎章閣現存本對照可以發現,

---

①宋榮堂是秋田屋太右慰門宋榮堂田中氏在大阪心齋橋筋安堂寺町南入ル、心齋橋通北二丁目、安堂寺橋通四丁目三八(明治九年本)設立的書店。井上隆明《改訂增補近世書林板元總覽》,日本書志學大系 76,青裳堂書店,頁 56;坂本宗子編《享保以後板元別書籍目録》,清文堂出版,頁 14、15。

正祖御覽的書籍並不多。因此"經解五百五十二本"也無法完全反映《通志堂經解》的保存狀態。

表 2：皆有窩甲庫(經)書目和奎章閣現存本

總經類	01 十三經注疏二部	一部一百二十八本皇明毛鳳苞汲古閣本。一部一百十五本清乾隆內閣本。	奎章閣藏乾隆十二年(1747)105 冊
	02 四書五經大全九十九本		
	03 奎璧四書三經十五本。	金陵奎璧齋梓	
	04 經義考四十八本(清朱彝尊著)		奎章閣藏朱彝尊録；李濤校木版本 298 卷 48 冊，乾隆四十二年(1777)序
	05 經解(《通志堂經解》)五百五十二本		
	06 經玩七本(清沈淑著)		奎章閣藏 20 卷 7 冊雍正三年(1725)序
	07 周易一本書傳一本(二經正文)	遼東都司王松苪元勛季仁刊	奎章閣藏《尚書》1 冊(89 張)
易類	01 郭氏傳家易説十一本(宋處士河南郭雍撰)	《經義考》闕，《大易粹言》所載本。陳振孫解題。	奎章閣藏 11 卷 7 冊印記：帝室圖書之章
	02 誠齋易傳四本(宋寶謨閣學士廬陵楊萬里撰)		奎章閣藏 20 卷 6 冊乾隆三十九年(1774)印記：帝室圖書之章
	03 易象意言一本(宋蔡淵撰)		奎章閣藏武英殿本 1 冊(29 張)乾隆三十九年(1774)卷首印記：帝室圖書之章

續表

總經類	01 十三經注疏二部	一部一百二十八本皇明毛鳳苞汲古閣本。一部一百十五本清乾隆內閣本。	奎章閣藏乾隆十二年(1747)105 册
	04 易纂言四本(元臨川吳澄著,總十二卷)	焦竑序	吳澄(元)學;談自省(明)等校;黄應登(明)重校奎章閣藏木版本 12 卷 4 册萬曆四十二年(1614)序印記:朝鮮國、弘齋、帝室圖書之章
	05 來氏易傳十本(明翰林院待詔來知德撰)		《梁山來知德先生易經集注》來知德(明)注;崔華(清)重訂;崔巒(清)等校奎章閣藏木版本 16 卷、卷首合 10 册康熙二十七年(1688)序印記:承華藏圭、弘齋、帝室圖書之章
	06 周易本義折中二部各十本(清康熙時敕太學士李光地等編纂)		《御纂周易折中》奎章閣藏卷首、22 卷合 10 册印記:己卯□□齒學、稽古右文之章(憲宗)、帝室圖書之章、弘齋、萬機之暇、極
	07 周易本義正解二十三本(清丹陽吳瑞麟輯)	吳瑞麟自序	丁鼎時(清)、吳瑞麟(清)纂輯奎章閣藏木版本首卷、22 卷合 23 册康熙三十一年(1692)序印記:帝室圖書之章
書類	01 書傳大全十本(永樂敕修本)	與總經類四書五經大全分別放置	奎章閣藏黄翰林校正郁郁堂藏板本
	02 東坡書傳八本(宋蘇軾撰)	晁公武,陳振孫解題	
	03 禹貢指南四本(宋毛晃撰)		奎章閣藏武英殿聚珍本 4 卷 4 册乾隆三十八年(1773)序印記:帝室圖書之章
	04 融堂書解本(宋錢時撰)	清紀勻[昀]等從《永樂大典》録出	奎章閣藏聚珍本 20 卷 8 册乾隆三十九年(1774)序印記:帝室圖書之章

續表

總經類	01 十三經注疏二部	一部一百二十八本皇明毛鳳苞汲古閣本。一部一百十五本清乾隆內閣本。	奎章閣藏乾隆十二年(1747)105 冊
	05 書傳彙纂二部(一部十二本,一部二十四本)(清康熙時敕太學士王頊齡等編纂)		《欽定書經傳說彙纂》奎章閣藏首卷、21 卷合 24 冊雍正八年(1730)刊印記:帝室圖書之章
詩類	01 詩經大全十二本(永樂敕修本)	宣德元年欽賜。按欽文之璽。	奎章閣藏葉向高(明)編纂;張以誠(明)校正;王氏(明)仝梓 8 冊(零本)印記:弘齋、承華藏圭、帝室圖書之章
	02 韓詩外傳三本(漢常山太傅韓嬰著)	晁公武解題	韓嬰(漢)著;程榮(明)校奎章閣藏木版本 10 卷 3 冊嘉靖十八年(1539)刊印記:重光之章、耆齋、翰墨寶藏(姜汝㮰 1620－1682)
	03 詩經鍾評四本(明竟陵鍾惺批評)	鍾惺自序	
	04 詩傳彙纂二部(一部十二本,一部二十四本)(清康熙時敕太學士王鴻緒等編纂)		《欽定詩經傳說彙纂》奎章閣藏 12 冊雍正五年(1727)刊印記:己卯受冊、辛巳齒學、震宮之章、觀(顧字誤作"觀")庵藏、帝室圖書之章
	05 詩義折中八本(清乾隆時敕太學士傅恒等編纂)		《御纂詩義折中》奎章閣藏 20 卷 8 冊乾隆二十年(1755)序印記:帝室圖書之章
春秋類	01 國語六本(魯左丘明撰)	李燾,陳振孫解題	左丘明(周)著;陳仁錫、鍾惺(明)合評奎章閣藏木版本 21 卷 6 冊印記:文獻之章、春坊內府之藏、海東青北
	02 左氏春秋傳十二本(魯左丘明著,明大司馬孫鑛評)	陳振孫解題	

續表

總經類	01 十三經注疏二部	一部一百二十八本皇明毛鳳苞汲古閣本。一部一百十五本清乾隆内閣本。	奎章閣藏乾隆十二年(1747)105 册
	03 春秋辨疑二本(宋蕭楚撰)	陸錫熊解題	奎章閣藏武英殿聚珍字本 4 卷 2 册乾隆四十年(1775)序印記:帝室圖書之章
	04 國語髓析四本(明東蒙公鼐古燕吕邦燿同批評)	董光宏序	公鼐、吕邦燿(明)批評;曹于汴、宋燾(明)校正奎章閣藏清板本 24 卷 4 册印記:帝室圖書之章
	05 左傳釋義評苑二十本(明琅琊王錫爵輯著)	申時行序	
	06 春秋公羊傳二本(清康熙時敕太學士王掞等編纂)		cf。何休(漢)學;陸德明(唐)音義奎章閣藏湖北官書重刊木版 11 卷 4 册光緒十二年(1886)刊
禮類	01 儀禮經傳通解具續二十四本(宋朱子撰。勉齋黄幹撰續通解二十九卷)	從朱子語類中的關聯言説中拔萃。	《儀禮經傳通解》奎章閣藏寶話堂刊(吕氏寶話堂重刻白鹿洞原本續編)37 卷、續 29 卷合 24 册印記:帝室圖書之章
	02 禮記大全十八本(永樂敕修本)	宣德元年欽賜。按欽文之璽。	奎章閣藏葉培恕(明)定、王志長(明)輯世德堂新鑴。
	03 禮記十四本(黄翰林校正本,用陳澔集説)		
	04 周禮注疏删翼十四本(明崑山王志長撰)		奎章閣藏金閶書業堂藏板 1792 年(乾隆五十七年)刊
	05 周禮全經十三本(明長樂柯尚遷集釋)	柯尚遷自序	奎章閣藏 13 卷 13 册印記:帝室圖書之章
	06 周禮輯義五本(清丹陽姜兆錫撰)	張大受序	姜兆錫(清)輯義奎章閣藏庚青樓 12 卷 5 册 1719 年(康熙五十八年)序

續表

總經類	01 十三經注疏二部	一部一百二十八本皇明毛鳳苞汲古閣本。一部一百十五本清乾隆內閣本。	奎章閣藏乾隆十二年(1747)105 冊
	07 三禮義疏一百八十二本(清乾隆時敕太學士張廷玉等編纂)		《欽定周官義疏》允禄(清)等受命編木版本卷首、48 卷合 28 冊 1748 年(乾隆十三年)欽定乾隆十九年(1754)刊行印記:集玉齋、帝室圖書之章
	08 家禮儀節七本(宋朱子著,明瓊山丘濬儀節)	楊復解題	朱熹(宋)編著;夏允彝(明)輯訂奎章閣藏古吳卓觀樓木版本 4 卷 4 冊乾隆 24 年(1759)刊印記:承華章、弘齋、帝室圖書之章
	09 讀禮通考三十本(清太學士徐乾學撰)		徐乾學(清)編奎章閣藏五雲堂藏版 120 卷 40 冊 1696 年(康熙三十五年)序
	10 五禮通考九十本(清禮部侍郎秦蕙田輯編)	蔣汾功序	秦蕙田(清)編輯、方觀承(清)同訂奎章閣藏味經窩藏板 262 卷 96 冊
樂類	01 苑洛志樂十一本(明大司馬韓邦奇撰)	黃宗羲解題	
	02 律吕正義五本(清康熙時敕魏廷珍、王蘭生等編纂)		《御製律吕正義》第 1-4 冊:清聖朝御定第 5 冊:清高宗御定第 1-4 冊:1713 年(康熙五十二年)第 5 冊:1746 年(乾隆十一年)
四書類	01 四書大全十八本(永樂敕修本)		
	02 四書十本		
	03 四書輯釋章圖大成二十三本(日本板)(元休寧倪士毅輯釋,林隱程復心章圖)	倪士毅自識。萬經(1659—1741)識。四庫館臣提要。	

總經類	01 十三經注疏二部	一部一百二十八本皇明毛鳳苞汲古閣本。一部一百十五本清乾隆內閣本。	奎章閣藏乾隆十二年(1747)105 册
	04 四書蒙引十五本(明南京國子祭酒蔡清著)		蔡清(明)著；林希元(明)等較奎章閣藏 15 册印記：弘文館、帝室圖書之章
	05 四書因問四本(明呂柟撰)	藍田知縣趙思道校刊	《涇野先生四書因問》魏廷萱(明)會集；趙師道(明)校刊奎章閣藏 6 卷 4 册印記：弘齋、朝鮮國、帝室圖書之章
	06 四書講意[義]九本(明項煜纂)總十九卷		《四書講義》呂留良(清)等；陳鏦(清)編次奎章閣藏 42 卷 8 册印記：承華藏圭、弘齋、帝室圖書之章
	07 四書直解十五本(明太學士張居正著)		奎章閣藏 27 卷 11 册印記：侍講院、群玉圖書之府
	08 四書人物備考八本(明薛應旂撰，陳仁錫增定)		
	09 晚村講義八本(明呂留良著)		
	10 四書析義二十本(清齊東張權時輯)總二十二卷。	黃叔琳序	
	11 四書朱子精言三十二本(清桐城周大璋輯)	周大璋自序	
	12 松陽講義四本(清當湖陸隴其著)。四書講義。	陸隴其自序	
	13 四書講義彙通十六本(清山陽李戴禮輯)	許汝霖序	

續表

總經類	01 十三經注疏二部	一部一百二十八本皇明毛鳳苞汲古閣本。一部一百十五本清乾隆內閣本。	奎章閣藏乾隆十二年(1747)105 册
	14 增訂四書□本(清長洲汪份輯)		(汪份增訂)四書大全表紙裏面:江都一齋佐藤先生閱清汪份武曹增訂四書大全安藝吉村晉點千鍾房宋榮堂翻雕序;康熙四十一年(1702)夏五月朔旦同里韓菼序;康熙四十一年(1702)五月十一日賜進士第提督浙江等處學政鴻臚寺少卿支正四品俸仍兼管户科給事中事太原姜橚序;康熙四十一年(1702)五月七日長洲汪份後序;嘉永六年(1853)癸丑王月安藝秋陽學人吉村晉麗明甫造文印記:(第 25 册)岳川藏書
	15 四書異同條辨三十八本(清都梁李沛霖撰)		
小學類	01 埤雅(宋陸佃撰)	陳振孫,晁公武解題	《新刊埤雅》奎章閣藏 20 卷 3 册印記:侍講院、帝室圖書之章
	02 小學二本(宋朱子撰)		
	03 説文解字十二本(漢許慎撰,徐鉉等補注補音)并增加新附字)		《説文真本》許慎(漢)記;徐鉉(宋)等奉敕校定奎章閣藏汲古閣藏板北宋本飜刻木版本 15 卷 8 册印記:帝室圖書之章、姑蘇華右齋書坊發兌印
	04 五音類聚五本(金松水韓道昭纂)		《改併五音類聚四聲篇》韓道昭(金)改併重編;韓德恩(金)等詳定奎章閣藏 15 卷 5 册印記:帝室圖書之章
	05 韻府群玉十本(元陰時夫中夫輯)	滕賓序	奎章閣藏《重鐫韻府群玉原本》20 卷 20 册大文堂藏版印記:集玉齋、帝室圖書之章

總經類	01 十三經注疏二部	一部一百二十八本皇明毛鳳苞汲古閣本。一部一百十五本清乾隆内閣本。	奎章閣藏乾隆十二年(1747)105 册
	06 洪武正韻二部各五本(明高皇帝敕翰林學士樂韶鳳、宋濂等撰)		奎章閣藏《洪武正韻》16 卷 5 册印記:敬軒、經庫史庫子庫集庫之印、帝室圖書之章
	07 説文長箋三十五本(明吳郡趙宧光撰)	四庫館臣提要	奎章閣藏 100 卷 35 册印記:帝室圖書之章
	08 海篇心鏡十本(明翰林院修撰朱之蕃著)	朱之蕃自序	《玉堂釐正字義韻律海篇心鏡》20 卷 10 册萬曆癸卯(1603)南都博古堂刊印記:侍講院
	09 音韻日月燈二十本(明兵部尚書新安吕維祺著)	鄭鄤序	吕維祺(明)著;吕維秬(明)詮卷首、30 卷合 11 册序:崇禎甲戌(1634)……鄭鄤表紙書名:同文鐸印記:帝室圖書之章
	10 義學正字三本(明大學士歸德沈鯉輯)	沈鯉自序	
	11 字彙十二本(明梅膺祚輯)	梅膺祚從兄梅鼎祚序	奎章閣藏 14 册印:[眉信]序:萬曆乙卯(1615)孟陬之月穀日立春江東梅鼎祚
	12 金海字彙十四本(明梅鼎祚著)		
	13 音學五書十六本(明東吳顧炎武著)	顧炎武自序	奎章閣藏顧炎武(明)纂著;徐乾學(明)參閲;張弨(明)較訂觀稼樓藏版 12 册光緒十一年(1885)刊印記:集玉齋、帝室圖書之章
	14 西儒耳目資三本(明西洋金尼閣著) 金尼閣(NicolasTrigault, 1577—1629)	張緟芳序	

續表

總經類	01 十三經注疏二部	一部一百二十八本皇明毛鳳苞汲古閣本。一部一百十五本清乾隆內閣本。	奎章閣藏乾隆十二年(1747)105 册
	15 康熙字典三十五本(清大學士張玉書等奉敕撰)		奎章閣藏 40 册印記:集玉齋、帝室圖書之章
	16 佩文韻府七本(清康熙時敕內閣撰)		奎章閣藏 106 卷、拾遺 9 卷合 115 册康熙五十年(1711)序印記:集玉齋、帝室圖書之章
	17 增補字彙十三本(清張自烈因梅膺祚字彙而增補)	湯學紳序	梅膺祚(明)原輯;張自烈(明)增補奎章閣藏繡谷振鄴堂藏板 13 册康熙二十九年(1690)印記:弘齋、學部圖書、編輯局保管
	18 篆字彙十二本(清遼陽佟世男編)	梁佩蘭序	奎章閣藏多山堂藏板 12 册序:康熙辛未(1691)……梁佩蘭印記:集玉齋、帝室圖書之章
	19 諧聲品字箋二十本(清錢塘虞咸熙草創男德升續著孫嗣集補注)凡十卷		虞聞子(清)著奎章閣藏石版本 20 册印記:朝鮮國御藏書、學部圖書、編輯局保管卷首:康熙十五年(1676)……黃機康熙十六年(1676)……孫在豊

　　由於《奎章總目》中没有收録"經解五百五十二本"的細目,在編撰《奎章總目》增補本的時候無法獲知《通志堂經解》是否保存完整。或者在有些情況下,是以全部完整保存爲前提。①

————————

①鄭浩勛認爲《奎章總目》中關於"詩類"的文獻目録下 11 種經解全部著録。정호훈,〈奎章總目〉과18 세기후반 조선의 外來知識集成,《한국문화》57, 규장각한국문화연구원,2012,頁 91—125。

表 3　《奎章總目》中有關"詩類"的文獻目録

參考鄭浩勛的《〈奎章總目〉**과 18 세 기 후 반 조 선 의** 外來知識集成》(2012)論文。

區分			書目
經	總經		《毛詩注疏》(《十三經注疏》),《詩傳大全》(《四書五經大全》),《奎璧詩經》(《奎璧四書三經》),《經義考》的"詩"部(清朱彝尊)
		《經解》(通志堂)	《毛詩指説》(唐成伯璵),《詩本義》、《鄭氏詩譜補亡》(宋歐陽修),《毛詩集解》(宋李迂仲、黄櫄),《毛詩名物解》(宋蔡卞),《詩説》(宋張耒),《詩疑》(宋王柏),《(朱公)詩傳遺説》(宋朱鑑),《詩補傳》(宋范處義),《詩集傳名物鈔》(元許謙),《詩經疑問》(元朱倬撰),《詩解頤》(明朱善)
		《經玩》	《毛詩異文補》(清沈淑)
	詩		《詩經大全》(宣德元年欽賜本),《韓詩外傳》(漢韓嬰),《詩經鍾評》(明鍾惺),《詩傳彙纂》(清王鴻緒等),《詩義折中》(清傅恒等)
	學		《詩本音》(《音學五書》中,明顧炎武)
史	掌故		《文獻通考·詩》(元馬端臨)
	總目		《直齋書録解題·詩》(宋陳振孫),《浙江書目·詩》(清鍾音等),《四庫全書簡明目録·詩》(清乾隆敕撰)
子	儒家		《二程全書·經説·詩説》(宋程頤),《讀詩一得》(宋黄震《黄氏日抄》中),《讀詩録》(明薛瑄《讀書録》中),《日知録》卷三"詩"(明顧炎武),《(御纂)朱子全書》卷三十五"詩"(清康熙御撰),《義門讀書記·詩》(清何焯)
	類事		《(古今)圖書集成·理學彙編經籍典·詩經部》(清康熙敕撰)
	叢書	漢魏叢書①	《詩説》(漢申培)[﹡僞書],《韓詩外傳》(漢韓嬰)
		唐宋叢書	《詩小序》(魯卜商)

---

① 根據《奎章總目》的解題,可以推測明萬曆年間程榮編寫的 38 種本中羅列了何允中補益的何氏本 76 種 254 卷。

區分		書目
	津逮秘書	《詩序辨説》(宋朱熹),《詩傳孔氏傳》(周端木賜),《詩説》(漢申培),《詩外傳》(漢韓嬰),《毛詩草木鳥獸蟲魚疏廣要》(明毛晉)《詩考》(宋王應麟),《詩地理考》(宋王應麟)
	知不足齋叢書	《詩傳注疏》(宋謝枋得),《昌武段氏詩義指南》(宋段昌武)
集	別集	《升庵外集·經説·詩》(明楊慎),《儼山文集·詩微》(明陸源),《毛詩寫官記》、《詩札》、《詩傳詩説駁義》、《白鷺洲主客説詩》、《國風省篇》、《續詩傳鳥名》《西河集》清毛奇齡),《榕村經説·詩説》(清李光地)

現在首爾大學奎章閣中收藏的《通志堂經解》部分僅存:

1.《復齋易説》6卷1册(奎中3234)趙彦蕭(宋)著:有納蘭性德1676年(清康熙十五年丙辰)寫的序文,後有1221年(嘉定辛巳)文人喻仲可和莆陽許興裔寫的跋文,並附"復齋趙先生行實"。趙彦蕭習陸九淵之説,與朱熹主張不同。

2.《易雅筮宗》1册(奎中3380-12)著者趙汝楳(宋):用解釋易學用語和概念的《易雅》及解釋説明"繫辭傳"中所載的蓍草所卜"大衍之數"之法的《筮宗》,2本著作的合本。

3.《大易緝説》10卷5册(奎中3381)王申子(元)著:納蘭成德(清)校正,附有通志堂序,1677年(清康熙十六年)。前2卷探討河圖、洛書,後8卷注釋經文的同時,將承、乘,應、比用"繫辭上傳"中所謂易之四道的辭、變、象、佔加以解釋。

4.《周易本義啓蒙翼傳》4册(奎中3456)胡一桂(元)學:附有1313年(元皇慶癸丑)自序。"上篇"按天地自然之易、伏羲易、文王易、周公易、孔子易分類,並以圖説説明。"中篇"探討三代易、古易、古易之變、古易之復、易學傳授,"下篇"分爲舉要、筮法、辨疑。

5.《周易經傳集程朱解附録纂注》14卷6册(奎中4452)董真卿(元)編著:附有1677年(康熙十六年)序,又稱《周易會通》。雖然董真卿師從胡一桂學習易學,但是不用於胡一桂的《易本義附録纂疏》將朱熹的《本義》分爲經傳兩部分,而是將經傳合一。而且引用了未取程頤《易傳》和朱熹之説的蘇軾、朱震、林栗的學説，及其師胡一桂批判爲惑世誣民之説的林黄中、袁機仲的學説。

6.《古周易》1 册（42 張）（奎中 4521）吕祖謙（宋）著：以晁説之編著的"古周易"爲正，將他所校正的篇目分爲上經和下經，各一篇，令附十翼十篇，試圖恢復古本的原貌。朱熹的《本義》以此爲底本。

《通志堂經解》的詩解雖然在正祖初期就已經引入，但是與其中的詩解相比，正祖更多地是以《詩經大全》爲中心，擬定御製條文，更爲積極地引用了《欽定詩經傳説彙纂》和《御纂詩義折中》等清代的欽定本和敕撰本。作爲正祖有必要參考清初經解中出現的變化，以確立朝鮮獨立的學術定論：

康熙五十四年（1715），御纂《周易折中》二十二卷；

康熙六十年（1721），欽定《春秋傳説彙纂》三十八卷；

雍正五年（1727），欽定《詩經傳説彙纂》二十卷，序二卷；

雍正八年（1730），欽定《書經傳説彙纂》二十四卷；

乾隆十三年（1748），欽定《周官義疏》四十八卷；

乾隆十三年（1748），欽定《儀禮義疏》四十八卷；

乾隆十三年（1748），欽定《禮記義疏》八十二卷；

乾隆二十年（1755），御纂《周易述義》十卷；

乾隆二十年（1755），御纂《詩義折中》二十卷；

乾隆二十三年（1758），御纂《春秋直解》十六卷；

乾隆三十八年（1773）四十七年（1782），欽定《四庫全書總目》。

正祖時期，作爲抄啓文臣負責答辯《詩經講義》中辛亥條問的徐有榘多次引用《欽定詩經傳説彙纂》。徐有榘與登刊《四書輯釋》有關，與仲父徐瀅修來往的書信中披露，應當參考清代編撰的欽纂本等，編著《十三經傳説》。即《易》引用《折中》，《詩》、《書》、《春秋》引用《彙纂》，三禮引用《義疏》（欽定本），並加以概括，《孝經》、《爾雅》也按照此方式，《大學》、《中庸》中穿插《禮記》，《左傳》、《谷梁》、《公羊》分别單行成書，各以《注疏》爲前編，以《傳説》爲後編，網羅諸儒的答解，編撰成卷。

根據《奎章總目》，正祖爲了探討各種經解，不限於朱子學的教條主義式的經解，廣泛引入了大量多樣的經解。經部中設總經類，與四書五經大全一樣，收錄了《十三經注疏》，彙纂本，折中本等。此外，《奎章總目》中除了程朱學的書籍外，也收錄了諸多思想潮流的書籍：

　　(a)程朱學:《邵子全書》(儒家,邵雍,宋),《朱子大全》(別集,朱熹,宋),《四書輯釋章圖大成》(四書,倪士毅,元。日本板),《四書蒙引》(四書,蔡清,明),《朱子全書》(儒家,康熙御纂,清)

　　(b)象山學:《象山集》(別集,陸九淵,宋)

　　(c)事功學:《臨川集》(別集,王安石,宋),《水心集》(別集,葉適,宋),《龍川集》(別集,陳亮,宋)

　　(d)陽明學和晚明小品家:《藏書》(別史,李贄,明),《性理大全會通》(儒家,鍾人傑,明)《明儒學案》(儒家,黃宗羲,明)《聖學宗傳》(儒家,周汝登,明),《朱子晚年全論》(儒家,李紱,清),《老莊翼》(道家,焦竑,明),《小窗自紀》(說家,吳從先,明),《王文成公全書》(別集,王守仁,明),《袁中郎集》(別集,袁宏道,明)《李氏焚書》(別集,李贄,明),《大雅堂集》(別集,李贄,明),《澹園集》(別集,焦竑,明),《歇菴集》(別集,陶望齡,明)

　　(e)明末清初考古家:《牧齋初學集》、《牧齋有學集》(別集,錢謙益,明)

　　(f)考證學:《四書異同條辨》(經,李沛霖,清)《四庫全書簡明目錄》(史,內閣諸臣,清),《日知錄》(子,顧炎武,明),《西河集》(別集,毛奇齡,清)

　　(g)清刊本:《經義考》(總經類),李光地等《周易本義折中》(易類),《三禮義疏》(禮類),徐乾學《讀禮通考》(禮類),《律呂正義》(樂類),李沛霖《四書異同條辨》(四書類),《康熙字典》(小學類),《明史》(正史類),《明史稿》(正史類),《八旗通志》(別史類),《繹史》(別史類),《明史本末》(別史類),《大清會典》(掌故類),《武英殿聚珍版程式》(掌故類),《讀史方輿記要》(地理類),《輿地圖》(地理類),《浙江書目》(總目類),《四庫全書簡明目錄》(總目類),《知不足齋叢書》(叢書類)等

　　(h)清皇帝文集:《康熙御製集》,《乾隆御製集》,《味餘書室全集定本》(嘉慶御製)

　　(i)西學:《坤輿圖說》(地理類,南懷仁 FerdinandVerbiest 編撰),《西洋新法曆書》(曆籌類),《澤天通憲圖說》(曆籌類,李之操整理利瑪竇 MatteoRicci 諸法),《治曆緣起》(曆籌類),《數理精蘊》(曆籌類),《曆象考成後編》(曆籌類)

　　但是,正祖在《詩經講義》中本著保護朱子學的立場引用經解,從而選擇地引用了明清的經解。

　　正祖之所以沒有廣泛地引用《通志堂經解》,是因爲其在經學思想領域

所具有的局限性。如上所述，後代的成海應便質疑，《通志堂經解》在《易》的部分没有收録李鼎祚的《集解》，《詩》的部分没有收録歐陽修和蘇軾的學説，《書》的部分没有收録蘇軾傳等單行本，反而將《春秋名號歸一圖》、《春秋類對賦》等淺近的書籍收入其中。並且成海應在"書經解目録後"中批判徐乾學的學徒只專於博，而於實學無所得益，論道李鼎祚與房審權的論著雖於實學無益，但有助於考證，而南宋之後注疏於考證無益，因此批判《通志堂經解》中收録這種於實學、考證皆無進益的書籍。

　　即便如此，正祖的經書講義在以下的兩個方面還是受到了《通志堂經解》的啓發：

　　1.要求文臣及地方儒生對《爾雅》的成立進行探求，試圖打破四書五經的局限，在十三經的範圍内進行經解。

　　2.不僅僅引用大傳本的小注，來維護程朱學説，並且對程朱學説之外的宋、元、明諸家的注釋進行再次評價，在經文義理的審定方面較爲積極地引用其學説，從而促進程朱學説的相對化。

六

　　18 世紀朝鮮政府開始從清朝收集各種書籍，以圖用此振興國内的學術。奎章閣皆有窩中，根據附有中國本所藏目録的《奎章總目》(1781 年 6 月原初本編撰完成，1805 年，即純祖五年，從 4 月末到 6 月初編成增補本)的記録，可以知道正祖爲了探討各種經解，不限於朱子學的教條主義式的經解，廣泛引入了大量多樣的書籍。首先，《奎章總目》經部的總經類中《四書五經大全》和《十三經注疏》一同收録，而且《奎章總目》中不僅收録有程朱學的書籍，也收録了象山學，事功學，陽明學，晚明小品，明末清初的古文家，考證學，各種清刊本(總經類、經解類、小學類、正史類、别史類、掌故類、總目類、叢書類)，清皇帝文集，西學等各類書籍。

　　1776 年(正祖元年)派遣的陳賀兼謝恩使一行購買了《古今圖書集成》，並於 1777 年 2 月引進入朝鮮。除此之外，還引進了在清代時編撰完成的經學叢書《十三經注疏》。康熙十九年(1680)納蘭成德根據徐乾學收集、校正的經解，輯刻而成《通志堂經解》也在正祖初期引進朝鮮，保存於奎章閣皆有窩中。

　　李德懋雖然爲奎章閣皆有窩收藏的"144 種,1775 卷,500 册"的《通志堂經解》擬定了書目,但是並無書志事項或内容説明。之後成海應擬定了《通志堂經解書目》,關於各種書籍的書志事項和内容説明。

　　奎章閣的閣臣和抄啓文臣可以自由地閱覽《通志堂經解》。在奎章閣閣臣記録正祖言行的《日得録》中,根據檢查校直提學徐浩修於 1785 年(正祖九年,乙巳)記録的内容可知,正祖將《圖書集成》和《經解》放置於直院,鼓勵直宿者或者仕進的儒生閱覽校正。

　　另一方面,正祖在奎章閣中建立了抄啓文臣的講經制述制度,1781 年(正祖五年)辛丑年教示中下令將御製條問和抄啓文臣條對作爲《經史講義》整理成册。經史講義從抄啓文臣制度開始實施的 1781 年夏開始一直持續到 1799 年,在這期間編成了《大學講義》(3 卷),《論語講義》(5 卷),《孟子講義》(4 卷),《中庸講義》(6 卷),《詩經講義》(9 卷),《尚書講義》(8 卷),《周易講義》(5 卷),《資治通鑑綱目講義》(10 卷),《左傳講義》(1 卷)。這些講義的寫本收録在《弘齋全書》卷 64～卷 119,共 56 卷中。《周易講義》和《尚書講義》以別本單行的方式傳世。《弘齋全書》中經史講義及其後的《鄒書春記》、《魯論夏箋》、《曾傳秋録》和《類義評例》等與經學相關的其他著述統合起來,在《弘齋全書》184 卷中分量超過了三分之一。

　　但是,正祖在《經史講義》中没有直接引用《通志堂經解》的經解類。通過正祖的經書講義可知,正祖在《孝經》、《論語》、《孟子》的條問中,完全不認同《通志堂經解》中收録的經解。正祖以四書五經大全爲主要文本,積極引用了清代的欽定本和敕撰本。

　　例如,雖然《通志堂經解》的詩解已經引入朝鮮,但是與其中的詩解相比,正祖更多地是以《詩經大全》爲中心,擬定御製條文,更爲積極地引用了《欽定詩經傳説彙纂》和《御纂詩義折中》等清代的欽定本和敕撰本。《欽定詩經傳説彙纂》是 1727 年(雍正五年)刊行、頒布的,在次年 1728 年(英祖四年)流入朝鮮。1755 年(乾隆二十年)編撰了《欽定詩義折中》,《欽定詩義折中》重視毛、鄭學説,用鄭箋分章代替《詩集傳》的分章體系,根據《毛詩序》解詩旨和微事,批判了朱熹的鄭風淫詩説。作爲正祖有必要參考清初經解中出現的變化,以確立朝鮮獨立的學術定論。而且正祖在《詩經講義》中,多不注明出處地引用毛奇齡的經解,將其與《詩集傳》和大全本小注的學説進行對照。

　　《尚書講義》中主要引用了《書古文訓》(薛季宣),《三山拙齋林先生尚
書全解》(林之奇),《程尚書禹貢論》、《後論》、《山川地理圖》(程大昌),《書
疑》(王柏),《尚書表注》(金履祥),《書蔡氏傳輯録纂注》(董鼎),《書纂言》
(吴澄),《書蔡氏傳旁通》(陳師凱),《書集傳纂疏》(陳櫟),《王耕野先生讀
書管見》(王充耘),《定正洪範集説》(胡一中)中的學説,但參考《文獻通考》
的實例更多。

　　《大學講義》雖然引用了《大學通》、《中庸通》、《論語通》、《孟子通》(胡
炳文),但是更爲頻繁地引用了陳德秀的《大學衍義》。在《詩》的經解中,反
復引用了朱公遷的學説,但是《四書通旨》(朱公遷)僅在傳的第七章引用過
一次。

　　正祖和文臣之所以没有廣泛地引用《通志堂經解》,是因爲在經學思想
領域具有局限性。後代的成海應認爲,《通志堂經解》在《易》的部分没有收
録李鼎祚的《集解》,《詩》的部分没有收録歐陽修和蘇轍的學説,《書》的部
分没有收録蘇軾傳,或是因爲其書皆有木刻單行本,但是對將《春秋名號歸
一圖》、《春秋類對賦》等淺近的書籍收入其中持懷疑態度。李鼎祚的《集
解》(主象論的集成)和房審權的《周易義解》(主理論的集成,書今佚,惟存
《李衡撮要》)雖是網羅收集了唐宋之前的儒生的學説,但是南宋之後注疏
認爲其"枝葉蒙蔽,反晦原旨",並且《通志堂經解》中因爲收録此類書籍而
飽受批判。除此之外,成海應在《書經解目録後》中認爲徐乾學的弟子只用
功於廣博,但無實學所得,而李鼎祚與房審權的論著雖於實學無益,但有助
於考證,而南宋之後注疏於考證無益,因此批判《通志堂經解》中收録這種
於實學、考證皆無進益的書籍的做法。

　　正祖雖然在《經書講義》中没有大量引用《通志堂經解》中的書籍,但是
《通志堂經解》的引進和閲覽還是在以下方面對朝鮮經學産生了不小的
影響:

　　1.要求文臣及地方儒生對《爾雅》的成立進行探求,試圖打破四書五經
的局限,在十三經的範圍内進行經解。

　　2.不僅僅引用大傳本的小注,來維護程朱學説,並且對程朱學説之外的
宋、元、明諸家的注釋進行再次評價,在經文義理的審定方面較爲積極地引
用其學説,從而促進程朱學説的相對化。

　　根據《奎章總目》的 1805 年(純祖五年)之後的增補本(收録 696 種),

《通志堂經解》中著録"經解五百五十二本",但未載細目。現行的《奎章總目》中很可能也收録有純祖之後通過日本購入收藏的書籍。對照《奎章總目》的皆有窩甲庫(經)書目和奎章閣現存本,可以發現正祖御覽的書籍並不多。通過"經解五百五十二本"也無法完全獲知《通志堂經解》的保存狀態。現存首爾大學奎章閣中所藏的《通志堂經解》中,可以確定僅包括《復齋易説》,《易雅筮宗》,《大易輯説》,《周易本義啓蒙翼傳》,《周易經傳集程朱解附録纂注》,《古周易》等。這與至今在奎章閣中保存完好的《古今圖書集成》形成鮮明對比。

表 4:正祖經書講義條問中通志堂經解的引用情況

康熙本通志堂經解易解	正祖經書講義條問引用情況	
05 紫岩居士易傳十卷宋張浚撰 [1回]	經史講義38○易1 癸卯年(1783,正祖七年)選拔 [小畜卦條問]朱子曰:"以巽畜乾,畜他不得,故不能雨。"胡氏(胡瑗)曰:"陰氣不能固蔽故不雨。"張氏(張浚)曰:"陽氣未應故不雨。"至若陰陽升降之説,則或有以天氣爲陰,地氣爲陽者。或(＊林希元)云:陰之上騰者爲陽,陽之下降者爲陰。於斯數説,當何適從?	《折中》小畜卦按語取張浚之説。或説爲林希元之説
06 漢上易傳十一卷周易卦圖三卷周易叢説一卷宋朱震撰 [4回]	經史講義39○易2[睽卦條問]漢上朱氏(朱震)曰:"遇主于巷者,委蛇曲折而後達也。睽而欲合,故如是之難。"白雲郭氏(郭雍)曰:"巷,里中道也。里中之道,出門則遇之。"言遇主之易也。同是遇巷則何如而言難,何如而言易也?	
	經史講義39○易2[繫辭傳上第3章條問]"憂悔吝者,存乎介"之介字,《本義》釋之以辨別。蓋善惡已動而未形之時也。漢上朱氏(朱震)曰:"介者,確然自守,不與物交。"以介于石,不俟終日爲證,二説似有不同,而第介于石,不俟終日,非知幾之君子不能也。然則《本義》之釋以辨別者,兼包介石之義耶?(後略)	

康熙本通志堂經解易解	正祖經書講義條問引用情況	
	經史講義39○易2[繫辭傳上第6章條問]"易簡之善配至德",《本義》與諸説,皆以乾坤易簡之善,配人之至德,而漢上朱氏(朱震)則以爲至德者,天地之德,隱於無形者。若以至德爲天地之德,則上下文勢,似尤連續,未知如何?	
	經史講義42○易5甲辰年(1784,正祖八年)選拔[乾卦(文言傳)條問]此云:"其唯聖人乎!知進退存亡而不失其正者,其唯聖人乎!"上下數句之内,疊言聖人,何義也?《本義》祇以始設問,卒自應解之,而朱漢上(朱震)之論曰:"人固有知進退存亡者矣。其道詭於聖人,則未必得其正。唯聖人既知進退存亡之幾,又能不失其正,故兩言聖人。"此説較密。未知講員之意如何?	《折中》乾卦文言傳中引用朱震之説
0808 周易義海撮要十二卷宋李衡撰[1回]	經史講義39○易2[解卦條問]"獲三狐得黄矢"之義,可得詳言歟?《本義》則斷之以未詳。然或人之説及程氏之傳,皆以去邪媚得中直釋之。故胡氏(胡炳文)亦以一卦六爻,去小人者居其五爲言,而終未見其爲必然也。今按陸氏(陸希聲)之言曰:"獲三狐,難解而去衆疑也。二雖性險而得中道,用此解難,必得其直。"王氏亦曰:"九二雖不得位,剛中而應,故能大有爲,得群疑而順服也。"如此看得則辭順意明,未知外此而亦有可以參互之説否?	胡炳文之説引用《周易本義通釋》陸希聲之説出現在李衡《周易義海撮要》中
12 童溪王先生易傳三十卷宋王宗傳撰[2回]	經史講義38○易1癸卯年(1783,正祖七年)選拔[否卦條問]平陂往復,否極泰來,是亦天理之常也。則今於上九之辭,不曰否傾而曰傾否,何也?王(王宗傳)氏曰:"人力居多。"先儒(*朱震)又曰:"天人有交勝之理。"處其交履其會者,必有變化持守之道。若然則世可以長泰久寧而無否塞之時之歟?畢竟天運人力交勝之分數,孰重孰多?	《折中》否卦集説中王宗傳説。先儒説爲朱震的乾卦説。《周易折中》中未引用。

康熙本通志堂經解易解	正祖經書講義條問引用情況	
	經史講義 38○易 1 癸卯年選拔［豫卦條問］九四之大臣,既爲和豫之主,而不失爲臣之正,則六五爻義之反釋以柔弱受制者,雖是據爻取義之活例,終有所難曉者矣。今按王（王宗傳）何（何楷）兩家之説,一則引法家拂士之語而譬六五之得九四,一則以戰兢畏惕之意而譬疾病之終得恒,如此看得,能不大悖於經旨歟?	《折中》豫卦按語中“王氏何氏説,深得爻義。”
16 周易玩辭十六卷 宋 項 安世撰 ［6 回］	經史講義 38○易 1 癸卯年(1783,正祖七年)［蒙卦條問］童蒙之時,情竇未開,天真未散,粹然一出於正,所謂赤子心是也。涵養正性,全在童蒙之時,此之謂養蒙也。記（《禮記·學記》）曰:“夏楚二物,收其威也。”書（《舜典》）曰:“扑作教刑。”治蒙之道,示之以刑,則人知警畏,開發之機由此而始,此之謂發蒙也。然養蒙發蒙,原非二事。對前日之蒙而言則曰發也,對後日之聖而言則曰養也。且以項氏（項安世）包蒙（九二）主卦之説觀之,則發蒙養蒙,又若該於包蒙之中。經旨果如此否?	《折中》蒙卦總論中引用項安世“終始見於初上而曲折備於中爻”説大象傳集説中引用項安世包蒙主卦説
	經史講義 39○易 2［頤卦條問］“觀我朵頤”,《傳》、《義》皆以爲初九,而項氏（項安世）則以朵頤爲上九之象。“顛頤拂經”,《傳》、《義》皆以爲一事,而黃氏（黃幹）則以求養於下爲顛,求養於上爲拂。“觀頤”“口實”,《傳》、《義》分以爲養德養身之事,而陸氏（陸銓）則以爲“考其善不善,於己取之而已矣”。易義固當以《傳》、《義》爲主,而諸説亦不可盡廢耶?	《折中》頤卦附錄中收錄項安世説。按語“亦備一説”。《周易折中》中收錄黃幹説。陸銓説在《周易圖書質疑》卷 8 出現

續表

康熙本通志堂經解易解	正祖經書講義條問引用情況	
	經史講義39○易2［坎卦條問］習坎之習，是重習之習耶，抑學習之習耶？《傳》、《義》之並訓重習者，蓋原於象傳之説，而平菴項氏（項安世）之説曰："離震艮兌巽，皆當以重習起義，而坎在六十四卦之先，故特加習字，以起後例。乾坤六爻一爻，故不加習字。"此言似矣，而亦有不然者。夫既訓習爲重，則重乾重坤之加之以習字，獨何不可之有也？蓋坎，險也，險難之事，非經便習，不可以行，必當預積習之然後，可濟險阻。水雖至險而習乎水者不能溺，故聖人特加習字。此孔穎達以下諸儒所以取義於便習之習也。兩説皆通，從何説耶？	《折中》未引用項安世説。
	經史講義40○易3［旅卦李崑秀條對］山非火之所留，留之則延。獄非人之所留，留之則濫。是故旅有山火之象，而君子以之，以明不留獄之義，慎刑如山，不留如火。《本義》之説，已盡之矣。胡氏又以明慎二字，發明不留之義，其説又精備矣。至如明者未必謹，謹者或留獄，明矣謹矣而淹延不決，雖明猶闇云云，即項氏安世之説也，而對胡氏明慎之説也。又按張氏（張清子）曰："明則無遁情，慎則無濫罰。明慎既盡，斷決隨之。聖人取象，正恐留獄。"此言尤似該括諸家之説矣。	《折中》大象傳集説中項安世和張清子説。只是正祖所説的項安世爲趙汝楳之誤。胡氏説出處不詳。
	＊經史講義41○易4［繫辭傳下第2章李勉兢條對］觀象於天者，日月星辰風雲雷雨寒暑晝夜之類是已。觀法於地者，山林川澤金玉土石流峙高下之屬是已。以至於鳥獸之文，草木之宜，無不取云也。王昭素所云：與地之間，有天字之説，雖不可信。然不必以鳥獸屬天宜屬地，有若對舉而言者，亦不必於飛走草木之中，分陰陽而屬之於象法。陰中有陽陽中有陰，則一飛一走一草一木，何嘗不具陰陽之理，而獨以飛與木爲陽，走與草爲陰耶？柴氏項氏（項安世）之説，恐不必多辨。	《折中》繫辭傳集説中未引用項安世説。王昭素説在《本義》中引用。

康熙本通志堂經解易解	正祖經書講義條問引用情況	
	經史講義 45○總經 3 戊午年(1798,正祖二十二年)[易經條問](前略)先儒以爲"畫卦者,本乎《河圖》,而亦合於《洛書》之位數,叙疇者,本乎《洛書》,而亦合於《河圖》之位數,作籌數者,本乎大衍,而亦合於《河圖》之數"云。而如歐陽修、項安世諸儒,皆以爲今之《圖》、《書》出於緯書,未足深信。又以關朗《洞極經》所載《圖》、《書》之説,謂之阮逸僞作,此果有明據而然耶? 朱子曰:"《河圖》、《洛書》,豈有先後彼此之間?"然則《河圖》、《洛書》,同出於一時,而不係於羲禹之世耶?	
17 東谷鄭先生易翼傳二卷宋鄭汝諧撰	經史講義 38○易 1 癸卯年(1783,正祖七年)選拔[大有卦]陽爲富,陰爲貧,陽爲大,陰爲小。今此一陰在上卦之中而五陽宗之,則非謂"大者有之",即謂"所有之大"也。《程傳》以富有釋大有,而鄭氏(鄭汝諧)則以爲:"直以大有,爲富有盛大,則失其義矣"。然若以"所有之大"之義例之,則富有獨不可謂所有之富也歟?	《折中》大有卦集説中引用鄭汝諧説。
25 周易傳義附録十四卷首一卷宋董楷撰	經史講義 40○易 3[中孚卦條問]本義曰:"以一卦言之,爲中虚,以二體言之,爲中實。"然則中孚之孚,指中虚而言耶,指中實而言耶? 鄭東卿謂:"孚字,從爪從子,如鳥以爪抱卵。胡雲峯(胡炳文)云:"羽蟲之孚,剛殼於外,温柔於内。"由前之説則中實如鳥,中虚如卵,由後之説則實爲剛殼,虚爲温柔,果無異同之辨乎? (後略)	鄭東卿説在《周易傳義附録》中引用。
28 俞氏易集説[大易集説]十三卷宋俞琰撰[3 回]	經史講義 38○易 1 癸卯年選拔[隨卦條問]初九曰"官有渝",孔穎達解之曰:"人心所主謂之官"。《傳》、《義》所謂主守偏主,似本於此,而至於"震主""動主"之兩主者,是成卦之主之義也,似非官字之注釋。而張氏(張清子)俞氏(俞琰)直以震主之主訓官字。或者又言陽爲陰主,故曰官。《傳》、《義》之本意,果如是耶?	《折中》隨卦集説引用張清子説。

康熙本通志堂經解易解	正祖經書講義條問引用情況	
	經史講義 38〇易 1 癸卯年選拔對象［復卦條問］彖辭曰:"七日來復,利有攸往",而象傳則曰:"至日閉關,商旅不行,后不省方"者,何也? 至若"復其見天地之心",當於何處見得耶? 濂溪就回來處説,伊川就動處説。俞氏(俞琰)則謂:"天地生物之心,無處不在。聖人於剥反爲復,静極動初,見天地生物之心未嘗一日息,非爲惟復卦見天地之心也。以静爲天地之心非也,以動爲天地之心亦非也。"未知當從何説。	《折中》復卦集説醫用俞琰説。
	經史講義 41〇易 4［繫辭傳下第 5 章條問］(前略)俞氏(俞琰)曰:"精義入神内也。致用外也。自内而達外,猶尺蠖之屈而求信也。利用安身外也,崇德内也,猶龍蛇之蟄以存身也。"蔡清(蔡清)曰:"精義以知言,利用以行言。"由前之説,則精義也致用也利用也崇德也,各爲體用。由後之説,則精義利用爲體用。二説雖有詳略之不同,而亦可以相通歟?	《折中》繫辭傳下第 5 章集説引用俞琰和蔡清學説。
30 周易發明啓蒙翼傳三卷外篇一卷元胡一桂撰［2 回］	經史講義 40〇易 3［繫辭傳下第 7 章條問］(前略)一章之中,三陳九卦之説,而必以巽以行權終之者何歟? 胡氏(胡一桂)曰:"九卦非謂文王處羑里之時逐卦而以之也。夫子姑論其處憂患之道,以其近似者言之。"或曰:"聖人用易,於上篇言之詳矣。修德之事,或未盡也。故舉九卦以明之。"二説孰勝歟?	《啓蒙翼傳》引用
	經史講義 43〇總經 1 癸丑年(1793,正祖十七年)選拔對象［易經條問］(前略)以序卦考之,上下八節之分陽分陰,秩然而不可紊矣。雜卦之序,與序卦不同。序卦以反對爲上下經,而雜卦以互卦爲次,四象相交,爲十六事,中四爻相交,爲六十四卦,至雜之中,有至齊者存焉。聖人之序也雜也,必有深奧之旨,而先儒莫之或及何也? 胡氏(胡一桂)之《啓蒙翼傳》,微發其端,而未竟其緒。何以則推衍希夷反覆九卦之義,講究康節四象交互之言,以明其錯綜變化之妙歟?	《啓蒙翼傳》引用

康熙本通志堂經解易解	正祖經書講義條問引用情況	
	經史講義 38〇易 1 癸卯年選拔［乾卦條問］五爻皆稱龍，而九三之獨不稱龍，何也？雲峰胡氏（胡炳文）曰：“三四人位，故三不稱龍而稱君子。”苟如其說則四何以言或躍也？（後略）	《周易本義通釋》引用
31 周易本義通釋十二卷輯録雲峰文集易義一卷元胡炳文撰［18 回］	經史講義 38〇易 1 癸卯年選拔［師卦尹行恁條對］毒字即毒害之毒，非亭毒之毒。若是亭毒之義，則民固欣然樂矣，何必曰而民從之乎？雖是毒天下之事，而蓋出安民之意。故民從之民字上，著一而字，即上下段關棙處，而而字與猶字之義相似。王師之興，縱若大旱之望霓，殺伐之張，蓋是聖人之不免。故殷之伐甘，猶有戮社之誥，周之征商，不無漂杵之舉，正如胡雲峯（胡炳文）所謂：“不得已用之，若毒藥之攻痾”者也。恐不可泥著於象傳畜衆之義，而從或者之説也。	《折中》師卦象傳集説中引用胡炳文説。
	經史講義 38〇易 1 癸卯年選拔［蠱卦條問］先甲後甲，其説不一。馬融云：“甲爲十日之首。”孔氏云：“甲者創制之令。”是二説者，其於甲字之解則近之矣，不亦疎於先三後三之義歟？惟朱夫子辛新丁寧之解，迥出諸家，而雲峯胡氏（胡炳文）逆數得艮順數得巽之説，亦頗精新，可備一義歟？	《周易本義通釋》中引用。《折中》蠱卦集説中引用馬融説。
	經史講義 38〇易 1 癸卯年選拔［臨卦條問］胡氏（胡炳文）之釋至臨曰：“六四坤兑之間，地與澤相臨之至也。”釋知臨曰：“五常之德，知藏於内，坤以藏之故也。”釋敦臨曰：“坤與艮土也，有敦厚之象。”是皆指臨之外體坤卦而發也。然則内卦三爻，亦可以類推。山澤通氣，故山上有澤，其卦爲咸，咸感也。《程傳》咸臨之訓，蓋有所本，而胡氏於此，獨舍之不從，何也？或曰：“恪守《本義》，莫如胡氏。《本義》既以皆訓咸，故胡氏不欲違異而然。”其果信然否耶？	《周易本義通釋》中引用。

康熙本通志堂經解易解	正祖經書講義條問引用情況	
	經史講義 38○易 1 癸卯年選拔［噬嗑卦條問］九四以剛居柔，六五以柔居剛，可謂剛柔之兼備，而李氏（李過）則曰：“以剛噬者，有司執法之公，以柔噬者，人君不忍之仁。”丘氏（丘富國）亦謂：“主柔而言則以仁爲治獄之本，主剛而言則以威爲治獄之用。”然則九四專主乎剛，六五專主乎柔耶？胡氏（胡炳文）又曰：“柔中有剛，剛中有柔。”未知何説爲長耶？	《折中》噬嗑卦集説中引用李過，丘富國，胡炳文學説。
	經史講義 38○易 1 癸卯年選拔［賁卦條問］《本義》曰：“六五敦本尚實，得賁之道，故有丘園之象。陰性吝嗇，故有束帛戔戔之象。”是則以敦尚而擬乎丘園也，以吝嗇而言乎戔帛也。胡氏（胡炳文）曰：“賁于丘園，敦本也。束帛戔戔，尚實也。”是則以敦本尚實，分屬於二者，未知果不悖於朱子之意耶？	《折中》賁卦集説中引用胡炳文説。
	經史講義 38○易 1 癸卯年選拔［復卦條問］雲峯胡氏（胡炳文）曰：“反復其道，統言陰陽往來之理也。七日來復，專言一陽方來之數也。”又以不遠復爲入德之事，敦復爲成德之事。其所以統言專言之旨，入德成德之序，皆可指陳歟？	《折中》復卦集説中引用胡炳文説。
	經史講義 39○易 2［晉卦條問］彖辭云：“康侯，用錫馬蕃庶，晝日三接。”今以六爻考之，則何者爲康侯之象，何者爲錫馬蕃庶之象，何者爲晝日三接之象也？或者以九四之近君爲康侯，而晉如鼫鼠，則不可謂治安之侯也。又以六五之柔中當康侯，而五乃君位則不可謂受寵之臣也。又或以馬與晝日，乃離午之象，蕃庶三接，即坤爲衆爲文之象。胡氏（胡炳文）則曰：“坤有土有民，有安侯之象。坤爲牝馬爲衆，有錫馬蕃庶之象。離爲日爲中虛，有晝日三接之象。”此言最爲近之。然以象傳所稱“柔進而上行”之辭觀之，則又若以六五爲康侯之象，畢竟何義爲長歟？	“九四之近君爲康侯，而晉如鼫鼠”的或説爲《折中》按語的内容。

康熙本通志堂經解易解	正祖經書講義條問引用情況	
	經史講義 39○易 2[解卦條問]"獲三狐得黃矢"之義,可得詳言歟?《本義》則斷之以未詳。然或人之説及程氏之傳,皆以去邪媚得中直釋之。故胡氏(胡炳文)亦以一卦六爻,去小人者居其五爲言,而終未見其爲必然也。今按陸氏(陸希聲)之言曰:"獲三狐,難解而去衆疑也。二雖性險而得中道,用此解難,必得其直。"王氏亦曰:"九二雖不得位,剛中而應,故能大有爲,得群疑而順服也。"如此看得則辭順意明,未知外此而亦有可以參互之説否?	《周易本義通釋》中引用胡炳文的學説。 陸希聲的學説在李衡《周易義海撮要》中出現。
	經史講義 40○易 3[鼎卦李晴條對]折足之義,先儒論説多矣。蔡節齋(蔡淵)胡雲峯(胡炳文)則皆以爲:"四與初爲應,而初之顚趾,即四之折足也。"李西溪(李過)則以爲:"上下體,分爲二鼎,下體之鼎,有足而無耳,上體之鼎,有耳而無足,故四爲折足之象。"來知德則以爲:"四變,中爻爲震,足之象,中爻變爲兌,折之象,故曰折足。"蓋蔡、胡之説則以義言者而合於傳義之旨,李來之論則以象言者而亦有可取之義。此先儒所謂:"以象以義,無處不通"者也。今若以初之顚趾而不承乎四,爲折足之象,則其義亦通。然而時位之不同,則雖爲正應,而其象各殊者,他卦亦多矣。夫四居大臣之位,不中不正,而下應初六之陰柔,則任用亦非其人,宜有形渥之凶,而初六則雖與四爲應,居鼎之下,既未有實,而又有出否之利,則無咎也固矣。此之謂時位之不同也。是以居上而任重者,用非其人,則覆敗之禍,必在於其身,故易之示戒,專在於九四,而傳義之所釋,又如是深切。然則諸儒之論説,雖或有可取,而俱不若傳義之最爲明正矣。	

康熙本通志堂經解易解	正祖經書講義條問引用情況	
	經史講義 40〇易 3［旅卦條問］朱子曰："慎刑如山，不留如火。"此説固已精矣。胡氏（胡炳文）曰："明如火，慎如山，不留獄如山之不留火。"其言又加詳矣。或者又以爲："獄者，人之所旅也。不留獄，不使久處其中也。用刑固貴於明，然明者未必皆謹，謹者又或留獄，明且謹矣，而淹延不決，雖明猶闇也，雖謹反害也。"此又是言外之旨，儻所謂後出者巧也耶？	《周易本義通釋》引用胡炳文的學説
	經史講義 40〇易 3［渙卦條問］胡氏（胡炳文）曰："萃言假廟，是謂聚己之精神，以聚祖考之精神。渙言假廟，是祖考之精神既散，所以至廟而聚之。"李氏（李舜臣）曰："萃因民之聚，立廟以堅其歸向之心。渙憂民之散，立廟以收其蕩析之心。"一則以神道言，一則以民心言。二説何由相入歟？且假廟者，固所以聚祖考之精神，而至於民心之合散，何與於立廟與否耶？又況幽明感應之理，未嘗不聚己之精神，以假祖考之精神，則二卦之義，自可相通，何必分言之耶？	《周易本義通釋》引用胡炳文的學説。李舜臣的學説在《周易本義通釋》中作爲或説引用。
	經史講義 40〇易 3［中孚卦條問］本義曰："以一卦言之，爲中虚，以二體言之，爲中實。"然則中孚之孚，指中虚而言耶，指中實而言耶？鄭東卿謂："孚字，從爪從子，如鳥以爪抱卵。"胡雲峯（胡炳文）云："羽蟲之孚，剛殼於外，温柔於内。"由前之説則中實如鳥，中虚如卵，由後之説則實爲剛殼，虚爲温柔，果無異同之辨乎？（後略）	《周易本義通釋》引用胡炳文的學説鄭東卿説在《周易傳義附録》中引用。
	經史講義 40〇易 3［小過卦條問］程子曰："事之宜過則勉之，當過而過，乃其宜也。"由此觀之則正考父之循牆，高柴之泣血，自是君子所當過之事，而鼂氏（鼂説之）却謂之矯時厲俗者，何也？朱子曰："可過於小而不可過於大，可以小過而不可甚過。"胡氏以足恭之恥，掩豆之陋，明其過之意，是固然矣。而至於以過傲過奢，作過於大之事則不可。奢與傲也，安可謂之大乎？	鼂説之説在《周易傳義大全》中可見。

康熙本通志堂經解易解	正祖經書講義條問引用情況	
	經史講義 40○易 3［既濟卦條問］揚子雲稱："月未望則載魄於西，既望則終魄於東。"朱子引此以明文王與紂興衰之時，其意若曰："東鄰殺牛，何其盛也，西鄰禴祭，何其薄也？然神無常享，享于克誠。彼殺牛者之豐而失時，不如禴祭者之略而合時也。"然則胡氏（胡炳文）所謂"月望將晦，月弦將望"之說，無乃推衍之太過，而不切於祭祀之義也耶？	
	經史講義 41○易 4［繫辭傳上第 9 章條問］"五位相得"之說，朱子以"一與二三與四五與六七與八九與十，各以奇耦爲類"者釋之，而龔氏（龔焕）則曰："五位相得，是指一六居北，二七居南，三八居東，四九居西，五十居中而言。"若以一二三四之相得爲言則不見其用。胡氏（胡炳文）亦曰："即此以論河圖之數可也。"此言果何如也？	
	經史講義 42○易 5 甲辰年選拔［需卦條問］上六入于穴，其設象之義，可得言耶？說者謂："坎爲水爲陷爲溝瀆爲隱伏，故有穴之象。"然六四居坎之初爻則宜有入穴之象，而反稱出于穴，上六居坎之上爻則宜有出穴之象，而反稱入于穴，何也？胡炳文論此曰："六四柔正能需，猶可出於險，故曰出，許其將然也。上六柔而當險之終，無復能需，惟入於險而已，故曰入，言其已然也。"此說果如何？	胡炳文説在《折中》需卦集説中引用。
32 易纂言十二卷首一卷元吳澄撰［6 回］	經史講義 41○易 4［繫辭傳上第 10 章條問］此章始曰聖人，而是以之下繼曰君子，其言君子者，指上聖人而言歟，抑泛稱君子者耶？"有爲有行"四字，朱氏則曰："有爲造事也，有行舉事也。"吳氏（吳澄）曰："有爲謂作內事，有行謂作外事。"蔡氏（蔡清）曰："行於身是有爲，措之事業是有行。"未知何説爲長歟？	《易纂言》引用。

康熙本通志堂經解易解	正祖經書講義條問引用情況	
	經史講義 41○易 4[繫辭傳上第 12 章]朱子答或人之問,以奇耦兩畫釋立象,以奇耦之設于卦釋設卦,而崔氏(崔憬)則曰:"立象,言伏羲仰觀俯察,立八卦之象,以盡其意。設卦,謂因而重之,爲六十四卦,情僞盡在其中矣。作卦爻之辭,以繫伏羲立卦之象,象既盡意,故辭亦盡言。"此説較似明白,從之無妨耶?(後略)[種仁對]聖人設卦,象在其中,則象不得離卦而立。然而有象而後有卦,則象在前而卦在後。故朱子遂以象乾坤虛實而爲奇耦者屬立象,以奇耦之形於卦畫者爲設卦。此其條理脈絡,極爲精密。若如崔氏之説則其曰立八卦之象者,已犯設卦底意,卦與象殆無分別矣。且自兩至八,以至於六十四者,即其自然之數,則雖但言卦畫而固含因而重之之意,然則以伏羲卦畫文王卦名分二層者,臣未見其可也。後儒之亟稱崔(崔憬)吳(吳澄)二説,果是何所見也?(後略)	《易纂言》引用。
	經史講義 41○易 4[繫辭傳下第 2 章](前略)中間一章,言通變神化之功,而獨於黄帝堯舜詳之,言黄帝堯舜,而獨取諸乾坤者,何義歟?[(金)熙朝對](前略)又若變通神化之詳於黄帝堯舜,言黄帝堯舜而獨取乾坤者,抑有吳氏(吳澄)蘇氏(蘇濬)之二説。蓋神農以上,民用未滋,人文未開,而及到黄帝堯舜之世,民用日滋,人文日開,不可復守樸略。故通其變,使民由之而不倦,神其化,使民宜之而不知,變通神化之獨詳者此也。乾坤諸卦之宗,而黄帝堯舜之治,中天地之運,洗鴻荒之陋,有以爲千古聖人之宗,乾坤之獨取者此也。二家之説,豈欺我哉?	《易纂言》引用。

康熙本通志堂經解易解	正祖經書講義條問引用情況	
	經史講義 42○易 5 甲辰年選拔[蒙卦]上九之"不利爲寇,利禦寇,"何所指而言耶?(中略)蓋此卦之上爻得九而變,則爲蒙之師,有兵革之象,且與六三相應,六三愚蒙爲寇者也,上九治蒙禦寇者也。"聖人爲受兵用兵者,兩設其占曰:爲寇者不利,禦寇者利。"此説在元儒吳澄《纂言》,果不悖於經旨耶?[(韓)致應對]《纂言》之解易,專主於象變,故其説如此。然苟從吳説則"不利爲寇",乃是六三之占辭,而無與於上九,便歸剩語。恐非經文嚴之體矣。	《易纂言》引用。
	經史講義 42○易 5 甲辰年選拔[小畜卦]互體之説,乃漢儒傅會之一大話櫃。然以是求聖人之精義則遠矣。昔新安王晦叔(王炎)嘗問張南軒(張栻)曰:"伊川令學者先看王輔嗣(王弼)、胡翼之(胡瑗)、王介甫(王安石)三家易,何也?"南軒曰:"三家不論互體故耳。"今考《程傳》及《本義》,未嘗有一言及於互體者,此可見程朱識解高明處。吳澄、來知德之徒,不達斯義,一遇難解之處,輒曰互體之象如此。於是乎一卦之中,有原卦内外之象,又有互體内外之象,支離破碎,詭奇百出,而聖人設象繫辭之義,終無以見之。丘氏之説亦此類也,又烏可以是爲證耶?(後略)]	
康熙本通志堂經解書解	正祖經書講義條問引用情況	
01 書古文訓十六卷宋薛季宣撰	經史講義 34○書經 5 甲辰年(1784,正祖 8)選拔[禹貢條問]朱子曰:"《禹貢》所記地理治水曲折,多不可曉。"其不可曉者,果在何處耶?斷之以不可曉則終難強説耶?又曰:"禹貢地理,不可大段用心。然則薛士龍(薛季宣)地經工夫,非學者急務歟?然天下地勢,考驗得來,亦學者分内事,則六合之外,固當存而不論,九州之内疆界,其可不論辨歟?"	

康熙本通志堂經解書解	正祖經書講義條問引用情況	
02 三山拙齋林先生尚書全解四十卷宋林之奇撰[5回]	經史講義32○書經3 癸卯年(1783)選拔[胤征]第四節政典以下,林之奇云:"是乃胤侯戒敕吏士之辭,當屬於下文,不當復指義和而言。"後儒多從之,而獨朱子大加非斥,《蔡傳》亦遂不取。若屬於下節而以"今予以爾有衆"繼之,則其於警衆之意,似尤親切,未知如何?[馥(申馥)對]政典之説,恐當以《集傳》爲正。蓋先時後時,實承上文"以干先王之誅"之意,何可遽屬下節乎?	
	經史講義32○書經3 癸卯年選拔[泰誓]"朕夢協朕卜,襲于休祥",《蔡傳》據注疏重命之義,以夢卜二者有休祥之應,而林之奇引《國語》以夢卜休祥,分而爲三,又引《中庸》"國家將興,必有禎祥"之説,以休祥爲氣候之先見者,其義辨矣。比《蔡傳》豈不較勝耶?[啓洛(金啓洛對)]林説之以夢卜休祥分而爲三者,固不爲無據,而《集傳》所釋,非但孔疏之明有可證,如此看得然後語意尤爲襯合。《集傳》似較勝矣。	
	經史講義33○書經4[大誥]《蔡傳》以寧王爲武王,以寧人爲武王之大臣,而陳櫟、林之奇、金履祥諸儒率皆不從,以寧王寧人並作武王看。蓋細玩文義曰:"曷不于前寧人圖功攸終",曰:"曷敢不于前寧人攸受休畢者",皆是"遺大投艱,繼志述事"之意,而非所可擬於功臣協贊之績。《蔡傳》所釋,顧不必强從耶?[(鄭)萬始對]《孔傳》,寧王寧人,並以爲文王,此則已有《正誤》,無容更辨,而《蔡傳》云:"寧人,武王之大臣,言此以愧舊人之不欲從征者。"第究寧人上下句語則與上段"誕卒寧王圖事"之文,無所異同,有事功自任之意,無責勵群臣之言。今此聖問,深得經文之本旨。	

康熙本通志堂經解書解	正祖經書講義條問引用情況	
	經史講義33○書經4[微子之命]成王賜周公天子禮樂之説,始於《禮記》明堂位,而漢儒解詩"皇皇后帝,皇祖后稷"之文亦因。自是諸儒相傳,迄無異辭。惟此篇林氏(林之奇)之説,雖未能旁引曲證,頗疑其"周室既衰,魯竊僭用,而託之於成王伯禽",則庶乎其發前人之未發,劈千古之疑案矣。(後略)	
	經史講義35○書經6[高宗肜日]雊雉必爲躋祀之應者,非但以鳴於肜日,亦以所升之鼎,爲祭鼎而然歟?《集傳》"於肜日有雉雊之異"云者,謂將祭之時耶,已祭之後歟?[(李)書九對]鼎,宗廟之器,而雉乃升之,尤爲不祥。故劉歆、鄭玄皆以此爲言。雊雉之異,不知定在何時。孔序亦不言將祭已祭,而林之奇以爲行禮之時,其或然矣。	
03 程尚書禹貢論二卷後論一卷山川地理圖二卷宋程大昌撰[1回]	經史講義30○書經1辛丑年(1781)選拔[禹貢]黑水一水,並列於梁雍二州之川,而今考卷首之圖,則所謂黑水,遂在河西,不關於二州封界之間。至論其入于南海,則繞出於河源之外,割斷崑崙之後,而迤邐抵海,不知爲幾千萬里,則是將孰見而孰紀之?抑亦何所爲而費疏導於要荒之外耶?若以程氏(程大昌)所謂西珥河當之則僅爲梁州之南境,而至於雍州則全不相關,決無與西河並稱之理,然則所謂黑水者,果是何水,處在何方歟?[(朴)宗正對](前略)蓋黑水有三處。《集傳》所謂出張掖雞山,至燉煌過三危,南入于南海者,即雍州之黑水也。地志所云"汾關山黑水所出。或稱瀘水,或稱若水。其水從山南行,流出吐蕃界,合于金沙江,會流入泯江"者,即梁州之黑水也。程大昌以瀾滄江爲黑水者,即導川之黑水也。蓋雍州之黑水,源在黃河之北,梁州及導川之黑水,源在黃河之南。雍州則水之所經,皆在内地,故可以指論,而其餘二水,僻在蕃界,中國人之所罕見。(後略)	

康熙本通志堂經解書解	正祖經書講義條問引用情況	
06 書疑九卷宋王柏撰	經史講義 34○書經 5 甲辰年(1784,正祖 8)選拔[大禹謨]"允執厥中",堯之所以授舜也,而不見於《舜典》,何也?〔(李)書九對〕此乃堯舜相傳心法,史豈可略而不書? 此篇本多缺亡。《論語》"堯曰咨爾舜"以下二十四字,亦必是《尚書》本文,故魯齋王柏作《書疑》,直以此補入於舜讓于德弗嗣之下,文勢吻合,似無可疑矣。	
10 尚書表注二卷宋金履祥撰	經史講義 37○書經 8[秦誓]《史記》:"秦穆公三十三年敗於殽,三十六年自茅津渡河,乃誓於軍曰:不用蹇叔百里之謀,令後世以記予過,君子聞之垂涕曰:嗟乎,秦穆之與人周也,卒得孟明之慶。"《書序》云:"敗殽歸作誓。"以《史記》考之則穆公之作誓,在於敗殽之後三年,《書序》則誓之作在敗殽之歲,二書不合,當從何説歟?〔(李)書九對〕(前略)金履祥以爲當從《史記》,是也。	
12 書蔡氏傳輯録纂注六卷首一卷元董鼎撰	經史講義 33○書經 4[無逸]此篇七嗚呼,以逸與無逸,錯綜立文。(中略)或云:所其無逸爲綱,知艱難與不知艱難爲目,一篇之旨,不出此三端,與此逸與無逸之經緯,孰優孰劣?〔(成)種仁對〕(前略)若其三端綱目之説,董鼎始發之,而陳師凱又因之,其言亦在可取。(後略)	
13 書纂言四卷元吳澄撰[4 回]	經史講義 30○書經 1 辛丑年(1781)選拔[泰誓上](前略)從來論今古文者,古文則自朱子以下世多疑信之論,至吳澄、郝敬則直以爲僞書。至於今文,未聞有疑之者,而獨僞《泰誓》一篇,諸儒之説不同,何也?	

康熙本通志堂經解書解	正祖經書講義條問引用情況	
	經史講義 32○書經 3 癸卯年(1783)選拔［總論］此增多十六篇者,自漢迄西晉,蔑有見者。至東晉之初,五十九篇俱出,而并得孔氏受詔所作之傳。自是諸儒,或説大義,或成義疏,或釋音義。越唐及宋,莫敢輕加擬議。至朱夫子始疑之,伸其説者吳棫、趙汝談、陳振孫諸家,而元之吳澄,明之趙汸、梅鷟、鄭瑗、歸有光、羅敦仁尤非之。此係尚書一大疑案。其顯晦之沿革,真僞之得失,今可以明白剖析歟?［(金)熙朝對］《書傳彙纂》載孔安國五十九篇之傳授淵源。(中略)按徐仲山《尚書日記》云:"古文未嘗立學,故雖好古文者,不敢踰越令甲。"宋儒洪邁云:"立學者爲《尚書》,不立學者爲《逸書》。"然則趙岐等所謂《逸書》,特指其未立學而言,非謂增多十六篇之逸而不章也。彼吳棫、趙汝談、梅鷟、歸熙甫諸儒,或以張霸僞作疑之,或以褚先生所增文字疑之,均之爲好奇務勝之論。(後略)	
	經史講義 33○書經 4［洪範］(前略)蔡仲默(蔡沈)有天人之解,而生數之序,五行先而五事後,則是先天而後人也。其次忽以八政先而五紀後,至成數之序則三德稽疑福極俱屬於人,而只庶徵一疇,單屬於天,烏在其天人相合歟?他如陳正甫(陳經)之《詳解》,以位爲主,則五紀庶徵,均是以人驗天,而一屬金一屬木者,終未見其亭當。吳幼清(吳澄)之《纂言》,以數爲主,則三八政七稽疑之外,按範較書,總不協生成。將何爲義然後,可使範與書鑿鑿中竅歟?且以書言之,則其以相克爲序,秩然可據,而及考五行,疇反以水火木金土之相生爲序者,抑有精義之可言歟?［(李)翼晉對］(前略)吳(吳澄)説之演數而遺位,陳(陳經)解之叙位而泥數,雖得管中之斑,豈見全豹之文?至於朱子微著之訓,《蔡傳》天人之解,雖無新奇可喜之説,亦有渾厚精深之妙。(後略)	

續表

康熙本通志堂經解書解	正祖經書講義條問引用情況	
	經史講義 34○書經 5 甲辰年(1784,正祖 8)選拔〔禹貢〕東爲北江入于海,鄭漁仲(鄭樵)欲以此爲衍文,何也? 朱子以爲北江不知所在,《蔡傳》亦曰未詳,以其如是也,故鄭欲作衍文看耶? 〔(李)書九對〕北江朱子既云不知所在。當以闕疑之例處之。鄭樵以此句爲衍文,吳澄《纂言》直加移改,恐涉率爾。	
14 書蔡氏傳旁通六卷元陳師凱撰	經史講義 33○書經 4〔無逸〕此篇七"嗚呼",以逸與無逸,錯綜立文,(後略)〔(成)種仁對〕此篇以逸與無逸,錯綜反復,互相經緯者,誠如聖詢,無容更陳。而若其三端綱目之説,董鼎始發之,而陳師凱又因之,其言亦在可取。由前由後,要皆發揮本義,則恐不必更論優劣。(後略)	
16 書集傳纂疏六卷首一卷元陳櫟撰	經史講義 35○書經 6〔盤庚下〕弔由靈,或云:"靈是指鬼神而言,蓋謂至用鬼謀,與下各非敢違卜緊貼。"此説與《蔡傳》相反,未知何如? 〔(李)書九對〕《蔡傳》以善訓靈,蓋本《孔傳》。陳櫟云:"弔由靈等語,實難曉,姑依前注可也。"此説得之。	
18 王耕野先生讀書管見二卷元王充耘撰	經史講義 34○書經 5 甲辰年(1784,正祖 8)選拔〔益稷〕艱食鮮食,或謂:"鮮食若作難食看,則與艱食義例不侔。艱食只是穀食之謂,取稼穡艱難之義。"此説何如? 果有所據歟? 〔(李)書九對〕《史記》云:"與益予衆庶稻鮮食。"稻糧與鮮食,固已並舉言之,而元儒王充耘謂:"用人力播種,非如鳥獸自然生長,故以彼爲鮮食,此爲艱食。"其義爲順,不可謂無所本也。	

康熙本通志堂經解書解	正祖經書講義條問引用情況	
19 定正洪範集説一卷首一卷元胡一中撰	經史講義33○書經4[洪範]古今傳記,皆謂伏羲則圖以畫卦,神禹第書以作範,而朱子亦云:"因之而爲圖,故曰《河圖》,因之而著書,故曰《洛書》",則圖屬卦而書屬範。自夫孔安國,劉向,班固以至程朱,更無異辭矣。獨劉牧引《易大傳》之文,謂:"伏羲兼取圖書",而又謂:"《河圖》之數九,《洛書》之數十。"自託其説,出於陳希夷(陳搏)。於是好奇之士多從之,而徐道泰之《河洛本始》,王太古之《易説問答》,尤力主其義,取九疇之綱,屬之於《河圖》之九數,取九疇之目,屬之於《洛書》之十數。至胡一中《定正洪範》則分大禹之經,箕子之傳,所以條析於河洛之位置者,頗極纖密。毛奇齡《尚書廣聽録》則云:"洪範本文明言錫禹洪範九疇,天所錫禹者,即洪範九疇,豈《洛書》耶?"此説果何如?[徐道泰《河洛本始》,王太古《易説問答》的學説引自胡氏《定正洪範集説》的自序]	
康熙本通志堂經解詩解	正祖經書講義條問引用情況	
05 詩説一卷宋張耒撰	經史講義21○詩1辛丑年(1781)選拔[秦風蒹葭篇]蒹葭固未詳其何指,而毛、鄭則以蒹葭成材,爲用夏變夷之喻,而謂是刺穆公之作。許謙則以白露爲霜,爲良時易邁之詞,而看作求至道之言,未知何説爲長。抑但以爲"求賢不見,願言從之"之辭,則覺更平易耶?[(李)東稷對]張耒與人書,以蒹葭白露,喻人之成材。蘇轍《古史論》,以蒹葭迎霜,喻秦之强盛。諸説皆有根據,而《集傳》並不取,斷之以不知所指者,何也?其以諸説難於取舍而然耶?抑別有他義而然耶?凡此四五見解之外,苟求其説,則莫如聖教中求賢願從。(後略)	

續表

康熙本通志堂經解詩解	正祖經書講義條問引用情況	
08 逸齋詩補傳三十卷篇目一卷宋范處義撰	經史講義 25○詩 5 己酉年(1789)[邶風式微]是時黎已失國則亡矣,非但微而已矣,而曰微何歟?(後略)有棨對,黎雖失其地,而尚能寄寓於衛之二邑,有朝廷焉,有政令焉,謂之微則可,謂之亡則不可。苟能振屬奮發,一舉而復其疆土,則黎固未始不可歸矣。且宋儒范處義之言曰:"臣子之微何足言,以君之故,不可在此中露也。"此説深得詩義,恐不必謂怨尤其君,而遂舍《小序》之的傳,曲從劉向之無稽也。	
09 詩集傳名物鈔八卷元許謙撰	經史講義 21○詩 1 辛丑年(1781)選拔[秦風蒹葭篇]蒹葭固未詳其何指,而毛、鄭則以蒹葭成材,爲用夏變夷之喻,而謂是刺穆公之作。許謙則以白露爲霜,爲良時易邁之詞,而看作求至道之言,未知何説爲長。抑但以爲"求賢不見,願言從之"之辭,則覺更平易耶?	
11 詩解頤四卷明朱善撰	經史講義 24○詩 4 甲辰年(1784)選拔[鄭風]詩之言好賢者衆矣。《杕杜》之"中心好之",愛之切也。《白駒》之"以縶其足",留之懇也。《有客》之"薄言追之",惜其去而好之無斁也。以至《淇奥》之"終不可諼",《九罭》之"是以有袞衣",安往非愛賢樂善之詩,而《禮記》之必取於《緇衣》者,何也?[(鄭)東觀對]明儒朱善之言曰:"始之厚者,不能保其終之不薄,始之勤者,不能保其終之不怠。惟《緇衣》之詩不然。其改造改作,既始終之無間,而適館授粲,復前後之如一。此其所以爲好賢之至也。"是言深得此詩之旨矣。	
	經史講義 28○詩 8[小旻之什]"謀之其臧"以下,亦如前章指王而言。蓋不臧之謀,即瀹訿小人之謀,王乃用之云爾。小注豐城朱氏説恐非是。[(趙)得永對]此承上文"謀臧不從,不臧覆用"而言,則專指其君而言。朱善拘於瀹訿之文,便欲以全章屬之小人,其見泥矣。	

康熙本通志堂經解詩解	正祖經書講義條問引用情況	
	經史講義 28○詩 8[文王之什]"豐水東注",與"信彼南山,維禹甸之"同意,而嚴華谷(嚴燦)以武王之功,配禹之績,謂四方之同歸,如豐水之東注。朱豐城(朱善)説亦然。而大旨不言此意。嚴(嚴燦)朱(朱善)説是推説而非正義歟?[(徐)有榘對]若如嚴(嚴燦)朱(朱善)之説,以豐水東注之由於禹功,喻四方攸同之由於以武王爲君,則此章當作興體,與上下諸章,義例不侔,恐不可從。	
	經史講義 28○詩 8[生民之什]介爾昭明,是言德之昭明。蓋以年彌高而德彌卲爲祝也。夫人老則易昏,故祝君子以昭明也。朱豐城(朱善)説:"指福之高明光大"者,恐未然。[(丁)若鏞對]昭明之明,即其德克明之明。朱説之誤,誠如聖教矣。	
	經史講義 28○詩 8[臣工之什]豳風《七月》首章曰:"三之日于耜,四之日舉趾,同我婦子,饁彼南畝,田畯至喜。"三之日正月也,四之日二月也,田畯之喜,喜其治田早而用力齊也。今《臣工》詩曰:"嗟嗟保介,維莫之春。"莫春三月也,耕作之時,比豳風爲晚何歟?且曰:"奄觀銍艾",奄者速也。朱豐城(朱善)以爲:"錢鎛之用,雖在於莫春之時,而銍艾之收,必在於孟秋之際。"是觀艾反先於豳風之八月收穫矣。晚耕早收者又何歟?[(徐)有榘對]豳近西戎之地,耕作之候,與中國不同。二詩之或言正月或言莫春,固無可疑,而若因奄觀之文,而遽斷其收穫之必在於孟秋,則臣未知其然也。	

續表

康熙本通志堂經解春秋解	正祖經書講義條問引用情況	
01 春秋尊王發微十二卷附録一卷宋孫復撰	經史講義 43○總經 1 癸丑年(1793,正祖 17)選拔[春秋]學《春秋》者,周有三家,左氏、公羊、穀梁是已。唐有三家,啖助、趙匡、陸淳是已。宋有三家,孫明復、胡安國、張洽是已。先儒云"左氏不知經,公穀不知史",則三傳俱不足取歟? 左氏艷而富,穀梁清而婉,公羊辨而裁,則三傳各有可取歟? 載事左氏詳於公穀,釋經公穀精於左氏,則互有長短歟? 以左氏爲太官廚,以公羊爲賣餅家,則左勝於公歟? 嚴漢主公羊,鍾繇主左氏,而不相輸贏,則畢竟更無優劣歟?	
20 春秋集注十一卷綱領一卷宋張洽撰	經史講義 43○總經 1 癸丑年選拔[春秋]學《春秋》者,周有三家,左氏、公羊、穀梁是已。唐有三家,啖助、趙匡、陸淳是已。宋有三家,孫明復、胡安國、張洽是已。(後略)	
康熙本通志堂經解三禮解	正祖經書講義條問引用情況	
02 東巖周禮訂義八十卷首一卷宋王與之撰	經史講義 45○總經 3 戊午年(1798,正祖 22)選拔[三禮條問]漢儒以《考工記》補冬官之闕,而俞壽翁(俞庭椿)著《復古編》,以爲:"冬官不亡,雜出五官中。"王與之《訂義》,吳幼清(吳澄)《考注》並從之。至柯尚遷則以地官遂人而下屬於冬官,爲《周禮釋原》。然鄉屬司徒而遂屬司空則不成篇例矣。後儒之駁之者曰:"俞廷春謂冬官散見於五官,而遂掇五官之屬,以補冬官,則《周禮》一書,深遠精密,其官職之布置,必皆有精義,遽以一人之見,割裂而牽補之可乎? 昔則一官闕,而今成五官俱闕。"此説何如? 蓋《考工記》本無冬官二字,故謂之以漢人所加。或曰:"《考工記》文字最妙,豈漢儒所能到? 人不信《周禮》,並此篇推與漢儒。"或曰:"《周禮》爲周公未成之書,勿論漢	

康熙本通志堂經解三禮解	正祖經書講義條問引用情況	
	前後,補之者得周公遺意。"此説亦何如?〔(高)廷鳳對〕傳疑不補一義也。故孔子不補夏五之闕,朱子不補逸詩之闕。河間以《考工記》補冬官之闕,殊失聖賢闕疑之法也。然因冬官之闕而遂謂之《周禮》未成書,則亦恐非的論矣。	
10 儀禮逸經傳一卷元吳澄撰	經史講義 45○總經 3 戊午年選拔〔三禮條問〕漢儒以《考工記》補冬官之闕,而俞壽翁(俞庭椿)著《復古編》,以爲:"冬官不亡,雜出五官中。"王與之《訂義》,吳幼清(吳澄)《考注》並從之。至柯尚遷則以地官遂人而下屬於冬官,爲《周禮釋原》。然鄉屬司徒而遂屬司空則不成篇例矣。後儒之駁之者曰:"俞廷春謂冬官散見於五官,而遂撥五官之屬,以補冬官,則《周禮》一書,深遠精密,其官職之布置,必皆有精義,遽以一人之見,割裂而牽補之可乎? 昔則一官闕,而今成五官俱闕。"此説何如?(下略)〕	
康熙本通志堂經解孝經解	引用條問無	
康熙本通志堂經解論語解	引用條問無	
康熙本通志堂經解孟子解	引用條問無	
康熙本通志堂經解四書解	經史講義引用條問	

康熙本通志堂經解易解	正祖經書講義條問引用情況	
03 大學通一卷中庸通一卷論語通十卷孟子通十四卷元胡炳文撰	經史講義 6○大學 3 癸卯年(1783)選拔［傳第 7 章］心不在焉，章句曰："敬以直之"，又曰："此心常存"。此則直就心體上涵養之工而言也。一章之内，上節既屬之用，下節又屬之體，傳文初無明的可據，而如是貼釋，果無安排之嫌耶？大抵正心二字，先儒或就體上説，或就用上説，又或兼體用説，畢竟何者爲是？［(徐)瀅修對］以經之正心，爲兼體用，傳之正心，爲專言用者，朱克履之論也。以誠意以上，屬之用，正心屬之體者，熊禾之論也。以正其心之正爲用，不得其正之正爲體者，胡炳文之論也。以經傳之文，實無言體，而朱子急於曉人，必從本原説來者，先正臣宋時烈之論也。諸説之中，臣獨以熊(熊禾)説爲得。蓋此四者之病，特言用之不正，由於體之不正也。不在之病，亦言體之不正，由於用之不正也。而所謂正其心，所謂心不在，無一不以全體之心爲心，則傳文之明的可據，何以加此？且以《或問》證之，所謂"鑑空衡平"，"真體本然"者，足見其專就體上爲義也。	
	經史講義 46○總經 4［中庸］尊德性道問學一節，讀者每惑於知行之分，而以《章句》之屬於存心與致知，又疑其漏却力行，遂以力行歸之存心，胡炳文辨之得矣。若以力行屬於致知則亦矯過之失矣。然紛若聚訟，尚未一定，當如何曉得，可息諸説？	

續表

康熙本通志堂經解總經解	經史講義引用條問	
03 六經奧論六卷首一卷宋鄭樵撰	經史講義 27○詩 7[雅總論]雅有大小正變，大小之殊，是周公所定則固可信也。正變之異，非孔子所言，故或甚疑之。未知如何？[(丁)若鏞對]變風變雅之説，昉於大序，其傳已久。鄭樵之以非孔子所言而疑之者過矣。[參考《六經奥論》第3卷《雅非有正變辨》]	
	經史講義 34○書經 5 甲辰年選拔[禹貢]東爲北江入于海，鄭漁仲欲以此爲衍文何也？朱子以爲北江不知所在，《蔡傳》亦曰未詳，以其如是也。故鄭欲作衍文看耶？[(李)書九對]北江朱子既云不知所在，當以闕疑之例處之。鄭樵以此句爲衍文，吴澄《纂言》直加移改，恐涉率爾。	
	經史講義 44○總經 2[爾雅]宋鄭樵力排《爾雅》，其論味於言理之證有四條，不達物理之證有三條。又以釋風雨，知其爲離騷後作，以釋荂芔，知其爲江南人語。可以歷擧其説而評其得失否？解之者曰："神農《本草》之有漢郡名，非後人所補乎？此何足以概全書，此説何如？[(安)錫任對]《爾雅》之訓詁名物，可補六藝者固多矣。一二疵纇，何必苛斥？至於離騷江南之説，容或近之，而此篇之作，始於秦漢，後人增補，方成一部，初非一人一時之書，則今不可以補編之文，並疑全書也。"	
04 六經正誤六卷宋毛居正撰	經史講義 33○書經 4[大誥]《蔡傳》以寧王爲武王，以寧人爲武王之大臣，而陳櫟、林之奇、金履祥諸儒率皆不從，以寧王寧人並作武王看。蓋細玩文義曰："曷不于前寧人圖功攸終"，曰"曷敢不于前寧人攸受休畢"者，皆是遺大投艱，繼志述事之意，而非所可擬於功臣協贊之績。《蔡傳》所釋，顧不必强從耶？[萬始(鄭萬始)對]《孔傳》寧王寧人，並以爲文王，此則已有《正誤》，無容更辨，而《蔡傳》云："寧人武王之大臣，言此以愧舊人之不欲從	

續表

康熙本通志堂經解總經解	經史講義引用條問	
	征"者,第究寧人上下句語,則與上段"亟卒寧王圖事"之文,無所異同,有事功自任之意,無責勵群臣之言。今此聖問,深得經文之本旨。	

（作者單位：韓國高麗大學漢字漢文研究所

譯者單位：韓國高麗大學文科大學院）

域外漢籍研究集刊　第十六輯
2017 年　頁 471—480

法國國家圖書館伯希和 A 藏 B 藏漢籍考

陳恒新

　　伯希和及其所代表的伯希和使團在 1908—1910 年間,從中國購置了三種古籍:一部分爲衆所周知的法國國家圖書館(以下簡稱法圖)現藏的敦煌文獻;第二部分是金石拓片,王重民爲這部分文獻編纂了《伯希和拓片典藏目録》。第三部分即 Pelliot(伯希和)A 藏 B 藏漢籍,王重民爲這部分典藏編纂了《伯希和 A 藏 B 藏目録》①。本文主要考述伯希和 A 藏 B 藏典藏漢籍的相關情況。

　　法圖是歐洲最古老的圖書館。前身是建於 14 世紀的皇家圖書館,法國大革命後改爲國家圖書館,是世界最大、設備最先進的圖書館之一。法圖藏有大量的漢文文獻,其中漢文古籍約 2 萬種,包括和刻本、越南刻本、朝鮮刻本等;金石拓片約 1320 種,主要是法國漢學家沙畹和伯希和帶回法國的。

　　伯希和是法國著名的漢學家,東方語言學家,在西夏學、蒙古學、藏學、基督教、佛教等各個領域都有建樹,被譽爲“超級東方學家”。1908 年,他從中國帶走了大量的敦煌漢文文獻及金石拓片。伯希和深知中國古籍精華之所在,故精選四部要籍回國。

　　伯希和 A 藏 B 藏漢籍,主要是從烏魯木齊、西安、北京、上海等地購買所得。伯希和將這部分書分爲 A 藏和 B 藏兩部分,其中 A 藏編號爲 1—329,共 329 個題名,這部分典藏是用伯希和使團的資金購買;B 藏編號爲 1

①王重民,*Catalog des collectiongs Pelliot A et B rédigé* par Wang Tchong－min 1935－1939(1935－1939 王重民編寫的伯希和 A 藏 B 藏目録),手稿本,1935－1936。

一1743,共有 1743 個題名,是伯希和用自己的資金所購買。據王重民目録統計,這部分藏書共 4700 餘種,約 3 萬册。其中以地方志和叢書爲主。法國漢學家蒙曦説"這兩類書被伯希和視爲從事所有漢學研究都必需的主要書籍"①。

一、伯希和 A 藏 B 藏版本價值和學術價值舉隅

據筆者調查,法圖舊藏 9080 種漢籍②與伯希和 A 藏 B 藏漢籍重合的部分較少,可以相互補充。法圖舊藏漢籍叢書較少,以天主教文獻、科舉日用文獻、類書爲主,主要是歐洲傳教士爲學習漢語和中國文化而購買的漢籍。

這部分藏書的版本價值和學術價值主要體現在一下幾個方面:

(一)黄丕烈舊藏南宋刻本《南華真經》的再發現

此書匡高 21 公分、寬 16.9 公分,半頁 10 行 18 字,小字雙行同,白口,左右雙邊,雙順黑魚尾,版心下鐫刻工。書前有郭象"南華真經序",序下鈐朱文印:"二酉"、"姜紹書印"。卷端題"南華真經卷之一"。卷端之藏書印由上而下依次爲:"百宋一廛"、"黄丕烈印"、"復翁"、"華叔易印"。

通過藏書印我們可知此書,先後爲姜紹書、黄丕烈遞藏。姜紹書,字二酉,號晏如居士,明末清初藏書家、學者,江蘇丹陽人。黄丕烈,字紹武,一字承之,號蕘圃、蕘夫、復翁,江蘇長洲人,清代著名藏書家,家藏宋本百餘種,著有《百宋一廛書録》,著録此本。其《求古居宋本書目》著録有"郭象注《莊子》十卷,南宋本,藏全,紙面,五册。"由此可知黄丕烈舊藏爲全本。

版心下鐫有刻工:"劉升之"、"彭達"、"劉宣"、"王禮"、"李皋"、"高安禮"、"葉椿"、"蔡具"、"鄧安"、"范從"、"周祥"、"劉仁"、"余光"、"蕭韶"、"劉永"、"吳仲"、"劉文"等。據《中國古籍版刻辭典》:李皋,南宋紹興間刻字工

---

① [法]蒙曦,[法]羅棲霞譯,王重巴黎往事追記(1934－1939),載《版本目録學研究》2014 年第 5 輯,頁 18。

② 法國漢學家古恒爲這部分藏書編纂了中法文目録,*Catalogue des livres chinois*,共分三册,分別在 1902、1910、1912 年出版,原定編寫目録還包括越南文獻和朝鮮文獻,由於各種原因,僅僅編寫了中文典藏部分。

人，彭達，南宋乾道間刻字工人。周祥，南宋初期建安人，刻字工人。南宋本《呂氏家塾讀詩記》版心下有這三個刻工。通過刻工、黃丕烈印章及《求古居宋本書目》的著録，可以確定此書刊刻於南宋時期。

中國國家圖書館藏《南華真經》十卷，晉郭象注，南宋初刻本。匡高 20，8 公分，寬 14.8 公分，半頁 10 行 15 字，白口，左右雙邊，單黑魚尾，版心下鐫刻工。《中華再造善本》收録此書。與法圖本版式、行款、刻工俱不同。據《（稿本）中國古籍善本書目》著録，國家圖書館還藏有一種郭象注《南華真經》，其版式特徵爲“10 行 18 字”，與法圖本行款不同。臺北“國家圖書館”藏宋本《南華真經》，半頁 10 行 20 字，白口，四周雙邊，雙順黑魚尾。此書有郭象注、陸德明音義；而法圖本只有郭象注。法圖所藏蓋爲孤本。

（二）這部分藏書中還有一批稿本和孤本，例如關隴姓氏學家張澍稿本四十餘種，李品鎬稿本《李品鎬雜稿》一種，温毓楣稿本《温氏文譜》、《續温氏文譜》、《温氏玉音集》、《續温氏玉音集》，温敞稿本《游北平草》，鞏亮恭撰孤本《方言備考》等等，具有較高的文獻價值和版本價值。

王重民對張澍稿本作了專題研究①。據筆者調查，現存的張澍稿本至少有 126 種，法圖藏本約占三分之一。在王重民先生研究基礎之上，結合現存館藏稿本，考述如下：

（1）據王重民《張介候先生遺稿記》一文著録，法圖藏“《續敦煌實録》三卷首一卷”。李鼎文、張永明、崔雲勝等人都認爲《續敦煌實録》“共有兩種稿本，一爲三卷本（另有卷首一卷）已爲伯希和劫往巴黎；一爲五卷本（另有卷首一卷）現藏陝西省博物館”。據筆者調查，張澍稿本現存有：法圖藏《續敦煌實録》現存卷首、卷一至卷三；臺北“國家圖書館”藏《續敦煌實録》現存卷四、卷五；臺北“中研院”傅斯年圖書館藏《續敦煌實録》現存四卷首一卷，兩種，第一種爲清稿本所依據之底本，第二種爲清稿本；陝西省博物館藏《續敦煌實録》兩種，第一種爲《敦煌實録草稿》；第二種爲《續敦煌實録》五卷首一卷。

考《明末未刊稿彙編》所收録臺北“國家圖書館”藏，本，殘存卷四、卷五。卷一至卷三不知藏於何處。此書，無行格、無界欄，九行二十七字，正文有朱墨批點，並有眉批、飛簽。經對比法圖本和臺圖本二者書影，二者行

①王重民《閱張介候先生遺稿記》，載《金陵學報》，1940 年第 10 卷，頁 171。

款相同，字體相同，爲同一人所抄；同時，二者目録，及内容，並没有重合的地方。由此以判斷，二者原爲一書的兩部分。

（2）考法圖藏《姓氏辯誤》十二卷本、二十九卷本。十二卷本校改處，二十九卷本俱已修訂。

上海圖書館藏十卷本《姓氏辯誤》，有葉景葵跋："介侯著《姓氏五書》三百餘卷，道光庚戌先刊《尋源》、《辯誤》二種，兹檢棗華書屋原刊本與此稿核對，字句不同處頗多，此稿寫定以後又經隨時修正耳，癸酉正月景葵識。所列各氏，有刻本有而此稿本無者，疑黏附之紙或多脱落；亦有此稿有而刻本無者，此爲初稿無疑。"

上圖本爲初稿本，考清道光間武威張氏初刻本《姓氏辯誤》三十卷。蓋在刊印前，張澍又作了修訂。

（3）《涼州府志備考》，原名《涼州文獻徵》，徵引頗豐，輯録大量關隴文獻，是研究古涼州歷史地理的重要資料。法圖藏《涼州府志備考》不分卷，初稿本。無界欄，行格，每半頁九行，行二十三字。分地理，山、水，古迹，職官，大事，遺事，物産，祥異九部分。法圖本分類與次序編排，與三十八卷本較爲接近。

陝西省博物館藏四種稿本：

第一種，《涼州府志雜抄》，格式不一，張澍摘録的原始材料。

第二種，《涼州府志備考》不分卷，手稿本。每半頁八行，每行二十四字。分人物、職官、藝文、物産、遺事記、大事記、流寓七部分。

第三種，《涼州府志備考》三十六卷，藍格稿本，每半頁九行，行二十五字。分爲：人物八卷，地理山水四卷，大事記四卷，遺事記二卷，流寓一卷，物産一卷，古迹一卷，祥異一卷，職官六卷，藝文八卷。

第四種，《涼州府志備考》三十八卷，三十二册。藍格抄本，每半頁十行。分爲：地理山水四卷，物産一卷，祥異、古迹一卷，職官七卷，大事記三卷，遺事記二卷，人物八卷，流寓一卷，藝文十一卷。

法圖藏本分類編排與三十八卷本較爲接近。但是又有不同之處。法圖本，"祥異"最後一條："涼州楊樹生松，陸勳《集異志》，晉海西公太和元年，涼州楊樹生松，天戒若曰'松者不改柯易葉，楊者柔脆之本'，今松生於楊，豈非永久之葉，將集危亡之地邪，是時張天錫稱雄於涼州，後降苻堅。"書内有墨格飛籤，内容與正文同。三十八卷本《涼州府志備考》未見此條目。

　　從草稿到初稿到定稿，幾經修訂，增删之處很多。在分類和次序編排方面，可謂精益求精，足見張澍治學態度之謹慎。

　　張澍是清代姓氏學研究的集大成者，也是敦煌學研究的先行者，在輯佚學、方志學、文學等方面都有突出的成就。其《姓氏五書》被譽爲絕學，晴梵先生説"前清一代，西北學人，湛深經史者，天生李先生（因篤）而外，當以張介侯爲巨擘"①。

　　（三）叢書是從四部典籍中精選出的重要典籍的彙編，這部分藏書約含150 種叢書。例如武英殿聚珍版叢書、藏書十三種，經訓堂叢書，雅雨堂叢書，貸園叢書，省吾堂四種，别下齋叢書，涉聞梓舊，重校拜經樓十種，平津館叢書，士禮居叢書，連筠簃叢書，海山仙館叢書，湖海樓叢書，三長物齋叢書，惜陰軒叢書，粵雅堂叢書，昭代叢書，宜稼堂叢書，長恩書室叢書，記過齋藏書附叢書，述古叢鈔，滂喜齋叢書，月河精舍叢鈔，咫進齋叢書，天壤閣叢書，琳琅秘室叢書，邵武徐氏叢書，春暉堂叢書，明辨齋叢書，清芬堂叢書，式訓堂叢書，小萬卷樓叢書，十萬卷樓叢書，鶴齋叢書，榆園叢刻，文選樓叢書，玲瓏山館叢書，古逸叢書，趙氏七種，觀自得齋叢書，靈鶼閣叢書，正覺樓叢書，崇文書局叢書，簣喜廬叢書，集虛草堂叢書，雲自在龕叢書，藕香零拾，心矩齋叢書，鐵華館叢書，木犀軒叢書，積學齋叢書，隨庵叢書，鄦齋叢書，聚學軒叢書，晨風閣叢書，國粹叢書，鄭氏佚書，率祖堂叢書，梅氏叢書輯要，焦氏叢書，修本堂叢書，二思堂叢書，竹柏山房十五種，頤志齋叢書，東塾叢書，得一齋雜著叢書，琴志樓叢書，永年申氏遺書，畿輔叢書，田氏叢書，故城賈氏躬自厚齋叢書，二西堂叢書，十種古逸書，玉函山房輯佚書。等等。其學術價值不需贅述，通過書名一目了然。

　　（四）據王重民目録，地方志共 615 種，戴思哲先生專門爲這部分撰寫了提要②。西方漢學界主要以研究中國邊疆文獻、民族文獻爲主，中國的邊疆地方志爲他們的學術研究提供了一定參考。

　　（五）藏有大量的明清善本。集部有：明正德八年刻本《渭南文集》，清

---

①党晴梵《党晴梵詩文集·華雲雜記》下卷，陝西人民教育出版社，2007 年，頁 84。
②戴思哲《法國國家圖書館藏中國西北地區地方志》，載《方志文獻國際學術研討會論文集》，2011 年，頁 456。

乾隆間韓城師長怡刻本《嶽忠武王文集》,國内僅河南圖書館一家藏。明天啟四年劉在庭刻本《仰節堂集》。清乾隆元年刻本《羅豫章先生集》,國内僅中國國家圖書館有藏。清乾隆五年楊佑啟耘經樓依宋版重雕本《苕溪漁隱叢話》。清康熙間初刻本《帶經堂全集》。清康熙間刻本《古歡堂集》。清康熙二年刻本《聰山集》。清乾隆年間刻本《敬業堂集》。清乾隆十九年刻本《集虚齋集》。清乾隆四十三年刻本《午亭文編》。清乾隆四十六年安邑葛氏據新安程氏鈔本刊《曾樂軒稿》。清乾隆六年桂林陳弘謀刻本《重訂司馬文正公傳家集》。清康熙六十一年刻本《曾文昭公集》。清西冷清來堂吳氏刻本《明詩綜》。清康熙間刻本《元詩選》。明萬曆間松江馬元調刻本《白氏長慶集》。明刻本《四聲猿》。清康熙八年洛陽邵氏重刻本《伊川擊壤集》。明末清初毛氏汲古閣刻本《詞苑英華》。明崇禎四年茅著刻本《唐宋八大家文鈔》。明嘉靖間刻本《何大復先生集》。明嘉靖初刻本《關中奏題稿》。明仿宋刻本《高常侍集》。明嘉靖二十四年洪廷論刻本《秦漢魏晉文選》。等等。史部有:郁松年藏明嘉靖四十年刻本《三吳水利圖考》。明刻本《東萊先生音注唐鑒》。明萬曆丁亥湯陰刻本《湯陰精忠廟志》。明萬曆十六年刻本《薛文清公行實録》。明崇禎九年潞藩刻本《古今宗藩懿行考》十卷。清康熙五十五年刻本《平叛記》。清雍正間華亭王鴻緒敬慎堂刻本《明史稿》。清乾隆九年武英殿刻本《八旗滿洲氏族通譜》。清乾隆三十五年武英殿刻本《平定准噶爾方略》。清乾隆間武英殿刻本《欽定勦捕臨清逆匪紀略》。清乾隆五十八年刻本《十國春秋》。子部有:明嘉靖間刻本《泫濱蔡先生語録》,明天啟間刻本《湧幢小品》,明崇禎間刻本《玉芝堂談薈》,清康熙二十五年翻刻本《二程先生全書》,清雍正十二年薛敦儉等重刊《讀書録》,清乾隆間重刻本《白沙子全集》,清寄鴻堂刻本《五子近思録發明》,清乾隆元年初刻本《權衡一書》,清雍正五年刻本《敕修河東鹽法志》,清康熙十九年映雪堂刊書業堂後印本《水鏡集》。明崇禎三年虞山毛氏汲古閣刻本《佛國記》。等等。

二、伯希和 A 藏 B 藏僞書考

這批書主要是從書商處購買所得,書商嗜財營私,造僞現象較爲普遍。作僞手法簡單,却花樣繁多,不擇手段。例如:

　　(一)偽宋本《朱子語類》一百四十卷

　　書名頁題"淳祐癸丑年新鐫,朱子語類大全"。考宋理宗淳祐年間,甲子紀年沒有癸丑年,此書書名頁爲後加。前有"朱子語類序目",序目後之牌記被挖掉。

　　經查北京大學藏清康熙間呂氏天蓋樓刻本,經比對書影,二者爲同一版本。此書蓋書商爲抬高市價,僞造書名頁,挖掉牌記等版本資訊,冒充宋本,以高價賣給伯希和。

　　(二)《重修政和經史證類備用本草》三十卷,明天啟五年刻本。

　　卷首有"泰和甲子下己酉晦明軒刻書螭首龜座牌記"。卷端題"成都唐慎微續證類,中衛大夫康州防禦使句當龍德宮總轄修建明堂所醫藥所提舉入內醫官編類聖濟經提舉太醫學臣曹孝忠奉敕校勘"。匡高 24.9 公分、寬 17.1 公分,半頁 12 行 23 字,注文小字雙行同,四周單邊,白口,雙白魚尾,版心下鐫刻工。刻工有:趙光生、劉經邦、程彥榮、張茂盛、章朝聘、劉京邦、章茂儒、從守分、崔虎、王承文、韓繼休、周明顯、韓繼信、王成文、任才旺、楊宗顯、朝永正等等。

　　臺北"國家圖書館"藏此書,《"國家圖書館"善本書志初稿》著錄爲"明嘉靖三十一年山東官刊本……此本與(06220)①之刻工、字體皆不相同,版心亦稍有不同,兩部應非同版本。書目草簽云:'此書疑爲明萬曆間翻本'"②經查法圖本和臺圖本刻工完全相同,且卷端書影相同,知二者爲同一版本。考美國國會圖書館藏本,據王重民《中國善本書提要》著錄明天啟五年重刻本:"卷一、二、七、八、九、十一、二十三、二十五、二十六之末並記:'天啟甲子歲歷下世醫邑庠生胡馴府庠生陳新重校'。卷七、八、十一、二十三、二十六,天啟下多'四年'二字。書尾有校勘官銜名,迻錄如後:天啟五年歲次乙丑春二月既望重刊。"③法圖藏本卷一末記:"天啟甲子歲歷下世醫邑庠生胡馴府庠生陳新重校。"二者爲同一版本。可見,法圖本、臺圖本、美國國會圖書館藏本,三者爲同一版本。

---

①06220 爲明嘉靖三十一年山東官刊本。臺北"國家圖書館"編印,《"國家圖書館"善本書志初稿》,1996 年:子部第一冊,頁 255。

②"臺北國家圖書館"誤將此本定爲明嘉靖三十一年山東官刊本。

③王重民《中國善本書提要》,上海古籍出版社,1983 年,頁 255。

臺圖藏本書前有嘉靖壬子馬三才序,成化四年商輅序,嘉靖癸末陳鳳梧序,麻革序,政和六年曹孝忠序等等。法圖本則將此書明代序跋大都删去,卷一末題記由於夾在卷一末與“新添本草衍義序例”之間而有幸保存下來。這是由於書商挖改版本資訊,用明本冒充元本,以抬高其價。

(三)《史記》一百三十卷,明嘉靖六年(1527)震澤王延喆覆宋刻本。

此書共 130 卷,殘存卷 5－19、卷 25－107、卷 111－129。版心下鐫刻工:李安、李渭、王智、王良智、陸鋆、本、周曰、徐敖、周永日、章祥、六宗華、陸華、張敖、陸仁、何恩、馬龍、張魯、六孜、陸先、李潮等等。“玄”、“弘”闕末筆,避宋諱。經查臺北“國家圖書館”藏明嘉靖六年震澤王延喆覆宋刻本,二者版式相同,刻工相同,爲同一版本。據此可以斷定此本爲明王延喆覆宋刻本。

此書由於是殘本,且是覆宋本,字體很像宋刻,與宋本極爲接近。魏隱儒、王金雨編著《古籍版本鑒定叢談》說:“最近發現幾册殘本,藏家著録爲宋本,實則震澤王氏本冒宋。”[①]王重民也誤以爲是宋本。

三、王重民《伯希和 A 藏 B 藏目録》考

王重民先生與法圖有關的專著有《巴黎敦煌殘卷叙録》,《敦煌古籍叙録》、《敦煌曲子詞集》等等,論文有《閲張介候先生遺稿記》、《歐洲所藏明清之間天主教士譯述書録》(此稿現已散佚)、《海外稀見録》、《毛鳳枝金石萃編補遺稿本》、《巴黎國家圖書館所録太平天國文獻》等等[②]。王重民的研究涵蓋法圖藏漢籍的全部,至今仍然在圖書館界和漢學界享受盛譽。

此目録的編纂體例,主要是由伯希和確定的,王重民在寫給伯希和的信中說“以後繼編 Pelliot A,B 兩庫書目,其編製方法與體例,仍願面承教

---

①魏隱儒、王金雨編著《古籍版本鑒定叢談》,印刷工業出版社出版,1984 年,頁 146－147。

②劉修業《王重民教授生平及學術活動年表》(附《著述目録》),《圖書館學研究》1985 第 5 期,頁 28－117。

誨”。胡適先生曾經與伯希和討論敦煌文獻的分類編目的一些具體方法①，爲此目録的分類方法提供了一定借鑒。此目録的分類方法糅合了西方分類法及中國傳統四部分類法：第一章爲目録學類、第二章歷史類、第三章地理類、第四章經學類、第五章哲學類、第六章文學類、第七章字書、辭書類、第八章藝術類、第九章科學類、第十章叢書及百科全書。每條目録是以中法文的方式，著録其書名、作者、序、跋、出版者及出版年，沒有明確出版者及出版年的就闕而不録。

此目録較爲全面的反映了伯希和（Pelliot）A 藏 B 藏漢籍總體情況，著録有明確出版資訊的漢籍約占總數的三分之一，對於部分難以斷定其版本年的漢籍，王重民根據自己的學術積累，作出了自己的判斷，爲後人提供了重要參考。

叢書具有“選材精當，編印較善，查檢方便”等特點，是讀書治學的常備參考書。王重民將叢書和叢書零種都作了單獨著録，爲法國學者的學術研究提供很大便利。時至今日，法圖編目對於叢書目録的撰寫尤爲重視，據法圖羅棲霞女士介紹，法圖藏中文目録中的叢書部分，審查尤爲嚴格。

稿本《金石萃編補遺》，清毛鳳枝撰。毛鳳枝，字子林，清末揚州人，著《關中金石文字存逸考》十二卷等。王重民考述此書曰“是書著録關、隴、新疆唐以前金石，幾三百品，甘肅、新疆僅二十許事，蓋是未完之作，朱墨斑爛，簽如百衲袈裟，古人用力之勤，展卷油然生敬。”②此稿本共 22 頁，無邊欄，無行格，無頁數。當代學者張興成去巴黎訪書，逐一對校此稿本與《關中金石文字存逸考》的異同，認定此稿本是《存逸考》初稿本③。其實，王重

---

①萍庵《胡適與伯希和——中外文化交流史上不應抹去的一頁》，載《中華讀書報》2014
　年 8 月 20 日，頁 2。
②王重民《冷廬文藪》（下册），上海古籍出版社，1992 年，頁 765－771。
③張興成《法國國家圖書館寫本部藏明清漢文要籍及其價值舉隅》，載《廣東第二師範學
　院學報》，2005 年第 1 期，頁 80－85。

民據書內按語,已經考訂出此稿本纂輯於《存逸考》之後①。可見王重民先生造詣之精深。

　　由於這部分藏書書商作僞較爲嚴重,以及限於法圖文獻資料的匱乏,在版本鑒定方面,不够完善,例如清康熙刻本《朱子語類》,由於書名頁"淳祐癸丑年新鑴",王重民目録著録此書是南宋咸淳癸酉年(1273)以後所刻。可見,王重民對此書的出版年已經有了懷疑。由於書商作僞,且限於當時的條件,所以未能準確推測其出版年。這部分藏書目録,有待進一步細化和完善。

(作者單位:山東大學儒學高等研究院)

---

① 王重民説:"目下間有按語,内有稱'因佚未久,故不列《古逸考》中'者,即顧氏所稱《關中金石文字古逸考》也;有稱詳見《存逸考》者,即指《關中金石文字存逸考》十二卷。而吾人因以更知是書之纂輯,當在《存逸考》後也。"引自《冷廬文藪》(下册),上海古籍出版社,1992年,頁765—771。

文獻彙編

域外漢籍研究集刊　第十六輯
2017 年　頁 483—518

域外辭賦研究論著目録彙編稿 *

張伯偉、權赫子、曹逸梅、劉一、葉少飛、陸小燕

前　言

　　2016 年 11 月，我主持的"國外辭賦文獻集成與研究"立項爲國家社會科學基金重大項目。按照工作計劃，其内容之一就是彙編域外辭賦的研究論著目録。所謂域外辭賦，指的是中國以外的朝鮮半島、日本（含琉球）、越南等國家和地區的歷代文人及民間創作的辭賦作品，其中主要是漢文作品，對域外辭賦的研究，除了這些國家和地區本身之外，中國、歐美也有一些成果。可惜散見各處，參考不易。所以，我就根據工作計劃，擬定凡例，提供初稿（詳略不等），再請幾位同仁分頭補充整理。朝鮮半島辭賦研究由權赫子整理，日本辭賦研究由曹逸梅、劉一整理，越南辭賦研究由葉少飛、陸小燕整理，最後由我調整統一。稿成約兩萬字，先刊佈於此，切盼學界先進有以教之。張伯偉於 2017 年 7 月 6 日。

凡　例

　　一、本稿爲域外辭賦研究論著目録之彙編。
　　二、域外辭賦包括朝鮮半島、日本、越南歷代文人及民間之作品。凡對

---

* 本稿爲國家社科基金重大項目"國外辭賦文獻集成與研究"之階段性成果，項目批准號 16ZDA198。

這些作品研究之著作、論文皆在本目録彙編範圍之内。

　三、目録彙編首以國别劃分，以朝鮮半島、日本、越南爲序。

　四、國别之下以研究論著發表地爲别，以本國居首，依次排列。

　五、目録以專著、選本、專書章節、學位論文（先碩士後博士）、一般論文爲序排列。無該項内容者闕之。

　六、凡外文論著，目録先譯以中文，後附原文。

　七、論著分門排列，以發表時間爲序，訖於 2016 年 12 月。

一、朝鮮半島

（一）韓國

1.專著

　金星沐《韓國辭賦的理解》，國學資料院，1996 年。（**김성수，『韓國 辭賦의 理解』，국학자료원**，1996.）

　金星沐《韓國漢文學論文選集 58（補遺篇）》，不咸文化社，2002 年。（**『韓國漢文學論文選集 58（補遺篇）』，불함문화사**，2002.）

　南潤秀《韓國"和陶辭"研究》，亦樂出版社，2004 年。（**남윤수，『韓國의「和陶辭」研究』，역락**，2004.）

　金星沐《辭賦文學研究》，公州大學出版社，2007 年。（**김성수，『辭賦文學研究』，공주대학교출판사**，2007.）

　金智勇《〈三都賦〉與〈漢陽歌〉以及〈漢陽五百年歌〉》，明文堂，2011 年。（**김지용，『「三都賦」와「漢陽歌」그리고「漢陽五百年歌」』**，明文堂，2011.）

2.選本

　徐居正編《東文選》，太學社，1975 年。（**서거정 편，『동문선』，태학사**，1975.）

　金錫胄《海東辭賦》，太學社，1991 年。（**김석주 편，『해동사부』，태학사**，1991.）

　慶苑文化社編《韓國漢詩文選集》慶苑文化社，2000 年。（**경원문화사 편，『한국한시문선집』，경원문화사**，2000.）

　林鍾旭編《韓國文集所載"辭賦"作品集》，亦樂出版社，2000 年。（**임종욱，『한국문집 소재"사부"작품집』，역락**，2000.）

3.專書章節

李家源《韓國漢文學史》,民衆書館,1961 年。（**이가원,『한국한문학사』, 민중서관**,1961.）

閔丙秀《韓國漢文學講解》,一志社,1980 年。（**민병수,『한국한문학강해』,일지사**,1980.）

李鍾建、李福揆《韓國漢文學概論》,寶晉齋,1994 年。（**이종건·이복규,『한국한문학개론』,보진재**,1994.）

李家源《朝鮮文學史》,太學社,1997 年。（**이가원,『조선문학사』,태학사**,1997.）

李鍾燦《漢文學概論》,梨花文化出版社,1998 年。（**이종찬,『한국학개론』,이화문화출판사**,1998.）

4.學位論文

(1)碩士論文

金時東《高麗時代賦研究:以〈東文選〉所載 29 篇作品爲中心》,嶺南大學碩士論文,1985 年。（**김시동,「고려시대 부 연구:『동문선』의 29 편을 중심으로」,영남대학교 석사학위논문**,1985.）

劉永奉《容齋李荇的賦世界》,檀國大學碩士論文,1989 年。（**유영봉,「容齋 李荇의 賦世界」,단국대학교**,1989.）

金美淑《李仁老〈和歸去來辭〉研究:以陶潛影響爲中心》,嶺南大學碩士論文,1990 年。（**김미숙,「李仁老의『和歸去來辭』研究:陶潛의 영향을 중심으로」,영남대학교 석사학위논문**,1990.）

洪性旭《金宗直賦與散文研究》,高麗大學碩士論文,1992 年。（**홍성욱,「金宗直의 賦 및 散文의 研究」,고려대학교 석사학위논문**,1992.）

金知燁《南冥曹植賦研究》,嶺南大學碩士論文,1992 年。（**김지엽,「南冥 曹植의賦에關한研究」,영남대학교**,1992.）

金潤權《〈東文選〉所載賦文學研究》,江原大學碩士論文,1993 年。（**김윤권,「『동문선』소재 부문학 연구」,강원대학교 석사학위논문**,1993.）

金愛伊《深齋曹兢燮文學論與賦作特徵》,全北大學碩士論文,1996 年。（**김애이,「深齋 曹兢燮의 文學論과 賦의 特性」,전북대학교**,1996.）

金靖玉《谿谷張維辭賦文學研究》,忠南大學碩士論文,1998 年。（**김정옥,「谿谷 張維의 辭賦文學 研究」,충남대학교**,1998.）

李恩亨《與辭賦的比較中論歌辭特徵》,公州大學碩士論文,2003 年。
(이은형,「歌辭와 辭賦의 比較를 通한 歌辭의 特性 研究」,공주대학교석사
학위논문,2003.)

李恩英《崔滋的〈三都賦〉研究》,成均館大學碩士論文,2005 年。(이은
영,「崔滋의『三都賦』研究」,성균관대학교,2005.)

Lee－jeongeun,《朝鮮後期文人的〈楚辭〉閱讀與〈天問〉接受情況》,韓
國學中央研究院碩士論文,2014 年。(이정은,「朝鮮後期 文人의『楚辭』
讀書와『天問』受容樣相」,한국학중앙연구원,2014.)

Duan－xiaodong,《李仁老與蘇東坡的〈和歸去來辭〉比較研究》,中央
大學碩士論文,2014 年。(단소동,「이인로와 소동파의『화귀거래사』비교연
구」,중앙대학교 석사논문,2014.)

李耕百《歌辭與辭賦的比較研究》,公州大學碩士論文,2014 年。(이경
백,「歌辭와 辭賦의 比較 研究」,공주대학교 석사학위논문,2014.)

金小鈺《李奎報對〈詩經〉〈楚辭〉、陶詩的接受研究》,崇實大學碩士論
文,2015 年。(김소옥,「이규보가『시경』,『초사』, 도시에 대한 수용연구」,숭실
대학교,2015.)

孫祖濤《松江歌辭與楚辭的對比研究》,昌原大學碩士論文,2016 年。
(손조도,「송강 가사와 楚辭의 대비연구」,창원대학교,2016.)

(2)博士論文

南潤秀《韓國的"和陶辭"研究》,高麗大學博士論文,1989 年。(남윤
수,「韓國의 和陶辭 研究」,고려대학교,1989.)

金星洙《韓國賦的研究》,誠信女子大學博士論文,1994 年。(김성수,
「韓國 賦의 研究」,성신여대,1994.)

姜晳中《韓國科舉賦發展狀況研究》,首爾大學博士論文,1999 年。(강
석중,「韓國 科賦의 展開 樣相 研究」,서울대학교,1999 년.)

金鎮卿,《韓國辭賦發展史》,高麗大學博士論文,2004 年。(김진경,「韓
國 辭賦의 史的 展開에 관한 研究」,고려대학교,2004.)

具蓬坤《17 世紀歌辭與賦文學比較研究》,慶熙大學博士論文,2013
年。(구봉곤,「17 世紀 歌辭와 賦文學 比較 研究」,경북대학교,2013.)

5.一般論文

李慶善《從比較文學視角論松江歌詞》,《Gogito》第 1 輯,1958 年。(이

경선,「松江歌辭의 比較文學的試考」,『코기토』제1 집,1958.)

張深鉉《詩、賦譜系考(上)》,《論文集》(成均館大學)第 6 輯,1961 年。(장심현,「詩와 賦의 系譜考(상)」,『논문집』(성균관대학교)제6 집,1961.)

張深鉉,《詩、賦譜系考(下)》,《論文集》(成均館大學)第 7 輯,1962 年。(장심현,「詩와 賦의 系譜考(하)」,『논문집』(성균관대학교)제7 집,1962.)

李慶善《歌辭與辭賦比較研究》,《中國學報》第 6 期,1967 年。(이경선,「歌辭와 辭賦의 비교연구」,『중국학보』제6 집,1967.)

徐首生《李眉叟辭賦研究(1)》,《教育研究志》第 5 輯,1966 年。(서수생,「이미수 사부연구(1)」,『교육연구지』제5 집,1966.)

徐首生《李眉叟辭賦研究(2)》,《教育研究志》第 6 輯,1967 年。(서수생,「이미수의 사부연구(2)」,『교육연구지』제6 집,1967.)

徐首生《李眉叟辭賦研究:與陶淵明、蘇東坡〈歸去來辭〉比較》,《論文集(慶北大學)》第 11 輯,1967 年。(서수생,「이미수의 사부연구:특히陶淵明·蘇東坡의〈歸去來辭〉와 대비하면서」,『논문집』제11 집,1967.)

權斗煥《尹孤山之漢詩賦研究序》,《冠岳語文研究》第 3 輯,1978 年。(권두환,「尹孤山의 漢詩賦 研究序」,『관악어문연구』제3 집,1978.)

黃在國《〈觀魚臺小賦〉與〈赤壁賦〉小考》,《比較文學》第 8 輯,1983 年。(황재국,「〈觀魚臺小賦〉와〈赤壁賦〉小考」,『比較文學』第 8 輯,1983.)

尹仁淑《李穡辭賦的考察》,《睡蓮語文論集》第 12 輯,1985 年。(윤인숙,「李穡의 辭賦 고찰」,『수련어문논집』제12 집,1985.)

金相洪《茶山的賦文學研究》,《東洋學》第 15 輯,1985 年。(김상홍,「다산의 賦文學 연구」,『동양학』제15 집,1985.)

崔載南《牧隱李穡之賦與律文》,《于海李炳銑華甲紀念論叢》,1987 年。(최재남,「목은 이색의 부와 율문」,『우해이병선화갑기념논총』,1987.)

崔載南《牧隱李穡賦的形式特徵》,《語文教育論集》第 10 輯,1988 年。(최재남,「목은 이색 부의 형식적 특징」,『어문교육논집』제10 집,1988.)

南潤秀《夢窩、三淵、素齋、芝村、玉吾齋等五友"和陶辭"考釋:1721 年代記》,《韓國學論集》第 6 輯,1988 年。(남윤수,「夢窩,三淵,素齋,植村,玉吾齋 다섯 친구의 화도사 고석:1721 년의 연대기」,『한문학논집』제6 집,1988.)

朴性奎《論崔滋〈三都賦〉》,《韓國漢文學研究》第 12 輯,1989 年。(박성규,「崔滋의〈三都賦〉에 대하여」,『한국한문학연구』제12 집,1989.)

尹柱弼《〈楚辭〉文學接受史與歷史批判意識》,《韓國漢文學研究》第 9、10 輯,1987 年。(윤주필,「『楚辭』受容의 문학적 전개과 비판적 역사의식」,『한국한문학연구』제9 집,1987.)

金南奎《李奎報的賦文學研究》,《清大翰林》第 4 輯,1989 年。(김남규,「이규보의 부문학 연구」,『청대한림』제4 집,1989.)

楊熙喆《南冥曹植的〈民巖賦〉研究》,《伽羅文化》第 7 輯,1989 年。(양희철,「南冥 曹植의〈民巖賦〉연구」,『가라문화』제7 집,1989.)

李相弼《關於南冥〈民巖賦〉》,《漢文學論集》第 8 輯,1990 年。(이상필,「남명의〈民巖賦〉에 대하여」,『한문학논집』제8 집,1990.)

朴性奎《李奎報之賦作品研究》,《韓國漢文學與儒教文化》,亞細亞文化社 1991 年。(박성규,「이규보의 부작품연구」,『한국한문학과 유교문화』,아시아문화사,1991.)

金星洙《辭賦的定義》,《漢文古典研究》第 3 輯,1991 年。(김성수,「辭賦의 정의」,『한문고전연구』제3 집,1991.)

姜晳中《高麗時代律賦研究》,《韓國漢詩學會第九次研究發表大會論文集》,1991 年。(강석주,「고려시대 율부 연구」,『한국한시학회제9 회 연구발표대회 논문집』,1991.)

金星洙《試論韓國辭賦的散文化傾向》,《韓語文教育》第 1 輯,1993 年。(김성수,「韓國 辭賦의 散文의 接近 試論」,『한어문교육』제1 집,1993.)

金銀洙《訥齋賦文學研究》,《訥齋朴祥文學與義理精神》,光州鄉土文化開發協議會,1993 年。(김은수,「눌재부문학 연구」,『눌재박상의 문학 과의 리정신』,광주향토문화개발협의 회,1993.)

劉永奉《容齋李荇的賦世界(I)》,《漢字漢文教育》第 1 輯,1994 年。(유영봉,「容齋 李荇의 부세계(1)」,『한자한문교육』제1 집,1994.)

金星洙《李奎報辭賦文學》,《漢文古典研究》第 5 輯,1995 年。(김성수,「李奎報의 辭賦文學」,『한문고전연구』제5 집,1995.)

鄭珉《游仙辭賦中的道教想像力》,《東亞文化研究》第 26 輯,1995 年。(정민,「유선사부의 도교적 상상력」,『동아문화연구』제26 집,1995.)

鄭珉《朝鮮前期游仙辭賦研究》,《漢陽語文研究》第 13 輯,1995 年(此文又載於《道教文化研究》第 10 輯,1996 年)。(정민,「朝鮮 前期 游仙辭賦研究」,『한국언어문화』제13 집,1995.)

劉永奉《容齋李荇的賦世界（Ⅱ）》,《漢字漢文教育》第 2 輯,1996 年。（**유영봉**,「容齋 李荇의 부세계(2)」,『**한자한문교육**』제2 집,1996.）

金星洙《從鄭澈〈關東別曲〉與許筠〈東征賦〉考察歌辭與辭賦的因緣關係》,《韓語文教育》第 4 輯,1996 年。（**김성수**,「정철〈**관동별곡**〉과 허균〈**동정부**〉를 통해 본 가사와 사부의 인연관계 고찰」,『**한어문교육**』제4 집,1996.）

金銀洙《朴祥賦文學考》,《韓語文教育》第 5 輯,1997 年。（**김은수**,「朴祥의 賦文學考」,『**한어문교육**』제5 집,1997.）

金鍾九《秋江南孝温賦作品研究》,《開新語文研究》第 14 輯,1997 年。（**김종구**,「추강 南孝温의 부 작품 연구」,『**개신어문연구**』제14 집,1997.）

金榮淑《濯纓辭賦的文體特徵與現實意識》,《濯纓金馹孫的文學與思想 4》,1998 年。（**김영숙**,「탁영 사부의 문체적 성격과 현실인식」,『탁영 김일손의 문학과 사상4』,1998.）

李炳赫《韓國科文研究Ⅲ―以賦爲中心》,《東洋漢文學研究》第 12 輯,1998 年。（**이병혁**,「한국과문연구 Ⅲ：賦를 중심으로」,『**동양한 문학 연구**』제12 집,1998.）

李賢洙《河西辭賦文學的道學特徵》,《韓國古詩歌文化研究》第 5 輯,1998 年。（**이현주**,「河西 辭,賦 문학의 도학적 성격」,『**한국고시가문화연구**』제5 집,1998.）

崔漢善《松齋羅世纘賦文學世界》,《我國語言與文字》第 18 輯,1999 年。（**최한선**,「송재 나세찬의 부문학 세계」,『**우리말 글**』제18 집,1999.）

姜晳中《韓國律賦的發展狀況研究》,《韓國漢詩研究》第 7 輯,1999 年。（**강석중**,「한국 율부의 전개 양상 연구」,『**한국한시연구**』제7 집,1999.）

金星洙《李奎報辭賦文學（補 1）》,《漢語文研究》第 7 輯,1999 年。（**김성수**,「李奎報의 辭賦文學補 1」,『**한어문연구**』제7 집,1999.）

柳奇玉《申光漢辭賦研究》,《韓國語言文學》第 45 輯,2000 年。（**유기옥**,「신광한의 사부 연구」,『**한국언어문학**』제45 집,2000.」

鄭善姬《睦臺林賦文學研究》,《梨花語文論集》第 18 輯,2000 年。（**정선희**,「睦臺林 賦文學 研究」,『**이화어문논집**』제18 집,2000.）

金星洙《李奎報辭賦文學（補 2）》,《漢語文研究》第 8 輯,2000 年。（**김성수**,「李奎報의 辭賦文學補 2」,『**한어문교육**』제8 집,2000.）

林鍾旭《韓國賦文學研究試論：以文體特徵、主題類型爲中心》,《韓國

語文學研究》第 36 輯，2000 年。（임종욱，「韓國 賦文學研究 試論：장르적 접근과 내용상의 구분을 중심으로」，『한국어문학연구』제36 집，2000.）

姜晢中《金錫冑賦文學研究》，《韓國漢詩研究》第 9 輯，2001 年。（강석중，「김석주의 부 문학 연구」，『한 국한 시연구』제9 집，2001.）

金星洙《徐居正辭賦文學（I）》，《韓語文教育》第 9 輯，2001 年。（김성수，「서거정의 사부 문학」，『한어문교육』제9 집，2001.）

金星洙《徐居正辭賦文學（II）》，《韓語文教育》第 10 輯，2002 年。（김성수，「서거정의 사부 문학」，『한어문교육』제10 집，2002.）

李九義《崔致遠〈詠曉賦〉關於外物的認識》，《東方漢文學》第 23 輯，2002 年。（이구의，「최치원의〈詠曉賦〉에 나타난 외물 인식」，『동방한문학』제23 집，2002.）

李源傑《金宗直賦體現的儒者意識》，《退溪學》第 13 輯，2002 年。（이원걸，「김종직의 부에 반영된 儒者意識」，『퇴계학』제13 집，2002.）

李東歡《牧隱道學思想的文學表現——以賦、文爲例》，《韓國文學研究》第 3 輯，2002 年。（이동환，「牧隱에게서의 道學思想의 문학적 闡發：부와 문에서의 경우」，『한국문학연구』제3 집，2002.）

李英徽《牧隱李穡賦研究》，《漢陽語文研究》第 40 輯，2003 年。（이영휘，「목은 이색의 부 연구」，『어문연구』제40 집，2003.）

金星洙《李穡〈辭辨〉考》，《漢文古典研究》第 7 輯，2003 年。（김성수，「이색의 “辭辨”考」，『한문고전연구』제7 집，2003.）

金周淳《蘇東坡與李仁老〈和歸去來辭〉之文學比較》，《中國語文學》第 43 輯，2003 年。（김주순，「〈和歸去來辭〉에 나타난 蘇東坡와 李眉叟文學의 比較」，『중국어문학』제43 집，2003.）

金周淳《陶淵明〈歸去來辭〉與李仁老〈和歸去來辭〉比較研究》，《中國語文學》第 42 輯，2003 年。（김주순，「陶淵明〈歸去來辭〉와 李仁老〈和歸去來辭〉의 比較研究」，『중국어문학』제42 집，2003.）

林鍾旭《對高麗時代辭賦特徵的考察——以李奎報、李穡、鄭道傳辭賦爲中心》，《韓國語文學研究》第 40 輯，2003 年。（임종욱，「고려시대 사부의 성격 고찰－이규보와 이색，정도전의 사부를 중심으로」，『한국어문학연구』제40 집，2003.）

鄭燻《李鈺賦研究》，《我國語文研究》第 22 輯，2004 年。（정훈，「이옥의

부 연구」,『우리어문연구』제22 집,2004.)

鄭燻《李鈺賦的方法特徵與主題表現狀況》,《韓國思想與文化》第25 輯,2004 年。(정훈,「李鈺賦의 기법적 특성과 주제구현양상」,『한 국사상과 문화』제25 집,2004.)

成校珍《寒暄堂金宏弼〈秋毫可並於泰山賦〉研究》,《牛溪學報》第23 輯,2004 年。(성교진,「寒暄堂 金宏弼의〈秋毫可并於泰山賦〉에 대한연 구」,『우계학 보』제23 집,2004.)

金鎭卿《高麗時代辭賦研究——以作品概況與創作面貌爲中心》,《語 文論集》第50 輯,2004 年。(김진경,「고려시대 사부 연구 — 작품개관과 존재 양상을 중심으로」,『어문논집』제50 집,2004.)

李文奎《許筠〈東征賦〉考——與金正哲〈關東別曲〉比較爲中心》,《開 新語文研究》第22 輯,2004 年。(이문규,「허균의〈東征賦〉考 — 정철의〈관 동별곡〉과의 비교를 중심으로」,『개신어문연구』제22 집,2004.)

金鎭卿《韓國辭賦研究：以主題敍述的主要方式爲中心》,《漢字漢文教 育》第13 輯,2004 年。(김진경,「韓國辭賦研究：주제 형성의 주된 서술방법을 중심으로」,『한자한문교육』제13 집,2004.)

朴世旭《韓、中賦的形式比較研究—以〈東文選〉所載作品爲中心》,《中 國語文學》第46 輯,2005 年。(박세욱,「한,중 賦의 형태학적 비교연구 —〈동 문선〉에 실린 작품을 중심으로」,『중국어문학 』제46 집,2005.)

金鎭卿《韓國辭賦寓言特徵研究》,《漢字漢文教育》第16 輯,2006 年。 (김진경,「韓國 辭賦에 나타나는 寓言的性格에 관한 研究」,『한자한문교육』 제16 집,2006.)

金鎭卿《韓國辭賦反映的悲哀情緒—以朝鮮時代作品爲中心》,《東方 漢文學》第30 輯,2006 年。(김진경,「한국 辭賦에 나타나는 悲哀의 情緒 — 조선시대 창작된 작품을 대상으로 하여」,『동방한 문학 』제30 집,2006.)

朴世旭《從〈楚辭〉到〈海東辭賦〉之一——〈海東辭賦〉是誰編選的?》, 《中國語文學》第47 輯,2006 年。(박세욱,「초사에서 해동사부1—해동사부는 누가 편제하였는가?」,『중국어문학 』제47 집,2006.)

金鎭卿《〈海東辭賦〉編纂傾向及其意義》,《高麗大學漢字漢文研究所 研究發表會論文集》,2006 年。(김진경,「해동사부의 편찬방향과 그 의의」, 『고려대학교 한자한문연구소 연구발표회』,2006.)

金星洙《申光漢的浪漫、追慕類辭賦文學》,《漢文古典研究》第 13 輯,2006 年。(김성수,「신광한의 사부문학 —낭만추모류」,『한문고전연구』제13집,2006.)

金星洙《申光漢的失志類辭賦文學》,《漢字漢文教育》第 17 輯,2006 年。(김성수,「申光漢의 辭賦文學—失志類」,『한자한문교육』제17집,2006.)

金鎮卿《秋江南孝温賦的主題形象化方法——以夢游、游仙的敘事結構與表現方法爲中心》,《漢字漢文教育》第 17 輯,2006 年。(김진경,「추강 남효온 부의 주제 형상화 방법에 대하여:夢游 游仙의 敘事구조와 표현 기법을 중심으로」,『한자한문교육』제17집,2006.)

金星洙《張維辭賦文學的經世思想》,《漢字漢文教育》第 19 輯,2007 年。(김성수,「張維의 辭賦文學:經世」,『한자한문교육』제19집,2007.)

金星洙《李荇〈哀朴仲説辭〉文體考》,《漢文古典研究》第 15 輯,2007 年。(김성수,「李荇의〈哀朴仲説辭〉의 장르考」,『한문고전연구』제15집,2007.)

金鎮卿《〈海東辭賦〉收録作品情況與編纂傾向》,《漢字漢文教育》第 18 輯,2007 年。(김진경,「『海東辭賦』의 收録作品 樣相과 編纂의 지향성」,『한자한문교육』제18집,2007.)

申太永《訥齋朴祥賦研究——儒家忠義之道與莊子超脱精神》,《温知論叢》第 17 輯,2007 年。(신태영,「눌재 박상의 부연구—유가적 충의와 장자적 초탈」,『온지논총』제17집,2007.)

申恩卿《對東亞文學中散文與韻文的綜合比較研究—以漢賦影響爲中心》,《國際語文》第 40 輯,2007 年。(신은경,「동아시아 문학에서의 산문·운문 혼합서술에 대한 비교연구—漢賦의 영향을 중심으로」,『국』제어문제40집,2007.)

李相弼《龜庵李楨的學問目標—以〈神明舍賦〉分析爲中心》,《南冥學研究》第 23 輯,2007 年。(이상필,「龜庵 李楨의 學問標的—神明舍賦〉의 분석을 중심으로」,『남명학연구』제23집,2007.)

金星洙《申光漢的讚頌、修身類辭賦文學》,《漢文古典研究》第 17 輯,2008 年。(김성수,「申光漢의 辭賦文學—讚頌,修身類」,『한문고전연구』제17집,2008.)

李九義《龍庵朴雲〈次憫己賦〉體現的指向意識》,《韓民族語文學》第 52
輯,2008 年。(**이구의**,「龍庵 朴雲의 〈次憫己賦〉**에 나타난 지향의식**」,『**한민족
어문학**』**제**52 **집**,2008.)

朴浣植《〈和歸去來辭〉的性理學意識》,《語文研究》第 36 輯,2008 年。
(**박완식**,「〈和歸去來辭〉**의** 性理學的 意識樣相」,『**어문연구**』**제**36 **집**,2008.)

朴浣植《對佛教〈和歸去來辭〉的考察──以韓中佛教文學爲中心》,
《東洋漢文學研究》第 27 輯,2008 年。(**박완식**,「佛教〈和歸去來辭〉**에 관한**
考察－韓中佛教文學 **을 중심으로**」,『**동양한문학연구**』**제**27 **집**,2008.)

申章燮《李奎報與蘇軾賦文學比較試考──以形式與表現手法爲中心》,
《我國文學研究》第 25 輯,2008 年。(**신장섭**,「李奎報**와** 蘇軾**의** 賦文學 比
較　試考－**형식과** **표현기법을 중심으로**」,『**우리문학연구**』**제**25 **집**,2008.)

金鎭卿《韓國辭賦個人情懷之形象化表現──以〈海東辭賦〉所載作品
爲中心》,《大東漢文學》第 28 輯,2008 年。(**김진경**,「韓國 辭賦**작품에 형상
화된 개인** 情懷**의** 樣相－『海東辭賦』所載 **작품을 중심으로**」,『**대동한문
학** 』**제**28 **집**,2008.)

金周淳《從比較文學視角考察象村〈歸去來辭〉》,《韓中人文學研究》第
23 輯,2008 年。(**김주순**,「象村〈歸去來辭〉**의** 比較文學的 考察」,『**한중인
문학연구제**23 **집**,2008.)

金鎭卿《許筠賦的主題內容──以〈海東辭賦〉所載作品爲中心》,《漢
文古典研究》第 17 輯,2008 年。(**김진경**,「許筠 賦**작품에 나타나는 주제 양상**
－『海東辭賦』所載 作品 **을 중심으로** 」,『**한문고전연구**』**제**17 **집**,2008.)

申太永《濯纓金馹孫的不屈一生與賦》,《漢文學報》第 18 輯,2008 年。
(**신태영**,「**탁영 김일손의 불굴의 삶과 부**」,『**한문학보**』**제**18 **집**,2008.)

金正和《對鶴峰辭賦的考察》,《東洋禮學》第 19 輯,2008 年。(**김정화**,
「鶴峰**의** 辭賦**의 대한** 一考察」,『**동양예학**』**제**19 **집**,2008.)

郭美善,《許筠〈東征賦〉研究:與鄭澈〈關東別曲〉、金昌協〈東征賦〉的
關聯爲中心》,《洌上古典研究》第 27 輯,2008 年。(**곽미선**,「**허균의**〈東征
賦〉**연구:정철의**〈**관동별곡**〉**과** 김창협의〈동정부〉**와의 관련성을 중심으로**」,
『**열상고전연구**』**제**27 **집**,2008.)

李九義《紫巖李民寏〈義牛塚賦〉考》,《韓國思想與文化》第 41 輯,2008
年。(**이구의**,「紫巖 **이민환의** 〈義牛塚賦〉考」,『**한국사상과 문화**』**제**41

集,2008.)

申太永《濯纓金馹孫賦研究——道友與憂國哀情》,《韓國漢文學研究》第 41 輯,2008 年。(**신태영**,「濯纓 金馹孫의 賦에 대한 한 연구－道友와 憂國哀情」,『**한국한문학연구**』제41 집,2008.)

金容澈《金馹孫賦的時間、空間美》,《東洋漢文學研究》第 26 輯,2008 年。(**김용철**,「**김일손 부의 미적 시공간**」,『**동양한문학연구**』제26 집,2008.)

李九義《濯纓金馹孫賦展現的精神世界——以〈游月宮賦〉〈疾風知勁草賦〉〈聚星亭賦〉爲中心》,《韓國思想與文化》第 48 輯,2009 年。(**이구의**,「濯纓 金馹孫의 부에 나타난 정신세계 (2)－그의 〈游月宮賦〉、〈疾風知勁草賦〉、〈聚星亭賦〉를 중심으로」,『**한국사상과문화**』제48 집,2009.)

具蓬坤《朝鮮朝後期賦與歌辭文學比較:以李鈺〈後蛙鳴賦〉與〈愚夫歌〉爲中心》,《我國語言與文字》第 47 輯,2009 年。(**구봉곤**,「**조선후기 賦와 歌辭 문학 비교**:李鈺의 〈後蛙鳴賦〉와 가사〈愚夫歌〉를 중심으로」,『**우리말글**』제47 집,2009.)

申斗煥《朝鮮士人的楚辭接受及其審美意識》,《漢文學論集》第 30 輯,2010 年。(**신두환**,「朝鮮士人들의 楚辭受容과 그 美意識」,『**한문학논집**』제30 **집**,2010.)

朴禹勳《大觀齋沈義賦試考——以〈大觀賦〉〈小觀賦〉〈達觀賦〉爲中心》,《東亞人文學》第 18 輯,2010 年。(**박우훈**,「大觀齋 沈義의 賦 試考:〈大觀賦〉〈小觀賦〉〈達觀賦〉를 중심으로」,『**동아인문학**』제18 집,2010.)

金周淳《從比較文學視角考察金昌淑〈反歸去來辭〉》,《中國文化研究》第 17 輯,2010 年。(**김주순**,「金昌淑〈反歸去來辭〉比較文學的考察」,『**중국문화연구**』제17 집,2010.)

鄭日南《茶山丁若鏞之屈騷接受》,《韓國漢文學研究》第 46 輯,2010 年。(**정일남**,「茶山 丁若鏞의 屈騷 수용양상」,『**한국한문학연구**』제46 **집**,2010.)

金鎭卿《潛庵金義貞賦文學研究—以形象化的主題表現爲中心》,《我國語文研究》第 38 輯,2010 年。(**김진경**,「**잠암 김의정 부문학 연구－작품에 형상화된 주제양상을 중심으로**」,『**우리어문연구**』제38 집,2010.)

金東河《訥齋朴祥賦研究》,《韓國古詩歌文化研究》第 26 輯,2010 年。(**김동하**,「**눌재 박상의 부 연구**」,『**한국고시가문화연구**』제26 집,2010.)

金星洙《張維的辭賦文學——修身、頌祝、咒術》,《漢文古典研究》第 20 輯,2010 年。(**김성수**,「張維의 辭賦文學－修身,頌祝,咒術」,『**한문고전연구**』제20 집,2010.)

鄭日男、柳燕華《谿谷張維與屈騷關聯研究》,《東方漢文學》第 46 輯,2011 年。(**정일남 류연화**,「谿谷 張維와 屈騷關聯研究」,『**동방한문학**』제46 집,2011.)

李九義《李穡、金宗直的〈觀魚臺小賦〉〈觀魚臺賦〉考》,《韓國思想與文化》第 60 輯,2011 年。(**이구의**,「李穡과 金宗直의〈觀魚臺小賦〉와〈觀魚臺賦〉考」,『**한국사상과 문화**』제60 집,2011.)

鄭日男《象村申欽的屈騷接受情況》,《漢文學報》第 24 輯,2011 年。(**정일남**,「象村申欽의 屈騷 수용양상」,『**한문학보**』제24 집,2011.)

金星洙《從許筠江原道時期的賦作看辭賦的必要條件——以〈東征賦〉〈思舊賦〉〈竹樓賦〉的形式特徵爲中心》,《漢文古典研究》第 22 輯,2011 年。(**김성수**,「許筠의 江原道 辭賦文學으로 본 辭賦의 要件－〈東征賦〉〈思舊賦〉〈竹樓賦〉의 형식적 특성을 중심으로」,『**한문고전연구**』제22 집,2011.)

黃仁德《對土亭李之菡〈次陶靖節歸去來辭〉的考察》,《忠清文化研究》第 8 輯,2012 年。(**황인덕**,「토정 이지함 작〈次陶靖節歸去來辭〉고찰」,『**충청문화 연구**제8 집,2012.)

具蓬坤《潛谷金堉賦文學研究——以〈潛谷遺稿〉所載作品的主題表現之形象化爲中心》,《我國語言與文字》第 54 輯,2012 年。(**구봉곤**,「潛谷 金堉의 賦문학 연구:潛谷遺稿에 형상화된 주제양상을 중심으로」,『**우리말 글**』제54 집,2012.)

金星洙《李荇的辭賦文學——以作品內容爲中心》,《漢文古典研究》第 25 輯,2012 年。(**김성수**,「이행의 사부문학－작품내용을 중심으로」,『**한문고전연구**』제25 집,2012.)

鄭日男《炯庵李德懋的屈騷接受情況》,《東方漢文學》第 52 輯,2012 年。(**정일남**,「炯庵 李德懋의 屈騷 수용양상」,『**동방한문학**』제52 집,2012.)

姜晳中《科賦的形式與文體特徵》,《大東漢文學》第 39 輯,2013 年。(**강석중**,「科賦의 형식과 문체적 특징」,『**대동한문학**』제39 집,2013.)

衣若芬《東坡體:明代中韓詩賦外交的戲作與競技》,《淵民學志》第 20 輯,2013 年。(**이루펀**,「東坡體:明代 中韓 詩賦外交의 戲作과 競技)」,『**연민**

学지)』제 20 집, 2013.)

李九義《徐居正〈後觀魚臺賦〉體現的自我意識》,《嶺南學》第 23 輯, 2013 年。(이구의,「徐居正의〈後觀魚臺賦〉에 나타난 자아의식」,『영남학』제 23 집, 2013.)

金鎮卿《訥齋朴祥賦文學研究——以主題的形象化表現方式爲中心》,《漢文古典研究》第 26 輯, 2013 年。(김진경,「訥齋 朴祥 賦文學 연구－주제 형상화 방식을 중심으로」,『한문고전연구』제 26 집, 2013.)

金甫暻《容齋李荇對屈原的接受以及文學改變——趨同與差異之間的張力平衡》,《東方漢文學》第 56 輯, 2013 年。(김보경,「容齋 李荇의 屈原 수용과 문학적 변용－동일화와 거리두기 그 긴장과 공존」,『동방한문학』제 56 집, 2013.)

尹浩鎮《雲江趙瑗的〈三都賦〉研究》,《洌上古典研究》第 40 輯, 2014 年。(윤호진,「雲江 趙瑗의〈三都賦〉연구」,『열상고전연구』제 40 집, 2014.)

李丙疇《金錫胄賦文學學習研究》,《人文學報》第 27 輯, 2014 年。(이병주,「金錫胄 賦文학 학습 연구」,『인문과학논집』제 27 집, 2014.)

李祥旭《朝鮮朝科賦的形成問題》,《洌上古典研究》第 40 輯, 2014 年。(이상욱,「조선科賦의 성립문제」,『열상고전연구』제 40 집, 2014.)

黃渭周《從〈離騷遺香〉看朝鮮朝後期科擧試賦的出題與答案狀況》,《大東漢文學》第 40 輯, 2014 年。(황위주,「『離騷遺香』을 통해 본 조선후기 '科賦'의 출제와 답안 양상」,『대동한문학』제 40 집, 2014.)

李國鎮《李學逵賦的形象化方法與文學性特徵——以〈海賦〉〈火賦〉〈霖雨賦〉爲中心》,《韓國漢詩研究》第 22 輯, 2014 年。(이국진,「李學逵 賦의 형상화 방식과 문학적 특징—〈海賦〉〈火賦〉〈霖雨賦〉를 중심으로」,『한국한시연구』제 22 집, 2014.)

李九義《愚谷宋亮賦展現的精神世界以〈義蘭賦〉爲中心》,《韓國思想與文化》第 79 輯, 2015 年。(이구의,「愚谷 宋亮의 부에 나타난 정신세계－그의〈義蘭賦〉를 중심으로」,『한국사상과문화』제 79 집, 2015.)

具蓬坤《金烋的賦文學研究》,《我國語言與文字》第 64 輯, 2015 年。(구봉곤,「김휴의 부 문학 연구」,『우리말 글』제 64 집, 2015.)

鄭日男、崔裕振《楚亭朴齊家的屈騷接受及其意義》,《民族文化》第 45 輯, 2015 年。(정일남 최유진,「楚亭朴齊家의 屈騷수용과 그 의미」,『민족문

화』제45 집,2015.)

OH－bora,《西坡柳僖賦展現的内心世界》,《韓國漢文學研究》第 59 輯,2015 年。（**오보라**,「西坡 柳僖 賦**에 드러나는 내면세계 고찰**」,『**한국한문학연구**』제59 집,2015.)

申斗煥《韓國的楚辭接受狀況研究》,《漢文古典研究》第 32 輯,2016 年。（**신두환**,「**한국의** 楚辭受容 樣相研究」,『**한문고전연구**』제32 집,2016.）

賈捷《朝鮮刊〈選賦抄評注解删補〉引〈楚辭〉各篇之考實》,《洌上古典研究》第 54 輯,2016 年。（賈捷,「朝鮮刊『選賦抄評註解删補』引『楚辭』各篇之考實」,『**열상고전연구**』제54 집,2016.）

尹蕙智《鮑照〈尺蠖賦〉與李奎報〈放蟬賦〉内容比較——以基於現實認識的處世觀爲中心》,《中國研究》第 68 輯,2016 年。（**윤혜지**,「**포조의** 〈尺蠖賦〉**와 이규보의** 〈放蟬賦〉**내용 비교 - 현실인식에 따른 처세관을 중심으로**」,『**중국연구**』제68 집,2016.）

金甫暻《金時習、南孝温被放逐的希望與屈原楚辭接受——朝鮮前期精神史的觀照點之一》,《東方漢文學》第 67 輯,2016 年。（**김보경**,「**김시습과 남효온,추방된 비전과 굴원 초사 수용—조선전기 정신사의 한 조망대로서**」,『**동방한문학**』제67 집,2016.）

金光年《對畸庵鄭弘溟賦和散文的考察》,《漢文學論集》第 43 輯,2016 年。（**김광년**,「畸庵 鄭弘溟**의** 賦**와** 散文**에 대한 一考察**」,『**한문학논집**』제43 집,2016.）

具蓬坤《玄洲趙纘韓的賦作品研究》,《民族文化》第 48 輯,2016 年。（**구봉곤**,「**현주 조찬한의 부 작품 연구**」,『**민족문화**』제48 집,2016.）

申斗煥《西崖柳成龍的楚辭接受美學》,《東方漢文學》第 69 輯,2016 年。（**신두환**,「西崖柳成龍**의** 楚辭受容**의 미의식**」,『**동방한문학**』제69 집,2016.）

　（二）中國

1.選本

于春海編《古代朝鮮辭賦解析》（一）,商務印書館,2013 年。

于春海編《古代朝鮮辭賦解析》（二）,商務印書館,2015 年。

2.專書章節

王曉平《亞洲漢文學》,天津人民出版社,2009 年。

李岩《朝鮮中古文學批評史研究》,人民文學出版社,2015 年。

3.學位論文

(1)碩士論文

金星洙《中國辭賦與韓國歌辭之比較研究》,中國臺灣文化大學碩士論文,1985 年。

張楠《許筠賦對中國賦的借鑒與創新》,延邊大學碩士論文,2009 年。

鄭京花《北學派與楚辭關聯研究》,延邊大學碩士論文,2009 年。

孫學敏《高麗朝對中國賦的借鑒與發展——以李奎報、李穡爲例》,延邊大學碩士論文,2010 年。

文智律《〈楚辭〉在韓國的傳播與影響》,浙江大學碩士論文,2012 年。

楊楠《高麗朝抒情小賦及其與中國文化的關聯》,延邊大學碩士論文,2012 年。

王瀅《李珥賦與中國賦關聯研究》,延邊大學碩士論文,2012 年。

牛月賀《金時習擬屈原詩研究》,延邊大學碩士論文,2012 年。

王佳月《金馹孫詩賦研究——兼與中國文化關聯》,延邊大學碩士論文,2013 年。

劉陶染《中國古代貶官文學對朝鮮朝晚期賦的影響》,延邊大學碩士論文,2013 年。

季潔《李荇賦及與中國文化關聯研究》,延邊大學碩士論文,2013 年。

王賀雷《朝鮮朝金光煜賦研究——兼與中國賦的關聯》,延邊大學碩士論文,2013 年。

向世俊子《陶淵明在朝鮮的接受與傳播——以〈和歸去來辭〉爲中心》,中國海洋大學碩士論文,2013 年。

孫守雨《朝鮮朝中前期詠史賦對中國文學的接受與發展》,延邊大學碩士論文,2013 年。

任和《朝鮮朝動物賦與漢魏六朝動物賦關聯研究》,延邊大學碩士論文,2014 年。

王新榮《朝鮮朝植物賦與魏晉南北朝植物賦關聯研究》,延邊大學碩士論文,2014 年。

田帥《漢賦在朝鮮半島的傳播與接受》,中國海洋大學碩士論文,2014 年。

王瑞鳳《東漢末年抒情賦與高麗時期抒情賦比較研究》,延邊大學碩士論文,2014 年。

張穎《曹植賦與古代朝鮮作家徐居正、成俔賦比較研究》,延邊大學碩士論文,2014 年。

金小鈺《李奎報對〈詩經〉〈楚辭〉、陶詩的接受研究》,延邊大學碩士論文,2015 年。

隋曉晨《中國古代賦對朝鮮朝朴祥賦的影響研究》,延邊大學碩士論文,2015 年。

張航《中國古代辭賦對朝鮮朝沈義辭賦創作的影響研究》,延邊大學碩士論文,2015 年。

李煜《高麗朝辭賦分期研究——兼論中國文化對其影響》,延邊大學碩士論文,2015 年。

武兵《中國儒家思想與辭賦文學對高麗朝李奎報賦作的影響研究》,延邊大學碩士論文,2015 年。

吳雨娜《中國辭賦對朝鮮朝閔齊仁辭賦的影響研究》,延邊大學碩士論文,2015 年。

許瑋《中國古代四言賦研究——兼論對古代朝鮮四言賦的影響》,延邊大學碩士論文,2015 年。

路暢《唐宋詠春賦對古代朝鮮詠春賦的影響研究》,延邊大學碩士論文,2016 年。

滿方方《中國辭賦對朝鮮朝崔演辭賦的影響研究》,延邊大學碩士論文,2016 年。

(2)博士論文

朴貞淑《〈文選〉流傳韓國之研究》,南京大學博士論文,2008 年。

權赫子《韓國科舉與辭賦研究》,南京大學博士論文,2008 年。

陳彝秋《〈東文選〉研究》,南京大學博士論文,2009 年。

王克平《朝鮮與明外交關係研究——以"詩賦外交"爲中心》,延邊大學博士論文,2009 年。

孟憲堯《〈皇華集〉與明代中朝友好交流研究》,延邊大學博士論文,2012 年。

郭延紅《朝鮮抒情小賦研究》,中央民族大學博士論文,2012 年。

吴伊瓊《明朝與朝鮮王朝詩文酬唱外交活動考論——以〈朝鮮王朝實録〉爲中心》,復旦大學博士論文,2013 年。

張佳《朝鮮時代擬賦研究》,南京大學博士論文,2014 年。

4.一般論文

徐在日《屈原與楚辭對韓國古典文學之影響》,《當代韓國》,1998 年第 3 期。

曹虹《略論中國賦的感春傳統及其在朝鮮的流衍——以朱子〈感春賦〉與宋尤庵〈次感春賦〉爲中心》,《南京大學學報》,2000 年第 1 期。

吴紹釚《中韓〈三都賦〉研究》,《延邊大學學報》,2000 年第 3 期。

王曉平《高麗朝鮮歷朝漢文辭賦述略》,《漢學研究》第 5 輯,2000 年。

曹虹《陶淵明〈歸去來辭〉與韓國漢文學》,《南京大學學報》,2001 年第 6 期。

朴永焕《當代韓國楚辭學研究的現況和展望》,《中國楚辭學》第 4 輯,2002 年。

張伯偉《〈文選〉與韓國漢文學》,《文史》,2003 年第 1 輯。

曹虹《蘇軾〈赤壁賦〉與趙纘韓〈反赤壁賦〉》,《古典文獻研究》,2003 年第 1 期。

詹杭倫《韓國詩話論楚辭述評》,《古代文學理論研究》,2003 年。

白承錫《韓國高麗朝辭賦綜論》,《四川師範大學學報》,2005 年第 1 期。

曹虹《德不孤,必有鄰——談談域外文人對中國原作的擬效》,《學習與探索》,2006 年第 2 期。

金文京《東亞争奇文學初探》,《域外漢籍研究集刊》第 2 輯,2006 年。

曹虹《論朝鮮女子徐氏〈次歸去來辭〉——兼談中朝女性與隱逸》,《清華大學學報》,2007 年第 1 期。

李鍾燦《辭賦的變遷與朝鮮的辭賦文學》,《2007 年楚辭學國際學術會議論文集》,2007 年。

金周淳《陶淵明〈歸去來辭〉與申欽〈和歸去來辭〉的比較研究》,許結編《中國賦學》,江蘇教育出版社 2007 年。

曹春茹《黄庭堅、許筠〈毁璧辭〉之比較》,《名作欣賞》,2008 年第 14 期。

楊會敏《朝鮮文人許筠賦作論析——兼論與中國賦體文學之關聯》,《廣西師範大學學報》,2010 年第 2 期。

龔紅林《屈原作品韓國傳播考》，《雲夢學刊》，2010 年第 3 期。

陳彝秋《論中國賦學的東傳——以〈東文選〉辭賦的分類與編排爲中心》，《南京社會科學》，2010 年第 3 期。

權赫子《朝鮮時代科試律賦考述》，《東疆學刊》，2010 年第 3 期。

王成《朝鮮許筠與向秀〈思舊賦〉之比較》，《邯鄲學院學報》，2011 年第 1 期。

龔紅林《屈原作品在朝鮮半島的接受與屈原精神域外文化凝聚力的探討》，《雲夢學刊》，2011 年第 1 期。

于潔《試析李奎報〈祖江賦〉》，《延邊教育學院學報》，2011 年第 1 期。

權赫子《從〈皇華集〉"箕子題詠"看辭賦的外交功能》，《東疆學刊》，2011 年第 3 期。

權赫子《韓國賦序簡論——以韓國文集叢刊所載作品爲中心》，《吉林師範大學學報》，2011 年第 3 期。

龔紅林《韓國賦學三題》，《遼東學院學報》，2012 年第 1 期。

詹杭倫《韓國（高麗、李朝）科舉考試律賦舉隅》，《西南民族大學學報》，2012 年第 1 期。

琴知雅《歷代朝鮮士人對楚辭的接受及漢文學的展開》，《職大學報》，2012 年第 1 期。

湯洪《李穡〈辭辨〉研究》，《内江師範學院學報》，2012 年第 1 期。

權赫子《朝鮮朝中後期〈文選〉接受與辭賦創作》，《徐州師範大學學報》，2012 年第 2 期。

王成《朝鮮許筠與陶淵明〈歸去來辭〉之比較》，《綏化學院學報》，2012 年第 2 期。

詹杭倫《韓國"酒賦"與中國有關賦作之比較》，《中文學術前沿》第 5 輯，2012 年第 2 期。

季南《〈文選〉在古代朝鮮半島的傳播及其價值》，《中南大學學報》，2012 年第 5 期。

王進明《論李仁老的文學開創性及其重要影響》，《當代韓國》，2013 年第 3 期。

張克軍《試論高麗朝賦文學創作》，《延邊大學學報》，2013 年第 3 期。

張佳《1392 至 1910 朝鮮時代的楚辭評論》，《南京師範大學文學院學報》,2013 年第 4 期。

　　權赫子《韓國學者韓國辭賦研究述評》,《北華大學學報》,2013 年第 6 期。

　　白承錫《高麗大儒李穡及其辭賦學之成就》,《古典文學知識》,2013 年第 6 期。

　　王進明《高麗朝李仁老〈和歸去來辭〉的文學淵源及其深遠影響》,《民族文學研究》,2014 年第 1 期。

　　周建忠《東亞楚辭文獻研究的歷史和前景——國家社科基金重大項目開題報告》,《南通大學學報》,2014 年第 1 期。

　　楊昊《朝鮮文人權斗經〈次感士不遇賦〉與陶淵明〈感士不遇賦〉之比較》,《濱州學院學報》,2014 年第 2 期。

　　許敬震、賈捷《韓國館藏鈐安鼎福藏書印〈楚辭〉鈔録本考釋》,《南通大學學報》,2014 年第 4 期。

　　孫惠欣、杜小蘭《朝鮮朝閔齊仁賦作對中國傳統文學的受容——以〈酒賦〉、〈相馬失之瘦賦〉爲中心》,《延邊大學學報》,2014 年第 5 期。

　　周建忠《楚辭在韓國的傳播與接受》,《文學遺産》,2014 年第 6 期。

　　王准《論〈皇華集〉詩賦創作的文學史意義》,《學術探索》,2014 年第 11 期。

　　程園園《司馬相如〈子虚賦〉〈上林賦〉與韓國古代的文學創作》,《青年文學家》,2014 年第 32 期。

　　權赫子《〈哀江南賦〉接受與朝鮮朝後期辭賦創作》,《四川師範大學學報》,2015 年第 1 期。

　　于春海、王安琪《歐陽修對朝鮮朝辭賦的影響——以〈醉翁亭記〉〈秋聲賦〉爲例》,《東疆學刊》,2015 年第 1 期。

　　王若明《韓國文集叢刊中悲秋賦探析》,《長春大學學報》,2015 年第 1 期。

　　楊昊《古代朝鮮文人擬次李白賦作論析》,《河北科技師範學院學報》,2015 年第 2 期。

　　朴哲希、馬金科《試析高麗末期文人鄭夢周對屈原及其〈思美人〉的接受——以〈思美人辭〉爲例》,《長春工程學院學報》,2015 年第 2 期。

　　劉婧《朝鮮文人李鈺賦作簡論》,《西華大學學報》,2015 年第 3 期。

劉思文、于瀟怡《朝鮮朝文人李安訥對王粲及其賦的接受》,《東疆學刊》,2016 年第 3 期。

趙玉霞、王瑞鳳《蔡邕〈述行賦〉與李奎報〈祖江賦〉比較》,《遼東學院學報》,2015 年第 5 期。

朴孟軍《16 世紀中葉至 17 世紀中葉朝鮮朝士人辭賦中的時代觀照》,《赤峰學院學報》,2015 年第 7 期。

楊昊《古代朝鮮文人擬次歐陽修辭賦論析》,《濱州學院學報》,2015 年第 5 期。

王成《中國文化給養古代朝鮮辭賦創作》,《中國社會科學報》,2016 年 1 月 18 日。

趙俊波《論柳宗元辭賦在海東文壇的傳播與接受》,《運城學院學報》,2016 年第 1 期。

王進明《王粲〈登樓賦〉與李安訥〈次王粲登樓賦韻〉之比較》,《延邊教育學院學報》,2016 年第 3 期。

張寒《高麗、朝鮮王朝時期〈楚辭〉之受容》,《嶺南師範學院學報》,2016 年第 5 期。

張佳《論古代朝鮮辭賦對中國辭賦之模擬》,《長江大學學報》,2016 年第 11 期。

譚家健《楚辭漢賦域外仿作拾零》,《雲夢學刊》,2016 年第 6 期。

二、日本

（一）日本

1.一般論文

茅原東学《關東訪碑記（四）：秦蒙將軍像與象山先生櫻賦》（《関東訪碑記（四）：秦蒙将軍像と象山先生桜賦》）,《書苑》,1918 年第 9 期。

荻野清《〈一楼賦〉解説》（《〈一楼賦〉解説》）,《連歌と俳諧》,1936 年第 1 期。

明香信《本朝文粹的男女婚姻賦》（《本朝文粹の男女婚姻賦》）,《書物展望》,1940 年第 10 期。

本間久雄《明治文學隨筆東扇錄——關於〈源九郎義經〉與〈極樂鳥之

賦》》（《明治文学随筆冬扇録——〈源九郎義経〉と〈極楽鳥の賦〉について——》），《明治大正文学研究》，1954 年第 12 期。

広瀬誠《立山與片貝川——立山賦地理考》（《立山と片貝川——立山賦地理考——》），《万葉》，1956 年第 20 期。

大曽根章介《菟裘賦與鵬鳥賦的比較研究——兼明親王的文學》（《菟裘賦と鵬鳥賦との比較考察——兼明親王の文学——》），《国語と国文学》，1957 年第 34 期。

松浦友久《上代日本漢文學中的賦系列——以〈經國集〉〈本朝文粹〉爲中心》（《上代日本漢文学における賦の系列——〈経国集〉〈本朝文粹〉を中心に——》），《国語と国文学》，1963 年第 40 期。）

小島憲之《从弘仁期文學至承和期文學——以嵯峨天皇爲中心的應制奉和詩賦研究》（《弘仁期文学より承和期文学——峨嵯天皇を中心とする応制奉和の詩賦をめぐつて——》），《国語国文》，1965 年第 34 期。）

藤江周造《芭蕉之前的遁世賦研究》（《遁世の賦　芭蕉以前》），《俳句研究》，1969 年第 36 期。

赤羽学《芭蕉的俳文〈松島之賦〉成立過程——以初稿形態的新出資料爲中心》（《芭蕉の俳文〈松島の賦〉の成立過程——初稿形態の新出資料を中心に——》），《俳文芸》，1974 年第 3 期。

赤羽学《芭蕉的俳文〈松島之賦〉成立過程（續）——〈陸奥衞〉〈風俗文選〉所收文的地位》（《芭蕉の俳文〈松島の賦〉の成立過程（続）——〈陸奥衞〉・〈風俗文選〉所収文の位置——》），《俳文芸》，1974 年第 4 期。

赤羽学《芭蕉俳文〈鳥之賦〉的原型復原嘗試》（《芭蕉の俳文〈鳥の賦〉の原形復元の試み》），《岡山大学法文学部学術紀要》，1974 年第 34 期。

針原孝之《家持的越中三賦》（《家持の越中三賦》），《万葉の発想》，1977 年。

赤羽学《芭蕉俳文〈鳥之賦〉的原型復原嘗試再稿》（《芭蕉の俳文〈鳥の賦〉の原形復元の試み再稿》），《岡山大学法文学部学術紀要》，1978 年第 38 期。

白石悌三《〈一楼賦〉——江戸蕉門的轉折點》（《〈一楼賦〉江戸蕉門の曲り角》），《国文学解釈と教材の研究》，1979 年第 24 期。

辰巳正明《家持的越中賦》（《家持の越中賦》），《上代文学》，1980 年第

4 期。

　　吉永孝雄《佐久間象山和〈望岳之賦〉》（《佐久間象山と〈望岳の賦〉》），
《羽衣学園短期大学研究紀要》,1980 年第 16 期。

　　千坂峻峰《〈濟北集〉卷一賦分析（一）》（《〈済北集〉卷一賦の分析
（一）》），《聖和》,1981 年第 18 期。

　　橋本達雄《二上山賦研究》（《二上山の賦をめぐって》），《万葉集研究》,
1981 年第 10 期。

　　橋本達雄《家持與池主——兩首賦作及其敬和研究》（《家持と池
主——二首の賦とその敬和について——》），《美夫君志》,1982 年第
26 期。

　　小尾郊一《佐久間象山的賦——以〈櫻之賦〉爲中心》（《佐久間象山の
賦——桜の賦——》），《武庫川国文》,1982 年第 20 期。

　　川口久雄《壺中的天地——石上宅嗣〈小山賦〉與空海〈游山慕仙詩〉》
（《壺中の天地——石上宅嗣〈小山賦〉と空海〈游山慕仙詩〉——》），《古典
の変容と新生》,明治書院,1984 年。

　　針原孝之《讀〈越中三賦〉》（《〈越中三賦〉を読む》），《セミナー古代文
学》），1986 年第 85 期。

　　武部弥十武《家持的越中三賦（卷十七·三九八五～七、三九九一和
二、四〇〇〇～二》（《家持の越中三賦（卷十七·三九八五～七、三九九一
と二、四〇〇〇～二）》），《国文学解釈と鑑賞》,1986 年第 51 期。

　　佐藤文義《越中三賦的歌境與詩友大伴池主》（《越中三賦の歌境と詩
友大伴池主》），《小樽女子短期大学研究紀要》,1987 年第 17 期。

　　本間洋一《〈事類賦〉與平安朝邦人所編類書》（《〈事類賦〉と平安末期
邦人編類書》），《和漢比較文学》,1987 年第 3 期。

　　枋尾武《玉造小町壯衰書研究——幸地噌上咏之賦考》（《玉造小町壯
衰書研究——幸地噌上詠之賦考》），《成城文芸》,1988 年第 122 期。

　　枋尾武《玉造小町壯衰書研究——幸地噌上咏之賦再考》（《玉造小町
壯衰書研究——幸地噌上詠之賦再考》），《成城国文論集》,1988 年第
19 期。

　　武田比呂男《二上山與家持——〈二上山賦〉寫作的基礎》（《二上山と
家持——〈二上山賦〉の基底にあるもの》），《明治大学日本文学》,1990 年

第 18 期。

波戸岡旭《菅原清公小考——以〈嘯賦〉爲中心》(《菅原清公小考——〈嘯賦〉を中心に》),《漢文学会々報》,1990 年第 36 期。

金原理《道真的賦——試讀〈秋湖賦〉》(《道真の賦——〈秋湖賦〉試読》),《国文学解釈と鑑賞》,1990 年第 55 期。

東茂美《大伴家持的喜雨賦》(《大伴家持の喜雨賦》),《国語と教育(長崎大学)》,1991 年第 16 期。

半谷芳文《敕撰三漢詩集論考 2(上):集團場合製作的詩賦》(《勅撰 3 漢詩集論考 2(上):集団の場で制作された詩賦》),《武蔵野女子大学紀要》,1991 年第 26 期。

波戸岡旭《大江匡房小考——以〈秋日閑居賦〉爲中心》(《大江匡房小考——〈秋日閑居賦〉を中心に》),《日本文学の視点と諸相》,1991 年。

岡村繁《白樂天的詩賦與王朝的詩賦》(《白楽天の詩賦と王朝の詩賦》),《和漢比較文学》,1991 年第 8 期。

纓片真王《〈烏之賦〉私解——讀芭蕉和蕉門俳文》(《〈烏之賦〉私解——芭蕉と蕉門の俳文を読む》),《上智大学国文学論集》,1991 年第 24 期。

興膳宏《〈文選〉與〈本朝文粹〉——以賦爲中心》(《〈文選〉と〈本朝文粹〉——特に賦について》),《新日本古典文学大系(月報)》,1992 年第 27 期。

今浜通隆《"嶓嶓國老"謂誰——大江匡房〈落葉賦〉中所見的菅原道真像》(《"彼の嶓々たる国老"とは誰のことか——大江匡房〈落葉賦〉中に見える菅原道真像》),《武蔵野日本文学》,1992 年第 1 期。

竹治貞夫《中國文學中的憂愁與古賀侗庵之〈愁賦賦〉(上)》(《中国文学における"憂愁"と古賀侗庵の〈愁の賦〉(上)》),《徳島文理大学比較文化研究所年報》,1992 年第 9 期。

纓片真王《〈本朝文選〉賦類研究》(《〈本朝文選〉賦類をめぐって》),《論集近世文学》,1992 第 4 期。

佐藤隆《大伴家持的二上山賦——涉溪之崎、荒磯之波》(《大伴家持の二上山の賦——渋谿の崎の荒磯の波》),《中京大学文学部紀要》,1992 年第 27 期。

江口洌《越中五賦的世界——"賦"創作的目的、動機及其文體意識》（《越中五賦の世界——"賦"作成の目的と動機及びその文体意識》），《上代文学》，1993 年第 70 期。

佐藤隆《家持的游覽布勢水海賦與立山賦》（《家持の游覽布勢水海賦と立山賦》），《中京大学文学部紀要》，1993 年第 27 期。

胡志昂《旅人房前的倭琴贈答歌文與咏琴詩賦》（《旅人・房前の倭琴贈答歌文と詠琴詩賦》），《上代文学》，1993 年第 71 期。

川崎宏《唐歌集〈逍遥遺稿〉考——以其成立與詩賦作品的餘響爲中心》（《からうた集〈逍遥遺稿〉考——その成立と詩賦作品の余響など》），《関東学院女子短期大学短大論叢》，1993 第 89 期。

金原理《〈菟裘賦〉與〈史記〉》（《〈兎裘賦〉と〈史記〉》），《香椎潟》，1993 年第 38 期。

大崎仁子《大江匡房賦研究》（《大江匡房の賦について》），《和漢比較文学》，1993 年第 11 期。

竹治貞夫《中國文學中的憂愁與古賀侗庵之〈愁賦賦〉（下）》（《中國文學における"憂愁"と古賀侗庵の〈愁の賦〉（下）》），《德島文理大学比較文化研究所年報》，1994 年第 10 期。

島谷弘幸《市河米庵的學書——以兩篇〈天馬賦〉爲中心》（《市河米庵の学書——ふたつの〈天馬賦〉をめぐって》），《東京国立博物館研究誌》，1994 年第 521 期。

燒山広志《菅原道真賦研究——關於音韻和構造的考察》（《菅原道真の賦について——音韻・構造上の一考察》），《国語国文学研究》，1994 年第 30 期。

波戸岡旭《〈越中三賦〉的時空——大伴家持與中國文學》（《〈越中三賦〉の時空——大伴家持と中国文学》），《越中三賦を考える》，1995 年。

針原孝之《家持的越中三賦》（《家持の越中三賦》），《越中三賦を考える》，1995 年。

佐々木幸綱《讀北越三賦》（《北越三賦を読む》），《越中三賦を考える》，1995 年。

波戸岡旭《大江匡房和賦》（《大江匡房と賦》），《国文学解釈と鑑賞》，1995 年第 60 期。

小峯和明《大江匡房的〈法華經賦〉》（《大江匡房の〈法華経賦〉》），《國文学解釈と鑑賞》，1996 年第 61 期。

菊池威雄《游覽布勢水海賦——家持的方法》（《游覧布勢水海賦——家持の方法》），《美夫君志》，1996 年第 52 期。

芳賀紀雄《萬葉五賦的形成》（《万葉五賦の形成》），《万葉学藻》，1996 年。

燒山広志《菅原道真作品研究——〈未旦求衣賦〉注釋》（《菅原道真作品研究——〈未旦求衣賦〉注釈》），《有明工業高等専門学校紀要》，1996 年第 32 期。

燒山広志《菅原道真作品研究：〈秋湖賦〉注釋》（《菅原道真作品研究：〈秋湖賦〉注釈》），《国語国文学研究》，1997 年第 33 期。

広川晶輝《越中賦敬和研究》（《越中賦の敬和について》），《国語国文研究》，1998 年第 108 期。

尾崎暢殃《拘泥與超脱——家持二上山賦的反歌》（《拘泥と超脱——家持の二上山の賦の反歌》），《国学院雑誌》，1998 年第 9 期。

燒山広志《紀長谷雄作品研究——〈柳化爲松賦〉注釋》（《紀長谷雄作品研究——〈柳化為松賦〉注釈》），《九州大谷国文》，1998 年第 27 期。

燒山広志《紀長谷雄作品研究——〈春雪賦〉注釋》（《紀長谷雄作品研究——〈春雪賦〉注釈》），《国語国文学研究》，1999 年第 34 期。

燒山広志《紀長谷雄賦研究——關於音韻與結構的考察》（《紀長谷雄の賦について——音韻・構造上の一考察》），《有明工業高等専門学校紀要》，1998 年第 34 期。

燒山広志《紀長谷雄賦出典考——以〈春雪賦〉爲中心》（《紀長谷雄の賦・出典考——〈春雪賦〉をめぐって》），《国語国文学論考》，2000 年。

鉄野昌弘《試論〈二上山賦〉》（《〈二上山賦〉試論》），《万葉》，2000 年第 173 期。

孫久富《“不歌而誦”、“讀歌”與“賦詩”——關於賦與長歌之發生的比較》（《“不歌而誦”と“読歌”と“賦詩”——賦と長歌の発生についての比較》），《相愛大学研究論集》，2000 年第 16 期。

孫久富《賦與長歌比較研究——以其文學思想、性質的異异同爲中心》（《賦と長歌の比較——文学思想・性質の異同を中心に》），《相愛大学研究論集》，2001 年第 17 期。

　　井実充史《嵯峨朝詩賦所描寫的神泉苑的自然——作爲君臣和樂象徵的風景》（《嵯峨朝詩賦に描かれた神泉苑の自然——君臣和楽の象徵としての風景》），《古代研究》，2001 年第 34 期。

　　針原孝之《二上山之賦》（《二上山の賦》），《万葉の歌人と作品》，2002年第 8 期。

　　井実充史《石上宅嗣賀陽豊年〈小山賦〉研究——以藝亭院的學問交流成果爲中心》（《石上宅嗣、賀陽豊年〈小山賦〉について——芸亭院での学問的交流が生み出したもの》），《言語文学教育》，2002 年。

　　森斌《大伴家持〈立山賦〉的特質》（《大伴家持〈立山賦〉の特質》），《広島女学院大学論集》，2002 年第 52 期。

　　井実充史《仲熊王菅原清人〈鶺鴒賦〉研究——嵯峨朝官人人生觀的形成》（《仲雄王・菅原清人〈鶺鴒賦〉の考察——嵯峨朝官人の人生観の形成》），《言文》，2003 年第 50 期。

　　小野寬《當今所讀的家持〈二上山賦〉》（《家持〈二上山賦〉のよみの現在》），《論集上代文学》，2004 年第 26 期。

　　吉村誠《大伴家持〈二上山賦〉的基礎》（《大伴家持〈二上山賦〉の基盤》），《国学院雑誌》，2004 年第 105 期。

　　井実充史《空海詩賦的方法——“道”“俗”的對立與對“俗”的反抗》（《空海詩賦の方法——“道”“俗”対立と“俗”への対抗》），《言文》，2005 年第 53 期。

　　于永梅《〈兎裘賦〉中所體現的兼明親王的思想——從其中的佛教表現着眼》（《兎裘賦〉における兼明親王の思想——仏教的表現に着目して》），《中国文化研究》，2006 年第 22 期。

　　小嶋明紀子《虎關師煉賦研究》（《虎関師錬の賦をめぐって》），《日本漢文学研究》，2007 年第 2 期。

　　三品泰子《空海與心之獸：〈三教指歸〉卷下〈生死海之賦〉與〈大乘起信論・阿耶賴識〉》（《空海と心の獸：〈三教指帰〉卷下〈生死海の賦〉と〈大乘起信論・アラヤ識〉》），《日本文学》，2009 年第 58 期。

　　半谷芳文《敕撰三漢詩集押韻考——从韻書的利用與韻律受容看奈良末平安初的詩賦》（《勅撰三漢詩集押韻考——韻書の利用と韻律受容から

考察する奈良末・平安初頭の詩賦》),《国文学研究》,2009 第 158 期。

波戸岡旭《菅原道真〈秋湖賦〉考——感因事而發、興遇物而起》(《菅原道真〈秋湖賦〉考——感は事に因りて発し、興は物に遇うて起る》),《国学院雑誌》,2010 年第 3 期。

奥村和美《家持的〈立山賦〉與池主的〈敬和〉研究》(《家持の〈立山賦〉と池主の〈敬和〉について》),《万葉集研究》,2011 年第 32 期。

佐藤信一《論"仰望空中有所思"——以菅原道真〈清風戒寒賦〉爲綫索》(《"空に目つきたるやうにおぼえしを"論——菅原道真〈清風戒寒賦〉を手掛かりにして》),《紫式部と王朝文芸の表現史》,2012 年。

胡志昂《大津皇子的詩與歌——詩賦之興自大津始》(《大津皇子の詩と歌——詩賦の興り、大津より始れり》),《埼玉学園大学紀要(人間学部篇)》,2013 年第 13 期。

渡辺滋《古代日本對曹植〈洛神賦〉的受容——以秋田城出土木簡的性質爲中心》(《古代日本における曹植〈洛神賦〉受容——秋田城出土木簡の性格を中心として》),《文学・語学》,2013 年第 207 期。

宮武慶之《新發田藩溝口家舊藏大燈國師墨跡研究——以物我兩忘和日山賦爲中心》(《新発田藩溝口家舊蔵の大燈国師墨迹について——物我両忘と日山賦を中心に》),《文化情報学(同志社大学)》,2013 年第 9 期。

半谷芳文《試論〈文章經國〉的文藝觀與詩賦創作:奈良末、平安初期與初唐文藝觀的差異》(《〈文章經國〉的文藝觀と詩賦實作に關する試論:奈良末・平安初期と初唐における文藝觀位相の差異から》),《中国詩文論叢》,2014 年第 33 期。

三木雅博《菅原道真〈端午日賦艾人〉與唐人陳章的〈艾人賦〉:平安朝對唐代律賦受容的一個側面》(《菅原道真の〈端午日賦艾人〉詩と唐人陳章の〈艾人賦〉:平安朝における唐代律賦受容の一端》),《梅花日文論叢》,2014 年第 22 期。

馮芒《都良香〈洗硯賦〉與張芝的故事》(《都良香〈洗硯賦〉と張芝の故事》),《外国語学会誌》,2014 年第 44 期。

須藤茂樹《蜂須賀重喜〈憎蒼蠅賦〉》(《蜂須賀重喜筆〈憎蒼蠅賦〉について》),《四国大学紀要(人文・社会)》,2014 年第 42 期。

寺田史朗《佐久間象山〈望岳賦〉碑與妙法寺參詣道的變遷》(《佐久間

象山〈望岳賦〉碑と妙法寺参詣道の変遷》),《国学院雑誌》,2015 年第 116 期。

長崎靖子《式亭三馬所藏〈五色賦〉中所收的唐話》(《式亭三馬所藏〈五色賦〉所収の唐話に関して》),《川村学園女子大学研究紀要》,2015 年第 26 期。

馮芒《都良香〈洗硯賦〉與〈後漢書〉》(《都良香〈洗硯賦〉と〈後漢書〉》),《外国語学研究》,2015 年第 16 期。

馮芒《平安朝律賦的寫作局限》(《平安朝律賦の述作制限について》),《東アジア比較文化研究》,2015 年第 14 期。

矢羽野隆男《〈本朝文粹〉中使用的〈楚辭〉》(《〈本朝文粹〉における〈楚辭〉》),《四天王寺大学紀要》,2015 年第 60 號。

李旭《菅原道真的〈秋湖賦〉與〈莊子〉:以詩語“涯岸”爲中心》(《菅原道真の〈秋湖賦〉と〈莊子〉:詩語“涯岸”をめぐって》),《和漢比較文学》,2016 年第 8 期。

(二)中國:

1.專書章節

嚴紹璗、王曉平《中國文學在日本》,花城出版社,1990 年。

中西進著,王曉平譯《水邊的婚戀——〈萬葉集〉與中國文學》,四川人民出版社,1995 年。

辰巳正明著,石觀海譯《萬葉集與中國文學》,武漢出版社,1997 年。

尹允鎮等著《日本古代詩歌文學與中國文學的關聯》,黑龍江朝鮮民族出版社,2005 年。

王曉平《亞洲漢文學》,天津人民出版社,2009 年。

陳福康《日本漢文學史》,上海外語教育出版社,2011 年。

陸晚霞《日本遁世文學的研究——中世知識人的思想與文章表現》,人民文學出版社,2013 年。

李育娟著《〈江談抄〉與唐、宋筆記研究——論平安朝對北宋文學文化之受容》,文史哲出版社,2013 年。

2.學位論文

魏祝挺《〈本朝文粹〉詩賦研究》,浙江大學 2010 年碩士論文。

朱志鵬《虎關師煉與〈濟北集〉賦篇研究》,浙江工商大學 2013 年碩士論文。

3.一般論文

王曉平《日本漢文辭賦述略》,《漢學研究》第 4 集,顔純德主編,中華書局,2000 年。

金原理《東亞三國的"賦"》,《變動期的東亞社會與文化》,天津人民出版社,2002 年。

岡村繁《白樂天詩賦與日本王朝詩賦》,《日本漢文學論考》,上海古籍出版社,2009 年。

汪帥東《試譯漢詩文集〈菅家文草〉──以〈未旦求衣賦〉一首爲例》,《日語知識》,2011 年第 3 期。

詹杭倫《日本平安朝學者都良香律賦初探》,《古代文學理論研究》第 32 輯。

張鴻勳《〈天地陰陽交歡大樂賦〉與日本平安時代漢文學──以大江朝綱〈男女婚姻賦〉爲中心》,《跨文學視野下的敦煌俗文學》,上海古籍出版社,2014 年。

海村惟一《日本早期賦學研究:〈經國集〉〈本朝文粹〉──以平安時代菅原道真、兼明親王的賦爲例》,《中國韻文學刊》,2015 年第 1 期。

于詠梅《兼明親王〈兔裘賦〉考──以佛教表述爲中心》,《國際中國文學研究叢刊》第 3 集,上海古籍出版社,2015 年。

張思齊《日本楚辭學的内驅力》,《大連大學學報》,2016 年第 1 期。

(三)歐美

Konishi Jin'ichi,《日本文學史》,普林斯頓大學出版社,1991 年。(Konishi Jin'ichi,*A history of Japanese Literature*,Princeton University Press,1991.)

Haruo Shirane,Tomi Suzuki,David Lurie,《劍橋日本文學史》,劍橋大學出版社,2015 年。(Haruo Shirane,Tomi Suzuki,David Lurie,*The Cambridge History of Japanese Literature*,Cambridge University Press,2015.)

三、越南

（一）越南

1.著作

阮世蘭《辭賦習得》，張永記國語翻譯、引解，C.Guilland et Martinon 書店，1883 年。（Nguyễn ThếLan, *Học trò khó phú*, Trương Vĩnh Kýchép ra chữ quốc ngữ và dấn giải, Nhà hàng C.Guilland et Martinon, năm1883。）

胡玉錦《安南詩賦文章》，Imprimerie de la Societe des Missons — Etrangeres，香港，1932 年。（Đ.HồNgọc Cân, *Văn chương — thị phú Annam*, Imprimerie de la Societe des Missons — Etrangeres, Hongkong, năm 1923.）

楊廣咸《越南文學史要》第十四章《中越文學中的對偶與賦體：賦和祭文》，1941 年初版，西貢：教育部資料中心出版，1968 年，第 10 次印刷。（Dương Quảng Hàm, *Việt Nam Văn học sử yếu*, chương 14, *Phép đối và thể phú trong văn Tàu và văn Ta : Phú*, Văn — tế, năm 1941 xuất bản và in lầ nđầu tien, Bộgiáo dục trung tâm học liệu xuất bản, năm 1968 in lần thứ mười.)

鄒峰阮文賦編輯、介紹、注釋《越南古今賦》，河内：文化出版社，1960 年。（Châu Phong Nguyễn Văn Phú, giới thiệu, sưu tầm và chú thích, *Phú Việt Nam côvà kim*, Văn hoá, năm1960。）

孫光閥編註《潘佩珠漢字試賦聯》，河内：文學出版社，1975 年。（Tôn Quang Phiệt … sưu tầm, *Thơ phú câu đối chữ Hán/Phan Bội Châu*, Văn học, năm1975)

黄炎編選《天地間：東湖詩賦選集》，胡志明市：胡志明市文藝出版社，1999 年。（Huyền Viêm tuyển chọn chú thích và đề tựa, *Thiên địa gian : Tuyển tập thơ và phú/Đông Hồ*, Tp.HồChí Minh : Văn nghệTp.HồChí Minh, năm1999。）

范俊武《越南中代文學的賦體》，河内：社會科學出版社，2009 年。（Phạm Tuấn Vũ, *Thể phú trong văn học Việt Nam trung đại*, Nhà xuất bản

Khoa học xã hội,năm2009.)

謝明心《千古名篇:賦、祝文、碑刻集》,河内:作家協會出版社,2010 年。(TạMinh Tâm,*Tiếng vọng ng ờn xu'a:Tập phú,chúc văn,văn bia*,Nxb. Hội Nhà văn,năm2010。)

丁克順主編《鄭主詩文賦選集》,河内:社會科學出版社,2016 年。(Đinh Khắc Thuân,*Tuyển tập Th o'Văn Phú chúa Trịnh*,Nhà xuất bản Khoa học xã hội,năm2016.)

2.學位論文

博士論文

范俊武《越南中代文學的賦體》,河内師範大學 2002 年語文學博士論文。(Phạm Tuấn Vũ,*Thể phú trong văn học Việt Nam trungđại*,LATS Ngữ văn,năm2002。)

范氏秋香《根據中古時代試賦方法提高賦體教學效果——以張漢超〈白藤江賦〉爲例》,河内師範大學 2007 年教育學博士論文。(Phạm Thị Thu Hu'o'ng,*Nhũ'ng biện ph áp nâng cao chất luọ'ng,hiệu quả dạy học thê'phú（qua Bạchắ Đẳng giang phú của Tru'o'ng H ơn Siêu）theođặc tru'ng thi ph áp phú trungđại*,LATS Gi áo dục học,Đại học Su'phạm,n ăm2007。)

3.一般論文

梅珍《〈强敵入門婦女保家賦〉的内容和意義》,河内:《文學研究》1961 年第 3 期。(Mai Trân,*Nội dung ý ngh ĩa của b ài phú Giặ cđến nh àđàn b à phả iđ ánh phú*,Nghiên cú'u văn học,năm 1961,số3.)

阮董芝,方知《阮輝亮〈頌西湖賦〉》,河内:《文學》1973 年第 4 期。(Nguyễn Đồ'ng Chi,Phu'o'ng Tri,*Nguyễn Huy Luọ'ng v àb ài phú Tụng Tây Hồ*,Văn học,số4,năm 1973.)

陳黎創《陳胡時期賦研究》,河内:《文學研究》1974 年第 6 期。(Trần Lê Sáng,*Tìm hiểu văn phú thờ'i kỳTrần—Hồ*,Văn học,số6,năm 1974.)

阮佐珥《黎鴻豐的〈紅乂安賦〉》,河内:《漢喃雜誌》1985 年第 1 期。(Thạch Can,*B ài "Hồng Nghệ An phú" của đồng chí Lê Hồng Phong*,Tạp chí Hán Nôm,số1,năm 1985.)

武青姮《阮輝亮詠西湖詩賦》,河内:《漢喃雜誌》1988 年第 2 期。(Vũ

Thanh Hắng,*Bài thơ và bài phú ca ngợi cảnh Hồ Tây của Nguyễn Huy Lượng*,Tạp chí Hán Nôm,số2,năm 1988。)

杜請《李陳觀與〈天南歷科會賦選〉》,河内:《漢喃雜誌》1990 年第 1 期。(Đỗ Thịnh,*Lý Trần Quán và tác phẩm Thiên Nam lịch khoa hội phú tuyển*,Tạp chí Hán Nôm,số1,năm 1990。)

金英《潘輝注〈泛湖賦〉》,河内:《漢喃雜誌》1992 年第 1 期。Kim Anh,*Bài phú Buông thuyền trên hồ của Phan Huy Chú*,Tạp chí Hán Nôm,số 1,năm 1992。

阮佐珥《名醫陳文義及其〈理俗賦〉》,河内:《漢喃雜誌》1994 年第 4 期。(Nguyễn Tá Nhí,*Danh y Trần Văn Nghĩa và bài phú lễ tục*,Tạp chí Hán Nôm,số4,năm 1994。)

范俊武《喃字賦中的成語和俗語》,《民間文學》1998 年第 3 期。(Phạm Tuấn Vũ,*Thành ngữ tục ngữ với phú nôm*,Văn học dân gian,sô 3,năm 1998.)

范俊武《喃字賦中的民間文化》,河内:《民間文學》2000 年第 4 期。(Phạm Tuấn Vũ,*Văn hóa dân gian trong phú Nôm*,Văn học dân gian,sô 4,năm 2000.)

范俊武《喃字賦研究貢獻》,河内:《文學》2000 年第 11 期。(Phạm Tuấn vũ,*Góp phần tìm hiểu phú Nôm*,Văn học,sô 11,năm 2000.)

范俊武《〈白藤江賦〉與〈前赤壁賦〉》,河内:《漢喃雜誌》2000 年第 2 期。(Phạm Tuấn Vũ,*Bạch Đằng giang phú và Tiền Xích Bích phú*,Tạp chí Hán Nôm,số2,năm 2000.)

范光汕《方言賦》,《文藝報》2000 年第 35、37、38 期。(Phạm Quang Sán,*Bài phú phương ngôn*,báo Văn nghệ,số35,37,38,năm 2000。)

陳儒辰《〈白鶴三江河口賦〉:兼論胡春香研究現狀與展望》,河内:《文藝報》2000 年第 27 期。(Trần Nho Thìn,*Bài phú về Ngã ba hạc,một dự báo về hiện tượng thơ Hồ Xuân Hương*,báo Văn nghệ,số27,năm 2000.)

阮庭復《從中國賦到越南賦》,河内:《漢喃雜誌》2003 年第 4 期。(Nguyễn Định Phục,*Từ phú Trung Quốc đến phú Việt Nam*,Tạp chí Hán Nôm,số4,năm 2003。)

范俊武《賦體中的抒情性》,河内:《漢喃雜誌》2005 年第 4 期。(Phạm

Tuấn Vũ, *Trữ tình ở thể phú*, Tạp chí Hán Nôm, số4, năm 2005。)

范俊武《喃字賦的感興刻畫》,河内:《文化藝術》,2005 年第 10 期。(Phạm Tuấn Vũ, *Cảm húng tr à o lộng của phú nôm*, Văn hoá nghệ thuật, số 10, năm2005.)

阮明祥 張德果《興安省快州縣成功社關川村亭的〈夜澤仙家賦〉》,河内:《漢喃雜誌》,2005 年第 6 期。(Nguyễn Minh Tường, Trương Đúc Quả, *B à i Dạ Trạch tiên gia phú ở đình l à ng Quan Xuyên xã Th à nh Công huyện Kho ái Châu t ỉnh Hu ng Yên*, Tạp chí Hán Nôm, số6, năm 2005。)

范氏秋香《〈白藤江賦〉與〈前赤壁賦〉的文學比較》,河内:《教育雜誌》, 2005 年第 123 號。(Phạm Thị Thu Hương, *Bạch Đằng giang phú v à tiền Xích Bích phú du ó i góc nhìn so s ánh văn học*, Tạp chí Gi áo dục, số123, n ăm2005.)

黎允批《〈清化省 77 賦〉翻音、注釋》,清化:清化出版社,2005 年。(Lê Doãn Phê dịch, phiên âm, chú thích, *Thanh Hoa t ỉnh phú*, Thanh Ho á: Nxb. Thanh Ho á, năm2005。)

賴文雄《阮伯麟的兩篇賦》,河内:《漢喃雜誌》,2007 年第 1 期。(Lại V ăn Hùng, *Về hai b à i phú của Nguyễn B á Lân*, Tạp chí Hán Nôm, số1, n ăm2007。)

杜芳琳《讀〈白藤江賦〉》,河内:《漢喃雜誌》,2007 年第 4 期。(Đỗ Phư ơng Lâm Đọc *B à i phú sông Bạch Đằng qua nguyên t ác*, Tạp chí Hán Nôm, số4, năm2007。)

阮佐珥《秀才阮籍的〈木鐸賦〉》,河内:《漢喃雜誌》,2008 年第 2 期。 (Nguyễn T á Nhí, *B à i Phú mộc đạc của Tú t à i Nguyễn Địch*, Tạp chí Hán Nôm, số2, năm2008。)

阮氏琳《〈南藥國語賦〉中的古詞"婆馭""蒲蛤""羅矺"》,河内:《漢喃雜誌》,2008 年第 6 期。(Nguyễn Thị Lâm, *Hiểu thêm về ý ngh ĩa c ác từ "B à ngự a", "Bố cóc", "L à đá" qua b à i Nam dược quốc ngữ phú*, Tạ p chí H án Nôm, số6, năm 2008。)

阮玉潤《陳仁宗喃字賦和漢字詩與安子山竹林禪宗思想研究》,河内:《漢喃雜誌》,2008 年第 6 期。(*Nguyễn Ngọc Nhuận*, Từ hai b à i phú Nôm v à một số b à i th ơ chữ Hán của đúc vua Trần Nhân Tông (1258—

1308)—Tìm hiểu tư tưởng thiền của phái Trúc Lâm Yên Tử, *Tạp chí Hán Nôm, só 6, năm 2008*。)

謝光《阮景〈芳花傳〉詩賦》,清化:清化出版社,2009 年。(*Tạ Quang, Nguyễn Cảnh—truyện Phương Hoa và thơ, phú, Thanh Hoá: Nxb. Thanh Hoá, năm 2009*)

阮玉麟《〈黎朝八韻賦〉略考》,河内:《漢喃雜誌》,2009 年第 4 期。 *Nguyễn Ngọc Lân, Lược khảo Lê triều bát vận phú, Tạp chí Hán Nôm, só 4, năm 2009*。

潘重寶《阮公著〈寒儒風味賦〉異本考》,河内:《漢喃雜誌》,2010 年第 2 期。(*Phan Trọng Báu, Một dị bản Hàn Nho phong vị phú của Nguyễn Công Trứ, Tạp chí Hán Nôm, só 2, năm 2010*。)

(二)中國

1.著作

黄軼球選輯《越南賦聯選輯》,廣東師範學院中文系油印本,1960 年。

王曉平《亞洲漢文學·越南辭賦》,天津人民出版社,2009 年。

2.學位論文

(1)碩士論文

潘秋雲《略論越南漢賦對中國賦的借鑒與其創作》,復旦大學 2007 年碩士論文。

(2)博士論文

潘秋雲《越南漢文賦對中國賦的借鑒與其創造》,復旦大學 2010 年博士論文。

阮玉麟《中國賦對越南科舉試賦之影響研究》,中山大學 2010 年博士論文。

3.一般論文

張秀民《唐宰相安南人姜公輔考》,《中越關係史論文集》,臺北:文史哲出版社,1992 年。

鍾逢義《越賦縱橫》,《解放軍外國語學院學報》,1995 年,第 4、5、6 期。

潘秋雲《越南漢賦對中國賦的借鑒與其特點》,《中國韻文學刊》2009 年第 1 期。

潘秋雲《簡談越南漢文賦對中國賦的借鑒與發展》,《閱江學刊》,2009

年 1 期。

　　孫福軒《中國科舉制度的南傳與越南辭賦創作論》,《浙江大學學報》,
2011 年第 1 期。

　　潘秋雲《越南〈後白藤江賦〉〈續赤壁賦〉與中國前、後〈赤壁賦〉之聯
繫》,《遼東學院學報》,2014 年第 2 期。

　　潘秋雲《賦體與東方思想——論越南〈玉井蓮賦〉與中國〈子虛〉〈上林〉
賦》,《中國韻文學刊》,2015 年第 2 期。

稿　約

一、本集刊爲半年刊，上半年出版時間爲 5 月中旬，截稿日期爲上年 9 月底。下半年出版時間爲 11 月中旬，截稿日期爲當年 3 月底。

二、本集刊實行匿名評審制度。

三、本集刊以學術研究爲主，凡域外漢籍中有關語言、文學、歷史、宗教、思想研究之學術論文及書評，均所歡迎。有關域外漢籍研究之信息與動態，亦酌量刊登。

四、本集刊以刊登中文原稿爲主，並適當刊登譯文。

五、本集刊采擇論文唯質量是取，不拘長短，且同一輯可刊發同一作者的多篇論文。

六、來稿請使用規範繁體字，橫排書寫。

七、來稿請遵從本刊的規範格式：

（一）來稿由標題名、作者名、正文、作者工作單位組成。

（二）章節層次清楚，序號一致，其規格舉例如下：

第一檔：一、二、三

第二檔：（一）、（二）、（三）

第三檔：1、2、3

第四檔：(1)、(2)、(3)

（三）注釋碼用阿拉伯數字①②③④⑤表示，采取當頁腳注。再次徵引，用"同上，頁××"，或"同注①，頁××"。注釋碼在文中的位置（字或標點的右上角）：××××①，××××①。××說，"××××"①，××說："×××××。"①

（四）關于引用文獻：引用古籍，一般標明著者、版本、卷數、頁碼；引用專書，應標明著者、書名、章卷、出版者、出版年月、頁碼；引用期刊論文，應標明刊名、年份、卷次、頁碼；引用西文論著，依西文慣例。茲舉例如下：

①（清）王琦注《李太白全集》卷二《古風五十九首》，中華書局，××年，頁××。

　　①周勛初《論黄侃〈文心雕龍札記〉的學術淵源》，載《文學遺産》，1987 年第 1 期，頁××。

　　①Hans. H. Frankel，*The Floering Plum and the Palace Lady*，New Haven and London，Yale University Press，1976. p. ××.（請注意外文書名斜體的運用）

　　（五）第一次提及帝王年號，須加公元紀年，如：開元三年（715）；第一次提及的外國人名，若用漢譯，須附原名；年號、古籍的卷數及頁碼用中文數字，如開元三年、《舊唐書》卷三五等；其他公曆、雜誌的卷、期、號、頁等均用阿拉伯數字。

　　（六）插圖：文中如需插圖，請提供清晰的照片，或繪製精確的圖、表等，並在稿中相應位置留出空白（或用文字注明）。圖、表編號以全文爲序。

　　八、來稿請注明真實姓名、工作單位、職稱、詳細通訊地址和郵政編碼（若有變更請及時通知）、電子信箱、電話或傳真號碼，以便聯絡。

　　九、作者賜稿之時，即被視爲自動確認未曾一稿兩投或多投。來稿一經刊出，即付樣書和抽印本。

　　十、來稿請電郵至 ndywhj@nju. edu. cn。